Die Behandlung von Personengesellschaften in den Doppelbesteuerungsabkommen der Bundesrepublik Deutschland mit den Staaten Mittel- und Südamerikas

Trierer Studien zum Internationalen Steuerrecht

Herausgegeben von Gabriele Burmester

Band 3

PETER LANG

Frankfurt am Main · Berlin · Bern · Bruxelles · New York · Oxford · Wien

Antje Hagena

Die Behandlung von Personengesellschaften in den Doppelbesteuerungsabkommen der Bundesrepublik Deutschland mit den Staaten Mittel- und Südamerikas

PETER LANG
Europäischer Verlag der Wissenschaften

Bibliografische Information der Deutschen Nationalbibliothek
Die Deutsche Nationalbibliothek verzeichnet diese Publikation in der Deutschen Nationalbibliografie; detaillierte bibliografische Daten sind im Internet über <http://www.d-nb.de> abrufbar.

Zugl.: Trier, Univ., Diss., 2006

D 385
ISSN 1861-695X
ISBN 3-631-55875-9

www.peterlang.de

Vorwort

Die vorliegende Arbeit wurde im Sommersemster 2006 vom Fachbereich Rechtswissenschaft der Universität Trier als Dissertation angenommen.

Die Veröffentlichung gibt Anlass, all denen zu danken, die zum Entstehen dieser Arbeit in vielfältiger Weise beigetragen haben.

Mein aufrichtiger Dank für die Anregung des Themas und die umsichtige Förderung der Arbeit gilt meiner Doktormutter Frau Prof. Dr. Gabriele Burmester. Für die bereitwillige Übernahme und zeitnahe Erstellung des Zweitgutachtens danke ich Herrn Prof. Dr. Dr. h.c. Peter Bülow.

Ich bedanke mich für die Unterstützung durch ein Stipendium der Landesgraduiertenförderung, das wesentlich zum Entstehen und Gelingen der Arbeit beigetragen hat. In diesem Zusammenhang möchte ich Frau Prof. Dr. Gabriele Burmester und Herrn Prof. Dr. Franz Dorn meinen Dank für die Erstellung der Gutachten aussprechen.

Für ihre Gastfreundschaft und vieles mehr danke ich Valeria Chapa Garza und Martha Soto. Wertvolle Hinweise und Anregungen verdanke ich Jaime González Béndiksen.

Stete Unterstützung und Rückhalt fand ich bei meinen Freunden Thorsten Klinkner, Anja Braun, Barbara Schlüter, Bérénice Thom, Karin Schmidt, Silke Kratzsch und Vera Warnking. Ihnen möchte ich an dieser Stelle herzlichen Dank sagen.

In Dankbarkeit widme ich diese Arbeit meinen Eltern Edeltraud und Dr. Detlef Joachim Hagena und meinem Bruder Björn.

Antje Hagena — Hamburg, im September 2006

Inhaltsübersicht

Teil 2: DBA-Argentinien

Inhaltsverzeichnis

Kapitel 2 : Abkommensberechtigung

Teil 2: DBA-Argentinien

Kapitel 1: Allgemeine Anmerkungen zum DBA-Argentinien

Kapitel 2 : Abkommensberechtigung

Kapitel 3: DBA-Ecuador

Kapitel 4: Entscheidung 578 des Anden-Paktes

Kapitel 5: DBA-Uruguay

Abkürzungsverzeichnis

a. A.	anderer Ansicht
Abs.	Absatz
AenP	Asociación en Participación
AfA	Abschreibung für Abnutzung
AG	Aktiengesellschaft
AO	Abgabenordnung
Art.	Artikel
BB	Betriebs-Berater
BFH	Bundesfinanzhof
BGBl.	Bundesgesetzblatt
BMF	Bundesministerium der Finanzen
B. O.	Boletín Oficial
BStBl.	Bundessteuerblatt
bzw.	beziehungsweise
C.A.	Compañía Anónima
CC	Código Civil
CCom	Código de Comercio
CDFI	Cahiers de Droit Fiscal International
CFF	Código Fiscal de la Federación
CM	Constitución Política de los Estados Unidos
Mexicanos	
COT	Código Orgánico Tributario
CUFIN	Cuenta de Utilidad Fiscal Neta
CUREC	Cuenta de Remesas de Capital
C.V.	Capital Variable
DB	Der Betrieb
DBA	Doppelbesteuerungsabkommen
ders.	derselbe
dies.	dieselbe
D. O. F.	Diario Oficial de la Federación
DStR	Deutsches Steuerrecht
DStZ	Deutsche Steuerzeitung

EFG	Entscheidungen der Finanzgerichte
EG	Europäische Gemeinschaft
EStG	Einkommensteuergesetz
EU	Europäische Union
f., ff.	folgende, fortfolgende
Fn.	Fußnote
FG	Finanzgericht
FR	Finanzrundschau
FS	Festschrift
GATT	General Agreement on Tariffs and Trade
GbR	Gesellschaft bürgerlichen Rechts
GG	Grundgesetz
GmbH	Gesellschaft mit beschränkter Haftung
Hrsg.	Herausgeber
Hs.	Halbsatz
IBFD Bulletin	Bulletin des International Bureau of Fiscal Documentation
IMPAC	Impuesto al Activo
IRA	Impuesto a las Rentas Agropecuarias
IRIC	Impuesto a las Rentas de la Industria y Comercio
IRS	Internal Revenue Service
IStR	Internationales Steuerrecht
IUE	Impuesto sobre las Utilidades de las Empresas
i. V. m.	in Verbindung mit
i. S. d., i. S. v.	im Sinne des, im Sinne von
IWB	Internationale Wirtschaftsbriefe
KG	Kommanditgesellschaft
KStG	Körperschaftsteuergesetz
LC	Ley de Compañías
LLC	Limited Liability Company
LIE	Ley de Inversiones Extranjeras
LIGMP	Ley del Impuesto a la Ganancia Mínima Presunta
LGSM	Ley General de Sociedades Mercantiles
LIAE	Ley de Impuesto a los Activos Empresariales
LIG	Ley de Impuesto a las Ganancias
LISR	Ley de(l) Impuesto sobre la Renta

LRTI	Ley de Régimen Tributario Interno
LSA	Luft- und Schifffahrtabkommen
LSC	Ley de Sociedades Comerciales
MA	Musterabkommen
MK	Musterkommentar
m.w.N.	mit weiteren Nachweisen
No.	Número
Nr.	Nummer
OECD	Organization for Economic Cooperation and Development
OECD-MA	OECD-Musterabkommen
OECD-MK	OECD-Musterkommentar
OHG	Offene Handelsgesellschaft
Par.	Parágrafo
Prot.	Protokoll
RFH	Reichsfinanzhof
RIW	Recht der Internationalen Wirtschaft
RLIG	Reglamento de la Ley de Impuesto a las Ganancias
RLISR	Reglamento de la Ley de(l) Impuesto sobre la Renta
Rn.	Randnummer
RStBl.	Reichssteuerblatt
S.	Seite
S.A.	Sociedad Anónima
SC	Sociedad Civil
SCS	Sociedad en Comandita Simple
SHCP	Secretaría de Hacienda y Crédito Público
SNC	Sociedad en Nombre Colectivo
SRL	Sociedad de Responsabilidad Limitada
StBJb	Steuerberater-Jahrbuch
StuW	Steuer und Wirtschaft
SWI	Steuer und Wirtschaft International
TNI	Tax Notes International

UN	United Nations
UN-MA	UN-Musterabkommen
v.	von, vom
vgl.	vergleiche
Vol.	Volume
WÜRV	Wiener Übereinkunft über das Recht der Verträge
z. B.	zum Beispiel

Einleitung

Personengesellschaften werden in zunehmendem Maß grenzüberschreitend eingesetzt. Die Einstufung der Personengesellschaft im deutschen Einkommensteuerrecht unterscheidet sich häufig vom Besteuerungskonzept anderer Staaten. Im romanisch geprägten Rechtskreis Südeuropas und Lateinamerikas kommt der Personengesellschaft sowohl im Zivil- als auch im Steuerrecht in der Regel eine eigenständige Subjektfähigkeit zu. In Deutschland hingegen sind die Gesellschafter einer Personengesellschaft mit den Einkünften, die ihnen anteilig zugerechnet werden, steuerpflichtig. Die Gesellschaft ist für Zwecke der Einkommensteuer transparent.

Infolge der Besteuerung auf der Grundlage zweier divergierender Rechtsordnungen kann es zu einer Doppel-, Nicht- oder Minderbesteuerung von Einkünften kommen. Dieses Phänomen ist nicht als Spezifikum der Personengesellschaft anzusehen. Aufgrund des Welteinkommenprinzips, das nahezu ausnahmslos von allen Staaten praktiziert wird, kommt es bei grenzüberschreitender Einkünfteerzielung regelmäßig zu Doppelbesteuerungen. Deren Vermeidung gestaltet sich bei Personengesellschaften jedoch besonders schwierig, zumal neben dem allgemein auftretenden Problem der Doppel- oder Nichtbesteuerung zusätzlich ein so genannter Qualifikationskonflikt hinsichtlich der beteiligten Steuersubjekte und der von ihnen erzielten Einkünfte besteht.

Um zu verhindern, dass identische Steuersubjekte in verschiedenen Staaten mit denselben Einkünften in einem Besteuerungszeitraum einer gleichartigen Steuer unterliegen, suchen Staaten neben eigenen, unilateralen Lösungen zunehmend nach bilateralen oder multilateralen Auswegen. Dem letztgenannten Bereich sind die Doppelbesteuerungsabkommen[1] (DBA) zuzuordnen. Hierin erklären sich die vertragschließenden Staaten bereit, die innerstaatlichen Besteuerungs-

1 Deutschland unterhält derzeit ein DBA auf dem Gebiet der Steuern vom Einkommen und Vermögen mit folgenden Staaten Lateinamerikas: Mexiko, Venezuela, Ecuador, Bolivien, Jamaika, Uruguay, Brasilien und Argentinien. Verhandlungen bestehen mit Kuba und Costa Rica (erstmaliges Abkommen); mit Venezuela wird gegenwärtig über ein Revisions-Protokoll des bestehenden Abkommens verhandelt (vgl. BMF, Stand der Doppelbesteuerungsabkommen, 01.01.2005). Abkommen auf dem Gebiet der Luft- und/oder Schifffahrt (L/S) bestehen mit Brasilien (S), Chile (S), Kolumbien (S/L), Paraguay (L) und Venezuela (L/S).

rechte zugunsten des jeweils anderen Vertragsstaats zu beschränken oder gänzlich aufzugeben.

Im Grundsatz entsprechen die deutschen DBA strukturell und inhaltlich dem Musterabkommen der OECD, welches von der Mehrzahl der Staaten als Grundlage für DBA anerkannt und verwendet wird. Das OECD-MA unterliegt einem ständigen Überarbeitungsprozess, aus dem zuletzt im Jahr 2003 eine neue Fassung hervorgegangen ist.
Entwicklungs- und Schwellenstaaten favorisieren das erstmals im Jahr 1980 veröffentlichte UN-Musterabkommen (UN-MA) als Modell für ihre DBA. Durch die Ausweitung der Quellenbesteuerungsbefugnisse trägt das UN-MA den besonderen Interessen dieser Staaten Rechnung, während das OECD-MA eher auf die Bedürfnisse von Industrienationen als kapitalexportorientierte Staaten zugeschnitten ist. In den DBA Deutschlands mit Entwicklungs- bzw. Schwellenstaaten, zu denen die hier behandelten Staaten Lateinamerikas gehören, sind deshalb zahlreiche Regelungen aus dem UN-MA enthalten.
Bolivien, Ecuador, Kolumbien, Peru und Venezuela haben als Mitgliedstaaten der so genannten "Comunidad Andina" ein eigenes Musterabkommen (Entscheidung 578) entwickelt, das als Gegenentwurf zum OECD-MA das traditionell in den Steuersystemen der Anden-Pakt-Staaten verankerte Quellenprinzip – stärker noch als das UN-MA – in den Vordergrund stellt. Über die abkommensrechtliche Verbindung einiger Anden-Pakt-Staaten mit Deutschland können auch die Vorgaben der Entscheidung 578 Auswirkungen auf die Besteuerung von Personen haben, die in Deutschland ansässig sind.

Angesichts der unterschiedlichen Besteuerungskonzepte für Personengesellschaften kann trotz Bestehens eines DBA die mit dem Vertragsschluss angestrebte, koordinierte Besteuerung in bestimmten Fällen nur bedingt oder auch gar nicht erreicht werden. Gegenstand dieser Arbeit ist es, auf die vorgestellte Problematik anhand der DBA Deutschlands mit lateinamerikanischen Staaten – insbesondere Mexiko und Argentinien[2] – einzugehen. Sowohl die Struktur der mit diesen Staaten bestehenden Abkommen als auch die innerstaatlichen Steuerrechtsordnungen Mexikos und Argentiniens bieten

2 Die Bundesregierung hat das DBA-Brasilien am 07.04.2005 mit Wirkung zum 01.01.2006 gekündigt, ohne dass es zu Neuverhandlungen gekommen ist. Auf das DBA-Brasilien wird deshalb nicht eingegangen. Das DBA-Jamaika wird ebenfalls nicht behandelt.

sich für eine Untersuchung an. Deren Hauptaugenmerk soll auf folgende Themen gerichtet sein:

- die Analyse des Abkommensrechts vor dem Hintergrund der innerstaatlichen, für Personengesellschaften geltenden Besteuerungssysteme,
- die Anwendbarkeit der in den OECD-MK aufgenommenen Ergebnisse des OECD-Partnership Reports in zeitlicher Hinsicht und vor dem Hintergrund abkommensrechtlicher Spezialregelungen sowie
- die Suche nach weiteren Lösungsansätzen, die zur Vermeidung von Qualifikationskonflikten bei Personengesellschaften beitragen können.

Die Abhandlung der vorangehenden Punkte erfolgt mit der Zielsetzung, eine systematische Einordnung der Vertragsstaaten hinsichtlich der für Personengesellschaften geltenden Besteuerungskonzepte und ihrer abkommensrechtlichen Auswirkungen zu ermöglichen. Dazu soll anhand der in Teil 1 und Teil 2 erörterten DBA Deutschlands mit Mexiko und Argentinien ein Grundmodell erarbeitet werden, dessen Ergebnisse – soweit dies möglich ist – auch für die Behandlung von Personengesellschaften in den DBA Deutschlands mit den Anden-Pakt-Staaten Venezuela, Ecuador und Bolivien sowie im DBA zwischen Deutschland und Uruguay herangezogen werden können. Auf abkommensrechtliche oder innerstaatliche Besonderheiten wird speziell einzugehen sein.

Teil 1: DBA-Mexiko

Kapitel 1: Allgemeine Anmerkungen zum DBA-Mexiko

I. Daten

Das am 23.02.1993 in Mexiko-Stadt unterzeichnete Doppelbesteuerungsabkommen zwischen der Bundesrepublik Deutschland und den Vereinigten Mexikanischen Staaten[3] wurde im Jahr 1993[4] ratifiziert und ist am 01.01.1994 in Kraft getreten[5]. Die Vorschriften des DBA-Mexiko waren erstmals für den Veranlagungszeitraum ab 01.01.1994 anzuwenden.

II. Die Steuer- und Abkommenspolitik Mexikos

A. *Aufgabe des Territorialitätsprinzips*

Bis in die frühen 1990er Jahre verfolgte Mexiko weder in bilateraler noch in multilateraler Hinsicht Abkommensbestrebungen auf dem Gebiet des internationalen Steuerrechts. Das mexikanische Einkommensteuerrecht basierte – charakteristisch für lateinamerikanische Staaten – auf dem Territorialitätsprinzip, das ausschließlich die Besteuerung von Einkünften aus inländischen Quellen erlaubt. Die Gefahr einer internationalen Doppelbesteuerung bestand theoretisch nicht. Faktisch wurde das Territorialitätsprinzip jedoch nicht durchgehalten, zumal sowohl mexikanische Staatsangehörige[6] als auch in Mexi-

---

3 Vollständige Bezeichnung: "Abkommen zwischen der Bundesrepublik Deutschland und den Vereinigten Mexikanischen Staaten zur Vermeidung der Doppelbesteuerung auf dem Gebiet der Steuern vom Einkommen und vom Vermögen".

4 Deutschland: Gesetz v. 11.11.1993, BGBl. II 1993, 1966; BStBl. I 1993, 964; Mexiko: Ratifizierung durch den Senat am 27.05.1993, Diario Oficial de la Federación (D.O.F.) v. 16.06.1993; berichtigte Fassung des Abkommens ("Fe de erratas") D.O.F. v. 16.03.1994; Bekanntmachung des Abkommens (endgültige Fassung mit Protokoll) im D.O.F. v. 15.06.1994; Austausch der Ratifikationsurkunden am 30.11.1993 in Bonn.

5 BGBl. II 1994, 617; BStBl. I 1994, 310.

6 Die Ansässigkeit mexikanischer Staatsangehöriger in Mexiko wird (nach wie vor) vermutet; Art. 9 Códigio Fiscal de la Federación (CFF, mexikanische Abgabenordnung), D.O.F. v. 31.12.1981.

ko ansässige Personen mit ihren Einkünften aus ausländischen Quellen besteuert wurden.

B. *Entwicklung der Investitionspolitik*

Vor der Neuorientierung Mexikos auf dem Gebiet des internationalen Steuerrechts waren ausländische Investitionen in Mexiko streng reglementiert. Ausländische Beteiligungen an mexikanischen Gesellschaften unterlagen einer prozentualen Begrenzung[7].
Es entsprach somit der Investitionspolitik Mexikos, keine DBA zur Vermeidung von Hindernissen für ausländische Investoren abzuschließen. Erst mit dem Beitritt zum GATT im Jahr 1986 gelangte man zu der Auffassung, dass für ein angemessenes Wirtschaftswachstum neben der Liberalisierung der Devisen- und Außenhandelskontrollen auch ein Richtungswechsel in der internationalen Steuerpolitik notwendig sei. Vor allem im Verhältnis zu Mexikos wichtigstem Handelspartner, den USA, sollte durch den Abschluss eines DBA Rechtssicherheit für Investoren geschaffen werden[8]. Das mexikanische Steuerrecht

7 Diese Grenzwerte gelten gegenwärtig nur noch für die im Gesetz über ausländische Investitionen (Ley de Inversión Extranjera) festgelegten Sektoren. Art. 7 LIE begrenzt ausländische Beteiligungen an Unternehmen, die in den nachfolgend genannten Bereichen tätig sind, auf eine bestimmte Höchstgrenze: 49 % für Versicherungen, Finanzierungsleasing, Kabelfernsehen und Telekommunikation; 30 % für Banken sowie 25 % für die innerstaatliche Luftbeförderung. Gemäß Art. 8 LIE kann eine Zustimmung der mexikanischen Behörden für ausländische Beteiligungen an mexikanischen Unternehmen erforderlich sein, wenn das Unternehmen Tätigkeiten auf dem Gebiet der Rechtsberatung, Kreditauskunft, Versicherungen oder der Mobiltelefonie ausübt bzw. Erdöltransporte oder Dienstleistungen in mexikanischen Häfen erbringt. Die Erdöl*förderung* bleibt grundsätzlich dem Staat vorbehalten (Art. 5, 6 LIE); vgl. hierzu *Robles Farías*, Régimen Jurídico de los Extranjeros que participan en Sociedades Mexicanas, S. 22 f.; *Miguel Díaz/Morones Lara*, Inversión Extranjera, S. 23 f.

8 Das DBA Mexiko-USA wurde am 18.09.1992 unterzeichnet. Das erste Abkommen kam jedoch am 08.04.1991 mit Kanada zustande, da sich die Verhandlungen für das DBA Mexiko-USA im Rahmen der Ausarbeitung des NAFTA-Vertragswerkes in die Länge zogen. Weitere DBA wurden abgeschlossen mit: Argentinien (Internationaler Transport), Australien (Internationaler Transport), Belgien, Chile, Dänemark, Ecuador, Finnland, Frankreich, Griechenland, Indonesien, Irland, Israel, Italien, Japan, Südkorea, Luxemburg, Niederlande, Norwegen, Polen, Portugal, Rumänien, Russland, Singapur, Spanien, Schweden, Schweiz, Tschechien, Vereinigtes Königreich und Venezuela. Das

wurde in Vorbereitung hierauf durch die (formelle) Einführung des Welteinkommenprinzips reformiert. Die Anpassung an ausländische Steuersysteme sollte die internationale Wettbewerbsfähigkeit Mexikos gewährleisten.

III. Abkommensverhandlungen und Struktur des DBA-Mexiko

Die Abkommensverhandlungen zwischen Deutschland und Mexiko waren eher von einem Selbstverständnis Mexikos als Entwicklungsstaat denn dem eines Schwellenlandes zum Industriestaat geprägt. Dies schlägt sich in der Struktur des Abkommens nieder. Grundsätzlich diente das OECD-MA in der Fassung von 1977 als Vorbild. Verschiedentlich sind jedoch die aus Sicht eines Entwicklungsstaates vorteilhafteren Regelungen des UN-MA in das DBA-Mexiko eingeflossen[9].
Mexiko wählte seine Verhandlungsstrategie aus der Erkenntnis heraus, dass mit Zunahme der ausländischen Investitionen kurzfristig die Kapitalabflüsse in Form von Gewinnausschüttungen, Zinszahlungen und Lizenzgebühren zunehmen würden. Aus abkommensrechtlich vereinbarten Quellensteuerbegrenzungen resultieren gewöhnlich Einnahmeausfälle, denen man durch die Einnahme der Verhandlungsposition eines Entwicklungsstaates vorbeugen wollte[10].

IV. Die Stellung von DBA im Rechtssystem Mexikos

Regelungen für den Abschluss internationaler Verträge enthalten die Art. 76 Abs. 1, Art. 89 Abs. 10 und Art. 133 der mexikanischen Verfassung (Constitución de México, CM). Danach obliegt der Abschluss internationaler Verträge dem Präsidenten; ihre Ratifizierung erfolgt durch den Senat.

DBA Mexiko-Venezuela wurde in Venezuela ratifiziert (06.02.1997), nicht aber durch den mexikanischen Senat; mittlerweile hat man sich auf ein Neuverhandlungen geeinigt. Verhandlungen bestehen mit China, Indien, Island, Malaysia, Neuseeland, Nicaragua, Slowakei, Thailand und der Ukraine.

9 Hierauf wird im Rahmen der einzelnen Abkommensvorschriften einzugehen sein (Kapitel 3).

10 Vgl. *Gil Díaz*, IBFD Bulletin 1992, 417.

Die herrschende Meinung in Mexiko geht von einem Vorrang der Verfassung gegenüber den von Mexiko abgeschlossenen internationalen Verträgen aus[11]. Dies wird mit einem Verweis auf Art. 133 CM begründet, nach dem alle Gesetze, die verfassungsgemäß zustandekommen und sämtliche Verträge, die mit der Verfassung vereinbar sind, das im Rang höchste Recht Mexikos darstellen. Hieraus sei ersichtlich, dass auch internationale Verträge am Maßstab der Verfassung zu messen und ihr folglich untergeordnet seien.
Eine Ansicht im mexikanischen Schrifttum sieht ratifizierte DBA im gleichen Rang wie die nationalen Steuergesetze[12]. DBA werden demnach als leges speciales zum innerstaatlichen Steuerrecht betrachtet. Dieser Auffassung ist über einen langen Zeitraum auch das mexikanische Verfassungsgericht gefolgt, zumal Art. 133 CM dem Wortlaut nach nicht zwischen Verträgen und herkömmlichen Gesetzen unterscheidet. Mittlerweile ist das Verfassungsgericht dazu übergegangen, internationale Verträge in der Normenhierarchie über den Gesetzen des Bundes und der einzelnen Bundesstaaten anzusiedeln[13]. Das innerstaatliche mexikanische Recht (im Sinne eines Kongress-Gesetzes) kann somit die von Mexiko abgeschlossenen Verträge nicht beeinflussen. Ein "treaty-override" durch die Änderung nationalen Rechts ist (theoretisch) ausge-schlossen.

Andererseits besteht nach der neueren Rechtsprechung des mexikanischen Verfassungsgerichts die Möglichkeit, dass DBA das nationale Steuerrecht modifizieren. Im Einzelfall könnten die Bestimmungen eines DBA eine im Vergleich zum innerstaatlichen Recht höhere Steuerlast bewirken, denn ein DBA steht nach dem oben Angeführten über den nationalen Gesetzen und stellt vor dem Grundsatz des Gesetzesvorbehalts[14] eine hinreichend bestimmte Grundlage für die Erhebung einer höheren Steuer dar.
Dennoch wird eine abkommensrechtlich begründete Erhöhung der Steuerlast ausgeschlossen[15]. Begründet wird dies mit einem Verweis auf Art. 72 Buchst. h) CM, wonach jeder Gesetzesentwurf auf dem Gebiet der Steuern dem Abgeord-

---

11 *Ortiz, Sainz y Tron*, Tratados Internacionales en Materia Fiscal, S. 15 f.; *Bettinger Barrios*, Convenios para evitar la Doble Tributación 2005 (Band I), S. 89.

12 *Arias*, IBFD Bulletin 2002, 510 (513).

13 Semanario Judicial de la Federación, Vol. X, November 1999, S. 46.

14 Der Grundsatz "Keine Besteuerung ohne gesetzliche Grundlage" ist in Art. 34 Abs. 4 CM normiert.

15 *Ortiz, Sainz y Tron*, Tratados Internacionales en Materia Fiscal, S. 17; *Arias*, IBFD Bulletin 2002, 510 (514).

netenhaus entstammen muss. Da die Abgeordnetenkammer aber weder beim Abschluss noch bei der Ratifizierung eines DBA involviert sei, könne ein DBA nicht als gesetzliche Grundlage für die Erhebung einer höheren Steuer (als im nationalen Recht vorgesehen) dienen.

V. Überblick über das Einkommensteuerrecht Mexikos

A. *Allgemeines*

Mexiko ist ein Bundesstaat, dessen Steueraufkommen von den 31 Bundesstaaten verwaltet wird. Zwischen Bund und Bundesstaaten wird der Ertrag der Steuern durch einen vertikalen und horizontalen Finanzausgleich aufgeteilt.
Die Besteuerung des Einkommens natürlicher und juristischer Personen ist im Ley del Impuesto sobre la Renta (LISR)[16] zusammengefasst. Auf das Betriebsvermögen wird eine Gewerbekapitalsteuer[17] (Impuesto al Activo) erhoben, die den Charakter einer ergänzenden Mindeststeuer in Bezug auf die Einkommen- und Körperschaftsteuer hat. Eine Vermögensteuer existiert in Mexiko derzeit nicht.

B. *Einkommensteuerrecht*

a. Steuersubjekte

1. Natürliche Personen

Unbeschränkt einkommensteuerpflichtig sind natürliche Personen, die über einen Wohnsitz in Mexiko verfügen *und* sich dort länger als 183 Tage im Jahr aufhalten [Art. 1 Abs. 1 LISR i. V. m. Art. 9 CFF][18]. Besteht auch im Ausland ein Wohnsitz, ist der Mittelpunkt der Lebensinteressen der betreffenden Person maßgeblich. Dieser liegt in Mexiko, wenn mehr als die Hälfte der Einkünfte aus

16 Erstmaliges Inkrafttreten am 01.01.1981 (D.O.F. v. 30.12.1980); Änderung durch verschiedene Jahressteuergesetze; ersetzt durch das neu verabschiedete und am 01.01.2002 in Kraft getretene LISR, D.O.F. v. 01.01.2002.

17 D.O.F. v. 31.12.1988.

18 Art. 9 CFF knüpft nicht (isoliert) an den gewöhnlichen Aufenthalt an.

mexikanischen Quellen stammen oder die Person ihre berufliche Tätigkeit hauptsächlich in Mexiko ausübt.
Die beschränkte Steuerpflicht nichtansässiger Personen ist in Einzeltatbeständen geregelt und besteht z. B. bei Unterhalt einer Betriebstätte in Mexiko (Art. 1 II. i. V. m. Art. 2 LISR)[19].

2. Juristische Personen

(a) Steuerliche Subjektfähigkeit von Personengesellschaften

Juristische Personen, die nach mexikanischem Recht gegründet wurden bzw. deren Geschäftsleitung oder Verwaltungssitz in Mexiko liegt, sind unbeschränkt körperschaftsteuerpflichtig (Art. 1 LISR, Art. 9 Abs. 2 CFF). Die mexikanische Finanzverwaltung[20] geht davon aus, dass sich die Geschäftsleitung oder der Verwaltungssitz einer Gesellschaft in Mexiko befindet, wenn:

- die Hauptversammlungen der Aktionäre oder Gesellschafter in Mexiko stattfinden, oder
- das Management bzw. die Kontrolle über die Gesellschaft von Personen ausgeübt werden, die nach steuerrechtlichen Kriterien in Mexiko ansässig sind oder in Mexiko über ein Büro bzw. eine Geschäftsstelle verfügen, oder
- die Gesellschaft in Mexiko über ein Büro verfügt, über das die Verwaltung oder die Kontrolle der Gesellschaft ausgeübt wird, oder
- die Bücher der Gesellschaft in Mexiko geführt werden.

Ausländische juristische Personen, die die Voraussetzungen der Art. 1 LISR und Art. 9 CFF nicht erfüllen, unterliegen der beschränkten Steuerpflicht, wenn sie in Mexiko eine Betriebstätte i. S. v. Art. 2 LISR unterhalten oder Einkünfte aus einer der einzeltatbestandlich geregelten mexikanischen Quellen erzielen.

---

19 Auf die einzelnen Tatbestände der beschränkten Steuerpflicht wird im Rahmen der einzelnen Verteilungsartikel eingegangen (Kapitel 3).

20 Ziffer 2.1.5 der Resolución Miscelánea Fiscal 2004/2005, D.O.F. v. 30.04.2004. Die Resolución Miscelánea Fiscal erläutert die Ansichten der Finanzverwaltung zur Anwendung und Auslegung steuerrechtlicher Vorschriften.

Art. 8 Abs. 1 LISR nennt die Gesellschaften und Personenvereinigungen, denen für Zwecke der Besteuerung eine eigene Subjektfähigkeit zukommt. Dazu gehören in erster Linie die Handelsgesellschaften (sociedades mercantiles).
Der rechtliche Rahmen für die Gründung und Struktur mexikanischer Gesellschaften ist in der Ley General de Sociedades Mercantiles (Gesetz zu den Handelsgesellschaften, LGSM)[21] und dem Código Civil (CC)[22] normiert. Übliche Rechtsformen für Kapitalgesellschaften sind die mit einer deutschen Aktiengesellschaft vergleichbare Sociedad Anónima (S.A.) sowie die der deutschen Gesellschaft mit beschränkter Haftung entsprechende Sociedad de Responsabilidad Limitada (SRL). Im Gegensatz zum deutschen Recht wird in Mexiko auch Personengesellschaften wie der offenen Handelsgesellschaft (Sociedad en Nombre Colectivo, SenNC) und der Kommanditgesellschaft (Sociedad en Comandita Simple, SenCS) sowohl im Zivil- als auch im Steuerrecht der Status einer juristischen Person und damit in beiden Rechts-gebieten eine eigene Subjektfähigkeit zuerkannt. Darüber hinaus werden die mit der deutschen Gesellschaft bürgerlichen Rechts vergleichbare Sociedad Civil und sonstige Personenzusammenschlüsse (z. B. die stille Gesellschaft, Asociación en Participación) in Art. 8 Abs. 1 LISR als eigenständige Steuersubjekte genannt. Die Subjektfähigkeit der Asociación en Participación besteht jedoch nur auf dem Gebiet des Steuerrechts. Personenvereinigungen ohne wirtschaftliche Zielsetzung sind steuerlich transparent.

Die Einstufung einer Personenvereinigung als juristische Person für Zwecke des mexikanischen Steuerrechts hängt im Ergebnis nicht von ihrer Eigenschaft als Kapital- oder Personengesellschaft ab. Das Konzept der Mitunternehmerschaft ist dem mexikanischen Steuerrecht unbekannt[23]. Entscheidend ist vielmehr, dass es sich bei der Gesellschaft gemäß Art. 25 III. CC zivilrechtlich um eine juristische Person handelt und sie überwiegend mit Gewinnerzielungsabsicht tätig ist oder eine wirtschaftliche Zielsetzung hat[24]. Dieser Befund beansprucht in Anbetracht einiger Spezialregelungen zwar keine absolute Geltung[25]; für die überwiegende Mehrzahl der "wirtschaftlichen Einheiten" trifft er jedoch zu.

21 D.O.F. v. 04.08.1934.

22 D.O.F. (in vier Teilen) v. 26.05., 14.07., 03.08. und 31.08.1928.

23 *Gutiérrez Espinosa*, CFDI LXXXa (1995), 377 (379-381). Im Folgenden soll gleichwohl der Begriff "Personengesellschaft" auf die hier behandelten Gesellschaften mexikanischen Rechts angewendet werden.

24 Vgl. *Fernández Martínez*, Derecho Fiscal, S. 250.

(b) Die einzelnen Personengesellschaften und steuerlich subjektfähigen Personenvereinigungen im Überblick

Zu den Handelsgesellschaften gehören gemäß Art. 1 LGSM die Sociedad en Nombre Colectivo (Art. 25 ff.), die Sociedad en Comandita Simple (Art. 51 ff.), die Sociedad de Responsabilidad Limitada (Art. 58 ff.), die Sociedad Anónima (Art. 87 ff.), die Sociedad en Comandita por Acciones (Art. 207 ff.) sowie die Sociedad Cooperativa[26] (Art. 212 ff.). Alle Gesellschaftsformen sind gemäß Art. 4 LGSM kraft Rechtsform Handelsgesellschaften mit eigener Rechtspersönlichkeit (Art. 2 LGSM) und können auch mit veränderbarem Grundkapital gegründet werden (capital variable, gekennzeichnet durch den Zusatz "de C.V.").

Der konstituierende Gesellschaftsvertrag sowie dessen Änderungen sind beurkundungspflichtig. Zwingend anzugeben sind gemäß Art. 6 LGSM die Firma der Gesellschaft, die Namen der Gesellschafter und deren Nationalität bzw. Sitzstaat im Falle einer juristischen Person, die Höhe des Grundkapitals bzw. des Mindestkapitals im Falle einer Sociedad de Capital Variable sowie Angaben bezüglich Dauer, Verwaltungssitz, Geschäftsführern, Gewinnverteilung, Auflösungsgründe und die Vorgehensweise im Liquidationsverfahren.

i. Sociedad en Nombre Colectivo

Die Sociedad en Nombre Colectivo (SenNC) ist der unter einer Firma (razón social) erfolgende Zusammenschluss von natürlichen und/oder juristischen Personen, die als Gesellschafter eine uneingeschränkte und solidarische Haftung für die Verpflichtungen der Gesellschaft trifft (Art. 25 LGSM)[27]. Hiervon ab-

25 So z. B. die fehlende Steuersubjektivität der Treuhand (Fideicomiso) und umgekehrt die fehlende zivilrechtliche Subjekteigenschaft der Asociación en Participación.

26 Die Regelungen zur Sociedad Cooperativa sind in einem gesonderten Gesetz enthalten, auf das Art. 212 LGSM verweist: Ley General de Sociedades Cooperativas, D.O.F. v. 03.08.1994. Eine in der Rechtsform der Sociedad Cooperativa betriebene Gesellschaft hat keine wirtschaftliche Zielsetzung im Sinne einer Gewinnerzielungsabsicht und wird daher steuerlich transparent behandelt (vgl. Art. 93 ff. LISR: Régimen fiscal de las personas morales con fines no lucrativos).

27 *Ramírez Valenzuela*, Introducción al Derecho Mercantil y Fiscal, S. 142 f.

weichende, im Innenverhältnis getroffene Abreden sind gegenüber Dritten unwirksam (Art. 26 LGSM). Gemäß Art. 27 LGSM ist die Firma der Gesellschaft mit dem Namen eines oderer mehrerer Gesellschafter zu bilden. Wird nur ein Name in der Firma verwandt, so ist die Mehrzahl der Gesellschafter mit dem Zusatz "y compañía" kenntlich zu machen (Art. 27 LGSM). Eine Übertragung der Gesellschaftsanteile durch einen Gesellschafter kann gemäß Art. 31 LGSM nicht ohne Zustimmung der übrigen Gesellschafter erfolgen, es sei denn, der Gesellschaftsvertrag sieht diesbezüglich etwas anderes vor (z. B. Mehrheitsbeschluss). Dies gilt auch für Änderungen des Gesellschaftsvertrags (Art. 34 LGSM). Zur Geschäftsführung können ein oder mehrere Personen – bei denen es sich nicht um Gesellschafter handeln muss – berufen sein (Art. 36 LGSM). Bleibt die Ernennung eines oder mehrerer Geschäftsführer aus, so obliegt die Geschäftsführung gemäß Art. 40 LGSM allen Gesellschaftern gemeinschaftlich.

Die Gründe, die zur Auflösung der SenNC führen, sind einerseits (dispositiv) gesetzlich bestimmt (Art. 230 f. LGSM, z. B. Tod eines Gesellschafters) und können darüber hinaus im Gesellschaftsvertrag festgelegt werden. Regelungen zum Liquidationsverfahren enthalten die Art. 234 f. LGSM. Auch hier ist der Gesellschaftsvertrag – soweit die gesetzlichen Regelungen nicht zwingenden Charakters sind – maßgeblich. Gründe für den Ausschluss eines Gesellschafters können im Gesellschaftsvertrag bestimmt sein und sind ferner bei Arglist, grobem Verschulden oder Geschäftsunfähigkeit eines Gesellschafters gegeben (Art. 50 i. V. m. Art. 59 LGSM).

ii. Sociedad en Comandita Simple

Die Sociedad en Comandita Simple (SenSC) wird unter einer Firma (razón social) betrieben. Sie besteht aus einem oder mehreren Komplementären (socios comanditados), die uneingeschränkt und gemeinschaftlich für die Gesellschaftsschulden bzw. -verpflichtungen haften sowie einem oder mehreren Kommanditisten (socios comanditarios), die lediglich bis zur Höhe ihrer jeweiligen Einlage haften (Art. 51 LGSM)[28]. Gemäß Art. 52 LGSM muss die Firma einer SenSC den Namen eines oder mehrerer Komplementäre enthalten, gefolgt von den Worten "y compañía" oder einem Äquivalent. Im Anschluss

28 *Ramírez Valenzuela*, Introducción al Derecho Mercantil y Fiscal, S. 143 f.

daran ist stets die Bezeichnung "Sociedad en Comandita" oder die Abkürzung S. en C. anzufügen. Der Name eines Kommanditisten oder eines Nicht-Gesellschafters in der Firma führt gemäß Art. 53 LGSM zur uneingeschränkten Haftung der genannten Person nach den für Komplementäre geltenden Grundsätzen des Art. 51 LGSM. Kommanditisten sind – auch als Ermächtigte – nicht zur Geschäftsführung befugt (Art. 54 LGSM) und haften wie ein Komplementär, wenn sie Aufgaben der Geschäftsführung wahrnehmen (Art. 55 LGSM). Hinsichtlich der Auflösung und Liquidation einer SenCS sowie des Gesellschafterausschlusses gelten die voranstehend im Rahmen der SenNC erwähnten Bestimmungen[29].

iii. Sociedad Civil

Die Sociedad Civil (SC) ist keine Handelsgesellschaft i. S. d. LGSM. Eine Sociedad Civil ist gemäß Art. 2688 CC ein Vertrag, durch den die Gesellschafter sich zur Einbringung ihrer finanziellen Mittel und Arbeitsleistung verpflichten, um ein gemeinsames Ziel zu erreichen. Dieses Ziel muss überwiegend wirtschaftlicher Art sein, darf aber nicht mit der dem Handels- bzw. Gewerbebetrieb verbundenen Spekulations- oder Gewinnerzielungsabsicht einhergehen. Als Beispiele für eine Sociedad Civil werden Zusammenschlüsse von Freiberuflern sowie grundstücksverwaltende Gesellschaften genannt[30].

Die Gesellschaft muss unter einer Firma betrieben werden, auf die die Bezeichnung "Sociedad Civil" oder die Abkürzung SC folgt (Art. 2699 CC). Die geschäftsführenden Gesellschafter haften gemäß Art. 2704 CC uneingeschränkt und gemeinschaftlich. Alle anderen Gesellschafter haften in Ermangelung einer anderslautenden Bestimmung im Gesellschaftsvertrag nur in Höhe ihrer Einlage. Gemäß Art. 2690 CC bedarf der Gesellschaftsvertrag lediglich der Schriftform; eine notarielle Beurkundung ist nur dann erforderlich, wenn die Verpflichtung eines Gesellschafters in der Einbringung eines Vermögensgegenstandes besteht, für dessen Übertragung die notarielle Beurkundung gesetzlich vorgeschrieben ist (z. B. Grundeigentum).

Der Gesellschaftsvertrag ist gemäß Art. 2694 CC im Registro de Sociedades Civiles einzutragen, um gegenüber Dritten Wirkung zu entfalten. Ist die für den

29 Für die Sociedad en Comandita Simple gelten ferner die auf eine Sociedad en Nombre Colectivo anwendbaren Vorschriften der Art. 30-39, 41-44 sowie 46-50 LGSM.

30 *Fernández Martínez*, Derecho Fiscal, S. 250.

Gesellschaftsvertrag vorgeschriebene Form nicht eingehalten, so kann gemäß Art. 2691 CC jeder Gesellschafter die Liquidation der Gesellschaft nach den vereinbarten Regelungen verlangen. In der Zwischenzeit ist der Gesellschaftsvertrag jedoch als wirksam zu behandeln. Änderungen des Gesellschaftsvertrags sind nur durch einstimmigen Beschluss der Gesellschafter möglich (Art. 2698 CC). Dies gilt auch für den Ausschluss eines Gesellschafters, der darüber hinaus auf einem schwerwiegenden, im Gesellschaftsvertrag bestimmten Grund basieren muss (Art. 2707 CC). Die Geschäftsführung einer SC kann gemäß Art. 2709 CC auf einen oder mehrere Gesellschafter übertragen werden. Aufgaben oder Rechtsgeschäfte, auf die sich die Geschäftsführung (z. B. durch Bestimmungen im Gesellschaftsvertrag) nicht erstreckt, können nur von allen Gesellschaftern gemeinschaftlich wahrgenommen werden. Art. 2720 CC nennt die zur Liquidation der Gesellschaft führenden Auflösungsgründe. Hierzu zählen z. B. der Tod eines Gesellschafters, die Erreichung des Gesellschaftszwecks oder Zeitablauf. Tritt ein Gesellschafter der Gesellschaft aus, wird diese – soweit die übrigen Gesellschafter keinen gegenteiligen Beschluss fassen – fortgeführt.

iv. Asociación en Participación

Die Asociación en Participación besitzt zivilrechtlich keine eigene Rechtspersönlichkeit. Gleichwohl wird sie für steuerliche Zwecke wie eine juristische Person behandelt (Art. 8 Abs. 1 LISR).

Art. 252 LGSM definiert die Asociación en Participación (AenP) als Vertrag, mit dem sich eine Person (Asociado) gegenüber einer anderen Person (Asociante) zur Übertragung von Vermögensgegenständen oder zur Leistung von Diensten verpflichtet und im Gegenzug an dem aus einem oder einer Reihe von Handelsgeschäften resultierenden Gewinn oder Verlust beteiligt wird[31]. Im Verlustfall ist der auf die Asociados entfallende Anteil auf die Höhe ihrer jeweiligen Einlage beschränkt. Art. 253 LGSM stellt klar, dass die AenP keine Rechtspersönlichkeit hat und folglich nicht (wie die oben erörterten Gesellschaftsformen) unter einer Firma betrieben wird. Gemäß Art. 254 und Art. 255 LGSM soll der der AenP zugrundeliegende Vertrag sämtliche Modalitäten des Verhältnisses zwischen Asociante und dem oder den Asociado(s) enthalten und

31 *Ramírez Valenzuela*, Introducción al Derecho Mercantil y Fiscal, S. 149 f.

in Schriftform geschlossen werden; ein Eintrag im Handelsregister erfolgt nicht. Der Asociante wird im eigenen Namen tätig. Die Asociados treten gegenüber Dritten nicht in Erscheinung und begründen kein Rechtsverhältnis zu diesen (Art. 255 LGSM). Der Betrieb, die Auflösung und die "Liquidation" einer AenP richten sich nach den (dispositiven) Regeln über die SenNC.

b. Einkünfteermittlung

1. Natürliche Personen

Das Einkommen im Sinne des LISR besteht aus der Summe der Einkünfte der insgesamt zehn Einkunftsarten. Dazu gehören Einkünfte aus nichtselbständiger Tätigkeit, Einkünfte aus der Vermietung unbeweglichen Vermögens, Dividenden, Zinsen, Veräußerungsgewinne, Einkünfte aus Auszeichnungen und Preisen sowie "andere Einkünfte"[32]. Darüber hinaus existieren eine Reihe von Einzeltatbeständen, die bestimmte Wertzuwächse und sonstige Einkünfte erfassen. Hierzu zählen Schenkungen, Schatzfund, Erwerb von Gütern unter Preis und vom Mieter vorgenommene Verbesserungen an unbeweglichem Vermögen, die an den Vermieter "weitergereicht" werden.

Die jeweils von den Bruttoeinkünften abziehbaren Ausgaben sind für jede Einkunftsart gesondert festgelegt. Allgemeine, für sämtliche Einkunftsarten geltende Voraussetzungen des Ausgabenabzugs enthalten die Art. 72 f. LISR. Danach müssen Ausgaben für die Erzielung der Einkünfte "strikt notwendig" bzw. "unerlässlich" und einzeln belegt sein.

Natürliche Personen können – neben den Werbungskosten innerhalb der jeweiligen Einkunftsart – folgende persönliche Aufwendungen von den Gesamteinkünften abziehen: Schulbeförderungskosten, Kosten für die medizinische Versorgung des Steuerpflichtigen und seiner Angehörigen, Krankenversicherungsbeiträge, Beerdigungskosten (Angehörige) und Schenkungen an verschiedene, gesetzlich bestimmte Empfänger[33].

32 Detaillierte Angaben zu den einzelnen Einkunftsarten erfolgen im Rahmen der jeweiligen Verteilungsartikel des DBA-Mexiko (siehe Kapitel 3).

33 Diese steuerlich berücksichtigungsfähigen Ausgaben sind vergleichbar mit den im EStG vorgesehenen Sonderausgaben (§ 10) bzw. außergewöhnlichen Belastungen (§ 33).

Positive und negative Einkünfte, die (ihrer Art nach) der Einkommensteuer unterliegen, können grundsätzlich miteinander verrechnet werden. Das zu versteuernde Einkommen[34] wird einem progressiven Tarif von 3 % bis 30 % unterworfen (Art. 177 LISR).

2. Juristische Personen

Das zu versteuernde Einkommen (renta) einer juristischen Person i. S. v. Art. 8 Abs. 1 LISR wird durch Gegenüberstellung der positiven Einkünfte (ingresos acumulables) und der abzugsfähigen Betriebsausgaben (deducciones autorizadas) sowie der vorgetragenen Verluste ermittelt. Einkünfte im Sinne der Körperschaftsteuer sind gemäß Art. 17 Abs. 1 LISR die Summe der Vermögenszuwächse in Geld oder geldwerten Gütern[35]. Eine Aufteilung in Einkunftsarten findet bei juristischen Personen nicht statt.

Einkünfte sind alle Wertzugänge, die mit der Tätigkeit einer juristischen Person i. S. v. Art. 8 Abs. 1 LISR zusammenhängen. "Betriebsausgaben" sind nur dann abzugsfähig, wenn sie für die Tätigkeit des Unternehmens "strikt notwendig" (Art. 31 Abs. 1 LISR), durch Belege nachgewiesen und in die Buchführung eingegangen sind. Quellensteuerpflichtige Zahlungen können erst nach Abführung der Quellensteuer als Betriebsausgaben abgezogen werden.
Die Abzugsfähigkeit von Kosten bzw. Ausgaben richtet sich in zeitlicher Hinsicht nach ihrer Verursachung. Das Zu- und Abflussprinzip gilt nur für die Sociedad Civil[36].
Eine Auflistung spezieller Tatbestände abzugsfähiger und nicht abzugsfähiger Betriebsausgaben enthalten Art. 29 bzw. Art. 32 LISR[37]. Wirtschaftsgüter des Anlagevermögens unterliegen der Abschreibung. Es gilt ausschließlich die lineare Methode.

---

34 Das zu versteuernde Einkommen einer natürlichen Person wird durch die Instrumente des subsidio fiscal und des crédito general gemindert. Der crédito general gewährleistet die Freistellung eines festen Grundbetrags von der Steuer, während der subsidio fiscal in Relation zu dem zu versteuernden Einkommens eines jeden Steuerpflichtigen steht.

35 Siehe dazu im Detail Art. 7 DBA-Mexiko, Kapitel 3, I.B.

36 *Corral Moreno*, Estudio Práctico del ISR para Personas Morales 2005, S. 83.

37 Vgl. die Ausführungen zu Art. 7 DBA-Mexiko, Kapitel 3, I.B.b.

Nicht verrechenbare Verluste können grundsätzlich bis zu zehn Jahre vorgetragen werden (Art. 61 Abs. 2 LISR).

Körperschaftsteuerpflichtige Personen sind zur Bildung eines Kontos verpflichtet, das Auskunft über den verteilbaren (versteuerten) Gewinn gibt ("CUFIN"-Konto: cuenta de utilidad fiscal neta). Die aus dem CUFIN-Konto inländischer (mexikanischer) Gesellschaften bestrittenen Gewinnausschüttungen sind bei den Empfängern steuerfrei (Art. 11 Abs. 4 LISR). Stammt der ausgeschüttete Gewinn nicht aus dem CUFIN-Konto, kommt es zu einer Nachversteuerung auf der Ebene der Gesellschaft[38].
Der zu versteuernde Gewinn juristischer Personen i. S. v. Art. 8 Abs. 1 LISR unterliegt einem Steuersatz von 30 % (bis 2007 Herabsenkung auf 28 %).

3. Ausländische Steuern

(a) Unilaterale Regelungen

Unbeschränkt Steuerpflichtige können Steuern, die im Ausland auf dort erzielte Einkünfte erhoben wurden, bis zur Höhe der mexikanischen Steuer, die auf die ausländischen Einkünfte entfällt, anrechnen (Art. 6 LISR).
Der Betrag der ausländischen Einkünfte ist nach mexikanischem Recht zu ermitteln. Ausgaben, die sowohl auf mexikanische als auch auf ausländische Einkünfte entfallen, sind in dem Verhältnis zum Abzug zugelassen, in dem die ausländischen Einkünfte zu den Gesamteinkünften des Steuerpflichtigen stehen (Art. 6 Absätze 10 und 11 LISR).

Entgegen der im deutschen Recht geltenden "per country limitation", nach der die ausländische Steuer nur auf diejenige deutsche Steuer angerechnet werden kann, die auf Einkünfte aus diesem Quellenstaat entfällt [siehe § 34 c Abs. 1 EStG, § 26 Abs. 1 KStG], gilt im mexikanischen Steuerrecht die so genannte "overall limitation". Die Gesamtheit der ausländischen Steuern kann auf die Gesamtheit der inländischen (mexikanischen) Steuern angerechnet werden. Anrechnungsüberhänge, die im Rahmen einer bestimmten Einkunftsart durch eine höhere ausländische Steuer bei der inländischen (mexikanischen) Besteuerung entstünden, können demnach auf ausländische Einkünfte – unge-

38 Siehe Art. 10 DBA-Mexiko, Kapitel 3, III.B.a.

achtet ihrer Herkunft – verteilt werden, die im Quellenstaat einer niedrigeren Steuer als der in Mexiko auf die entsprechenden Einkünfte erhobenen Steuer unterliegen[39].

Bei einer direkten, mindestens 10 %igen Beteiligung an einer ausländischen Gesellschaft, die mindestens sechs Monate vor der Gewinnausschüttung gehalten wird, können unbeschränkt körperschaftsteuerpflichtige Personen die anteilig auf die Dividenden entfallende Körperschaftsteuer der ausländischen Gesellschaft bis zur Höhe der entsprechenden inländischen Körperschaftsteuer anrechnen (indirekte Anrechnung, Art. 6 Abs. 2 LISR). Die Anrechnung ist ab 2005 bis zur dritten Gesellschafts-Ebene zulässig (Art. 6 Abs. 4 LISR). Dazu ist eine direkte Beteiligung der mexikanischen Gesellschaft in Höhe von 10 % an der ausländischen Gesellschaft der zweiten Ebene sowie eine Beteiligung dieser Gesellschaft an der Gesellschaft der dritten Ebene in Höhe von 10 % erforderlich. Die indirekt beteiligte mexikanische Gesellschaft muss somit einen Anteil von mindestens 5 % an der Gesellschaft der 3. Ebene halten[40]. Für die Durchführung der Anrechnung ist die von der ausländischen Gesellschaft entrichtete Steuer, die auf die von der mexikanischen Gesellschaft vereinnahmte Dividende entfällt, dem Ausschüttungsbetrag hinzuzurechnen.

Ausländische Steuern, die nach den oben dargelegten Methoden nicht auf die mexikanische Steuer angerechnet werden dürfen (Anrechnungsüberhänge), können bis zu 10 Jahre ab dem Veranlagungszeitraum vorgetragen werden, in dem die in Frage stehende ausländische Steuer gezahlt wurde (Art. 6 Abs. 13 LISR).

(b) Bilaterale Regelungen

Die Gewährung der Vorteile eines von Mexiko abgeschlossenen DBA richtet sich nach Art. 5 LISR. Der Steuerpflichtige hat nachzuweisen, dass er in dem jeweiligen Vertragsstaat, mit dem Mexiko ein DBA unterhält, ansässig ist und

39 Die overall limitation ermöglicht das sogenannte mixing oder pooling, bei dem niedrig besteuerte ausländische Einkünfte mit hoch besteuerten ausländischen Einkünften zusammengefasst werden, um einen durchschnittlichen Steuersatz zu erreichen, der gerade dem inländischen (mexikanischen) Steuerniveau entspricht; vgl. *Frotscher*, Internationales Steuerrecht, S. 91.

40 *Corral Moreno*, Estudio Práctico del ISR para Personas Morales 2005, S. 39 f. (42).

die zur Erlangung der Abkommensvorteile erforderlichen, "formellen Voraussetzungen" erfüllt. Eine nähere, inhaltliche Umschreibung dieser formellen Bestimmungen existiert nicht[41]. Lediglich Art. 6 RLISR[42] spezifiziert die Nachweispflichten dahingehend, dass eine Bescheinigung durch die zuständige Finanzbehörde des Ansässigkeitsstaats oder eine Vorlage der Steuererklärung des vorangehenden Veranlagungszeitraums erforderlich ist.
Ist die von Mexiko erhobene Quellensteuer kraft eines DBA begrenzt, so wird die entsprechende Steuer sofort, d. h. direkt in Übereinstimmung mit der jeweiligen Abkommensvorschrift, reduziert (Art. 5 Abs. 1 S. 2 LISR)[43]. Ein Erstattungsverfahren ist somit nicht erforderlich. Hat eine in Mexiko unbeschränkt steuerpflichtige Person in einem anderen Staat eine Steuer entrichtet, die über den abkommensrechtlich vereinbarten Betrag hinausgeht, kann eine Anrechnung der Steuer nach den Bestimmungen des mexikanischen Rechts erst dann erfolgen, wenn das im Abkommen vorgesehene Verständigungsverfahren ausgeschöpft wurde (Art. 6 Abs. 15 LISR).

41 Damit kann eine über die Voraussetzungen des Abkommens hinausgehende Erschwernis verbunden sein, was im mexikanischen Schrifttum kritisiert wird; vgl. *Instituto Mexicano de Contadores Públicos*, LISR 2005, Art. 5, S. 35.

42 Reglamento de la Ley del Impuesto sobre la Renta, D.O.F. v. 17.10.2003.

43 *Corral Moreno*, Estudio Práctico del ISR para Personas Morales 2005, S. 37, 38.

Kapitel 2 : Abkommensberechtigung

I. Persönlicher Anwendungsbereich (Art. 1, 4 DBA-Mexiko)

A. Abkommensberechtigung nach den Vorgaben des innerstaatlichen Rechts

a. Folgen der unterschiedlichen Besteuerungskonzepte

Gemäß Art. 1 DBA-Mexiko gilt das Abkommen für Personen, die in einem Vertragsstaat oder in beiden Vertragsstaaten ansässig sind.
Art. 3 Abs. 1 Buchst. b) DBA-Mexiko bestimmt, dass unter den Begriff "Person" im Sinne des Art. 1 DBA-Mexiko natürliche Personen und Gesellschaften fallen. Abweichend vom OECD-MA werden die "anderen Personenvereinigungen" nicht genannt. Die Begriffe "natürliche Person" und "Gesellschaft" sind – soweit sich aus dem Abkommen nichts anderes ergibt – gemäß der lex-fori-Klausel des Art. 3 Abs. 2 DBA-Mexiko nach dem innerstaatlichen Steuerrecht des Staates zu beurteilen, der das DBA anwendet. Eine "Gesellschaft" im Sinne des Art. 3 Abs. 1 Buchst. c) DBA-Mexiko ist eine juristische Person oder ein anderer Rechtsträger, der für die Besteuerung wie eine juristische Person behandelt wird. Vor dem Hintergrund des Abkommenszusammenhangs wird man das Vorliegen einer "juristischen Person" von steuerrechtlichen Kriterien abhängig machen müssen. Demnach vermag allein die zivilrechtliche Subjektfähigkeit einer Gesellschaft nicht ihre abkommensrechtliche Personeneigenschaft zu begründen[44].

Bei Zugrundelegung seines innerstaatlichen Rechts ist aus der Sicht Deutschlands als Anwendestaat des DBA-Mexiko eine Personengesellschaft keine juristische Person und wird auch für die Besteuerung nicht als solche behandelt. Die Nichtaufnahme des Begriffs "Personenvereinigung" aus dem OECD-MA in das DBA-Mexiko bedingt, dass eine Personengesellschaft bei Zugrundelegung des deutschen innerstaatlichen Rechts bereits keine "Person" i. S. d. Art. 3 Abs. 1 Buchst. b) DBA-Mexiko ist. Diese Eigenschaft kann nur dem in Deutschland ansässigen Gesellschafter zukommen.

44 So auch *Piltz*, Personengesellschaften, S. 183 f.; *Pott*, Kollision unterschiedlicher Formen der Gesellschaftsbesteuerung, S. 167 f.; *Aigner*, SWI 2001, 125 (125). Nach *Weggenmann*, Einordnungskonflikte, S. 55 f. genügt die zivilrechtliche Eigenschaft als juristische Person.

Auch eine mexikanische "Personengesellschaft", die in Mexiko als juristische Person der Körperschaftsteuer unterliegt, ist bei der Beurteilung ausschließlich nach deutschem Recht als nicht abkommensberechtigt einzustufen, denn sie wird ungeachtet ihrer steuerlichen Behandlung in Mexiko als fiskalisch transparent angesehen. Diese als Rechtstypenvergleich bezeichnete Vorgehensweise zur steuerrechtlichen Einstufung von Gesellschaften ausländischen Rechts beruht auf der sogenannten "Venezuela-Entscheidung" des RFH[45]. Darin wurde der bis heute vom BFH[46], der Finanzverwaltung[47] und der herrschenden Meinung im Schrifttum[48] anerkannte Grundsatz aufgestellt, dass die Einstufung des Sitzstaates hinsichtlich der Steuersubjekteigenschaft für die Besteuerung in Deutschland nicht zu übernehmen ist, wenn der ausländische Personenzusammenschluss in Deutschland einer anderen Rechtsform entspricht. Dazu werden die gesellschaftsrechtlichen Merkmale des ausländischen Wirtschaftsgebildes ermittelt und dann einem vergleichbaren deutschen Rechtstyp zugeordnet. Aufgrund der nicht stets gegebenen deckungsgleichen Struktur wird auf das Gesamtbild der Verhältnisse abgestellt. Die steuerliche Behandlung einer Gesellschaft im Ausland hat keinen Einfluss auf die Qualifikation, zumal diese auf der Basis des Rechtstypenvergleichs nach dem allgemeinen inländischen Steuerrecht (nicht: Zivilrecht) entschieden wird.

---

45 Grundlegend RFH v. 12.02.1930, RStBl. 1930, 444 ff. zu einer Kommanditgesellschaft venezolanischen Rechts.

46 BFH v. 17.07.1968, BStBl. II 1968, 695 (696); BFH v. 03.02.1988, BStBl. II 1988, 588 (590); BFH v. 23.06.1992, BStBl. II 1992, 972 ff.; BFH v. 19.05.1993, BStBl. II 1993, 714 f.; BFH v. 15.03.1995, BStBl. II 1995, 653 (655); BFH v. 19.03.1996, BStBl. II 1996, 312 (313).

47 BMF v. 24.12.1999 (Betriebstätten-Verwaltungsgrundsätze), BStBl. I 1999, 1076 (1080), Tz. 1.1.5.2; vorübergehende (inzwischen zurückgenommene) Abweichung in der Verwaltungspraxis: FinMin NRW v. 20.03.1973, koordinierter Ländererlass, FR 1973, 216.

48 *Prokisch* in: Vogel/Lehner, DBA, Art. 1 Rn. 18 ff.; *Piltz* in: Debatin/Wassermeyer, DBA (OECD-MA), Art. 7 Rn. 67, 77; H/H/R, KStG § 1 Rn. 103; H/H/R, EStG § 15 Rn. 31 a); *Jacobs*, Internationale Unternehmensbesteuerung, S. 561; *Schaumburg*, Internationales Steuerrecht, S. 301 ff., Rn. 6.15; *Piltz*, Personengesellschaften, S. 67 f.; *Riemenschneider*, Abkommensberechtigung, S. 43 ff.; *Weggenmann*, Einordnungskonflikte, S. 41; *Manke*, JbFfSt. 1978/79, 333 f.; *Kluge*, DStR 1976, 365 f.; *Debatin*, BB 1988, 1155 (1158); *ders.*, FR 1979, 493 f.; *Schmidt*, IStR 1996, 14 (17); abweichend *Hintzen*, DStR 1971, 327 f.; *ders.*, StuW 1974, 319 f., der für die Einordnung ausländischer Rechtsgebilde die Rechtspersönlichkeit nach ausländischem Zivil- und Steuerrecht als maßgebend ansieht.

In Mexiko haben die einer deutschen Gesellschaft bürgerlichen Rechts entsprechende Sociedad Civil, die mit der deutschen offenen Handelsgesellschaft vergleichbare Sociedad en Nombre Colectivo und die einer Kommanditgesellschaft deutschen Rechts entsprechende Sociedad en Comandita Simple sowohl zivil- als auch steuerrechtlich den Status einer juristischen Person. Für Mexiko als Anwendestaat des DBA sind diese Gesellschaften "Personen" i. S. v. Art. 3 Abs. 1 Buchst. b) DBA-Mexiko. Weiterhin sind die in Mexiko gegründeten bzw. dort geleiteten "Personengesellschaften" in Form der SC (GbR), SenNC (OHG) und SenCS (KG) aus mexikanischer Sicht ansässige Personen i. S. d. Art. 4 Abs. 1 DBA-Mexiko, denn sie unterliegen in Mexiko der unbeschränkten Körperschaftsteuerpflicht.
Auch deutsche Personengesellschaften können infolge der hier unterstellten Beurteilung allein nach mexikanischem Recht von Mexiko als Steuersubjekte und mithin abkommensberechtigte Personen eingestuft werden, zumal sie angesichts ihrer Einstufung durch Mexiko – im Wege eines in diesem Staat erfolgenden Rechtstypenvergleichs – das Kriterium der Ansässigkeit i. S. v. Art. 4 Abs. 1 DBA-Mexiko abstrakt erfüllen (könnten).

b. Treuhand (Fideicomiso) und Asociación en Participación (AenP)

Eine Asociación en Participación (AenP) wird in Mexiko als eigenständiges Körperschaftsteuersubjekt behandelt. Gewinnausschüttungen werden nach mexikanischem Steuerrecht als Dividenden qualifiziert. Die nicht in Mexiko ansässigen Teilhaber unterhalten keine Betriebstätte in Mexiko, zumal sie aufgrund des Trennungsprinzips hinter die steuerlich subjektfähige und damit für die Besteuerung der Gewinne maßgebliche AenP zurücktreten.
Aus der steuerlichen Behandlung der AenP ergeben sich Fragen für die Besteuerung ihrer Einkünfte bei grenzüberschreitenden Sachverhalten. Im Vordergrund steht dabei die Frage, ob die AenP die Kriterien des Begriffs "Ansässigkeit" i. S. d. Art. 4 Abs. 1 DBA-Mexiko – bei Zugrundelegung der mexikanischen Besteuerungsweise – erfüllt und damit abkommensberechtigt ist. Es ist zweifelhaft, ob die AenP *selbst* der mexikanischen Körperschaftsteuer unterliegt. Formal verantwortlich für das Einreichen der Steuererklärung und die Entrichtung der Steuer ist nämlich der sogenannte Asociante, d. h. der in seiner Haftung unbeschränkte Teilhaber (Art. 1 CFF). Für die Einordnung der AenP als eigenständiges Körperschaftsteuersubjekt und ansässige Person i. S. v.

Art. 4 Abs. 1 DBA-Mexiko spricht jedoch, dass die Gewinne der AenP bei selbiger (und nicht bei den Teilhabern) dem linearen Körperschaftsteuersatz unterliegen. Die Steuer richtet sich somit nicht nach den persönlichen Verhältnissen der Gesellschafter[49]. Dies spricht für die körperschaftliche Struktur einer AenP.

Die abkommensrechtliche Einstufung einer mexikanischen AenP als ansässige Person aufgrund der voranstehend angeführten Argumente wird auch durch Art. 17-B CFF nahegelegt. Die Regelung bestimmt – wie auch Art. 8 Abs. 1 LISR –, dass die AenP für Zwecke des Steuerrechts als juristische Person anzusehen ist, sofern sie in Mexiko eine unternehmerische Tätigkeit entfaltet, der ihr zugrundeliegende Vertrag nach mexikanischem Recht geschlossen wurde, oder eines der für die steuerrechtliche Ansässigkeit i. S. v. Art. 9 CFF maßgeblichen Kriterien durch die AenP erfüllt wird (z. B. Geschäftsleitung in Mexiko). In allen aufgeführten Fällen ist die AenP gemäß Art. 17-B S. 3 CFF als in Mexiko ansässige Person zu behandeln.

Ziel des für die AenP geltenden Besteuerungskonzepts ist überdies die Annäherung der steuerlichen Belastung des Resultats einer AenP an die von anderen juristischen Personen zu entrichtende Steuer, ohne dass dem Asociante die Möglichkeit offen steht, Gewinne oder Verluste aus der AenP zu akkumulieren und uneingeschränkt mit anderen Einkünften zu verrechnen[50].

Im Ergebnis ist festzustellen, dass sich die Besteuerung einer mexikanischen AenP umfassend an den für steuerlich subjektfähige, juristische Personen geltenden Kriterien orientiert. Die AenP ist folglich – unter den in Art. 17-B CFF genannten Voraussetzungen – eine gemäß Art. 4 Abs. 1 DBA-Mexiko ansässige Person und damit aus mexikanischer Sicht abkommensberechtigt i. S. v. Art. 1 DBA-Mexiko.

Ein nicht in Mexiko ansässiger Teilhaber einer mexikanischen Treuhand ("Fideicomiso"), der über diese in Mexiko unternehmerische Aktivitäten entfaltet, unterhält gemäß Art. 2 Abs. 3 LISR eine feste Einrichtung in Form einer Betriebstätte in Mexiko. Die Betriebstätte besteht dort, wo der Treuhänder (z. B. eine mexikanische Bank) seinen Verpflichtungen nachkommt. Eine mexikani-

49 Die Orientierung an den persönlichen Verhältnissen der Gesellschafter ist nach den im Partnership Report entwickelten Kriterien der OECD ein Indiz für die fiskalische Transparenz einer Gesellschaft. Vgl. OECD: The Application of the OECD Model Tax Convention to Partnerships, Issues in International Taxation, No. 6 (1999), Tz. 40.

50 *Corral Moreno*, Estudio Práctico del ISR para Personas Morales 2005, S. 388.

sche Treuhand ist fiskalisch transparent und erfüllt damit nicht die Voraussetzungen der abkommensrechtlichen Ansässigkeit (Art. 4 Abs. 1 DBA-Mexiko).

B. Lösungsmodelle zur Abkommensberechtigung von Personengesellschaften

a. Uneingeschränkte Abkommensberechtigung von Personengesellschaften?

Angesichts der verschiedenen Steuerkonzepte und den daraus resultierenden Divergenzen im Hinblick auf die Abkommensberechtigung von Personengesellschaften ist zu ermitteln, ob das DBA-Mexiko Hinweise für die verbindliche Beurteilung durch einen Vertragsstaat enthält, nach der der andere Vertragsstaat seine Abkommensanwendung auszurichten hat. Besteht eine solche Bindungswirkung, ist deren Reichweite festzulegen.

1. Die Abkommensvorbehalte in Art. 3 Abs. 1, Abs. 2 DBA-Mexiko

Zunächst ist zwischen den Begriffen "Person" [Art. 3 Abs. 1 Buchst. b) DBA-Mexiko] i. S. v. natürlichen Personen und Gesellschaften und dem in Art. 4 Abs. 1 DBA-Mexiko verankerten Merkmal der "Ansässigkeit" zu differenzieren. Fehlt es bereits an der abkommensrechtlichen Personeneigenschaft, so ist die Annahme bzw. Prüfung der Ansässigkeit einer Personengesellschaft von vornherein ausgeschlossen[51].

Die Subsumtion aller, d. h. sowohl deutscher als auch mexikanischer Personengesellschaften unter den Begriff "Gesellschaft" i. S. v. Art. 3 Abs. 1 DBA-Mexiko könnte sich im Wege der Abkommensauslegung ergeben.

In Art. 3 Abs. 1 DBA-Mexiko werden Begriffe des Abkommens definiert, um eine möglichst einheitliche Abkommensanwendung zu gewährleisten. Vor dem Rückgriff auf das innerstaatliche Recht, wie Art. 3 Abs. 2 DBA-Mexiko ihn vorsieht, ist vor allem die sowohl in Art. 3 Abs. 1 als auch in Art. 3 Abs. 2 DBA-Mexiko enthaltene Wendung "wenn aus dem Zusammenhang nichts ande-

---

51 Dies ist bei deutschen Personengesellschaften der Fall, soweit die Beurteilung des Personenbegriffs ausschließlich unter Heranziehung des deutschen Steuerrechts erfolgt; vgl. I.A.a.

res hervorgeht" zu beachten. Hieraus folgt, dass die Vertragsstaaten angehalten sind, zunächst eine Auslegung oder Definition aus dem Abkommenszusammenhang zu erschließen[52]. Es dürfte zudem im Interesse der Staaten liegen, bereits auf Abkommensebene eine einheitliche Auslegung der in Frage stehenden Begriffe zu finden, denn nur so ist zu verhindern, dass ihre unterschiedlichen innerstaatlichen Systeme das DBA und seine Anwendung zu früh und in gegensätzlicher Weise überlagern, was möglicherweise durch die (nur nachrangige) Anwendung des Abkommens nicht mehr vermieden werden kann[53]. Anderenfalls hätten die Vertragsstaaten es bei ihren – im Fall Mexikos und Deutschlands relativ umfassend vorhandenen – unilateralen Maßnahmen belassen können.

Die uneingeschränkte Bejahung der abkommensrechtlichen *Personeneigenschaft* einer Personengesellschaft ergibt sich m. E. im Wege der vorrangigen Abkommensauslegung und unabhängig von der Qualifikation des Sitzstaats der Personengesellschaft. Es reicht danach für das Vorliegen einer "Person" i. S. v. Art. 3 Abs. 1 Buchst. b) DBA-Mexiko aus, dass die Personengesellschaft – ungeachtet des tatsächlichen Sitz- oder Geschäftsleitungsortes – im Vertragsstaat Mexiko für die Zwecke der Besteuerung eine juristische Person ist. Art. 3 Abs. 1 Buchst. c) DBA-Mexiko differenziert anders als Art. 4 Abs. 1 DBA-Mexiko nicht dahingehend, dass das Recht *eines* Vertragsstaates für die Einstufung als Gesellschaft und damit als Person maßgeblich ist. Der Wortlaut ist

---

52 Sogenannte völkerrechtliche Theorie; vgl. *Schaumburg*, Internationales Steuerrecht, S. 790, Rn. 16.63; *Piltz*, Personengesellschaften, S. 126; *von Ballestrem*, Intransparent besteuerte Personengesellschaft, S. 29; *Riemenschneider*, Abkommensberechtigung, S. 39; *Ostendorf*, Sondervergütungen, S. 122; *Debatin*, AWD 1969, 477 (479); *ders.*, DStZ 1987, 211 (213); *Kluge*, RIW 1975, 90 (92 f.); *Knobbe-Keuk*, RIW 1991, 306 (310). Für eine vorrangige Auslegung aus dem Abkommen heraus spricht sich auch der BFH aus: BFH v. 30.05.1990, BStBl. II 1990, 906 (907); BFH v. 26.02.1992, BStBl. II 1992, 937 f.; BFH v. 15.12.1993, BStBl. II 1994, 220. Demgegenüber ist nach *Vogel* in: Vogel/Lehner, DBA, Art. 3 Rn. 97 f., 122 vor dem Abkommenszusammenhang auf die innerstaatlichen Rechtsordnungen zurückzugreifen (sogenannte landesrechtliche Theorie); so offenbar auch die Finanzverwaltung bezüglich der Einstufung der amerikanischen LLC – BMF v. 19.03.2004, BStBl. I 2004, 411: "Die Einordnung der LLC für Zwecke der deutschen Besteuerung einschließlich der Anwendung des deutsch-amerikanischen Doppelbesteuerungsabkommens richtet sich *ausschließlich* (Hervorhebung durch Verf.) nach innerstaatlichem deutschen Steuerrecht. Das Abkommen bestimmt nicht, dass über die Einordnung eines Rechtsgebildes das Recht des Sitzstaates entscheidet.".

53 Dahingehend auch *Djanani/Brähler/Hartmann*, IStR 2004, 481 (482).

indifferent und erlaubt somit die Anknüpfung an das innerstaatliche Recht beider Vertragsstaaten[54].

2. Die Ansässigkeit i. S. v. Art. 4 Abs. 1 DBA-Mexiko

Im Fall einer deutschen Personengesellschaft muss die Abkommensberechtigung jedoch an der Ansässigkeit in Art. 4 Abs. 1 DBA-Mexiko scheitern. Der Wortlaut der Vorschrift stellt ausdrücklich auf das innerstaatliche Recht des Sitzstaates einer Person ab und lässt keinen Raum für die Ermittlung der Abkommensberechtigung allein nach abkommensrechtlichen Kriterien[55]. Die Abkommensberechtigung einer deutschen Personengesellschaft ist daher in Anbetracht der von Art. 4 Abs. 1 DBA-Mexiko angeordneten Maßgeblichkeit des deutschen Besteuerungssystems zu verneinen. Demgegenüber sind mexikanische Personengesellschaften aufgrund ihrer unbeschränkten Steuerpflicht in Mexiko in diesem Vertragsstaat ansässig und folglich abkommensberechtigt.

3. Ergebnis

Der Abschluss eines DBA zwischen Staaten mit einerseits transparenter und andererseits intransparenter Betrachtungsweise hat nach der hier vertretenen Auffassung zur Folge, dass eine Personengesellschaft – ungeachtet ihres Sitzstaates – unter den Begriff "Person" i. S. v. Art. 3 Abs. 1 Buchst. c) DBA-Mexiko fällt. Entscheidend ist, dass dem Personenzusammenschluss in *einem* der Vertragsstaaten die Subjektqualität zugesprochen wird.
Dies kann jedoch nicht für die Ansässigkeit i. S. v. Art. 4 Abs. 1 DBA-Mexiko gelten, denn diese Vorschrift stellt ausdrücklich auf die Beurteilung nach dem Steuerrecht des (potentiellen) Ansässigkeitsstaats ab.

---

54 Vgl. *Jacobs*, Internationale Unternehmensbesteuerung, S. 566.

55 Vgl. Art. 4 Abs. 1 DBA-Mexiko: "... *in einem Vertragsstaat* ansässige Person, die *nach dem Recht dieses Staates dort*..." (Hervorhebung durch Verf.).

b. Verpflichtung zur Übernahme der Abkommensberechtigung vom Sitzstaat?

Die Beurteilung der Abkommensberechtigung von Personengesellschaften nach Maßgabe allein des innerstaatlichen Rechts Deutschlands oder Mexikos führt stets zu entgegengesetzten Ergebnissen.
Die isolierte Abkommensanwendung durch die Vertragsstaaten würde jedoch nicht der Zielsetzung des DBA-Mexiko entsprechen. Das Abkommen stellt eine vom innerstaatlichen Recht getrennte, selbständige Regelungsebene dar[56]. Erfüllt beispielsweise eine mexikanische Personengesellschaft nach Maßgabe des mexikanischen Rechts die Voraussetzungen der Ansässigkeit, so kommt ihr eine eigenständige, abkommensrechtliche Position zu. Diese würde jedoch leerlaufen, wenn Deutschland unter ausschließlicher Heranziehung seines eigenen Rechts Schlussfolgerungen für die abkommensrechtliche Behandlung der Gesellschaft träfe.
Die vom Sitzstaat der Gesellschaft festgestellte – und nach der ausdrücklichen Bestimmung in Art. 4 Abs. 1 DBA-Mexiko nach dem Recht *dieses* Staates zu beurteilende – Ansässigkeit ist deshalb durch den anderen Vertragsstaat zu übernehmen. Dies entspricht der Ansicht der herrschenden Lehre[57] und der OECD[58]. Das Vorgehen der Finanzverwaltung lässt ebenfalls auf die Akzeptanz einer im anderen Vertragsstaat steuerlich subjektfähigen Gesellschaft als abkommensberechtigte Person schließen[59].
Die Übernahme der Abkommensberechtigung wird bisweilen kritisiert als fragwürdige oder unzulässige Ausnahme von dem allgemein anzunehmenden Grundsatz, dass sich die Qualifikation und die Zurechnung der Einkünfte nach dem Recht des die DBA-Bestimmung anwendenden Staates richte[60].

56 Vgl. *Debatin*, AWD 1969, 477 (480).

57 *Prokisch* in: Vogel/Lehner, DBA, Art. 1 Rn. 32; *Jacobs*, Internationale Unternehmensbesteuerung, S. 566; *Schaumburg*, Internationales Steuerrecht, S. 851 Rn. 16.171; *Frotscher*, Internationales Steuerrecht, S. 169; *Pyszka/Brauer*, Ausländische Personengesellschaften, S. 28; *Krabbe*, IWB (1998) Fach 3 Gr. 2, S. 753 (754 f.); *Lüdemann/Hruschka*, IStR 2000, 25 f.

58 Vgl. Art. 1 Ziffer 5 OECD-MK; OECD Partnership Report, Tz. 28 ff.

59 Vgl. BMF v. 13.01.1997, BStBl. I 1997, 97 Tz. 2 d); BMF v. 28.05.1998, BStBl. I 1998, 557 Tz. 1. Die Aussagen zur US-LLC in BMF v. 19.03.2004, BStBl. I 2004, 411, wonach die Abkommensanwendung allein nach Maßgabe des innerstaatlichen Rechts erfolgt, scheinen dies jedoch zu relativieren.

Die vorangehend genannten Argumente zur Anerkennung eines DBA als eigenständige Regelungsebene lassen jedoch die Ansicht als vorzugswürdig erscheinen, wonach die Abkommensberechtigung sich nach der Einstufung der Personengesellschaft im Ansässigkeitsstaat mit Wirkung für beide Staaten richtet. Auch der Wortlaut des Art. 4 Abs. 1 OECD-MA (= Art. 4 Abs. 1 DBA-Mexiko) spricht für eine dahingehende Auslegung der Vorschrift[61]. Darüber hinaus wird zu untersuchen sein, ob der von der Gegenansicht angenommene Grundsatz, nach dem die Qualifikation und Zurechnung von Einkünften sich ausschließlich nach innerstaatlichem Recht richtet, in dieser Form existiert bzw. mit den Vorgaben eines DBA vereinbar ist.

Deutschland hat sich demnach bei der Beurteilung der Abkommensberechtigung einer mexikanischen Personengesellschaft nach deren Sitzstaat Mexiko zu richten. Mexikanische Personengesellschaften sind folglich (für beide Vertragsstaaten) abkommensberechtigt. Mexiko müsste umgekehrt respektieren, dass eine deutsche Personengesellschaft nach Auffassung des Sitzstaats Deutschland die Voraussetzungen der Ansässigkeit gemäß Art. 4 Abs. 1 DBA-Mexiko nicht erfüllt. Deutsche Personengesellschaften sind somit (für beide Vertragsstaaten) nicht abkommensberechtigt.
Dieses Ergebnis ist angesichts der wünschenswerten Abkommensberechtigung sämtlicher – d. h. mexikanischer und deutscher – Personengesellschaften unbefriedigend. Dennoch ist aufgrund des klaren Wortlautes von Art. 4 Abs. 1 DBA-Mexiko eine Auslegung, die die umfassende Abkommensberechtigung von Personengesellschaften zur Folge hat, nicht möglich[62]. Solange Art. 4 Abs. 1 DBA-Mexiko an das Kriterium der unbeschränkten Steuerpflicht der Gesellschaft anknüpft bzw. das deutsche innerstaatliche Recht die Personengesellschaft als transparentes Gebilde ansieht, ist ein anderes Ergebnis mit dem Wortlaut des Abkommens nicht zu vereinbaren.

Vorteilhaft für zukünftige Regelungen wäre die Umformulierung des – Art. 4 Abs. 1 DBA-Mexiko zugrundeliegenden – Art. 4 Abs. 1 OECD-MA dahinge-

60 Kritisch deshalb *Wassermeyer*, IStR 1998, 489 f.; *ders.*, IStR 1999, 8; *Diehl*, FR 1978, 517 f.; *Kluge*, DStR 1976, 365 (367).

61 *Prokisch* in: Vogel/Lehner, DBA, Art. 1 Rn. 35. Ob darüber hinaus abkommensrechtliche Vorgaben die Besteuerung nach *innerstaatlichem* Recht beeinflussen können bzw. dürfen, wird im Rahmen der folgenden Darstellung zu untersuchen sein.

62 Vgl. *Schaumburg*, Internationales Steuerrecht, S. 854 Rn. 16.174.

hend, dass nicht mehr auf die Ansässigkeit einer Person abgestellt, sondern das Augenmerk auf die Frage gelenkt wird, inwieweit die Einkünfte überhaupt – d. h. unabhängig von der Person des Gesellschafters oder der Gesellschaft – der unbeschränkten Steuerpflicht in einem Vertragsstaat unterliegen[63].

C. *Übernahme der Abkommensberechtigung vom Sitzstaat im DBA-Mexiko*

Im Folgenden sollen die abkommensrechtlichen Konsequenzen der voranstehend erläuterten Grundsätze zur Abkommensberechtigung im Rahmen des DBA-Mexiko untersucht werden. Dabei wird zu erörtern sein, inwieweit die (isolierte) Übernahme der Abkommensberechtigung zur Vermeidung von Qualifikationskonflikten beitragen kann.

a. Zwei-Staaten-Verhältnis (ohne Betriebstätte)

1. Sitzstaat der Personengesellschaft Mexiko, Quellenstaat Deutschland

Mexiko qualifiziert die Personengesellschaft als juristische Person, die aufgrund ihrer Gründung nach mexikanischem Recht bzw. der in Mexiko befindlichen Geschäftsleitung unbeschränkt körperschaftsteuerpflichtig und damit als ansässige Person i. S. v. Art. 4 Abs. 1 DBA-Mexiko abkommensberechtigt ist (Art. 1 DBA-Mexiko). Dabei kann für die abkommensrechtlich relevante Anknüpfung an ortsbezogene Merkmale jedoch nicht auf den Gründungsort (vgl. Art. 9 CFF) abgestellt werden, denn dieses Kriterium ist rein rechtlicher Natur[64]. Die Zugehörigkeit, die der Gründungsort statuiert, ist mit der Staatsan-

63 So z. B. das USA-MA in Art. 4 Abs. 1 Buchst. d); siehe auch die Auswirkungen bei der Anwendung des DBA Mexiko-USA unter Kapitel 2, I.C.b.2. Für die Loslösung der Abkommensberechtigung vom Merkmal der unbeschränkten Steuerpflicht auch *Jacobs*, Internationale Unternehmensbesteuerung, S. 445, der die Eigenschaft der Personengesellschaft als Gewinnermittlungssubjekt ausreichen lassen will. Hiervon ausgehend wären deutsche und fiskalisch transparente venezolanische und argentinische Personengesellschaften abkommensberechtigte Personen (vgl. DBA-Argentinien, Teil 2, Kapitel 2 und DBA-Venezuela, Teil 3, Kapitel 1).

64 Vgl. *Lehner* in: Vogel/Lehner, DBA, Art. 4 Rn. 46; siehe dazu auch die Ausführungen zur doppelt ansässigen Personengesellschaft in Kapitel 2, I.C.c.

gehörigkeit zu vergleichen, welche ebenfalls nicht von Art. 4 Abs. 1 DBA-Mexiko/OECD-MA erfasst wird.

Folgt der deutsche Fiskus der mexikanischen Qualifikation der Gesellschaft als abkommensberechtigte Person[65], so hat allein dies nach allgemeiner Ansicht trotz Anerkennung der Abkommensberechtigung der Personengesellschaft für Zwecke der Besteuerung *in Deutschland* keine Konsequenzen im Hinblick auf das Steuersubjekt. Infolge des Rechtstypenvergleichs[66] wird nach demjenigen Besteuerungskonzept verfahren, das im deutschen Steuerrecht für eine Gesellschaft vergleichbarer Struktur gilt. Die Einkünfte einer mexikanischen Sociedad en Nombre Colectivo oder Sociedad en Comandita Simple sind demzufolge den Gesellschaftern nach den Grundsätzen der Mitunternehmerschaft unmittelbar zuzurechnen und mit der Einkommensteuer zu belasten (§ 15 Abs. 1 S. 1 Nr. 2 EStG).

Orientierte man sich also bei der innerstaatlichen Umsetzung der abkommensrechtlichen Vorgaben ausschließlich an der Übernahme der Abkommensberechtigung, wäre diese gegenstandslos. Einerseits wäre die Personengesellschaft für Abkommenszwecke als ansässige Person anzusehen, andererseits würden ihr nach dem innerstaatlichen (deutschen) Recht aber keine Einkünfte zugerechnet. Der subjektive Qualifikationskonflikt würde nicht beseitigt und die daraus resultierende Gefahr der unterschiedlichen Einkünftequalifikation bliebe bestehen. Allein die Abkommensberechtigung der Gesellschaft gewährleistet folglich nicht die Ausräumung eines Qualifikationskonflikts.

Der Quellenstaat Deutschland sollte deshalb berücksichtigen, dass nach dem DBA-Mexiko die Gesellschaft für die von ihr bezogenen Einkünfte als abkommensberechtigt gilt. Folglich ist die Quellensteuer so zu bemessen, als würden die Einkünfte von einer körperschaftsteuerpflichtigen Person bezogen[67]. Um

65 So die herrschende Auffassung für das OECD-MA; vgl. Art. 1 Ziffer 5 OECD-MK; OECD Partnership Report, Tz. 28 ff.; BMF v. 13.01.1997, BStBl. I 1997, 97 Tz. 2 d); BMF v. 28.05.1998, BStBl. I 1998, 557 Tz. 1.; *Schaumburg*, Internationales Steuerrecht, S. 851 Rn. 16.171; *Jacobs*, Internationale Unternehmensbesteuerung, S. 566; *Prokisch* in: Vogel/Lehner, DBA, Art. 1 Rn. 32; *Frotscher*, Internationales Steuerrecht, S. 169; *Krabbe*, IWB (1998) Fach 3 Gr. 2, S. 753 (754 f.); *Lüdemann/Hruschka*, IStR 2000, 25 f.

66 Vgl. die Ausführungen unter Kapitel 2, I.A.a. und die dortigen Nachweise.

67 Vgl. *Frotscher*, Internationales Steuerrecht, S. 173.

aber die der Gesellschaft kraft des DBA-Mexiko zustehende Quellensteuerreduktion bei den nach deutschem Recht maßgeblichen Steuersubjekten, den in Mexiko ansässigen Gesellschaftern, vornehmen zu können, muss die Abkommensberechtigung der Gesellschaft auf die Gesellschafter "durchschlagen"[68]. Der OECD-Steuerausschuss hat diese Vorgehensweise in seiner Studie zur Anwendung des OECD-MA auf Personengesellschaften befürwortet[69]. Die Ergebnisse des "Partnership Reports" sind unter Art. 1 Ziffer 2-6 in den OECD-Musterkommentar 2000 (OECD-MK) eingegangen. Danach ist die Abkommensberechtigung der Gesellschaft auf die einzelnen Gesellschafter zu erstrecken, sofern diese (anstelle der Gesellschaft) in einem Vertragsstaat der Besteuerung unterliegen[70].
Ein weiterer Lösungsansatz bestünde darin, dass Deutschland nicht nur die Abkommensberechtigung der Gesellschaft vom Sitzstaat Mexiko übernimmt, sondern der Gesellschaft auch Einkünfte zurechnet und diese direkt bei der abkommensberechtigten Gesellschaft besteuert. Damit würde die alleinige Geltung der Kriterien des deutschen Steuerrechts (Rechtstypenvergleich) für ausländische Personenzusammenschlüsse aufgrund des DBA-Mexiko verdrängt[71].

2. Sitzstaat der Personengesellschaft Deutschland, Quellenstaat Mexiko

Befinden sich Sitz und Geschäftsleitung einer Personengesellschaft (z. B. in der Rechtsform einer OHG) in Deutschland und bezieht die Gesellschaft quellensteuerpflichtige Einkünfte aus Mexiko, werden diese unmittelbar den in Deutschland ansässigen Gesellschaftern zugerechnet und als Teil ihres Welt-

68 *Prokisch* in: Vogel/Lehner, DBA, Art. 1 Rn. 33; *Piltz*, Personengesellschaften, S. 134; *Frotscher*, Internationales Steuerrecht, S. 168 ff.; *Debatin*, AWD 1969, 477 (481 f.); siehe hierzu auch Kapitel 2, I.C.b.1.

69 OECD: The Application of the OECD Model Tax Convention to Partnerships, Issues in International Taxation, No. 6 (1999), Tz. 63.

70 Vgl. Art. 1 Ziffer 5 OECD-MK; a. A. *Diehl*, FR 1978, 517 (521 f.); *Kluge*, DStR 1976, 365 (367); *Wassermeyer*, IStR 1998, 489 f.; ihnen zufolge kommt es im transparent besteuernden Quellenstaat auf die Abkommensberechtigung der *Gesellschafter* an.

71 So auch – am Beispiel spanischer Personengesellschaften – *Hintzen*, DStR 1971, 327 f.; *ders.*, StuW 1974, 319 f.; ähnlich *Pott*, Kollision unterschiedlicher Formen der Gesellschaftsbesteuerung, S. 215 f., der sich für die Maßgeblichkeit des Besteuerungskonzepts im Geschäftsleitungsstaat ausspricht.

einkommens besteuert (§ 1 Abs. 1 , § 15 Abs. 1 S. 1 Nr. 2 EStG, § 180 Abs. 1 Nr. 2 AO).
Mexiko hingegen wird – aufgrund eines seinerseits vorgenommenen Rechtstypenvergleichs[72] dem Trennungsprinzip folgend – die deutsche Gesellschaft einer mexikanischen Sociedad en Nombre Colectivo gleichstellen, sie somit als Steuersubjekt ansehen und wegen ihrer mexikanischen Einkunftsquelle der beschränkten Steuerpflicht unterwerfen (Art. 1 Abs. 3 LISR).
Mangels eigener Steuersubjektivität ist die Gesellschaft nicht gemäß Art. 4 Abs. 1 DBA-Mexiko in Deutschland ansässig, womit der deutsche Fiskus ihre Abkommensberechtigung verneint. Diese Feststellung des Sitzstaates Deutschland hat bindende Wirkung für den Quellenstaat Mexiko[73].
Die deutsche Rechtsprechung[74], Finanzverwaltung[75] und Lehre[76] stellen bei fehlender Abkommensberechtigung der Gesellschaft für die Abkommensanwendung auf deren Gesellschafter ab. Auch auf der Basis des OECD Partnership Reports[77] ist Mexiko in der vorliegenden Konstellation dazu verpflichtet, trotz der fehlenden Abkommensberechtigung der Gesellschaft den Gesellschaftern – soweit sie im Vertragsstaat Deutschland ansässig sind – die Abkommensvorteile des DBA-Mexiko einzuräumen. Gemäß Art. 1 Ziffer 6.3 OECD-MK hat Mexiko als Teil des tatsächlichen Zusammenhanges, in dem das Abkommen anzuwenden ist, zu berücksichtigen, dass die aus seinem Hoheitsgebiet stammenden Einkünfte in Deutschland in den Händen der Gesellschafter besteuert werden.
Der mexikanische Fiskus ist demnach – wie Deutschland in der vorangehenden Konstellation – dazu verpflichtet, die effektive Gewährleistung der Abkom-

72 Vgl. *Muñiz*, TNI 2004, 819 (820). Anweisungen bzw. Kriterien zur Durchführung des Rechtstypenvergleichs existieren in Mexiko nicht. Entscheidend ist jedoch, dass alle Personenvereinigungen mit Gewinnerzielungsabsicht eigenständige Steuersubjekte sind, sodass sich die Differenzierung zwischen fiskalischer Transparenz oder steuerlicher Subjektfähigkeit – im Gegensatz zu Deutschland – weitgehend erübrigt.

73 Vgl. dazu die Ausführungen in Kapitel 2, I.C.a.1.

74 Vgl. BFH v. 29.01.1964, BStBl. III 1964, 165.

75 Vgl. BMF v. 13.01.1997, BStBl. I 1997, 97 Tz. 1 c).

76 *Jacobs*, Internationale Unternehmensbesteuerung, S. 585, *Prokisch* in: Vogel/Lehner, Art. 1 Rn. 28; *Wassermeyer* in: Debatin/Wassermeyer, DBA (MA), Art. 1 Rn. 28; *Ostendorf*, Sondervergütungen, S. 125; *Lüdicke*, StBJb 1997/98, 449 (455); *Krabbe*, IWB (1998) Fach 3 Gr. 2, S. 753 (755); *ders.*, IStR 2000, 196 (197); *Bendlinger*, SWI 2000, 16 (19); *Kahle*, StuW 2005, 61 (65); *Schmalz*, IStR 2003, 291 (292).

77 OECD Partnership Report, Tz. 47.

mensvorteile vorrangig vor der Anwendung des Trennungsprinzips sicherzustellen. Die fehlende Abkommensberechtigung der Gesellschaft wird durch die Abkommensberechtigung der Gesellschafter ersetzt[78]. Besteuert Mexiko nach seinem innerstaatlichen Recht die Gesellschaft, so müssten dieser die Abkommensvorteile in der Form gewährt werden, wie sie den Gesellschaftern als Einkommensteuersubjekte zustünden.

Eine grundsätzliche Stellungnahme der mexikanischen Finanzverwaltung[79] zur Vorgehensweise bei grenzüberschreitenden Sachverhalten unter Beteiligung von Personengesellschaften liegt bis dato nicht vor. Mexiko hat sich jedoch in Art. 1 Ziffer 27.2 S. 4 OECD-MK der Bemerkung Frankreichs angeschlossen, das zur abkommensrechtlichen Berücksichtigung der Besteuerung der Gesellschafter mit den konkreten Einkünften in ihren Wohnsitzstaaten grundsätzlich nicht bereit ist. Werden einer Personengesellschaft die Abkommensvorteile verweigert, so sollen nicht (automatisch) die Gesellschafter Anspruch auf die Vorteile der Abkommen haben, die von ihrem Ansässigkeitsstaat geschlossen worden sind[80]. Für eine solche Vorgehensweise bedarf es laut Frankreich und Mexiko einer ausdrücklichen Bestimmung in dem jeweiligen, vom Sitzstaat der Gesellschaft abgeschlossenen DBA. Demnach müsste in casu das DBA zwischen Deutschland und Mexiko die Berücksichtigung der Einkünftebesteuerung bei den Gesellschaftern in ihren jeweiligen Wohnsitzstaaten vorschreiben bzw. die Maßgeblichkeit der Abkommensberechtigung der Gesellschafter insoweit vorsehen, als die Einkünfte im jeweiligen Vertragsstaat besteuert werden. Eine solche Regelung enthält das DBA-Mexiko jedoch nicht.

Man wird davon ausgehen müssen, dass der zeitliche frühere Abschluss des DBA-Mexiko im Hinblick die Neufassung des OECD-MK (und die hierin zum Ausdruck kommende ablehnende Haltung Mexikos gegenüber dem Lösungsansatz des Partnership Reports) keine Auswirkungen auf die Position Mexikos hat. Schließlich enthielten die vorangehenden OECD-Musterkommentare (und auch der Kommentar zum UN-MA) bezüglich der Personengesellschaften keine Regelung. Insoweit mag man zwar den Standpunkt vertreten, dass im OECD-MK nunmehr die Auslegung ausdrücklich niedergelegt ist, die nach dem

78 OECD Partnership Report, Tz. 47, 61.

79 Secretaría de Hacienda y Crédito Público (SHCP).

80 Für eine Berücksichtigung der Besteuerung der Einkünfte in den Händen der Gesellschafter (noch) *Gutiérrez Espinosa*, CDFI LXXXa (1995), 377 (390).

OECD-MA – seinem Sinn und Zweck entsprechend – von Anfang geboten war. Bei einer solchen Unterstellung wird man jedoch im Gegenzug vermuten und einräumen müssen, dass Mexiko dieser Auslegungsweise stets kritisch gegenüber gestanden hat und auch vor Erscheinen des neuen OECD-MK entsprechende Vorbehalte hegte. Zwar hat Mexiko im Rahmen des OECD Partnership Reports – anders als Frankreich[81] – seine ablehnende Haltung gegenüber den darin erarbeiteten Grundsätzen nicht zum Ausdruck gebracht; als maßgeblich für die Auslegung des OECD-MA und die Wiedergabe der Auffassungen der einzelnen Staaten wird man jedoch den OECD-MK ansehen müssen. Hierin haben zudem die Ergebnisse des OECD Partnership Reports ihre endgültige Form erlangt.

Die Beweggründe für die ablehnende Position Mexikos gegenüber dem Ansatz der OECD mögen zum Teil darin bestehen, dass man die zur Beurteilung der Abkommensberechtigung von fiskalisch transparenten Personengesellschaften in zahlreichen DBA vereinbarten Sonderregelungen[82] als konstitutiv für die Gewährung von Abkommensvorteilen erachtet. Des Weiteren liegt es wohl im Interesse Mexikos, die vergleichsweise hohe Quellenbesteuerung nach innerstaatlichem Recht so weit wie möglich, d. h. ohne abkommensrechtliche Beschränkung, aufrecht zu erhalten[83]. Ginge Mexiko dazu über, die Besteuerung der einzelnen Gesellschafter in ihren Ansässigkeitsstaaten zu berücksichtigen und gegebenenfalls die einschlägigen DBA mit diesen Staaten anzuwenden, würde das Quellensteueraufkommen für Kapitaleinkünfte nach Maßgabe der Art. 10-12 OECD-MA beeinträchtigt.

Wie eingangs erwähnt, schließt sich Mexiko bezüglich der in Art. 1 Ziffern 5 und 6 OECD-MK für die abkommensrechtliche Behandlung von Personengesellschaften niedergelegten Auslegungsgrundsätze der Haltung Frankreichs

81 Siehe die Bemerkung Frankreichs (bereits) im OECD Partnership Report, Annex II.

82 Ausdrückliche Regelungen enthalten die DBA Mexikos mit den USA (dazu sogleich), Singapur, Russland, Polen, Schweden, Israel, Österreich, dem Vereinigten Königreich und Dänemark.

83 Dieses Interesse manifestiert sich z. B. anhand der zu den Quellensteuersätzen in Art. 10 und 11 OECD-MA erhobenen Vorbehalte, mit denen die Festlegung höherer Quellensteuersätze für die betroffenen Einkunftsarten abgesichert werden soll. Wie unter Kapitel 1, III.A. erläutert wurde, geht der Abschluss eines DBA für Entwicklungs- bzw. Schwellenstaaten meist mit einem (zunächst) vermehrten Kapitalabfluss einher.

an. Insoweit könnten die Beweggründe Frankreichs weitere Rückschlüsse für die Ansicht Mexikos bieten.
In Frankreich werden Personengesellschaften als Steuersubjekte angesehen. Dies gilt auch dann, wenn die Steuer nach den persönlichen Verhältnissen der Gesellschafter ermittelt wird und diese für die Steuer haften. Dies steht im Gegensatz zum Ergebnis des OECD Partnership Reports, der unter solchen Voraussetzungen einen transparenten Gesellschaftstyp annimmt[84]. Obwohl es nach seinem innerstaatlichen Recht ein Steuersubjekt annähme, würde Frankreich nach den Maßstäben des OECD-MK zu den Staaten gezählt, die der transparenten Sichtweise folgen[85]. Weiterhin akzeptiert Frankreich nicht, dass Einkünfte (auch im Falle der transparenten Besteuerung) durch die Gesellschaft "hindurch fließen" können. Dieses Konzept missachte den Grundsatz, dass es sich bei der Personengesellschaft um eine rechtsfähige, von ihren Gesellschaftern getrennte Person handele[86].
Im Hinblick auf die Besonderheit des französischen Rechts, wonach Personengesellschaften auch dann als Steuersubjekt gelten, wenn die Steuer sich nach den Verhältnissen der Gesellschafter richtet und letztere für die Entrichtung der Steuer haften, lässt sich keine Übereinstimmung mit dem mexikanischen Recht finden. Eine Ähnlichkeit könnte man allenfalls im Hinblick auf die Asociación en Participación (AenP) annehmen, zumal auch diese als Körperschaftsteuersubjekt behandelt wird, gleichwohl aber der Asociante zur Abgabe der Steuererklärung verpflichtet ist und für die Entrichtung der Steuer haftet. Wie bereits festgestellt wurde[87], ist von der Einstufung einer mexikanischen AenP als transparent besteuerte Personenvereinigung nach den von der OECD aufgestellten Kriterien nicht auszugehen.
Wie Frankreich stellt aber auch Mexiko die eigene Rechtspersönlichkeit von Personengesellschaften in den Vordergrund. Mexiko lässt sich im Sinne einer formal geprägten Betrachtungsweise für das einschlägige Besteuerungskonzept stark von den Vorgaben des Zivilrechts leiten[88]. Hierin liegt wohl ein weiterer Grund, weshalb Mexiko einer transparenten Betrachtungsweise, derzufolge – wie von Art. 1 Ziffern 5 und 6 OECD-MK gefordert – das Augenmerk zwecks

84 Vgl. OECD Partnership Report, Tz. 38 f.; Art. 1 Ziffer 2 OECD-MK; Art. 4 Ziffer 8.4 OECD-MK.
85 Vgl. OECD Partnership Report, Annex II, Anmerkung Frankreichs, Tz. 8.
86 Vgl. OECD Partnership Report, Annex II, Anmerkung Frankreichs, Tz. 12 f.
87 Vgl. die Ausführungen unter Kapitel 2, I.A.b.
88 *Muñiz*, TNI 2004, 819 (820); BNA 2002 (Mexiko), 972-3rd, A-61.

Gewährung der Abkommensvorteile auf die Gesellschafter zu legen ist, skeptisch gegenüber steht.

Die Bindung Mexikos an die vom Sitzstaat vorgenommene Beurteilung der Abkommensberechtigung mit einem gegebenenfalls erforderlichen Rückgriff auf die dahinter stehenden Gesellschafter wird im mexikanischen Schrifttum[89] nur unter bestimmten Voraussetzungen befürwortet.
Zunächst solle das jeweilige ausländische Steuerrecht, d. h. in diesem Fall das des Vertragsstaates Deutschland, bezüglich der steuerlichen Behandlung von Personengesellschaften untersucht werden. Trotz des damit einhergehenden Aufwandes wird diese Vorgehensweise als die vorteilhafteste angesehen[90]. Unterliege die Person, die die Abkommensberechtigung geltend macht, in ihrem Sitz- bzw. Wohnsitzstaat mit den in Frage stehenden Einkünften der Besteuerung, sei der Anwendungsbereich des jeweiligen Abkommens eröffnet. Bei Gesellschaftern einer fiskalisch transparenten Personengesellschaft gelte dies jedoch nur unter der Voraussetzung, dass das jeweilige DBA die Berücksichtigung der steuerlichen Behandlung der Einkünfte in den Händen des Gesellschafters ausdrücklich bestimmt. Die in Drittstaaten ansässigen Gesellschafter sollen die Vorteile der DBA ihrer Ansässigkeitsstaaten mit Mexiko bean-

89 Vgl. dazu *Muñiz*, TNI 2004, 819 f.; *Zuñiga*, TNI 2000, 2711 f.; *Cárcamo Sabido*, Beneficios Empresariales y Otras Rentas en los Convenios para evitar la Doble Imposición, S. 23 f. Zur abkommensrechtlichen Behandlung von Personengesellschaften wird im mexikanischen Schrifttum nur vereinzelt Stellung genommen. Dies mag – neben der intransparenten Besteuerung fast aller mexikanischen Gesellschaftsformen – daran liegen, dass mexikanische Gesellschaften nur selten in den Rechtsformen der SenNC oder SenCS betrieben werden und kein Anlass zur Erörterung ihrer steuerlichen Behandlung in anderen Staaten bestand. Die Frage der Abkommensberechtigung von Personengesellschaften hat daher erst in Bezug auf ausländische Investoren, in deren Sitzstaaten transparent besteuerte Personengesellschaften verbreitet sind (z. B. USA), an Aktualität gewonnen.

90 *Zuñiga*, TNI 2000, 2711 (2713). Der im deutschen Schrifttum geäußerte Einwand, die Durchführung einer solchen Analyse durch den anderen Vertragsstaat sei nicht zu erwarten und die Übernahme der Abkommensberechtigung sowie die Gewährung der Abkommensvorteile unter Berücksichtigung des Besteuerungssystems des Ansässigkeitsstaats der Gesellschaft bzw. der Gesellschafter mithin inpraktikabel (so *Wassermeyer*, IStR 1998, 489 f.), wird hier offenbar nicht geteilt. Zudem erfolgt von seiten Mexikos im Zuge der DBA-Vertragsverhandlungen eine komparative Analyse des eigenen Steuerrechtssystems mit dem des zukünftigen Vertragspartners; vgl. *Ortiz, Sainz y Tron*, Tratados Internacionales en Materia Fiscal, S. 31.

spruchen können[91]. Voraussetzung sei auch hier eine ausdrückliche, mit der Protokollvorschrift des DBA Mexiko-USA vergleichbare Regelung. Im Ergebnis stimmt die im mexikanischen Schrifttum vertretene Ansicht mit dem Standpunkt der mexikanischen Finanzverwaltung überein (vgl. Art. 1 Ziffer 27.2 OECD-MK).

Als Musterbeispiel für eine ausdrückliche Regelung zur abkommensrechtlichen Berücksichtigung der Einkünfte fiskalisch transparenter Personengesellschaften wird in der mexikanischen Literatur auf die Bestimmung in Ziffer 2 Buchst. b) Prot. DBA Mexiko-USA verwiesen[92]. Darin wird die Ansässigkeit einer Personengesellschaft (neben anderen Rechtsgebilden) in einem der Vertragsstaaten insoweit bejaht, als die Einkünfte in diesem Staat der unbeschränkten Steuerpflicht unterliegen. Es kommt nicht darauf an, ob sich die Besteuerung auf der Gesellschafts- oder auf der Gesellschafterebene vollzieht.
Im Ergebnis wird Mexiko die fiskalische Transparenz einer in Deutschland errichteten Personengesellschaft für Abkommenszwecke zur Kenntnis nehmen bzw. als maßgebliche Einstufung der Gesellschaft für das Abkommensrecht akzeptieren. Der von Art. 1 Ziffer 5 OECD-MK vorgesehene Rückgriff auf die Gesellschafter einer in ihrem Sitzstaat transparent besteuerten Personengesellschaft mit der Zielsetzung, angesichts der fehlenden Abkommensberechtigung der Gesellschaft den *Gesellschaftern* die Abkommensvorteile einräumen zu können, erweist sich aber angesichts der Bemerkung Mexikos in Art. 1 Ziffer 27.2 OECD-MK ohne die Aufnahme einer ausdrücklichen, dahingehenden Regelung in das DBA-Mexiko als problematisch.

91 Vgl. *Bettinger Barrios*, Convenios para evitar la Doble Tributación 2005 (Band I), S. 663.

92 *Muñiz*, TNI 2004, 819 f.; *Zuñiga*, TNI 2000, 2711 f; *Calvo Nicolau*, Definiciones Generales, Comentario 3, S. 22 f.

3. Ansässigkeit eines Gesellschafters im Quellenstaat[93]

(a) Quellenstaat und Gesellschafter-Ansässigkeitsstaat Deutschland, Sitzstaat der Gesellschaft Mexiko

Die inländischen und ausländischen Gewinne einer mexikanischen Personengesellschaft werden in Mexiko in Anwendung des Trennungsprinzips auf der Ebene der Gesellschaft der Körperschaftsteuer unterworfen (Art. 1 Abs. 1 LISR i. V. m. Art. 9 Abs. 2 CFF). Erst im Fall ihrer Ausschüttung durch die Gesellschaft werden die Gewinne bei den Gesellschaftern besteuert.
Aufgrund des in Deutschland für Personengesellschaften geltenden Transparenzprinzips wird die anfallende Quellensteuer bei den Gesellschaftern erhoben. Dies gilt aufgrund des vorgeschalteten Rechtstypenvergleichs ungeachtet der in Mexiko erfolgenden Besteuerung der Einkünfte bei der Gesellschaft als eigenständiges Körperschaftsteuersubjekt.

Für die Anwendung des DBA-Mexiko folgt aus der steuerlichen Subjektfähigkeit der Gesellschaft in Mexiko, dass sie als "ansässige Person" i. S. v. Art. 1, Art. 4 Abs. 1 DBA-Mexiko gilt und damit abkommensberechtigt ist. Dies ist angesichts der hierfür maßgeblichen Beurteilung durch Mexiko als Ansässigkeitsstaat der Gesellschaft für den Quellenstaat Deutschland bindend.
Der abkommensrechtlich zu begrenzende Quellensteuersatz könnte aufgrund der Ansässigkeit eines Gesellschafters im Quellenstaat Deutschland allein den in Mexiko ansässigen Gesellschaftern zu gewähren sein. Damit würde es bezüglich eines Teilbetrags der Einkünfte an einem grenzüberschreitenden Sachverhalt (vgl. z. B. Art. 11 Abs. 1 DBA-Mexiko) fehlen. Zwar erzielt – wie vorangehend erwähnt – tatsächlich die Gesellschaft die Einkünfte, steuerrechtlich stellt der deutsche Fiskus jedoch auf die Einkünfte in den Händen der Gesellschafter ab.
Im Ergebnis darf die abkommensrechtlich verankerte Steuerbegrenzung beim deutschen Gesellschafter nach der hier vertretenen Auffassung nicht an der Ver-

93 Da bei Übereinstimmung von Quellen- und Wohnsitzstaat einem Vertragsstaat zwei abkommensrechtliche "Rollen" zukommen, während daneben der andere Vertragsstaat als Sitzstaat der Personengesellschaft fungiert, liegt trotz Beteiligung zweier Staaten ein Dreiecksverhältnis vor [vgl. *Helde*, Dreiecksverhältnisse im Internationalen Steuerrecht, S. 33; *García Prats*, intertax 1994, 473 (475)]. Für die hier vorgenommene Einteilung soll jedoch auf die Anzahl der beteiligten Staaten abgestellt werden.

neinung der Voraussetzungen eines grenzüberschreitenden Sachverhalts scheitern. Die Einstufung der Personengesellschaft als Steuersubjekt in ihrem Ansässigkeitsstaat Mexiko hat im Hinblick auf die Gewährung der Abkommensvergünstigungen Vorrang vor der transparenten Sichtweise des innerstaatlichen deutschen Rechts, nach dem die quellensteuerpflichtigen Einkünfte durch die Gesellschaft hindurch an die Gesellschafter fließen[94]. Abkommensrechtlich hat die Gesellschaft aufgrund ihrer steuerlichen Subjektfähigkeit in Mexiko den von Deutschland zu respektierenden Status als Empfängerin und Nutzungsberechtigte der Einkünfte. Im Hinblick auf die Quelle der Einkünfte (Deutschland) und den abkommensrechtlich maßgebenden Zielstaat der Zahlungen (Mexiko als Ansässigkeitsstaat der Gesellschaft) liegt somit ein grenzüberschreitender Sachverhalt vor. Der deutsche Fiskus ist deshalb zur Reduzierung der Quellensteuer auf den Gesamtbetrag der Einkünfte verpflichtet[95].

Die verminderte steuerliche Belastung der Einkünfte beim deutschen Gesellschafter aufgrund des DBA-Mexiko ist nur von vorübergehender Natur, zumal die Einkünfte in das Welteinkommen dieses Gesellschafters einbezogen und auf das deutsche Einkommensteuerniveau heraufgeschleust werden. Die Quellensteuerreduktion hätte nur dann definitiven Charakter, wenn Deutschland die Qualifikation der Gesellschaft durch den Sitzstaat Mexiko als eigenständiges Steuersubjekt nicht nur für Zwecke der Abkommensberechtigung respektierte, sondern auch die Quellensteuer bei der Gesellschaft erhöbe. Ein steuerlicher Zugriff auf die Einkünfte bei den Gesellschaftern müsste in diesem Fall gänzlich unterbleiben.

94 A. A. *Aigner/Züger*, SWI 2000, 308 (311, 312); auch im OECD Partnership Report wird der hierin aufgestellte Grundsatz, wonach die Abkommensvorteile dem Empfänger gewährt werden müssen, soweit dieser nach dem Recht des anderen Vertragsstaates steuerpflichtig ist, nicht aufrecht erhalten; vgl. OECD Partnership Report, Tz. 127 (für Lizenzgebühren). Dieser Ansicht zufolge darf der Quellenstaat die Einkünfte ohne Einschränkung bei dem in seinem Hoheitsgebiet ansässigen Gesellschafter besteuern.

95 Für das OECD-MA: *Prokisch* in: Vogel/Lehner, DBA, Art. 1 Rn. 33; *Piltz*, Personengesellschaften, S. 130 f.; *Riemenschneider*, Abkommensberechtigung, S. 84 f; *Lüdicke*, StBJb 1997/98, 449 (459).

(b) Quellenstaat und Gesellschafter-Ansässigkeitsstaat Mexiko, Sitzstaat der Gesellschaft Deutschland

Eine in Deutschland errichtete bzw. in diesem Staat betriebene Personengesellschaft ist mangels eigener Steuersubjektivität nicht in Deutschland ansässig und damit nicht abkommensberechtigt. Diese Feststellung trifft Deutschland als Sitzstaat der Gesellschaft mit bindender Wirkung für den Quellenstaat Mexiko. Laut Art. 1 Ziffer 6.3 OECD-MK ist Mexiko als Quellenstaat dazu verpflichtet, die gemäß Art. 11 DBA-Mexiko erfolgende Besteuerung der Zinseinkünfte in Deutschland auf der Gesellschafterebene zu berücksichtigen, sofern die Zinsen von in Deutschland ansässigen Gesellschaftern vereinnahmt werden und nicht aufgrund tatsächlicher Zugehörigkeit zur deutschen Betriebstätte von Art. 7 Abs. 1 S. 2 DBA-Mexiko erfasst sind[96].
Die Abkommensvorteile sind sodann in Gestalt des nach Art. 11 Abs. 2 DBA-Mexiko ermäßigten Quellensteuersatzes zu gewähren. Dies würde vorliegend allein für die in Deutschland, nicht aber auf die im Quellenstaat Mexiko ansässigen Gesellschafter zutreffen. Mangels Abkommensberechtigung der steuerlich transparenten Gesellschaft können sich die Gesellschafter nicht auf deren Rechtsposition berufen[97].

Nach seiner gegenwärtigen und in Art. 1 Ziffer 27.2 OECD-MK zum Ausdruck kommenden Auffassung lehnt Mexiko den Rückgriff auf die Abkommensberechtigung der Gesellschafter ab. Aufgrund der fehlenden Abkommensberechtigung einer deutschen Personengesellschaft sieht Mexiko sich dazu befugt, die Steuer unter alleiniger Anwendung des innerstaatlichen Rechts zu bemessen.

---

96 In diesem Fall greift für die in Mexiko ansässigen Gesellschafter die beschränkte Steuerpflicht aufgrund der deutschen Personengesellschafts-Betriebstätte ein, während die Einkünfte bei den deutschen Gesellschaftern als Gewinnanteil im Rahmen der Wohnsitzbesteuerung erfasst werden.

97 Vgl. FG Köln, EFG 1999, 320; *Prokisch* in: Vogel/Lehner, DBA, Art. 1 Rn. 28; siehe auch *Jacobs*, Internationale Unternehmensbesteuerung, S. 585: die Abkommensberechtigung ist auf die Gesellschafter aufzuspalten.

b. Dreiecksverhältnisse

Die Abkommensberechtigung einer Personengesellschaft ist namentlich im Hinblick auf ihre Auswirkungen für Gesellschafter, die in Drittstaaten ansässig sind, von Bedeutung. Im Folgenden sollen die hiermit verbundenen Fragestellungen zunächst anhand einer mexikanischen Personengesellschaft unter Beteiligung eines Gesellschafters, dessen Wohnsitzstaat kein DBA zu Mexiko oder Deutschland unterhält, und sodann anhand einer deutschen Gesellschaft mit DrittstaatGesellschafter, dessen Wohnsitzstaat ein DBA mit dem Quellenstaat Mexiko abgeschlossen hat, erörtert werden.

1. Quellenstaat Deutschland, Ansässigkeitsstaat der Personengesellschaft Mexiko, Drittstaat als Ansässigkeitsstaat eines Gesellschafters (ohne DBA)

Bezieht eine nach mexikanischem Recht gegründete und in Mexiko betriebene Personengesellschaft, deren Gesellschafter unter anderem im Drittstaat X ansässig sind, quellensteuerpflichtige Einkünfte aus Deutschland, so werden die Einkünfte für Zwecke der Besteuerung in Deutschland den beschränkt oder unbeschränkt steuerpflichtigen Gesellschaftern zugerechnet[98].
Auf der Basis des OECD-MK ist Deutschland gleichwohl an die mexikanische Einstufung der Gesellschaft als abkommensberechtigte Person gebunden, zumal Mexiko in seiner Eigenschaft als intransparent besteuernder und damit die Ansässigkeit der Gesellschaft bejahender Sitzstaat dies aufgrund des DBA-Mexiko für Deutschland verbindlich festlegt. Um den Gesellschaftern die Vorteile des DBA zu erhalten, auf die die mexikanische Gesellschaft als eine in Mexiko ansässige – nach wie vor aber in Deutschland nicht als steuerlich subjektfähig erachtete Person – Anspruch hat, schlägt ihre Abkommensberechtigung auf die Gesellschafter durch.

Den in Drittstaaten ansässigen Gesellschaftern könnten infolge ihrer Nichtansässigkeit in Mexiko oder Deutschland die Abkommensvergünstigungen des DBA-Mexiko versagt werden. Folgt Deutschland aber der Qualifikation Mexi-

98 Bei den nichtansässigen Gesellschaftern ist – soweit keine deutsche Betriebstätte vorliegt – für die Begründung der beschränkten Steuerpflicht an die isolierende Betrachtungsweise i. S. v. § 49 Abs. 2 EStG anzuknüpfen.

kos als Ansässigkeitsstaat der Gesellschaft, so muss auch ein Drittstaat-Gesellschafter über die Abkommensberechtigung der Gesellschaft in den Genuss der Quellensteuerbegrenzung kommen. Bei der Subsumtion des Sachverhalts unter die tatbestandlichen Voraussetzungen der Quellensteuerreduktion im Sinne der Art. 10-12 DBA-Mexiko ist eine Berücksichtigung der von Deutschland als fiskalisch transparent erachteten Gesellschaft (zumindest) auf der Abkommensebene vorgegeben. Deutschland ist dazu verpflichtet, trotz Beibehaltung der Grundsätze seines Einkommensteuerrechts die erforderlichen Konsequenzen zu ziehen und die Vorteile des DBA, die der in Mexiko ansässigen Gesellschaft zustehen, an die dahinter stehenden Gesellschafter weiterzugeben. Dies muss auch dann gelten, wenn der betreffende Gesellschafter nicht in Deutschland oder dem anderen Vertragsstaat ansässig ist[99].
Die Einräumung der Abkommensvorteile wäre gleichermaßen gewährleistet, wenn Deutschland die Einordnung der in Mexiko ansässigen Personengesellschaft als steuerlich subjektfähige Person auch für Zwecke der innerstaatlichen Besteuerung respektierte.

2. Quellenstaat Mexiko, Sitzstaat der Personengesellschaft Deutschland, Drittstaat als Ansässigkeitsstaat des Gesellschafters (mit DBA)

Das DBA Mexiko-USA ist für die mexikanische Anwendungspraxis von DBA bei Einkünften von Personengesellschaften angesichts der engen wirtschaftlichen Verflechtung beider Staaten beispielhaft. Ferner kennt das US-Steuersystem – wie auch das deutsche Steuerrecht in Gestalt der Mitunternehmerschaft – das Konzept der fiskalischen Transparenz. In der folgenden Konstellation soll deshalb näher auf das DBA Mexiko-USA eingegangen werden, um hieraus weitere Schlussfolgerungen für die Behandlung von Personengesellschaften unter dem DBA-Mexiko zu gewinnen[100].

99 So auch für das OECD-MA *Prokisch* in: Vogel/Lehner, DBA, Art. 1 Rn. 33; *Piltz*, Personengesellschaften, S. 134; *Frotscher*, Internationales Steuerrecht, S. 168 ff.

100 Sowohl Deutschland als auch Mexiko unterhalten ein DBA mit den USA: DBA Deutschland-USA unterzeichnet am 29.08.1989, Inkrafttreten am 01.01.1990 (BStBl. II 1992, 235); DBA Mexiko-USA unterzeichnet am 18.09.1992, Ratifizierung durch Mexiko am 12.07.1993 (D.O.F. v. 05.08.1993); Inkrafttreten am 28.12.1993, anwendbar ab 01.01.1994 (D.O.F. v. 03.02.1994).

Sind im Gegensatz zum vorangehend behandelten Dreiecksverhältnis die Gesellschafter einer fiskalisch transparenten, deutschen Personengesellschaft in den USA[101] und in Deutschland ansässig, können sie sich mangels Abkommensberechtigung der deutschen Gesellschaft gegenüber dem Quellenstaat Mexiko nicht auf ein "Durchschlagen" der Abkommensberechtigung der Gesellschaft auf sie berufen.
Eine Verpflichtung des Quellenstaats, die Besteuerung der Einkünfte bei den Gesellschaftern in ihren Ansässigkeitsstaaten zu berücksichtigen, wird zwar in Art. 1 Ziffer 5 S. 3 bzw. Ziffer 6.3 OECD-MK nahegelegt, von Mexiko jedoch abgelehnt. Unter Berücksichtigung der Auffassung Mexikos (vgl. Art. 1 Ziffer 27.2 OECD-MK), nach der eine ausdrückliche Regelung in den DBA mit dem Sitzstaat der Gesellschaft bzw. den Wohnsitzstaaten der Gesellschafter erforderlich ist, die besagt, dass den Gesellschaftern anstelle der nicht abkommensberechtigten Gesellschaft die Abkommensvorteile einzuräumen sind, würde der mexikanische Fiskus eine Quellensteuerreduktion im Hinblick auf den in Deutschland ansässigen Gesellschafter ablehnen.

Der in den USA ansässige Gesellschafter hingegen könnte grundsätzlich auch nach der restriktiven Ansicht Mexikos von der im DBA Mexiko-USA statuierten Quellensteuerermäßigung [z. B. in Art. 11 Abs. 2 Buchst. c) DBA Mexiko-USA, 15 %] profitieren, denn gemäß Ziffer 2 Buchst. b) Prot. DBA Mexiko-USA ist die Personengesellschaft im Rahmen des DBA Mexiko-USA insoweit abkommensberechtigt, als die Einkünfte in den USA unter dem Gesichtspunkt der Ansässigkeit des Gesellschafters in den USA der Steuer unterliegen. Geht man von einer transparenten Besteuerung der deutschen Personengesellschaft in den USA und damit von der steuerlichen Erfassung der Einkünfte in den Händen des U.S.-Gesellschafters aus, so ist diese Voraussetzung erfüllt.
Gleichwohl hat sich die Erlangung der Abkommensvorteile aus dem DBA Mexiko-USA für einen in den USA ansässigen Gesellschafter einer in diesem

101 Die USA folgen, was Personengesellschaften anbetrifft, grundsätzlich wie Deutschland dem Transparenzprinzip, sodass von einer Besteuerung der Einkünfte des U.S.-amerikanischen Gesellschafters in seinem Wohnsitzstaat USA auszugehen ist. Ausländische Personenvereinigungen werden grundsätzlich nach denselben Regeln wie US-Personenvereinigungen zu Zwecken der US-Besteuerung eingeordnet. Eine deutsche OHG würde im U.S.-Steuerrecht beispielsweise als transparent zu besteuernde general partnership eingestuft. Vgl. hierzu *Mittermaier*, Personengesellschaften im Verhältnis Deutschland-USA, S. 61 f. (99).

Staat transparent besteuerten Personengesellschaft in der Vergangenheit als schwierig erwiesen. Voraussetzung für die Gewährung des ermäßigten Quellensteuersatzes war und ist der in Mexiko zu erbringende Nachweis über die steuerrechtliche Ansässigkeit der jeweiligen Person oder Gesellschaft in ihrem Ansässigkeitsstaat, hier den USA[102]. Da die mexikanische Finanzverwaltung bei der Durchführung der Besteuerung nach innerstaatlichem Recht von der Steuersubjektivität der Personengesellschaft ausging, wurde zunächst der Ansässigkeitsnachweis der Gesellschaft und nicht des Gesellschafters gefordert. Ein solcher (steuerrechtlicher) Ansässigkeitsnachweis konnte aber für die transparent besteuerte Mitunternehmerschaft in den USA – z. B. für eine (kraft Option) fiskalisch transparente LLC – nicht ausgestellt werden. Vor dem Hintergrund der Ziffer 2 Buchst. b) Prot. DBA Mexiko-USA, die die Gewährung der Abkommensvorteile gerade in solchen Fällen sicher stellen soll, lag es nahe, auf einen Ansässigkeitsnachweis des *Gesellschafters* abzustellen. Die mexikanische Finanzverwaltung teilte diese Ansicht offenbar nicht, womit sich die Erlangung der Abkommensvorteile in Mexiko trotz augenscheinlicher Erfüllung des Wortlauts der Ziffer 2 Buchst. b) Prot. DBA Mexiko-USA als problematisch gestaltete[103].

Die formalistisch geprägte Betrachtungsweise Mexikos führte zu Anwendungsschwierigkeiten im Rahmen des DBA Mexiko-USA. Als Reaktion hierauf hat die mexikanische Finanzverwaltung erstmalig im Jahr 2003 eine zeitlich begrenzte Regelung[104] erlassen, nach der die in den USA ansässigen *Gesellschafter* einer U.S.-amerikanischen LLC ihre Ansässigkeit für Abkommenszwecke durch eine offizielle Bescheinigung des U.S.-amerikanischen Internal Revenue Service in Mexiko nachweisen können. Die Regelung erfasst dem Wortlaut nach nur in den USA ansässige Gesellschafter einer LLC, schweigt

102 Der Ansässigkeitsnachweis des Steuerpflichtigen wird im OECD-MK nicht als Voraussetzung der Abkommensanwendung genannt (vgl. die Erwähnung nur in Art. 24, Ziffer 53 OECD-MK). In der Praxis spielt der Nachweis jedoch eine wichtige Rolle, zumal er von vielen Quellenstaaten – wie auch Mexiko – für die Gewährung der Abkommensvorteile verlangt wird; vgl. *Lang*, CDFI Vol. 89a (2004), Generalbericht, S. 40.

103 Vgl. *Muñiz*, TNI 2004, 819 (821).

104 Resolución Miscelánea Fiscal para 2003, Regla 3.1.2, D.O.F. v. 31.03.2003; verlängert für die Veranlagungszeiträume 2004 und 2005 durch Resolución Miscelánea Fiscal 2004/2005, Regla 3.1.2, D.O.F. v. 30.04.2004.

aber zu Gesellschaftern, die an anderen fiskalisch transparenten Personenvereinigungen beteiligt sind[105].
Es ist deshalb wahrscheinlich, dass ein in den USA ansässiger und dort mit den mexikanischen Quelleneinkünften einer deutschen Personengesellschaft besteuerter Gesellschafter auch unter Heranziehung der (nunmehr verlängerten) Resolución Miscelánea Fiscal 2004/2005 nicht von der Quellensteuerermäßigung des DBA Mexiko-USA profitiert, obwohl der Wortlaut der Ziffer 2 Buchst. b) Prot. DBA Mexiko-USA dies gebietet. Hiernach kommt es allein auf die Besteuerung der Einkünfte in den USA an; ob sich diese bei der Gesellschaft oder beim Gesellschafter vollzieht, ist irrelevant. Das Verlangen eines US-Ansässigkeitsnachweises der Gesellschaft entspricht folglich nicht dem Sinn und Zweck der Protokollbestimmung des DBA Mexiko-USA.
Trotz der restriktiven Abkommensanwendung erlaubt die Existenz der vorangehend erörterten Resolución Miscelánea des Jahres 2003 den Schluss, dass die Lücken im Abkommensschutz von der mexikanischen Finanzverwaltung erkannt werden und man hier Abhilfe schaffen möchte. So können zumindest die in den USA ansässigen Gesellschafter einer in Mexiko als Körperschaft und in den USA transparent besteuerten LLC mittels eines US-Ansässigkeitsnachweises von den Vorteilen des DBA Mexiko-USA profitieren. Diskrepanzen bestehen jedoch nach wie vor, denn Ziffer 2 Buchst. b) Prot. DBA Mexiko-USA bezieht sämtliche Personenvereinigungen in ihren Anwendungsbereich ein, sodass sämtliche, in den USA transparent besteuerten Gebilde abkommensberechtigt sein dürften, wenn ihre Einkünfte bei den Gesellschaftern aufgrund der Ansässigkeit letzterer in den USA besteuert werden. Folglich müsste auch ein in den USA ansässiger Gesellschafter einer deutschen Personengesellschaft, die Einkünfte aus mexikanischen Quellen bezieht, vom Anwendungsbereich des DBA Mexiko-USA erfasst sein.

Für das DBA-Mexiko kann aus den aus dem DBA Mexiko-USA gewonnenen Befunden Folgendes abgeleitet werden:

---

105 Die Protokollvorschrift bezieht sich in der spanischen Fassung neben dem Trust (Fideicomiso) auf sogenannte "Asociaciones", während die Tz. 3.1.2 der Resolución Miscelánea auf die amerikanische LLC ("sociedades de responsabilidad limitada constituidas conforme al derecho de los EUA") beschränkt ist. Tz. 3.1.2. gilt dem Wortlaut nach somit nur für die LLC, obwohl Ziffer 2 Buchst. b) Prot. DBA Mexiko-USA ("asociaciones") alle fiskalisch transparenten Personenvereingungen erfasst.

- Zunächst ist zu beachten, dass das DBA-Mexiko keine Sondervorschrift für Personengesellschaften enthält, wie sie das DBA Mexiko-USA vorsieht. Angesichts dieses Umstandes ist die Gewährung der Abkommensvorteile an deutsche Personengesellschaften bzw. die daran beteiligten Gesellschafter durch Mexiko derzeit unwahrscheinlich. Die Vorgehensweise der mexikanischen Finanzverwaltung zeigt, dass die steuerliche und abkommensrechtliche Behandlung von Personengesellschaften von dem im mexikanischen (vor allem im Steuer-) Recht – noch – vorherrschenden Grundsatz "form over substance" dominiert wird[106]. Aus diesem Grund wird die Vorgabe des OECD-MK, auf die Gesellschafter einer fiskalisch transparenten Personenvereinigung abzustellen, die – bzw. deren im Wege des Rechtstypenvergleichs ermittelte mexikanische Entsprechung – nach dem mexikanischen innerstaatlichen Recht ein eigenständiges Steuersubjekt darstellt, ablehnend bzw. skeptisch betrachtet.
- Die oben zitierte Resolución Miscelánea kann jedoch als erster Schritt dahingehend gewertet werden, dass die mexikanische Finanzverwaltung ihre streng den zivilrechtlichen Vorgaben folgende Sichtweise zumindest dann relativiert, wenn die Gewährleistung eines lückenlosen Abkommensschutzes und wirtschaftliche Bedürfnisse dies erfordern. Wie eingangs erwähnt, enthält das DBA Mexiko-USA mit Ziffer 2 Buchst. b) des Protokolls bereits eine Sondervorschrift, über die die Gesellschafter einer transparent besteuerten Personengesellschaft in den Genuss der Abkommensvorteile kommen können. Eine solche Bestimmung ist auch in das neue DBA zwischen Österreich und Mexiko[107] aufgenommen worden. Dies lässt den Schluss zu, dass es bei der Nichtgewährung der in den mexikanischen DBA vorgesehenen Quellensteuerbegrenzungen in Bezug auf die Einkünfte fiskalisch transparenter Personengesellschaften bleiben wird, falls keine ausdrückliche Abkommensregelung Gegenteiliges gebietet.
- Die weitere Entwicklung der Haltung Mexikos, insbesondere im Hinblick auf andere DBA, bleibt abzuwarten. Es kann nicht ausgeschlossen werden, dass die 2003 erlassene Resolución Miscelánea den Anfang einer Entwicklung kennzeichnet, an deren Ende sich auch Mexiko nach den Vorgaben des OECD-MK für die abkommensrechtliche Behandlung von Personengesellschaften richtet.

---

106 Vgl. *Muñiz*, TNI 2004, 819 (820); BNA 2002 (Mexiko), 972-3rd, A-61.

107 Vgl. Ziffer 5 Prot. DBA Mexiko-Österreich (vgl. den Abkommensauszug im Anhang).

Ein lückenloser Abkommensschutz und damit eine allen Gesellschaftern einer in ihrem Sitz- oder Errichtungsstaat fiskalisch transparenten Personengesellschaft zu gewährende Quellensteuerreduktion könnte ferner gewährleistet werden, wenn Mexiko das im Sitzstaat der Gesellschaft (Deutschland) geltende Besteuerungsprinzip nicht nur für die Ermittlung der Abkommensberechtigung, sondern auch im Rahmen seines innerstaatlichen Steuerrechts nachvollzöge und somit von vornherein auf die Gesellschafter abstellte.

Die hier behandelte Konstellation macht weiterhin deutlich, dass bei der Beteiligung von mehr als zwei Staaten Konstellationen auftreten, bei denen selbst dann keine Möglichkeit zur Vermeidung der Mehrfachbesteuerung gesehen wird, wenn zwischen allen drei Staaten DBA bestehen[108].

3. "Doppelt fehlende" Abkommensberechtigung

Bezieht eine deutsche Personengesellschaft mit in Mexiko ansässigen Gesellschaftern quellensteuerpflichtige Einkünfte aus einem (weiteren) OECD-Mitgliedstaat (z. B. Spanien[109]) und verfährt der Quellenstaat bei der Feststellung der Abkommensberechtigung nach den Vorgaben des Art. 1 Ziffer 6.3 OECD-MK, indem er angesichts der fehlenden Abkommensberechtigung der deutschen Gesellschaft die steuerliche Behandlung der in Frage stehenden Einkünfte im Wohnsitzstaat der Gesellschafter berücksichtigt, können sich möglicherweise die mexikanischen Gesellschafter auf das DBA ihres Ansässigkeitsstaats mit dem Quellenstaat berufen. Dies ist der Fall, wenn sie mit den im Quellenstaat Spanien erzielten Einkünften in Mexiko der Einkommensteuer unterliegen. Da aber Mexiko die Einkünfte der deutschen Personengesellschaft nicht in den Händen der Gesellschafter, sondern auf der Ebene der Gesellschaft

108 Siehe dazu auch Art. 1 Ziffer 6.5 OECD-MK; OECD Partnership Report, Tz. 69 f. (Beispiel 7).

109 Sowohl Mexiko als auch Deutschland unterhalten ein DBA mit Spanien: DBA Mexiko-Spanien, unterzeichnet am 24.07.1992; Ratifizierung am 27.05.1993, D.O.F. v. 18.06.1993; Inkrafttreten am 08.10.1994, anwenbar ab 01.01.1995, D.O.F. v. 31.12.1994; DBA Deutschland-Spanien, unterzeichnet am am 07.12.1966; Ratifizierung BGBl. II 1968, 9 (BStBl. I 1968, 296); Inkrafttreten am 01.01.1968, BGBl. II 1968, 140 (BStBl. I 1968, 544).

besteuert, sind die Gesellschafter nach den Vorgaben des OECD-MK unter dem DBA Mexiko-Spanien ebenfalls nicht abkommensberechtigt[110].

Folglich sind auf der Basis des OECD-MK weder die Gesellschaft noch ihre Gesellschafter abkommensberechtigt. Der Quellenstaat Spanien kann die Einkünfte ohne Begrenzung durch ein DBA besteuern. Dem liegt wohl das Verständnis zugrunde, dass die Abkommensberechtigung in Bezug auf die konkret in Frage stehenden Einkünfte zu ermitteln ist[111]. Die abstrakt zu bejahende Ansässigkeit des Gesellschafters in Mexiko reicht demnach für die Quellensteuerermäßigung des DBA Mexiko-Spanien nicht aus. Vielmehr müsste der Gesellschafter, um als abkommensberechtigt zu gelten, mit den Zinseinkünften in Mexiko auch tatsächlich der Steuer unterliegen, was jedoch aufgrund der dort geltenden intransparenten Sichtweise nicht der Fall ist.
Dieses Ergebnis erscheint unbefriedigend und hat deshalb Kritik erfahren. Eine solche – restriktive – Auslegung der Ansässigkeit in Art. 4 Abs. 1 OECD-MA sei nicht ausdrücklich im OECD-MA und in den sich daran orientierenden Abkommen niedergelegt. Art. 4 Abs. 1 OECD-MA werde, folge man der Sichtweise der OECD, zu einer subject-to-tax-Klausel umfunktioniert. Solle es für die Gewährung der Abkommensberechtigung darauf ankommen, dass die konkreten Einkünfte im Wohnsitzstaat tatsächlich besteuert werden, so bedürfe es hierfür einer entsprechenden Regelung im DBA[112]. Art. 4 Abs. 1 OECD-MA beziehe sich in seiner jetzigen Form lediglich auf die Kriterien, die abstrakt die unbeschränkte Steuerpflicht bestimmen, und zwar losgelöst von den konkreten Einkünften[113].
In casu könnte man deshalb den Standpunkt vertreten, dass Spanien als Quellenstaat die Abkommensberechtigung der Gesellschafter aufgrund ihrer Ansässigkeit in Mexiko anerkennen und den ermäßigten Quellensteuersatz gemäß

---

110 Vgl. Art. 1 Ziffer 6.5 OECD-MK; so auch *Krabbe*, IWB (1998) Fach 3 Gr. 2, S. 753 (757).

111 Vgl. auch Ziffer 2 Prot. DBA Mexiko-USA, derzufolge sich die Ansässigkeit und damit die Abkommensberechtigung einer Personengesellschaft danach richtet, ob die Einkünfte im jeweiligen Vertragsstaat im Rahmen der unbeschränkten Steuerpflicht (eines Gesellschafters oder der Gesellschaft) besteuert werden.

112 *Prokisch* in: Vogel/Lehner, DBA, Art. 1 Rn. 30; *Lang*, SWI 2000, 61 (63); *ders.*, IStR 2000, 129 (133).

113 *Prokisch* in: Vogel/Lehner, DBA, Art. 1 Rn. 30; *Lehner* in: Vogel/Lehner, DBA, Art. 4 Rn. 26.

dem mit Mexiko abgeschlossenen DBA anwenden muss. Dies hätte auch zu erfolgen, wenn daraus eine doppelte oder teilweise Nichtbesteuerung resultierte[114].

Auch nach der hier vertretenen Auffassung ist das in Art. 1 Ziffer 6.5 OECD-MK angenommene Ergebnis, wonach der Quellenstaat (in casu Spanien) die Einkünfte besteuern darf, ohne durch das DBA mit Mexiko oder Deutschland beschränkt zu sein, abzulehnen. Die Vorgaben des OECD-MK mögen insoweit einen Fortschritt darstellen, als zunehmend von formalen Voraussetzungen wie der steuerlichen Subjektfähigkeit bestimmter Personen abgesehen und das Augenmerk auf die Besteuerung der konkreten Einkünfte gerichtet wird. Zudem erscheint es konsequent, dass Einkünfte, die weder im Sitzstaat der Personengesellschaft noch im Wohnsitzstaat des Gesellschafters besteuert werden, keiner abkommensrechtlichen Steuerermäßigung unterliegen.

Gleichwohl kann die Lösung der Problematik in keiner der oben angeführten Ansichten liegen. Gewährt der Quellenstaat die Abkommensvorteile und damit die Quellensteuerermäßigung, besteht unverändert die Gefahr, dass Einkünfte nur einmalig und ermäßigt besteuert werden.
Wie eingangs erläutert, findet in Mexiko eine Besteuerung der Einkünfte bei den Gesellschaftern nicht statt. Überdies bleiben die Einkünfte in Deutschland (bei der Gesellschaft) ebenfalls unversteuert. Erhebt der Quellenstaat die volle, nach seinem innerstaatlichen Recht bemessene Quellensteuer, kann dies immer noch eine teilweise Nichtbesteuerung bedeuten.

Als Ausgangspunkt ist festzuhalten, dass die Schwierigkeit der kongruenten Zuordnung und Besteuerung von Einkünften in der unterschiedlichen Einstufung der Personengesellschaft durch die innerstaatlichen Rechtsordnungen liegt, die sodann auf der Abkommensebene manifest wird. Die drohende Nichtbesteuerung von Einkünften in Deutschland und Mexiko ist von keinem der beiden Staaten beabsichtigt, denn grundsätzlich wird die in diesem Fall in Frage stehende Art von Einkünften bei der Gesellschaft oder bei den Gesellschaftern besteuert. Die spezielle Situation, in der die abstrakte Ansässigkeit von Gesellschaft und Gesellschaftern mit der konkreten Besteuerung der Einkünfte "über

114 Vgl. *Lehner* in: Vogel/Lehner, DBA, Art. 4 Rn. 26 (Verbot der virtuellen Doppelbesteuerung); *Lang*, SWI 2000, 61 (63); *ders.*, IStR 2000, 129 (133).

Kreuz" liegt, offenbart die Konsequenzen eines subjektiven Qualifikationskonfliktes, der auch durch den OECD-MK nicht in befriedigender Weise gelöst wird.

M. E. ist eine kongruente Besteuerung und ein sinnvolles Ineinandergreifen der DBA nur möglich, wenn die Vertragsstaaten sich auf *ein* Besteuerungskonzept einigen. Hierbei sollte es auf die steuerliche Behandlung der Personengesellschaft in ihrem potentiellen Ansässigkeitsstaat (Deutschland) ankommen. Das in diesem Staat geltende Transparenzprinzip ist von Mexiko und Spanien zu übernehmen und auch bei der Besteuerung nach innerstaatlichem Recht zu beachten. Auf diese Weise stimmt die abstrakte Ansässigkeit der Gesellschafter in Mexiko mit der sich auf die konkreten Einkünfte beziehende Ansässigkeit überein, denn Mexiko würde die Einkünfte tatsächlich bei den Gesellschaftern besteuern. Der Quellenstaat Spanien hätte die Quellensteuer bei den Gesellschaftern zu erheben, die – wie gezeigt – mit den aus Spanien stammenden Einkünften der mexikanischen Einkommensteuer unterliegen. Die drohende Nichtbesteuerung[115] wird vermieden und gleichzeitig ist eine (nur) einmalige Besteuerung unter Anwendung der DBA gewährleistet[116].

Eine "Übernahmeverpflichtung" Mexikos und Spaniens, das Besteuerungssystem des jeweils anderen Vertragsstaats nachzuvollziehen, könnte mit der Begründung verneint werden, dass für eine derartige Pflicht eine besondere – sich auch auf DBA-Ebene in Form der Abkommensberechtigung niederschlagende – Stellung im Sinne einer Rechtsposition der Personengesellschaft in diesem Vertragsstaat zu fordern ist, wie z. B. in Mexiko oder Spanien die Behandlung als eigenständiges Körperschaftsteuersubjekt. Dieses "Mehr" an Rechtspersönlichkeit bzw. allein die steuerliche Subjektfähigkeit der Personengesellschaft kann m. E. für die Abkommensanwendung durch den anderen

115 Mit dem Begriff "Nichtbesteuerung" ist im Folgenden das Ausbleiben der Besteuerung in beiden Vertragsstaaten gemeint, mithin die "doppelte Nichtbesteuerung".

116 Die Abkommensanwendung würde sich nach Maßgabe des im potentiellen Ansässigkeitsstaat der Gesellschaft (Deutschland) geltenden Besteuerungskonzepts vollziehen. Dieses würde auf die Besteuerung nach innerstaatlichem Recht durchschlagen. Gleichzeitig würden die Einkünfte im Sinne der abkommensrechtlichen Konstellation Wohnsitzstaat-Quellenstaat in zwei Staaten erfasst. Sowohl die vollständige Besteuerung als auch der abkommensrechtliche Anrechnungsanspruch wären gewährleistet.

Vertragsstaat nicht maßgeblich sein. Wenn dieser Vertragsstaat – wie Mexiko – richtigerweise der Gesellschaft die Abkommensberechtigung abspricht, sie aber letzlich in der gegenwärtigen Praxis im innerstaatlichen Recht doch als Steuersubjekt behandelt, ist zu fragen, ob es für einen Staat, der dem Gründungsprinzip folgt und sich für das Steuerrecht ausschließlich von den Vorgaben des Zivilrechts leiten lässt, zulässig ist, einer Gesellschaft mehr Rechte (=Besteuerung einer deutschen Personengesellschaft als Körperschaft) zu gewähren, als ihr in ihrem Gründungsstaat zustehen[117].
Nur durch die Übernahme des jeweiligen Besteuerungskonzeptes des potentiellen Ansässigkeitsstaates der Gesellschaft ist eine kongruente Beurteilung des Sachverhaltes durch die Vertragsstaaten und damit die Gewährleistung eines lückenlosen Abkommenschutzes möglich. Der formal-juristisch und durch die Vorgaben des Zivilrechts motivierte Einwand seitens Mexikos, wonach die Personengesellschaft als eigenständige Rechtspersönlichkeit kein "Hindurchfließen" der Einkünfte an die Gesellschafter zulässt, sollte zugunsten einer wirtschaftlichen und lösungsorientierten Betrachtungsweise zurückstehen. Steuerliche Transparenz ist dem mexikanischen Steuerrecht trotz Fehlen eines mitunternehmerschaftlichen Konzepts nicht unbekannt. Das LISR verfügt über zahlreiche Regelungen, die zur Aufteilung und Zurechnung des Gewinns an die Gesellschafter herangezogen werden können[118].

117 Vgl. hierzu Art. 250 LGSM und Art. 2736 des mexikanischen Código Civil: zunächst bestimmt Art. 250 LGSM, dass die nach ausländischem Recht gegründeten Gesellschaften in Mexiko den Status einer juristischen Person haben. Da es sich auch bei deutschen Personengesellschaften um "Gesellschaften" in diesem Sinn handelt, ist mit Art. 250 LGSM davon auszugehen, dass deutsche Personengesellschaften in Mexiko über eine eigenständige Rechtspersönlichkeit verfügen. Darüber hinaus bestimmt jedoch Art. 2736 CC, dass die Rechte und Pflichten einer ausländischen juristischen Person in Mexiko in keinem Fall über die Rechte und Pflichten hinausgehen können, die der Gesellschaft in ihrem Gründungsstaat zugestanden werden. Demnach wäre die Behandlung einer deutschen Personengesellschaft als eigenständiges Rechtssubjekt – wenn man die starke Betonung der Maßgeblichkeit der zivilrechtlichen Vorgaben für das Steuerrecht in Mexiko beachtet – im Sinne des Steuerrechts nicht zulässig, zumal damit die Begründung von Rechten und Pflichten für die Personengesellschaft verbunden ist, die letzterer in ihrem Gründungsstaat nicht zukommen.

118 Zu nennen sind die Treuhand, Miteigentümer sowie der Zusammenschluss von natürlichen Personen zu einer (gleichwohl transparent besteuerten) juristischen Person für Zwecke des régimen simplificado.

Im Ergebnis ist die Maßgeblichkeit *eines* Besteuerungskonzepts in Dreiecksverhältnissen unerlässlich, um ein sinnvolles Ineinandergreifen der DBA zu erreichen. Insbesondere kann nach der hier vertretenen Auffassung die untereinander bestehende "Verknüpfung" aller Staaten durch die jeweiligen DBA dazu herangezogen werden, ein für alle Staaten verbindliches Konzept festzulegen.

Auf der Basis seiner Bemerkung in Art. 1 Ziffer 27.2 OECD-MK scheidet für *Mexiko* als Quellenstaat die Berücksichtigung der steuerlichen Verhältnisse im Wohnsitzstaat der Gesellschafter einer fiskalisch transparenten und damit nicht abkommensberechtigten Personengesellschaft von vornherein aus. Mexiko lässt bereits die Besteuerung der konkreten Einkünfte in den Wohnsitzstaaten der Gesellschafter im Hinblick auf Art. 4 Abs. 1 DBA-Mexiko unbeachtet. Die Frage, ob die Abkommensberechtigung nach abstrakten oder konkreten Kriterien zu ermitteln ist, stellt sich von vornherein nicht. Mexiko schließt die abkommensrechtliche Würdigung des Sachverhalts bereits mit der Verneinung der Abkommensberechtigung der Gesellschaft ab.
Im Ergebnis könnte Mexiko als Quellenstaat die Einkünfte seinem innerstaatlichen Steuerrecht unterwerfen, ohne durch ein DBA beschränkt zu sein. Insoweit stimmt die Vorgehensweise Mexikos mit dem Ergebnis in Art. 1 Ziffer 6.3 OECD-MK überein. Lediglich der Lösungsweg ist unterschiedlich, zumal Mexiko die Berücksichtigung der Besteuerung der Einkünfte bei den Gesellschaftern gänzlich ablehnt und sogar für die obenstehend als "eng" bezeichnete Auslegung des Art. 4 Abs. 1 OECD-MA eine besondere Regelung verlangt, während die OECD bereits im Wege der Auslegung von einer Pflicht zur Berücksichtigung der Gesellschafter-Besteuerung im konkreten Fall ausgeht.

4. "Doppelte" Abkommensberechtigung

Quellensteuerpflichtige Einkünfte, die eine mexikanische Personengesellschaft mit in Deutschland ansässigen Gesellschaftern aus einem OECD-Drittstaat (z. B. Spanien) erzielt, werden gleichzeitig in Mexiko bei der Gesellschaft und in Deutschland in den Händen der Gesellschafter besteuert. Fraglich ist, wie der Quellenstaat bei der Ermittlung der einzubehaltenden Quellensteuer zu verfahren hat; aus seiner Sicht kommt die Anwendung zweier DBA und damit verschiedener Quellensteuersätze in Betracht.

Zunächst soll der Ansässigkeitsstaat des Gesellschafters in seinem Recht zur Besteuerung der Mitunternehmereinkünfte durch das Abkommen zwischen dem Staat der Gesellschaft und dem Quellenstaat nicht beschränkt sein (Art. 1 Ziffer 6.1 OECD-MK). Demnach hindert das DBA zwischen Mexiko und dem Quellenstaat den Wohnsitzstaat Deutschland nicht an der Besteuerung der Einkünfte beim deutschen Gesellschafter. Wendet nun der Quellenstaat sein jeweiliges DBA in Einklang mit dem OECD-MK (Art. 1 Ziffer 6.3) dergestalt an, dass es die steuerliche Behandlung im Ansässigkeitsstaat der Gesellschaft bzw. der Gesellschafter berücksichtigt, so sind im Bezug auf die in Frage stehenden Einkünfte zwei verschiedene Personen aufgrund verschiedener DBA abkommensberechtigt. Gemäß Art. 1 Ziffer 6.5 OECD-MK ist der Quellenstaat dazu verpflichtet, das jeweils günstigere Abkommen (d. h. dasjenige mit dem niedrigeren Quellensteuersatz) anzuwenden[119].

Einer anderen Ansicht zufolge ist bei einer doppelten Abkommensberechtigung allein das DBA mit dem Ansässigkeitsstaat der Personengesellschaft einschlägig, was mit dem Vorrang der Qualifikation der Personengesellschaft als Steuersubjekt durch den Ansässigkeitsstaat der Personengesellschaft begründet wird[120].

Dem ist zuzustimmen. Wird die Personengesellschaft in ihrem Sitzstaat als eigenständiges Steuersubjekt anerkannt, so ist dies auch auf Abkommensebene maßgeblich. Mit der Gesellschaft existiert bereits eine abkommensberechtigte Person, über die ein Gesellschafter gegebenenfalls die Erstreckung der Abkommensvorteile auf seine Person beanspruchen kann. Durch die Annahme einer eigenständigen Abkommensberechtigung der Gesellschafter, die in transparent besteuernden Staaten ansässig sind, käme es zu einer Häufung von abkommensberechtigten Personen. Dies ist mit der eigenständigen abkommensrechtlichen Position der Gesellschaft nicht zu vereinbaren.

---

119 Im Beispiel von Zinseinkünften aus Spanien wäre Art. 11 Abs. 2 DBA Spanien-Deutschland mit einem Quellensteuersatz von 10 % anzuwenden, (DBA Spanien-Mexiko: 15 %). So (für das OECD-MA) auch *Prokisch* in: Vogel/Lehner, DBA, Art. 1 Rn. 24 Buchst. b); *Lüdicke*, StBJb. 1997/98, S. 449 (459); *Krabbe*, IWB (1998) Fach 3 Gr. 2, S. 753 (757); OECD Partnership Report, Tz. 74.

120 *Frotscher*, Internationales Steuerrecht, S. 182.

5. Partielle Abkommensberechtigung von Betriebstätten

DBA sind nicht auf Dreiecksverhältnisse zugeschnitten. Ohne eine koordinierte Anwendung und Auslegung der DBA durch die Vertragsstaaten sind Schwierigkeiten in derartigen Konstellationen nicht vermeidbar. Deutlich wird dies bei der abkommensrechtlichen Behandlung von Drittstaateinkünften, die von einer Personengesellschaft über eine Betriebstätte im anderen Vertragsstaat erzielt werden.

Mexiko erlaubt sowohl einer in Mexiko ansässigen und damit unbeschränkt steuerpflichtigen Person als auch dem nichtansässigen Inhaber einer in Mexiko gelegenen Betriebstätte die Anrechnung ausländischer Steuern. Der Anrechnungsanspruch ansässiger Personen richtet sich nach Art. 5 und 6 LISR; für Betriebstätten ist zusätzlich Art. 7 RLISR heranzuziehen. Die Anrechnung ist nur unter der Bedingung zulässig, dass die durch den Drittstaat besteuerten Einkünfte auch in Mexiko steuerpflichtig sind[121].
Möglicherweise können Quellensteuern auf die Drittstaateinkünfte einer in Deutschland errichteten Personengesellschaft mit Betriebstätte in Mexiko auch über eine "partielle", auf Art. 24 Abs. 3 DBA-Mexiko gestützte Abkommensberechtigung der Betriebstätte in Mexiko angerechnet werden. Deutsche Personengesellschaften, die eine mexikanische Betriebstätte unterhalten, könnten demnach die im mexikanischen Recht vorgesehenen Anrechnungsmöglichkeiten voll ausschöpfen[122] und darüber hinaus auch die Erstreckung von Vorteilen aus mexikanischen DBA mit Drittstaaten auf die mexikanische Betriebstätte verlangen.

121 Vgl. *Antúnez Alvarez*, El Impuesto sobre la Renta a los Ingresos generados en el Extranjero, IV.9.

122 Zwar sieht Art. 7 RLISR auch für Betriebstätten einen Anrechnungsanspruch für ausländische Steuern vor; die Vorschrift gehört jedoch lediglich zur Durchführungsverordnung des LISR und bietet infolgedessen nicht dieselbe Rechts- bzw. Planungssicherheit, die eine abkommensrechtlich verankerte – von Rechtsänderungen in Bezug auf beschränkt Steuerpflichtige unabhängige – Berufung auf die unilateralen Anrechnungsvorschriften ermöglicht.

(a) Betriebstättenstaat Mexiko, Sitzstaat der Personengesellschaft Deutschland

Im Verhältnis zu Deutschland steht dem Betriebstättenstaat Mexiko das Besteuerungsrecht für Drittstaateinkünfte zu[123]. Dies folgt aus dem Umkehrschluss aus Art. 10 Abs. 4, Art. 11 Abs. 6 und Art. 12 Abs. 4 DBA-Mexiko[124]. Die letztgenannten Artikel sind zur Begründung dieses Ergebnisses heranzuziehen, zumal Art. 21 Abs. 2 OECD-MA, der das Besteuerungsrecht des Ansässigkeitsstaates zugunsten des Staates der Betriebstätte einschränkt, keine Entsprechung im DBA-Mexiko hat[125].

Das deutsche Steuerrecht schafft unilateral – ohne Berücksichtigung eines DBA – im Hinblick auf die Doppel- oder Dreifachbesteuerung der Drittstaateinkünfte nur bedingt Abhilfe. Die Einkünfte würden der Betriebstätte zugeordnet und als aus Mexiko stammend betrachtet, wobei aber die Quellenbesteuerung nicht in Mexiko stattgefunden hat, sondern im Staat X. Die in § 34 c Abs. 1 EStG vorgesehene Steueranrechnung wäre mithin mangels Identität des Staates, der die Einkünfte besteuert und dem Staat, aus dem die Einkünften stammen, nicht möglich. Es bliebe lediglich der Steuerabzug gemäß § 34 Buchst. c) Abs. 3 EStG.
Angesichts der *bilateralen* Vereinbarung mit Mexiko stellt der deutsche Fiskus die der mexikanischen Betriebstätte zuzurechnenden Einkünfte – zu denen auch solche aus Drittstaaten gehören – gemäß Art. 7 Abs. 1 S. 2 i. V. m. Art. 23 Abs. 2 Buchst. a) DBA-Mexiko in der Regel frei. Auch bei Bestehen eines DBA ist die Berücksichtigung bzw. vollständige Vermeidung der in Mexiko und dem Drittstaat entstehenden Doppelbesteuerung der Zinseinkünfte durch Anrechnungsmaßnahmen in Deutschland nicht sichergestellt.

Neben dem in Art. 7 RLISR statuierten, unilateralen Anrechnungsanspruch lässt sich möglicherweise aus dem Diskriminierungsverbot in Art. 24 Abs. 3 DBA-Mexiko die Verpflichtung Mexikos folgern, die vom Drittstaat erhobene Quellensteuer im Rahmen der beschränkten Steuerpflicht der deutschen Gesellschaft in Mexiko anzurechnen, zumal die Besteuerung der Betriebstätte nicht ungüns-

123 Die Zurechenbarkeit der Einkünfte an die Betriebstätte sei hier vorausgesetzt.

124 Vgl. BFH v. 30.08.1995, BStBl. II 1996, 563.

125 Zur Frage des erweiterten Betriebstättenvorbehalts siehe Art. 7 DBA-Mexiko, Kapitel 3, II.b.4.(a) und (b).

tiger sein darf als die Besteuerung mexikanischer Unternehmen, die die gleiche Tätigkeit ausüben. Mexikanische Unternehmen, die quellensteuerbelastete Einkünfte aus dem Drittstaat beziehen, dürfen diese Steuer einerseits unilateral nach Art. 6 LISR und anderseits gemäß Art. 5 LISR i. V. m. der Anrechnungsvorschrift des DBA Mexiko-Drittstaat auf ihre mexikanische Steuer in Höhe der auf die ausländischen Einkünfte entfallenden mexikanischen Steuer anrechnen. Folglich müsste auch die Betriebstätte die unilateralen Anrechnungsmaßnahmen (ohne "Umweg" über die Verweisung des Art. 7 RLISR bzw. unabhängig von dessen Existenz) und darüber hinaus auch die Abkommensvorteile aus dem DBA Mexikos mit dem Drittstaat beanspruchen können[126].
Zu differenzieren ist folglich zwischen der Gleichbehandlung mit mexikanischen Ansässigen im Hinblick auf das innerstaatliche mexikanische Recht und der Erstreckung von Abkommensvorteilen, deren begünstigende Wirkung nicht im innerstaatlichen Recht vorgesehen ist. Im Anschluss daran ist zu klären, in welcher Höhe eine etwaige Anrechnung durch den Betriebstättenstaat vorzunehmen ist.

i. Unilaterale Vorschriften

Nach überwiegender Ansicht zu Art. 24 Abs. 3 OECD-MA ist der Betriebstättenstaat kraft des Betriebstätten-Diskriminierungsverbots zur Anwendung seiner unilateralen Anrechnungsvorschriften auf die Betriebstätte verpflichtet[127]. Dem ist zuzustimmen. Art. 24 Abs. 3 DBA-Mexiko enspricht dem OECD-MA und ist in seinem Wortlaut eindeutig, wenn er dem Betriebstättenstaat eine gegenüber ansässigen Unternehmen nachteilige Besteuerung des Betriebstättengewinns untersagt. Gerade bei abkommensrechtlich bedingter Freistellung der

---

126 Die Betriebstätte ist zwar kein Steuersubjekt, sondern – aus mexikanischer Sicht – die deutsche Gesellschaft, aber der Betriebstätte müsste mit Blick auf die Drittstaateinkünfte eine "begrenzte Ansässigkeit" bzw. eine "partielle" Abkommensberechtigung aus dem DBA Mexiko-Drittstaat eingeräumt werden, die sie im Hinblick auf die Anrechnungsmöglichkeiten in die gleiche Lage wie die in Mexiko unbeschränkt steuerpflichtigen Personen versetzt.

127 Vgl. *Piltz*, Personengesellschaften, S. 224 f.; *Staringer* in: Gassner/Lang/Lechner, Das neue Musterabkommen der OECD (Triangular Cases), S. 67 (80); *Helde*, Dreiecksverhältnisse im Internationalen Steuerrecht, S. 91 f.; *Weggenmann*, Einordnungskonflikte, S. 101; so auch Art. 24 Ziffer 49 OECD-MK.

Einkünfte durch den Ansässigkeitsstaat Deutschland [siehe Art. 23 Abs. 2 Buchst. a) DBA-Mexiko], ist es unabdingbar, dass der Betriebstättenstaat zur Vermeidung der Doppelbesteuerung beiträgt. Er greift steuerlich auf das Welteinkommen der Betriebstätte zu und setzt somit eine Ursache für die internationale Doppelbesteuerung[128]. Die unlilateralen Anrechnungsvorschriften Mexikos sind folglich unabhängig vom Bestand des Art. 7 RLISR kraft Art. 24 Abs. 3 DBA-Mexiko auf Betriebstätten anzuwenden, die in Deutschland ansässige Personen in Mexiko unterhalten.

ii. Bilaterale Vorschriften

Eine Studie des OECD-Steuerausschusses[129] zur Frage der Erstreckung von Abkommensvorteilen aus DBA des Betriebstättenstaates mit Drittstaaten ist zu dem Ergebnis gekommen, dass im Fall einer durch DBA gewährten Anrechnung der Betriebstättenstaat die vom Drittstaat erhobenen Quellensteuern anrechnen solle, um so eine Mehrfachbesteuerung zu vermeiden. Ein Teil der Ausschussmitglieder befürwortete dies bereits als eine sich unmittelbar aus Art. 24 Abs. 3 OECD-MA ergebende Folge, während der andere Teil die Ansicht vertrat, dass diese Konsequenz nicht schon aus Art. 24 Abs. 3 OECD-MA resultiere. Man einigte sich auf die Formulierung einer Abkommensvorschrift, die die Staaten nach Wunsch in ihre DBA aufnehmen sollten. Dadurch fanden diejenigen Staaten Berücksichtigung, die dem Diskriminierungsverbot ein "enges" Verständnis zugrunde legten. Das DBA-Mexiko enthält die vom OECD-Steuerausschuss vorgeschlagene Formulierung nicht. Deshalb bleibt ungeklärt, ob die Anrechnungspflicht bereits aus dem allgemeinen Betriebstätten-Diskriminierungsverbot folgt. Die Frage, ob die Vorschrift tatsächlich "weit" oder "eng" auszulegen ist, wurde mit der Lösung des Steuerausschusses nicht beantwortet[130].

Für die enge Sichtweise – wonach die Anrechnungspflicht des Betriebstättenstaates einer ausdrücklichen Regelung bedarf – spricht, dass DBA bilaterale Verträge sind. Die Abkommensvorteile sollen den Ansässigen der vertragschließenden Staaten zugute kommen, und nicht auch Personen, die in Dritt-

128 Vgl. *Helde*, Dreiecksverhältnisse im Internationalen Steuerrecht, S. 87.

129 OECD, "Triangular Cases" in: Model Tax Convention: Four Related Studies, S. 28 ff.

130 *Züger*, SWI 2001, 111 (114).

staaten ansässig sind[131]. Die von den Vertragsstaaten in Kauf genommenen Steuerverzichte beruhen auf Gegenseitigkeit. Dies lasse sich von dem Drittstaat, dessen Gesellschaft oder Gesellschafter die Anrechnung begehren, nicht sagen. Er biete keine Gegenleistung für die Erlangung der Abkommensvorteile[132]. Ferner wird im Hinblick auf den in Art. 24 Abs. 3 OECD-MA anzustellenden Vergleich zwischen der Besteuerung der Betriebstätte und den im Betriebstättenstaat ansässigen Unternehmen angemerkt, dass auch letztere Einkünfte aus Drittstaaten beziehen könnten, mit denen kein DBA besteht. Folglich läge keine Diskriminierung der Betriebstätte vor[133].

Dem ist – im Sinne einer weiten Auslegung des Art. 24 Abs. 3 DBA-Mexiko (bzw. OECD-MA) – entgegenzuhalten, dass der für die Feststellung einer Diskriminierung erforderliche Vergleich sich nicht an einem konkreten Unternehmen zu orientieren hat, sondern an einem fiktiven Unternehmen, das Einkünfte aus einem vergleichbaren Quellenstaat erzielt[134]. Weiterhin lässt sich aus dem Wortlaut des Art. 24 Abs. 3 DBA-Mexiko keine Beschränkung des Diskriminierungsschutzes auf unilaterale Vorschriften ableiten[135]. Die vertragschließenden Staaten nehmen durch die Aufnahme eines Betriebstätten-Diskriminierungsverbots die Anrechnungspflicht auch im Verhältnis zu nicht ansässigen Betriebstätteninhabern in Kauf.

Zudem hätte es der Betriebstättenstaat in der Hand, sich dem Gebot des Art. 24 Abs. 3 OECD-MA zu entziehen, indem er bestimmte Begünstigungen nur auf DBA-Ebene vereinbart und nicht im innerstaatlichen Recht[136]. Weiterhin vermag das Argument der mangelnden Gegenleistung durch den Sitzstaat des die Betriebstätte unterhaltenden Unternehmens nicht zu überzeugen. Schließlich kann eine Konstellation auftreten, in der auch der Betriebstättenstaat "einseitig" vom Diskriminierungsverbot profitiert[137].

---

131 *Avery Jones u. a.*, European Taxation 1991, 310 (337).

132 Vgl. *Piltz*, Personengesellschaften, S. 226.

133 *Avery Jones u. a.*, European Taxation 1991, 310 (337).

134 *Helde*, Dreiecksverhältnisse im Internationalen Steuerrecht, S. 89, 98.

135 *Helde*, Dreiecksverhältnisse im Internationalen Steuerrecht, S. 94; *Rust* in: Vogel/Lehner, DBA, Art. 24 Rn. 116.

136 *Rust* in: Vogel/Lehner, DBA, Art. 24 Rn. 116; *García Prats*, intertax 1994, 473 (479, 480).

137 Vgl. *Züger*, SWI 2001, 111 (114).

Das Bestreben, Drittstaatsteuern bei Betriebstätten Nichtansässiger anzurechnen und somit die Mehrfachbesteuerung zu vermeiden, besteht schon im innerstaatlichen Recht Mexikos (vgl. Art. 7 RLISR). Vor diesem Hintergrund spricht überdies die in Mexiko angenommene Höherrangigkeit von DBA gegenüber einfachgesetzlichen Vorschriften für eine weite Auslegung des Art. 24 Abs. 3 DBA-Mexiko[138]. Die Pflicht zur Erstreckung von Abkommensvorteilen auf die Betriebstätte folgt somit bereits aus dem allgemeinen Betriebstätten-Diskriminierungsverbot[139].

iii. Höhe des Anrechnungsbetrags

Unterhält der Ansässigkeitsstaat Deutschland mit dem Quellenstaat ein DBA, das zu einer Reduzierung der Quellensteuer führt, so ist die Anrechnung der Quellensteuer bei der Betriebstätte in Mexiko nur in dieser (tatsächlichen) Höhe zu gewähren.
Besteht zwischen Mexiko und dem Quellenstaat ein DBA, kann die Betriebstätte die Abkommensvorteile nicht aus einer eigenen, abkommensrechtlichen Position heraus beanspruchen, zumal sie erstens nicht unbeschränkt steuerpflichtig und zweitens bereits keine Person ist[140]. Den Quellenstaat trifft somit keine Pflicht zur Gewährung der im DBA mit dem Betriebstättenstaat Mexiko vorgesehenen Begrenzung der Quellensteuer. Da die Quellensteuer somit gegenüber der steuerlichen Belastung der – unter dem DBA Quellenstaat-Mexiko abkommensberechtigten – mexikanischen Unternehmen höher ausfällt, ist es für die Betriebstätte in Mexiko günstiger, sich für die über

138 Vgl. die Erläuterung der verfassungsrechtlichen Vorgaben in Kapitel 1, IV.

139 So auch BFH v. 14.03.1989, BStBl. II 1989, 649; *Rust* in: Vogel/Lehner, DBA, Art. 24 Rn. 116 f.; *Wassermeyer* in: Debatin/Wassermeyer, DBA (MA), Art. 24 Rn. 21, 52; *Schaumburg*, Internationales Steuerrecht, S. 102 Rn. 4.43; *Helde*, Dreiecksverhältnisse im Internationalen Steuerrecht, S. 92 f. (99); *García Prats*, El Establecimiento Permanente, S. 426 ff; *ders.*, intertax 1994, 473 (477 f.). Es sei erneut darauf hingewiesen, dass mit Art. 7 RLISR im Rahmen der Besteuerung des Betriebstättenergebnisses einer beschränkt steuerpflichtigen Person bereits ein Anrechnungsanspruch für Drittstaatsteuern besteht. Diese Vorschrift hat jedoch "lediglich" den Rang einer Verordnung, weshalb dem hier festgestellten abkommensrechtlichen und damit unabhängig von Art. 7 RLISR bestehenden Anrechnungsanspruch eine weitergehende Bedeutung zukommt.

140 Vgl. *Prokisch* in: Vogel/Lehner, DBA, Art. 1 Rn. 8.

Art. 24 Abs. 3 DBA-Mexiko zu gewährende Anrechnung der ausländischen Steuer auf die unilaterale, für beschränkt steuerpflichtige Betriebstätteninhaber geltende Vorschriften des Art. 7 RLISR anstelle der abkommensrechtlichen Anrechnung im Verhältnis Betriebstättenstaat-Quellenstaat zu berufen. Nur so ist die Anrechnung der tatsächlich im Quellenstaat angefallenen und damit höheren, weil nicht nach dem DBA Quellenstaat-Mexiko bemessenen Steuer bei der mexikanischen Betriebstätte möglich. Anderenfalls könnte für die Anrechnung lediglich der im DBA Mexikos mit dem Quellenstaat vorgesehene Betrag angesetzt werden. Das Betriebstätten-Diskriminierungsverbot gebietet jedoch nur eine steuerliche Gleichbehandlung der Betriebstätte gegenüber ansässigen, d. h. mexikanischen Unternehmen.
Für die Anrechnung durch den Betriebstättenstaat aufgrund von Art. 24 Abs. 3 DBA-Mexiko ist deshalb zweierlei festzuhalten: die anzurechnende Steuer muss tatsächlich angefallen sein und es ist nur der jeweils niedrigste, abkommensrechtlich vorgesehene Betrag zu berücksichtigen[141].

iv. Sichtweise Mexikos bei Personengesellschaften

Als problematisch in der praktischen Durchsetzung erweist sich auch im Rahmen des Art. 24 Abs. 3 DBA-Mexiko die Auffassung Mexikos zur Gewährung von Abkommensvorteilen. Die Anwendung des Art. 24 Abs. 3 DBA-Mexiko setzt zunächst voraus, dass entweder die Gesellschaft oder die Gesellschafter die Abkommensvorteile für sich reklamieren können, denn anders als die in Art. 24 Abs. 1 OECD-MA relevante Staatsangehörigkeit ist das Betriebstätten-Diskriminierungsverbot nicht losgelöst vom Erfordernis des "Unternehmens eines Vertragsstaats", mithin einer ansässigen Person. Eine deutsche Personengesellschaft ist mangels steuerlicher Subjektfähigkeit in Deutschland nicht abkommensberechtigt. Mexiko verweigert entgegen den Grundsätzen des OECD-MK den Rückgriff auf die dahinter stehenden Gesellschafter als anteilige Betriebstätteninhaber[142]. Es ist deshalb wahrscheinlich, dass Mexiko

---

141 Vgl. *Staringer* in: Gassner/Lang/Lechner, Das neue Musterabkommen der OECD (Triangular Cases), S. 67 (87); *Helde*, Dreiecksverhältnisse im Internationalen Steuerrecht, S. 102. *García Prats*, intertax 1994, 473 (481); sowie Art. 24 Ziffer 52 OECD-MK.

142 Auch für das Betriebstätten-Diskriminierungsverbot ist auf die anteilige Betriebstätte eines jeden Gesellschafters als Betreiber des "Unternehmen eines Vertragsstaates" abzustellen; vgl. *Wassermeyer* in: Debatin/Wassermeyer, DBA (MA), Art. 24 Rn. 42.

die Anwendung des DBA-Mexiko gänzlich ablehnt und aus diesem Grund auch das Diskriminierungsverbot gemäß Art. 24 Abs. 3 DBA-Mexiko nicht zur Anrechnung der im Quellenstaat erhobenen Steuer bei der Besteuerung des mexikanischen Betriebstättengewinns herangezogen werden kann. Der mexikanische Betriebstättengewinn würde allein nach den Regeln des innerstaatlichen mexikanischen Rechts ermittelt, ohne dass es zur Anrechnung ausländischer Steuern unter Heranziehung von Abkommen Mexikos mit Drittstaaten. Insoweit bietet der unilaterale Anrechnungsanspruch in Art. 7 RLISR für nichtansässige Personen, die in Mexiko eine Betriebstätte unterhalten, eine eigenständige – in ihrem Bestand aber weniger sichere – Methode zur Vermeidung oder Abmilderung der Doppel- oder Mehrfachbesteuerung.

(b) Betriebstättenstaat Deutschland, Sitzstaat der Personengesellschaft Mexiko

Im Verhältnis zu Mexiko steht das Besteuerungsrecht für Drittstaateinkünfte dem Betriebstättenstaat Deutschland zu. Dies folgt aus dem Umkehrschluss aus den Art. 10 Abs. 4, Art. 11 Abs. 6 und Art. 12 Abs. 4 DBA-Mexiko[143].
Die Einkünfte der Betriebstätte werden sowohl im Drittstaat als auch in Deutschland besteuert. Der Drittstaat kann die Einkünfte – soweit der dem Trennungsprinzip folgt – bei der mexikanischen Gesellschaft erfassen, ohne dabei durch ein DBA beschränkt zu sein. Einerseits besteht zwischen dem Drittstaat und Mexiko kein DBA und andererseits fällt die in Mexiko ansässige Gesellschaft nicht in den persönlichen Schutzbereich des DBA zwischen Deutschland und dem Drittstaat.
Obwohl aus den oben genannten Gründen kein DBA einschlägig ist, hat Deutschland als Betriebstättenstaat die Abkommensvorteile des DBA Deutschland-Drittstaat auf die Betriebstätte der mexikanischen Gesellschaft (als beschränkt Steuerpflichtige) gemäß Art. 24 Abs. 3 DBA-Mexiko zu erstrecken, indem die im Drittstaat erhobene Quellensteuer in Deutschland bei der Betriebstätte angerechnet wird.

143 Es ist davon auszugehen, dass die Drittstaateinkünfte der deutschen Betriebstätte zurechenbar sind.

Wie Mexiko sieht Deutschland eine solche Anrechnungsmöglichkeit bereits in seinem innerstaatlichen Recht vor. Gemäß § 34 c Abs. 1, § 50 Abs. 6 EStG können ausländische Inhaber einer inländischen Betriebstätte die in Drittstaaten erhobenen Steuern auf Einkünfte der Betriebstätte aus diesen Staaten anrechnen.

Der in § 50 Abs. 6 EStG vorgesehene Anrechnungsanspruch ist nicht an die Anwendbarkeit eines DBA geknüpft. Deshalb könnte man von einer Spezialität des abkommensrechtlichen Anrechnungsanspruchs ausgehen. Das Diskriminierungsverbot eines DBA gewährleistet die Anrechnung aber nur in der Höhe, wie sie auch das DBA des Betriebstättenstaats mit dem Drittstaat (Quellenstaat) vorsieht. § 50 Abs. 6 EStG sieht hingegen die uneingeschränkte Anrechnung der durch den Drittstaat erhobenen Steuer vor.

Demgegenüber sind Benachteiligungen mexikanischer Unternehmen mit ihren deutschen Betriebstätten gegenüber inländischen Unternehmen trotz § 50 Abs. 6 EStG möglich, wenn die unilaterale Anrechnungsvorschrift nicht ausreicht. Dies kann z. B. bei Freistellung von Einkünften aus unbeweglichem Vermögen durch Drittstaatsabkommen der Fall sein. In der Regel kommt es wegen Art. 21 Abs. 1 OECD-MA (vorausgesetzt, das Abkommen zwischen Deutschland und dem Drittstaat folgt diesem Muster) nicht zu einer Schlechterstellung der Betriebstätte, denn die Vorschrift untersagt Deutschland zugunsten des Ansässigkeitsstaates des Unternehmens die Besteuerung der Einkünfte i. S. v. Art. 6 OECD-MA. Enthält das DBA eine dem Art. 21 OECD-MA entsprechende Vorschrift jedoch nicht, werden die Drittstaateinkünfte beim *inländischen Unternehmen* gemäß Art. 6 Abs. 1 i. V. m. Art. 23 A Abs. 1 OECD-MA (DBA Deutschland-Belegenheitsstaat) *freigestellt*. Die deutsche Betriebstätte des mexikanischen Unternehmens kann in diesem Fall lediglich die Steuern des Belegenheitsstaates gemäß § 34 c Abs. 1, § 50 Abs. 6 EStG in Deutschland zur *Anrechnung* bringen[144].

Weiterhin ist die Diskriminierung der Betriebstätte eines mexikanischen Unternehmens trotz § 50 Abs. 6 EStG denkbar, wenn durch das DBA zwischen Deutschland und dem Drittstaat die Anrechnung von Steuern ermöglicht wird, die in § 34 d EStG nicht genannt sind[145]. Dann ist das DBA wiederum konstitutiv für eine Anrechnungsmöglichkeit, die das deutsche Steuerrecht sonst nicht gewährt. Weiterhin ergibt sich aus der bereits bestehenden unilateralen

144 Vgl. *Rust* in: Vogel/Lehner, DBA, Art. 24 Rn. 118.

145 Vgl. *Rust* in: Vogel/Lehner, DBA, Art. 24 Rn. 118.

Vorschrift des § 50 Abs. 6 EStG für Deutschland ein "gesteigerter Zwang", Betriebstätten mexikanischer Unternehmen auch die Abkommensvorteile aus Drittstaaten-DBA einzuräumen. Das innerstaatliche Recht erlaubt den Schluss, dass es im Bestreben Deutschlands liegt, die Betriebstättenbesteuerung der Besteuerung inländischer Unternehmen anzugleichen.

(c) Ergebnis

Die aufgrund von Art. 24 Abs. 3 DBA-Mexiko zu gewährenden Anrechnungsmöglichkeiten bestehen neben den unilateralen Anrechnungsvorschriften für beschränkt Steuerpflichtige und erstrecken sich sowohl auf Normen des innerstaatlichen Rechts als auch auf DBA des Betriebstättenstaats mit Drittstaaten.

c. Doppelte Ansässigkeit von Personengesellschaften

1. Möglichkeit einer in Deutschland und Mexiko ansässigen Personengesellschaft

Die innerstaatlichen Steuerrechtsordnungen Deutschlands und Mexikos beinhalten jeweils unterschiedliche Anknüpfungspunkte für die unbeschränkte Steuerpflicht einer steuerlich subjektfähigen Gesellschaft. Der mexikanischen Körperschaftsteuer unterliegen gemäß Art. 9 Abs. 2 CFF i. V. m. Art. 1 Abs. 1 LISR juristische Personen, die nach dem Recht Mexikos gegründet wurden oder deren Geschäftsleitung in Mexiko liegt. Personengesellschaften haben sowohl zivilrechtlich als auch steuerrechtlich eine eigene Rechtspersönlichkeit. Demnach besteht die Möglichkeit, dass eine nach mexikanischem Recht gegründete Personengesellschaft, deren Geschäftsleitung in einem anderen – ebenfalls dem Trennungsprinzip folgenden – Staat liegt, sowohl in Mexiko als auch im Geschäftsleitungsstaat unbeschränkt körperschaftsteuerpflichtig ist.
Die deutsche (unbeschränkte) Körperschaftsteuerpflicht stellt gemäß § 1 Abs. 1 KStG auf den Sitz der Körperschaft oder den Ort ihrer Geschäftsleitung ab. Für inländische, d. h. in Deutschland errichtete Personengesellschaften ist § 1 KStG aufgrund der fiskalischen Transparenz von Mitunternehmerschaften nicht einschlägig. Es kommt bei den steuerbegründenden Merkma-

len vielmehr auf den Wohnsitz bzw. den gewöhnlichen Aufenthalt der Gesellschafter im Inland an (§§ 8, 9 AO).
Beim Zusammentreffen der Systeme eines transparent besteuernden und eines dem Trennungsprinzip folgenden Staates ist die doppelte Ansässigkeit einer Personengesellschaft nicht denkbar. Die doppelte Ansässigkeit setzt voraus, dass die Gesellschaft überhaupt in beiden Staaten i. S. v. Art. 1, 4 DBA-Mexiko ansässig sein *kann*[146]. Auch wenn man bei einer mexikanischen Personengesellschaft von einer abkommensrechtlich verankerten Verpflichtung Deutschlands zur Übernahme des mexikanischen Besteuerungssystems ausgeht und die Geschäftsleitung in Deutschland konsequenterweise die unbeschränkte Steuerpflicht der Gesellschaft i. S. v. § 1 KStG auslöst, hat dies abkommensrechtlich keine doppelt ansässige Gesellschaft zur Folge, zumal die Übernahme des Intransparenzprinzips durch Deutschland auf der vorgeschalteten, auf innerstaatlichem Recht gründenden Einstufung der Personengesellschaft als unbeschränkt steuerpflichtig durch Mexiko basieren würde (Art. 4 Abs. 1 DBA-Mexiko).

2. Beteiligung eines intransparent besteuernden Drittstaats

Ist eine Personengesellschaft mit deutschen Gesellschaftern nach dem Recht Mexikos gegründet worden, während der Ort ihrer Geschäftsleitung in einem intransparent besteuernden Drittstaat liegt, so ist die Gesellschaft sowohl in Mexiko als auch im Drittstaat unbeschränkt körperschaftsteuerpflichtig.
Die doppelte Ansässigkeit auf DBA-Ebene ist angesichts des Wortlauts von Art. 4 Abs. 1 DBA Mexiko-Drittstaat[147] fragwürdig, denn für die Bestimmung der Ansässigkeit wird dort auf *ortsbezogene* Merkmale abgestellt. Das Gründungsstatut ähnelt der Staatsangehörigkeit, die für den Begriff der Ansässigeit in Art. 4 Abs. 1 OECD-MA als nicht relevant erachtet wird[148]. Infolge der Unbeachtlichkeit des Gründungsstatuts geht bereits aus Art. 4 Abs. 1 DBA Mexiko-Drittstaat hervor, dass aufgrund der im Drittstaat befindlichen Geschäftsleitung dieser Staat der alleinige Ansässigkeitsstaat der Gesellschaft ist.

---

146 *Lehner* in: Vogel/Lehner, DBA, Art. 4 Rn. 109.

147 Es sei hier der Wortlaut von Art. 4 Abs. 1 OECD-MA zugrundegelegt.

148 Vgl. *Lehner* in: Vogel/Lehner, DBA, Art. 4 Rn. 46.

Erachtet man das innerstaatliche Gründungsstatut als kein die Ansässigkeit der Personengesellschaft i. S. v. Art. 4 Abs. 1 OECD-MA begründendes Merkmal, ist das Auftreten einer doppelt ansässigen Personengesellschaft (bei Beteiligung von Drittstaaten) in DBA, die dem OECD-MA folgen, unwahrscheinlich. Ist neben Deutschland und Mexiko ein Staat beteiligt, der wie Mexiko der Gründungstheorie folgt und ein Gründungsstatut in seinem innerstaatlichen Steuerrecht verankert hat, so ist beim Auseinanderfallen von Gründungsstaat und Geschäftsleitungsstaat – sofern das DBA zwischen Mexiko und diesem Staat für die Ansässigkeit auch an den Gründungsort anknüpft – gemäß Art. 4 Abs. 3 OECD-MA für die Ermittlung der abkommensrechtlichen Ansässigkeit auf die alleinige Maßgeblichkeit des Ortes der Geschäftsleitung abzustellen[149].
Fälle der doppelten Ansässigkeit einer Personengesellschaft könnten (unter Beteiligung Mexikos als Ansässigkeits- und Deutschlands als Quellenstaat) in einem Fall auftreten, in dem ein Drittstaat – beispielsweise Ecuador – für die Begründung der unbeschränkten Steuerpflicht an den statuarischen *Sitz* der Gesellschaft anknüpft und gleichzeitig dem Trennungsprinzip folgt. In diesem Fall können zwei *örtliche* Anknüpfungspunkte i. S. v. Art. 4 Abs. 1 OECD-MA (Sitz und Geschäftsleitung) existieren, aufgrund derer die Gesellschaft in zwei Staaten (Mexiko und Ecuador) der unbeschränkten Körperschaftsteuer unterliegt.

Wird die in beiden Ansässigkeitsstaaten gegebene, steuerliche Subjektfähigkeit der Gesellschaft vom Quellenstaat Deutschland bei der innerstaatlichen Besteuerung nicht respektiert, sind die der Gesellschaft zustehenden Abkommensvergünstigungen den Gesellschaftern zu gewähren. Die Ermittlung des einschlägigen Quellensteuersatzes erweist sich als problematisch. Bezugspunkt für die Quellensteuerbegrenzung ist die abkommensberechtigte Gesellschaft. Deshalb könnte den Gesellschaftern ein Wahlrecht zwischen dem DBA-Mexiko und dem DBA-Ecuador zu gewähren sein. Dies vermag sich beim Quellensteuersatz noch günstig auszuwirken, kann aber nicht mit der Verpflichtung des Gesellschafter-Wohnsitzstaats einhergehen, die von einem "fremden" DBA vorgegebene (höh-

149 Mexiko unterhält derzeit kein DBA, das für die Ermittlung der Ansässigkeit in einem Vertragsstaat (auch) den Gründungsort für maßgeblich erklärt. Mexiko behält sich jedoch in Art. 4 Ziffer 3 OECD-MK vor, doppelt ansässigen Gesellschaften die Abkommensvorteile zu versagen, soweit es nicht gelingt, in das jeweilige DBA ein Gründungsstatut einzuführen.

ere) Quellensteuer anzurechnen. Als weitere Lösung ist deshalb zu erwägen, dass Deutschland die endgültige Bestimmung des Ansässigkeitsstaats der Gesellschaft dem DBA zwischen Mexiko und Ecuador entnimmt und den Quellensteuersatz an dem (endgültig) zur Anrechnung verpflichteten Staat ausrichtet.

Andererseits darf nicht außer Betracht gelassen werden, dass für Deutschland eine völkerrechtliche Pflicht besteht, die DBA mit Mexiko *und* Ecuador anzuwenden. Insoweit ist es fragwürdig, ob die Anwendung des einen oder des anderen DBA zur Disposition des Steuerpflichtigen stehen kann bzw. ob der deutsche Staat seine Quellenbesteuerung nach einer Regelung ausrichten darf, die Inhalt eines DBA zwischen zwei anderen Staaten ist.
M. E. würde es zunächst eine wesentliche Erleichterung bei der Besteuerung bedeuten, wenn Deutschland als Quellenstaat die steuerliche Subjektfähigkeit der Gesellschaft sowohl in Ecuador als auch in Mexiko respektierte und dieser abkommensrechtlich und innerstaatlich Einkünfte zurechnete. Damit könnte auch die bereits im Zwei-Staaten-Verhältnis problematische, weil auf die einzelnen Gesellschafter bezogene Ermittlung der einschlägigen Quellensteuer – die sich aufgrund der doppelten Ansässigkeit der Gesellschaft ungleich schwieriger gestaltet – unterbleiben. Darüber hinaus sollte der Quellenstaat Deutschland trotz der oben geäußerten Bedenken für die Ermittlung des einschlägigen DBA vorzugsweise auf Art. 4 Abs. 3 DBA Mexiko-Ecuador abstellen. So wird gewährleistet, dass die Quellensteuer mit dem DBA übereinstimmt, das der endgültige und zur Anrechnung verpflichtete Ansässigkeitsstaat abgeschlossen hat.

II. Übernahme der mexikanischen Subjektqualifikation (auch) für die Besteuerung der Einkünfte nach dem EStG?

A. Wechselseitige Anerkennung und Übernahme der Besteuerungskonzepte für Personengesellschaften

Wollte man sowohl bei der Subjekt- als auch bei der Einkünftequalifikation Kongruenz erzielen, um ein einheitliches Vorgehen Deutschlands und Mexikos bei der Abkommensanwendung und auch der Besteuerung nach innerstaatlichem Recht zu gewährleisten, müsste die von der herrschenden Meinung[150] angenommene abkommensrechtliche Bindungswirkung nicht nur auf die Abkommensberechtigung, sondern zusätzlich auf die Einordnung als Steuersubjekt durch den Sitzstaat und alle damit verbundenen Konsequenzen bezogen werden. Auch die Besteuerung nach innerstaatlichem Recht hätte sich an der abkommensrechtlich anerkannten Subjektfähigkeit der ausländischen Gesellschaft zu orientieren. Eine mexikanische Personengesellschaft würde in Deutschland – soweit ein steuerbegründender Tatbestand des innerstaatlichen deutschen Rechts eingreift – der beschränkten *Körperschaft*steuerpflicht unterliegen. Erst bei einer Gewinnausschüttung an die in Deutschland ansässigen Gesellschafter könnte der deutsche Fiskus bei den *Gesellschaftern* im Rahmen der Einkommensteuer auf die als *Dividenden* zu qualifizierenden Einkünfte zugreifen[151]. Umgekehrt hätte der mexikanische Fiskus bei einer deutschen Gesellschaft sowohl abkommensrechtlich als auch im Rahmen der Besteuerung nach innerstaatlichem Recht das Transparenzprinzip anzuwenden. Danach wären sämtliche Einkünfte den Gesellschaftern unmittelbar zuzurechnen.

Im Hinblick auf die derzeitige mexikanische Praxis der DBA-Anwendung auf Einkünfte von Personengesellschaften stellt sich die Frage, ob ein derart weitreichendes Lösungsmodell durchführbar wäre. Schließlich lehnt Mexiko bereits die Grundsätze des aktuellen OECD-MK ab bzw. akzeptiert sie nur in Form

150 *Jacobs*, Internationale Unternehmensbesteuerung, S. 574; *Prokisch* in: Vogel/Lehner, DBA, Art. 1 Rn. 32; *Frotscher*, Internationales Steuerrecht, S. 169; *Schmidt*, IStR 1996, 14 (17, 18); *Krabbe*, IWB (1998) Fach 3 Gr. 2, S. 753 (754 f.); *Lüdemann/Hruschka*, IStR 2000, 25 f.; BMF v. 13.01.1997, BStBl. I 1997, 97 Tz. 2 d); BMF v. 28.05.1998, BStBl. I 1998, 557 Tz. 1.; Art. 1 Ziffer 5 OECD-MK; OECD Partnership Report, Tz. 28 ff. Anzumerken ist, dass innerhalb der h. M. aus der Abkommensberechtigung unterschiedliche Konsequenzen für die Einkünftezurechnung gezogen werden: *Jacobs* und *Schmidt* folgern aus der Abkommensberechtigung der Gesellschaft, dass ihr abkommensrechtlich Einkünfte zugerechnet werden, während die Finanzverwaltung die Einkünfte (auch abkommensrechtlich) weiterhin bei den Gesellschaftern erfasst. Hieraus ergeben sich Unterschiede bei der Anwendung der Verteilungsartikel; vgl. Art. 7 DBA-Mexiko, Kapitel 3.

151 Vgl. *Hintzen*, StuW 1974, 319 f.; *ders.*, DStR 1971, 327 f.; so zwischenzeitlich auch die Finanzverwaltung (für Spanien): FinMin NRW v. 20.03.1973 (koordinierter Ländererlass), FR 1973, 216; ähnlich *Pott*, Kollision unterschiedlicher Formen der Gesellschaftsbesteuerung, S. 215 f., der sich für die Maßgeblichkeit des Besteuerungskonzepts im Geschäftsleitungsstaat ausspricht.

einer ausdrücklichen Regelung im jeweiligen DBA. Insoweit wäre schon die in Art. 1 Ziffer 5 OECD-MK angeregte Berücksichtigung der steuerlichen Behandlung der Gesellschafter einer transparent besteuerten Personengesellschaft (für Abkommenszwecke) seitens Mexiko unter Beibehaltung des eigenen, intransparenten Besteuerungskonzepts ein "Erfolg".
Trotzdem soll die Durchführbarkeit eines Lösungsmodells, dass die Übernahme nicht nur der Abkommensberechtigung, sondern auch des Besteuerungssystems vom Sitzstaat vorsieht, im Rahmen der Verteilungsartikel weiter eruiert werden. Wird hierdurch eine problemlose Zuweisung der Besteuerungsrechte gewährleistet, die – im Gegensatz zum aktuellen OECD-Lösungsmodell – keine Schwierigkeiten bei der Anwendung des Methodenartikels zur Vermeidung der Doppel- oder Nichtbesteuerung nach sich zieht[152], so sollte die Orientierung am Besteuerungskonzept des Sitzstaats im Rahmen der Auslegungsmöglichkeiten des DBA-Mexiko und anderer Abkommen zur Kenntnis genommen werden.

B. Vereinbarkeit mit Vorgaben des innerstaatlichen Rechts

Es ist fraglich, ob das DBA-Mexiko oder generell DBA, die dem OECD-MA entsprechen, die geschilderte Auslegung mit den hieraus resultierenden Folgen für das innerstaatliche Recht erlauben. Insoweit ließe sich die These aufstellen, dass das DBA-Mexiko den Abkommensschutz ausdrücklich nur im Fall der Eröffnung des persönlichen Geltungsbereichs in Übereinstimmung mit dem jeweiligen nationalen Recht gewährt. Eine umfassende wirtschaftliche Besserstellung ist durch den Abschluss eines DBA nicht notwendig gewollt, zumal beispielsweise die Fälle der Doppelbelastung – abgesehen von Art. 9 OECD-MA bzw. DBA-Mexiko – nicht erfasst werden[153]. An die Annahme eines weiterreichenden Schutzbedürfnisses, das z. B. eine ergänzende Auslegung, die die Übernahme einer bestimmten Einordnung eines Vertragsstaats durch den anderen Vertragsstaat mit Wirkung auch für das innerstaatliche Recht vorgibt, sind bei Zugrundelegung dieser restriktiven Sichtweise hohe Anforderungen zu stellen. Eine extensive, auch oder vermehrt von wirtschaftlichen Gesichtspunkten motivierte Abkommensauslegung müsste unter Umständen gänzlich ausscheiden.

152 Siehe dazu Art. 23 DBA-Mexiko, Kapitel 4.
153 Vgl. dazu *Lang*, IStR 2002, 609 f.

Andererseits ist zu erwägen, dass die abkommensrechtlichen Regelungen den Bestimmungen des innerstaatlichen Rechts vorgelagert sein könnten, wenn es darum geht, bei der Bestimmung des Steuersubjekts und des Steuerobjekts eine einheitliche Lösung zu finden. Der Abschluss eines DBA kann zu einem bestimmten Vorgehen bei der Besteuerung bzw. zur Rücksichtnahme auf den anderen Vertragsstaat verpflichten[154]. Beispielhaft hierfür ist die Pflicht eines transparent besteuernden Vertragsstaats, die steuerliche Subjektfähigkeit einer Personengesellschaft im anderen Vertragsstaat und damit deren Abkommensberechtigung anzuerkennen.
Die abkommensrechtlich vorgegebene Rücksichtnahme auf den jeweils anderen Vertragsstaat wird teilweise als ein nicht existentes Gebot angesehen und deshalb abgelehnt[155]. M. E. handelt es sich jedoch um ein vertraglich vereinbartes und mithin rechtlich relevantes Verhalten, das sich konkret an einzelnen Vertragsbestimmungen des OECD-MA und dem darauf aufbauenden DBA-Mexiko festmachen lässt. Bereits die Existenz des Verständigungsverfahrens impliziert eine vorgelagerte Pflicht zur gegenseitigen Rücksichtnahme. Auch seine Stellung (Art. 25 OECD-MA, DBA-Mexiko) am Ende des Abkommens zeigt, dass die Vertragsstaaten das Verständigungsverfahren nicht als vorrangige Konfliktlösungsmöglichkeit im Rahmen des DBA betrachten. Anderenfalls würde es zu einer Methode zur Vermeidung der Doppelbesteuerung aufgewertet. Dies erlaubt den Schluss, dass die Vertragsstaaten schon bei der Anwendung der einzelnen Vertragsbestimmungen und nicht erst im Rahmen eines Verständigungsverfahrens eine einheitliche Abkommensanwendung anstreben sollten. Ohne DBA bestünde eine völkerrechtliche Pflicht dieses Inhalts nicht; mit Abschluss des DBA sind die Staaten jedoch zu einem abgestimmten Verhalten – soweit sich dieses aus dem DBA herleiten lässt – verpflichtet.

---

154 Vgl. BFH v. 24.03.1999, BStBl. II 2000, 399 (403); *Vogel* in: Vogel/Lehner, DBA, Einl. Rn. 113 ff. ("Gebot der Entscheidungsharmonie", das insbesondere an Art. 31 Abs. 4 WÜRV festgemacht wird); *Debatin*, FR 1979, 493 (495); *Knobbe-Keuk*, RIW 1991, 306 (314).

155 So aber *Wassermeyer*, IStR 1998, 489 (491).

a. Begründung einer innerstaatlich nicht vorgesehenen Steuerpflicht durch DBA

Der Übernahme des Besteuerungskonzepts des anderen Vertragsstaats mit Wirkung auch für das nationale Recht wird entgegen gehalten, dass aufgrund eines DBA nur die nach innerstaatlichem Recht begründete Steuerpflicht eingeschränkt werden, nicht aber eine solche begründet werden könne. Dabei wird nicht berücksichtigt, dass die in Frage stehenden Einkünfte – unabhängig von ihrer jeweiligen rechtlichen Qualifikation durch Deutschland und Mexiko – in beiden Staaten (bei der Gesellschaft oder beim Gesellschafter) besteuert werden. Gewinnausschüttungen einer steuerlich subjektfähigen mexikanischen Personengesellschaft, die nach deutschem Recht zu einem früheren Zeitpunkt bei den Einkünften aus Gewerbebetrieb gemäß § 15 Abs. 1 S. 1 Nr. 2 EStG steuerlich erfasst werden, sind auf der Basis des deutschen Rechts durchaus steuerbare Einkünfte. Sie werden lediglich anders deklariert. Folglich wird keine inexistente Steuerpflicht begründet. Eine solche läge nur vor, wenn Deutschland die fraglichen Einkünfte überhaupt nicht besteuerte, d. h. weder als Einkünfte aus Gewerbebetrieb noch als Einkünfte aus Kapitalvermögen[156].

b. Gleichmäßigkeit der Besteuerung

Weiterhin wird zu bedenken gegeben, dass – je nach Ansässigkeitsstaat der Personengesellschaft – eine verschiedenartige Besteuerung wirtschaftlich gleicher Tatbestände vorliegen würde, wenn Deutschland stets und mit Wirkung (auch) für das innerstaatliche Recht der Einordnung des Ansässigkeitsstaats der Personengesellschaft folgte. Hierin wird ein Verstoß gegen den Grundsatz der Gleichmäßigkeit der Besteuerung gesehen[157].

Gleichwohl ist es Ziel der Freistellungsmethode, die Marktteilnahme im Betriebstättenstaat bei Geltung des dortigen Steuerniveaus zu ermöglichen. Die Wahl der Freistellungsmethode seitens Deutschlands impliziert, dass mit DBA auch eine wirtschaftliche Zielsetzung verbunden ist[158]. Je nach Zielstaat einer

---

156 Vgl. *Knobbe-Keuk*, RIW 1991, 306 (315, 316).

157 *Piltz*, Personengesellschaften, S. 65; *Riemenschneider*, Abkommensberechtigung, S. 63; *Pusill-Wachtsmuth*, Typenvergleich, S. 161 f.; *Kluge*, DStR 1976, 365.

158 Darüber hinaus sollte bei Beteiligung eines in Deutschland ansässigen Gesellschafters an einer mexikanischen Personengesellschaft bereits aus dem Wortlaut des Art. 7 Abs. 1

Investition wird bei Anwendung der abkommensrechtlichen Betriebstätten-regelung in Verbindung mit der Freistellungsmethode eine gleichmäßige Besteuerung im Vergleich zu Inlandseinkünften nicht gegeben sein[159]. Im Hinblick auf die Steuerbelastung bestimmter Einkünfte (gerade in DBA mit Schwellen- bzw. Entwicklungsstaaten) soll überdies das Niveau des Quellenstaats Maßgeblichkeit erlangen. Hier ist vor allem die fiktive Anrechnung zu nennen, die in mehreren Abkommen mit Entwicklungsländern vorgesehen und als einseitiges Zugeständnis Deutschlands zu betrachten ist. Verluste für das deutsche Steueraufkommen werden bewusst in Kauf genommen, wenn der Steuerpflichtige einen höheren Steuerbetrag als den tatsächlich entrichteten anrechnen darf.

Nach der hier vertretenen Auffassung ist deshalb und trotz der oben dargelegten Bedenken festzustellen, dass der Grundsatz der (absoluten) Gleichmäßigkeit der Besteuerung im Falle des Bestehens eines DBA mit Freistellungsmethode und fiktiver Anrechnung ohnehin relativiert wird und *insoweit* kein taugliches Argument darstellt, mit dem die Anerkennung des im anderen Vertragsstaat geltenden Besteuerungskonzepts abgelehnt werden kann.

Gerade beim *Ausbleiben* einer (umfassenden) Bindung an die Subjekt- und Objektqualifikation eines Vertragsstaats ist die Gleichmäßigkeit der Besteuerung in Frage gestellt, denn es kommt zu einer vermehrten Minder- oder Nichtbesteuerung von Einkünften. Durch Ausnutzung solcher (ungelösten) Qualifikationskonflikte kann der Steuerpflichtige eine Besteuerung umgehen oder abmildern, sofern keine switch-over- oder subject-to-tax-Klausel eingreift[160]. Letztendlich wird durch eine umfassende, auch auf das Besteuerungs-

1. Hs. DBA-Mexiko ("können nur") folgen, dass die Besteuerung ausschließlich dem Ansässigkeitsstaat der Gesellschaft (Mexiko) zusteht, ohne dass es überhaupt der Freistellung von Einkünften beim deutschen Gesellschafter bedarf. In diesem Fall kann auch nicht argumentiert werden, der deutsche Staat habe angesichts des Progressionsvorbehalts seinen Steueranspruch nicht gänzlich aufgegeben, denn der Progressionsvorbehalt dürfte angesichts der abschließenden Regelung in Art. 7 Abs. 1 1. Hs. DBA-Mexiko nicht zur Anwendung kommen; siehe hierzu Art. 7 DBA-Mexiko, Kapitel 3, II.D.a. und II.D.c.

159 Auch der Progressionsvorbehalt wird nicht zu einer identischen Belastungssituation führen, denn seine Wirkung ist begrenzt: ist der Spitzensteuersatz erreicht, entfaltet der Progressionsvorbehalt keine Wirkung; vgl. *von Ballestrem*, Intransparent besteuerte Personengesellschaft, S. 228.

160 Siehe dazu Art. 23 DBA-Mexiko, Kapitel 4.

konzept des Ansässigkeitsstaats bezogene Bindungswirkung sichergestellt, dass die Gesamtheit der Einkünfte durch die koordinierte Besteuerung beider Staaten erfasst wird.

Die im Zuge der Übernahme des Besteuerungskonzepts eines anderen Vertragsstaats befürchteten Auswirkungen haben ihre Ursache vornehmlich darin, dass Deutschland bei der Einkommen- und Körperschaftsteuer im Hinblick auf die Rechtsformneutralität schwer nachvollziehbare Differenzierungen trifft. Bestünde hier eine größere Kongruenz, so hätte eine Bindung an die mexikanische Subjektqualifikation weitaus geringere Konsequenzen im innerstaatlichen (deutschen) Recht. Die Ungleichbehandlung wirtschaftlich vergleichbarer Sachverhalte ist m. E. bereits im bestehenden deutschen Steuerrecht mit dem Dualismus Körperschaftsteuer/Einkommensteuer im Bereich der Gesellschaften angelegt[161].

Grundsätzlich hängt das Erreichen des mit der transparenten Besteuerung einer Personengesellschaft vergleichbaren Steuerniveaus (im Sinne einer Gesamtbelastung) bei der Besteuerung einer mexikanischen Personengesellschaft als Körperschaftsteuersubjekt von zwei Faktoren ab: die Steuer auf die Gewinnausschüttungen und die Progression der Gesellschafter (als Dividendenempfänger) müssten in einem Bereich liegen, der in Addition mit der bereits entrichteten Körperschaftsteuer zu einem ähnlichen Steueraufkommen führt, wie es bei der Besteuerung i. S. v. § 15 Abs. 1 S. 1 Nr. 2 EStG der Fall wäre. Aus diesem Vergleich zwischen der intransparenten und transparenten Besteuerung einer Personengesellschaft wird kaum in jedem Einzelfall eine ähnliche oder sogar gleiche Steuerbelastung resultieren. Allein der Umstand, dass der Steuersatz im Rahmen der geltenden, transparenten Besteuerung von Personengesellschaften von der Progression des Gesellschafters (sofern es sich um eine natürliche Person handelt) abhängt, zeigt, dass eine Vielzahl von Fallgestaltungen denkbar ist. Weiterhin ist zu beachten, dass bei der Behandlung einer Personengesellschaft als Körperschaftsteuersubjekt Einkünfte der Gesellschafter wie Zinsen oder Lizenzgebühren nicht gemäß § 15 Abs. 1 S. 1 Nr. 2 EStG in Einkünfte aus Gewerbebetrieb umqualifiziert würden, sondern ihre ursprüngliche Einordnung als Zinsen oder Einkünfte aus Vermietung und Verpachtung behielten und bei

161 Für eine Umgestaltung des nationales Rechts als weiterführenden Lösungsansatz in Form eines Options- oder Betriebsteuermodells deshalb *Hock*, Personengesellschaften mit internationalem Gesellschafterkreis, S. 123 f, 147 f.

der Gesellschaft als Betriebsausgaben abzugsfähig wären. Die Anerkennung und Besteuerung einer mexikanischen Personengesellschaft als Körperschaftsteuersubjekt würde sich somit bereits bei der Ermittlung der Bemessungsgrundlage auswirken[162].
Gleichwohl sollte hieran die Übernahme der mexikanischen Subjektqualifikation aufgrund des DBA-Mexiko nicht scheitern, soweit gewährleistet ist, dass die Einkünfte in Deutschland einer zweistufigen Besteuerung, wie es das Körperschaftsteuermodell vorsieht, zugeführt werden können. Vor dem Grundsatz der Rechtsformneutralität sollte es ohne Bedeutung sein, ob eine Besteuerung nach körperschaftsteuerlichen oder einkommensteuerlichen Kriterien erfolgt, solange eine vollständige Umsetzung der innerstaatlichen Besteuerungstatbestände möglich ist. Ist Letzteres gewährleistet und ergeben sich dennoch Unterschiede im Hinblick auf das Steueraufkommen, so sind die Defizite in der Konzeption des innerstaatlichen Steuerrechts zu suchen.

Betrachtet man die Konsequenzen der Übernahme des jeweils maßgeblichen Besteuerungskonzepts, so ist festzustellen, dass bei gegenseitiger Anerkennung der Subjektqualifikation grundsätzlich auch die Einkünftequalifikation in logischer Folge übereinstimmen würde. Durch die Überwindung des subjektiven Qualifikationskonfliktes (Gesellschafter oder Gesellschaft als Steuersubjekt) würde das Haupthindernis für eine übereinstimmende Zuordnung und Einstufung der Einkünfte (objektiver Qualifikationskonflikt) beseitigt. Eine umfassende Bindungswirkung bei Frage der Steuersubjektivität würde ohne Frage zu Veränderungen der Besteuerung nach innerstaatlichem Recht führen[163]. Dies wäre aber sowohl für Deutschland als auch Mexiko akzeptabel, praktikabel und nach der hier vertretenen Auffassung vor dem Hintergrund des Art. 3 GG nicht unzulässig.

162 Vgl. *Hock*, RIW 1995, 135 (138).

163 Anzumerken ist, dass sich das mexikanische Steuerrecht wegen der weitgehend übereinstimmenden Ausgestaltung von Einkommensteuer und Körperschaftsteuer (insbesondere der Tarife) zu einer Änderung des Steuersubjekts weitgehend neutral verhalten würde.

c. Gesetzliche Anknüpfung

Die Anerkennung der steuerlichen Subjektfähigkeit ausländischer Personengesellschaften wird verschiedentlich mit dem Hinweis auf ihre mangelnde und vom Gesetzgeber auch im Wege der Auslegung nicht beabsichtigte Einbeziehung in § 1 KStG begründet[164]. Aus der etwaigen Anerkennung einer juristischen Person ausländischen Rechts als eine solche werden in der gegenwärtigen Praxis keine Schlussfolgerungen für ihre Besteuerung als Körperschaft i. S. d. KStG gezogen. Die zivilrechtliche Subjektfähigkeit einer Personenvereinigung wird mithin nicht als Kriterium ihrer steuerlichen Anerkennung als Körperschaft angesehen[165].
Nach der hier vertretenen Auffassung kann die Körperschaftsteuerpflicht ausländischer, steuerlich subjektfähiger Personengesellschaften – soweit diese kraft eines DBA nachzuvollziehen ist – auf § 2 Nr. 1 KStG gestützt werden. Entgegen der herrschenden Meinung[166] sollte die Norm, die ihrem Wortlaut nach uneingeschränkt auf ausländische Personenvereingungen anwendbar ist, bei Bestehen eines DBA mit dem Ansässigkeitstaat der Personengesellschaft nicht teleologisch auf solche Rechtsgebilde reduziert werden, die deutschen Körperschaftsteuersubjekten i. S. v. § 1 KStG entsprechen. Ebenso, wie völkerrechtliche Verträge die zivilrechtliche Anerkennung juristischer Personen ausländischen Rechts bedingen[167], können DBA nach der hier vertretenen Auf-

---

164 Vgl. *Riemenschneider*, Abkommensberechtigung, S. 63; *Pusill-Wachtsmuth*, Typenvergleich, S. 161 f.; *Kluge*, DStR 1976, 365 (365, 366). Auch der weiter gefasste § 2 Nr. 1 KStG lasse einen anderen Schluss nicht zu; vgl. *Pusill-Wachtsmuth*, Typenvergleich, S. 163-165.

165 Vgl. BMF v. 19.03.2004, BStBl. I 2004, 411. Deshalb sind umgekehrt die zivilrechtlichen Konsequenzen einer angenommenen Nichtrechtsfähigkeit ausländischer Personenvereinigungen außer Betracht zu lassen. Gegen die Anerkennung juristischer Personen ausländischen Rechts für Zwecke des *Steuerrechts* können somit nicht zivilrechtlich motivierte Argumente eigewendet werden (Haftungsrisiko, Gründungskapital). Weiterhin zeigt § 1 Abs. 1 Nr. 5 KStG, dass auch nichtrechtsfähige Vereine körperschaftsteuerpflichtig sein können.

166 BFH v. 03.02.1988, BStBl. II 1988, 588 f.; *Streck*, KStG, § 2 Rn. 3; *Siegers* in: D/E/J/P/W, KStG, § 2 Rn. 8; *Tipke/Lang*, Steuerrecht, § 11 Rn. 16; *Pusill-Wachtsmuth*, Typenvergleich, S. 164, 165.

167 BGH v. 29.01.2003, DB 2003, 818 zur Anerkennung einer US-corporation als eine solche (Körperschaft) entsprechend der Gründungstheorie aufgrund des Freundschafts-, Handels- und Schifffahrtsvertrages zwischen Deutschland und den USA (29.10.1954,

fassung die Pflicht der Vertragsstaaten begründen, eine sich auf der Abkommensebene manifestierende, eigenständige Rechtsposition von steuerlich subjektfähigen Personengesellschaften auch im innerstaatlichen Steuerrecht anzuerkennen.

C. Zusammenfassung

Deutschland vermeidet die Doppelbesteuerung in seinen DBA grundsätzlich durch Freistellung der ausländischen Einkünfte von der deutschen Steuer. Dem liegt die Motivation zugrunde, dem Steuerpflichtigen die Teilnahme am ausländischen Markt zu den dort – auch in steuerlicher Hinsicht – üblichen Bedingungen zu ermöglichen und damit seine Konkurrenzfähigkeit zu gewährleisten. Dies ist möglicherweise genauso gut oder sogar einfacher durch die Anerkennung des im Sitzstaat der Gesellschaft geltenden Besteuerungskonzepts zu erreichen. Damit wäre die Aufgabe des allgemein anerkannten Rechtstypenvergleichs verbunden. Mit Blick auf zukünftige Änderungen des EStG, im Zuge derer Personengesellschaften für eine körperschaftsteuerliche Behandlung optieren könnten oder – weitergehend – Personengesellschaften durchgehend als Körperschaftsteuersubjekte eingestuft würden, wäre der Rechtstypenvergleich ohnehin neu zu bewerten bzw. obsolet. Nach der hier vertretenen Ansicht ist die gegenwärtig praktizierte Methode der steuerrechtlichen Einstufung ausländischer Gesellschaften vor dem Hintergrund der vorangehenden Ausführungen kritisch zu hinterfragen. In zahlreichen Fällen ist zu bezweifeln, ob die nach den Grundsätzen und Kategorien des deutschen Steuerrechts angelegten Prüfungsschemata mit dem Ziel der Einstufung einer ausländischen Gesellschaft für die Zwecke der Besteuerung in Deutschland überhaupt den zahlreichen und auf verschiedene gesellschaftsrechtliche Konzepte zurückgehenden ausländischen Rechtsgebilden – insbesondere im Hinblick auf ihre abkommensrechtliche Behandlung – gerecht werden[168]. Die auf der Basis des Rechtstypenvergleichs

BGBl. II 1956, 487).

168 Dahingehend auch *Mittermaier*, Personengesellschaften im Verhältnis Deutschland-USA, S. 362. *Mittermaier* spricht sich für die Einführung einer Wahlmöglichkeit bzgl. der Besteuerungsform aus. Zur Komplexität des Rechtstypenvergleichs und der damit verbundenen Schwierigkeiten und Unstimmigkeiten bei der Abkommensanwendung vgl. auch *Avery Jones u. a.*, IBFD Bulletin 2002, 288 f.; sowie das BMF-Schreiben zur steuerlichen Behandlung einer US-LLC (BMF v. 19.03.2004, BStBl. I 2004, 411) und die darauf ein-

ermittelten Besteuerungsfolgen können wirtschaftlich kontraproduktiv sein. Da zur Einstufung einer Gesellschaft ausländischen Rechts stets vom deutschen Steuerrecht ausgegangen wird, kann die wirtschaftliche Zielsetzung, die mit der bewussten Wahl gerade dieser ausländischen Rechtsform verbunden ist, durch das "Überstülpen" der Kriterien deutschen Rechts konterkariert werden[169].

Anhand der nachfolgenden Analyse der Verteilungsartikel des DBA-Mexiko ist die weitergehende Überprüfung eines alternativen Lösungsmodells, das die Anerkennung der steuerlichen Subjektfähigkeit einer Personengesellschaft beinhaltet, auf seine Durchführbarkeit hin geboten. Dabei soll das Augenmerk auf dem Vergleich mit der im OECD-MK empfohlenen Vorgehensweise zur Abkommensanwendung bei Sachverhalten mit Beteiligung von Personengesellschaften liegen.

---

gehenden zahlreichen Stellungnahmen im Schrifttum; vgl. *Möbus*, GmbHR 2004, 1202 f.; *Djanani/Brähler/Hartmann*, IStR 2004, 481 f.; *Fahrenberg/Henke*, IStR 2004, 485 f.

169 Vgl. hierzu z. B. Art. 10 DBA-Mexiko, Kapitel 3, III.B.d.1.

Kapitel 3: Verteilungsartikel

I. Besteuerung von Unternehmensgewinnen im innerstaatlichen Recht Mexikos

A. *Unternehmensbegriff*

Der Ausdruck "Unternehmen" (empresa) ist für Zwecke des mexikanischen Steuerrechts in Art. 16 CFF legaldefiniert. Der Betrieb eines Unternehmens (actividades empresariales) umfasst jegliche Tätigkeit einer natürlichen oder juristischen Person, die einen Handelsbetrieb, die Verarbeitung von Rohstoffen, Landwirtschaft, Fischzucht, Viehzucht oder Forstwirtschaft zum Gegenstand hat (Art. 16 Abs. 2 CFF).

Die Einstufung einer nach mexikanischem Recht gegründeten Personengesellschaft als Handelsgesellschaft ist rechtsformgebunden[170]. Demnach sind die Sociedad en Comandita Simple und die Sociedad en Nombre Colectivo stets Handelsgesellschaften (Art. 4 LGSM), während über die Sociedad Civil eine vermögensverwaltende oder selbständige Tätigkeit ausgeübt werden kann. Aufgrund der fehlenden Rechtspersönlichkeit der AenP ist diese keine Handelsgesellschaft kraft Rechtsform i. S. v. Art. 4 LGSM. Aus der Legaldefinition der AenP in Art. 252 LGSM folgt aber, dass die Gewinn- bzw. Verlustbeteiligung im Rahmen dieses rein vertraglichen Verhältnisses das Resultat einer oder mehrerer *Handels*geschäfte des Asociante ist[171]. Man wird deshalb sowohl für Art. 16 CFF als auch abkommensrechtlich von einer "Unternehmenstätigkeit" der AenP ausgehen können.

170 Siehe dazu die Ausführungen unter Kapitel 1, V.B.a.2.

171 Vgl. Art. 252 LGSM: "negociación mercantil" bzw. "una o varias operaciones de comercio". Siehe auch *Ramirez Valenzuela*, Introducción al Derecho Mercantil y Fiscal, S. 149.

Die Steuer auf Unternehmensgewinne wird gemäß Art. 11 LISR folgendermaßen ermittelt:

Einkünfte (ingresos acumulables)
./. abzugsfähige Betriebsausgaben (deducciones autorizadas)
= Nettogewinn (utilidad fiscal)
./. vorgetragene Verluste
= zu versteuernder Gewinn (resultado fiscal)
x Steuersatz von 30 % (2005)
zu entrichtende Einkommen-/Körperschaftsteuer

B. *Ansässige juristische Personen*

a. Einkünfte

Die steuerpflichtigen Einkünfte[172] einer juristischen Person, wozu nach dem in Mexiko geltenden Konzept auch Personengesellschaften zählen, umfassen gemäß Art. 1 Abs. 1 i. V. m. Art. 17 Abs. 1 LISR ihre weltweiten Bezüge in Geld, Gütern, Diensten, Krediten oder anderer (geldwerter) Form. Jegliche Art von Vermögenszuwachs geht – vorbehaltlich einer ausdrücklichen Befreiung – in die Bemessungsgrundlage ein[173]. Zu berücksichtigen ist ferner die inflationsbedingte Minderung von Zahlungsverpflichtungen[174].

---

172 Das mexikanische Steuerrecht unterscheidet in terminologischer Hinsicht nicht zwischen dem Oberbegriff "Einkünfte" und den darunter stehenden Begriffspaar "Einnahmen" und "Betriebsausgaben" bzw. "Werbungskosten". Der Begriff Einkünfte (ingresos) wird einheitlich verwendet.

173 Die Auflistung weiterer steuerpflichtiger Einkünfte ("otros ingresos acumulables") in Art. 20 LISR steht der Erfassung sämtlicher Vermögenszuwächse nicht entgegen, denn bei den in Art. 20 LISR genannten Tatbeständen dürfte es sich um klarstellende Regelungen handeln [so z. B. Veräußerungsgewinne (II., V.), Einkünfte aus der Bedienung bereits abgeschriebener Darlehensforderungen (VI.), Versicherungsleistungen für zerstörte Wirtschaftsgüter (VII.), soweit nicht die Bildung einer steuerneutralen Rücklage für Ersatzbeschaffung möglich ist; vgl. Art. 43 Abs. 3 LISR].

174 Vgl. hierzu Ausführungen zu den Zinseinkünften; Kapitel 3, III.C.a.1.(a).

b. Betriebsausgaben

1. Voraussetzungen der Abzugsfähigkeit

Grundsätzlich gilt, dass Steuerpflichtige von ihren Einnahmen nur solche Ausgaben abziehen dürfen, die für die Einkünfteerzielung "(strikt) notwendig" und ordnungsgemäß belegt sind (Art. 31 Abs. 1 LISR). Art. 29 LISR enthält eine Auflistung spezieller, voll oder zum Teil abzugsfähiger Betriebsausgaben. Die Regelung ist nicht als abschließend zu betrachten, zumal aus den Abzugsbeschränkungen der Höhe nach und den weiteren Voraussetzungen für diverse Posten implizit deren grundsätzliche Anerkennung als Betriebsausgaben folgt (Art. 31 und 32 LISR)[175].
Betriebsausgaben sind bei juristischen Personen grundsätzlich nach dem Verursachungsprinzip zu erfassen. Ist hingegen eine Sociedad Civil oder eine sonstige Personenvereinigung, über die eine selbständige Tätigkeit ausgeübt wird, Empfängerin der Zahlungen, so richtet sich die Abzugsfähigkeit beim Schuldner nach der tatsächlichen Verausgabung (Art. 18 Abs. 1, I. a. E. LISR).
Für Einkünfte einer Gesellschaft bürgerlichen Rechts (Sociedad Civil) und sonstiger Personenvereinigungen (asociaciones) gilt generell – und korrespondierend zum vorangehend erörterten Ausgabenabzug – das Zu- und Abflussprinzip[176]. Vorauszahlungen einer Sociedad Civil an ihre Gesellschafter sind auf der Gesellschaftsebene als Betriebsausgaben abziehbar und werden bei den Empfängern als Einkünfte aus nichtselbständiger Arbeit behandelt. Abgesehen von diesen Besonderheiten und den damit verbundenen steuerlichen Konse-

175 Als berücksichtigungsfähige Ausgaben sind zu nennen: die vom Steuerpflichtigen gewährten Preisnachlässe und Rabatte (Art. 29 I. LISR), die Kosten der veräußerten Waren bzw. geleisteten Dienste (Art. 29 II., VI. LISR), Abschreibungen auf "Investitionen" (Art. 29 IV. LISR), Verluste aus nicht realisierbaren Darlehensforderungen (Art. 29 VI. LISR), Versicherungsprämien (Art. 31 XIII. LISR), Verzehr in Restaurants in Höhe von 25 % (Art. 32 XX. LISR), Lizenzgebühren (Art. 31 XI. LISR), die Arbeitnehmer-Gewinnbeteiligung bis zu einem Prozentsatz von 80 % (2005), Lohn- und Gehaltzahlungen (Art. 31 XX. LISR), Aufsichtsrats- und Geschäftsführervergütungen (Art. 31 X. LISR, mit höhenmäßiger Begrenzung), Sozialversicherungsbeiträge (Art. 29 VII., VIII. LISR), Zinsen (Art. 29 IX. LISR), nicht erstattungsfähige Umsatzsteuer (Art. 31 VII. LISR) sowie unter bestimmten Voraussetzungen Reise- und Beförderungskosten (arg. ex. Art. 32 V. LISR).

176 *Corral Moreno*, Estudio Práctico del ISR para Personas Morales 2005, S. 83.

quenzen[177] sind bei der Gewinnermittlung einer Sociedad Civil und sonstiger Personenvereinigungen die für juristische Personen geltenden Regelungen anzuwenden.

Art. 32 LISR normiert die nicht oder nur begrenzt abzugsfähigen Ausgaben. Unter das Abzugsverbot fallen Zahlungen an Personen, die in Niedrigsteuerstaaten ansässig[178] sind (XXII.), Zollkosten (XXI.)[179], Kosten für "Unterhaltungszwecke" (IV., korrespondierend zur Lebensführung bei natürlichen Personen), Goodwill (XII., auch wenn von Dritten akquiriert), Zinszahlungen bei Unterkapitalisierung (XXVI.), Personensteuern (I) sowie die von Art. 29 bzw. Art. 31 LISR bestimmten Abzugsverbote der Höhe nach.

2. Abschreibung für Abnutzung (inversiones)

Anschaffungskosten für Wirtschaftsgüter, die dem Betrieb des Unternehmens dienen und nicht mit dem Ziel der Weiterveräußerung erworben bzw. hergestellt wurden, unterliegen der Abschreibung. Das Konzept der "inversiones" ist in Art. 38 LISR geregelt. Hierunter fallen zunächst die Anschaffungskosten der (materiellen) Wirtschaftsgüter des Anlagevermögens (activo fijo, Art. 38 Abs. 2 LISR). Bei immateriellen Wirtschaftsgütern wird unterschieden zwischen Investitionen, deren Nutzen auf einen bestimmten Zeitraum – unterhalb der Bestehenszeit der juristischen Person – begrenzt sind (gastos diferidos) und Investitionen, deren Nutzen zeitlich betrachtet keiner Grenze unterliegt (cargos diferidos)[180].
Zu den "inversiones" gehören auch Forschungs- und Entwicklungskosten, deren Nutzen sich über mehrere Veranlagungszeiträume erstreckt. Amortisieren sich die Investitionskosten bereits im laufenden Veranlagungszeitraum, so dürfen sie gemäß Art. 39 Abs. 2 LISR sofort und komplett zum Abzug gebracht werden.

---

177 Siehe dazu Art. 14 DBA-Mexiko, Kapitel 3, V.C.b.

178 Hierzu gehört gemäß den Disposiciones Transitorias F.XII. zu Art. 212 f. LISR z. B. Uruguay; vgl. Teil 3, Kapitel 5.

179 Diese sind den Anschaffungskosten des jeweiligen Wirtschaftsgutes hinzuzurechnen und bilden somit einen Teil der AfA-Bemessungsgrundlage; vgl. den nachfolgenden Gliederungspunkt II.B.b.2.

180 *Corral Moreno*, Estudio Práctico del ISR para Personas Morales 2005, S. 259.

In allen anderen Fällen sind die Kosten der "inversiones" grundsätzlich im Wege der Abschreibung auf mehrere Jahre zu verteilen. Es gilt einzig die lineare Abschreibungsmethode. Als AfA-Bemessungsgrundlage für (körperliche) Wirtschaftsgüter des Anlagevermögens dienen die ursprünglichen Anschaffungskosten. Dazu gehören der Preis des Wirtschaftsgutes (ohne Umsatzsteuer), Importsteuern, Fracht- und Transportkosten, Versicherung und Zollkosten.

Die Höhe des AfA-Satzes richtet sich zumeist nach dem Verwendungszweck des betreffenden Wirtschaftsgutes (insbesondere bei Maschinen und Ausstattung, Art. 41 LISR). Für cargos diferidos beträgt der AfA-Satz 5 % (Art. 39 Abs. 1 I. LISR), für Forschungs- und Entwicklungskosten 10 % (Art. 39 Abs. 1 II. LISR) und für gastos diferidos 15 % (Art. 39 Abs. 1 III. LISR). Geht der Steuerpflichtige mehreren Tätigkeiten nach, so ist gemäß Art. 41 Abs. 2 LISR der AfA-Satz anzuwenden, der auf die ertragreichste Tätigkeit des vorangehenden Wirtschaftsjahr entfällt.
Beträgt der Veranlagungszeitraum weniger als zwölf Monate oder beginnt die Nutzung des Wirtschaftsgutes nach dem Beginn eines Veranlagungszeitraumes, so ist die AfA zu ermitteln, die anteilig auf die Monate des Nutzungszeitraums entfällt.

Bei einer Asociación en Participación sind die Abschreibungen für Abnutzung – enstprechend ihrer Einstufung als Steuersubjekt – auf der Ebene der AenP vorzunehmen. Dies gilt auch dann, wenn die Wirtschaftsgüter im Eigentum der Asociados verbleiben. Die Einbringung der Wirtschaftsgüter in die AenP ist für Zwecke des LISR als Veräußerung anzusehen. Die Wirtschaftsgüter sind nach den allgemein geltenden Vorschriften zu bewerten. Der ermittelte Wert dient als AfA-Bemessungsgrundlage und ist in der Bilanz der AenP und im Einlagenkonto des Asociado anzusetzen[181].

181 *Corral Moreno*, Estudio Práctico del ISR para Personas Morales 2005, S. 389.

c. Verluste und Rücklagen

Der Steuerpflichtige darf nur solche Verluste geltend machen, die er selbst im Rahmen der Einkünfteerzielung erlitten hat (Art. 32 I. LISR)[182].
Grundsätzlich umfasst der Verlustbegriff den operativen und den kapitalbedingten Verlust, es sei denn, seine Berücksichtigung ist explizit ausgeschlossen. Dies ist der Fall bei Verlusten aus der Veräußerung von Wirtschaftsgütern, deren Preise zum Zeitpunkt der Anschaffung nicht dem Marktwert entsprachen sowie bei Verlusten aus der Veräußerung von Wirtschaftsgütern, die nicht der AfA unterliegen und deren Anschaffungskosten nicht anderweitig zum Abzug zugelassen sind (Art. 32 LISR). Unberücksichtigt bleiben ferner Verluste, die im Zusammenhang mit Unternehmensfusionen, Kapitalherabsetzungen oder der Liquidation von Unternehmen, an denen der Steuerpflichtige beteiligt ist, anfallen (Art. 62 i. V. m. Art. 32 XVI LISR).
Verluste aus der Veräußerung von Aktien oder Anteilsscheinen können nur unter bestimmten Voraussetzungen geltend gemacht werden. Ein Verlustausgleich darf lediglich mit Einkünften derselben Art und im selben Veranlagungszeitraum erfolgen; nicht ausgleichsfähige Verluste dürfen bis zu 5 Jahre vorgetragen werden. Beschränkungen gelten ferner für Verluste aus Geschäften mit Finanzderivaten (Art. 32 XVII. LISR).
Verluste, die ab dem Veranlagungszeitraum 1991 angefallen sind, dürfen über einen Zeitraum von 10 Jahren vorgetragen werden (Art. 61 Abs. 2 LISR). Die vorgetragenen Verluste unterliegen einer jährlichen Inflationsanpassung. Ein im Verlustjahr unterlasser Vortrag kann in späteren Jahren nicht nachgeholt werden (Art. 61 Abs. 3 LISR). Der Verlust*rücktrag* ist nicht zulässig.

182 Für die Übertragung von Verlusten im Fall einer Fusion enthält Art. 63 LISR spezielle Voraussetzungen. Um Unternehmenszusammenschlüsse mit dem bloßen Zweck der steuerlichen Verlustnutzung zu vermeiden, ist für die zukünftige Geltendmachung der bisherigen Verluste unter anderem die Fortführung der bis dato von der fusionierenden Gesellschaft ausgeübten Tätigkeiten durch die aus der Fusionierung hervorgehende Gesellschaft erforderlich. Im Zuge einer Unternehmensspaltung darf der Verlust des ursprünglichen Unternehmens zwischen den aus der Spaltung hervorgehenden Unternehmen proportional zur Verteilung des Kapitals aufgeteilt werden (Art. 61 Abs. 7 LISR).

d. Vereinfachte Besteuerung

Juristische Personen, die ihre Einkünfte ausschließlich aus der Land- und Forstwirtschaft, Viehzucht und Fischerei oder der Erbringung von Transportleistungen auf dem Landweg beziehen, unterliegen einer besonderen Besteuerung (régimen simplificado, Art. 79-85 LISR). Der zu versteuernde Gewinn errechnet sich in vereinfachter Weise aus den (positiven) Einkünften abzüglich der Betriebsausgaben (= Nettogewinn). Der Nettogewinn wird mit dem für juristische Personen geltenden Steuersatz (2005: 30 %) belastet. Steuerpflichtige, die ausschließlich Tätigkeiten im Bereich der Land- und Forstwirtschaft, der Viehzucht oder Fischerei ausüben, dürfen die von ihnen zu entrichtende Steuer um 50 % reduzieren. Die Körperschaftsteuer entfällt vollständig, wenn die vorangehend genannten Unternehmen einen Gewinn erwirtschaften, der das 20-fache des regionalen Mindestlohnes (bezogen auf jeden Teilhaber der juristischen Person) nicht überschreitet.

C. *Einzelunternehmer*

Die in Art. 17 LISR angeführten Einkunftstatbestände gelten gleichermaßen für natürliche, in Mexiko ansässige Personen (Art. 106 LISR). Daneben treten jedoch spezielle Regelungen zur Besteuerung von Einzelunternehmern und selbständig Tätigen (Art. 120 ff. LISR). Art. 121 LISR nennt weitere Einkünfte, die von einem Einzelunternehmer als Unternehmensgewinn zu versteuern sind und die bei "isolierender Betrachtung" unter andere Einkunftsarten fallen würden. Aufgrund der ausdrücklichen Regelung in Form von Einzeltatbeständen lässt sich für das mexikanische Steuerrecht jedoch keine generelle "Abfärbetheorie" (vgl. § 15 Abs. 3 Nr. 1 EStG) aufstellen. Die gesonderten Regelungen des LISR laufen der automatischen Annahme von ausschließlich gewerblichen Einkünften einer unternehmerisch tätigen Person zuwider.

Die für juristische Personen mögliche, vereinfachte Besteuerung (régimen simplificado) ist auch auf natürliche Personen anwendbar, die die oben aufgelisteten Tätigkeiten[183] ausüben und sich für Zwecke der Besteuerung zu einer juristischen Person zusammenschließen (Art. 79-85 LISR). Dabei fungiert die

183 Vgl. Kapitel 3, I.B.d.

juristische Person als rechtlicher Vertreter der dahinter stehenden Individuen und ist zur Abgabe der Steuererklärung jeder einzelnen Person verpflichtet. Die Steuer wird bei den natürlichen Personen als Einkommensteuer erhoben.
Die aus Gründen der Verfahrensvereinfachung gebildete juristische Person ist mangels eigener Steuersubjektivität nicht abkommensberechtigt i. S. v. Art. 1 DBA-Mexiko.

D. Betriebstätten nichtansässiger Personen

a. Das Betriebstättenkonzept des LISR

Eine Betriebstätte i. S. d. Art. 2 Abs. 1 LISR ist jede "Geschäftseinrichtung" (lugar de negocios), durch die eine unternehmerische Tätigkeit entfaltet oder selbständige Arbeit geleistet wird[184]. Folgende Einrichtungen begründen gemäß der (nicht abschließenden) Aufzählung in Art. 2 LISR eine Betriebstätte: Zweigstellen, Agenturen, Büros, Produktionsstätten, Werkstätten, Installationen, Minen und jegliche Form der Ausbeutung von Bodenschätzen oder natürlicher Ressourcen.

Ein abhängiger Vertreter, der für eine im Ausland ansässige Person Verträge in deren Namen oder auch für deren Rechnung abschließt, begründet in Mexiko eine Betriebstätte des Prinzipals (Art. 2 Abs. 2 LISR). Dadurch will der mexikanische Fiskus offenbar auf Agentur- oder Kommissionstätigkeiten zugreifen. Diese sind regelmäßig in einer Weise strukturiert, die die Annahme einer Betriebstätte und den damit verbundenen steuerlichen Zugriff nicht erlaubt. Mexiko hat sich hier eine wirtschaftliche Betrachtungsweise zu Eigen gemacht, nach der jegliche Art von Agentur-, Kommissions- oder Vertretungsverhältnis eine mexikanische Betriebstätte begründen kann.

184 Das mexikanische Steuerrecht verwendet den Begriff "establecimiento permanente", was soviel wie feste oder dauerhafte Einrichtung bedeutet. Das daneben bestehende Konzept der "base fija" ist – in Übereinstimmung mit der internationalen Tendenz zur Vereinheitlichung der Begriffe "Betriebstätte" und "feste Einrichtung" – aufgegeben worden (*Instituto Mexicano de Contadores Públicos*, LISR 2005, Art. 2, S. 31).

Die Unternehmenstätigkeit eines Nichtansässigen über eine mexikanische Treuhand (Fideicomiso[185]) begründet gemäß Art. 2 Abs. 3 LISR eine Betriebstätte, wenn der Treuhänder in Mexiko für Rechnung des Treugebers tätig wird[186].
Eine im Ausland ansässige Versicherungsgesellschaft unterhält gemäß Art. 2 Abs. 4 LISR eine Betriebstätte in Mexiko, wenn sie aus Mexiko Prämien bezieht oder über einen abhängigen Vertreter in Mexiko belegene Risiken versichert.
Weiterhin wird eine Betriebstätte begründet, wenn eine nichtansässige Person in Mexiko über einen unabhängigen Vertreter tätig wird, der nicht im Rahmen seiner ordentlichen Geschäftstätigkeit handelt (Art. 2 Abs. 5 LISR).
Art. 2 Abs. 6 LISR regelt die Voraussetzungen zur Begründung einer Betriebstätte durch Bauausführungen oder Montagen. Ab einer Dauer von (nicht notwendig aufeinander folgenden) 183 Tagen eines Jahres besteht eine Betriebstätte. Schließt die ausländische Person Verträge mit Subunternehmern, so werden die Tage, die auf die Tätigkeit der Subunternehmer entfallen, für die Berechnung des 183-Tage-Zeitraums hinzugezählt.

Eine Besonderheit des mexikanischen Steuerrechts ist der Status der so genannten "Maquiladoras". Dabei handelt es sich um in Mexiko ansässige Unternehmen, die in Mexiko – z. B. als abhängige Vertreter – für nichtansässige Personen (Unternehmen z. B. der Automobil- und Textilbranche) tätig werden, indem sie geschäftsmäßig Verkaufswaren oder Güter für ausländische Unternehmen fertigen. Dabei müssen die Bestandteile besagter Waren dem mexikanischen Produzenten von den ausländischen Unternehmen bereitgestellt werden. Der "Maquiladora-Status" wird nur Unternehmen zuteil, deren Ansässigkeitsstaaten mit Mexiko ein DBA abgeschlossen haben.
Ausgehend von der Definition in Art. 2 Abs. 1 LISR würde durch die beschriebenen Aktivitäten regelmäßig eine Betriebstätte des ausländischen Unternehmens begründet. Es besteht jedoch eine Ausnahmeregelung (Art. 216-Bis LISR), wonach die Fertigungstätigkeit in Mexiko keine Betriebstätte begründet, wenn sie durch eine Maquiladora vollzogen wird, die dem ausländischen Unternehmen Kosten in Rechnung stellt, die dem Fremdvergleich standhalten

185 Siehe dazu auch die Ausführungen unter Kapitel 2, I.A.b.

186 Da es sich beim Treuhänder zumeist um eine in Mexiko ansässige Bank handelt, wird eine Betriebstätte des Treugebers begründet.

und der Prinzipal dem mexikanischen Fiskus auf Anfrage hierüber eine enstprechende Dokumentation bereitstellt[187].

b. Ermittlung des Betriebstättengewinns

Das LISR unterscheidet in systematischer Hinsicht danach, ob die in Mexiko gelegene Betriebstätte von einer juristischen oder natürlichen Person betrieben wird. Gemäß Art. 17 Abs. 3 LISR und Art. 106 Abs. 1 LISR bestehen die steuerbaren Einkünfte einer nichtansässigen juristischen respektive natürlichen Person, die in Mexiko eine Betriebstätte unterhält, in den dieser Betriebstätte zurechenbaren Einkünften. Die vom Stammhaus oder von einer anderen Betriebstätte erhaltene Kapitalausstattung gehört nicht zum Betriebstättengewinn. Einer Betriebstätte werden diejenigen Gewinne zugerechnet, die sie mit ihrer unternehmerischen Tätigkeit erzielt hat (Art. 4 Abs. 1 LISR). Explizit als Betriebstättengewinn erfasst sind ferner die Gewinne aus der in Mexiko erfolgten Veräußerung von Waren oder von in Mexiko belegenem, unbeweglichem Vermögen. Die Einbeziehung des Gewinns in das Betriebstättenergebnis gilt unabhängig davon, ob die Veräußerung durch das Stammhaus, durch eine andere Betriebstätte oder direkt durch die nichtansässige Person erfolgt ist.
Anderweitige Gewinne, die das Stammhaus oder eine ihrer im Ausland unterhaltenen Betriebstätten erzielt, sind der in Mexiko belegenen Betriebstätte in der Höhe der auf sie entfallenden "Beteiligung" an der Transaktion zurechenbar (Art. 4 Abs. 2 LISR).
Im Ergebnis ist die Zurechnung von Gewinnen an die Betriebstätte nicht auf Einkünfte aus mexikanischen Quellen beschränkt. Es gilt das Welteinkommenprinzip[188].

187 *McLees/González Béndiksen/Angulo*, TNI 2003, 421 ff. Abkommensrechtlich *kann* die Tätigkeit einer Maquiladora unter den Ausnahme-Katalog des Art. 5 Abs. 4 Buchst. c) DBA-Mexiko fallen, sodass keine Betriebstätte begründet wird; vgl. Art. 5 Ziffer 22 OECD-MK; *Pérez de Acha*, Establecimiento Permanente, Comentario 5, S. 23. Dennoch ist es empfehlenswert, auch die Voraussetzungen des *innerstaatlichen* mexikanischen Rechts für Maquiladoras zu erfüllen, zumal hiermit Vergünstigungen, u. a. bei der Steuer auf das Betriebsvermögen (Impuesto al Activo) und der Umsatzsteuer verbunden sind.

188 Das in diesem Kontext geltende "Welteinkommenprinzip" steht jedoch unter der Prämisse, dass die fraglichen Einkünfte der Betriebstätte zurechenbar sind. Insoweit ist das "Welteinkommen" nicht identisch mit den im Rahmen der unbeschränkten Steuerpflicht zu erfassenden Einkünften.

Die mexikanische Betriebstätte ist zu einer vom Stammhaus getrennten Buchführung verpflichtet. Die Buchführungspflicht erstreckt sich gemäß Art. 32 Buchst. a) CFF nur auf Geschäftsvorfälle, die die Betriebstätte betreffen.
Abgesehen von einigen Spezialregelungen gelten für Betriebstätten grundsätzlich dieselben Gewinnermittlungsvorschriften wie für ansässige Unternehmen. Die Finanzverwaltung kann Korrekturen nach den Vorschriften über Verrechnungspreise (Art. 215-217 LISR) vornehmen und gemäß Art. 124 Abs. 4 LISR durch Zugrundelegung des Gesamtgewinns des Betriebstätteninhabers den anteilig auf die mexikanische Betriebstätte entfallenden Gewinn errechnen. Es ist davon auszugehen, dass die von Art. 124 Abs. 4 LISR zugelassene indirekte Methode nur für die Betriebstätten natürlicher Personen gilt, zumal die Regelungen zu den Betriebstätten juristischer Personen eine derartige Befugnis nicht vorsehen[189].

Die abzugsfähigen Aufwendungen (bzw. Verluste) einer Betriebstätte richten sich nach Art. 30 LISR, der kraft Verweis in Art. 123 LISR auch auf die Betriebstätten natürlicher Personen anzuwenden ist. Abzugsfähig sind unter anderem die von der Betriebstätte gewährten Gutschriften und Skonti, Anschaffungskosten für Waren, Rohstoffe und Produkte, die zur Erbringung von Dienstleistungen, zum Verkauf oder zur Produktion von Waren benötigt werden, Betriebskosten und Investitionen (AfA), ausgefallene Darlehensforderungen, Verluste aus Veräußerungsgeschäften, Zinsen sowie der inflationsbedingte Verlust.
Vom Bruttogewinn einer in Mexiko gelegenen Betriebstätte dürfen auch im Ausland angefallene Aufwendungen abgezogen werden, soweit sie im Zusammenhang mit der Unternehmenstätigkeit der Betriebstätte stehen. Die Aufteilung der Zahlungen bei gleichzeitiger Beteiligung des Stammhauses oder weiterer Betriebstätten sowie Anforderungen an etwaige Dokumentationspflichten sind nicht näher geregelt.

Gemäß Art. 30 Abs. 3 LISR sind Zahlungen der Betriebstätte an das Stammhaus oder an andere Betriebstätten des Stammhauses bei der Ermittlung des Betriebstättengewinns nicht abziehbar. Lizenzgebühren, Vergütungen oder ähnliche Zahlungen, die im Zusammenhang mit der Nutzung von Patenten oder anderen

189 In abkommensrechtlicher Hinsicht ergeben sich Zweifel in Bezug auf die Anwendbarkeit von Art. 124 Abs. 4 DBA-Mexiko; siehe dazu Art. 7 DBA-Mexiko, Kapitel 3, I.D.b.5.(d).

Rechten, der Erbringung von Leistungen oder der Nutzung von Kapital an das Stammhaus zu entrichten sind, werden nicht berücksichtigt.
Im mexikanischen Schrifttum wird die Ansicht vertreten, dass das in Art. 30 Abs. 3 LISR normierte Abzugsverbot nicht für die Betriebstätte einer natürlichen Person gelte, zumal es insoweit an einer ausdrücklichen Regelung fehle. Der Gesetzgeber müsse, wenn er den Abzug nicht zulassen wolle, eine entsprechende Vorschrift in den Art. 120 ff. LISR treffen[190]. Dem ist entgegen zu halten, dass das LISR im Hinblick auf die Betriebstättenbesteuerung natürlicher und juristischer Personen nach einheitlichen Grundsätzen verfährt, was der Verweis in Art. 123 LISR auf Art. 30 LISR verdeutlicht[191]. Auch wenn es an einer ausdrücklichen Regelung zur Abzugsfähigkeit der oben genannten Zahlungen bei Betriebstätten natürlicher Personen fehlt, so ist der allgemein gehaltene Verweis auf die Regelung des Art. 30 LISR und damit das hierin statuierte Abzugsverbot als ausreichend zu erachten.

Im Ausland ansässige Unternehmen, die auf dem Gebiet der internationalen Luftfahrt tätig sind oder Transportleistungen auf dem Landweg erbringen, können gemäß Art. 30 Abs. 4 LISR die Aufwendungen ihrer in Mexiko belegenen Betriebstätte nicht nach den allgemeinen Regelungen geltend machen. Es ist ein pauschalierter Abzug vorzunehmen, der sich nach dem Gesamtgewinn des Unternehmens richtet[192].

---

190 *Pérez de Acha*, Beneficios de las Empresas, Comentario 7, S. 19.

191 Zudem ist auch bei der Betriebstätte einer natürlichen Person zu berücksichtigen, dass Stammhaus und Betriebstätte Teil eines Gesamtunternehmens bilden, dessen Teile nicht uneingeschränkt wie fremde Dritte miteinander verkehren können; vgl. hierzu Art. 7 DBA-Mexiko, Kapitel 3, II.D.b.5.(b).i.

192 Ob dies unter dem DBA-Mexiko (insbesondere im Hinblick auf die darin vorgeschriebene direkte Methode der Gewinnermittlung) Bestand haben kann, ist zweifelhaft; vgl. dazu Art. 7 Abs. 3 DBA-Mexiko, II.D.b.5.(c).

II. "Unternehmen" im Sinne des Art. 7 DBA-Mexiko

A. *Regelungsinhalt Art. 7 DBA-Mexiko*

Gemäß Art. 7 Abs. 1 Satz 1 DBA-Mexiko kann nur der Ansässigkeitsstaat eines Unternehmens dessen Gewinne besteuern (Wohnsitzstaatprinzip), es sei denn, im anderen Vertragsstaat unterhält das Unternehmen eine Betriebstätte, der die Gewinne zuzurechnen sind (Betriebstättenprinzip).

B. *Ermittlung des Unternehmensbegriffs i. S. v. Art. 7 DBA-Mexiko*

a. Innerstaatliches Recht

Im innerstaatlichen mexikanischen Recht erzielen eine Sociedad en Comandita Simple, eine Sociedad en Nombre Colectivo und eine Asociación en Participación kraft Rechtsform bzw. – im Fall der AenP – gemäß Art. 252 ff. LGSM i. V. m. Art. 17-B CFF stets Unternehmensgewinne. Auch Personenvereinigungen in der Rechtsform der SC unterliegen aufgrund ihrer steuerlichen Subjektfähigket weitgehend den für Unternehmen geltenden Vorschriften. Darüber hinaus sind land- und forstwirtschaftliche Betriebe vom Unternehmensbegriff des Art. 16 CFF erfasst.

Im deutschen Einkommensteuerrecht sind land- und forstwirtschaftliche Betriebe nicht vom Begriff des Gewerbebetriebs (§ 15 Abs. 2 EStG) erfasst. Überdies werden Einkünfte von Personengesellschaften nicht per se als gewerblich eingestuft. Im Gegensatz zum mexikanischen LISR kann beispielsweise eine Kommanditgesellschaft vermögensverwaltend tätig sein. Andererseits ist die Orientierung an der Rechtsform der Gesellschaft, wie die Einbeziehung von OHG und KG in § 15 Abs. 1 S. 1 Nr. 2 EStG nahelegt, für die Annahme gewerblicher Einkünfte auch im deutschen Steuerrecht stark ausgeprägt. Darüber hinaus besteht bei gemischten Einkünften oder bestimmten Beteiligungsstrukturen eine Tendenz zur Annahme von ausschließlich gewerblichen Einkünften kraft Fiktion, was sich anhand der sogenannten "Abfärberegelung" in § 15 Abs. 3 Nr. 1 EStG sowie der gewerblich geprägten Personengesellschaft (§ 15 Abs. 3 Nr. 2 EStG) manifestiert.

b. Abkommensrecht und Reichweite des Rückgriffs auf das innerstaatliche Recht

Das DBA-Mexiko enthält keine Defintion des Begriffs "Unternehmensgewinne". Gleichwohl ist im Wege der Abkommensauslegung zu untersuchen, ob sich ein eigenständiger Unternehmensbegriff aus dem Zusammenhang herleiten lässt (Art. 3 Abs. 2 DBA-Mexiko)[193].

Im Sprachgebrauch des OECD-MA ist ein Unternehmen jede organisatorische Einheit, mit der eine selbständig tätige Person wirtschaftliche Zwecke verfolgt[194]. Der Abkommenszusammenhang erlaubt den Schluss, dass es sich um eine mit Gewinnerzielungsabsicht ausgeübte Tätigkeit handeln muss (in Abgrenzung zur bloß passiven Nutzung von Vermögenswerten i. S. v. Art. 10-12 OECD-MA), die selbständig betrieben wird (Abgrenzung zu Art. 15 OECD-MA) und nicht land- und forstwirtschaftlicher Art ist (Abgrenzung zu Art. 6 OECD-MA)[195].
Hieraus ergibt sich im Unterschied zum innerstaatlichen mexikanischen Recht, dass Einkünfte land- und forstwirtschaftlicher Art nicht zu den Unternehmensgewinnen i. S. v. Art. 7 DBA-Mexiko gehören. Einkünfte aus der Verwaltung von Vermögen sind angesichts des abkommensrechtlichen Spezialitätsprinzips (Art. 7 Abs. 7 DBA-Mexiko) nicht schon kraft Rechtsform der einkünfteerzielenden Gesellschaft oder aufgrund einer sonstigen, innerstaatlichen Bestimmung Unternehmensgewinne i. S. v. Art. 7 DBA-Mexiko.

Neben den abkommensimmanenten Vorgaben ist nach herrschender Ansicht für den Begriff der "Unternehmensgewinne" auf das nationale Recht zurückzugreifen[196]. Treffe das Abkommen für die Auslegung bzw. die Bestimmung eines Be-

193 Abkommensrechtliche Begriffe sind zunächst aus dem Abkommen heraus zu erschließen; vgl. BFH v. 30.05.1990, BStBl. II 1990, 906 (907); BFH v. 26.02.1992, BStBl. II 1992, 937 f.; BFH v. 15.12.1993, BStBl. II 1994, 220.

194 Vgl. Art. 3 Abs. 1 Buchstaben c), h) OECD-MA.

195 Vgl. *Hemmelrath* in: Vogel/Lehner, DBA, Art. 7 Rn. 32, 33.

196 BMF v. 24.09.1999, IStR 2000, 627; *Wassermeyer* in: Debatin/Wassermeyer, DBA (MA), Art. 7 Rn. 16 a, 49; *Piltz* in: Debatin/Wassermeyer, DBA (MA), Art. 7 Rn. 85; *Schaumburg*, Internationales Steuerrecht, S. 880 Rn. 16.228; *Riemenschneider*, Abkommensberechtigung, S. 102; *Pyszka/Brauer*, Ausländische Personengesellschaften, S. 55, 56; *Krabbe*, StBJb. 2000/01, 183 (191 f.); *ders.*, IStR 2002, 145 (147).

griffs keine Regelung oder lasse sich aus dem Abkommenszusammenhang keine Lösung ermitteln, seien die innerstaatlichen Vorschriften heranzuziehen (Art. 3 Abs. 2 OECD-MA). Dem ist zuzustimmen, denn die aus der Systematik des Abkommens gefolgerten Merkmale des Begriffs "Unternehmen" stellen keine abschließende Definition dar. Unter diesen Umständen ist ein Rückgriff auf die Vorschriften des nationalen Rechts zulässig und geboten. Für Deutschland ist damit grundsätzlich die Erschließung des Unternehmensbegriffs unter Rückgriff auf den in § 15 Abs. 2 EStG definierten "Gewerbebetrieb" eröffnet. Gleiches gilt für Mexiko in Bezug Art. 16 CFF ("actividades empresariales").

Die Vorgaben des innerstaatlichen Rechts können Fiktionen beinhalten. Im deutschen Steuerrecht ist dabei an § 15 Abs. 3 Nr. 1 und Nr. 2 EStG zu denken ("Abfärberegelung" bzw. gewerblich geprägte Personengesellschaft).
Einer Teil derer, die unter Anwendung der lex-fori-Klausel auf das innerstaatliche Steuerrecht zurückgreifen wollen, lehnt die Umqualifizierung von Einkünften auf DBA-Ebene ab, wenn die Qualifikation als gewerbliche Einkünfte sich im innerstaatlichen Steuerrecht aufgrund einer Fiktion vollzieht[197]. Unternehmensgewinne liegen dieser Ansicht zufolge nur nach Maßgabe des Begriffs "Gewerbebetrieb" im Sinne seines in *§ 15 Abs. 2 EStG* normierten Kernbereichs vor.
Die deutsche Finanzverwaltung geht demgegenüber von einem Durchschlagen innerstaatlicher Fiktionen auf die Abkommensebene aus[198].
Nach der hier vertretenen Auffassung kann der Rückgriff der Finanzverwaltung auf Fiktionen des innerstaatlichen Rechts nicht automatisch zum Vorliegen von Unternehmensgewinnen i. S. v. Art. 7 DBA-Mexiko führen. Auch die idealkonkurrierende Annahme von Art. 7 DBA-Mexiko neben einer anderen Verteilungsnorm aufgrund von Fiktionen des innerstaatlichen Rechts ist abzulehnen.

---

197 *Wassermeyer* in: Debatin/Wassermeyer, DBA (MA), Art. 7 Rn. 16 a, 49; *Piltz* in: Debatin/Wassermeyer, DBA (MA), Art. 7 Rn. 85; *Pyszka/Brauer*, Ausländische Personengesellschaften, S. 56, 57.

198 Vgl. BMF v. 24.12.1999, BStBl. I 1999, 1076 f., Tz. 1.1.5.1.; BMF v. 24.09.1999, IStR 2000, 627; so auch *Krabbe*, StBJb. 2000/01, 183 (191 f.). Die Finanzverwaltung ist jedoch möglicherweise von ihrer Auffassung abgerückt, indem sie trotz Zulassung der Revision das Urteil des FG Hamburg v. 12.06.2003, IStR 2004, 205 (207), in dem das abkommensrechtliche Vorliegen von Unternehmensgewinnen bzw. einer Betriebstätte bei einer vermögensverwaltenden GmbH & Co. KG abgelehnt wurde, hat rechtskräftig werden lassen (vgl. die Anmerkung von *Lüdicke*, IStR 2004, 208).

Es ist allein anhand von § 15 Abs. 2 EStG zu bestimmen, welche Einkünfte die Kriterien der Gewerblichkeit erfüllen. Ein weitergehender Rückgriff auf gesetzliche Fiktionen verbietet sich aufgrund der oben erläuterten, abkommensrechtlichen Vorgaben, nach denen Unternehmensgewinne grundsätzlich subsidiär sind. Dieser Befund ergibt sich aus der Auslegung des Abkommens und ist somit dem als Ausfüllung des abkommensrechtlichen Begriffs "Unternehmensgewinne" erforderlichen Rückgriff auf das innerstaatliche Recht vorgeschaltet. Die Übernahme gesetzlicher Fiktionen auf Abkommensebene würde dieses Ergebnis konterkarieren und auf die Negation des zuvor anerkannten, abkommensrechtlichen Spezialitätsprinzips herauslaufen[199].

C. *Verhältnis zu anderen Verteilungsartikeln*

a. Einkünfte aus unbeweglichem Vermögen (Art. 6 DBA-Mexiko)

1. Abgrenzung

Die Einkünfte aus unbeweglichem Vermögen umfassen gemäß Art. 6 DBA-Mexiko im Gegensatz zum innerstaatlichen Recht Mexikos – das von Unternehmensgewinnen ausgeht – auch die Einkünfte land- und forstwirtschaftlicher Betriebe. Art. 6 Abs. 4 DBA-Mexiko stellt klar, dass Einkünfte aus unbeweglichem Vermögen, die im Rahmen einer unternehmerischen oder selbständigen Tätigkeit erzielt werden, unverändert unter Art. 6 Abs. 1 DBA-Mexiko fallen und somit das Belegenheitsprinzip Vorrang gegenüber dem Betriebstätten- oder Wohnsitzstaatsprinzip des Art. 7 Abs. 1 DBA-Mexiko hat.

199 So würde eine vermögensverwaltende GmbH & Co. KG beispielsweise stets Unternehmensgewinne erzielen, obwohl dies durch das abkommensrechtliche Verhältnis von Art. 6 zu Art. 7 DBA-Mexiko ausgeschlossen ist. Gerade aus diesem Verhältnis folgt jedoch bereits die abkommensrechtliche Vorgabe, was als Unternehmensgewinn zu betrachten ist. Eine Veränderung mittels Anwendung von Fiktionen des innerstaatlichen Rechts ist deshalb ausgeschlossen. Vgl. auch FG Hamburg v. 12.06.2003, IStR 2004, 205 (207): danach bezieht eine vermögensverwaltende GmbH & Co. KG keine Unternehmensgewinne i. S. v. Art. 7 OECD-MA; ferner stellen die Büros gewerblich geprägter, vermögensverwaltender Personengesellschaften abkommensrechtlich keine Betriebstätten dar.

Denkbar ist, dass Art. 7 DBA-Mexiko neben Art. 6 DBA-Mexiko nicht anwendbar ist (Exklusivität)[200]. Weiterhin könnten Art. 6 und Art. 7 DBA-Mexiko nebeneinander stehen, womit die Vertragsstaaten aus beiden Vorschriften verpflichtet wären (Idealkonkurrenz)[201], oder aber Art. 6 DBA-Mexiko ordnet für die anderen einschlägigen Verteilungsnormen (nur) eine andere Rechtsfolge an (Rechtsfolgenverweis)[202].

M. E. sprechen die besseren Argumente für ein Exklusivitätsverhältnis des Art. 6 DBA-Mexiko zu anderen Verteilungsnormen. Dies lässt sich vor allem anhand von Art. 7 Abs. 7 DBA-Mexiko veranschaulichen. Wie bereits erwähnt, besagt Art. 6 Abs. 4 DBA-Mexiko, dass Art. 6 DBA-Mexiko auch einschlägig ist, wenn Einkünfte aus unbeweglichem Vermögen im Rahmen eines Unternehmens erzielt werden. Dieser Befund ließe sich bereits aus dem Subsidiaritätsgrundsatz in Art. 7 Abs. 7 DBA-Mexiko ableiten. Insoweit scheint Art. 6 Abs. 4 DBA-Mexiko lediglich eine deklaratorische Bedeutung zuzukommen. Die Vorschrift trifft aber eine weitergehende Aussage, denn in Art. 6 DBA-Mexiko als der einschlägigen Spezialvorschrift fehlt es an einem Rückverweis auf Art. 7 DBA-Mexiko, wie er in den anderen speziellen Regelungen der Art. 10 Abs. 4, Art. 11 Abs. 6 und Art. 12 Abs. 4 DBA-Mexiko vorhanden ist. Vielmehr verdeutlicht Art. 6 Abs. 4 DBA-Mexiko, dass der Spezialitätsgrundsatz im Verhältnis zu Unternehmensgewinnen in jedem Fall Bestand haben soll. Anders als in den Art. 10-12 DBA-Mexiko wird keine Verbindung zu Art. 7 DBA-Mexiko durch einen entsprechenden Rückverweis hergestellt. Dies spricht gegen die Annahme, dass Art. 6 DBA-Mexiko zu anderen Verteilungsnormen in Idealkonkurrenz steht oder aber lediglich deren Rechtsfolge ändert.

Auch aus der Geltung der Freistellungsmethode für Einkünfte aus unbeweglichem Vermögen, das zu einer Betriebstätte gehört, lässt sich nach der hier vertretenen Auffassung nicht folgern, dass Art. 7 DBA-Mexiko neben dem speziellen Art. 6 DBA-Mexiko auf Einkünfte aus unbeweglichem Vermögen anwendbar bleibt. Die ausdrückliche Anordnung der Freistellungsmethode

200 So *Schmidt/Blöchle*, IStR 2003, 685 (690); *Schaumburg*, Internationales Steuerrecht, S. 883 Rn. 16.230; für Art. 7 Abs. 7 OECD-MA auch BFH v. 23.10.1996, BStBl. II 1997, 313.

201 So die deutsche Finanzverwaltung zur Beteiligung an einer ungarischen vermögensverwaltenden GmbH & Co. KG unter gleichzeitiger Übernahme von Fiktionen des innerstaatlichen Rechts (§ 15 Abs. 3 Nr. 1 EStG) auf der Abkommensebene, BMF v. 24.09.1999, IStR 2000, 627.

202 So wohl *Piltz* in: Debatin/Wassermeyer, DBA (MA), Art. 7 Rn. 85.

spricht sogar gegen die teilweise angenommene Idealkonkurrenz von Art. 6 und Art. 7 OECD-MA. Es bedürfte keiner gesonderten Bestimmung, die die Anwendung der Rechtsfolge des Art. 7 DBA-Mexiko anordnet, wenn Deutschland ohnehin aus dieser Norm und damit zur Freistellung verpflichtet wäre.
Ebenso wenig ist anzunehmen, dass Einkünfte aus unbeweglichem Vermögen durch Art. 23 Abs. 2 Buchst. b) ff) 2. Hs. DBA-Mexiko in Unternehmensgewinne umqualifiziert werden. Dies ist mit der Systematik des Abkommens nicht vereinbar, denn die Einkunftsarten werden nicht anhand des Methodenartikels, sondern in den Verteilungsartikeln qualifiziert. Aus diesen Gründen hat auch die Freistellungsmethode nicht zur Konsequenz, dass die Einkünfte aus unbeweglichem Vermögen, die einer mexikanischen Betriebstätte zuzuordnen sind, (rückwirkend) unter Art. 7 DBA-Mexiko fallen. Es bleibt in jedem Fall bei der Subsumtion der Einkünfte ausschließlich unter Art. 6 DBA-Mexiko. Lediglich die Rechtsfolge wird – infolge des hier angenommenen Exklusivitätsverhältnis zwischen Art. 6 und Art. 7 DBA-Mexiko mit konstitutiver Wirkung – für Zwecke des Methodenartikels modifiziert.

2. Anwendungsschwierigkeiten infolge unterschiedlicher Subjektqualifikation

Erzielt eine mexikanische Personengesellschaft, an der in Deutschland ansässige Gesellschafter beteiligt sind, Einkünfte aus in Mexiko belegenem, unbeweglichem Vermögen, so handelt es sich aus der Sicht Mexikos um einen rein innerstaatlichen Sachverhalt. Art. 6 Abs. 1 DBA-Mexiko findet mangels Auseinanderfallen von Belegenheits- und Ansässigkeitsstaat keine Anwendung. Folglich wird Mexiko als Ansässigkeitsstaat der Gesellschaft Art. 21 Abs. 1 DBA-Mexiko für einschlägig erachten und das ausschließliche Besteuerungsrecht für die Einkünfte beanspruchen. Demgegenüber nimmt der deutsche Fiskus auf der Basis des Rechtstypenvergleichs, nach dem die mexikanische Gesellschaft als fiskalisch transparente Mitunternehmerschaft eingestuft wird, einen grenzüberschreitenden Sachverhalt im Sinne des Art. 6 Abs. 1 DBA-Mexiko an.
Die Subjektqualifikation Mexikos wird nicht nachvollzogen. Dies wirkt sich auch auf Einkünfte aus, die eine mexikanische Personengesellschaft aus unbeweglichem Vermögen in Deutschland bezieht. Mexiko rechnet die Einkünfte der Gesellschaft zu und wendet Art. 6 Abs. 1 DBA-Mexiko an, während der

deutsche Fiskus zwar die Abkommensberechtigung der mexikanischen Gesellschaft anerkennt, nicht aber die damit verbundende Einkünftezurechnung. Die Einkünfte würden weiterhin nach den Vorgaben des Transparenzprinzips bei den Gesellschaftern erfasst. Folglich käme Art. 6 Abs. 1 DBA-Mexiko aus deutscher Sicht lediglich für die Anteile der in Mexiko ansässigen Gesellschafter zur Anwendung, wohingegen Art. 21 Abs. 1 DBA-Mexiko für die Anteile der in Deutschland ansässigen Gesellschafter einschlägig wäre.
Umgekehrt lehnt Mexiko im Falle einer deutschen Personengesellschaft, die Einkünfte aus in Mexiko belegenem, unbeweglichem Vermögen erzielt, den aufgrund der fehlenden Abkommensberechtigung der Gesellschaft erforderlichen Rückgriff auf die in Deutschland ansässigen Gesellschafter ab. Deutschland hingegen würde mit Bezug auf die Gesellschafter als den im Rahmen des Transparenzprinzips maßgeblichen Steuersubjekten Art. 6 Abs. 1 DBA-Mexiko anwenden.

Um die voranstehend erörterten Probleme bei der Subjekt- und Einkünftequalifikation zu verhindern, ist nach der hier vertretenen Auffassung eine Bindungswirkung zwischen den Vertragsstaaten zu empfehlen, die sich nicht nur auf die Frage der Abkommensberechtigung bezieht, sondern auch die steuerliche Behandlung der Personengesellschaft bzw. der Gesellschafter vorgibt. So müsste Deutschland eine in Mexiko ansässige (und damit abkommensberechtigte) Personengesellschaft kraft des DBA-Mexiko als Körperschaftsteuersubjekt behandeln[203], während Mexiko im Falle einer Personengesellschaft mit Sitz oder Geschäftsleitung in Deutschland nach dem Transparenzprinzip zu verfahren hätte und auch den Gesellschaftern die Abkommensberechtigung zuerkennen müsste. Es würde gewährleistet, dass die Vertragsstaaten von *einem* Steuersubjekt ausgehen. Dies ist insbesondere im Rahmen des Art. 6 Abs. 1 DBA-Mexiko von Bedeutung, denn fallen der Sitzstaat der Gesellschaft und der Wohnsitzstaat der Gesellschafter unter Beibehaltung der unterschiedlichen Besteuerungssysteme auseinander, ist die Annahme verschiedener Verteilungsartikel durch Deutschland und Mexiko – wie die Beispiele zeigen – vorprogrammiert (Art. 6 bzw. Art. 21 DBA-Mexiko). Die dadurch entstehenden bzw. von den Vertragsstaaten angenommenen Steueransprüche resultieren in einer Doppelbesteuerung. Diese

203 So auch – am Beispiel spanischer Personengesellschaften – *Hintzen*, DStR 1971, 327 f.; *ders.*, StuW 1974, 319 f.; ähnlich *Pott*, Kollision unterschiedlicher Formen der Gesellschaftsbesteuerung, S. 215 f., der sich für die Maßgeblichkeit des Besteuerungskonzepts im Geschäftsleitungsstaat ausspricht.

kann zum Teil nicht mit Hilfe des Methodenartikels gelöst werden, zumal Art. 21 Abs. 1 DBA-Mexiko eine abschließende Rechtsfolge beinhaltet, die die Anwendung von Art. 23 DBA-Mexiko nicht zulässt[204].

b. Dividenden, Zinsen und Lizenzgebühren, die im Rahmen einer Unternehmenstätigkeit i. S. v. Art. 7 DBA-Mexiko erzielt werden

Die abkommensrechtliche Einkünftequalifikation basiert auf dem Spezialitätsgrundsatz. Auch Einkünfte aus Kapitalvermögen im weiteren Sinne, die von einem Unternehmen erzielt werden und deshalb unter Umständen im innerstaatlichen Recht der Vertragsstaaten als Unternehmensgewinne qualifiziert werden, behalten auf der Abkommensebene ihre ursprüngliche Qualifikation als Dividenden, Zinsen und Lizenzgebühren.

Art. 10 Abs.4, Art. 11 Abs. 6 und Art. 12 Abs. 4 DBA-Mexiko kehren diesen Grundsatz mit einem Rückverweis auf Art. 7 bzw. Art. 14 DBA-Mexiko um, wenn die Beteiligungen, Forderungen und Rechte, aufgrund derer die zunächst nach Art. 10-12 DBA-Mexiko zu beurteilenden Zahlungen erfolgen, tatsächlich zu einer Betriebstätte im Quellenstaat gehören, durch die der Nutzungsberechtigte[205] eine Geschäftstätigkeit[206] ausübt.

Der OECD-MK geht in Art. 10 Ziffer 30, Art. 11 Ziffer 22 und Art. 12 Ziffer 15 von der tatsächlichen Zugehörigkeit der Einkünfte zu einer Betriebstätte aus, wenn das Stammrecht ein Teil des Betriebsvermögens der Betriebstätte ist oder auf andere Weise tatsächlich zu dieser Betriebstätte gehört.

Aus der englischen bzw. französischen Version der Kommentar-Formulierungen "effectively connected with" respektive "s' y rattache effectivement" wird

204 Vgl. die Ausführungen zu Art. 23 DBA-Mexiko, Kapitel 4.

205 Nutzungsberechtigter ist, wer entweder über die Hingabe des Kapitals oder Wirtschaftsgutes zur Nutzung oder über die Verwendung der Nutzungen, gegebenenfalls über beides, entscheiden kann (*Vogel* in: Vogel/Lehner, DBA, Vor Art. 10-12, Rn. 19).

206 Unter der Geschäftstätigkeit, die durch die Betriebstätte ausgeübt wird, ist eine Unternehmenstätigkeit i. S. v. Art. 7 DBA-Mexiko zu verstehen. Aus deutscher Sicht wird eine gewerbliche (und damit unternehmerische) Tätigkeit durch den Gesellschafter einer Personengesellschaft gemäß Art. 7 DBA-Mexiko auch dann ausgeübt, wenn nicht der Gesellschafter selbst, sondern ein anderer für die Gesellschaft sowie deren Betriebstätte tätig wird. Der Betriebstättenvorbehalt gilt somit uneingeschränkt für Dividenden, Zinsen und Lizenzgebühren, die von Personengesellschaften eingenommen werden; vgl. BFH v. 29.01.1964, BStBl. III 1964, 165.

teilweise geschlossen, dass der Begriff "tatsächlich" nicht als Gegensatz zu "rechtlich" zu verstehen sei, sondern vielmehr i. S. v. "wirklich". Es komme auf die Zugehörigkeit der Forderung zur Betriebstätte ihrer Substanz und nicht der Form nach an[207].

Nach der hier vertretenen Auffassung lassen die englische und französische Formulierung jedoch nicht darauf schließen, dass der Begriff "rechtlich" als Kontrastierung zum Begriff "tatsächlich" ausscheidet. Es sind oftmals gerade rechtliche Zuordnungen (wie z. B. das Ausüben von Wahlrechten bei der Zuordnung von Wirtschaftsgütern), die sich von den realen Verhältnissen, d. h. der hier interessierenden tatsächlichen Zugehörigkeit, unterscheiden und somit eine rechtliche Form begründen, die von der tatsächlichen Substanz abweicht. Dies bedeutet nicht, dass die Frage der tatsächlichen Zugehörigkeit eines Stammrechts zum Betriebsvermögen ausschließlich anhand des Begriffspaars "rechtlich-tatsächlich" zu entscheiden ist. Gleichwohl bieten die Ausdrücke taugliche eine Unterscheidungsbasis, anhand derer sich herausarbeiten lässt, was wohl auch nach der oben dargestellten Ansicht für die Ermittlung der tatsächlichen Zugehörigkeit entscheidend ist: die wirtschaftliche Substanz.

Der BFH geht davon aus, dass ein Wirtschaftsgut im Sinne der oben genannten Voraussetzungen des Betriebstättenvorbehalts "auf andere Weise" als durch Zugehörigkeit zum Betriebsvermögen tatsächlich zur Betriebstätte gehören kann, "wenn die Beteiligung in einem funktionalen Zusammenhang zu einer in der Betriebstätte ausgeübten aktiven Tätigkeit steht und sich deshalb die Beteiligungserträge bei funktionaler Betrachtungsweise als Nebenerträge der aktiven Betriebstättentätigkeit darstellen"[208]. Der funktionale Zusammenhang besteht demnach nur dann, wenn die Nebenerträge einer "aktiven Tätigkeit" i. S. v. Art. 23 Abs. 2 Buchst. d) DBA-Mexiko entstammen.

Bei Zinszahlungen einer ausländischen Personengesellschaft an einen im Inland ansässigen Gesellschafter lehnt der BFH die Anwendung von Art. 7 OECD-MA im Wege des Rückverweises über Art. 11 Abs. 4 OECD-MA regelmäßig ab, weil die Betriebstättenzugehörigkeit der Wirtschaftsgüter nach den oben dargelegten Grundsätzen verneint wird[209].

Eine Zugehörigkeit zur Betriebstätte "auf andere Weise" könnte auch dann vorliegen, wenn etwa das deutsche Stammhaus seiner mexikanischen Betriebstätte

207 *Vogel* in: Vogel/Lehner, DBA, Vor Art. 10-12 Rn. 40.

208 BFH v. 26.02.1992, BStBl. II 1992, 937 (939); BFH v. 30.08.1995, BStBl. II 1996, 563.

209 Vgl. BFH v. 27.02.1991, BStBl. II 1991, 444. Vgl. hierzu die Ausführungen zu den Sondervergütungen, Art. 7 DBA-Mexiko Kapitel 3, E.

eine Forderung "anvertraut", die sie wegen ihrer räumlichen Nähe zum (in Mittel- oder Südamerika ansässigen) Schuldner gegenüber diesem selbst geltend machen soll. Hier kann man von einer tatsächlichen Zugehörigkeit der Forderung zur Betriebstätte "auf andere Weise", d. h. ohne ihre Zugehörigkeit zum Betriebsvermögen der Betriebstätte, ausgehen[210].
Gehören die Einkünfte infolge der Betriebstättenvorbehalte in Art. 10-12 DBA-Mexiko zum Unternehmensgewinn, darf der Quellenstaat nicht mehr den *Brutto*betrag der Dividenden, Zinsen oder Lizenzgebühren gemäß Art. 10-12 DBA-Mexiko in der dort vorgesehenen Höhe besteuern. Vielmehr ist im Rahmen von Art. 7 bzw. Art. 14 DBA-Mexiko der *Netto*gewinn zu ermitteln[211], weil der Quellenstaat bei tatsächlicher Betriebstättenzugehörigkeit der Einkünfte nach den Grundsätzen des Art. 7 Abs. 2-6 DBA-Mexiko zu verfahren hat. Vorteilhaft ist dies namentlich bei hohen Aufwendungen, denn im Falle einer Bruttobesteuerung i. S. d. Art. 10-12 DBA-Mexiko kann die Quellensteuer unter Umständen die im Wohnsitzstaat erhobene Steuer übersteigen und somit einen Anrechnungsüberhang zur Folge haben.

D. *Besteuerung der Unternehmensgewinne i. S. v. Art. 7 DBA-Mexiko*

a. Verteilung der Besteuerungsrechte, Vermeidung der Doppelbesteuerung

Unternehmensgewinne können gemäß Art. 7 Abs. 1 S. 1 1. Hs. DBA-Mexiko nur in dem Staat besteuert werden, in dem die Person, die das Unternehmen betreibt, ansässig ist. Art. 3 Abs. 1 Buchst. d DBA-Mexiko stellt klar, dass es bei dem Ausdruck "Unternehmen eines Vertragsstaats" auf die Ansässigkeit der hinter dem Unternehmen stehenden Person ankommt und nicht auf den Ort, an dem das Unternehmen betrieben wird[212].

Der Gewinnanteil des Gesellschafters einer Personengesellschaft gehört, sofern die Einkünfte nicht von speziellen Verteilungsartikeln erfasst werden, unter

210 Siehe das Beispiel von *Vogel* in: Vogel/Lehner, DBA, Vor Art. 10-12 Rn. 42.

211 Im Rahmen von Art. 14 DBA-Mexiko können die in Art. 7 DBA-Mexiko enthaltenen Vorschriften für die Zurechnung von Einkünften (zu einer festen Einrichtung des selbständig Tätigen) entsprechend herangezogen werden, vgl. *Prokisch* in: Vogel/Lehner, DBA, Art. 14 Rn. 6, 21 f.; *Vogel* in: Vogel/Lehner, Vor Art. 10-12 Rn. 31.

212 Vgl. *Vogel* in: Vogel/Lehner, DBA, Art. 3 Rn. 42.

bestimmten Voraussetzungen zum Unternehmensgewinn i. S. v. Art. 7 OECD-MA (~DBA-Mexiko). Hierzu bedarf es zunächst entweder der selbständigen Abkommensberechtigung des Gesellschafters gemäß Art. 1, 4 Abs. 1 DBA-Mexiko, oder aber einer nach Maßgabe der vorstehend genannten Artikel bestehenden Abkommensberechtigung der Gesellschaft. Dabei kann sich im letztgenannten Fall die Abkommensberechtigung der Gesellschaft entweder sowohl abkommensrechtlich als auch innerstaatlich in Gestalt der Behandlung der Gesellschaft als eigenständiges Steuersubjekt auswirken, oder aber auf den (als natürliche Person nicht abkommensberechtigten) Gesellschafter "durchschlagen"[213].

Aus der Sicht Deutschlands, das Personengesellschaften fiskalisch transparent behandelt, ist nach herrschender Meinung der Gewinnanteil dem Gesellschafter zuzurechnen, sodass ausgehend von dieser Prämisse das "Unternehmen" i. S. v. Art. 7 DBA-Mexiko in dem Anteil des Gesellschafters am Unternehmen der Gesellschaft – einschließlich ihrer ausländischen Betriebstätten – besteht[214]. Demnach betreibt ein in Deutschland ansässiger Mitunternehmer einer mexikanischen Personengesellschaft unter Übernahme der Wertungen des innerstaatlichen Rechts, wonach jeder Gesellschafter mit seinem Gewinnanteil eigenständig besteuert wird, auch abkommensrechtlich für sich ein deutsches Unternehmen[215]. Auf dieser Grundlage darf Mexiko gemäß Art. 7 Abs. 1 S. 1 2. Hs. DBA-Mexiko ein Besteuerungsrecht nur ausüben, sofern der Gesell-

---

213 Vgl. hierzu die Ausführungen zur Abkommensberechtigung unter Kapitel 2, I.C.a.2. und die dortigen Nachweise. Zur diesbezüglich ablehnenden Haltung Mexikos vgl. Art. 1 Ziffer 27.2 OECD-MK.

214 Vgl. BFH v. 29.01.1964, BStBl. III 1964, 165; BFH v. 26.02.1992, BStBl. II 1992, 937; BMF v. 24.12.1999, BStBl. I 1999, 1076 f. Tz. 1.1.5.1; *Görl* in: Vogel/Lehner, DBA, Art. 5 Rn. 18; *Hemmelrath* in: Vogel/Lehner, Art. 7 Rn. 37; *Schaumburg*, Internationales Steuerrecht, S. 889 Rn. 16.238, S. 1189 Rn. 18.53; *Piltz*, Personengesellschaften, S. 151 f.; *Tumpel* in: Gassner/Lang/Lechner, Die Betriebstätte im Recht der DBA, S. 145 f. (150, 151). A. A. *Fischer-Zernin*, RIW 1991, 493 (496), der die Personengesellschaft als "Unternehmen eines Vertragsstaats" ansieht. Dies kann jedoch nur bei einer Personengesellschaft der Fall sein, die in ihrem Sitz- bzw. Errichtungsstaat steuerlich subjektfähig ist; vgl. *Riemenschneider*, Abkommensberechtigung, S. 106 f.

215 Vgl. BFH v. 26.02.1992, BStBl. II 1992, 937 zum DBA-Schweiz; *Mittermaier*, Personengesellschaften im Verhältnis Deutschland-USA, S. 215 zum DBA-USA.

schafter seine Tätigkeit durch eine in Mexiko gelegene Betriebstätte i. S. d. Art. 5 DBA-Mexiko ausführt[216].
Gesellschafter, die im anderen Vertragsstaat (Mexiko) ansässig sind, betreiben nach Maßgabe des von einer transparenten Besteuerungsweise ausgehenden Ansatzes jeweils ein Unternehmen "ihres" Vertragsstaats und (anteilig) eine Betriebstätte im Sitzstaat der Personengesellschaft.
Bei der vorangehend dargelegten, anteiligen Zurechnung der Betriebstätte an die Gesellschafter handelt sich in Anbetracht der versagten Anerkennung einer eigenen Steuersubjektivität der Personengesellschaft um eine Art "Hilfskonstruktion", die die Abkommensanwendung auch auf Einkünfte transparent besteuerter Personengesellschaften ermöglichen soll[217].

Demgegenüber ist der Gewinnanteil des Gesellschafters kein "eigenständiger" Unternehmensgewinn i. S. v. Art. 7 DBA-Mexiko, wenn Mexiko als besteuernder Staat auftritt, denn Mexiko behandelt Personengesellschaften als eigenständige Steuersubjekte, womit der Gewinnanteil des Gesellschafters im Gesamtgewinn der Gesellschaft aufgeht.

Im Rahmen des Art. 7 DBA-Mexiko kommt erneut die im Rahmen der Abkommensberechtigung erörterte Problematik zum Tragen, dass der transparent besteuernde Gesellschafterstaat Deutschland der mexikanischen Personengesellschaft nach der gegenwärtig herrschenden Auffassung keine Einkünfte zurechnet und für die Besteuerung bei den Gesellschaftern ansetzt. Die steuerliche Subjektfähigkeit der mexikanischen Gesellschaft wird aufgrund des Rechtstypenvergleichs für die Besteuerung nach innerstaatlichem Recht ignoriert. Der Gesellschafter wird als die Person angesehen, die das Unternehmen betreibt. Der deutsche Fiskus wird deshalb annehmen, dass er den Gewinnanteil des Gesellschafters grundsätzlich besteuern darf (Welteinkommenprinzip). Da aber das Unternehmen in Mexiko betrieben wird, wendet die deutsche Finanzverwaltung die Betriebstättenregelung (Art. 7 Abs. 1 S. 1 2. Hs. DBA-Mexiko) an und stellt die der Betriebstätte zuzu-rechnenden Einkünfte in Deutschland frei [vgl. Art. 23 Abs. 2 Buchst. a) DBA-Mexiko][218].

---

216 Vgl. BFH v. 26.02.1992, BStBl. II 1992, 937; *Tumpel* in: Gassner/Lang/Lechner, Die Betriebstätte im Recht der DBA, S. 145 f. (153) m.w.N.

217 Vgl. *Hock*, Personengesellschaften mit internationalem Gesellschafterkreis, S. 57; *Gündisch*, Personengesellschaften im DBA-Recht, S. 119.

Dies ist nach der hier vertretenen Auffassung systemwidrig. Aus dem in Art. 7 Abs. 1 S. 1 1. Hs. DBA-Mexiko verwendeten Begriffspaar "können nur" folgt, dass ausschließlich der Ansässigkeitsstaat des Unternehmens dessen Gewinne besteuern darf. Sind demnach die Gesellschafter einer in Mexiko errichteten und dort unbeschränkt steuerpflichtigen Personengesellschaft in Deutschland ansässig und unterhält die mexikanische Personengesellschaft in Deutschland keine Betriebstätte, darf nur Mexiko die Gewinne der Personengesellschaft besteuern (Art. 7 Abs. 1 S. 1 1. Hs. DBA-Mexiko). Der andere Vertragsstaat hat – vorbehaltlich der Existenz einer Betriebstätte – einen eventuell nach seinem innerstaatlichen Recht bestehenden Steueranspruch aufzugeben. Der Methodenartikel kommt angesichts der abschließenden Verteilung der Besteuerungsrechte durch Art. 7 Abs. 1 S. 1 1. Hs. DBA-Mexiko nicht zur Anwendung[219].
Die Finanzverwaltung ignoriert bei ihrer Vorgehensweise die Tatsache, dass es sich bei dem mexikanischen Unternehmen um eine in Mexiko *ansässige* Gesellschaft handelt. Ihre steuerliche Subjektfähigkeit macht sie mithin zu einer abkommensberechtigten Person. Auch im Rahmen von Art. 7 DBA-Mexiko kommt es deshalb für die Einkünfteerzielungsebene allein auf diese Person – die Gesellschaft – und nicht auf die in Deutschland ansässigen Gesellschafter an. Der deutsche Fiskus sollte dies bei der Abkommensanwendung respektieren und auch im innerstaatlichen Recht umsetzen, indem die Besteuerung auf der Einkünfteerzielungsebene gemäß dem in Mexiko geltenden Trennungsprinzip allein bei der Gesellschaft stattfindet.

b. Besteuerung des Betriebstättengewinns

1. Unterschiedliche Betriebstättenkonzepte

Gemäß Art. 7 Abs. 1 2. Hs. DBA-Mexiko kann ein Vertragsstaat Gewinne eines Unternehmens des anderen Vertragsstaats nur besteuern, soweit das Unternehmen seine Tätigkeit durch eine auf dem Gebiet des Vertragsstaats belegene Betriebstätte ausübt. Zur Begründung einer Steuerpflicht im erstgenannten Ver-

---

218 Vgl. BMF v. 13.01.1997, BStBl. I 1997, 97 (tschechische/slowakische Personengesellschaft); BMF v. 28.05.1998, BStBl. I 1998, 557 (spanische Personengesellschaft). So auch *Krabbe*, IWB (1998) Fach 3 Gr. 2, S. 753 (762).

219 So auch *Hemmelrath* in: Vogel/Lehner, DBA, Art. 7 Rn. 40; *Knobbe-Keuk*, RIW 1991, 306 (315); *Schmidt*, IStR 1996, 14 (18 f.); *Müller/Wangler*, IStR 2003, 145 (151).

tragsstaat bedarf es folglich einer Beziehung des Unternehmens zum Hoheitsgebiet dieses Staates, die eine gewisse Intensität aufweist und über eine lockere wirtschaftliche Verbindung hinausgeht[220].

Grundsätzlich liegt es im Interesse der Staaten, die Vorschriften ihres innerstaatlichen Rechts so zu gestalten, dass ein weit gefasster Betriebstättenbegriff die Besteuerung ausländischer Unternehmen (i. R. d. beschränkten Steuerpflicht) in möglichst vielen Fällen gewährleistet ist. DBA nach dem Vorbild des OECD-MA machen diese Tendenz teilweise wieder rückgängig, indem sie den Betriebstättenbegriff enger fassen. Dadurch soll die Besteuerung vereinfacht und der zwischenstaatliche Wirtschaftsverkehr liberalisiert werden. Ein ausgeglichener Wirtschaftsaustausch und damit die gleichmäßige Verteilung des Steueraufkommens ist aber nur gewährleistet, wenn die abkommenschließenden Staaten in etwa die gleiche Entwicklung und Wirtschaftskraft aufweisen[221]. Im Verhältnis von Industriestaaten zu Schwellen- oder Entwicklungsländern, wie z. B. Deutschland und Mexiko, ist dies nicht der Fall. Ein enger Betriebstättenbegriff begünstigt unter diesen (ungleichen) Voraussetzungen den Ansässigkeitsstaat des Unternehmens. Dies ist in der Regel der Industriestaat, denn dessen kapitalexportorientierte Unternehmen treten regelmäßig in Schwellenstaaten als Investoren bzw. Produzenten auf. Oftmals wird eine auf die Anziehung ausländischer Investoren angelegte Steuerpolitik des Quellenstaats konterkariert, zumal das Besteuerungsrecht beim Ansässigkeitsstaat verbleibt und somit dessen Steuerniveau gilt.

Aus den dargelegten Gründen wird in DBA mit Entwicklungsstaaten – abweichend vom OECD-MA – häufig ein Betriebstättenbegriff verwendet, der die Besteuerungsbefugnis des Betriebstättenstaats ausweitet. Zumeist orientieren sich die Vertragsstaaten am Betriebstättenbegriff des UN-MA. Dieses Musterabkommen trägt den Interessen der Entwicklungsländer in größerem Maße Rechnung als das OECD-MA[222].

---

220 BFH v. 21.04.1999, BStBl. II 1999, 694.

221 Vgl. hierzu *Görl* in: Vogel/Lehner, DBA, Art. 5 Rn. 3; *Jacobs*, Internationale Unternehmensbesteuerung, S. 67 f.

222 Darüber hinaus verdeutlicht das zwischen den Mitgliedern des Anden-Pakts geltende Territorialitätsprinzip das Anliegen vieler lateinamerikanischer Staaten, Einkünfte (ausschließlich) dem Steueranspruch des Quellenstaats zu unterwerfen; siehe hierzu Teil 3, Kapitel 4.

2. Betriebstättenprinzip

Übt das Unternehmen seine Tätigkeit im anderen Vertragsstaat über eine dort gelegene Betriebstätte aus, so kann der Betriebstättenstaat die Einkünfte, die der Betriebstätte zuzurechnen sind, besteuern. Der Ausdruck "können ... besteuert werden" bedeutet, dass es sich bei Art. 7 Abs. 1 S. 1 2. Hs. DBA-Mexiko um eine Verteilungsnorm mit offener Rechtsfolge handelt. Das Besteuerungsrecht bezüglich der Betriebstättengewinne steht nicht ausschließlich dem Betriebstättenstaat zu. Der Ansässigkeitsstaat des Unternehmens behält weiterhin das durch sein innerstaatliches Recht begründete Besteuerungsrecht. Er ist aber zur Vermeidung der Doppelbesteuerung durch die Anwendung des entsprechenden Methodenartikels verpflichtet (Freistellung oder Anrechnung)[223].

Deutschland hat somit die Gewinne einer in Mexiko gelegenen Betriebstätte einer deutschen Personengesellschaft bei den in Deutschland ansässigen Gesellschaftern gemäß Art. 23 Abs. 2 Buchst. a) DBA-Mexiko [unter Beachtung des in Art. 23 Abs. 2 Buchst. d) DBA-Mexiko geregelten Aktivitätsvorbehalts] freizustellen.
Umgekehrt ist Mexiko als Ansässigkeitsstaat der Personengesellschaft gemäß Art. 23 Abs. 1 Buchst. a) DBA-Mexiko dazu verpflichtet, die bei den Gesellschaftern erhobene deutsche Steuer auf die Gewinne einer in Deutschland gelegenen Betriebstätte der mexikanischen Personengesellschaft auf die bei der Personengesellschaft erhobenen Körperschaftsteuer anzurechnen. Nach überwiegender Ansicht ist die Freistellung bzw. Anrechnung trotz fehlender Subjektidentität zu gewähren[224].
Gingen die Vertragsstaaten dazu über, kraft des DBA das Besteuerungskonzept des (potentiellen) Ansässigkeitsstaats der Personengesellschaft zu übernehmen, würde die fehlende Subjektidentität vollständig vermieden.

223 Vgl. *Hemmelrath* in: Vogel/Lehner, DBA, Art. 7 Rn. 16.

224 Vgl. OECD Partnership Report, Tz. 139; *Frotscher*, Internationales Steuerrecht, S. 165, 172 f.; *von Ballestrem*, Intransparent besteuerte Personengesellschaft, S. 165 f.; im Ergebnis ebenso *Krabbe*, IWB (1998) Fach 3 Gr. 2, S. 753 (764); *Wassermeyer*, IStR 1998, 489 (492); für das innerstaatliche Recht *Jacobs*, Internationale Unternehmensbesteuerung, S. 40; ablehnend gegenüber einer Verpflichtung zur Anrechnung bei fehlender Subjektidentiät *Lang*, IStR 2000, 129 (133).

3. Einkünfte aus dem Ansässigkeitsstaat der Gesellschaft

Die Zuweisung des Besteuerungsrechts an den Betriebstättenstaat für alle der Betriebstätte zurechenbaren Einkünfte führt zu Problemen, wenn die Einkünfte aus dem Sitzstaat der Gesellschaft (bzw. der Gesellschafter) stammen und dieser Staat zur Vermeidung der Doppelbesteuerung die Freistellungsmethode anwendet.

Unterhält beispielsweise eine deutsche Personengesellschaft in Mexiko eine Betriebstätte, die ihrerseits von einer in Deutschland ansässigen Person Dividenden, Zinsen oder Lizenzgebühren erhält, so hat Mexiko als Betriebstättenstaat gemäß Art. 7 Abs. 1 S. 2 DBA-Mexiko das Besteuerungsrecht für diese Einkünfte, während Deutschland gemäß Art. 23 Abs. 2 Buchst. a) DBA-Mexiko zur Freistellung verpflichtet ist. Dies erscheint angesichts der Ansässigkeit sowohl des Schuldners als auch der Gesellschaft im Quellenstaat unbefriedigend, denn dem Sitzstaat/Quellenstaat Deutschland steht abkommensrechtlich – trotz des engen Bezugs der beteiligten Personen sowie des Zahlungsvorgangs zu diesem Staat – im Ergebnis kein Besteuerungsrecht zu. Wäre nun die Personengesellschaft ebenfalls im Betriebstättenstaat Mexiko ansässig, so könnte Deutschland auf die aus seinem Hoheitsgebiet stammenden Dividenden, Zinsen oder Lizenzgebühren zumindest eine der Höhe nach beschränkte Quellensteuer erheben (Art. 10-12 DBA-Mexiko). Das Betriebstättenprinzip führt mithin dazu, dass im ersten Fall kein Besteuerungsrecht des Sitzstaats/Quellenstaats besteht, während im zweiten Fall – in dem Deutschland lediglich die Rolle des Quellenstaats zukommt – eine Besteuerung der Einkünfte aufgrund von Art. 10-12 DBA-Mexiko möglich ist[225].

Mit Blick auf die letztgenannte Konstellation müsste es dem Quellenstaat erst recht möglich sein, die Einkünfte zu besteuern, wenn er gleichzeitig der Sitzstaat der Gesellschaft ist. Deshalb könnte eine teleologische Reduktion des Betriebstättenprinzips bzw. der Methode zur Vermeidung der Doppelbesteuerung zugunsten eines Besteuerungsrechts des Quellenstaats in Betracht gezogen werden. Dies ist jedoch angesichts des eindeutigen Regelungsgehalts des Art. 7 DBA-Mexiko im Zusammenspiel mit der für Deutschland geltenden Freistellungsmethode abzulehnen. Soll in der voranstehend dargestellten Situation, in der der Quellenstaat gleichzeitig die Rolle des Sitzstaates der Gesell-

225 *Riemenschneider*, Abkommensberechtigung, S. 137 f.

schaft zukommt, ein Besteuerungsrecht für diesen Staat bestehen, so bedarf es diesbezüglich einer ausdrücklichen Regelung im Abkommen[226].
In einer (umgekehrten) Konstellation, in der Mexiko sowohl Sitzstaat der Gesellschaft als auch Quellenstaat der – an eine in Deutschland gelegene Betriebstätte fließenden – Dividenden, Zinsen oder Lizenzgebühren ist, tritt die vorangehend dargelegte Problematik nicht auf. Mexiko wendet ausschließlich die Anrechnungsmethode an, erfasst folglich sämtliche Einkünfte der Gesellschaft als Unternehmensgewinn und besteuert diesen unter Anrechnung der in Deutschland erhobenen Steuer [Art. 23 Abs. 1 Buchst. a) DBA-Mexiko].

4. Einkünfte aus Drittstaaten – Reichweite des Betriebstättenvorbehalts

(a) Einkünfte aus unbeweglichem Vermögen

Einkünfte aus unbeweglichem Vermögen, das im Ansässigkeitsstaat einer Personengesellschaft oder deren Gesellschafter bzw. in einem Drittstaat liegt und zum Vermögen einer im anderen Vertragsstaat unterhaltenen Betriebstätte gehört, kann ausschließlich vom Ansässigkeitsstaat besteuert werden (Art. 21 Abs. 1 DBA-Mexiko). Weder Art. 6 noch Art. 7 DBA-Mexiko sind einschlägig. Einerseits fehlt es an einem grenzüberschreitenden Sachverhalt i. S. v. Art. 6 Abs. 1 DBA-Mexiko. Andererseits folgt aus dem Exklusivitätsverhältnis zwischen Art. 6 und Art. 7 DBA-Mexiko sowie dem in Art. 7 Abs. 7 DBA-Mexiko verankerten Spezialitätsgrundsatz, dass Unternehmensgewinne nicht anzunehmen sind. Dabei ist es für die Anwendbarkeit des Art. 7 Abs. 7 DBA-Mexiko bzw. dessen Rechtsfolge unschädlich, dass der Tatbestand des Art. 6 Abs. 1 DBA-Mexiko letztlich nicht erfüllt ist. Es ist als ausreichend anzusehen, dass die fraglichen Einkünfte nach der Vorgabe des Art. 7 Abs. 7 DBA-Mexiko in einem anderen Verteilungsartikel "behandelt werden"[227]. Der erweiterte Betriebstättenvorbehalt[228] gilt somit nicht für Einkünfte aus unbeweglichem

226 So auch *Wassermeyer* in: Debatin/Wassermeyer, DBA (MA), Art. 21 Rn. 64; *Lehner* in: Vogel/Lehner, Art. 21 Rn. 48; *Riemenschneider*, Abkommensberechtigung, S. 138; *Helde*, Dreiecksverhältnise im Internationalen Steuerrecht, S. 133; *von Ballestrem*, Intransparent besteuerte Personengesellschaft, S. 201. Hiervon geht auch der OECD-MK in Art. 21 Ziffer 5 aus.

227 Vgl. *Rust*, IBFD Bulletin 2002, 15 (17); *Reimer* in: Vogel/Lehner, DBA, Art. 6 Rn. 32.

Vermögen. Das ausschließliche Besteuerungsrecht verbleibt nach Maßgabe des Art. 21 Abs. 1 DBA-Mexiko beim Ansässigkeitsstaat.

(b) Dividenden, Zinsen und Lizenzgebühren

Das abkommensrechtliche Spezialitätsprinzip gilt auch für Einkünfte eines Unternehmens, die zwar ihrer Art nach in einer anderen Verteilungsnorm behandelt werden, aber letzlich mangels Erfüllung aller tatbestandlichen Voraussetzungen nicht unter diese (speziellen) Normen fallen. In diesen Fällen ist nicht auf Art. 7 DBA-Mexiko zurückzugreifen, sondern Art. 21 DBA-Mexiko anzuwenden. Dies gilt z. B. für Drittstaateinkünfte, die einer Betriebstätte zuzurechnen sind. Hier sind die speziellen Verteilungsartikel 10-12 DBA-Mexiko nicht einschlägig, zumal die Einkünfte nicht aus dem "anderen Vertragsstaat" i. S. v. Art. 10-12 DBA-Mexiko stammen. Art. 7 DBA-Mexiko ist wegen Art. 7 Abs. 7 DBA-Mexiko ebenfalls nicht anwendbar, was die Anwendung von Art. 21 Abs. 1 DBA-Mexiko und damit das ausschließliche Besteuerungsrecht des Wohnsitzstaates zur Folge hat.
Gehört demgegenüber die den Einkünften zugrunde liegende Forderung tatsächlich zur Betriebstätte, steht dem Betriebstättenstaat auch für Drittstaateinkünfte das Besteuerungsrecht zu. Zwar enthält das DBA-Mexiko keine dem Art. 21 Abs. 2 OECD-MA entsprechende und damit den (erweiterten) Betriebstättenvorbehalt ausdrücklich statuierende Vorschrift, nach der hier vertetenen Auffassung ist die Regelung des OECD-MA aber rein deklaratorischer Natur; das Besteuerungsrecht des Betriebstättenstaates folgt bereits aus den Rückverweisen auf Art. 7 DBA-Mexiko in Art. 10 Abs. 4, Art. 11 Abs. 6 und Art. 12 Abs. 4 DBA-Mexiko[229].

Die Gegenansicht erachtet den erweiterten Betriebstättenvorbehalt in Art. 21 Abs. 2 OECD-MA als konstitutiv für die Einschränkung des Wohnsitzstaats-

228 Zur Frage der konstitutiven oder deklaratorischen Bedeutung des Art. 21 Abs. 2 OECD-MA und Folgerungen für das DBA-Mexiko vgl. die Ausführungen unter nachfolgendem Gliederungspunkt II.D.b.4.(b).

229 *Selling* in: DBA (Mexiko), Art. 21 Rn. 2; vgl. auch BFH v. 30.08.1995, BStBl. II 1996, 563; *Helde*, Dreiecksverhältnisse im Internationalen Steuerrecht, S. 80; *Garcia Prats*, El Establecimiento Permanente, S. 328; *Staringer* in: Gassner/Lang/Lechner, Die Betriebstätte im Recht der DBA, S. 223 f. (233).

prinzips in Art. 21 Abs. 1 OECD-MA[230]. Danach könnten ohne die Regelung des Art. 21 Abs. 2 OECD-MA Dividenden, Zinsen und Lizenzgebühren, die über eine Betriebstätte im "anderen Vertragsstaat" erzielt werden, grundsätzlich nur im Ansässigkeitsstaat besteuert werden (Art. 21 Abs. 1 OECD-MA). Erst Art. 21 Abs. 2 OECD-MA erweitere den Betriebstättenvorbehalt auf Einkünfte aus dem Wohnsitzstaat und aus Drittstaaten.

Dies wird folgendermaßen begründet: Obwohl es sich bei Einkünften aus unbeweglichem Vermögen aus Drittstaaten oder aus dem Wohnsitzstaat, die über eine Betriebstätte im anderen Vertragsstaat erzielt werden, der Art nach um Unternehmensgewinne handele, greife Art. 7 OECD-MA nicht ein. Art. 21 Abs. 2 OECD-MA erhalte für Einkünfte aus unbeweglichem Vermögen die Rechtsfolge des Art. 21 Abs. 1 OECD-MA aufrecht. Dies impliziere wiederum, dass die fraglichen Einkünfte (zunächst) durch den Spezialitätsgrundsatz in Art. 7 Abs. 7 OECD-MA aus dem Anwendungsbereich von Art. 7 OECD-MA ausgenommen würden, denn nur dann komme es zur Anwendung des Art. 21 Abs. 1 OECD-MA. Die Spezialvorschriften der Art. 10-12 OECD-MA seien jedoch letztendlich nicht einschlägig, zumal die aus Drittstaaten oder dem Wohnsitzstaat bezogenen Einkünfte nicht aus dem anderen Vertragsstaat stammten. Folglich sei Art. 21 Abs. 1 OECD-MA anzuwenden, wonach nur der Wohnsitzstaat besteuern darf. Erst Art. 21 Abs. 2 OECD-MA ermögliche wiederum die Anwendung von Art. 7 OECD-MA und somit des Betriebstättenvorbehalts[231].

Fehlt es – wie im DBA-Mexiko – an einer dem Art. 21 Abs. 2 OECD-MA entsprechenden Regelung, so ist nach der dargestellten Ansicht der Anwendungsbereich des Art. 7 OECD-MA in Bezug auf Drittstaats- bzw. Wohnsitzstaatseinkünfte, die über eine ausländische Betriebstätte erzielt werden, nicht durch Art. 7 Abs. 7 OECD-MA einzuschränken. Demnach fallen auch Einkünfte i. S. v. Art. 10-12 OECD-MA sogleich unter Art. 7 OECD-MA, soweit sie tatsächlich zu einer Betriebstätte gehören. Art. 21 OECD-MA sei wegen des vorrangigen Art. 7 OECD-MA nicht anzuwenden[232].

Dem kann nicht zugestimmt werden. Art. 21 Abs. 1 DBA-Mexiko bzw. das Fehlen einer mit Art. 21 Abs. 2 OECD-MA vergleichbaren Regelung vermag über die Auslegung von Art. 7 Abs. 7 DBA-Mexiko keine Aussage zu treffen.

---

230 *Lehner* in: Vogel/Lehner, DBA, Art. 21 Rn. 45; *Weggenmann*, Einordnungskonflikte, S. 97; *Rust*, IBFD Bulletin 2002, 15 f.

231 *Lehner* in: Vogel/Lehner, DBA, Art. 21 Rn. 45; *Rust*, IBFD Bulletin 2002, 15 ff.

232 *Lehner* in: Vogel/Lehner, DBA, Art. 21 Rn. 56.

Die Einschränkung des Art. 7 OECD-MA wird über die Herausnahme der Einkünfte aus unbeweglichem Vermögen vom Anwendungsbereich des Art. 7 OECD-MA bzw. Art. 21 Abs. 2 OECD-MA begründet. Dies setze die vorherige Anwendung von Art. 7 Abs. 7 OECD-MA voraus. Ob daraus eine allgemeingültige Aussage über das Verhältnis von Art. 7 OECD-MA zu Art. 21 OECD-MA hergeleitet werden kann, ist zweifelhaft, denn Einkünfte i. S. v. Art. 6 OECD-MA unterliegen ohnehin einem speziellen Regime, das sich von dem der Unternehmenseinkünfte bzw. dem damit einhergehenden Betriebstättenprinzip unterscheidet (vgl. Art. 6 Abs. 4 OECD-MA). Rückschlüsse auf die Auslegung von Art. 7 OECD-MA sind nach der hier vertretenen Auffassung deshalb nicht möglich. Des Weiteren ist zu beachten, dass Art. 23 Abs. 2 Buchst. b) ff) DBA-Mexiko den Regelungsgehalt des Art. 21 Abs. 2 OECD-MA unter bestimmten Voraussetzungen umkehrt, indem auch Einkünfte aus unbeweglichem Vermögen unter den Betriebstätten-vorbehalt fallen. Aus Art. 21 Abs. 2 OECD-MA können deshalb keine Schlüsse für die Auslegung des Art. 21 DBA-Mexiko im Zusammenhang mit Art. 7 DBA-Mexiko gezogen werden. Art. 21 Abs. 2 OECD-MA trifft zur Auslegung des Art. 7 Abs. 7 OECD-MA (und damit des identischen Art. 7 Abs. 7 DBA-Mexiko) keine Aussage und ist als rein deklaratorische Vorschrift zu bewerten.

5. Vorgaben der Gewinnermittlung nach Art. 7 Abs. 2-6 DBA-Mexiko

(a) Art. 7 Abs. 1 S. 2 DBA-Mexiko (Betriebstättenprinzip)

Der Betriebstättenstaat darf nur solche Einkünfte besteuern, die der Betriebstätte zugerechnet werden können (Art. 7 Abs. 1 S. 2 DBA-Mexiko). Die Vertragsstaaten folgen hierin dem OECD-MA und haben sich somit gegen das "Attraktionsprinzip" entschieden, wonach der Betriebstättenstaat sämtliche Einkünfte des Unternehmens besteuern darf, die aus Quellen seines Hoheitsgebietes stammen. Die Gewinne sind einer Betriebstätte zurechenbar, wenn sie auf die Aktivität der Betriebstätte zurückzuführen bzw. wirtschaftlich durch die Tätigkeit der Betriebstätte veranlasst sind[233].

233 Vgl. BMF v. 24.12.1999, BStBl. I 1999, 1076 Tz. 2.2, 2.4; *Hemmelrath* in: Vogel/Lehner, DBA, Rn. 42; Art. 7 Ziffer 5 OECD-MK.

(b) Art. 7 Abs. 2 DBA-Mexiko (Fremdvergleich)

Art. 7 DBA-Mexiko bestimmt in seinen Absätzen 2 bis 6, welche Gewinne der Betriebstätte im Einzelnen zuzurechnen sind. Die abkommensrechtlichen Regeln ersetzen nicht die detaillierten Gewinnermittlungsvorschriften des mexikanischen bzw. deutschen Einkommensteuerrechts, sondern geben einen Rahmen vor, innerhalb dessen die Gewinnermittlung aufgrund der Vorschriften des nationalen Rechts zu erfolgen hat[234]. Die Ermittlung des Betriebstättengewinns wird vom Grundsatz des Fremdvergleichs bestimmt (Art. 7 Abs. 2 DBA-Mexiko). Aus der Formulierung "... in *jedem* Vertragsstaat dieser Betriebstätte die Gewinne zugerechnet ..." folgt, dass die auf dem Fremdvergleich basierende Gewinnermittlung gleichermaßen für den Quellenstaat und den Wohnsitzstaat gilt[235].

i. Absolute oder eingeschränkte Selbständigkeit der Betriebstätte

Trotz des in Art. 7 Abs. 2 OECD-MA (bzw. DBA-Mexiko) statuierten Fremdvergleichs gehen der BFH[236], ein Teil der Literatur[237] und im Grundsatz auch die Finanzverwaltung[238] davon aus, dass die Norm nur eine eingeschränkte (hypothetische) Selbständigkeit der Betriebstätte gebietet. Bei der Gewinnabgrenzung im Verhältnis des Stammhauses zur Betriebstätte sei zu berücksichtigen, dass es sich letztendlich um *ein* Gesamtunternehmen handele. Betriebstätte und

234 BMF v. 24.12.1999, BStBl. I 1999, 1076 Tz. 2.1; *Hemmelrath* in: Vogel/Lehner, DBA, Art. 7 Rn. 70.

235 *Hemmelrath in:* Vogel/Lehner, DBA, Art. 7 Rn. 71. Terminologische Unterschiede zum DBA-Mexiko dürfen bei Begriffen, die das innerstaatliche Recht für bestimmte Aufwendungen verwendet, nach Auffassung des mexikanischen Schrifttums nicht zu einer restriktiven Handhabung der Vorschriften des LISR führen. Vielmehr sei dem objektiven Nettoprinzip, das den Regelungen der Art. 29, 30 sowie Art. 123 LISR bei der nationalen Besteuerung zugrunde liegt, auch auf DBA-Ebene Rechnung zu tragen. Eine restriktive Auslegung der nationalen Vorschriften aufgrund eines DBA mit der Folge einer höheren Steuerlast begründe einen Verfassungsverstoß; vgl. *Pérez de Acha*, Beneficios de las Empresas, Comentario 7, S. 28.

236 BFH v. 20.07.1988, BStBl. II 1989, 140 (142); BFH v. 27.07.1965, BStBl. III 1966, 24.

237 *Burmester*, Probleme der Gewinn- und Verlustrealisierung, S. 94, 95; *Debatin*, BB 1992, 1181 (1184); *ders.*, DB 1989, 1739 f.; *ders.*, DB 1978, 2437 (2440 f.); *Weber*, DStZ 1976, 201 (202); *Kleineidam*, IStR 1993, 349 f., 395 f.

238 Vgl. BMF v. 24.12.1999, BStBl. I 1999, 1076 Tz. 2.2.

Stammhaus könnten nicht in jeder Hinsicht wie fremde Dritte miteinander verkehren. Entgeltverrechnungen zwischen Stammhaus und Betriebstätte seien jedoch anzuerkennen, wenn für das Gesamtunternehmen verzinsliches Fremdkapital aufgenommen wird. In diesem Fall sei eine wirtschaftlich sachgerechte Aufteilung zwischen Stammhaus und Betriebstätte vorzunehmen, ohne dass der auf die Betriebstätte entfallende Anteil eine unverzinsliche Eigenkapitalausstattung darstelle[239].

Für eine absolute (hypothetische) Selbständigkeit und damit die uneingeschränkte Geltung des Fremdvergleichsgrundsatzes spricht sich ein Teil der Literatur aus[240]. Alle vertraglichen Beziehungen zwischen Stammhaus und Betriebstätte seien für steuerliche Zwecke voll anzuerkennen. Die aufgrund solcher Vereinbarungen zwischen den Unternehmensteilen geleisteten Zahlungen sind nach dieser Auffassung steuerlich zu berücksichtigen wie im Verhältnis zu Dritten.

Der OECD-MK bewegt sich auf der Linie der eingeschränkten Selbständigkeit der Betriebstätte. Die Verrechnung von Leistungen zwischen Stammhaus und Betriebstätte wie zwischen fremden Dritten ist zulässig, wenn die Leistungen den Funktionen sowohl der Betriebstätte als auch des Stammhauses im Rahmen des Gesamtunternehmens entsprechen und in den Büchern beider Unternehmensteile festgehalten sind (Art. 7 Ziffer 12.1 OECD-MK).
Bei der Frage, ob zwischen Betriebstätte und Stammhaus eine Gewinnabgrenzung wie im Verhältnis zu fremden Dritten stattfinden und dementsprechend einen Gewinnaufschlag für die erbrachten Leistungen enthalten darf, ist gemäß Art. 7 Ziffer 17.1 bis 17.7 OECD-MK zu differenzieren. Handele es sich um Aufwand, dessen Nutzen in abgrenzbarer Weise der Betriebstätte oder dem Stammhaus zugute komme, soll eine Abrechnung wie unter fremden Dritten erfolgen. Sei der erzielte Nutzen jedoch nicht einem der Unternehmensteile zuzuordnen und komme der Aufwand vielmehr dem Gesamtunternehmen zugute, so sei zu den Selbstkosten abzurechnen. Hier zeigt sich, dass der Gedanke der (absoluten) Selbständigkeit der Betriebstätte zurücktritt, wenn die Beziehung von Stammhaus und Betriebstätte als Teile eines Gesamt-

239 *Burmester*, SWI 1996, 156 (157).

240 *Jacobs*, Internationale Unternehmensbesteuerung, S. 627 f.; *Kluge*, StuW 1975, 294 (304); *Institut der Wirtschaftsprüfer*, intertax 1988, 427 (429); *Becker*, DB 1989, 10 f.; *ders.*, DB 1990, 392 f.

unternehmens so sehr im Vordergrund steht, dass eine Gewinnabgrenzung der Unternehmensteile wie im Verhältnis zu fremden Dritten nicht realistisch erscheint.

ii. Auswirkungen im Vergleich zum innerstaatlichen Recht Mexikos

Im Hinblick auf die Ermittlung des Betriebstättengewinns nach den vorangehend umrissenen Grundsätzen bestehen einige Diskrepanzen zwischen den Abkommensvorschriften und dem innerstaatlichen Recht Mexikos.
Als Einkünfte, die einer in Mexiko gelegenen Betriebstätte zuzurechnen sind, nennt Art. 4 Abs. 1 LISR unter anderem Gewinne aus der Veräußerung von Waren oder von unbeweglichem Vermögen, das in Mexiko liegt[241], durch das Stammhaus oder eine seiner ausländischen Betriebstätten. Das Betriebstättenprinzip des DBA-Mexiko enthält jedoch einen umfassenderen Begriff dessen, was der Betriebstätte bei Veräußerungsgeschäften durch das Stammhaus als Gewinn zuzurechnen ist. Nach dem Konzept des DBA-Mexiko ist nicht nur der Gewinn aus der Veräußerung von Waren (mercancías i. S. v. Art. 4 LISR) zu berücksichtigen, sondern auch der Gewinn aus der Veräußerung anderer Güter, die (ebenfalls) von der Betriebstätte veräußert werden. Aufgrund der Gewinnermittlungsvorschriften des DBA-Mexiko kann somit ein höherer Betriebstättengewinn zustande kommen, als dies nach den innerstaatlichen Vorgaben des mexikanischen LISR der Fall wäre[242]. Wie anfangs erläutert, kann ein DBA die Besteuerungsrechte der Vertragsstaaten lediglich begrenzen, ausschließen oder bestimmte Einkünfte der Art nach umqualifizieren, nicht aber Besteuerungsrechte ausweiten oder gar begründen. Mexiko darf und wird in einem solchen Fall folglich nur den nach seinem innerstaatlichen Recht bestehenden Steueranspruch durchsetzen. Wendet Deutschland sodann gemäß Art. 23 Abs. 2 Buchst. a) DBA-Mexiko die Freistellungsmethode hinsichtlich der Betriebstättengewinne an, die seiner Ansicht nach auch die vom mexikanischen Steuerrecht nicht erfassten Gewinne einschließen, kommt es zu einer teilweisen Nichtbesteuerung der deutschen Gesellschafter. Die volle Besteuerung der Einkünfte könnte nur über die Anwendung von Art. 13 DBA-Mexiko auf den

241 Auf DBA-Ebene ist im Falle der Veräußerung unbeweglichen Vermögens Art. 13 DBA-Mexiko einschlägig; siehe dazu Kapitel 3, IV.

242 Vgl. *Pérez de Acha*, Beneficios de las Empresas, Comentario 7, S. 23.

Veräußerungsgewinn sichergestellt werden, was aber in der Regel bei der Veräußerung von Waren als gewöhnlicher und damit unter Art. 7 DBA-Mexiko fallender Geschäftsvorfall nicht möglich sein wird[243].

(c) Art. 7 Abs. 3 DBA-Mexiko

Art. 7 Abs. 3 DBA-Mexiko regelt übereinstimmend mit dem OECD-MA, dass die bei der Betriebstätte entstandenen Aufwendungen, einschließlich der Geschäftsführungs- und allgemeinen Verwaltungskosten, vom Betriebstättengewinn abzuziehen sind.
Mit Ziffer 1 Buchst. e) Prot. DBA-Mexiko wurde eine Regelung des UN-MA in das DBA-Mexiko aufgenommen, nach der Lizenzgebühren und ähnliche Zahlungen für die Nutzung von Patenten oder anderen Rechten, ferner Entgelte für bestimmte Dienstleistungen und Geschäftsführungstätigkeiten sowie Zinsen nicht abzugsfähig sind, wenn die Betriebstätte diese Zahlungen vom Stammhaus erhält oder an das Stammhaus entrichtet[244]. Dies entspricht dem innerstaatlichen Recht Mexikos (Art. 30 Abs. 3 LISR) und auch den Vorgaben des OECD-MK in Art. 7 Ziffer 17.1 bis 17.7. Den in Ziffer 1 Buchst. e) Prot. DBA-Mexiko normierten Einschränkungen dürfte somit deklaratorischer Charakter zukommen, zumal sie die herrschende Auffassung der eingeschränkten Selbständigkeit der Betriebstätte wiedergeben[245].

Fraglich ist, ob der pauschalierte Betriebsausgaben-Abzug, wie ihn Art. 30 Abs. 4 und Abs. 5 LISR für Unternehmen der internationalen Luftfahrt vorsieht, vor dem DBA-Mexiko Bestand haben kann. Im mexikanischen Schrifttum wird hierzu die Ansicht geäußert, dass die speziellen Bestimmungen des LISR Vorrang vor den abkommensrechtlichen Regelungen haben. Der pauschalierte Be-

243 Siehe dazu die Ausführungen zu Art. 13 DBA-Mexiko, Kapitel 3, IV.C.c.1.

244 Banken sind von dieser Bestimmung ausgenommen.

245 Dies zeigt sich auch daran, dass Zinsen, Lizenzgebühren und anderen Vergütungen, die das Stammhaus für die Betriebstätte übernommen und dieser in Rechnung gestellt hat, gemäß Ziffer 1 Buchst. e) Prot. DBA-Mexiko vom Betriebstättengewinn abzuziehen sind, denn in diesem Fall handelt es sich um einen Ausgleich im Verhältnis zu Dritten tatsächlich entstandener Kosten.

triebsausgaben-Abzug in Art. 30 Abs. 4 LISR gehe als Bestandteil des innerstaatlichen Rechts den Bestimmungen eines DBA vor[246].
M. E. lässt diese Sichtweise außer Betracht, dass Art. 7 Abs. 1 S. 2 und Art. 7 Abs. 2 DBA-Mexiko für die Gewinnermittlung die direkte Methode auf der Basis des Fremdvergleichs vorschreiben. Diese Rahmenvorgabe gilt auch für den Betriebstättengewinn, der von einem Luft- und Schifffahrtunternehmen erzielt wird und nicht aus internationalem Verkehr i. S. v. Art. 8 DBA-Mexiko stammt[247]. Es ist nicht sichergestellt, dass bei Anwendung des Art. 30 Abs. 4 LISR die tatsächlich entstandenen – und damit gemäß Art. 7 Abs. 3 DBA-Mexiko abzugsfähigen – Aufwendungen berücksichtigt werden[248]. Darüber hinaus ist – wie für das Verhältnis völkerrechtlicher Verträge zur Verfassung Mexikos dargelegt wurde – grundsätzlich nicht von einem Vorrang des innerstaatlichen Rechts vor den Regelungen eines DBA auszugehen[249].

(d) Art. 7 Abs. 4 DBA-Mexiko

Anstelle der direkten Methode als Normalmethode zur Ermittlung des Betriebstättengewinns lässt Art. 7 Abs. 4 DBA-Mexiko unter engen Voraussetzungen die indirekte Methode zu. Hierbei wird der Betriebstättengewinn nicht anhand der eigenständigen Buchführung ermittelt, sondern der Gesamtgewinn des Unternehmens nach einem Schlüssel auf das Stammhaus und die Betriebstätte verteilt. Im Gegensatz zum OECD-MA ist der Wechsel zur indirekten Methode gemäß Art. 7 Abs. 4 DBA-Mexiko nur zulässig, wenn die Gewinnermittlung nach der direkten Methode in bestimmten Fällen unmöglich oder übermäßig schwierig ist.

246 *Pérez de Acha*, Beneficios de las Empresas, Comentario 7, S. 28.

247 Vgl. die Ausführungen zu Art. 7 DBA-Mexiko, Kapitel 3, II.C.b.

248 Auch im Hinblick auf Art. 7 Abs. 4 DBA-Mexiko ist Art. 30 Abs. 4 LISR als problematisch anzusehen, denn die Ermittlung des Gewinns nach der indirekten Methode ist nur unter besonderen Voraussetzungen möglich; vgl. dazu den folgenden Gliederungspunkt II.D.b.5.(d).

249 Problematisch ist weiterhin, dass die Anwendbarkeit der DBA-Vorschriften nach der Ansicht Mexikos allein davon abhängt, ob die Personengesellschaft in ihrem Sitzstaat ein eigenständiges Steuersubjekt ist. Mexiko könnte sich im Fall einer deutschen Personengesellschaft, die über eine Betriebstätte die in Art. 30 Abs. 4 LISR beschriebenen Tätigkeiten ausübt, auf die fehlende Abkommensberechtigung der Gesellschaft berufen und die pauschalierte Gewinnermittlung nach Art. 30 Abs. 4 LISR vornehmen.

Es ist fraglich, ob die in Art. 121 Abs. 4 LISR vorgesehene Befugnis der mexikanischen Finanzverwaltung, den Betriebstättengewinn proportional zum Gesamtgewinn des Unternehmens festzusetzen, mit Art. 7 Abs. 4 DBA-Mexiko vereinbar ist.
Zunächst könnte man die Anwendung des – für natürliche Personen geltenden – Art. 121 Abs. 4 LISR auf in Mexiko gelegene Betriebstätten deutscher Personengesellschaften mit dem Argument ausschließen, dass Mexiko aufgrund des Rechtstypenvergleichs seinerseits von einem Körperschaftsteuersubjekt ausgeht und somit nur die Betriebstättenregelungen für juristische Personen (Art. 17 f. i. V. m. Art. 30 LISR) für einschlägig hält[250].
Die unmittelbare Anwendung der Art. 17 ff. LISR auf eine deutsche Personengesellschaft ist jedoch zu bezweifeln, denn Art. 30 LISR setzt für seine Anwendbarkeit ausdrücklich voraus, dass die Personenvereinigung in ihrem Ansässigkeitsstaat als juristische Person besteuert wird. Demnach müsste der mexikanische Fiskus zur Ermittlung des Betriebstättengewinns auf die Regelungen für Einzelunternehmer zurückgreifen[251]. Damit wäre grundsätzlich auch der Anwendungsbereich des Art. 121 Abs. 4 LISR eröffnet.
Dennoch erscheint es problematisch, Art. 121 Abs. 4 LISR auf die Betriebstätte einer deutschen Personengesellschaft anzuwenden. Die mexikanische Finanzverwaltung hat für die Ermittlung der Einkünfte, die über die der in Mexiko buchführungspflichtigen Geschäftsvorfälle der Betriebstätte hinausgehen, keine rechtliche Handhabe[252]. Die einzige Möglichkeit, Informationen über den Gesamtgewinn einer deutschen Personengesellschaft zu erlangen, bestünde in der Vereinbarung einer "großen" Auskunftsklausel im DBA-Mexiko oder einem noch weitergehenden Übereinkommen zum Austausch steuerlich relevanter Informationen. Auf der Basis der in Art. 26 DBA-Mexiko gegenwärtig enthaltenen, "kleinen" Auskunftsklausel kann ein solcher Informationsaustausch jedoch nicht erfolgen. Darüber hinaus ist eine Gewinnermittlung, die unter Anwendung einer indirekten Methode vollzogen wird, ohne besondere Gründe nicht zulässig (Art. 7 Abs. 4 DBA-Mexiko).

250 Vgl. hierzu die Darstellung des innerstaatlichen Rechts unter Art. 7 DBA-Mexiko, Kapitel 3, I.D.b.

251 Es ist aber nicht auszuschließen, dass die mexikanische Finanzverwaltung trotz des entgegenstehenden Wortlauts des Art. 30 LISR die für Betriebstätten juristischer Personen geltenden Vorschriften direkt, d. h. ohne Umweg über Art. 123 LISR anwendet.

252 *Pérez de Acha*, Beneficios de las Empresas, Comentario 7, S. 16 f.

Verneint Mexiko jedoch die Abkommensberechtigung der deutschen Personengesellschaft und schließt es einen Rückgriff auf die Gesellschafter als abkommensberechtigte Personen aus, kann es von einem Sachverhalt ausgehen, der allein nach dem innerstaatlichen, mexikanischen Recht zu beurteilen ist. Der durch Art. 7 DBA-Mexiko gesteckte Rahmen für die Ermittlung des Betriebstättengewinns wäre gegenstandslos. Der Gewinnermittlung nach Art. 121 Abs. 4 LISR stünde jedoch nach wie vor der fehlende informationelle Zugriff auf den Gesamtgewinn des Unternehmens entgegen.

c. Progressionsvorbehalt

Die Finanzverwaltung zieht aus der Abkommensberechtigung der Personengesellschaft keine Konsequenzen für die abkommensrechtliche Einkünftezurechnung, indem sie nach dem Betriebstättenprinzip verfährt und damit korrespondierend die Einkünfte bei den Gesellschaftern freistellt[253]. Infolge der – vermeintlich erforderlichen – Vermeidung der Doppelbesteuerung durch die Freistellungsmethode wird die Berücksichtigung der Unternehmensgewinne einer mexikanischen Personengesellschaft für die Progression der deutschen Gesellschafter als zulässig erachtet.

Der in Art. 23 Abs. 2 Buchst. a) DBA-Mexiko statuierte Progressionsvorbehalt gilt nur für Einkünfte, die der deutschen Besteuerung unterliegen. Stellt man darauf ab, dass Deutschland bereits wegen der abschließenden Regelung in Art. 7 Abs. 1 S. 1 1. Hs. DBA-Mexiko ("können nur") kein Besteuerungsrecht bezüglich der Unternehmensgewinne einer mexikanischen Personengesellschaft hat, muss die Anwendung des Progressionsvorbehalts (sowohl positiv als auch negativ) aus steuersystematischen Gründen ausscheiden[254].

E. *Leistungsaustausch zwischen Gesellschafter und Gesellschaft*

Schwierigkeiten bei der abkommensrechtlichen Einordnung bereiten insbesondere die von einer Personengesellschaft geleisteten Vergütungen an einen Gesellschafter für dessen Tätigkeit im Dienst der Gesellschaft, Zahlungen für

253 Vgl. BMF v. 13.01.1997, BStBl. I 1997, 97; BMF v. 28.05.1998, BStBl. I 1998, 557.

254 So (zum OECD-MA) auch *Knobbe-Keuk*, RIW 1991, 306 (315); *Schmidt*, IStR 1996, 14 (18 f.); *Müller/Wangler*, IStR 2003, 145 (151).

die Hingabe von Darlehen oder für die Überlassung von Wirtschaftsgütern eines Gesellschafters an die Gesellschaft.

Die Einkünftequalifikation wird sowohl innerstaatlich als auch abkommensrechtlich von der Vorfrage, ob die Personengesellschaft ein eigenständiges Steuersubjekt oder fiskalisch transparent ist, maßgeblich beeinflusst.
Aus der intransparenten Besteuerung von Personengesellschaften in Mexiko folgt, dass es im Fall einer Thesaurierung nur auf der Gesellschaftsebene zur Besteuerung kommt (Einkünfteerzielungsebene). Erst wenn die Gesellschaft Gewinne ausschüttet, werden diese beim Gesellschafter als Dividenden besteuert (Einkünfteverwendungsebene). Die steuerrechtliche Anerkennung von Gesellschaft und Gesellschafter als getrennte, unabhängig voneindander bestehende Rechtspersönlichkeiten setzt sich gleichermaßen fort bei der Beurteilung von "Sondervergütungen", die der Gesellschafter von der Gesellschaft erhält. Sie werden im mexikanischen Steuerrecht als Einkünfte des Gesellschafters aus Vermietung und Verpachtung, Kapitalvermögen sowie als Einkünfte aus unselbständiger Arbeit angesehen. Bei der Gesellschaft handelt es sich – korrespondierend zur Besteuerung beim Gesellschafter – um abzugsfähige Betriebsausgaben. Das Verhältnis Gesellschaft-Gesellschafter wird sowohl im Rahmen der Einkünfteerzielung (Sondervergütungen) als auch bei der Einkünfteverwendung (Dividenden) wie eines zwischen fremden Dritten anerkannt.
Dieser Befund präjudiziert die Abkommensanwendung, denn Mexiko wird – vorbehaltlich gegenteiliger Bestimmungen – auf Abkommensebene die Verteilungsnormen für einschlägig erachten, die der Qualifikation des innerstaatlichen Rechts entsprechen.

Umgekehrt sieht das in § 15 Abs. 1 S. 1 Nr. 2 EStG verankerte Mitunternehmerkonzept vor, dass die aufgrund der dort genannten Schuldverhältnisse[255] von der Gesellschaft an den Gesellschafter gezahlten Vergütungen in gewerbliche Einkünfte umqualifiziert werden. Die zunächst vom Steuerbilanzergebnis der Gesellschaft abgezogenen Vergütungen sind in der Sonderbilanz des Gesellschafters zu erfassen und zwecks Ermittlung des Gewinnanteils des Gesell-

255 Zivilrechtlich ist das Schuldverhältnis zwischen Gesellschaft und Gesellschafter ohne Zweifel anzuerkennen, zumal sowohl die Gesellschaft unter ihrer Firma als auch der Gesellschafter infolge seiner Vertragsfreiheit vertragliche Rechte und Pflichten begründen. Gesellschaft und Gesellschafter stehen sich insoweit wie fremde Dritte gegenüber; vgl. *Kleineidam*, IStR 2003, 734.

schafters dem Gewinn der Gesellschaft wieder hinzuzurechnen. Der als Mitunternehmer anzusehende Gesellschafter wird dadurch in seiner steuerlichen Behandlung dem Einzelunternehmer angeglichen[256].

Fraglich ist, ob dieses Ergebnis auch auf Abkommensebene übernommen werden darf, indem den Gesellschaftern anstelle der – isolierend betrachtet vorliegenden – Einkünfte aus Kapitalvermögen im weiteren Sinne bzw. der Einkünfte aus unselbständiger Arbeit ein anteiliger, einheitlich als Unternehmensgewinn i. S. v. Art. 7 DBA-Mexiko (um)qualifizierter Gewinnanteil zugerechnet wird. Die deutsche Finanzverwaltung[257] ist dieser Auffassung. Sondervergütungen seien grundsätzlich als Unternehmensgewinne i. S. v. Art. 7 OECD-MA zu erfassen. Dies soll auch dann gelten, wenn das jeweilige Abkommen keine dahingehende (ausdrückliche) Regelung enthält. Demnach fallen Sondervergütungen sowohl eines deutschen Gesellschafters einer mexikanischen Personengesellschaft als auch die an einen mexikanischen Gesellschafter einer deutschen Personengesellschaft entrichteten Sondervergütungen unter die in Art. 7 DBA-Mexiko geregelten Unternehmensgewinne.
Demgegenüber gehen der BFH[258] und mehrheitlich das Schrifftum[259] davon aus, dass die Sondervergütungen kraft Art. 7 Abs. 7 OECD-MA aus dem Betrieb-

256 *Keineidam*, IStR 2003, 734; *Ostendorf*, Sondervergütungen, S. 29.

257 Vgl. BMF v. 24.12.1999, BStBl. I 1999, 1076 Tz. 1.2.3. Demgegenüber wurde in BMF v. 25.08.1997, BStBl. I 1997, 796 Tz. 4 (DBA-Tunesien) und BMF v. 13.01.1997, BStBl. I 1997, 97 Tz. 2 c) (DBA-Tschechien/Slowakei) im Ergebnis auf Art. 11 und Art. 12 des jeweiligen DBA mit korrespondierender Anrechnung in Deutschland abgestellt.

258 BFH v. 17.10.1990, BStBl. II 1991, 211; BFH v. 27.02.1991, BStBl. II 1991, 444 (446); BFH v. 30.08.1995, BStBl. II 1996, 563; BFH v. 21.07.1999, BStBl. II 2000, 336. Anzumerken ist, dass der BFH bis dato noch nicht die Frage von Sondervergütungen, die ein *ausländischer* Gesellschafter von seiner *inländischen* Personengesellschaft erhält, zu beurteilen hatte. Zwar behandelt BFH v. 10.07.2002, BFH/NV 2003, 236 eine derartige Konstellation, die Besonderheiten des DBA-Schweiz erlaubten jedoch keine Übertragung der Rechtsprechung zu Sondervergütungen im Rahmen von DBA, die dem OECD-MA folgen, auf den Sachverhalt des zitierten Urteils; vgl. hierzu *Mössner*, RIW 2003, 294 (298).

259 *Jacobs*, Internationale Unternehmensbesteuerung, S. 456 f.; *Schaumburg*, Internationales Steuerrecht, S. 1195 Rn. 18.60; *Ostendorf*, Sondervergütungen, S. 147, 148; *Weggenmann*, IStR 2002, 1 f.; *Fischer-Zernin*, RIW 1991, 493 f.

stättengewinn herausgelöst werden und unter die abkommensrechtlichen Spezialvorschriften zu subsumieren sind.

a. Quellenstaat Mexiko, Gesellschafter-Wohnsitzstaat Deutschland

Entsprechend seiner intransparenten Sichtweise wird Mexiko die Gesellschaft als in Mexiko ansässige Person und damit als abkommensberechtigt i. S. v. Art. 1 DBA-Mexiko einstufen. Einen Vertrag zwischen dem Gesellschafter und der Gesellschaft und die darauf basierenden Zahlungen beurteilt der mexikanische Fiskus wie ein Vertragsverhältnis zwischen fremden Dritten. Sondervergütungen sind bei der Gesellschaft als Betriebsausgabe abziehbar und werden beim beschränkt steuerpflichtigen Gesellschafter z. B. als Zinsen, Arbeitslohn oder Lizenzgebühren erfasst. Der mexikanische Fiskus wird auf die Einkünfte des Gesellschafters die abkommensrechtlich vorgesehene Quellensteuerreduktion gewähren[260].
Nach deutschem Recht erzielt der Gesellschafter keine Kapitaleinkünfte oder Einkünfte aus unselbständiger Tätigkeit, sondern einen Gewinnanteil i. S. v. § 15 Abs. 1 S. 1 Nr. 2 EStG. Übertragen auf das DBA-Mexiko hätte dies die Annahme von Unternehmensgewinnen des Gesellschafters (Art. 7 DBA-Mexiko) zur Folge[261].

Das für die Anwendung des Art. 7 Abs. 1 DBA-Mexiko erforderliche (anteilige) "Unternehmen eines Vertragsstaats" ist aus deutscher Sicht in der Person des Gesellschafters zu sehen. Die Sondervergütungen sind nach dem deutschen

260 Die Abkommensberechtigung des Gesellschafters wird in diesem Fall von Mexiko geprüft und bejaht, denn es geht nicht um den Rückgriff auf einen Gesellschafter einer transparent besteuerten und mithin nicht abkommensberechtigten Personengesellschaft, sondern um das – aufgrund der steuerlichen Subjektfähigkeit der Gesellschaft wie zwischen fremden Dritten anerkannte – Verhältnis zwischen einer natürlichen und einer juristischen Person.

261 Zwar wird in Art. 11 Abs. 5 DBA-Mexiko (wie noch in Art. 11 Abs. 3 OECD-MA 1963) auf den Zinsbegriff des innerstaatlichen Rechts verwiesen, sodass insoweit die rechtliche Behandlung der Einkünfte im Quellenstaat (Mexiko) auch für den anderen Vertragsstaat Deutschland maßgeblich ist (und umgekehrt); der Rückgriff auf das innerstaatliche Recht hat jedoch nur eine ergänzende Funktion. Der Hauptanwendungsbereich – Einkünfte aus Forderungen – ist bereits auf der Abkommensebene enthalten und somit einer eigenständigen Auslegung durch beide Vertragsstaaten zugänglich.

Konzept folglich beim Gesellschafter als der mexikanischen Betriebstätte zugehöriger Gewinn zu besteuern. Demnach hat Mexiko gemäß Art. 7 Abs. 1 S. 1 2. Hs. DBA-Mexiko das Besteuerungsrecht für die Sondervergütungen, während Deutschland diese als Teil des Betriebstättengewinns von der deutschen Steuer freistellt. Es kommt zu einer teilweisen Nichtbesteuerung, denn Mexiko lässt die Sondervergütungen bei der Gesellschaft zum Abzug zu und besteuert die Einkünfte beim Gesellschafter nur in begrenzter Höhe, während Deutschland die Einkünfte freistellt.

Die Finanzverwaltung behält sich jedoch vor, in einer solchen Konstellation (nachgelagert) die speziellen Verteilungsnormen des DBA anzuwenden, wenn auch der Ansässigkeitsstaat der Personengesellschaft so verfährt[262]. Damit würde die Finanzverwaltung der mexikanischen Einkunftsqualifikation folgen und ein uneingeschränktes Besteuerungsrecht des Wohnsitzstaats Deutschland annehmen. Der Wechsel von der Freistellungs- zur Anrechnungsmethode wird mit der gebotenen teleologischen Reduktion des Methodenartikels nach dem Modell der OECD betreffend Art. 23 Buchst. A OECD-MA begründet.
Will aber die deutsche Finanzverwaltung im Rahmen des DBA-Mexiko von dieser Auslegung Gebrauch machen[263], so sollte sie berücksichtigen, dass mit Ziffer 12 Prot. DBA-Mexiko bereits eine eigenständige switch-over-Klausel für derlei Zuordnungskonflikte besteht. Die Zulässigkeit eines Wechsels von der Freistellungs- zur Anrechnungsmethode ist an Ziffer 12 Prot. DBA-Mexiko zu messen, denn im Verhältnis zur Vermeidung der (teilweisen) Nichtbesteuerung durch eine teleologische Reduktion des Art. 23 Abs. 2 DBA-Mexiko ist die Protokollvorschrift des DBA-Mexiko die speziellere Norm[264].

Die Vermeidung der teilweisen Nichtbesteuerung kann erreicht werden, indem der deutsche Fiskus bei der Abkommensanwendung den durch § 15 Abs. 1 S. 1 Nr. 2 EStG motivierten Rückgriff auf Art. 7 DBA-Mexiko unterlässt und

262 Für Sondervergütungen einer (intransparenten) tschechischen/slowakischen Kommanditgesellschaft siehe BMF v. 13.01.1997, IStR 1997, 120; für eine intransparente tunesische Personengesellschaft BMF v. 25.08.1997, BStBl. I 1997, 796. Vgl. ferner BMF v. 24.12.1999, BStBl. I 1999, 1076 Tz. 1.2.3.

263 Dies ist bereits im Hinblick auf das frühere Abschlussdatum des DBA-Mexiko nicht unproblematisch, siehe dazu Art. 23 DBA-Mexiko, Kapitel 4.

264 Vgl. die Ausführungen zu Ziffer 12 Prot. DBA-Mexiko unter Art. 23 DBA-Mexiko, Kapitel 4.

den Abkommensvorschriften eine originäre, von den Wertungen des nationalen Rechts losgelöste Bedeutung zumisst. Die Anwendung der Vorschriften des DBA-Mexiko hat – soweit das Abkommen hierfür ausdrückliche Vorgaben oder Auslegungsmöglichkeiten bereit hält – unabhängig von den Normen des innerstaatlichen Rechts zu erfolgen. Dies ergibt sich aus dem der lex-fori-Klausel vorangehenden Abkommensvorbehalt ("wenn aus dem Zusammenhang nichts anderes hervorgeht") in Art. 3 Abs. 2 DBA-Mexiko. Weiterhin zeigen die Betriebstättenvorbehalte in Art. 10 Abs. 4, Art. 11 Abs. 6 und Art. 12 Abs. 4 DBA-Mexiko, dass auf DBA-Ebene kein Automatismus im Hinblick auf die Subsumtion von Sondervergütungen unter die Unternehmensgewinne besteht. Vielmehr gilt auch für Einkünfte, die im Rahmen eines Unternehmens erzielt werden, das ausdrücklich in Art. 7 Abs. 7 DBA-Mexiko normierte Spezialitätsprinzip. Die Behandlung der Einkünfte für die Zwecke der Abkommensanwendung ist insoweit unabhängig vom innerstaatlichen Recht zu beurteilen und kann deshalb hiervon abweichen. Die Vorgaben des DBA-Mexiko bewirken, dass Einkünfte, die nach innerstaatlichem Recht unter § 15 Abs. 1 S. 1 Nr. 2 EStG fallen, abkommensrechtlich Einkünfte i. S. v. Art. 10-12 DBA-Mexiko sind.

Abzulehnen ist der zumeist in Bezug auf transparent besteuerte Personengesellschaften erhobene Einwand, die von einer Personengesellschaft an ihren Gesellschafter gezahlten Sondervergütungen könnten mangels rechtlicher Beziehung zwischen Gesellschaft und Gesellschafter (i. S. v. Dritten) nicht bei der Betriebstätte als gewinnmindernder Aufwand berücksichtigt werden[265]. Eine mexikanische Personengesellschaft ist als abkommensberechtigte Person im Verhältnis zu ihrem Gesellschafter ein unabhängiges, d. h. sowohl abkommensrechtlich als auch nach innerstaatlichem Zivil- und Steuerrecht vom Gesellschafter getrenntes Unternehmen, dessen Zahlungen an den Gesellschafter an einen "Dritten" geleistet und mithin gewinnmindernder Aufwand sind. Die Zahlungen sind bei der Gesellschaft als abzugsfähige Betriebsausgaben anzuerkennen und auf seiten des Gesellschafters als Einkünfte aus unbeweglichem Vermögen, selbständiger oder unselbständiger Arbeit bzw. als Zinsen

265 *Prokisch* in: Vogel/Lehner, DBA Art. 1 Rn. 43; *Riemenschneider*, Abkommensberechtigung, S. 150, 176; *Mittermaier*, Personengesellschaften im Verhältnis Deutschland-USA, S. 236 f.; *Debatin*, BB 1992, 1181 (1184 f.); *Köhler*, RIW 1991, 1024 (1032 f.). Vgl. hierzu den nachfolgenden Fall einer deutschen Personengesellschaft mit mexikanischem Gesellschafter.

oder Lizenzgebühren zu qualifizieren. Dies entspricht der wohl überwiegenden Ansicht im Schrifttum[266].
Die zwingende Anwendung der abkommensrechtlichen Spezialartikel ergibt sich somit aus zweierlei Gründen. Einerseits folgt sie aus der abkommensrechtlichen Systematik und andererseits aus der abkommensrechtlichen Position einer steuerlich subjektfähigen Gesellschaft, deren Zahlungen an Gesellschafter für die von ihnen überlassenen Wirtschaftsgüter oder geleisteten Dienste sich nicht im Rahmen eines bloßen Innenverhältnisses i. S. v. Art. 7 DBA-Mexiko vollziehen können. Hervorzuheben ist, dass nach der hier vertretenen Auffassung jedes der vorangehend genannten Argumente für sich allein die Anwendbarkeit der abkommensrechtlichen Spezialartikel begründet[267].
Sondervergütungen eines Gesellschafters fallen deshalb unter die abkommensrechtlichen Spezialvorschriften. Zahlungen einer mexikanischen Personengesellschaft an ihren deutschen Gesellschafter aufgrund von schuldrechtlichen Verpflichtungen zwischen Gesellschaft und Gesellschafter sind der mexikanischen Quellenbesteuerung zu unterwerfen und in Deutschland unter Anrechnung der in Mexiko einbehaltenen Steuer als Zinsen, Einkünfte aus Vermietung und Verpachtung oder unselbständiger Arbeit zu besteuern. Nach der hier vertretenen Auffassung ist damit nicht nur auf Abkommensebene von der ursprünglichen Qualifikation der Einkünfte im Sinne des Spezialitätsprinzips auszugehen, sondern kraft der abkommensrechtlich bedingten Anerkennung der mexikanischen Gesellschaft als Körperschaftsteuersubjekt auch bei der Durchführung der Besteuerung nach innerstaatlichem Recht.

Sondervergütungen sind nur dann als Unternehmensgewinne i. S. d. Art. 7 DBA-Mexiko zu qualifizieren, wenn die den Zahlungen zugrunde liegende Forderung tatsächlich zu einer Betriebstätte gehört, die der Nutzungsberechtigte

266 *Prokisch* in: Vogel/Lehner, DBA, Art. 1 Rn. 39; *Schaumburg*, Internationales Steuerrecht, S. 1191 f. Rn. 18.57; *Piltz*, Personengesellschaften, S. 182; *Mittermaier*, Personengesellschaften im Verhältnis Deutschland-USA, S. 345 f.; *Greif* in: Mössner (Hrsg.), Steuerrecht international tätiger Unternehmen, S. 573; *Knobbe-Keuk*, RIW 1991, 306 (316).

267 Dies ist von Bedeutung für eine deutsche transparent besteuerte Personengesellschaft, zumal sich hier die Trennung bzw. rechtliche Eigenständigkeit von Gesellschaft und Gesellschafter nicht bereits aus der eigenständigen, abkommensrechtlichen Position der Gesellschaft ergibt und auch im innerstaatlichen Recht nur bedingt anerkannt wird; siehe hierzu Art. 7 DBA-Mexiko, Kapitel 3, II.E.

im anderen Vertragsstaat unterhält. Eine "tatsächliche Zugehörigkeit" liegt vor, wenn der betreffende Vermögenswert in einem funktionalen Zusammenhang zu der von der Personengesellschaft ausgeübten Tätigkeit steht und die Erträge hieraus als Nebenerträge der im Übrigen ausgeübten Unternehmenstätigkeit anzusehen sind[268].

Der Wortlaut des OECD-MA sowie des DBA-Mexiko, wonach es für die Zuordnung von Vermögenswerten zur Betriebstätte auf die *tatsächliche* Zugehörigkeit ankommt, spricht weiterhin für die oben dargelegte Sichtweise, wonach die Einordnung von Sondervergütungen allein unter Rückgriff auf § 15 Abs. 1 S. 1 Nr. 2 EStG abzulehnen ist. Die aufgrund der Vorschriften des innerstaatlichen Rechts erfolgende Subsumtion unter den Begriff "Unternehmensgewinne" i. S. v. § 15 Abs. 1 S. 1 Nr. 2 EStG berücksichtigt nämlich allein *rechtliche* Vorgaben, während es nach dem Wortlaut der Art. 10 Abs. 4, Art. 11 Abs. 6 und Art. 12 Abs. 4 DBA-Mexiko auf *tatsächliche* Umstände ankommt. Die rechtlichen Wertungen des innerstaatlichen Rechts dürfen somit nicht uneingeschränkt auf DBA-Ebene für die Bestimmung der tatsächlichen Zugehörigkeit übernommen werden[269].

b. Quellenstaat Deutschland, Gesellschafter-Wohnsitzstaat Mexiko

In dieser Fallgestaltung würde die deutsche Finanzverwaltung die an einen in Mexiko ansässigen Gesellschafter fließenden Sondervergütungen als Unternehmensgewinne i. S. v. Art. 7 DBA-Mexiko einstufen und gemäß Art. 7 Abs. 1 S. 1 2. Hs. DBA-Mexiko ein vorrangiges Besteuerungsrecht Deutschlands bezüglich der Betriebstättengewinne annehmen[270].
Ob hingegen die mexikanische Finanzverwaltung das DBA-Mexiko überhaupt anwendet und bejahendenfalls die Art. 11, 12 Abs. 1 bzw. Art. 15 DBA-Mexiko für einschlägig erachtet, ist fragwürdig, denn beim Schuldner der Einkünfte muss es sich um eine im anderen Vertragsstaat *ansässige* Person handeln (vgl. z. B. Art. 12 Abs. 5 DBA-Mexiko). Da die Personengesellschaft aber kein

268 BFH v. 26.02.1992, BStBl. II 1992, 937 (939); BFH v. 30.08.1995, BStBl. II 1996, 563. Vgl. hierzu auch die Ausführungen zu den Betriebstättenvorbehalten in Art. 10-12 DBA-Mexiko, Kapitel 3, II.D.b.4.(b).

269 Vgl. BFH v. 27.02.1991, BStBl. II 1991, 441.

270 Vgl. BMF v. 24.12.1999, BStBl. I 1999, 1076 Tz. 1.2.3.

Steuersubjekt im Sinne des deutschen Einkommensteuerrechts ist, fehlt es an dieser Voraussetzung. Der mexikanische Fiskus wird möglicherweise unter Zugrundelegung seiner gegenwärtigen Sichtweise außer Betracht lassen, dass die Gesellschafter der deutschen Personengesellschaft die Kriterien der Ansässigkeit erfüllen (Art. 4 Abs. 1 DBA-Mexiko). Es ist deshalb wahrscheinlich, dass Mexiko die Anwendung des DBA-Mexiko ablehnt und die Einkünfte bei dem in Mexiko ansässigen Gesellschafter allein nach innerstaatlichem, mexikanischen Recht besteuert. Die Anrechnung der deutschen Steuer würde dann aufgrund der unilateralen Anrechnungsvorschrift des Art. 6 Abs. 1 LISR gewährt. Die Doppelbesteuerung könnte nur insoweit vermieden werden, als die in Deutschland erhobene Steuer der mexikanischen Steuer entspricht oder unterhalb der mexikanischen Steuer liegt, die auf die Einkünfte entfällt.
Andererseits ist es denkbar, dass der mexikanische Fiskus das DBA-Mexiko anwendet und in der Annahme, es handele sich um Zinsen oder Lizenzgebühren, Deutschland (nur) zur Erhebung einer begrenzten Quellensteuer berechtigt sieht und die Anrechnung einer deutschen Steuer, die über den abkommensrechtlich vereinbarten Anteil des Bruttobetrags hinausgeht, verweigert. Diese Vorgehensweise erscheint im Hinblick auf das Interesse Mexikos an einem möglichst hohen Steueranspruch wahrscheinlich. Zudem kommt es in diesem Zusammenhang nicht auf die Abkommensberechtigung der Personengesellschaft an, sondern auf ihre Eigenschaft als Schuldnerin[271]. Zwar setzt auch dies die Ansässigkeit einer Person voraus; die ablehnende Haltung Mexikos in Art. 1 Ziffer 27.2 OECD-MK betrifft aber nur die Gewährung von Abkommensvorteilen an die Gesellschafter einer nicht abkommensberechtigten Personengesellschaft.

Durch die volle Besteuerung in Deutschland (Art. 7 DBA-Mexiko) und die eingeschränkte Anrechnungsmöglichkeit in Mexiko infolge der hier für einschlägig erachteten Art. 11, 12 bzw. Art. 15 DBA-Mexiko kommt es zu einer teilweisen Doppelbesteuerung der Einkünfte des Gesellschafters. Ein solches Ergebnis kann vermieden werden, indem der in Art. 7 Abs. 7 DBA-Mexiko normierte Spezialitätsgrundsatz beachtet wird. So kommen beide Vertragsstaaten – ungeachtet ihrer Besteuerung der Personengesellschaft als transparent oder intransparent – zu kongruenten Ergebnissen bei der Beurteilung von Sondervergütungen in den Händen der Gesellschafter. Bereits im Rahmen der

271 Vgl. hierzu auch Art. 10-12 DBA-Mexiko, Kapitel 3, III.C.d.2.

Verteilungsnormen wäre eine übereinstimmende DBA-Anwendung durch Deutschland und Mexiko gewährleistet. Es bedürfte weder einer Qualifikationsverkettung im Methodenartikel[272], noch wäre die Heranziehung von Ziffer 12 Prot. DBA-Mexiko erforderlich.

Die Anwendbarkeit des Art. 7 Abs. 7 OECD-MA (Art. 7 Abs. 7 DBA-Mexiko) und damit der Spezialartikel auf Sondervergütungen wird teilweise mit der Begründung abgelehnt, dass Art. 7 Abs. 7 OECD-MA sich nur auf das Verhältnis der Gesellschaft zu Dritten beziehe, während sich die Gewinnabgrenzung innerhalb des Unternehmens, also im Verhältnis Stammhaus-Betriebstätte, allein nach Art. 7 Abs. 2 OECD-MA richte. Bei Personengesellschaften nehme aufgrund der fehlenden steuerlichen Subjektfähigkeit der Gesellschaft der Gesellschafter in seinem Wohnsitzstaat die Rolle des Stammhauses ein, sei aber in Bezug auf die nicht abkommensberechtigte Gesellschaft gleichzeitig als Inhaber einer Betriebstätte anzusehen, weshalb die so entstehende Konstellation in Ermangelung eines "Dritten" nicht in den Anwendungsbereich von Art. 7 Abs. 7 OECD-MA falle[273].

Diese Sichtweise ist abzulehnen. Bei der Annahme, die ausländische (nicht abkommensberechtigte) Personengesellschaft sei eine Betriebstätte des (abkommensberechtigten) Gesellschafters, handelt es sich ersichtlich um eine Hilfskonstruktion, mit der die abkommensrechtliche Erfassung des Unternehmensgewinns einer in ihrem Sitzstaat fiskalisch transparenten Personengesellschaft gewährleistet werden soll[274]. Hiermit darf jedoch nicht die gesamte abkkommensrechtliche Einkünftequalifikation von besagter Hilfskonstruktion abhängig gemacht und damit die Möglichkeit eines steuerlich anzuerkennenden Verhältnisses Gesellschafter-Gesellschaft gänzlich negiert werden[275]. In der ausschließlichen Einordnung von Sondervergütungen, die ein Gesellschafter von einer transparent besteuerten Personengesellschaft erhält, als "Unter-

272 Vgl. hierzu Art. 23 DBA-Mexiko, Kapitel 4.

273 *Prokisch* in: Vogel/Lehner, DBA Art. 1 Rn. 43; *Riemenschneider*, Abkommensberechtigung, S. 150, 176; *Mittermaier*, Personengesellschaften im Verhältnis Deutschland-USA, S. 236 f.; *Debatin*, BB 1992, 1181 (1184 f.); *Köhler*, RIW 1991, 1024 (1032 f.).

274 Vgl. auch *Knobbe-Keuk*, RIW 1991, 306 (308): "Vernachlässigt wird, dass die in Art. 7 OECD-MA geregelte Problematik der Gewinnabgrenzung zwischen Unternehmen und Betriebstätte auf die Beteiligung an einer Personengesellschaft gar nicht passt."

275 Dahingehend auch *Lüdicke*, StBJb 1997/98, 449 (474).

nehmensgewinne" liegt ein unzulässiger Rückgriff auf das innerstaatliche Recht bzw. die darin ignorierte Beziehung zwischen Gesellschafter und Gesellschaft[276]. Es besteht die Tendenz, das abkommensrechtliche Verhältnis zwischen Art. 7 und den Art. 6, 11, 12 und 15 DBA-Mexiko – geprägt durch die Vorgaben des § 15 Abs. 1 S. 1 Nr. 2 EStG – zunächst von Art. 7 DBA-Mexiko ausgehend zu beurteilen, als ob es einer besonderen Begründung bedürfe, die innerstaatlichen Wertungen, nach denen grundsätzlich Unternehmensgewinne anzunehmen seien, abkommensrechtlich zugunsten der Annahme von beispielsweise Zinsen außer Kraft setzen zu können[277]. Deshalb wird primär von Unternehmensgewinnen i. S. v. Art. 7 DBA-Mexiko ausgegangen und unter Verweis auf die steuerrechtlich negierten schuldrechtlichen Beziehungen zwischen Gesellschafter und Gesellschaft die Anwendbarkeit der Spezialartikel von vornherein verneint. Aufgrund des abkommensrechtlichen Spezialitätsprinzips ist diese – ersichtlich durch die Vorgaben des innerstaatlichen Rechts motivierte – Annahme von Art. 7 DBA-Mexiko abzulehnen.

c. Zusammenfassung/Ergebnis

Die Finanzverwaltung nimmt entgegen der Rechtsprechung des BFH bei der Frage der Einordnung von Sondervergütungen unter die abkommensrechtlichen Spezialartikel oder die Unternehmensgewinne kein Regel-/Ausnahmeverhältnis an; vielmehr sieht sie (umgekehrt) den Regelfall im Vorliegen von Unternehmensgewinnen i. S. v. Art. 7 OECD-MA. Der Minder- oder Nichtbesteuerung soll auf der Ebene des Methodenartikels durch dessen teleologische Reduktion begegnet werden. Vor dem Hintergrund des abkommensrechtlichen Spezialitätsgrundsatzes ist die Auffassung der Finanzverwaltung abzulehnen. Darüber hinaus steht Ziffer 12 Buchst. a) bb) DBA-Mexiko als vorrangige Norm einer teleologischen Reduktion des Methodenartikels zur Verhinderung der teilweisen Nichtbe-steuerung entgegen.

276 *Ostendorf*, Sondervergütungen, S. 143.

277 Dahingehend auch *Weggenmann*, Einordnungskonflikte, S. 266.

Die Unterschiede in der rechtlichen Einordnung im mexikanischen und deutschen Steuerrecht können m. E. schon auf der Ebene der Verteilungsartikel ausgeräumt werden, wenn eine der Einkünftequalifikation vorgeschaltete Anerkennung des jeweils im (potentiellen) Ansässigkeitsstaat der Gesellschaft geltenden Besteuerungsmodells durch den anderen Vertragsstaat stattfände.

F. Verbundene Unternehmen (Art. 9 DBA-Mexiko)

a. Regelungsinhalt

Wird der Gewinn eines inländischen Unternehmens, das mit einem ausländischen Unternehmen verbunden ist, dadurch beeinflusst, dass zwischen diesen Unternehmen Bedingungen vereinbart werden, die zwischen unabhängigen Unternehmen nicht vereinbart worden wären, so kann der besteuernde Staat die Gewinne gemäß Art. 9 DBA-Mexiko berichtigen. Die Rechtsgrundlage für die Berichtigung ist dabei dem innerstaatlichen Recht zu entnehmen; Art. 9 DBA-Mexiko ist nicht konstitutiv für die Gewinnberichtigung[278]. Weiterhin gestattet Art. 9 DBA-Mexiko Gewinnberichtigungen nur nach dem Grundsatz des Fremdvergleichs. Enthält das innerstaatliche Recht also Berichtigungsvorschriften, die über den Fremdvergleichsgrundsatz hinausgehen, so sind diese aufgrund des DBA-Mexiko nicht anwendbar. Art. 9 DBA-Mexiko schränkt somit gleichzeitig Gewinnkorrekturen ein, die aufgrund innerstaatlichen Rechts und nach anderen Kriterien als dem Fremdvergleich erfolgen.

b. Verhältnis zu anderen Verteilungsartikeln des DBA-Mexiko

Wie Art. 7 DBA-Mexiko hat Art. 9 DBA-Mexiko zum Ziel, dass der Gewinn eines Unternehmens in dem Staat besteuert wird, in dem er wirtschaftlich entstanden ist[279]. Der Unterschied zu Art. 7 DBA-Mexiko besteht darin, dass Art. 9 DBA-Mexiko keine Aussage über das Verhältnis Quellenstaat-Ansässigkeitsstaat und die daraus folgenden Verpflichtungen dieser Staaten für die Vermeidung der Doppelbesteuerung trifft, sondern das Verhältnis zweier An-

278 Vgl. *Eigelshoven* in: Vogel/Lehner, DBA, Art. 9 Rn. 3; Rechtsgrundlage im LISR: Art. 215-217.

279 Vgl. *Eigelshoven* in: Vogel/Lehner, DBA, Art. 9 Rn. 6.

sässigkeitsstaaten zueinander und die jeweilige Besteuerung eigenständiger Steuersubjekte in ihrem Ansässigkeitsstaat regelt. Dagegen geht es im Verhältnis der Betriebstätte zum Stammhaus um die Gewinnabgrenzung innerhalb eines Steuersubjekts (Art. 7 DBA-Mexiko)[280].

Aus der Behandlung zweier getrennter Steuersubjekte sowie der korrespondierenden Berichtigung ihrer Gewinne in Art. 9 Abs. 2 OECD-MA folgt zudem, dass die Vorschrift die Vermeidung der Doppelbelastung zum Ziel hat. Im DBA-Mexiko ist die in Art. 9 Abs. 2 OECD-MA vorgesehene Gegenberichtigung jedoch nicht enthalten. Mexiko hat sich außerdem vorbehalten, Art. 9 Abs. 2 OECD-MA auch weiterhin nicht in seine Abkommen aufzunehmen[281]. Dennoch sieht das innerstaatliche Recht mit Art. 217 LISR einen Gegenberichtigungsanspruch des Steuerpflichtigen vor, soweit Mexiko sich mit der Gewinnberichtigung durch den anderen Vertragsstaat einverstanden erklärt hat.
Ferner besteht die Möglichkeit, nach der Gewinnkorrektur in einem Vertragsstaat eine Gegenberichtigung im anderen Vertragsstaat durch ein Verständigungsverfahren gemäß Art. 25 DBA-Mexiko herbeizuführen[282].

c. Anwendbarkeit des Art. 9 DBA-Mexiko auf "verbundene Personengesellschaften"

Art. 9 DBA-Mexiko setzt verbundene Unternehmen voraus. Ausgehend von der Defintion des "Unternehmens eines Vertragsstaats" in Art. 3 Abs. 1 Buchst. d) DBA-Mexiko muss eine in Deutschland oder Mexiko ansässige Person das Unternehmen betreiben, um ein "Unternehmen eines Vertragsstaats" zu begründen. Die transparent besteuerte deutsche Mitunternehmerschaft erfüllt das Kriterium der Ansässigkeit i. S. v. Art. 4 Abs. 1 DBA-Mexiko nicht, denn sie ist kein

280 Vgl. *Eigelshoven* in: Vogel/Lehner, DBA, Art. 9 Rn. 6.

281 Siehe Art. 9 Ziffer 16 OECD-MK. Es wird befürchtet, dass die abkommensrechtliche Verankerung der Gegenberichtigung Anreiz zu einseitigen Gewinnkorrekturen gibt; vgl. *Jacobs*, Internationale Unternehmensbesteuerung, S. 686.

282 Rechtsgrundlage für die Gegenberichtigung kann jedoch nur Art. 9 Abs. 1 DBA-Mexiko sein, zumal Art. 25 DBA-Mexiko nur den verfahrensrechtlichen Rahmen für die Durchführung eines Verständigungsverfahrens absteckt; vgl. *Eigelshoven* in: Vogel/Lehner, DBA, Art. 9 Rn. 159; *Lehner* in: Vogel/Lehner, DBA, Art. 25 Rn. 2.

eigenständiges Steuersubjekt. Als Unternehmen eines Vertragsstaats sieht der deutsche Fiskus daher den Anteil des in Deutschland ansässigen Gesellschafters am Unternehmen der Gesellschaft an.
Eine mexikanische Personengesellschaft hingegen erfüllt als eigenständiges Steuersubjekt (Art. 8 Abs. 1 LISR) die Kriterien der Ansässigkeit gemäß Art. 4 Abs. 1 DBA-Mexiko und ist somit ein "Unternehmen eines Vertragsstaats".

Eine verbundene Personengesellschaft i. S. v. Art. 9 Buchst. a) DBA-Mexiko könnte zunächst bei Beteiligung einer deutschen an einer mexikanischen Personengesellschaft oder in der umgekehrten Fallkonstellation gegeben sein. Der deutsche Gesellschafter betriebe als ansässige (natürliche) Person mit seinem Mitunternehmeranteil an der deutschen Personengesellschaft ein "Unternehmen eines Vertragsstaats", während die mexikanische Personengesellschaft als Steuersubjekt die Kriterien des "Unternehmens des anderen Vertragsstaats" erfüllte.
Deutschland rechnet der mexikanischen Personengesellschaft nach der gegenwärtigen Praxis weder nach deutschem innerstaatlichen Recht noch auf Abkommensebene Einkünfte zu. Die Einkünfte werden ausschließlich bei den Gesellschaftern erfasst. Die Gewinnermittlung bzw. -abgrenzung erfolgt somit stets nach den gemäß Art. 7 DBA-Mexiko für das Verhältnis Stammhaus-Betriebstätte geltenden Grundsätzen. Da infolgedessen nicht die Beziehungen zweier Steuersubjekte zu beurteilen sind, kann Art. 9 DBA-Mexiko nicht einschlägig sein[283].
Auch wenn der deutsche Fiskus – wie hier gefordert – dazu überginge, die Steuersubjektivität einer mexikanischen Personengesellschaft zu respektieren und dieser auch Einkünfte zurechnete, würde die Annahme verbundener Unternehmen stets am fehlenden "Unternehmen des anderen Vertragsstaats" scheitern: für eine in Deutschland errichtete Personengesellschaft steht nämlich fest, dass sie aufgrund des Transparenzprinzips über keine Steuersubjektivität verfügt. Man könnte zwar – wie eingangs angemerkt – in Erwägung ziehen, die an der Personengesellschaft beteiligten Gesellschafter mit ihren Gesellschaftsanteilen als "Unternehmen eines Vertragsstaats" i. S. v. Art. 9 DBA-Mexiko anzusehen. Es müsste jedoch stets eine Gewinnabgrenzung zwischen der

283 Vgl. *Kroppen* in: B/H/G/K, Art. 7 OECD-MA Rn. 48 ff.; *Eigelshoven* in: Vogel/Lehner, DBA, Art. 9 Rn. 36; a. A. *Fischer-Zernin*, RIW 1991, 493 (495), der Art. 9 OECD-MA auch auf verbundene Personengesellschaften anwenden will. Dahingehend auch *Wassermeyer* in: Debatin/Wassermeyer, OECD (MA), Art. 9 Rn. 23.

mexikanischen Personengesellschaft und den einzelnen Gesellschaftern der deutschen Personengesellschaft erfolgen, was nach der hier vertretenen Auffassung jedoch nicht dem von Art. 9 DBA-Mexiko verfolgten Sinn und Zweck entspricht. Die Regelung ist auf Unternehmen zugeschnitten, die in ihren jeweiligen Ansässigkeitsstaaten als Körperschaftsteuersubjekte behandelt werden. Dies ist bei einer deutschen Personengesellschaft nicht der Fall und kann auch im Wege der Substitution durch das Abstellen auf die Gesellschafter als anteilige "Unternehmen eines Vertragsstaats" (für Zwecke des Art. 9 DBA-Mexiko) nicht sinnvoll ersetzt werden.
Darüber hinaus wird Mexiko nach seiner in Art. 1 Ziffer 27.2 OECD-MK zum Ausdruck gebrachten Auffassung nicht nur die Anwendbarkeit von Art. 9 DBA-Mexiko, sondern im Bezug auf die deutsche Personengesellschaft und ihre Einkünfte die Anwendbarkeit des DBA-Mexiko schlechthin verneinen.

III. Dividenden, Zinsen und Lizenzgebühren (Art. 10-12 DBA-Mexiko)

A. *Gemeinsame Grundsätze für Kapitaleinkünfte*

Für Dividenden, Zinsen und Lizenzgebühren sieht das DBA-Mexiko eine Steuerteilung vor. Grundsätzlich ist dem Wohnsitzstaat das Besteuerungsrecht zugewiesen. Dem Quellenstaat steht das Recht zu, den Bruttobetrag der Einkünfte bis zu einem gewissen Prozentsatz zu besteuern. Der Wohnsitzstaat hat in Anwendung des Methodenartikels die Doppelbesteuerung durch Anrechnung der im anderen Vertragsstaat erhobenen Quellensteuer zu vermeiden. Das DBA-Mexiko weicht insoweit von der Konzeption des OECD-MA ab, als die Steuerteilung nicht nur für Dividenden und Zinsen, sondern auch für Lizenzgebühren gilt.

Durch die Steuerteilung und das damit verbundene "Heraufschleusen" der steuerlichen Belastung auf das Niveau des Wohnsitzstaats gehen die vom Quellenstaat beabsichtigten Investitionsanreize (z. B. niedrige Quellensteuern) verloren[284]. Mit dieser Situation sehen sich zumeist kapitalimportorientierte Entwicklungsstaaten konfrontiert. Um den Nachteil auszugleichen, der durch

284 Das Abkommen der Anden-Pakt-Staaten vermeidet dies, indem es die ausschließliche Besteuerung aller drei Einkunftsarten im Quellenstaat vorsieht (vgl. Teil 3, Kapitel 4).

die im Wohnsitzstaat geltende Anrechnungsmethode entsteht, wurde in DBA zwischen Industrie- und Entwicklungsstaaten oftmals eine "fiktive Anrechnung" von Quellensteuern vereinbart[285]. Dabei darf der Steuerpflichtige, der im Investitionsstaat der Quellenbesteuerung unterliegt, einen höheren Betrag auf die im Wohnsitzstaat erhobene Steuer anrechnen, als tatsächlich im Investitionsstaat einbehalten wurde. Es kommt folglich zur Anrechnung von Steuern, die im Investitionsstaat entweder gar nicht oder nicht in der dem Anrechnungsbetrag entsprechenden Höhe erhoben wurden, weshalb man von einer "fiktiven Anrechnung" spricht. Diese Vorgehensweise, die Deutschland und Mexiko für Dividenden und Lizenzgebühren vereinbart haben, gewährleistet, dass der vom Quellenstaat (Mexiko) beabsichtigte In-vestitionsanreiz für eine in Deutschland ansässige Person bestehen bleibt.

B. *Dividenden (Art. 10 DBA-Mexiko)*

a. Innerstaatliches Recht (Mexiko)

1. Ansässige Personen

Folgende Einkünfte sind Dividenden i. S. d. LISR:

- Gewinne, die von in Mexiko ansässigen juristischen Personen oder Produktions-Kooperativen (Sociedades Cooperativas) an ihre Anteilseigner, Gesellschafter oder Mitglieder ausgeschüttet werden;
- Einkünfte, die aus einer Liquidation oder einer Kapitalreduktion hervorgehen, bei der die ausbezahlten bzw. zurückgezahlten Beträge pro Aktie den ursprünglich eingebrachten Betrag übersteigen;
- Zinsen für eingebrachtes Kapital i. S. v. Art. 123 LGSM (Art. 165 Abs. 3 I. LISR); und
- Zinsen, die in Anwendung der Vorschriften zur Unterkapitalisierung bzw. zu den Verrechnungspreisen in Dividenden umqualifiziert wurden (Art. 165 Abs. 3 II., VI. LISR).

285 Vgl. *Vogel* in: Vogel/Lehner, DBA, Art. 10-12 Rn. 4; Art. 23 Rn. 193 f.

(a) Juristische Personen

In Mexiko ansässige juristische Personen sind zur Führung eines so genannten CUFIN-Kontos verpflichtet (Cuenta de Utilidad Fiscal Neta, Art. 88 LISR). Anhand dieses Kontos wird der verteilbare, bereits mit der Körperschaftsteuer belastete Gewinn ermittelt. Auf der Soll-Seite des CUFIN-Kontos sind der Nettogewinn des jeweiligen Wirtschaftsjahres und die in diesem Zeitraum von (anderen) mexikanischen Unternehmen erhaltenen Dividenden zu erfassen. Für den in das CUFIN-Konto eingehenden Nettogewinn sind die entrichtete Körperschaftsteuer, die gemäß Art. 32 LISR nichtabziehbaren Ausgaben und die Arbeitnehmer-Gewinnbeteiligung von dem zu versteuernden Nettogewinn des Wirtschaftsjahres abzuziehen (Art. 88 Abs. 3 LISR). Auf der Haben-Seite des CUFIN-Kontos sind die von der Gesellschaft selbst vorgenommenen Gewinnausschüttungen auszuweisen[286].
Gewinnausschüttungen aus dem CUFIN-Konto werden mit keiner zusätzlichen Steuer bei der ausschüttenden Gesellschaft belastet (Art. 11 Abs. 4 LISR). Übersteigen die Gewinnausschüttungen den auf dem CUFIN-Konto vorhandenen verteilbaren Gewinn, so wird bei der ausschüttenden Gesellschaft eine Ausgleichsteuer in Höhe von 30 % (2005) oder 29 % (2006) der Dividende besteuert. Als Bemessungsgrundlage der Ausgleichsteuer dient der mit dem Faktor 1.4286 (2005) bzw. 1.4085 (2006) multiplizierte, ausgeschüttete Betrag.
Dividenden aus mexikanischen Quellen werden beim Empfänger, soweit es sich dabei um eine in Mexiko ansässige, juristische Person handelt, nicht in die Bemessungsgrundlage der Körperschaftsteuer einbezogen. Die Dividenden sind jedoch für die Ermittlung der Arbeitnehmer-Gewinnbeteiligung zu berücksichtigen. Stammen die Dividenden nicht aus dem CUFIN-Konto, so unterliegen sie bei der ausschüttenden Gesellschaft der oben erläuterten "Ausgleichsteuer".
Dividenden aus ausländischen Quellen, die eine in Mexiko ansässige juristische Person vereinnahmt, fließen in die körperschaftsteuerliche Bemessungsgrundlage ein. Spezielle Regelungen – insbesondere höhere Steuersätze – gelten für Dividenden aus Niedrigsteuerstaaten (Art. 212 f. LISR).
Eine in Mexiko ansässige, juristische Person kann Steuern, die im Ausland auf die dort ausgeschütteten Gewinne erhoben wurden, auf ihre mexikanische Körperschaftsteuer anrechnen. Es besteht darüber hinaus die Möglichkeit einer indirekten Anrechnung bis hin zur dritten Beteiligungsebene[287].

---

286 Vgl. *Rivas*, TNI 2002, 1535 ff.
287 Vgl. Kapitel 1, V.B.b.3.

(b) Natürliche Personen

Dividenden, die eine natürliche Person von mexikanischen Gesellschaften erhält, gehören zum Welteinkommen (Art. 165 Abs. 1 S. 1 LISR). Gleichzeitig erlaubt Art. 165 Abs. 1 S. 2 LISR die Anrechnung der Körperschaftsteuer, mit der der ausgeschüttete Gewinn bei der Gesellschaft belastet wurde. Aufgrund des progressiven Einkommensteuertarifs (Art. 177 LISR: 3-30 %), dessen Höchstsatz dem linearen Körperschaftsteuertarif entspricht, ensteht im Zuge der Anrechnung oftmals ein Erstattungsanspruch des Dividenden-Empfängers. Die Pflicht zur Einbeziehung von Dividenden in das Welteinkommen natürlicher Personen besteht folglich weniger im Hinblick auf das Steueraufkommen Mexikos, sondern dient eher dem Zweck der Gewinnung von Informationen über den finanziellen Status des jeweiligen Steuerpflichtigen[288].

Dividenden aus ausländischen Quellen, die eine in Mexiko ansässige, natürliche Person bezieht, werden als "andere Einkünfte" klassifiziert (Art. 167 V. LISR) und unterliegen infolge dieser Umqualifizierung diversen Sonderbestimmungen. Zunächst wird eine – auf die endgültige Einkommensteuer anrechnenbare – Quellensteuer von 20 % des Bruttobetrags der Dividende einbehalten. Bei regelmäßigen Einkünften sind monatliche Vorauszahlungen fällig.

2. Nichtansässige Personen

Neben den oben genannten Einkünften zählen zu den Dividenden im Sinne des LISR auch Zahlungen einer Betriebstätte oder einer festen Einrichtung an ihr ausländisches Stammhaus, soweit die Zahlungen nicht aus dem CUFIN-Konto oder dem CUREC-Konto[289] der Betriebstätte getätigt werden bzw. die in den Konten enthaltenen Beträge überschreiten (Art. 193 Abs. 2 I. LISR).
Dividenden, die in Mexiko ansässige Unternehmen an nichtansässige (juristische oder natürliche) Personen ausschütten, können steuerfrei vereinnahmt werden. Auch hier gilt: Stammen die Dividenden nicht aus dem CUFIN-Konto, so

288 *Instituto Mexicano de Contadores Públicos*, LISR 2005, Art. 165, S. 472.

289 Betriebstätten sind demnach ebenfalls zur Führung eines CUFIN-Kontos nach den Bestimmungen des Art. 88 LISR verpflichtet. Das CUREC-Konto umfasst Kapital-Einzahlungen durch das Stammhaus an die Betriebstätte sowie Kapital-Rückzahlungen der Betriebstätte an das Stammhaus (cuenta de remesas de capital).

wird bei der ausschüttenden Gesellschaft eine "Ausgleichsteuer" auf den mit 1.4286 (2005) bzw. 1.4085 (2006) multiplizierten Dividenden-Betrag erhoben. Der Körperschaftsteuersatz für das Jahr 2005 beträgt 30 % (2006: 29 %).
Die zur Ermittlung der Ausgleichsteuer erfolgende Multiplikation mit dem Ausgleichsfaktor ist abkommensrechtlich nicht haltbar, denn der so ermittelte Bruttobetrag der Dividende enspricht nicht dem abkommensrechtlich maßgeblichen Bruttobetrag. Letzterer besteht lediglich in dem tatsächlich ausbezahlten – noch unversteuerten – Betrag[290].

b. Regelungsinhalt Art. 10 DBA-Mexiko

Das Besteuerungsrecht für Dividenden ist im DBA-Mexiko zwischen dem Wohnsitzstaat und dem Quellenstaat aufgeteilt (Art. 10 Abs. 1 i. V. m. Abs. 2 DBA-Mexiko). Dabei ist zwischen Schachteldividenden und Dividenden in "allen anderen Fällen" zu unterscheiden [Art. 10 Abs. 2 Buchst. a) bzw. Buchst. b) DBA-Mexiko]. Schachteldividenden liegen vor, wenn die Nutzungsberechtigte eine Gesellschaft (jedoch keine Personengesellschaft[291]) ist, die unmittelbar über mindestens 10 vom Hundert des Kapitals der ausschüttenden Gesellschaft verfügt. In diesem Fall ist die Quellensteuer auf 5 % der Bruttoeinkünfte beschränkt[292].
Die Bestimmung des Dividendenbegriffs richtet sich nach dem innerstaatlichen Recht des Quellenstaates, das somit auch für den Ansässigkeitsstaat Verbindlichkeit erlangt (Art. 10 Abs. 3 DBA-Mexiko). Diesem "Zusammenspiel" von Sitzstaat und Quellenstaat liegt das klassische Körperschaftsteuersystem zugrunde. Das Besteuerungsrecht für die Unternehmensgewinne liegt beim Ansässigkeitsstaat der Gesellschaft; zusätzlich soll dieser Staat im Fall einer

290 *Instituto Mexicano de Contadores Públicos*, LISR 2005, Art. 193, S. 576, 577.

291 Siehe dazu Art. 10 DBA-Mexiko, Kapitel 3, III.B.c.2.

292 In Deutschland werden Gewinnausschüttungen von ausländischen Körperschaften an im Inland ansässige Gesellschafter-Körperschaften sowie die Gewinnausschüttungen inländischer Körperschaften an ausländische Gesellschafter-Körperschaften – unabhängig vom Bestehen eines DBA – bei der Ermittlung des Einkommens außer Betracht bleiben [§ 8 b Abs. 1 KStG]. Die Norm unterscheidet nicht zwischen inländischer oder ausländischer ausschüttender Körperschaft und inländischem oder ausländischem Gesellschafter; vgl. *Frotscher*, Internationales Steuerrecht, S. 192. Zu beachten ist jedoch der ungeachtet des § 8 b Abs. 1 KStG oder eines DBA vorzunehmende Kapitalertragsteuerabzug (§ 43 Abs. 1 S. 3, § 50 d Abs. 1 EStG).

Gewinnausschüttung eine Quellensteuer auf die Dividenden erheben dürfen, die sodann vom Wohnsitzstaat des Dividenden-Empfängers anzurechnen ist. Gemäß seiner Konzeption ist Art. 10 DBA-Mexiko auf Personengesellschaften nur unter der Prämisse anwendbar, dass der Quellenstaat die Gesellschaft als Körperschaft ansieht[293].

c. Die Personengesellschaft als Empfängerin von Dividenden

1. Quellenstaat Deutschland

Aus der Sicht Deutschlands als Quellenstaat ist Art. 10 DBA-Mexiko auf eine mexikanische Personengesellschaft als (nutzungsberechtigten) Dividenden-Empfänger anwendbar, denn nach der für die DBA-Anwendung maßgeblichen Einordnung als Steuersubjekt durch den Sitzstaat Mexiko ist die Personengesellschaft eine ansässige Person i. S. v. Art. 4 Abs. 1 DBA-Mexiko. Infolge des Rechtstypenvergleichs wendet der deutsche Fiskus auf eine in der Rechtsform einer SenCS oder SenNC betriebene mexikanische Personengesellschaft das für ihr jeweiliges deutsches Pendant geltende Transparenzprinzip an und besteuert somit die Dividenden nicht bei der Gesellschaft, sondern in den Händen der Gesellschafter. Um die Gewährung der Abkommensvorteile sicherzustellen, geht die herrschende Ansicht im Schrifttum sowie die OECD von einem Durchschlagen der Abkommensberechtigung der Gesellschaft auf die Gesellschafter aus[294]. Demnach ist die abkommensrechtliche Vergünstigung in Form der Quellensteuerreduktion den einzelnen Gesellschaftern zu gewähren. Ungeachtet des abkommensrechtlich vorgegebenen Quellensteuersatzes ist gemäß § 50 d Abs. 1 S. 1 EStG der Kapitalertragsteuerabzug vorzunehmen.

Eine weitere Lösungsmöglichkeit bestünde in der konsequenten – sowohl abkommensrechtlichen als auch innerstaatlichen – Umsetzung der Vorgaben der Abkommensberechtigung, wonach der Gesellschaft als steuerlich subjektfähiger Person vom Quellenstaat Deutschland Einkünfte zuzurechnen sind. Eine

293 Vgl. *Aigner/Züger*, SWI 2000, 254 (256) zu Art. 10 OECD-MA.

294 *Prokisch* in: Vogel/Lehner, DBA, Art. 1 Rn. 33; *Piltz*, Personengesellschaften, S. 134; *Frotscher*, Internationales Steuerrecht, S. 168 f.; *Debatin*, AWD 1969, 477 (481 f.); Art. 1 Ziffer 5 OECD-MK; vgl. auch die Ausführungen zur Abkommensberechtigung in Kapitel 2, I.C.a. sowie die dortigen Nachweise.

gegebenenfalls auf die Dividenden entfallende Quellensteuer wäre folglich bei der beschränkt körperschaftsteuerpflichtigen Gesellschaft zu erheben. Ungeachtet der Nichtberücksichtigung für die Ermittlung des Einkommens nach § 8 Buchst. b) Abs. 1 KStG ist gleichwohl der abgeltende Kapitalertragsteuerabzug vorzunehmen (§ 43 Abs. 1 S. 3 i. V. m. § 50 d Abs. 1 EStG).

2. Quellenstaat Mexiko

Deutschland stellt als Sitzstaat einer Personengesellschaft für Mexiko verbindlich fest, dass die Gesellschaft mangels eigener Steuersubjektivität keine ansässige Person i. S. v. Art. 4 Abs. 1 DBA-Mexiko ist. Da Mexiko die Besteuerung der Einkünfte bei den Gesellschaftern in ihren Wohnsitzstaaten gemäß der Bemerkung in Art. 1 Ziffer 27.2 OECD-MK nicht berücksichtigt, besteuert es die Dividenden unter Anwendung seines innerstaatlichen Rechts ohne Beachtung der Quellensteuer-Beschränkung in Art. 10 Abs. 2 DBA-Mexiko. Dies ist für die deutsche Personengesellschaft bzw. für deren Gesellschafter kein Nachteil gegenüber der Anwendung des DBA-Mexiko, soweit die Dividenden aus dem CUFIN-Konto ausgeschüttet werden und somit steuerfrei sind. Zudem dürfte der deutsche Fiskus die im DBA-Mexiko vorgesehene – und einseitig zugestandene – fiktive Anrechnung gewähren, auch wenn Mexiko das Abkommen nicht anwendet.

Nach der hier vertretenen Auffassung hat der mexikanische Fiskus Art. 10 DBA-Mexiko gleichwohl anzuwenden, denn folgt der Sitzstaat der Personengesellschaft, Deutschland, dem Transparenzprinzip, so ist dies auch bei der Abkommensanwendung zu berücksichtigen, indem die Gesellschafter als die maßgeblichen, abkommensberechtigten Personen und somit als Empfänger der Dividenden i. S. v. Art. 10 DBA-Mexiko angesehen werden.

3. Das Schachtelprivileg in Art. 10 Abs. 2 Buchst. a) DBA-Mexiko

<u>Beispiel</u>: Die MEX-SenCS (Gründungs- und Geschäftsleitungsstaat Mexiko) bezieht Dividenden von der in Deutschland ansässigen D-AG, an der die MEX-SenCS zu 50 % beteiligt ist. Sämtliche Gesellschafter der MEX-SenCS sind in Mexiko ansässig.

Sinn und Zweck des Schachtelprivilegs ist es, die internationale wirtschaftliche Mehrfachbesteuerung (Mehrfachbelastung) von Konzerndividenden zu verhindern oder zumindest abzumildern. Die Mehrfachbelastung entsteht dadurch, dass sowohl der Quellenstaat als auch der Ansässigkeitsstaat die Einkünfte auf verschiedene Art und bei verschiedenen Personen besteuern. Zunächst unterliegen die Einkünfte bei der (später) ausschüttenden Gesellschaft (D-AG) als Unternehmensgewinn in ihrem Ansässigkeitsstaat (Deutschland) der Besteuerung. Kommt es zur Gewinnausschüttung, so wird der Empfänger des ausgeschütteten Betrags im Quellenstaat (Deutschland) besteuert. Aus deutscher Sicht sind dies in der gegenwärtigen Praxis die Gesellschafter der MEX-SenCS, zumal der deutsche Fiskus infolge des Rechtstypenvergleichs nach dem Mitunternehmerkonzept verfährt und der abkommensberechtigten Gesellschaft weder im innerstaatlichen Recht noch für Zwecke des DBA-Mexiko Einkünfte zurechnet[295]. In Mexiko werden die ausgeschütteten Gewinne bei der empfangenden, steuerlich subjektfähigen Gesellschaft (MEX-SenCS) besteuert.
Da Mexiko das Anrechnungsverfahren anwendet, kann der Empfänger der Dividende (MEX-SenCS) die von ihr in Deutschland entrichtete Steuer auf die in Mexiko zu zahlende Steuer anrechnen. In diesem Fall wird die auf den letzten beiden Besteuerungsstufen entstehende Doppelbesteuerung vermieden. Dies ist jedoch nicht immer gewährleistet, denn bei Überschreitung des Anrechnungshöchstbetrages sowie im Fall einer eventuellen Steuerfreiheit der Dividenden in Mexiko kann die deutsche Quellensteuer definitiv werden.

Der vorliegende Fall zeigt, dass es bei Gewinnausschüttungen an eine Gesellschaft stets zu einer Doppelbelastung kommt, weil die empfangende Gesellschaft (MEX-SenCS) in ihrem Ansässigkeitsstaat als "Gesellschaft" i. S. d. DBA-Mexiko behandelt wird und die Einkünfte somit bei zwei verschiedenen Steuersubjekten belastet werden: zum einen bei der MEX-SenCS als Dividende und zum anderen in Deutschland als Unternehmensgewinn bei der D-AG. Aufgrund der Personenverschiedenheit von ausschüttender und empfangender Gesellschaft fehlt es an der für die direkte Anrechnung (und damit die Annahme einer Doppelbesteuerung) erforderlichen Subjektidentität.
Das mexikanische Steuerrecht ermöglicht deshalb im Ausland ansässigen Gesellschaften sowie in Mexiko ansässigen juristischen Personen die indirekte

295 Vgl. die Ausführungen zum Rechtstypenvergleich und seinen abkommensrechtlichen Folgen in Kapitel 2, I.A. und I.C.

Anrechnung von Steuern (Art. 6 Abs. 2 LISR)[296]. Letztere ist zugunsten von in Mexiko ansässigen Gesellschaften auch in Art. 23 Abs. 1 Buchst. b) DBA-Mexiko vorgesehen; im Gegensatz zum innerstaatlichen Recht bedarf es dazu weder einer Mindestbeteiligung noch einer bestimmten Haltedauer bezüglich der Anteile.
Ausgehend von dem Befund, dass das Schachtelprivileg nur steuerlich subjektfähigen Gesellschaften gewährt werden soll[297], kann der Klammerausdruck "jedoch keine Personengesellschaft" in Art. 10 Abs. 2 Buchst. a) DBA-Mexiko zweierlei bedeuten.

(a) 1. Möglichkeit: Klarstellende Funktion

Denkbar ist einerseits, dass für die Anwendung des Art. 10 Abs. 2 Buchst. a) OECD-MA von einer Regelannahme ausgegangen wird, nach der Personengesellschaften keine Steuersubjekte sind und damit nicht zu den abkommensberechtigten Gesellschaften gehören, denen das Schachtelprivileg seinem Sinn und Zweck nach (ausschließlich) zustehen soll[298]. Bei dieser Auslegung des Ausdrucks "jedoch keine Personengesellschaft" hätte Art. 10 Abs. 2 Buchst. a) OECD-MA (= DBA-Mexiko) lediglich eine klarstellende Funktion und für steuerlich subjektfähige mexikanische Personengesellschaften keine Bedeutung. Das Schachtelprivileg ist nur auf die in Art. 3 Abs. 1 Buchst. b) DBA-Mexiko definierten Gesellschaften anwendbar. Die Ausnahme von Personengesellschaften – mag sie auch nur der Klarstellung dienen – wird als missverständlich angesehen[299]. Schließlich setzt der in Art. 10 Abs. 2 Buchst. a) DBA-Mexiko verwendete Begriff "Gesellschaft" bereits ein Körperschaftsteuersubjekt voraus[300].

Nach der hier vertretenen Auffassung liegt eine "Gesellschaft" i. S. v. Art. 3 Abs. 1 Buchst. b) DBA-Mexiko schon dann vor, wenn sie lediglich in *einem* der Vertragsstaaten für die Besteuerung wie eine juristische Person behandelt wird.

---

296 Siehe hierzu auch Kapitel 1, V.B.b.3.

297 Vgl. *Aigner*, SWI 2001, 121 (123).

298 Vgl. Art. 10 Ziffer 11 OECD-MK.

299 Vgl. *Weggenmann*, Einordnungskonflikte, S. 127 f.; *Aigner*, SWI 2001, 121 (125 f.).

300 Vgl. die Definition des Begriffs "Gesellschaft" in Art. 3 Abs. 1 Buchst. c) DBA-Mexiko, der eine juristische Person bzw. die Behandlung als solche für Zwecke der Besteuerung voraussetzt.

Angesichts ihrer steuerlichen Subjektfähigkeit in Mexiko ist eine (deutsche oder mexikanische) Personengesellschaft daher stets eine "Gesellschaft" im abkommensrechtlichen Sinn[301]. Unter diesem Gesichtspunkt kann der Ausnahme "jedoch keine Personengesellschaft" in Art. 10 Abs. 2 Buchst. a) DBA-Mexiko noch ein Aussagegehalt zugemessen werden.
Als potentiell Begünstigte des Schachtelprivilegs in Art. 10 DBA-Mexiko müsste die Personengesellschaft aber auch abkommensberechtigt sein. Hierüber entscheidet angesichts des Wortlauts in Art. 4 Abs. 1 DBA-Mexiko allein der Sitzstaat der Gesellschaft mit bindender Wirkung für den Quellenstaat. Spätestens hier erweist sich der Klammerausdruck "jedoch keine Personengesellschaft" in Art. 10 Abs. 2 Buchst. a) DBA-Mexiko – nimmt man auch nur eine klarstellende Funktion an – bei fiskalisch transparenten Gesellschaften als überflüssig.

(b) 2. Möglichkeit: Konstitutive Bedeutung

Der Ausdruck "jedoch keine Personengesellschaft" trifft eine eigenständige Regelung, wenn er sich lediglich auf solche Personengesellschaften bezieht, die nach dem Recht ihrer Sitzstaaten steuerlich subjektfähig sind und damit grundsätzlich vom persönlichen Schutzbereich des Art. 10 Abs. 2 Buchst. a) DBA-Mexiko erfasst wären. Für die Gewährung des Schachtelprivilegs würde in diesem Fall nicht nur an die Besteuerung einer Gesellschaft als juristische Person angeknüpft, sondern zusätzlich an das Nichtvorliegen der Rechtsform "Personengesellschaft". Eine solche Interpretation des Ausdrucks "jedoch keine Personengesellschaft" hätte den Ausschluss sämtlicher Personengesellschaften vom Schachtelprivileg zur Folge[302].

Voraussetzung für den Ausschluss von Personengesellschaften vom Schachtelprivileg auf dieser Grundlage ist, dass im jeweiligen Vertragsstaat – d. h. im intransparent besteuernden Mexiko – innerhalb der Kategorie "juristische Person" eine Differenzierung zwischen Personengesellschaften und Kapitalgesellschaften existiert.

301 Vgl. die Ausführungen zum abkommensrechtlichen Personenbegriff in Kapitel 2, I.B.a.1.
302 Vgl. *Aigner*, SWI 2001, 121 (125 f.).

Gemäß Art. 8 LISR sind juristische Personen ("personas morales") alle Handelsgesellschaften, Gesellschaften und Vereinigungen bürgerlichen Rechts (Sociedades y Asociaciones Civiles) sowie die stille Gesellschaft (Asociación en Participación). Auch Art. 25 des Gesetzes zu den Handelsgesellschaften (Ley General de Sociedades Mercantiles, LGSM) stuft Handelsgesellschaften, die mit der OHG (SenNC) und der KG (SenCS) vergleichbar sind sowie die stille Gesellschaft (AenP) ohne weitere Differenzierung als juristische Personen ein. Gleichfalls geht aus den Bestimmungen zu den "Personen" in Art. 22 f. des Código Civil hervor, dass lediglich zwischen natürlichen und juristischen Personen zu unterscheiden ist. Zu Letzteren zählen die nach deutschem Recht als (teilrechtsfähige) Personengesellschaften zu qualifizierenden Gebilde. Das innerstaatliche mexikanische Recht kennt eine Unterscheidung, wie sie auf der Abkommensebene für Personengesellschaften und sonstige Gesellschaften getroffen wird, weder auf dem Gebiet des Zivilrechts noch im Bereich des Steuerrechts[303]. Soweit ersichtlich, wird der Begriff "Personengesellschaft"/ "sociedades de personas" nur in der spanischen Fassung des DBA-Mexiko (sowie anderer DBA Mexikos, die sich am OECD-MA orientieren) verwendet, nicht aber auch im innerstaatlichen mexikanischen Recht. Dies spricht dafür, dass der Ausdruck "jedoch keine Personengesellschaft" die grundsätzliche Annahme der OECD, nach der Personengesellschaften fiskalisch transparent sind, wiedergibt und seine Übernahme in Abkommen, die von intransparent besteuernden Staaten wie Mexiko geschlossen werden, eher einem "Automatismus" gleichkommt. Die Ausschlussklausel in Art. 10 Abs. 2 Buchst. a) DBA-Mexiko sollte deshalb restriktiv gehandhabt werden, um die Berücksichtigung der steuerlichen Subjektfähigkeit von Personengesellschaften in einem Vertragsstaat und die damit gebotene Anwendung des Schachtelprivilegs zu gewährleisten.

Als steuerlich subjektfähige Person würde die MEX-SenCS im Beispiel nach den Ausführungen zum Sinn und Zweck des Schachtelprivilegs die Voraussetzungen für eine Quellensteuerreduktion nach Art. 10 Abs. 2 Buchst. a) DBA-Mexiko erfüllen[304]. Aufgrund des Klammerausdrucks "jedoch keine Personengesellschaft" wäre die Anwendung des Schachtelprivilegs gleichwohl (mit

303 So auch *Gutiérrez Espinosa*, CDFI LXXXa (1995), 377 (379-381).

304 Auf den Sinn und Zweck des Schachtelprivilegs i. S. v. Art. 10 Abs. 2 Buchst. a) OECD-MA und damit die Behandlung der Gesellschaft als Körperschaftsteuersubjekt abstellend auch *Weggenmann*, Einordnungskonflikte, S. 129.

konstitutiver Wirkung) ausgeschlossen, wenn Deutschland als Quellenstaat aufgrund des Rechtstypenvergleichs eine transparent zu besteuernde Personengesellschaft annimmt. Daher ist die mexikanische Personengesellschaft nach der hier vertretenen Auffassung für Abkommenszwecke aufgrund der Bindungswirkung von Art. 4 Abs. 1 DBA-Mexiko auch in Deutschland abkommensrechtlich *und* für Zwecke des innerstaatlichen Steuerrechts als Steuersubjekt und damit – bei Vorliegen der weiteren Voraussetzungen – als Begünstigte des Schachtelprivilegs anzusehen. Ein gegenteiliges Ergebnis wäre unbefriedigend, denn in der angeführten Konstellation droht der MEX-SenCS eben die steuerliche Doppelbelastung ihrer Einkünfte, die das Schachtelprivileg verhindern soll[305]. Über das abkommensrechtliche Schachtelprivileg hinaus ist das für Körperschaften geltende Außerbetrachtlassen von empfangenen Gewinnausschüttungen bei der Ermittlung des Einkommens zu beachten [§ 8 b Abs. 1 KStG][306]. Ungeachtet der abkommensrechtlichen und unilateralen Vorgaben ist jedoch der Kapitalertragsteuerabzug von den Bruttoeinnahmen vorzunehmen (§ 43 Abs. 1 S. 3, § 50 d Abs. 1 EStG).

---

305 An dieser Stelle ist darauf hinzuweisen, dass die geänderte Mutter-Tochter-Richtlinie die EU-Mitgliedstaaten untereinander zur Gewährung der Kapitalertragsteuerbefreiung nach § 43 Buchst. b) EStG auch für Ausschüttungen körperschaftsteuerpflichtiger Tochter-Personengesellschaften ausländischen Rechts verpflichtet (Richtlinie 2003 123/EG des Rates über das gemeinsame Steuersystem der Mutter- und Tochtergesellschaften verschiedener Mitgliedstaaten, Abl EG Nr. L 7 v. 13.01.2004, S. 41 ff. unter Änderung der Richtlinie 90/435/EWG, ABl EG Nr. L 225 v. 20.08.1990, S. 6 ff., ber. ABl EG Nr. L 266, S. 20). Die Berücksichtigung der steuerlichen Subjektfähigkeit ausländischer Tochter-Personengesellschaften – und in diesem Zusammenhang die Beobachtung der Rechtsentwicklung in anderen Staaten – wird im Verhältnis Deutschlands zu EU-Mitgliedstaaten in Zukunft zwingend erforderlich sein; vgl. *Jesse*, IStR 2005, 151 (151,153).

306 Ebenso sind Gewinnausschüttungen einer mexikanischen Personengesellschaft bei einer in Deutschland ansässigen Körperschaft bei der Ermittlung des Einkommens außer Betracht zu lassen. Zu beachten ist, dass der Dividendenbegriff des § 8 b Abs. 1 KStG enger gefasst ist als die abkommensrechtliche Definition der Dividende in Art. 10 Abs. 3 DBA-Mexiko; vgl. *Jacobs*, Internationale Unternehmensbesteuerung, S. 84.

d. Gewinnausschüttungen von Personengesellschaften an natürliche Personen

1. Quellenstaat Mexiko, Gesellschafter-Wohnsitzstaat Deutschland

Im Erzielungsjahr besteuert Mexiko den Gewinn ausschließlich bei der (thesaurierenden) Gesellschaft (Trennungsprinzip). Erst die im darauf folgenden Besteuerungszeitraum ausgeschütteten Gewinne dürfen in den Händen der Gesellschafter besteuert werden. Wie oben dargelegt, erhebt Mexiko derzeit keine Steuer auf Dividenden, die aus mexikanischen Quellen stammen. Auch eine Nachversteuerung der Einkünfte auf der Ebene der Gesellschaft scheidet aus, soweit die ausgeschütteten Gewinne aus dem CUFIN-Konto stammen. Gewinne einer in Mexiko ansässigen Gesellschaft werden somit grundsätzlich nur einmal besteuert[307].

Auf Abkommensebene bejaht Mexiko als Ansässigkeitsstaat mit bindender Wirkung für Deutschland die Abkommensberechtigung der Gesellschaft. Aufgrund von Art. 7 Abs. 1 DBA-Mexiko liegt das ausschließliche Besteuerungsrecht für die Unternehmensgewinne beim Sitzstaat Mexiko. Gemäß Art. 10 Abs. 1 i. V. m. Abs. 2 DBA-Mexiko darf Mexiko zusätzlich im Fall der Gewinnausschüttung eine auf 15 % des Bruttobetrags der Dividende begrenzte Quellensteuer einbehalten. Auch wenn Deutschland nach seinem innerstaatlichen Recht nicht von einer Dividende ausgeht, folgt aus Art. 10 Abs. 3 DBA-Mexiko, dass sich die Bestimmung des Begriffs "Dividende" nach dem innerstaatlichen Recht des Quellenstaates bzw. des Sitzstaates des ausschüttenden Gesellschaft (Mexiko) richtet[308]. Von seinem laut DBA bestehenden Besteuerungsrecht macht Mexiko jedoch aufgrund der Bestimmungen des LISR keinen Gebrauch. Auf Art. 10 DBA-Mexiko kann die Einbehaltung einer Quellensteuer nicht gestützt werden, zumal DBA keine steuerbegründende Wirkung haben[309].

307 Für Nichtansässige begründet die Gewinnausschüttung durch eine in Mexiko ansässige Gesellschaft keine (beschränkte) Steuerpflicht, vgl. die Darstellung des innerstaatlichen Rechts unter Art. 10 DBA-Mexiko, Kapitel 3, III.B.a.

308 Vgl. für Art. 10 Abs. 3 OECD-MA *Tischbirek* in: Vogel/Lehner, DBA, Art. 10 Rn. 184.

309 Dies folgt für Mexiko namentlich aus der Nichtbeteiligung des für die Steuergesetzgebung zuständigen Abgeordnetenhauses beim Abschluss und der Ratifizierung von DBA; vgl. Kapitel 1, IV.

M. E. erfordert die Steuersubjektivität der mexikanischen Gesellschaft deren Anerkennung nicht nur für Zwecke der Abkommensberechtigung, sondern auch für die abkommensrechtliche Einkünftezurechnung und die Besteuerung nach innerstaatlichem Recht. Hierin liegt keine Begründung einer im deutschen Einkommensteuergesetz nicht vorgesehenen Steuerpflicht, sondern lediglich eine "Umdeklarierung" der von den Gesellschaftern erzielten Einkünfte aus Gewerbebetrieb in solche aus Kapitalvermögen[310]. Weiterhin würde die Kongruenz der Besteuerungszeiträume gewährleistet, zumal beide Vertragsstaaten von der Erfassung der Einkünfte bei den Gesellschaftern im Zeitpunkt der Gewinnausschüttung auszugehen hätten.
In der gegenwärtigen Praxis verfährt die deutsche Finanzverwaltung anders. Deutschland stellt die – unmittelbar im Jahr ihrer Erwirtschaftung zugerechneten – Gewinne unter Anwendung des Betriebstättenprinzips bei den Gesellschaftern als den für Zwecke des Transparenzprinzips maßgeblichen Steuersubjekten frei. Sie werden lediglich – aber systemwidrig – für den Progressionsvorbehalt berücksichtigt[311]. Die in Mexiko aufgrund des Trennungsprinzips mögliche, aber nicht praktizierte zweite steuerliche Belastung der Gewinne bei den Gesellschaftern wird in Deutschland nicht nachvollzogen. Auf der Basis des Mitunternehmerschaft-Konzepts würden sowohl die Rechtsprechung[312], die herrschende Lehre[313] als auch der deutsche Fiskus[314] hierin eine nicht steuerbare Entnahme sehen. Die abkommensrechtlich verbindliche Annahme von Dividenden könne für das innerstaatliche Recht nicht übernommen werden, weil damit damit dem DBA eine steuerbegründende Wirkung zukäme.

Die Diskrepanzen zwischen den Besteuerungskonzepten Mexikos und Deutschlands bewirken für das Gewinnerzielungsjahr, dass in Deutschland Einkünfte

310 Vgl. *Knobbe-Keuk*, RIW 1991, 306 (315, 316).

311 Siehe dazu Art. 7 DBA-Mexiko, Kapitel 3, II.D.c.

312 Vgl. BFH v. 16.11.1989, BStBl. II 1990, 206.

313 Vgl. *Piltz* in: Debatin/Wassermeyer, DBA (MA), Art. 7 Rn. 67; *Jacobs*, Internationale Unternehmensbesteuerung, S. 605 f.; *Schaumburg*, Internationales Steuerrecht, S. 1192 f., Rn. 18.58; *Piltz*, Personengesellschaften, S. 180; *Mittermaier*, Personengesellschaften im Verhältnis Deutschland-USA, S. 342 f.; *Pyszka/Brauer*, Ausländische Personengesellschaften, S. 74; *Schmidt*, IStR 1996, 14 (18); *Wassermeyer*, IStR 1998, 489 (493).

314 Vgl. BMF v. 13.01.1997, BStBl. I 1997, 97; BMF v. 25.08.1997, BStBl. I 1997, 796; BMF v. 01.10.1997, BStBl. I 1997, 863; BMF v. 28.05.1998, BStBl. I 1998, 557.

beim Gesellschafter für dessen Steuerprogression berücksichtigt werden, die in Mexiko noch nicht beim Gesellschafter besteuert werden (dürfen). Dies wird als zulässig erachtet mit der Begründung, dass allein die innerstaatlichen Steuerrechte der Vertragsstaaten bestimmten, wann Einkünfte als erzielt anzusehen sind und wann sie zeitlich zuzurechnen sind[315]. Zwangsläufig werden dadurch die – besonders für den Steuerpflichtigen – nachteiligen Konsequenzen der verschiedenen Steuerkonzepte auf die Frage der Anrechnung verlagert. Oftmals wird es an der für die Anrechnung erforderlichen Identität der Besteuerungszeiträume fehlen. Diese Diskrepanz hat im Fall der Gewinnausschüttung einer mexikanischen Personengesellschaft keine Auswirkungen, was allein daran liegt, dass Mexiko auf eine Besteuerung der Dividenden beim Empfänger verzichtet und die Frage der Anrechnung einer Dividendensteuer sich folglich nicht stellt. Anderenfalls könnten die Gesellschafter die Quellensteuer in Deutschland aufgrund des fehlenden Besteuerungstatbestandes und des daraus resultierenden Anrechnungshöchstbetrages von Null nach herrschender Auffassung[316] nicht anrechnen.

Die Anwendung des Progressionsvorbehalts im Gewinnerzielungsjahr auf die erst im darauf folgenden Besteuerungszeitraum ausgeschütteten Gewinne ist hingegen definitiv. Die Gesellschafter unterliegen einem höheren Einkommensteuersatz, obwohl ihnen die Gewinne der Gesellschaft noch nicht zugeflossen sind. Die tatsächliche Leistungsfähigkeit des Steuerpflichtigen, der durch den Progressionsvorbehalt Rechnung getragen werden soll, entspricht nicht den für die deutsche Besteuerung angeommenen Verhältnissen. Dies kann zu Liquiditätsschwierigkeiten des Steuerpflichtigen führen.

Angesichts des Problems, in Deutschland eine Steuerschuld mit Einkünften begleichen zu müssen, die noch gar nicht zur Disposition des Steuerpflichtigen stehen und auf die wegen der unterschiedlichen Gesellschaftsstruktur in Mexiko

---

315 Vgl. *Prokisch* in: Vogel/Lehner, DBA, Art. 1 Rn. 41; *Aigner/Züger*, SWI 2000, 254 (256).

316 Vgl. *Prokisch* in: Vogel/Lehner, DBA, Art. 1 Rn. 40, 41; *Jacobs*, Internationale Unternehmensbesteuerung, S. 606; *Schaumburg*, Internationales Steuerrecht, S. 1192 f., Rn. 18.58; *Piltz*, Personengesellschaften, S. 180; *Pyszka/Brauer*, Ausländische Personengesellschaften, S. 74; *Greif* in: Mössner (Hrsg.), Steuerrecht international tätiger Unternehmen, S. 559; *Debatin*, BB 1978, 669 (671); *Vogel*, IStR 1999, 5 (8); *Schmidt*, IStR 1996, 14 (18); für eine Anrechnung des Teils der ausländischen Steuer, der dem Verhältnis der empfangenen Gewinnausschüttung zum ausschüttbaren Gewinn entspricht: *Peusquens*, BB 1980, 255 (256).

auch nicht ohne weiteres zugegriffen werden kann, ist unter Umständen in Mexiko eine Gewinnausschüttung notwendig, die über die Reserven des CUFIN-Kontos hinausgeht, um den deutschen Gesellschafter in eine wirtschaftliche Lage zu versetzen, in der er seine deutsche Steuerschuld begleichen kann. In diesem Fall droht die oben erläuterte mexikanische Ausgleichsteuer, die im Vergleich zur Regelbesteuerung sehr hoch ausfällt. Der Gesellschafter kann diese Steuer unter Umständen nicht in Deutschland zur Anrechnung bringen. Einerseits besteht das Problem der fehlenden Subjektidentität[317] und andererseits schließt regelmäßig die Freistellung der Unternehmensgewinne in Deutschland eine Anrechnung mexikanischer Steuern aus.
Die trotz Vorliegens einer in Mexiko körperschaftsteuerpflichtigen Gesellschaft erfolgende Besteuerung nach dem Transparenzprinzip ist deshalb fragwürdig und unter wirtschaftlichen Gesichtspunkten kontraproduktiv. Die Freistellungsmethode führt hier gerade nicht – wie beabsichtigt – zur Ermöglichung der Teilnahme am ausländischen Markt zu den dort herrschenden Bedingungen. Dies wäre nur durch die Anerkennung des alleinigen Besteuerungsrechts Mexikos als Ansässigkeitsstaat der Gesellschaft gewährleistet (Art. 7 Abs. 1 S. 1 DBA-Mexiko). Deutschland dürfte erst bei einer Gewinnausschüttung die Gewinne als *Dividenden* bei den Gesellschaftern besteuern [Halbeinkünfteverfahren, § 3 Nr. 40 Buchst. d) EStG]. Trotz Steuerfreiheit der Dividenden in Mexiko wäre Deutschland dazu verpflichtet, 10 % des Bruttobetrags der Dividenden auf die deutsche Einkommensteuer der Gesellschafter anzurechnen (fiktive Anrechnung).

2. Quellenstaat Deutschland, Gesellschafter-Wohnsitzstaat Mexiko

Deutschland rechnet den (in tatsächlicher Hinsicht) von der Gesellschaft erzielten Gewinn für Zwecke der Besteuerung unmittelbar den beschränkt steuerpflichtigen Gesellschaftern zu [§ 49 Abs. 1 Nr. 2 Buchst. a) i. V. m. § 1 Abs. 4 EStG].
Das innerstaatliche Besteuerungsrecht bezüglich der Unternehmensgewinne wird aufgrund des Betriebstättenprinzips in Art. 7 Abs. 1 S. 2 DBA-Mexiko aufrecht erhalten. Zwar ist die Gesellschaft mangels Steuersubjekteigenschaft in

317 Siehe hierzu *Rosso Alba*, TNI 2002, 1059 (1061) für Argentinien, das ebenfalls eine Ausgleichsteuer auf Gewinnausschüttungen erhebt, soweit das Konto "verteilbarer Gewinn" erschöpft ist, vgl. Art. 10 DBA-Argentinien, Teil 3, Kapitel 3, IV.B.a.1.

Deutschland abkommensrechtlich nicht ansässig, wohl aber die mexikanischen Gesellschafter aufgrund ihres Wohnsitzes im Vertragsstaat Mexiko (Art. 1 i. V. m. Art. 4 Abs. 1 DBA-Mexiko). Die Gesellschafter unterhalten in Deutschland anteilig eine Betriebstätte, deren Gewinn nach Maßgabe des Art. 7 DBA-Mexiko von Deutschland besteuert werden kann[318].

Mexiko verfügt nach seinem Besteuerungskonzept über keinen Anknüpfungstatbestand für eine Besteuerung der Gewinne der Gesellschaft, solange diese "thesauriert" werden. Wird der Gewinn an die Gesellschafter "ausgeschüttet", so unterliegen die Zahlungen als "andere Einkünfte" i. S. v. Art. 167 LISR in Mexiko bei den in Mexiko ansässigen Gesellschaftern der Einkommensteuer. Abkommensrechtlich ist die Annahme von Dividenden aufgrund der Maßgeblichkeit der Qualifikation des Quellenstaats Deutschland (Art. 10 Abs. 3 DBA-Mexiko) jedoch ausgeschlossen: infolge der unmittelbaren Zurechnung und Besteuerung der Einkünfte im Erzielungszeitraum sind aus deutscher Sicht steuerfreie Entnahmen gegeben.

Aufgrund der rechtlichen Eigenständigkeit der Gesellschaft wird die Abkommensanwendung unter dem Aspekt der Abkommensberechtigung der *Gesellschafter* von Mexiko abgelehnt. Als problematisch erweist sich überdies die Anrechnung der in Deutschland entrichteten Einkommensteuer der Gesellschafter auf ihre mexikanische Einkommensteuer. Bei konsequenter Durchhaltung des mexikanischen Trennungsprinzips scheidet die Anrechnung aus, denn es fehlt an der Identität der Steuersubjekte. In Mexiko werden die Unternehmensgewinne bei der Gesellschaft besteuert. In Ermangelung einer mexikanischen Steuer auf Gesellschafterebene (vor der Gewinnausschüttung) beträgt der Anrechnungshöchstbetrag für die Gesellschafter folglich Null. Die überwiegende Ansicht im Schrifttum befürwortet dennoch die Anrechnung im Wohnsitzstaat des Gesellschafters, wenn letzterer seine innerstaatliche Qualifikation der Einkünfte als Dividende beibehält[319]. Demnach müsste Mexiko die

318 Vgl. hierzu Art. 7 DBA-Mexiko, Kapitel 3, II.D.

319 Mit unterschiedlichen Begründungen: ***Schaumburg***, Internationales Steuerrecht, S. 1193, Rn. 18.59; ***Lüdicke***, StBJb 1997/98, 449 (464 f.) und ***Lüdemann/Hruschka***, IStR 2000, 25 (31) stellen auf abkommensrechtliche Erwägungen ab; mangels Anwendbarkeit von Art. 10 Abs. 3 OECD-MA aufgrund der Nichtansässigkeit der ausschüttenden Personengesellschaft im transparent besteuernden Sitzstaat (und Quellenstaat) seien sämtliche Einkünfte unter Art. 7 OECD-MA zu fassen und die Doppelbesteuerung vom Gesellschafter-Wohnsitzstaat durch die Wahl der entsprechenden Methode gemäß Art. 23 OECD-MA zu vermeiden. Für eine Anrechnung der im transparent besteuernden Sitzstaat erhobenen

Anrechnung des auf die Dividende entfallenden Teils der in Deutschland entrichteten Einkommensteuer gewähren. Dabei wird die Anrechnungspflicht mehrheitlich auf *abkommensrechtliche* Erwägungen gestützt. Wie eingangs erläutert, ist das DBA-Mexiko auf der Basis der restriktiven Auslegung des persönlichen Schutzbereichs durch Mexiko in der vorliegenden Konstellation jedoch nicht anwendbar.

Die Anwendung des DBA-Mexiko ist dennoch geboten. Es ist nicht einzusehen, dass die Vertragsstaaten ohne Anwendung des DBA in unkoordinierter Weise Einkünfte besteuern, die von zwei in Mexiko ansässigen Gesellschaftern über eine in Deutschland errichtete Personengesellschaft bezogen werden. Zwar ist die Personengesellschaft selbst nicht abkommensberechtigt; darüber hinaus kann jedoch nicht die Gewährung der Abkommensvorteile mit der Begründung verneint werden, dass die Gesellschafter mit den fraglichen Einkünften in Mexiko nicht der Besteuerung unterliegen. Durch das Abstellen auf die fehlende Abkommensberechtigung der Gesellschaft in Deutschland sowie auf die Nichtbesteuerung des Gesellschaftsgewinns bei den Gesellschaftern in Mexiko (bis zur "Ausschüttung") werden die Probleme der Subjekt- und Objektqualifikation keiner sinnvollen Lösung zugeführt, sondern zementiert.
Mexiko sollte deshalb dem Transparenzprinzip des Errichtungsstaates – mithin des potentiellen Ansässigkeitsstaats – der Personengesellschaft, Deutschland, folgen und die Einkünfte im Jahr ihrer Erzielung bei den Gesellschaftern als anteiligen Betriebstättengewinn besteuern. Dadurch ist die Subjektidentiät für Zwecke der Anrechnung der in Deutschland erhobenen Steuer gewährleistet[320].

e. Gewinnausschüttungen einer Asociación en Participación

Das mexikanische Konzept der Asociación en Participación (AenP) ist mit dem der stillen Gesellschaft zu vergleichen. Die sogenannten "Asociados" übertra-

---

Steuer aus Billigkeitsgründen: *Wassermeyer*, IStR 1995, 49 (50 f.).

320 Im Ergebnis folgt die Pflicht zur Anrechnung damit – wie von der mehrheitlichen Auffassung im Schrifttum gefordert – aus der Subsumtion der Einkünfte unter Art. 7 DBA-Mexiko (mangels Anwendbarkeit des Art. 10 Abs. 3 DBA-Mexiko), die sich nach der hier vertretenen Ansicht jedoch nicht allein auf abkommensrechtliche Erwägungen stützt, sondern (darüber hinaus) auf die Übernahme des deutschen Besteuerungskonzeptes durch Mexiko.

gen bestimmte Vermögenswerte an den "Asociante", der sie im Rahmen seiner Unternehmenstätigkeit nutzt und den Asociados im Gegenzug eine Gewinnbeteiligung einräumt. Verluste tragen die Asociados nur bis zur Höhe ihrer Einlage[321].

Das mexikanische Zivilrecht betrachtet die AenP als eine bloße vertragliche Bindung zwischen dem Asociante und den jeweiligen Asociados. Es entsteht demnach keine eigenständige juristische Person. Steuerrechtlich kommt der AenP hingegen eine eigenständige Subjektfähigkeit zu (Art. 17-B CFF i. V. m. Art. 8 Abs. 1 LISR), soweit sie unternehmerische Tätigkeiten entfaltet und in Mexiko Kriterien erfüllt, die die unbeschränkte Steuerpflicht juristischer Personen begründen (Art. 9 Abs. 2 CFF). Gewinnausschüttungen der AenP an ihre Asociados sind steuerrechtlich Dividenden.

Die Einordnung der Zahlungen an die Asociados als Dividenden (und damit als Einkünfte aus Kapitalvermögen im weiteren Sinn) im mexikanischen Steuerrecht entspricht im Ergebnis der Regelung des § 20 Abs. 1 Nr. 4 EStG bezüglich der Einnahmen des stillen Gesellschafters. Im Unterschied zur mexikanischen AenP folgt die deutsche Einkünftequalifikation jedoch nicht aus dem Trennungsprinzip. Vielmehr werden die Gesellschafter mit ihren Erträgen aus der stillen Gesellschaft einzeln besteuert; ob es sich dabei um Einkünfte aus Gewerbebetrieb (atypisch stille Gesellschaft) oder aus Kapitalvermögen (stille Gesellschaft) handelt, richtet sich nach den Kriterien der Mitunternehmerschaft (Mitunternehmerrisiko und - initiative), die an die Tätigkeit bzw. die Beteiligung eines jeden Gesellschafters anzulegen sind[322].

Die abkommensrechtliche Einordnung der Gewinnausschüttungen einer AenP bei den Asociados als Dividenden ist die Konsequenz des innerstaatlich geltenden Trennungsprinzips. Da die im deutschen Recht möglichen, einer AenP entsprechenden Beteiligungsformen nicht als juristische Personen besteuert werden, können die Einnahmen eines stillen Gesellschafters i. S. v. § 20 Abs. 1 Nr. 4 EStG auf DBA-Ebene (aus deutscher Sicht) keine Dividenden sein. Nach dem System des OECD-MA, das die Unterscheidung zwischen Dividenden und Zinsen als abschließende Unterteilung der Einkünfte aus

321 Zur Asociación en Participación vgl. die Ausführungen unter Kapitel 1, V.B.b.2.(b).iv.

322 Entscheidendes steuerliches Kriterium ist die Beteiligung des stillen Gesellschafters nicht nur am Gewinn und Verlust, sondern auch an den realisierten stillen Reserven; vgl. BFH v. 13.07.1993, BStBl. II 1994, 243 (245); *Hock*, Personengesellschaften mit internationalem Gesellschafterkreis, S. 21; *Suchanek*, FR 2003, 605 (606).

Kapitalvermögen versteht, sind die Bezüge des stillen Gesellschafters – solange die Gesellschaft nicht wie im mexikanischen Recht als eigenständiges Steuersubjekt angesehen wird – daher Zinsen[323]. Im DBA-Mexiko werden diese Abgrenzungsschwierigkeiten wie in den meisten deutschen DBA gänzlich vermieden, indem Ziffer 5 Prot. DBA-Mexiko bestimmt, dass der Ausdruck "Dividenden" i. S. v. Art. 10 DBA-Mexiko die Einkünfte des stillen Gesellschafters aus seiner Beteiligung mit einschließt.

Der Quellenstaat hat gemäß Ziffer 6 Prot. DBA-Mexiko ein unbeschränktes Besteuerungsrecht für die Einkünfte eines stillen Gesellschafters, soweit die Zahlungen im Quellenstaat bei der Ermittlung des Einkommens des Schuldners abziehbar sind. Aufgrund der steuerlichen Subjektfähigkeit einer AenP sind die Einkünfte der Asociados bei der Einkommensermittlung der AenP nicht abziehbar, denn die Ausschüttungen werden aus bereits versteuertem Gewinn bestritten und stellen somit einen Akt der Gewinnverwendung und nicht der Gewinnermittlung dar. Deswegen ist das in Ziffer 6 Prot. DBA-Mexiko vorgesehene, unbeschränkte Besteuerungsrecht des Quellenstaates, bei Ausschüttungen einer AenP nicht einschlägig. Es bleibt somit bei den begrenzten Quellensteuersätzen i. S. v. Art. 10 Abs. 2 DBA-Mexiko.
Ist Deutschland hingegen in der Rolle des Quellenstaates, so sind die Voraussetzungen der Ziffer 6 Prot. DBA-Mexiko erfüllt: nach deutschem Steuerrecht sind die an einen stillen Gesellschafter geleisteten Zahlungen bei der Ermittlung des Schuldnereinkommens abziehbar[324]. Als Ansässigkeitsstaat des Schuldners kann Deutschland die Einkünfte des stillen Gesellschafters somit voll besteuern.

Die Probleme bei der Subjekt- und Objektqualifikation sowie bei der Anrechnung auländischer Steuern infolge des Aufeinandertreffens von Trennungs- und Transparenzprinzip sind nach der hier vertretenen Auffassung dadurch zu lösen, dass Deutschland nicht nur die Abkommensberechtigung, sondern auch die Steuersubjektivität der mexikanischen AenP respektiert und sie ebenfalls als

323 Vgl. *Tischbirek* in: Vogel/Lehner, DBA, Art. 10 Rn. 165; *Pöllath* in: Vogel/Lehner, DBA, Art. 11 Rn. 63; *Schaumburg*, Internationales Steuerrecht, S. 963 Rn. 16.363; *Kluge*, Das Internationale Steuerrecht, S. 862; *Leitner*, SWI 2000, 159 (160).

324 Bei der Beurteilung der Abzugsfähigkeit ist auf die Einkommensteuer abzustellen: vgl. *Krabbe* in: Debatin/Wassermeyer, DBA (Italien), Art. 10 Rn. 20; *W. Wassermeyer* in: Debatin/Wassermeyer, DBA (Kanada), Art. 10 Rn. 39; *Lüdicke* in Debatin/Wassermeyer, DBA (Schweden), Art. 10 Rn. 149.

Körperschaftsteuersubjekt behandelt. Erst wenn ein in Deutschland ansässiger Asociante oder Asociado eine Gewinnausschüttung der AenP erhielte, dürfte der deutsche Fiskus auf diese – auch innerstaatlich als Dividende zu qualifizierenden – Einkünfte zugreifen.

f. Zusammenfassung und Ergebnis

Die abkommensrechtliche Qualifikation von Einkünften als Dividenden richtet sich gemäß Art. 10 Abs. 3 DBA-Mexiko nach dem Recht des Quellenstaats (= Ansässigkeitsstaat der ausschüttenden Gesellschaft). Gewinnausschüttungen, die steuerlich subjektfähige mexikanische Personengesellschaften oder eine Asociación en Participación an ihre Gesellschafter tätigen, sind nach innerstaatlichem mexikanischen Recht und somit – kraft Art. 10 Abs. 3 DBA-Mexiko – auch abkommensrechtlich Dividenden. Deutschland ist nach der hier vertretenen Auffassung dazu verpflichtet, die steuerliche Subjektfähigkeit der Gesellschaft mit allen Konsequenzen anzuerkennen. Dividenden i. S. v. Art. 10 DBA-Mexiko sind folglich als Einkünfte aus Kapitalvermögen gemäß § 20 EStG zu qualifizieren[325].

Umgekehrt kann eine deutsche Personengesellschaft infolge ihrer fiskalischen Transparenz keine Gewinnausschüttungen vornehmen, die in den Händen der Gesellschafter als Einkünfte aus Kapitalvermögen zu qualifizieren wären. Die Einordnung und Besteuerung der Einkünfte als Dividenden scheidet sowohl auf abkommensrechtlicher als auch auf innerstaatlicher Ebene aus. Mexiko ist kraft des Abkommens dazu verpflichtet, die transparente Besteuerung einer Personengesellschaft in ihrem Sitzstaat Deutschland nachzuvollziehen und somit den auf mexikanische Gesellschafter entfallenden Gewinnanteil diesen unmittelbar im Entstehungszeitraum zuzurechnen und als eben solchen *Gewinnanteil* zu besteuern.

325 Für Gesellschafter-Körperschaften gilt damit grundsätzlich § 8 b Abs. 1 KStG; bei natürlichen Personen ist das Halbeinkünfteverfahren anzuwenden [§ 3 Nr. 40 Buchst. d) EStG]. Ungeachtet dieser Vorschriften ist jedoch der abgeltende Kapitalertragsteuerabzug vorzunehmen (§ 43 Abs. 1 S. 3, § 50 d Abs. 1 EStG).

C. *Zinsen und Lizenzgebühren (Art. 11, 12 DBA-Mexiko)*

a. Innerstaatliches Recht (Mexiko)

1. Zinsen

(a) Ansässige Personen

Zinsen im Sinne des LISR sind gemäß Art. 9 LISR Erträge aus Kapitalforderungen jeglicher Art. Die Aufzählung der Einkünfte in Art. 9 LISR ist nicht abschließend und umfasst u. a.:

- Einkünfte aus Anteilsscheinen, Zertifikaten, Wechseln, Darlehen und anderen Finanzierungsformen, die von Kreditinstituten vorgenommen werden,
- Gewinne aus der Veräußerung von bzw. Prämien aus Anleihen, Sicherheiten und Kredit-Instrumenten,
- Hypothekenzinsen,
- Gewinne aus Währungsgeschäften,
- Einkünfte aus Staatsanleihen (soweit keine Steuerbefreiung),
- Provisionen und sonstige Zahlungen im Zusammenhang mit der Vergabe oder der Sicherung von Krediten,
- bei Factoring-Geschäften: die Gewinne des Factors aus den erworbenen Forderungen,
- beim Finanzierungs-Leasing: der Unterschiedsbetrag zwischen den insgesamt erhaltenen Zahlungen und den ursprünglichen Investitionskosten und
- Gewinne aus Geschäften mit Finanzderivaten.

i. Juristische Personen

Zinseinkünfte juristischer Personen werden in das zu versteuernde Welteinkommen einbezogen und unterliegen – inflationsbereinigt – dem linearen Körperschaftsteuertarif von 30 % (2005).
Juristische Personen und Einzelunternehmer sind dazu verpflichtet, eine monatliche Bilanz ihrer Forderungen und Verpflichtungen bzw. Schulden zu erstellen, über die am Ende eines jeden Jahres eine "Durchschnitts-Bilanz" ermittelt wird, die das Verhältnis der in Art. 47 und Art. 48 LISR definierten "Kredite" bzw. "Forderungen" (créditos) zu den "Schulden" (deudas) wiedergibt. Die Differenz

zwischen dem Betrag der Forderungen und der Schulden ist mit einem Anpassungsfaktor zu multiplizieren. Bei einer positiven Differenz ist das Ergebnis der von den Einkünften abziehbare inflationsbedingte Verlust. Überwiegen umgekehrt die Zahlungsverpflichtungen, so ist die gegenüber den Forderungen bestehende und mit dem Anpassungsfaktor multiplizierte Differenz der steuerpflichtige inflationsbedingte Gewinn.

ii. Natürliche Personen

Zinseinkünfte natürlicher Personen werden nach Maßgabe der Art. 158 f. LISR besteuert. Für die Definition des Begriffs "Zinsen" verweist Art. 158 Abs. 1 LISR auf Art. 9 LISR[326]. Zwecks Ermittlung des realen Zinses ist der vereinnahmte Betrag mit einem vom (regelmäßig ermittelten) Verbraucherpreis-Index abhängigen Faktor zu multiplizieren (Art. 159 Abs. 3 LISR). Im Gegensatz zur früher erhobenen Abzugsteuer[327] werden Zinsen nunmehr auch bei natürlichen Personen als Teil des Welteinkommens nach den allgemeinen Vorschriften besteuert[328]. Es wird jedoch eine Quellensteuer einbehalten, die auf die endgültig zu entrichtende Einkommensteuer angerechnet werden kann (Art. 159 Abs. 1 i. V. m. Art. 160 Abs. 1 LISR). Gemäß Art. 160 Abs. 1 LISR ist der Schuldner der Zinsen zur Einbehaltung und Abführung der Quellensteuer verpflichtet[329].

Teilweise werden Einkünfte, die bei Zugrundelegung des Art. 9 LISR unter den Zinsbegriff fallen würden, durch Art. 167 LISR in "andere Einkünfte" umqualifiziert und einem speziellen Besteuerungsverfahren unterzogen. Dazu gehören alle sonstigen, nicht in Art. 9 LISR genannten Zinseinkünfte (Art. 167 III. LISR), Gewinne aus Währungsgeschäften (Art. 167 II. LISR), die für die Gewährung einer Sicherheit oder die Übernahme einer Bürgschaft erhaltenen Zahlungen, Einkünfte aus Investitionen in ausländische Unternehmen, die nicht als

326 Vgl. die Aufzählung unter III.C.a.1.(a).

327 Die Quellensteuer hat jedoch abgeltenden Charakter, soweit der Steuerpflichtige ausschließlich Zinseinkünfte erzielt und diese einen Betrag von mex. $ 100,000.00 nicht übersteigen.

328 *León Santacruz/González Moneta*, TNI 2003, 407 (408).

329 0,5 % der Kapitalsumme, Art. 160 Abs. 1 LISR i. V. m. Art. 23 Ley de Ingresos de la Federación.

Dividenden zu qualifizieren sind (Art. 167 IV. LISR[330]) sowie Gewinne aus Geschäften mit Finanzderivaten (Art. 167 XIV. LISR).

(b) Nichtansässige Personen

Die Besteuerung von Zinsen, die nichtansässige Personen in bzw. aus Mexiko beziehen, richtet sich nach Art. 195 LISR. Die als Anknüpfungstatbestand für die Steuerpflicht dienende Einkunftsquelle ("fuente de riqueza en México") liegt in Mexiko, wenn das zugrundeliegende Kapital in Mexiko verwendet oder angelegt wird, oder wenn die Zinsen von einer in Mexiko ansässigen Person oder von einer nichtansässigen Person mit Betriebstätte in Mexiko gezahlt werden (Art. 195 Abs. 1 LISR)[331].
Die in Art. 195 Abs. 2 LISR aufgezählten, als Zinsen zu qualifizierenden Einkünfte entsprechen dem Zinskonzept des Art. 9 LISR. Die von Nichtansässigen erzielten Zinsen unterliegen einer abgeltenden endgültigen Quellensteuer. Der Steuersatz rangiert von 4.9 % für den Bankensektor bis zu 30 % für nicht speziell erfasste Zinseinkünfte.

2. Lizenzgebühren

(a) Ansässige Personen

Der Begriff "Lizenzgebühren" (regalías) ist in Art. 15 B CFF für Zwecke des mexikanischen Steuerrechts legaldefiniert und umfasst Vergütungen jeglicher Art für die zeitlich begrenzte Nutzung von Patenten, Erfindungen, Marken, Urheberrechten, Entwürfen, Modellen, Plänen, geheimen Formeln oder Prozessen, Vergütungen für die Nutzung von industriellen, kommerziellen oder wissenschaftlichen Ausrüstungen sowie Zahlungen für den Transfer von industriellen,

330 Von ausländischen Gesellschaften erhaltene Gewinne fallen unter Art. 167 V. LISR; siehe dazu Art. 10 DBA-Mexiko, III.B.a.

331 Im Vergleich zu den in § 49 EStG enthaltenen Regelungen zur beschränkten Steuerpflicht bei Zinseinkünften geht das mexikanische Steuerrecht diesbezüglich von einem relativ umfassenden Konzept aus; vgl. im Gegensatz dazu das Erfordernis der dinglichen Sicherung der den Zinszahlungen zugrundeliegenden Forderung in Deutschland gemäß § 49 Abs. 1 Nr. 5 Buchst. c) aa) EStG.

kommerziellen oder wissenschaftlichen Erfahrungen und vergleichbarer Rechte. Vergütungen für technische Hilfe sind gemäß Art. 16 Abs. 3 LISR keine Lizenzgebühren; unter dem Oberbegriff "asistencia técnica" unterliegen sie jedoch denselben steuerrechtlichen Bestimmungen.

Lizenzgebühren, die von einer in Mexiko ansässigen (natürlichen oder juristischen) Person bezogen werden, fließen nach den allgemeinen Regeln in die einkommensteuerliche Bemessungsgrundlage ein. Bei juristischen Personen erfolgt keine Aufteilung der Einkünfte in bestimmte Einkunftsarten. Lizenzgebühren, die von natürlichen Personen bezogen werden, fallen unter die so genannten "anderen Einkünfte" (Art. 167 Abs. 1 XVII. LISR).

(b) Nichtansässige Personen

Gemäß Art. 200 Abs. 1 LISR besteht für Lizenzgebühren eine – die beschränkte Steuerpflicht auslösende – in Mexiko belegene Quelle, wenn die Nutzung der Wirtschaftsgüter, für die Lizenzgebühren entrichtet werden, in Mexiko stattfindet. Die beschränkte Steuerpflicht wird gleichermaßen ausgelöst, wenn der Schuldner der Lizenzgebühren eine in Mexiko ansässige Person ist oder in Mexiko eine Betriebstätte unterhält. Die vorangehende Quellendefinition gilt auch für Zahlungen im Zusammenhang mit der Erbringung technischer Hilfe.
Im Gegensatz zur Definition des Begriffs "Lizenzgebühren" in Art. 15 B CFF, in der lediglich die zeitlich begrenzte Nutzung von Sachen oder Rechten behandelt wird, umfasst das Konzept der Lizenzgebühren bei nichtansässigen Personen auch die Veräußerung der zugrundeliegenden Wirtschaftsgüter oder Rechte (Art. 200 Abs. 5 LISR).

Die Einkünfte unterliegen dem Steuerabzug. Der Schuldner der Lizenzgebühren hat folgende – auf den Bruttobetrag bezogene – Steuern einzubehalten (Art. 200 Abs. 2, Abs. 7 LISR):

- 5 % bei Lizenzgebühren für die Einräumung des Rechts, Bahngleise zu benutzen,
- *(25 % bei Zahlungen für technische Hilfe)*
- 32 % für die Einräumung des Rechts, ein Patent oder eine Marke zu nutzen sowie

- 25 % bei allen anderen, nicht unter den vorangehenden Punkt fallenden Lizenzgebühren.

Setzen sich die Lizenzgebühren aus Zahlungen zusammen, die unter die beiden letztgenannten Steuersätze fallen, sind die Beträge entsprechend ihrer Kategorie anteilig zu ermitteln. Ist eine eindeutige Zuordnung nicht möglich, beträgt der Steuersatz 25 %.

b. Regelungsinhalt Art. 11, 12 DBA-Mexiko

Art. 11 und Art. 12 DBA-Mexiko sehen in ihren jeweiligen Absätzen 1 und 2 die Aufteilung des Besteuerungsrechts für Zinseinkünfte respektive Lizenzgebühren zwischen Deutschland und Mexiko vor. Die Quellensteuer beträgt – vorbehaltlich der Sonderbestimmungen für Banken – bei Zinsen 15 % und bei Lizenzgebühren 10 % des Bruttobetrags.

Art. 11 Abs. 5 DBA-Mexiko enthält eine abkommensautonome Definition des Zinsbegriffs. Ergänzend wird – in Übereinstimmung mit dem OECD-MA 1963 – auf die Bestimmungen des innerstaatlichen Rechts des Quellenstaates verwiesen.
Fraglich ist, ob die Umqualifizierung von Zinsen in "andere Einkünfte" durch Art. 167 LISR die abkommensrechtliche Einordnung der fraglichen Einkünfte durch Mexiko beeinflusst und – bejahendenfalls – inwiefern ein solches Vorgehen zulässig ist.
Die innerstaatliche Modifizierung des Zinsbegriffs erscheint zunächst irrelevant, zumal die betroffenen Einkünfte lediglich einer anderen Kategorie zugeordnet werden, ohne dass dies mit einer Änderung des Steuersatzes einherginge. Es wird jedoch für wahrscheinlich gehalten, dass die mexikanische Finanzverwaltung die als "andere Einkünfte" i. S. v. Art. 167 LISR qualifizierten Bezüge auch abkommensrechtlich nicht mehr als Zinsen (Art. 11 DBA-Mexiko) oder Unternehmensgewinne (Art. 7 DBA-Mexiko), sondern als "andere Einkünfte" im Sinne des Art. 21 Abs. 2 DBA-Mexiko ansieht[332]. Art. 21 Abs. 2 DBA-Mexiko hält das Quellenstaatsprinzip im Rahmen des Art. 21 DBA-Mexiko aufrecht.

332 Vgl. *Solano/van't Hek/Tautfest*, TNI 1999, 533 (536, 537). Diese Entwicklung ist auch für das Jahr 2005 festzustellen; vgl. *González Orta/Liñero*, Tax Management International Journal 2005, 46 (49).

Danach hat der Quellenstaat ein unbeschränktes Besteuerungsrecht für Einkünfte, die nicht in den vorangehenden Verteilungsartikeln des DBA behandelt werden, und die aus dem Quellenstaat an eine im anderen Vertragsstaat ansässige Person fließen. Unter Verweis auf Art. 21 Abs. 2 DBA-Mexiko könnte Mexiko die in seinem innerstaatlichen Recht verankerten Quellensteuersätze von bis zu 30 % anwenden, womit die in Art. 11 Abs. 2 DBA-Mexiko vorgesehene Quellensteuerbegrenzung leerliefe. Es wäre folglich am Wohnsitzstaat Deutschland, die Doppelbesteuerung – unter partieller Einbuße des ihm nach Art. 11 DBA-Mexiko zustehenden Steuersubstrats – durch Anrechnung der in voller Höhe erhobenen mexikanischen Steuer zu vermeiden.

M. E. entspricht die Beeinflussung abkommensrechtlicher Wertungen durch Änderungen des innerstaatlichen Rechts nicht dem Grundsatz des Art. 3 Ziffer 13 OECD-MK, wonach "kein Staat ... ein Abkommen in einer wesentlichen Frage dadurch aushöhlen können (soll), dass er den Inhalt von im Abkommen selbst verwendeten Ausdrücken in seinem nationalen Recht später ändert". Der Rückgriff auf das innerstaatliche Steuerrecht ist durch die lex-fori-Klausel sowohl im Allgemeinen in Art. 3 Abs. 2 als auch im Speziellen durch Art. 11 Abs. 5 DBA-Mexiko vorgesehen, steht jedoch unter dem Vorbehalt, dass sich aus dem Abkommenszusammenhang nicht bereits eine Begriffsdefinition ergibt[333]. Die abkommensautonome Aufzählung in Art. 11 Abs. 5 DBA-Mexiko enthält eine richtungsweisende Beschreibung dessen, was Zinseinkünfte ausmacht und umfasst damit schon aufgrund dieser abkommensrechtlichen Definition Einkünfte, die im innerstaatlichen Recht Mexikos als "andere Einkünfte" bezeichnet werden. Zudem erfasst der Verweis auf das Recht des Quellenstaates nur Tatbestände, die eine *Erweiterung* des in Art. 11 Abs. 5 DBA-Mexiko definierten Zinsbegriffs begründen[334]. Damit geht jedoch keine Befugnis des Quellenstaats einher, die unter den Zinsbegriff fallenden Einkunftstatbestände zu verringern oder einzuschränken. Der Wortlaut des Art. 11 Abs. 5 DBA-Mexiko steht einer solchen Vorgehensweise klar entgegen. Terminologische Änderungen des innerstaatliches Rechts vermögen keine abweichende Abkommensanwendung zu rechtfertigen. Darüber hinaus kommt Art. 21 DBA-Mexiko lediglich eine Auffangfunktion zu. Fallen bestimmte

333 Siehe hierzu die Ausführungen zum Abkommensvorbehalt in Kapitel 2, I.B.a.

334 Vgl. den Wortlaut in Art. 11 Abs. 5 DBA-Mexiko: "...sonstige Einkünfte, die nach dem Steuerrecht des Staates, aus dem sie stammen, den Einkünften aus Darlehen gleichgestellt sind".

Einkünfte nicht unter Art. 11 DBA-Mexiko, geht damit nicht automatisch ihre Einordnung als "andere Einkünfte" i. S. v. Art. 21 Abs. 2 DBA-Mexiko einher. In diesem Fall ist zunächst zu prüfen, ob es sich z. B. um Unternehmensgewinne (Art. 7 DBA-Mexiko) handelt.
Im Ergebnis vermag die Umqualifizierung von Zinsen in "andere Einkünfte" i. S. v. Art. 167 LISR[335] ihre Behandlung auf Abkommensebene nicht zu beeinflussen, soweit die speziellen Verteilungsartikel des DBA-Mexiko aufgrund ihres eigenständigen Regelungsgehaltes eine Einbeziehung dieser Einkünfte ermöglichen.

c. Personengesellschaft als Empfängerin von Kapitaleinkünften[336]

1. Sitzstaat Mexiko, Quellenstaat Deutschland

Erzielt eine in Mexiko ansässige Personengesellschaft Kapitaleinkünfte aus deutschen Quellen, so hat Deutschland die gemäß Art. 1 i. V. m. Art. 4 Abs. 1 DBA-Mexiko bestehende Abkommensberechtigung der Gesellschaft zu respektieren und nach Art. 11 oder Art. 12 DBA-Mexiko einen begrenzten Quellensteuersatz zu erheben[337].
Deutschland besteuert – ungeachtet der steuerlichen Subjektfähigkeit einer mexikanischen Personengesellschaft – in seinem innerstaatlichen Recht gemäß dem Transparenzprinzip die einzelnen Gesellschafter. Nach der hier vertretenen Auffassung ist jedoch zu berücksichtigen, dass die im Rahmen des DBA-Mexiko festgestellte Abkommensberechtigung der Gesellschaft auch eine verbindliche Vorgabe hinsichtlich des Steuersubjekts und damit für die Zurechnung und Einordnung der Einkünfte beinhaltet[338].

---

335 Die gilt gleichermaßen für die Umqualifizierung von Dividenden oder Lizenzgebühren.

336 Der Begriff "Kapitaleinkünfte" bezieht sich im Folgenden auf Zinsen und Lizenzgebühren.

337 Zu beachten ist der gegebenenfalls nach Maßgabe der § 43 ff., § 50 d Abs. 1 EStG vorzunehmende Kapitalertragsteuerabzug.

338 An dieser Stelle sei auf die Ausführungen zur Abkommensberechtigung unter Kapitel 2, I.C.a. verwiesen.

2. Sitzstaat Deutschland, Quellenstaat Mexiko

Eine deutsche Personengesellschaft, die Kapitaleinkünfte aus mexikanischen Quellen bezieht, ist aufgrund ihrer fiskalischen Transparenz in Deutschland nicht abkommensberechtigt (Art. 1 i. V. m. Art. 4 Abs. 1 DBA-Mexiko). Um die drohende Konsequenz – Nichtanwendbarkeit des DBA-Mexiko – zu vermeiden, ist nach Ansicht der OECD[339] und des überwiegenden Schrifttums[340] auf die Abkommensberechtigung der beteiligten Gesellschafter abzustellen.
Mexiko lehnt den Rückgriff auf die Gesellschafter einer in ihrem Sitzstaat fiskalisch transparenten Personengesellschaft ab (Art. 1 Ziffer 27.2 OECD-MK). Die Besteuerung der in Mexiko erzielten Kapitaleinkünfte einer deutschen Personengesellschaft richtet sich demnach mangels abkommensberechtigter Person ausschließlich nach dem mexikanischen LISR.
Fraglich ist, ob Deutschland zur Anrechnung der in Mexiko entrichteten Quellensteuer in der tatsächlichen Höhe (von bis zu 30 % des Bruttobetrags) verpflichtet ist, oder ob ein Anrechnungsanspruch nur in der vom DBA-Mexiko vorgesehenen Höhe besteht.
Laut OECD-MK ist der Wohnsitzstaat dazu verpflichtet, die Methode zur Vermeidung der Doppelbesteuerung zu wählen, die der (abkommenskonformen) Einordnung und Besteuerung des Sachverhalts durch den Quellenstaat entspricht[341]. Die Konsequenz der Haltung Mexikos besteht aber gerade darin, dass DBA-Mexiko nicht anzuwenden. Soweit die abkommensrechtlichen Verteilungsartikel eine Aufteilung des Besteuerungsrechts zwischen Deutschland und Mexiko bestimmen, hätte dies bei Einkünften einer deutschen Personengesellschaft stets zur Folge, dass Mexiko sich keiner Quellensteuerbegrenzung unterworfen sieht und (in der Regel) höhere Steuersätze anwendet. Gewährte Deutschland dem Steuerpflichtigen die Anrechnung mexikanischer Steuern in dieser Höhe, ginge dieses mit einem Verlust an Steueraufkommen zu Lasten Deutschlands einher.

---

339 Art. 1 Ziffer 5 OECD-MK.

340 Vgl. zum OECD-MA *Prokisch* in: Vogel/Lehner, DBA, Art. 1 Rn. 33; *Piltz*, Personengesellschaften, S. 134; *Frotscher*, Internationales Steuerrecht, S. 168 f.; *Debatin*, AWD 1969, 477 (481 f.); vgl. auch die Ausführungen zur Abkommensberechtigung in Kapitel 2, I.C.a. sowie die dortigen Nachweise.

341 Vgl. Art. 23 Ziffern 32.3 und 32.4 OECD-MK; OECD Partnership Report, Tz. 107 (Beispiel 14).

Wie bereits erörtert, sollten die Vertragsstaaten die Vermeidung der Doppelbesteuerung immer dann gewährleisten, wenn die fraglichen Einkünfte in einem der Staaten bei einer unbeschränkt steuerpflichtigen Person erfasst werden. Die Vermeidung der Doppelbesteuerung ist in diesem Fall nach dem Sinn und Zweck eines DBA geboten. Dies sollte unabhängig davon gelten, ob es sich bei dem Steuerpflichtigen um eine natürliche oder um eine körperschaftsteuerpflichtige Person handelt. Entscheidend ist nicht, bei *wem* besteuert wird, sondern *dass* die Einkünfte (vollständig bzw. im Ergebnis einmal) besteuert werden. Nach der hier vertretenen Auffassung hat Mexiko deshalb im Fall einer in Deutschland errichteten Personengesellschaft das Transparenzprinzip abkommensrechtlich und innerstaatlich zu übernehmen, sodass die Anwendbarkeit des DBA-Mexiko durch die Berücksichtigung der Gesellschafter gewährleistet ist und die Besteuerung auch im innerstaatlichen Recht nach den Grundsätzen des Transparenzprinzips erfolgt.

d. Personengesellschaft als Schuldnerin von Kapitaleinkünften (ohne Sondervergütungen)

1. Quellenstaat Mexiko, Ansässigkeitsstaat des Nutzungsberechtigten Deutschland

Soweit es sich bei dem Empfänger der Kapitaleinkünfte um eine in Deutschland unbeschränkt steuerpflichtige Person handelt, sind sämtliche Voraussetzungen der Art. 11 bzw. Art. 12 DBA-Mexiko erfüllt. Mexiko ist zur Reduktion der Quellensteuer von 30 % auf die abkommensrechtlich vorgeschriebenen 15 % respektive 10 % des Bruttobetrags verpflichtet. Deutschland rechnet die in Mexiko erhobene Steuer auf die deutsche Einkommensteuer des Empfängers und Nutzungsberechtigten an[342].

342 Art. 23 Abs. 2 Buchst. b) bb) DBA-Mexiko; bei Lizenzgebühren werden ungeachtet der tatsächlich entrichteten Steuer 15 % des Bruttobetrags angerechnet (fiktive Anrechnung).

2. Quellenstaat Deutschland, Ansässigkeitsstaat des Nutzungsberechtigten Mexiko

Bei Zugrundelegung einer deutschen Gesellschaft als Schuldnerin können die Zahlungen nicht aus einem Vertragsstaat stammen, denn dazu bedarf es der Ansässigkeit der Gesellschaft in diesem Staat[343]. Gleichwohl kann aufgrund des Transparenzprinzips auf die Ansässigkeit der Gesellschafter zurückgegriffen werden[344]. Aufwändig in der Durchführung, aber konsequent dürfte es sein, den Anteil der Kapitaleinkünfte zu ermitteln, der auf die in Deutschland ansässigen Gesellschafter als anteilige Schuldner entfällt, um darauf den ermäßigten Quellensteuersatz des DBA-Mexiko anzuwenden.

Fraglich ist, ob Mexiko seine restriktive Beurteilung der Frage der abkommensrechtlichen Ansässigkeit bei Personengesellschaften auch auf die abkommensrechtliche Schuldnereigenschaft bezieht. Die in Art. 1 Ziffer 27.2 OECD-MK zum Ausdruck kommende Sichtweise Mexikos zur Abkommensberechtigung legt den Schluss nahe, dass weder die deutsche Personengesellschaft noch ihre Gesellschafter Schuldner i. S. v. Art. 11 Abs. 7 DBA-Mexiko bzw. Art. 12 Abs. 5 DBA-Mexiko sein können. Schließlich kommt es auch für die Schuldnereigenschaft auf die Ansässigkeit an[345]. Dennoch wird die Erhebung eines nur begrenzten Quellensteuersatzes in Deutschland dem Interesse des Wohnsitzstaates Mexiko an einem möglichst hohen, verbleibenden Steuersubstrat entsprechen[346]. Beriefe sich Mexiko auf die fehlende Ansässigkeit des Schuldners im Quellenstaat, so implizierte dies, dass man mit einer unbeschränkten Be-

---

343 Vgl. Art. 11 Abs. 1 i. V. m. Abs. 7 DBA-Mexiko; Art. 12 Abs. 1 i. V. m. Abs. 5 DBA-Mexiko.

344 Hierfür spricht sich wohl auch der OECD-MK in Art. 1 Ziffer 6.4 aus, wenn bei der Zurechnung von Einkünften von einem Hindurchfließen durch die Gesellschaft ausgegangen wird. Umgekehrt sollte dies auch für eine fiskalisch transparente Personengesellschaft als Schuldnerin bzw. Zahlende gelten, d. h. in diesem Fall sind die Gesellschafter mit dem auf sie entfallenden Anteil als die in einem Vertragsstaat ansässigen Schuldner anzusehen.

345 Der Zinsartikel wäre auf der Basis der restriktiven Auffassung Mexiko nur anwendbar, wenn die Personengesellschaft in Deutschland über eine Betriebstätte verfügte, für deren Zwecke die Schuld eingegangen wurde, denn in diesem Fall bedürfte es nicht der Ansässigkeit des Schuldners i. S. v. Art. 4 Abs. 1 DBA-Mexiko.

346 Vgl. auch die Ausführungen zur abkommensrechtlichen Behandlung von Sondervergütungen; Art. 7 DBA-Mexiko, Kapitel 3, II.E.b.

steuerung der Kapitaleinkünfte nach deutschem, innerstaatlichen Recht übereinstimmen und gleichzeitig die Anrechnung der höheren, d. h. Abkommensrechtlich nicht beschränkten Quellensteuer in Anwendung der unilateralen Vorschriften des LISR gewähren würde. Es ist jedoch davon auszugehen, dass Mexiko lediglich den von Deutschland tatsächlich erhobenen, begrenzten Quellensteuerbetrag anrechnet und somit die Abkommensanwendung durch Deutschland nicht in Frage stellt.

Nach der hier vertretenen Auffassung kann die Anwendung des DBA-Mexiko durch beide Vertragsstaaten und damit ein übereinstimmendes Vorgehen bei der Besteuerung gewährleistet werden, wenn Mexiko berücksichtigt, dass es sich bei der in Deutschland errichteten Personengesellschaft um ein transparent besteuertes Gebilde handelt. Der mexikanische Fiskus ist kraft des DBA dazu verpflichtet, bei der Besteuerung der Kapitaleinkünfte die in Deutschland ansässigen Gesellschafter als anteilige, in einem Vertragsstaat ansässige Schuldner anzusehen. Die in Deutschland erhobene Quellensteuer ist beim in Mexiko ansässigen Empfänger anzurechnen [Art. 23 Abs. 1 Buchst. a) DBA-Mexiko].

e. Dreiecksverhältnisse[347]

1. Personengesellschaft als Empfängerin von Kapitaleinkünften

Für die Gewährung der Abkommensvorteile in Form einer reduzierten Quellensteuer an die in Drittstaaten oder im Quellenstaat ansässigen Gesellschafter einer Kapitaleinkünfte erzielenden Personengesellschaft ist die steuerliche Subjektfähigkeit der Gesellschaft in ihrem Sitzstaat maßgeblich und – sollte diese nicht gegeben sein – von der Ansässigkeit und damit der Abkommensberechtigung der Gesellschafter abhängig. Wird die Personengesellschaft als eigenständiges Steuersubjekt behandelt (Mexiko), so hat nach der hier vertretenen Auffassung der Quellenstaat (Deutschland) die Steuer bei der beschränkt körperschaftsteuerpflichtigen Gesellschaft zu erheben. Die Ansässigkeit der Gesellschafter in Drittstaaten oder im Quellenstaat ist angesichts der vorrangigen Steuersubjektivität der Gesellschaft irrelevant.

---

347 Vgl. auch die Ausführungen zur Abkommensberechtigung im Rahmen von Dreiecksverhältnissen in Kapitel 2, I.C.b.

2. Personengesellschaft als Schuldnerin von Kapitaleinkünften

Für die von einer deutschen – fiskalisch transparenten – Personengesellschaft gezahlten Zinsen und Lizenzgebühren ist auf die Ansässigkeit der einzelnen Gesellschafter als anteilige Schuldner abzustellen. Entfällt demnach ein Teil der geschuldeten Kapitaleinkünfte auf einen nicht im Quellenstaat Deutschland ansässigen Gesellschafter, ist das DBA-Mexiko bezüglich dieses Teilbetrags unanwendbar; eine hierauf erhobene Kapitalertragsteuer wird folglich nicht nach Maßgabe des DBA-Mexiko zurückerstattet. Spiegelbildlich richtet sich die Anrechnung der nicht abkommensrechtlich reduzierten Steuer in Mexiko nach den unilateralen Vorschriften (Art. 6 Abs. 1 LISR).

3. Quellenstaat der Einkünfte bei Beteiligung einer Betriebstätte

Für das Recht zur Quellenbesteuerung wird an die Ansässigkeit des Schuldners und – alternativ – an das Vorhandensein einer "schuldenden" Betriebstätte angeknüpft. Fallen der Ansässigkeitsstaat des Schuldners und der Belegenheitsstaat der (wirtschaftlich schuldenden) Betriebstätte auseinander, kann es zu einer Doppelbesteuerung der Einkünfte kommen, die durch die isolierte Anwendung der jeweiligen DBA (soweit vorhanden) nicht vermieden wird.

Beispiel: Der in Deutschland ansässige D hat der in Ecuador ansässigen E-SenCS (Sociedad den Comandita Simple) ein Darlehen gewährt. Dieses wird von der in Mexiko belegenen Betriebstätte der E-SenCS in Anspruch genommen. Die Darlehensverpflichtung wurde zum Zweck der Nutzung der Valuta durch die mexikanische Betriebstätte eingegangen. Diese bestreitet auch die Zinszahlungen an D.
D ist aufgrund seines Wohnsitzes in Deutschland unbeschränkt einkommensteuerpflichtig (§ 1 Abs. 1 EStG i. V. m. § 8 AO).
In Ecuador unterliegt D mit seinen Zinseinkünften der beschränkten Steuerpflicht, zumal die Zahlungen von einer in diesem Staat ansässigen Person stammen (Art. 2 Nr. 1 i. V. m. Art. 8 Abs. 1 Nr. 7 LRTI[348]).

348 Ley de Régimen Tributario Interno, Codificación 2004-026; vgl. Teil 3, Kapitel 3 zum innerstaatlichen Recht Ecuadors.

Mexiko geht ebenfalls von einer beschränkten Steuerpflicht des D aus, denn er bezieht Zinseinkünfte von einer in Mexiko gelegenen Betriebstätte (Art. 195 Abs. 1 LISR). Es bedarf dazu nicht der Ansässigkeit der die Betriebstätte betreibenden Person (hier der E-SenCS) in Mexiko.

Unter dem DBA-Mexiko ist das Besteuerungsrecht des Betriebstättenstaates Mexiko aufrecht zu erhalten. Obwohl die zivilrechtlich schuldende E-SenCS weder in Deutschland noch in Mexiko ansässig ist, folgt aus Art. 11 Abs. 7 S. 2 DBA-Mexiko, dass die Kapitaleinkünfte als aus Mexiko stammend gelten. Die Betriebstätte trägt die Zinszahlungen, womit es ausdrücklich nicht auf die Ansässigkeit der Person des Schuldners in einem Vertragsstaat ankommt. Die übrigen Voraussetzungen für die Anwendbarkeit des DBA-Mexiko, insbesondere die Ansässigkeit des Zinsgläubigers D in Deutschland, liegen vor. Mexiko ist somit als Quellenstaat zur Besteuerung des Bruttobetrags der Zinsen in Höhe von 15 % berechtigt (Art. 11 Abs. 2 DBA-Mexiko).

Gemäß Art. 11 Abs. 5 DBA-Ecuador gilt im Verhältnis zu Deutschland der Ansässigkeitsstaat der E-SenCS, Ecuador, als Herkunftstaat der Zinsen, denn der Schuldner der Kapitaleinkünfte ist in diesem Staat ansässig. Ecuador ist damit zur Erhebung einer 15 %igen Quellensteuer berechtigt (Art. 11 Abs. 2 DBA-Ecuador).

Der Zinsgläubiger D ist folglich mit einer Quellenbesteuerung der Einkünfte durch zwei Staaten konfrontiert. Es wird keine abschließende Regelung darüber getroffen, welcher Staat letztendlich als Quellenstaat anzusehen ist[349]. Dies kann ein bilaterales Abkommen zwischen Deutschland und Mexiko ohne Beteiligung des Drittstaats auch nicht leisten, denn es bedarf wegen der damit einhergehenden Beschneidung seiner Besteuerungsrechte der Zustimmung des Drittstaates (Ecuador).
Soll die (wirtschaflich schuldende) Betriebstätte als maßgebliches und für alle Staaten verbindliches Anknüpfungskriterium zur Identifizierung des Quellen-

349 Ziffer 8 Prot. DBA-Mexiko schafft hier keine Abhilfe. Zwar nimmt die Vorschrift Bezug auf Darlehen, die Betriebstätten in mehreren Staaten zugute kommen; die Festlegung auf den Betriebstättenstaat wird jedoch nur im bilateralen Verhältnis Deutschlands zu Mexiko getroffen. Es wird folglich nicht verhindert, dass ein anderer Staat aufgrund der Ansässigkeit des Schuldners (=Inhaber der Betriebstätte) seine Eigenschaft als Quellenstaat bejaht.

staats dienen, müssten alle DBA bestimmen, dass der Betriebstättenstaat – auch wenn mit diesem kein DBA besteht – stets als Herkunftsstaat der Kapitaleinkünfte anzusehen ist. Der Ansässigkeitsstaat des Schuldners wäre angesichts des Vorrangs des Betriebstättenstaates an der Besteuerung der Einkünfte an der Quelle gehindert[350].
Weiterhin wäre denkbar, dass Mexiko und Ecuador aufgrund der ihrerseits bestehenden abkommensrechtlichen Verbindung und ihrer jeweiligen DBA mit Deutschland im Wege der Abkommensauslegung zu dem Schluss gelangen, dass Mexiko als Betriebstättenstaat die Rolle des Quellenstaats zukommt. Art. 11 Abs. 7 DBA Mexiko-Ecuador[351] enthält ebenfalls die in Art. 11 Abs. 7 DBA-Mexiko bzw. Art. 11 Abs. 5 DBA-Ecuador vorgesehene Betriebstätten-Regelung, sodass sich infolge der abkommensrechtlichen Wertungen der Vorrang Mexikos als Betriebstätten- und damit Quellenstaat im Verhältnis zu Ecuador ergäbe.

g. Zusammenfassung und Ergebnis

Empfängt eine mexikanische Personengesellschaft aus Deutschland stammende Zinsen oder Lizenzgebühren, ist die abkommensrechtlich zulässige Quellensteuer in Deutschland bei der Gesellschaft zu erheben. Umgekehrt sollte Mexiko in der Rolle des Quellenstaates bei Kapitaleinkünften, die an eine deutsche Personengesellschaft fließen, entgegen seiner gegenwärtigen Praxis berücksichtigen, dass letztere in ihrem Sitzstaat fiskalisch transparent ist und die Quellensteuer deshalb bei den Gesellschaftern erheben.
Ist eine fiskalisch transparente (deutsche) Personengesellschaft Schuldnerin der Kapitaleinkünfte, so ist mangels Ansässigkeit der Gesellschaft in einem Vertragsstaat auf die Ansässigkeit der Gesellschafter als "anteilige Schuldner" abzustellen.
Wird für die Ermittlung des Quellenstaats einerseits auf die Ansässigkeit des zivilrechtlichen Schuldners und andererseits (auch) auf die wirtschaftlich schuldende Betriebstätte abgestellt, kann es im Dreiecksverhältnis zur Mehrfachbesteuerung kommen. Hier bedarf es einer multilateralen Regelung, die den

350 Siehe den Vorschlag in Art. 11 Ziffer 30 OECD-MK.

351 Unterzeichnet am 30.07.1992; Ratifizierung durch den mexikanischen Senat am 25.05.1994 (D.O.F. v. 15.06.1994); Inkrafttreten am 13.12.2000; anwendbar ab dem 01.01.2001 (D.O.F. v. 04.04.2001).

Betriebstättenstaat für alle beteiligten Staaten als Quellenstaat festlegt. Dies könnte auch im Wege der Auslegung ermittelt werden, wenn zwischen allen Staaten ein DBA besteht und die Abkommen allesamt eine Betriebstätten-Regelung im Sinne der vorangehenden Darstellung enthalten.

IV. Gewinne aus der Veräußerung von Vermögen (Art. 13 DBA-Mexiko)

A. *Innerstaatliches Recht (Mexiko)*

a. Ansässige Personen

Gewinne, die eine in Mexiko ansässige juristische Person aus der Veräußerung von Wirtschaftsgütern des Anlagevermögens, sonstigem beweglichem und unbeweglichem Vermögen, Aktien oder anderen Gesellschaftsanteilen erzielt, werden nach den allgemeinen Regeln in die Körperschaftsteuer-Bemessungsgrundlage einbezogen (Art. 20 Abs. 1, V. LISR) und dem linearen Körperschaftsteuertarif unterworfen (2005: 30 %). Zu den steuerpflichtigen Gewinnen gehören ferner solche aus der Liquidation oder Kapitalherabsetzung einer im Ausland ansässigen Handelsgesellschaft. Spezielle Vorschriften gelten für Gewinnrealisierungen im Zuge einer Unternehmensfusion oder -spaltung.

Die von natürlichen, in Mexiko ansässigen Personen erzielten Gewinne aus der Veräußerung von Vermögen sind nach Maßgabe der Art. 146 ff. LISR zu versteuern. Ob in einer Vermögensveräußerung ein steuerbarer Vorgang liegt, richtet sich nach dem in Art. 14 CFF legaldefinierten Veräußerungsbegriff. Darunter fällt jegliche Veräußerung von beweglichem oder unbeweglichem Vermögen, die Übertragung von Rechten, Einlagen in Gesellschaften und diverse treuhänderische Vermögensübertragungen. Der Eigentumsübergang von Todes wegen sowie aufgrund einer Schenkung oder Unternehmensfusion[352] gilt nicht als Vermögensveräußerung (Art. 146 Abs. 4 LISR).

---

352 Die Herausnahme der Fusion wird als unklar kritisiert, zumal sowohl die Fusion als auch die Spaltung von Gesellschaften grundsätzlich eine Veräußerung darstellen. Lediglich unter den Voraussetzungen des Art. 14 CFF (siehe Fn. 358) wird eine Veräußerung verneint; vgl. *Instituo Mexicano de Contadores Públicos*, LISR 2005, Art. 146 Abs. 4 LISR, S. 439.

Gewinne aus der Veräußerung von Aktien oder Wertpapieren mexikanischer Gesellschaften sowie ausländischer Gesellschaften, die an der mexikanischen Börse notiert sind, können steuerfrei vereinnahmt werden[353].

b. Nichtansässige Personen

1. Unbewegliches Vermögen

Eine nicht in Mexiko ansässige (natürliche oder juristische) Person unterliegt mit den Einkünften aus der Veräußerung von in Mexiko belegenem, unbeweglichem Vermögen der beschränkten Steuerpflicht (Art. 1 Abs. 3 i. V. m. Art. 189 Abs. 1 LISR).
Gemäß Art. 189 Abs. 2 LISR entfällt auf den Veräußerungspreis eine Quellensteuer von 25 %. Abzüge sind nicht zulässig. Art. 189 Abs. 3 LISR räumt dem nichtansässigen Veräußerer ein Wahlrecht ein, mit dem er für die Besteuerung des Veräußerungsgewinns mit dem maximalen Steuersatz von 32 % optieren kann (Art. 177 LISR). Ausgeschlossen ist lediglich die Geltendmachung von Veräußerungsverlusten. Voraussetzung für die Option ist die Benennung eines Vertreters in Mexiko (Art. 208 LISR)[354] oder die notarielle Beurkundung (escritura pública) des Veräußerungsvorgangs in Mexiko.

2. Aktien und sonstige Wertpapiere

Die Veräußerung von Aktien oder Wertpapieren, die Eigentumsrechte repräsentieren, durch eine nicht in Mexiko ansässige (natürliche oder juristische) Person begründet eine beschränkte Steuerpflicht, wenn es sich beim Emittenten der Aktien oder Wertpapiere um eine in Mexiko ansässige Person handelt oder wenn die Wertpapiere (direkt oder indirekt) zu mehr als 50 % in Mexiko belegenes, unbewegliches Vermögen verkörpern (Art. 190 Abs. 1 LISR).

---

353 Bei Veräußerung im Ausland besteht die Steuerfreiheit nur unter der Voraussetzung, dass mit dem jeweiligen Staat ein DBA abgeschlossen wurde (Art. 109 Abs. 1 XXVI. LISR).

354 Ein Vertreter i. S. d. Art. 208 LISR ist eine in Mexiko ansässige Person oder ein nicht in Mexiko ansässiger Inhaber einer in Mexiko belegenen Betriebstätte, die bzw. der über die steuerlich relevante Dokumentation des Sachverhaltes verfügt und diese über einen Zeitraum von fünf Jahren nach Abgabe der Steuererklärung des Vertretenen aufbewahrt.

Der Begriff "Aktie" umfasst auch Anteile oder Beteiligungen, die von anderen Personenvereinigungen als Kapitalgesellschaften – wie z. B. einer SenNC oder einer SenCS – ausgegeben werden (Art. 8 Abs. 2 LISR). Gemäß Art. 190 Abs. 2 LISR unterliegt die Veräußerung von Anteilen an einer Asociación en Participación ebenfalls den für die Veräußerung von Aktien und Wertpapieren geltenden Vorschriften.

Auf den Veräußerungspreis wird gemäß Art. 190 Abs. 3 LISR eine abgeltende Quellensteuer von 25 % erhoben. Der Steuerpflichtige kann gemäß Art. 190 Abs. 4 LISR für die Besteuerung des Veräußerungsgewinns mit dem Höchststeuersatz von 32 % (Art. 177 LISR) optieren, wenn er über einen Vertreter in Mexiko i. S. d. Art. 208 LISR verfügt. Gewinne aus dem Verkauf von Aktien und Wertpapieren börsennotierter, mexikanischer Gesellschaften sind steuerfrei.

B. *Regelungsinhalt Art. 13 DBA-Mexiko*

Art. 13 Abs. 1 DBA-Mexiko weist das Besteuerungsrecht für Gewinne aus der Veräußerung von unbeweglichem Vermögen im Sinne des Art. 6 DBA-Mexiko dem Belegenheitsstaat zu. Der Ansässigkeitsstaat des Veräußerers hat im Rahmen des Art. 13 Abs. 1 DBA-Mexiko die Doppelbesteuerung zu vermeiden[355].

Nach Art. 13 Abs. 2 DBA-Mexiko steht dem Betriebstättenstaat das Besteuerungsrecht für Gewinne aus der Veräußerung beweglichen Vermögens zu, das zu der in einem Vertragsstaat gelegenen Betriebstätte (bzw. festen Einrichtung i. S. v. Art. 14 DBA-Mexiko) gehört[356].

---

355 Mexiko: Anrechnung [Art. 23 Abs. 1 Buchst. a) DBA-Mexiko]; Deutschland: Anrechnung, bei Zugehörigkeit zu einem Betriebstättenvermögen Freistellung [Art. 23 Abs. 2 Buchst. b) ff) DBA-Mexiko].

356 Im Gegensatz zu den Betriebstättenvorbehalten in Art. 10 Abs. 4, Art. 11 Abs. 6 und Art. 12 Abs. 4 DBA-Mexiko ("tatsächlich ... gehört") bestimmt Art. 13 Abs. 2 DBA-Mexiko lediglich, dass das bewegliche Vermögen zu der Betriebstätte *gehören* muss. Aus dem Abkommenszusammenhang ergibt sich jedoch, dass hiermit kein inhaltlicher Unterschied verbunden ist: Art. 13 Abs. 2 DBA-Mexiko verweist mittelbar auf Art. 7 DBA-Mexiko, der wiederum das Verhältnis zu den spezielleren Abkommensvorschriften der Art. 10-12 DBA-Mexiko regelt. Die Abgrenzungsfrage, ob eine spezielle Abkommensvorschrift einschlägig ist oder ob die Betriebstätten-Zugehörigkeit eines Wirtschaftsgutes die Anwendung des Art. 13 Abs. 2 bzw. Des Art. 7 DBA-Mexiko

Für die Veräußerung von Gesellschaftsbeteiligungen sieht das DBA-Mexiko in Art. 13 Abs. 4 eine eigenständige Regelung vor, nach der der Ansässigkeitsstaat des Unternehmens, dessen Aktien oder Beteiligungen verkauft werden, die Veräußerungsgewinne besteuern darf. Der Ansässigkeitsstaat des Veräußerers ist somit zur Vermeidung der Doppelbesteuerung verpflichtet[357]. Art. 13 Abs. 4 DBA-Mexiko ist lex specialis sowohl im Verhältnis zur Auffangvorschrift des Art. 13 Abs. 5 DBA-Mexiko als auch gegenüber dem Betriebstättenprinzip des Art. 13 Abs. 2 DBA-Mexiko[358]. Damit können auch Gewinne aus der Veräußerung von im Betriebsvermögen einer Betriebstätte gehaltenen Anteilen im Sitzstaat der Gesellschaft, deren Anteile Gegenstand der Veräußerung sind, besteuert werden.

Als Auffangvorschrift für Veräußerungsgewinne, die von den Regelungen der Absätze 1-4 nicht erfasst werden, fungiert Art. 13 Abs. 5 DBA-Mexiko, der das Besteuerungsrecht für sonstige Gewinne ausschließlich dem Wohnsitzstaat des Veräußerers zuweist.

C. Die Veräußerungsbegriffe Deutschlands und Mexikos im Vergleich

Das mexikanische LISR enthält im Unterschied zum deutschen EStG mit Art. 146 LISR einen eigenständigen Tatbestand, der auch Vermögensveräußerungen durch natürliche Personen generell als steuerbare Vorgänge erfasst. Veräußerungsgewinne sind in Mexiko – vorbehaltlich gegenteiliger Bestimmungen – sowohl von natürlichen als auch von juristischen Personen grundsätzlich zu versteuern. Veräußerungsgewinne, die im Rahmen einer unternehmerischen Tä-

erfordert, stellt sich in gleicher Weise. Es gelten deshalb für die Ermittlung der Betriebstätten-Zugehörigkeit i. S. v. Art. 13 Abs. 2 DBA-Mexiko (einschließlich des Sonderbetriebsvermögens) die im Rahmen des Art. 7 DBA-Mexiko maßgeblichen Kriterien. So die herrschende Ansicht zum OECD-MA: vgl. *Wassermeyer* in: Debatin/Wassermeyer, DBA (MA), Art. 13 Rn. 81; *Schaumburg*, Internationales Steuerrecht, S. 980, Rn. 16.393; *Lüdicke*, StBJb 1997/98, 449 (476); *Schmalz*, IStR 2003, 290 (296).

357 Deutschland: Anrechnungsmethode gemäß Art. 23 Abs. 2 Buchst. b) gg) DBA-Mexiko; Mexiko: Anrechnungsmethode gemäß Art. 23 Abs. 1 Buchst. a) DBA-Mexiko. Eine Art. 13 Abs. 4 OECD-MA entsprechende Sonderregelung für Anteile an Immobiliengesellschaften enthält das DBA-Mexiko nicht.

358 Vgl. *Prokisch* in: Vogel/Lehner, DBA, Art. 13 Rn. 75.

tigkeit erzielt werden, gehören bei Einzelunternehmern (Art. 121 Abs. 1 XI. LISR) und bei juristischen Personen (Art. 20 Abs. 1 V. LISR) zum Unternehmensgewinn.
Da Art. 13 DBA-Mexiko keine Definition des Begriffs "Veräußerung" enthält, ist gemäß Art. 3 Abs. 2 DBA-Mexiko auf das jeweilige innerstaatliche Recht Deutschlands oder Mexikos zurückzugreifen. Das Fehlen einer Definition im OECD-MA und die beispielhafte Aufzählung von Tatbeständen in Art. 13 Ziffer 5 OECD-MK erlauben den Schluss, dass von einer "Veräußerung" auszugehen ist, wenn das innerstaatliche Steuerrecht dies bestimmt[359].

a. Deutschland

Folgende – auf dem Gebiet der Personengesellschaften relevanten Vorgänge – sind aus deutscher Sicht als Veräußerung i. S. v. Art. 13 DBA-Mexiko einzustufen: die entgeltliche Übertragung, der Tausch, der Übergang des Anteils an einer Personengesellschaft im Wege der An- oder Abwachsung, steuerpflichtige Umwandlungen von Personengesellschaften sowie die Beendigung einer Personengesellschaft[360].

b. Mexiko

1. Juristische Personen – Anteilsveräußerung, Umstrukturierung

Gemäß Art. 20 Abs. 1 V. LISR wird für juristische Personen neben der Veräußerung von Anteilen an Gesellschaften[361] durch Umstrukturierungen wie Fusion

359 *Prokisch* in: Vogel/Lehner, DBA, Art. 13 Rn. 3; *Schaumburg*, Internationales Steuerrecht, S. 975. Auch die gemäß Art. 13 Ziffern 7 f. OECD-MK von Art. 13 OECD-MA erfasste Wertzuwachsbesteuerung und die damit verbundene Besteuerung nicht nur realisierter, sondern auch virtueller Veräußerungsgewinne spricht für eine weite, an den jeweiligen Rechtsordnungen der Vertragsstaaten orientierte Auslegung des Art. 13 OECD-MA; vgl. *Schmalz*, IStR 2003, 290 (295).

360 Vgl. *Schmalz*, IStR 2003, 290 (295).

361 Es kann sich auch um eine beschränkt steuerpflichtige juristische Person handeln, wenn die unter den Veräußerungstatbestand fallenden Anteile oder Beteiligungen zum Betriebsvermögen einer in Mexiko gelegenen Betriebstätte gehören (Art. 4 LISR).

oder Spaltung sowie durch die mit einer Liquidation oder Kapitalherabsetzung einhergehenden Gewinnrealisierungen ein steuerpflichtiger Vorgang begründet. Die Anteilsveräußerung umfasst neben der entgeltlichen Übertragung auf der Basis eines Kaufvertrages auch den Tausch und die Einbringung von Gesellschaftsanteilen (Art. 14 CFF). Gewinne infolge einer Kapitalherabsetzung oder Liquidation einer im Ausland ansässigen Handelsgesellschaft sind ebenfalls zu versteuern.

Umstrukturierungen wie die Fusion und die Spaltung, die den Transfer von Wirtschaftsgütern beinhalten, unterliegen im LISR grundsätzlich denselben Bestimmungen wie die Veräußerung von Vermögenswerten. Auf Abkommensebene ist somit grundsätzlich Art. 13 DBA-Mexiko anzuwenden[362].
Aufgrund der körperschaftlichen Struktur der Sociedad en Nombre Colectivo und der Sociedad en Comandita Simple sind Umstrukturierungen dieser Gesellschaftsformen unter den allgemeinen, im Ley General de Sociedades Mercantiles (LGSM) geregelten Voraussetzungen möglich. Für die steuerrechtlichen Folgen bedarf es keiner gesonderten Regelung, um wie z. B. in Deutschland[363] den verschiedenen Besteuerungskonzepten für Körperschaften und Personengesellschaften gerecht zu werden.

---

362 Art. 14 A CFF verneint jedoch unter bestimmten Voraussetzungen ein steuerpflichtiges Veräußerungsgeschäft. Die Fusion ist danach ein steuerneutraler Vorgang, wenn die aus der Verschmelzung hervorgehende Gesellschaft die steuerlichen Verpflichtungen der fusionierten Gesellschaften übernimmt. Bei einer Spaltung müssen für die steuerneutrale Gestaltung des Vorgangs mindestens 51 % der mit einem Stimmrecht verbundenen Aktien des ursprünglichen Unternehmens in den aus der Spaltung hervorgehenden Unternehmen durch dieselben Aktionäre gehalten werden. Weiterhin ist ein Unternehmen zu benennen, das die steuerrechtlichen Verpflichtungen des gespaltenen Unternehmens übernimmt.

363 Vgl. die sich unterscheidenden Wirkungen einer Umwandlung in steuerrechtlicher (UmwStG) und in handelsrechtlicher Hinsicht (UmwG).

Ferner impliziert der Wortlaut des Art. 20 Abs. 1 V. LISR, dass es für die Annahme einer "Kapitalherabsetzung" oder "Liquidation" nicht der Struktur einer Kapitalgesellschaft im engen Sinn bedarf, zumal neben dem in diesem Zusammenhang steuerpflichtigen Aktionär auch der Gesellschafter einer Personengesellschaft genannt wird ("socio"). Die Behandlung sowohl von Personengesellschaften als auch Kapitalgesellschaften als juristische Personen erlaubt folglich den Gebrauch einer einheitlichen Terminologie.

Auch in Bezug auf eine in Deutschland errichtete Personengesellschaft kann aus dem Blickwinkel des LISR bei der Rückzahlung von Einlagen eine "Kapitalherabsetzung" bzw. im Fall der Beendigung der Gesellschaft eine "Liquidation" vorliegen, die sich für eine in Mexiko ansässige Person oder den Inhaber einer dort gelegenen Betriebstätte steuerbegründend auswirkt. Ob die Beendigung einer deutschen Personengesellschaft[364] vorliegt und damit für den in Mexiko ansässigen Gesellschafter (bzw. für den Inhaber einer dort gelegenen Betriebstätte) eine steuerpflichtige Liquidation i. S. v. Art. 20 Abs. 1 V. LISR darstellt, richtet sich aufgrund des in Mexiko geltenden Gründungsstatuts nach deutschem Recht. Dass nach deutschem Steuerrecht keine Liquidationsgewinne im engen Sinn – d. h. Vermögensauskehrungen selbständig steuerpflichtiger Rechtsträger anlässlich ihrer Auflösung – vorliegen, dürfte für die Zwecke der mexikanischen Besteuerung unbeachtlich sein. Es kommt lediglich auf die Beendigung der deutschen Personengesellschaft an. Gleiches gilt für die Annahme einer Kapitalherabsetzung im Sinne des LISR. Diese liegt aus mexikanischer Sicht vor, wenn es (nach deutschem Recht) zur Rückzahlung der Einlage an den mexikanischen Gesellschafter einer deutschen Personengesellschaft kommt.

364 Weiterhin ist zu beachten, dass ein von Art. 20 Abs. 1 V. LISR erfasster Vorgang wie die Liquidation oder Kapitalherabsetzung ausländischer Gesellschaften nur dann besteht, wenn sich diese auf eine *Handels*gesellschaft beziehen. Die Beendigung einer deutschen GbR oder vermögensverwaltenden KG kann dennoch zur Steuerpflicht einer daran beteiligten, mexikanischen Gesellschaft im Sinne des Art. 20 Abs. 1 V. LISR führen, wenn für das Merkmal der "Handelsgesellschaft" der weiter gefasste und rechtsformgebundene mexikanische Begriff der "sociedad mercantil" zugrunde gelegt wird.

2. Veräußerungen durch natürliche Personen

Einkünfte einer natürlichen Person im Zusammenhang mit der Umstrukturierung, Liquidation oder Kapitalherabsetzung einer Gesellschaft werden – im Gegensatz zu den Einkünften juristischer Personen – verschiedenen Kategorien zugeordnet. Gewinne aus einer Umstrukturierung sind Veräußerungsgewinne. Einkünfte, die aufgrund der Liquidation oder Kapitalherabsetzung einer in Mexiko ansässigen Gesellschaft anfallen, unterliegen den Vorschriften über Dividenden. Kapitalrückzahlungen, die der Gesellschafter einer in Mexiko ansässigen Personengesellschaft im Zuge einer Liquidation oder Kapitalherabsetzung erhält, sind bis zur Höhe der erbrachten Einlage steuerfrei. Darüber hinausgehende Gewinnausschüttungen werden bei der Gesellschaft besteuert, soweit sie den verteilbaren Gewinn des CUFIN-Kontos übersteigen.
Erzielt eine in Mexiko ansässige, natürliche Person Einkünfte aufgrund der Liquidation oder Kapitalherabsetzung einer im Ausland ansässigen[365] Gesellschaft, so handelt es sich dabei gemäß Art. 167 Abs. 1 V. LISR um "andere Einkünfte". Die Einordnung richtet sich folglich nach dem steuerlichen Schicksal der Gewinnausschüttungen ausländischer Gesellschaften, welche ebenfalls in "andere Einkünfte" umqualifiziert werden[366].

c. Auswirkungen auf DBA-Ebene

1. Abgrenzung zu Art. 7 DBA-Mexiko

Einer Auffassung zufolge steht Art. 13 OECD-MA zu Art. 7, 14 OECD-MA im Verhältnis der Spezialität. Danach können Veräußerungsgewinne i. S. d. Art. 13 OECD-MA begrifflich zugleich Unternehmensgewinne oder Einkünfte aus selbständiger Arbeit sein. Die Rechtsfolgen des Art. 13 Abs. 1-5 OECD-MA seien jedoch vorrangig anzuwenden[367].

---

365 Die Auslegung des Begriffs "ansässig" richtet sich in diesem auf das innerstaatliche Recht beschränkten Zusammenhang allein nach dem Nichtvorliegen der Voraussetzungen des Art. 9 Abs. 2 CFF, d. h. der ausländische Staat muss Gründungs-, Sitz- oder Geschäftsleitungsstaat der Personengesellschaft sein, ohne dass es einer intransparenten Besteuerung bedarf, die zur Ansässigkeit nach Art. 4 Abs. 1 DBA-Mexiko führen würde.

366 Vgl. Art. 10 DBA-Mexiko, Kapitel 3, III.B.a.

367 *Wassermeyer* in Debatin/Wassermeyer, DBA (MA), Art. 13 Rn. 1.

Zu berücksichtigen ist jedoch, dass nicht sämtliche Veräußerungsgewinne unter Art. 13 DBA-Mexiko fallen können, anderenfalls würde der Anwendungsbereich des Art. 7 DBA-Mexiko übermäßig eingeschränkt. Deshalb ist einer weiteren Auffassung zufolge für die Abgrenzung zwischen Art. 7 OECD-MA und Art. 13 OECD-MA danach zu unterscheiden, ob es sich um eine Veräußerung von Wirtschaftsgütern handelt, die im gewöhnlichen Geschäftsbetrieb vollzogen wird (Art. 7 OECD-MA), oder ob eine Veräußerung außerhalb der gewöhnlichen Geschäftstätigkeit vorliegt (Art. 13 OECD-MA). Dies lege auch der in Art. 13 OECD-MA verwendete, englische Begriff "capital gains" nahe, zumal hierunter Veräußerungsgewinne zu verstehen seien, die außerhalb der gewöhnlichen Geschäftstätigkeit anfallen[368].
Auf ähnlichen Kriterien zur Differenzierung zwischen Art. 7 und Art. 13 OECD-MA beruhen Einordnungen, die zwischen laufenden Unternehmensgewinnen (Erträge der Substanz) und außerordentlichen Veräußerungen (Veräußerung der Substanz)[369] sowie zwischen der Veräußerung des Umlauf- und des Anlagevermögens unterscheiden[370].

Eine allgemeingültige Abgrenzung zwischen Veräußerungsgewinnen, die unter Art. 7 DBA-Mexiko fallen und solchen, die von Art. 13 DBA-Mexiko erfasst werden, wird sich losgelöst vom jeweiligen Einzelfall nicht treffen lassen. Je nach Geschäftsgegenstand des Unternehmens erscheint aber die Differenzierung unter Berücksichtigung aller angeführten Kriterien sinnvoll. Danach ist Art. 7 DBA-Mexiko bei Veräußerungen im Rahmen des gewöhnlichen Geschäftsbetriebs anzuwenden, während Art. 13 DBA-Mexiko bei außerordentlichen Veräußerungen eingreift. Ob es sich bei dem veräußerten Vermögen um Anlage- oder Umlaufvermögen handelt, kann als Indiz für die nach diesen Maßstäben zu treffende Entscheidung dienen; aufgrund des damit verbundenen (restriktiv zu handhabenden) Rückgriffs auf Wertungen des innerstaatlichen Rechts kann die Unterscheidung nach Anlage- oder Umlaufvermögen jedoch auf Abkommensebene nicht allein maßgeblich sein[371].

368 *Vogel*, CDFI LXI b (1976), S. 129.

369 *Piltz*, IStR 1996, 457 (458).

370 *Wassermeyer* in Debatin/Wassermeyer, DBA (MA), Art. 13 Rn. 2; *Piltz*, IStR 1996, 457 (458) – hierdurch würde jedoch nach Ansicht von *Schmalz*, IStR 2003, 290 (293) möglicherweise abkommenswidrig das deutsche Verständnis von Anlage- und Umlaufvermögen zugrundegelegt.

371 *Schmalz*, IStR 2003, 290 (293).

2. Abgrenzung zu Art. 10 DBA-Mexiko

Einkünfte im Zusammenhang mit der Umstrukturierung von Personengesellschaften, sei es durch Fusion, Spaltung oder die Einbringung von Anteilen an Personengesellschaften, werden als Veräußerungsgewinne von Art. 13 DBA-Mexiko erfasst.
Für die Subsumtion von Liquidationsgewinnen und der im Zuge einer Kapitalherabsetzung vereinnahmten Einkünfte unter Art. 13 DBA-Mexiko spricht, dass es sich hierbei um außerordentliche Einkünfte handelt und nicht um die Verteilung laufenden Gewinns. Andererseits ist die Qualifikation von Einkünften als Dividenden gemäß Art. 10 Abs. 3 DBA-Mexiko dem Recht des Quellenstaats überlassen. Man wird deshalb davon ausgehen müssen, dass Gewinne, die nicht mit einer Umstrukturierung oder der Veräußerung von Anteilen an einer mexikanischen Personengesellschaft einhergehen, entsprechend den Vorgaben des LISR unter Art. 10 DBA-Mexiko fallen[372].
Auch das deutsche Steuerrecht geht sowohl bei Bezügen aufgrund einer Kapitalherabsetzung als auch bei der Vereinnahmung eines Liquidationserlöses von Einkünften aus Kapitalvermögen (§ 20 Abs. 1 Nr. 2 EStG) aus, soweit die Auskehrung das Nennkapital übersteigt. Einkünfte infolge der Beendigung einer deutschen Personengesellschaft werden aufgrund des Transparenzprinzips jedoch nicht von § 20 Abs. 1 Nr. 2 EStG erfasst. Vielmehr gilt § 16 Abs. 1 EStG, wobei die Einkünfte auf Abkommensebene aufgrund ihres außerordentlichen Charakters unter Art. 13 DBA-Mexiko fallen.

D. *Die Veräußerung von Anteilen an Personengesellschaften*

Die Abgrenzung von Art. 7 und Art. 13 DBA-Mexiko nach den oben ermittelten Kriterien wird regelmäßig ergeben, dass sich die Besteuerung der Gewinne aus der Veräußerung eines Anteils an einer Personengesellschaft nach Art. 13 DBA-Mexiko richtet. Die Veräußerung dürfte nur in den seltensten Fällen einen unter Art. 7 DBA-Mexiko fallenden Vorgang der gewöhnlichen Geschäftstätigkeit

372 Zudem konstatiert Art. 13 Ziffer 31 OECD-MK, dass Liquidationserlöse zulässigerweise als Ausschüttung von angesammelten Gewinnen statt als Veräußerungsgewinn behandelt werden können.

darstellen[373]. Zudem wird die Veräußerung von Gesellschaftsbeteiligungen ausdrücklich von Art. 13 Abs. 4 DBA-Mexiko erfasst.

a. Sitzstaat der Gesellschaft Mexiko, Gesellschafter-Wohnsitzstaat Deutschland

Ausgehend von der divergierenden Besteuerung von Personengesellschaften bei Anwendung des Transparenzprinzips durch den Wohnsitzstaat des Gesellschafters (Deutschland) und bei Geltung des Intransparenzprinzips im Sitzstaat der Gesellschaft (Mexiko) käme es im Rahmen des Art. 13 OECD-MA zur Anwendung unterschiedlicher Tatbestände durch die Vertragsstaaten. Der transparent besteuernde Staat würde die Einkünfte aus der Veräußerung des Gesellschaftsanteils dem jeweiligen Gesellschafter direkt zurechnen und sie mit der Einkommensteuer belasten. Nach diesem Verständnis wäre Art. 13 Abs. 2 OECD-MA einschlägig, zumal der transparent besteuernde Staat von einer anteiligen Veräußerung der Wirtschaftsgüter der Personengesellschaft ausginge ("asset deal"). Der Veräußerungsgewinn würde der (anteiligen) Betriebstätte des Gesellschafters im Betriebstättenstaat zugerechnet, womit letzterem ein unbeschränktes Besteuerungsrecht zustünde. Der Ansässigkeitsstaat der Gesellschaft Mexiko würde auf der Basis des OECD-MA Art. 13 Abs. 5 anwenden, zumal aus seiner Sicht die Veräußerung eines Anteils an einer Gesellschaft ("share deal") vorläge und dies von keinem der in Art. 13 Abs. 1-4 OECD-MA geregelten Tatbestände erfasst wäre.

Das DBA-Mexiko enthält mit Art. 13 Abs. 4 einen im Verhältnis zu Art. 13 Abs. 2 und Art. 13 Abs. 5 DBA-Mexiko speziellen[374] Tatbestand, der explizit auf die Veräußerung von Gesellschaftsanteilen zugeschnitten ist. Danach wird das Besteuerungsrecht des Quellenstaates für die Veräußerung von Aktien und Beteiligungen an in seinem Gebiet "ansässigen Unternehmen" ausgeweitet. Vor dem Hintergrund der Qualifikationskonflikte, die sich auf der Grundlage des OECD-MA ergeben, ist die Aufnahme einer Regelung zur Veräußerung von Gesellschaftsbeteiligungen in Art. 13 Abs. 4 DBA-Mexiko zu begrüßen. Hierdurch kann zumindest der Fall der Veräußerung eines Anteils an einer mexi-

373 Dies ist denkbar bei Unternehmen, deren Geschäftsgegenstand im Halten und Veräußern von Gesellschaftsbeteiligungen besteht, z. B. Private Equity Fonds.

374 Vgl. Art. 13 DBA-Mexiko, IV.B.

kanischen, steuerlich subjektfähigen Personengesellschaft einer sinnvollen Lösung zugeführt werden[375].

b. Sitzstaat der Gesellschaft Deutschland, Gesellschafter-Wohnsitzstaat Mexiko

Veräußert ein in Mexiko ansässigen Gesellschafter seinen Anteils an einer deutschen Personengesellschaft, ist Art. 13 Abs. 4 DBA-Mexiko nicht anwendbar, denn er setzt die – bei fiskalischer Transparenz fehlende – Ansässigkeit der Gesellschaft, deren Anteil veräußert wird, in einem Vertragsstaat voraus. Aus deutscher Sicht ist in diesem Fall auf den (sonst subsidiären) Art. 13 Abs. 2 DBA-Mexiko abzustellen, wonach der Gesellschafter die anteilig auf ihn entfallenden Wirtschaftsgüter "seiner" deutschen Betriebstätte veräußert.
Mexiko folgt dem nicht: "Unternehmen eines Vertragsstaats" kann nach der Auffassung Mexikos nur die Gesellschaft selbst sein. Für die Ansässigkeit könne wegen der – trotz fiskalischer Transparenz – bestehenden (zivilrechtlichen) Eigenständigkeit der Gesellschaft nicht auf die dahinter stehenden Gesellschafter zurückgegriffen werden[376].

Im Ergebnis erachtet Deutschland Art. 13 Abs. 2 DBA-Mexiko für einschlägig. Es ist davon auszugehen, dass Mexiko auf der Grundlage seiner Ansicht zur abkommensrechtlichen Behandlung fiskalisch transparenter Gesellschaften die Auffangvorschrift des Art. 13 Abs. 5 DBA-Mexiko anwendet. Dies führt zu einer Doppelbesteuerung des Veräußerungsgewinns: Mexiko beansprucht als Ansässigkeitsstaat des Veräußerers das ausschließliche Besteuerungsrecht, wohingegen Deutschland auf sein Besteuerungsrecht als Betriebstättenstaat abstellt. In Anwendung des Art. 13 Abs. 2 DBA-Mexiko, einer Verteilungsnorm mit offener Rechtsfolge, geht der deutsche Fiskus ferner davon aus, dass Mexiko in der Rolle des Gesellschafter-Wohnsitzstaates die Doppelbesteuerung durch Anrechnung der deutschen Steuer vermeiden wird. Mexiko wird jedoch

375 Die mexikanische Gesellschaft ist nach der hier vertretenen Ansicht auch im innerstaatlichen deutschen Recht als Körperschaftsteuersubjekt anzuerkennen. Der Veräußerungsgewinn des Geesllschafters unterliegt folglich dem Halbeinkünfteverfahren nach § 3 Nr. 40 Buchst. a) EStG.

376 Vgl. die Bemerkungen Mexikos in Art. 1 Ziffer 27.2 und Art. 4 Ziffer 26.1 OECD-MK.

unter Verweis auf Art. 13 Abs. 5 DBA-Mexiko als Verteilungsartikel mit abschließender Rechtsfolge die Steueranrechnung ablehnen.

c. Bindung des Wohnsitzstaates an die Abkommensanwendung des Quellenstaates

Nach dem OECD Partnership Report, dessen Ergebnisse mittlerweile Bestandteil des OECD-MK sind[377], hat der Gesellschafter-Wohnsitzstaat des Veräußerers für Zwecke der Anwendung des Methodenartikels Art. 23 OECD-MA davon auszugehen, dass die Besteuerung des Veräußerungsgewinns durch den Quellenstaat (Betriebstättenstaat) in Übereinstimmung mit den Vorschriften des Abkommens stattfindet. Demnach ist Mexiko im voranstehend geschilderten – nicht von Art. 13 Abs. 4 DBA-Mexiko erfassten Fall – dazu verpflichtet, die Anrechnung der in Deutschland in Anwendung des Art. 13 Abs. 2 DBA-Mexiko erhobenen Steuer auf die mexikanische Einkommensteuer des Gesellschafters zu gewähren. Dies gilt nach Ansicht der OECD auch dann, wenn der Wohnsitzstaat aufgrund seines (divergierenden) innerstaatlichen Rechts das ausschließliche Besteuerungsrecht (Art. 13 Abs. 5 DBA-Mexiko) auf seiner Seite sieht und demnach die An-rechnung ausländischer Steuern nicht gewährt werden dürfte.

d. Lösung anhand der Systematik des Art. 13 DBA-Mexiko

Ein anderer Lösungsvorschlag will die oben erörterten Schwierigkeiten bereits bei der Auslegung des Art. 13 OECD-MA berücksichtigen[378]. Ausgangspunkte sind die Absätze 1-3 und Absatz 5 der Norm. Betrachte man ihren jeweiligen Regelungsbereich, so werde deutlich, dass jeder Absatz die Veräußerungsgewinne einer bestimmten Einkunftsart (i. S. d. laufenden Einkünfte) erfasse: Art. 13 Abs. 1 verweise auf Art. 6 OECD-MA, Art. 13 Abs. 2 auf Art. 7 OECD-MA, Art. 13 Abs. 3 auf Art. 8 OECD-MA und Art. 13 Abs. 5 verweise auf das in den Absätzen 1-3 des Art. 13 OECD-MA nicht genannte Vermögen. Darin

377 OECD Partnership Report, Tz. 106 f. (Beispiel 14); siehe auch Art. 23 Ziffer 32.4 OECD-MK.

378 Siehe dazu *Schmalz*, IStR 2003, 290 ff.

liege wiederum ein mittelbarer Verweis auf alle anderen Einkunftsarten, mithin auch auf Art. 10 OECD-MA.
Dem systematischen Zusammenhang zwischen Art. 13 Abs. 2 OECD-MA (mit seinem Verweis auf Art. 7 OECD-MA) und Art. 13 Abs. 5 OECD-MA (der u. a. auf Art. 10 OECD-MA verweist) wird entnommen, dass in dem Fall, in dem die laufenden Einkünfte eines Gesellschafters aufgrund der intransparenten Besteuerungsweise des Quellenstaates und wegen der diesbezüglichen Bindungswirkung für den Wohnsitzstaat des Gesellschafters (Art. 10 Abs. 3 OECD-MA) abkommensrechtlich als Dividenden qualifiziert werden, bei einer Vermögensveräußerung Art. 13 Abs. 5 OECD-MA einschlägig ist. Die (abkommensrechtliche) Wertung, unter welche Einkunftsart die laufenden Einkünfte des Gesellschafters fallen, bestimme somit auch die Einordnung von Veräußerungsgewinnen in Art. 13 OECD-MA. Im Grundsatz solle das Recht zur Besteuerung des Gewinns aus der Veräußerung eines Vermögenswertes dem Staat zustehen, der nach dem Abkommen berechtigt ist sowohl den Vermögenswert als auch die Einkünfte daraus zu besteuern[379]. Qualifiziere nun der Sitzstaat der Personengesellschaft den laufenden Gewinn als anteiligen Unternehmensgewinn i. S. v. Art. 7 OECD-MA der Gesellschafter, so sei bei der Veräußerung eines Vermögenswertes Art. 13 Abs. 2 OECD-MA einschlägig, zumal dieser auf Art. 7 OECD-MA verweise.

Bei der Veräußerung eines Anteils an einer mexikanischen Personengesellschaft durch einen in Deutschland ansässigen Gesellschafter wäre somit Art. 13 Abs. 5 OECD-MA einschlägig, zumal die Gewinne in den Händen des Gesellschafters nach dem maßgeblichen, mexikanischen Recht Dividenden i. S. v. Art. 10 DBA-Mexiko sind. Aufgrund der gesonderten Regelung für die Veräußerung von Gesellschaftsanteilen geht jedoch Art. 13 Abs. 4 DBA-Mexiko dem Art. 13 Abs. 5 OECD-MA entsprechenden Art. 13 Abs. 5 DBA-Mexiko vor. Insoweit ist fraglich, ob der aus Art. 13 Abs. 5 OECD-MA gewonnene Verweis auf Art. 10 OECD-MA und damit die Systematik der dargestellten Ansicht auch auf das DBA-Mexiko mit seiner Spezialregelung in Art. 13 Abs. 4 DBA-Mexiko projiziert werden kann.
Um die Probleme, die aus der verschiedenen Einordnung des Veräußerungsvorgangs durch die innerstaatlichen Rechtsordnungen resultieren, entsprechend der obigen Ansicht innerhalb des Art. 13 DBA-Mexiko zu lösen, müsste auch

379 Vgl. Art. 13 Ziffer 3 OECD-MK.

Art. 13 Abs. 4 DBA-Mexiko mit einer Verteilungsnorm korrespondieren, die den laufenden Gewinn der Gesellschaft behandelt. Da Art. 13 Abs. 4 DBA-Mexiko nur anwendbar ist, wenn es sich um die Veräußerung eines Anteils an einer intransparent besteuerten Personengesellschaft handelt, erscheint auch im Rahmen des Art. 13 Abs. 4 DBA-Mexiko eine Differenzierung nach der Besteuerung der laufenden Gewinne bei der Gesellschaft bzw. den Gesellschaftern sinnvoll. Werden diese im Entstehungszeitraum bei den Gesellschaftern erfasst und besteuert, so kann Art. 13 Abs. 4 DBA-Mexiko nicht einschlägig sein, zumal es hier auf eine Gesellschaft als ansässige Person ankommt. Entscheidend ist somit wiederum, dass die Gesellschaft selbst besteuert wird und lediglich Gewinnausschüttungen bei den Gesellschaftern Dividenden i. S. v. Art. 10 DBA-Mexiko sind. Die ausschließliche Anwendbarkeit des Art. 13 Abs. 4 DBA-Mexiko auf intransparent besteuerte Personengesellschaften ergibt sich bereits aus dem Merkmal "ansässiges Unternehmen". Hieraus folgt, dass die Gesellschafter einer solchen Perso-nengesellschaft in ihrem Sitzstaat nur als Empfänger von Dividenden besteuert werden. In Anlehnung an die Systematik der oben erläuterten Ansicht sind die Art. 13 Abs. 4 DBA-Mexiko zuzuordnenden, laufenden Gewinne Dividenden i. S. v. Art. 10 DBA-Mexiko.

Die Lösung von Einordnungskonflikten wird somit durch die auf die Auslegung des Art. 13 DBA-Mexiko reduzierte Methode gleichermaßen erreicht wie durch den Vorschlag des OECD Partnership Reports, der die Anwendung des Methodenartikels durch den Wohnsitzstaat entsprechend der Besteuerung durch den Quellenstaat vorsieht.

Zu beachten ist jedoch, dass die Problematik der restriktiven Auslegung der Abkommensberechtigung durch Mexiko den soeben erörterten Fragen vorgelagert ist. Die jeweiligen Lösungsmodelle greifen nur dann, wenn beide Vertragsstaaten akzeptieren, dass bei transparent besteuerten Personengesellschaften für die Abkommensberechtigung auf die Gesellschafter zurückgegriffen werden darf. Anderenfalls wird Mexiko bei Veräußerung eines Anteils an einer deutschen Personengesellschaft durch einen in Mexiko ansässigen Gesellschafter weiterhin von der Einschlägigkeit des Art. 13 Abs. 5 DBA-Mexiko[380]

380 Für die Annahme von Art. 13 Abs. 5 DBA-Mexiko bedarf es keines "Unternehmens eines Vertragsstaats"; es kommt allein auf die Ansässigkeit des Veräußerers, also des Gesellschafters, an. Die fehlende Ansässigkeit der Gesellschaft führt folglich – auch bei Zugrundelegung der restriktiven Auslegung der Abkommensberechtigung durch Mexiko

ausgehen und damit die Anrechnung einer Steuer, die Deutschland in Anwendung des Art. 13 Abs. 2 DBA-Mexiko erhebt, verweigern.

e. Eigene Ansicht, Ergebnis

M. E. lässt sich eine übereinstimmende Beurteilung von Veräußerungsvorgängen durch Deutschland und Mexiko erreichen, indem das Besteuerungskonzept des jeweiligen Sitz- bzw. Errichtungsstaates der Personengesellschaft für den anderen Vertragsstaat Maßgeblichkeit erlangt. Bei der Veräußerung eines Anteils an einer mexikanischen Personengesellschaft wäre stets Art. 13 Abs. 4 DBA-Mexiko einschlägig[381], während die Veräußerung eines Anteils an einer deutschen Personengesellschaft unter Art. 13 Abs. 2 DBA-Mexiko fiele.
Dieses Ergebnis liegt auf einer Linie mit dem voranstehend erläuterten (zweiten) Lösungsvorschlag, der auf die Betrachtung der Besteuerung des laufenden Gewinns bei den Gesellschaftern abstellt. Hiermit wird bereits im Rahmen des Verteilungsartikels eine übereinstimmende Einordnung der Einkünfte durch die Vertragsstaaten erreicht.
Der an der Systematik des Art. 13 OECD-MA orientierte Lösungsvorschlag beschränkt sich jedoch auf diesen Verteilungsartikel. Die den Art. 13 Absätzen 1-5 OECD-MA entnommene Maßgeblichkeit des jeweiligen Besteuerungskonzepts der Vertragsstaaten gilt nur (punktuell) für Veräußerungsgewinne. Übernehmen die Vertragsstaaten aber das jeweilige Besteuerungskonzept des Sitzstaats des Unternehmens, so folgt daraus eine grundsätzliche Übereinstimmung bei der Anwendung aller Verteilungsartikel und nicht nur bei der Beurteilung von Veräußerungsvorgängen. Die übereinstimmende Auslegung der Verteilungsartikel würde nicht auf Wertungen beruhen, die eigens für jede Vorschrift abgeleitet werden müssten. Die Anwendung und Auslegung sämtlicher Verteilungsartikel wäre mit der Entscheidung verknüpft, wer als abkommensberechtigte Person und damit als Steuersubjekt anzusehen ist.

– nicht zur Unanwendbarkeit des Abkommens.

381 Ist die veräußernde Person eine in Deutschland ansässige Körperschaft, sollte der Gewinn aus der Veräußerung von Anteilen an einer mexikanischen, steuerlich subjektfähigen Personengesellschaft gemäß § 8 b Abs. 2 KStG konsequenterweise außer Ansatz bleiben; a. A. BMF v. 28.05.1998, BStBl. I 1998, 557 Tz. 5 zum DBA-Spanien.

V. Selbständige Arbeit (Art. 14 DBA-Mexiko)

A. *Innerstaatliches Recht (Mexiko)*

a. Ansässige Personen

Die Besteuerung natürlicher Personen, die Einkünfte aus selbständiger Arbeit erzielen, richtet sich nach den – auch für Einzelunternehmer geltenden – Art. 120 ff. LISR.
Personenvereinigungen, die Einkünfte aus selbständiger Arbeit erzielen, werden in Mexiko zumeist in der Rechtsform der Sociedad Civil betrieben. Diese ist vergleichbar mit der deutschen Gesellschaft bürgerlichen Rechts (§§ 705 ff. BGB). Eine Sociedad Civil ist gemäß Art. 2688 CC ein Vertrag, mittels dessen die Gesellschafter sich zum gegenseitigen Austausch ihrer Mittel und Dienste verpflichten, um ein gemeinsames Ziel zu erreichen. Dieses Ziel muss überwiegend wirtschaftlicher Art sein, darf aber nicht mit der dem Handels- bzw. Gewerbebetrieb verbundenen Spekulations- oder Gewinnerzielungsabsicht einhergehen. Im mexikanischen Zivilrecht hat die Sociedad Civil den Status einer juristischen Person[382], d. h. sie verfügt über eine eigenständige, von ihren Mitgliedern getrennte Rechtspersönlichkeit und unterliegt konsequenterweise auch der Körperschaftsteuer.

Die Sociedad Civil ermittelt ihre Einkünfte grundsätzlich nach den allgemeinen, für juristische Personen geltenden Vorschriften[383]. Dabei sind folgende Abweichungen zu berücksichtigen:

- Die zeitliche Erfassung der Einnahmen und Ausgaben einer Sociedad Civil richtet sich nach dem tatsächlichen Zu- bzw. Abfluss (Art. 18 Abs. 1 I. LISR).
- Vorabgewinne, die die Gesellschafter einer Sociedad Civil von dieser beziehen, sind seitens der Sociedad Civil als Betriebsausgaben abziehbar (Art. 29 XI. LISR) und stellen bei den Empfängern gemäß Art. 110 Abs. 1 II. LISR Einkünfte aus unselbständiger Arbeit dar.

382 Vgl. Art. 25 Código Civil, Art. 8 Abs. 1 LISR; für weitere Angaben zur Struktur der Sociedad Civil vgl. Kapitel 1, V.B.a.2.(b).

383 Siehe Art. 7 DBA-Mexiko, I.B.b.1.

b. Nichtansässige Personen

Die Besteuerung der Einkünfte Nichtansässiger aus selbständiger Arbeit erfolgt nach Maßgabe der Art. 183 f. LISR. Anknüpfungspunkt für die beschränkte Steuerpflicht ist die Erbringung der Leistung in Mexiko (Tätigkeitsort). Letzteres wird vermutet, wenn nachweislich ein Teil der selbständigen Arbeit in Mexiko geleistet wurde, es sei denn, der Steuerpflichtige kann belegen, dass ein Teil der Leistung im Ausland erbracht wurde. In diesem Fall erfolgt eine Aufteilung der Einkünfte.
Einkünfte aus selbständiger Arbeit unterliegen im Rahmen der beschränkten Steuerpflicht gemäß Art. 183 Abs. 2 LISR einer abgeltenden Quellensteuer von 25 %. Abzüge jeglicher Art sind nicht zulässig. Die Einbehaltung und Abführung der Steuer obliegt dem Schuldner der Zahlungen, soweit dieser in Mexiko ansässig ist oder in Mexiko über eine Betriebstätte verfügt[384].

B. *Regelungsinhalt Art. 14 DBA-Mexiko*

Gemäß Art. 14 Abs. 1 DBA-Mexiko können Einkünfte, die eine in einem Vertragsstaat ansässige Person aus einem freien Beruf oder einer sonstigen selbständigen Tätigkeit bezieht, grundsätzlich nur im Ansässigkeitsstaat besteuert werden. Der andere Vertragsstaat kann die Einkünfte jedoch besteuern, wenn die Person in diesem Vertragsstaat eine feste Einrichtung hat und die Einkünfte dieser Einrichtung zuzurechnen sind[385].

384 Gemäß Art. 184 Abs. 1 LISR sind Einkünfte aus selbständiger Arbeit von der Besteuerung ausgenommen, wenn der Schuldner der Zahlungen im Ausland ansässig ist oder keine in Mexiko gelegene Betriebstätte unterhält. Verfügt der Schuldner über eine solche Betriebstätte, so unterbleibt die Besteuerung der Einkünfte trotzdem, wenn die selbständige Tätigkeit nicht in einem Bezug zur Betriebstätte steht und der Aufenthalt des Steuerpflichtigen in Mexiko weniger als 183 Tage (in einem zusammenhängenden Zeitraum von 12 Monaten) beträgt. Die Ausnahme greift jedoch nicht ein, wenn die erbrachten Leistungen im Zusammenhang mit einer in Mexiko belegenen Einrichtung stehen, selbst wenn diese unter den Voraussetzungen des Art. 3 LISR keine Betriebstätte begründet.

385 In Abweichung zu – dem mittlerweile abgeschafften – Art. 14 OECD-MA sieht Art. 14 Abs. 1 Buchst. b) DBA-Mexiko vor, dass der andere Vertragsstaat die Einkünfte auch im Falle eines Aufenthaltes des selbständig Tätigen in Mexiko von wenigstens 183 Tagen (während eines zusammenhängenden Zeitraums von 12 Monaten) besteuern kann.

Art. 14 Abs. 1 DBA-Mexiko knüpft wie die übrigen Verteilungsartikel an die Ansässigkeit einer Person in einem Vertragsstaat an. Es erfolgt keine Differenzierung zwischen natürlichen und juristischen Personen, womit sämtliche (abkommensberechtigte) Personen Einkünfte aus einem freien Beruf beziehen können[386]. Die vornehmlich von Zusammenschlüssen freiberuflich Tätiger verwendete Rechtsform der Sociedad Civil erzielt somit auf Abkommensebene Einkünfte aus selbständiger Arbeit i. S. v. Art. 14 DBA-Mexiko.

Mit Entscheidung des OECD-Steuerausschusses vom 29.04.2000 wurde die bis zu diesem Zeitpunkt bestehende Regelung für Einkünfte aus selbständiger Arbeit (Art. 14 OECD-MA) aufgehoben[387]. Für die Einkünfte aus einem freien Beruf oder einer sonstigen selbständigen Tätigkeit gilt seitdem Art. 7 OECD-MA, zumal Art. 14 OECD-MA nach dem Befund der Untersuchungen des Steuerausschusses in materieller Hinsicht der Vorschrift über Unternehmensgewinne entspricht.

Im zeitlich früher datierenden DBA-Mexiko ist weiterhin zwischen den Begriffen "Betriebstätte" und "feste Einrichtung" zu unterscheiden. Gleichwohl kann dabei der allgemein angenommenen, weitgehenden Übereinstimmung zwischen beiden Begriffen Rechnung getragen werden[388]. Die Aufgabe der Differenzierung zwischen Betriebstätten und festen Einrichtungen in Art. 2 LISR ist ein Indiz dafür, dass Mexiko diesen Begriffen auch abkommensrechtlich – mithin der OECD folgend – dieselbe Bedeutung zumisst.

386 Vgl. für Art. 14 OECD-MA *Prokisch* in: Vogel/Lehner, DBA, Art. 14 Rn. 11; *Amann*, Dienstleistungen im internationalen Steuerrecht, S. 134. Mexiko hat in Art. 14 Ziffer 4.1 OECD-MK angemerkt, dass es auch juristische Personen ("Gesellschaften") vom Anwendungsbereich des Art. 14 OECD-MA erfasst sieht. Diese Feststellung dürfte rein deklaratorischer Natur sein.

387 Die Entscheidung beruhte auf einem Bericht des OECD-Steuerausschusses zu Art. 14 OECD-MA: OECD, Issues Related to Article 14 of the Model Tax Convention, Paris 2000.

388 Vgl. hierzu die Ausführungen im folgenden Gliederungspunkt V.C.a.

C. *Besteuerung der Einkünfte freiberuflich tätiger Personengesellschaften*

a. Feste Einrichtung [Art. 14 Abs. 1 Buchst. a) DBA-Mexiko]

1. Sitzstaat der Personengesellschaft Deutschland, feste Einrichtung in Mexiko

Aus der – auch für den Quellenstaat Mexiko maßgeblichen – Sicht des Sitzstaates Deutschland, ist eine freiberufliche Sozietät (z. B. GbR oder Partnerschaft) mangels Steuersubjekteigenschaft keine ansässige Person und damit nicht abkommensberechtigt i. S. v. Art. 1 DBA-Mexiko. Der deutsche Fiskus greift infolge des Transparenzprinzips auch für Zwecke der Abkommensanwendung auf die einzelnen Gesellschafter bzw. Partner zurück, soweit sie in einem Vertragsstaat ansässig sind.
Mexiko lehnt es gegenwärtig ab, den Gesellschaftern einer nicht abkommensberechtigten Personengesellschaft die Abkommensvorteile zu gewähren, soweit das Abkommen mit dem Sitzstaat der Gesellschaft dies nicht ausdrücklich bestimmt.
Nach der hier vertretenen Auffassung hat Mexiko die Wertungen des Errichtungsstaates der GbR, Deutschland, kraft des DBA-Mexiko zu respektieren und darüber hinaus das in Deutschland geltende, bei den Gesellschaftern ansetzende Besteuerungskonzept zu übernehmen. Die Einkünfte aus selbständiger Tätigkeit können somit ausschließlich in den Ansässigkeitsstaaten der Gesellschafter besteuert werden.

Unterhalten die Gesellschafter im anderen Vertragsstaat eine feste Einrichtung, steht diesem Staat das Besteuerungsrecht für die der Einrichtung zuzurechnenden Einkünfte zu.
Der Wortlaut des Art. 14 Abs. 1 DBA-Mexiko besagt, dass die feste Einrichtung der selbständig tätigen Person für die Ausübung ihrer Tätigkeit, d. h. *ihrer Dienstleistungen*, zur Verfügung stehen muss. Es wird daher vertreten, dass zur Begründung einer festen Einrichtung i. S. v. Art. 14 Abs. 1 OECD-MA (~ DBA-Mexiko) ein engeres Verhältnis der Einrichtung zur ausgeübten Tätigkeit als bei der Betriebstätte vorhanden sein müsse[389]. Demnach würde eine

389 *Prokisch* in: Vogel/Lehner, DBA, Art. 14 Rn. 30; *Bödefeld* in: B/H/G/K, DBA, Art. 14 Rn. 100 f.; *Töben*, IWB Fach 10 Gr. 2, S. 1253.

feste Einrichtung nicht wie eine Betriebstätte i. S. v. Art. 5, 7 DBA-Mexiko bereits aufgrund der Tätigkeit eines Gesellschafters dem anderen Gesellschafter anteilig zugerechnet, sondern nur für denjenigen Gesellschafter begründet, der auch tatsächlich in der Einrichtung tätig wird.

Handelte man bei der Besteuerung in Deutschland nicht nach dem Prinzip der gegenseitigen Zurechnung i. S. v. Art. 5 i. V. m. Art. 7 DBA-Mexiko und besteuerte somit – im Sinne der vorstehend erläuterten Ansicht – die Einkünfte des deutschen Gesellschafters in der Annahme, dass Deutschland aufgrund von Art. 14 Abs. 1 DBA-Mexiko das alleinige Besteuerungsrecht habe, käme es zu einer Doppelbesteuerung der Einkünfte dieses Gesellschafters. Einerseits würden die Einkünfte in Mexiko über das Zurechnungsprinzip als solche der festen Einrichtung berücksichtigt und andererseits als Teil des Welteinkommens im Wohnsitzstaat Deutschland besteuert.

Nach Ansicht der deutschen Finanzverwaltung und einem Teil der Literatur hat die Aufteilung von Einkünften aus freiberuflicher Tätigkeit nach den für Betriebstätten geltenden Grundsätzen (Art. 5 i. V. m. 7 OECD-MA) zu erfolgen[390]. Ausreichend sei die Erfüllung der Merkmale einer festen Einrichtung i. S. v. Art. 14 Abs. 1 Buchst. a) DBA-Mexiko durch *einen* Gesellschafter. Die feste Einrichtung sei den anderen Gesellschaftern anteilig zuzurechnen. Demnach ist es ohne Bedeutung, wenn beispielsweise Räumlichkeiten in Mexiko nicht der Tätigkeit eines jeden Gesellschafters dienen. Mexiko könnte als Staat der festen Einrichtung die Einkünfte aller Gesellschafter nach Maßgabe des Art. 14 Abs. 1 Buchst. a) DBA-Mexiko besteuern.
Die Annahme, dass der Begriff der "festen Einrichtung" in Art. 14 Abs. 1 Buchst. a) DBA-Mexiko ein engeres Verhältnis der Einrichtung zur ausgeübten Tätigkeit als bei der Betriebstätte erfordert, wird am Wortlaut der englischen

390 BMF v. 24.12.1999, BStBl. I 1999, 1076 Tz. 6.1; so auch *Wassermeyer* in: Debatin/Wassermeyer, DBA (MA), Art. 14 Rn. 50; *Amann*, Dienstleistungen im internationalen Steuerrecht, S. 137 f.; *Urtz* in: Gassner/Lang/Lechner, Die Betriebstätte im Recht der DBA, S. 157 (176); *Krabbe*, FR 1995, 692 f. Eine Stellungnahme der mexikanischen Finanzverwaltung (SHCP) liegt zu der hier behandelten Frage nicht vor. Die einheitliche Regelung für Betriebstätten und feste Einrichtungen in Art. 2, 4 LISR erlaubt jedoch den Schluss, dass die Zurechnung der Einkünfte an ausländische Gesellschafter einrichtungsbezogen, d. h. ohne das Erfordernis des eigenen Tätigwerdens in der mexikanischen Einrichtung, erfolgt.

Originalfassung festgemacht[391]. In Art. 5 OECD-MA heißt es für die Betriebstätte "in which the business ... is carried on", während Art. 14 OECD-MA die Wendung "for the purpose of performing *his activities*" enthält. Dies lasse darauf schließen, dass es für die Begründung einer Betriebstätte i. S. v. Art. 5 OECD-MA lediglich auf die Entfaltung *einer* Aktivität ankomme, die Gegenstand des von allen Gesellschaftern betriebenen Unternehmens ist – unabhängig davon, welcher Gesellschafter gerade tätig wird. Demgegenüber verlange Art. 14 Abs. 1 OECD-MA die Berücksichtigung der konkreten Tätigkeit eines jeden Gesellschafters, vorausgesetzt, die Personengesellschaft ist nicht selbst bereits abkommensberechtigt[392].

Nach der hier vertretenen Auffassung gibt der englische Wortlaut der betreffenden Vorschriften die dargelegte Unterscheidung bei der Zurechnung von Gesellschafter-Tätigkeiten zwischen Betriebstätte und fester Einrichtung nicht her. Zunächst ist die Abweichung vom Zurechnungsprinzip des Art. 7 Abs. 1 DBA-Mexiko angesichts der allgemein befürworteten Gleichbehandlung von Unternehmensgewinnen und Einkünften aus selbständiger Arbeit abzulehnen. Hierzu sei auf Art. 14 Ziffer 3 OECD-MK verwiesen: "Die Bestimmungen des Artikels (14) entsprechen denen, die für die Unternehmensgewinne gelten, und sie beruhen auf denselben Grundsätzen wie Artikel 7." Zwar geht aus Art. 14 Ziffer 4 OECD-MK hervor, dass der Begriff "Betriebstätte" nur den gewerblichen Tätigkeiten vorbehalten sein soll. Eine eigenständige – und vor allem eine sich von dem Betriebstättenbegriff und dem damit offensichtlich verbundenen Zurechnungsprinzip unterscheidende – Defintion wurde für Art. 14 OECD-MA jedoch nicht entwickelt. Es ist deshalb eher unwahrscheinlich, dass die rein formalbegrifflichen Unterschiede zwischen Art. 14 und Art. 7 DBA-Mexiko auch mit inhaltlichen Divergenzen einhergehen sollen[393]. Wie im Rahmen des Betriebstättenprinzips soll der von einer festen Einrichtung

---

391 Vgl. *Prokisch* in: Vogel/Lehner, DBA, Art. 14 Rn. 30.

392 Vgl. *Prokisch* in: Vogel/Lehner, DBA, Art. 14 Rn. 11, 30.

393 Zudem räumt die Gegenansicht ein, dass es auf die Tätigkeit eines jeden Gesellschafters im Rahmen der festen Einrichtung bei einer *abkommensberechtigten* Gesellschaft nicht ankommt. Die englische Wendung "for the purpose of performing *his* activities" dürfte sich aber infolge des auf eine Einzelperson anzuwendenden Possessivpronoms "his" streng genommen gar nicht auf die Gesellschaft beziehen. Wird hierüber schon bei einer abkommensberechtigten Gesellschaft hinweggesehen, kann aus der Formulierung jedoch keine restriktive Auslegung in Bezug auf den Gesellschafter hergeleitet werden.

erzielte Gewinn den steuerlichen Bedingungen des Belegenheitsstaats unterliegen, was mit dem Erfordernis der Begründung einer festen Einrichtung durch die Tätigkeit eines jeden Gesellschafters konterkariert würde[394].
Im Ergebnis ist m. E. der Finanzverwaltung zuzustimmen, wenn sie die Betriebstättengrundsätze auch für die Aufteilung von Einkünften aus freiberuflicher Tätigkeit (transparent besteuerter Personengesellschaften) anwendet. Das bedeutet, dass jedes Handeln eines Gesellschafters und sämtliche Einkünfte allen Gesellschaftern anteilig zuzurechnen sind.

2. Sitzstaat der Personengesellschaft Mexiko, feste Einrichtung in Deutschland

Bei einer freiberuflich tätigen Sociedad Civil handelt es sich um eine in Mexiko ansässige und damit abkommensberechtigte Person. Die bei Bestehen einer festen Einrichtung in Deutschland gegebene beschränkte Steuerpflicht würde nach der gängigen Praxis der deutschen Finanzverwaltung gleichwohl auf die Gesellschafter bezogen (Rechtstypenvergleich). Wie bereits im Rahmen der vorangehenden Verteilungsartikel erörtert wurde, ist diese Vorgehensweise abzulehnen. Der deutsche Fiskus wird der Steuersubjekteigenschaft der Sociedad Civil in Mexiko und der daraus resultierenden eigenständigen Abkommensberechtigung der Gesellschaft nur gerecht, indem er das mexikanische Trennungsprinzip auch bei der Besteuerung in Deutschland nachvollzieht und die der festen Einrichtung zurechenbaren Einkünfte bei der Sociedad Civil besteuert.

Infolge der Abkommensberechtigung einer mexikanischen Sociedad Civil ist für das Vorliegen einer festen Einrichtung in Deutschland allein auf die Gesellschaft abzustellen. Es ist irrelevant, ob oder inwieweit jeder einzelne Gesellschafter die feste Einrichtung jeweils für seine Dienstleistungen nutzt. Jegliche Dienstleistung ist der Sociedad Civil als "Ausübung *ihrer* Tätigkeit" i. S. v. Art. 14 Abs. 1 Buchst. a) DBA-Mexiko zuzurechnen.

394 Vgl. *Krabbe*, FR 1995, 692 (694). Auch der internationale Vergleich zeigt, dass eine einrichtungsbezogene Zurechnung von Einkünften i. S. v. Art. 14 OECD-MA wesentlich praktikabler ist, zumal die weit überwiegende Mehrheit der Staaten die in einer festen Einrichtung erwirtschafteten Gewinne allen Mitgliedern einer Sozietät zurechnet; vgl. *Kramer*, IWB (2003) Fach 10 Gr. 2, S. 1687 f.

b. Die Besteuerung des Vorabgewinns

Der an die Gesellschafter ausgezahlte Vorabgewinn ist bei der einer mexikanischen Sociedad Civil als Betriebsausgabe abziehbar (Art. 29 XI. LISR). Die Bezüge stellen bei den Empfängern Einkünfte aus unselbständiger Arbeit dar (Art. 110 Abs. 1 II. LISR).

Überträgt man die Vorgaben des innerstaatlichen, mexikanischen Rechts auf die Abkommensebene, ist auf den Vorabgewinn der Gesellschafter einer Sociedad Civil Art. 15 DBA-Mexiko anzuwenden. Der Vorabgewinn könnte damit gemäß Art. 15 Abs. 1, 1. Hs. DBA-Mexiko ausschließlich vom jeweiligen Gesellschafter-Wohnsitzstaat besteuert werden.

Grundsätzlich ist Deutschland nach der hier vertretenen Auffassung verpflichtet, der steuerlichen Subjektfähigkeit sowohl bei der Anwendung der Verteilungsartikel als auch bei der Besteuerung nach innerstaatlichem Recht Rechnung zu tragen. Fraglich ist jedoch, ob auch die im mexikanischen Recht erfolgende Einordnung des Vorabgewinns als Einkünfte aus unselbständiger Tätigkeit durch die Geltung des Trennungsprinzips abkommensrechtlich und innerstaatlich Verbindlichkeit erlangt. Dies ist zu verneinen, denn die Qualifikation der Vorabgewinne als Einkünfte aus unselbständiger Arbeit ist keine sich zwingend aus der Steuersubjektivität der Personengesellschaft ergebende Konsequenz, sondern eine Besonderheit des mexikanischen Rechts. Zunächst kann es bei einem Gesellschafter an dem für die Annahme einer unselbständigen Tätigkeit i. S. v. Art. 15 DBA-Mexiko erforderlichen Merkmal der Weisungsgebundenheit[395] fehlen; darüber hinaus stellt die Auszahlung des Vorabgewinns eine Vorwegnahme der Gewinn*verteilung* dar, die aufgrund der gesellschaftsrechtlichen Stellung der Empfänger gewährt wird und mithin nicht den Charakter einer Vergütung für die weisungsgebundene Leistung von Diensten hat.

Die Einordnung des Vorabgewinns hat deshalb nach abkommensrechtlichen Wertungen zu erfolgen. Einkünfte aus unselbständiger Arbeit (Art. 15 DBA-Mexiko) scheiden, wie voranstehend erläutert, aus. Unternehmensgewinne i. S. v. Art. 7 DBA-Mexiko liegen aufgrund der freiberuflichen Tätigkeit der Gesellschafter nicht vor. Es bleiben folglich Einkünfte aus selbständiger Arbeit

395 *Prokisch* in: Vogel/Lehner, DBA, Art. 15 Rn. 27 f.

oder Geschäftsführervergütungen i. S. v. Art. 16 DBA-Mexiko. M. E. ist auf den Vorabgewinn sowohl von Mexiko als auch Deutschland Art. 14 DBA-Mexiko anzuwenden[396]. Im Rahmen des Art. 16 DBA-Mexiko bliebe unberücksichtigt, dass der *Gesellschafter*-Geschäftsführer in der Regel nicht weisungsgebunden und eher mit einem Unternehmer oder selbständig Tätigen vergleichbar ist[397].

VI. Unselbständige Arbeit (Art. 15 DBA-Mexiko); Geschäftsführervergütungen (Art. 16 DBA-Mexiko)

A. *Innerstaatliches Recht (Mexiko)*

a. Ansässige Personen

Zu den Einkünften aus unselbständiger Arbeit gehören gemäß Art. 110 Abs. 1 LISR Löhne, Gehälter und sonstige Leistungen, die im Zusammenhang mit einem Arbeitsverhältnis gezahlt werden sowie die Gewinnbeteiligung der Arbeiter an den Gewinnen der Unternehmen und die infolge der Auflösung eines Arbeitsverhältnisses erhaltenen Leistungen[398].
Einkünfte aus unselbständiger Arbeit unterliegen der Besteuerung an der Quelle. Als besondere Erhebungsform der Einkommensteuer ist die Quellenbesteuerung vergleichbar mit der deutschen Lohnsteuer. Die Ermittlung der Lohnsteuer erfolgt durch Abzug des "subsidio fiscal" (Steuerermäßigung, Art. 114 LISR) und des "crédito al salario mensual" (Anrechnungsbetrag auf den monatlichen Arbeitslohn, Art. 115 LISR) von der Steuerschuld i. S. v. Art. 113 LISR. Die Lohnsteuer wird auf die jährliche Einkommensteuer ange-

396 Überdies käme es zu einer Nichtbesteuerung, wenn einerseits Art. 14 DBA-Mexiko (seitens Deutschland) und andererseits Art. 15 DBA-Mexiko (seitens Mexiko) auf den Vorabgewinn angewendet würde. In Deutschland würden die Einkünfte der festen Einrichtung in Mexiko zugerechnet und freigestellt, während Mexiko das Besteuerungsrecht in Anwendung des Art. 15 DBA-Mexiko bei Deutschland als Wohnsitzstaat des deutschen Gesellschafters sähe.

397 Vgl. *Prokisch* in: Vogel/Lehner, DBA, Art. 15 Rn. 29, siehe auch Art. 16 DBA-Mexiko, Kapitel 3, VI.C.b.

398 Der von einer Sociedad Civil an ihre Gesellschafter gezahlte Vorabgewinn (Art. 110 Abs. 1, II. LISR) sowie Aufsichtsrats- und Geschäftsführervergütungen zählen ebenfalls zu den Einkünften aus unselbständiger Arbeit (Art. 110 Abs. 1, III. LISR).

rechnet und an die Inflation angepasst, sobald diese – ausgehend vom letzten Korrekturzeitpunkt – um mehr als 10 % angestiegen ist.

b. Nichtansässige Personen

Nichtansässige Personen unterliegen mit Einkünften aus unselbständiger Arbeit der beschränkten Steuerpflicht, wenn die Arbeitsleistung in Mexiko erbracht wurde (Art. 180 Abs. 1 LISR). Es besteht ein Freibetrag von 125.900,00 mexikanischen Pesos pro Veranlagungszeitraum. Die hierüber hinausgehenden Einkünfte unterliegen einem Steuersatz von 15 % (bis zu 1.000.000,00 mexikanischen Pesos) bzw. 30 % (Art. 180 Abs. 2 I.-III. LISR).
Der Schuldner der Arbeitsvergütungen ist zur Einbehaltung und Abführung der Steuer verpflichtet, wenn er in Mexiko ansässig ist oder in Mexiko eine Betriebstätte unterhält, die die Zahlungen oder sonstigen Leistungen trägt bzw. erbringt. In allen anderen Fällen hat der Arbeitnehmer innerhalb von 15 Tagen nach Erhalt der Einkünfte eine Steuererklärung beim zuständigen Finanzamt einzureichen und die Steuer zu entrichten (Art. 180 Abs. 3 LISR)[399].

B. *Regelungsinhalt Art. 15 DBA-Mexiko*

In Übereinstimmung mit Art. 15 OECD-MA können Einkünfte aus unselbständiger Arbeit, die eine in einem Vertragsstaat ansässige Person bezieht, nur in diesem Staat besteuert werden. Wird die Arbeit im anderen Vertragsstaat ausgeübt, können die Vergütungen im anderen Vertragsstaat besteuert werden. Das Besteuerungsrecht für Arbeitslöhne steht somit grundsätzlich demjenigen Staat

399 Einkünfte aus unselbständiger Arbeit sind steuerfrei, wenn sie von einer im Ausland ansässigen Personen ohne Betriebstätte oder feste Einrichtung in Mexiko an einen Arbeitnehmer gezahlt werden, der sich – innerhalb eines Zeitraumes von zwölf Monaten – für eine Dauer von weniger als 183 (nicht notwendig aufeinander folgenden) Tagen in Mexiko aufhält (Art. 181 LISR). Unterhält der Schuldner der Arbeitsvergütung in Mexiko eine Betriebstätte, so besteht unter den voranstehend genannten Bedingungen ebenfalls keine Steuerpflicht, wenn die unselbständige Arbeit nicht im Zusammenhang mit der Betriebstätte steht. Diese Ausnahme greift jedoch nicht ein, wenn die erbrachten Leistungen im Zusammenhang mit einer in Mexiko belegenen Einrichtung stehen, selbst wenn diese i. S. v. Art. 3 LISR keine Betriebstätte begründet.

zu, in dem sich der Arbeitsort befindet. Die Vermeidung der Doppelbesteuerung erfolgt über den Methodenartikel. Mexiko rechnet die deutsche Steuer an; Deutschland stellt die in Mexiko besteuerten Einkünfte aus unselbständiger Arbeit frei [Art. 23 Abs. 1 Buchst. a) respektive Art. 23 Abs. 2 Buchst. a) DBA-Mexiko].

Eine Ausnahme vom Arbeitsortprinzip enthält Art. 15 Abs. 2 DBA-Mexiko. Danach hat der Ansässigkeitsstaat das alleinige Besteuerungsrecht, wenn
a) der Empfänger sich im anderen Staat insgesamt nicht länger als 183 Tage während eines zusammenhängenden Zeitraumes von zwölf Monaten aufhält[400],
b) die Vergütungen von einem Arbeitgeber oder für einen Arbeitgeber gezahlt werden, der nicht im anderen Staat ansässig ist, und
c) die Vergütungen nicht von einer Betriebstätte oder einer festen Einrichtung getragen werden, die der Arbeitgeber im anderen Staat hat.

C. *Personengesellschaften als Arbeitgeber i. S. v. Art. 15 Abs. 2 DBA-Mexiko*

a. Sitzstaat der Gesellschaft Deutschland, Arbeitnehmer-Wohnsitzstaat Mexiko

Ausgehend vom Arbeitsortprinzip des Art. 15 Abs. 1 S. 2 DBA-Mexiko hat Deutschland als angenommener Tätigkeitsstaat das vorrangige Besteuerungsrecht. Das ausschließliche Besteuerungsrecht verbleibt hingegen beim Ansässigkeitsstaat des Arbeitnehmers, wenn kumulativ die Voraussetzungen des Art. 15 Abs. 2 Buchst. a) bis c) DBA-Mexiko erfüllt sind[401]. Dazu müssten die Vergütungen gemäß Art. 15 Abs. 2 Buchst. b) DBA-Mexiko von einem Arbeitgeber oder für einen Arbeitgeber gezahlt werden, der nicht im anderen Staat (Deutschland) ansässig ist. Wenn nun Art. 15 Abs. 2 DBA-Mexiko den Begriff

---

400 Abweichend von Art. 15 Abs. 2 Buchst. a) OECD-MA bezieht sich die 183-Tage-Regel des DBA-Mexiko nicht auf einen Zwölf-Monats-Zeitraum i. S. d. Steuerjahres, sondern auf einen zusammenhängenden Zwölf-Monats-Zeitraum.

401 Die Bindung des Arbeitnehmers zum Tätigkeitsstaat ist unter den Voraussetzungen des Art. 15 Abs. 2 OECD-MA geringer als seine Bindung zum Wohnsitzstaat. Dies rechtfertigt das ausschließliche Besteuerungsrecht des Wohnsitzstaats; vgl. *Belling*, FR 1971, 166; *Selent/Endres*, DB 1984, 84.

"Arbeitgeber" mit dem Merkmal der Ansässigkeit verknüpft, stellt sich die Frage, ob eine transparent besteuerte Personengesellschaft als Arbeitgeber anzusehen ist, und welche Bedeutung der Ansässigkeit in Art. 15 Abs. 2 Buchst. b) DBA-Mexiko zukommt.

Die überwiegende Auffassung geht davon aus, dass eine transparente Personengesellschaft die Arbeitgebereigenschaft i. S. v. Art. 15 OECD-MA (DBA-Mexiko) besitzt[402], zumal Art. 15 OECD-MA (DBA-Mexiko) die abkommensrechtliche Personeneigenschaft nicht voraussetze. Dabei wird offenbar die Annahme zugrunde gelegt, dass fiskalisch transparente Personengesellschaften mangels Einbeziehung der "Personenvereinigung" in vielen DBA (so auch im DBA-Mexiko) keine Personen sind. Nach der hier vertretenen Ansicht ist jedoch auch eine transparent besteuerte Personengesellschaft unter dem DBA-Mexiko eine "Person", zumal es nach dem Wortlaut des Art. 3 Abs. 1 Buchst. b) und c) DBA-Mexiko ausreichend ist, dass Personengesellschaften in *einem* Vertragsstaat als Steuersubjekte behandelt werden[403]. Die Arbeitgeber-Eigenschaft einer steuerlich transparenten Personengesellschaft ist m. E. im Hinblick auf das Erfordernis einer "Person" nicht in Frage zu stellen.
Gegen die Zuerkennung der Arbeitgebereigenschaft an transparente Personengesellschaften wird weiterhin die Systematik der Art. 15 Abs. 2 Buchst. b) und c) OECD-MA (DBA-Mexiko) angeführt. Buchst. c) nehme Bezug auf eine Betriebstätte oder eine feste Einrichtung, "die der Arbeitgeber im anderen Staat hat". Die Betriebstätte oder die feste Einrichtung, die ein Arbeitgeber "hat", könne logischerweise nicht der Arbeitgeber selbst sein. Die Betriebstätte wäre zwangsläufig identisch mit dem Arbeitgeber. Bei Annahme einer fiktiven Ansässigkeit der Arbeitgeber-Personengesellschaft laufe es aber hierauf hinaus, denn nach der herrschenden Lehre, Verwaltungspraxis und Rechtsprechung unterhalten die Gesellschafter einer fiskalisch transparenten Personengesellschaft abkommensrechtlich eine anteilige Betriebstätte[404].

402 BFH v. 21.07.1999, BStBl. II 2000, 336; *Prokisch* in: Vogel/Lehner, DBA, Art. 15 Rn. 52; *Wassermeyer* in: Debatin/Wassermeyer, DBA (MA), Art. 15 Rn. 114 a; *Schaumburg*, Internationales Steuerrecht, S. 997 Rn. 16.436; *Debatin*, DStZ 1987, 211 (215); *Siefert*, RIW 1986, 979 (981).

403 Vgl. *Jacobs*, Internationale Unternehmensbesteuerung, S. 566; siehe auch Kapitel 2, I.B.a.

404 *Vogel, H.*, BB 1978, 1021 (1024).

Die abkommensrechtliche Arbeitgebereigenschaft fiskalisch transparenter Personengesellschaften führt m. E. nicht dazu, dass eine von der Systematik der Buchstaben b) und c) des Art. 15 Abs. 2 OECD-MA vorgegebene Differenzierung zwischen "Arbeitgeber" und "Betriebstätte" in sinnwidriger Weise unterbleibt. Das DBA ist, wie an vielen Stellen ersichtlich, gar nicht auf die verschiedenartige Besteuerung von Personengesellschaften in den Vertragsstaaten zugeschnitten. Es ist mit anderen Worten fragwürdig, ob der mit der steuerlichen Transparenz verbundene Rückgriff auf die Gesellschafter als feststehendes System zu begreifen ist, dass für die (sinnvolle) Anwendung und Auslegung aller Abkommensvorschriften Geltung beansprucht. Die Arbeitgebereigenschaft einer fiskalisch transparenten Personengesellschaft ist daher unter Berücksichtigung des von Art. 15 Abs. 2 OECD-MA (DBA-Mexiko) verfolgten Zwecks zu ermitteln und deshalb mit der herrschenden Auffassung zu bejahen.

Die abkommensrechtliche Arbeitgebereigenschaft einer transparent besteuerten Personengesellschaft hat zur Folge, dass die in Art. 15 Abs. 2 DBA-Mexiko statuierte Ausnahme vom Arbeitsortprinzip stets eingreift und somit dem Ansässigkeitsstaat des Arbeitnehmers das ausschließliche Besteuerungsrecht zusteht[405]. Das in Art. 15 Abs. 2 Buchst. b) DBA-Mexiko enthaltene Kriterium der Nichtansässigkeit des Arbeitgebers ist regelmäßig erfüllt, zumal eine deutsche Personengesellschaft keine steuerliche Subjektfähigkeit besitzt. Liegen auch die übrigen Voraussetzungen der Buchst. a) und c) vor, ist der Tätigkeitsstaat Deutschland mit einem doppelten Verlust an Steueraufkommen konfrontiert. Einerseits muss Deutschland auf die Besteuerung der Arbeitsvergütungen verzichten; andererseits hat es den Arbeitslohn bei den Arbeitgeber-Gesellschaftern als Abzugsposten zu berücksichtigen.
Dies läuft dem von Art. 15 Abs. 2 DBA-Mexiko angestrebten Zweck zuwider. Die 183-Tage-Regel soll kurze Auslandsaufenthalte von Arbeitnehmern erleichtern und in diesem Zusammenhang auftretende administrative Schwierigkeiten vermeiden helfen[406]. Gleichzeitig sollen die Einschränkungen der Art. 15 Abs. 2 Buchst. b) und c) DBA-Mexiko sicherstellen, dass der Tätigkeitsstaat sein Be-

405 Dabei wird unterstellt, dass die übrigen Voraussetzungen in Art. 15 Abs. 2 Buchst. a) und Buchst. c) DBA-Mexiko erfüllt sind.

406 OECD Partnership Report, Tz. 90; *Zehetner*, SWI 2001, 102 (104, 105); *Wassermeyer* in: Debatin/Wassermeyer, DBA (MA), Art. 15 Rn. 34.

steuerungsrecht auch bei kurzen Aufenthalten behält und die oben dargestellte Situation eines doppelten Verlusts an Steueraufkommen vermieden wird[407].

1. Arbeitgebereigenschaft und (fiktive) Ansässigkeit der Personengesellschaft

Ein Lösungsansatz zu dem vorangehend dargestellten Problem besteht darin, den Begriff "ansässig" in Art. 15 Abs. 2 Buchst. b) DBA-Mexiko anders auszulegen als den in Art. 4 Abs. 1 DBA-Mexiko verwendeten Ansässigkeits-Begriff. Es wird dabei fingiert, dass die Personengesellschaft für Zwecke des Art. 15 Abs. 2 DBA-Mexiko ansässig ist, wenn sie im Tätigkeitsstaat den Ort ihrer Geschäftsleitung hat[408]. Die fehlende steuerliche Subjektfähigkeit der Personengesellschaft in ihrem Sitzstaat wäre in diesem auf Art. 15 Abs. 2 Buchst. b) DBA-Mexiko reduzierten Zusammenhang irrelevant.

2. Durchgriff auf die Gesellschafter als (anteilige) Arbeitgeber

Einer weiteren Ansicht zufolge ist für die Ermittlung des Begriffs "ansässig" in Art. 15 Abs. 2 Buchst. b) OECD-MA (DBA-Mexiko) auf die einzelnen Gesellschafter als "anteilige" Arbeitgeber durchzugreifen[409]. Die transparent besteuerte Personengesellschaft ist demnach kein Arbeitgeber i. S. v. Art. 15 Abs. 2 Buchst. b) DBA-Mexiko. Vielmehr seien die in dieser Norm verwendeten Begriffe des "Arbeitgebers" und der "ansässigen Person" auf die Gesellschafterebene zu beziehen.

---

407 BFH v. 21.08.1985, BStBl. II 1986, 4 (6); OECD Partnership Report, Tz. 90; *Prokisch* in: Vogel/Lehner, DBA, Art. 15 Rn. 52; *Wassermeyer* in: Debatin/Wassermeyer, DBA (MA), Art. 15 Rn. 116; *Zehetner*, SWI 2001, 102 (105).

408 Vgl. *Kempermann* in: F/W/W/K, DBA-Schweiz, Art. 15 Rn. 49; *Wassermeyer* in: Debatin/Wassermeyer, DBA (MA), Art. 15 Rn. 114 a); *Schaumburg*, Internationales Steuerrecht, S. 997 Rn. 16.436; *Pyszka/Brauer*, Ausländische Personengesellschaften, S. 105; so auch die Bemerkung Deutschlands zu Art. 15 OECD-MA in Ziffer 13.1 OECD-MK.

409 Art. 15 Ziffer 6.2 OECD-MK.

3. Diskussion und Ergebnis

Die fingierte Ansässigkeit einer steuerlich transparenten Personengesellschaft für Zwecke des Art. 15 Abs. 2 Buchst. b) DBA-Mexiko bietet zwar eine Lösung der oben dargelegten Problematik, zumal es bei dem von Art. 15 Abs. 2 DBA-Mexiko bezweckten Besteuerungsrecht des Tätigkeitsstaates bliebe und die einheitliche steuerliche Behandlung der Vergütung möglich wäre[410]; gleichwohl ist festzustellen, dass mit diesem Lösungsansatz eine offenkundige Diskrepanz zu den in Art. 4 Abs. 1 DBA-Mexiko vorgegebenen Kriterien zur Bestimmung der Ansässigkeit einhergeht.

Die besseren Argumente sprechen m. E. für die Ansässigkeit der Gesellschafter als anteilige Arbeitgeber einer transparent besteuerten Personengesellschaft (vgl. Art. 15,Ziffern 6.1, 6.2 OECD-MK). Dies ermöglicht vor allem die konsequente Fortführung der hier als vorzugswürdig erachteten, wechselseitigen Übernahme des im Sitzstaat der Personengesellschaft geltenden Besteuerungskonzepts. In abkommenssystematischer Hinsicht ist das Abstellen auf die anteilige Arbeitgebereigenschaft der Gesellschafter einer steuerlich transparenten Personengesellschaft schlüssig, denn es wird mit einem einheitlichen Ansässigkeitsbegriff operiert. Darüber hinaus wird der oben erläuterten Zwecksetzung des Art. 15 Abs. 2 DBA-Mexiko Rechnung getragen.

b. Tätigkeitsstaat Mexiko, Arbeitnehmer-Wohnsitzstaat Deutschland

Ausgehend vom Arbeitsortprinzip des Art. 15 Abs. 1 S. 1 DBA-Mexiko hat der Tätigkeitsstaat Mexiko das vorrangige Besteuerungsrecht für die Einkünfte des Arbeitnehmers. Ein ausschließliches Besteuerungsrecht des Arbeitnehmer-Wohnsitzstaates Deutschland ist nur unter den Voraussetzungen des Art. 15 Abs. 2 DBA-Mexiko gegeben. Neben dem hier erfüllten Aufenthaltszeitraum von 183 Tagen (Art. 15 Abs. 2 DBA-Mexiko) dürfte die Personengesellschaft als Arbeitgeber nicht im "anderen Staat", d. h. im Tätigkeitsstaat Mexiko, ansässig sein. Die Ansässigkeit ist aufgrund der steuerlichen Subjektfähigkeit mexikanischer Personengesellschaften jedoch durchgängig zu bejahen. Folglich verbleibt das Besteuerungsrecht für die Einkünfte des in Deutschland ansäs-

410 Vgl. *Selent/Endres*, DB 1984, 84 (87).

sigen Arbeitnehmers beim Tätigkeitsstaat Mexiko (Art. 15 Abs. 1 S. 2 DBA-Mexiko), während Deutschland die Einkünfte freistellt [Art. 23 Abs. 2 Buchst. a) DBA-Mexiko].

Im Hinblick auf eine abkommensberechtigte, in Mexiko i. S. v. Art. 4 Abs. 1 DBA-Mexiko ansässige Personengesellschaft liegt es nahe, die in Art. 15 Abs. 2 Buchst. b) DBA-Mexiko zu prüfende Ansässigkeit des Arbeitgebers nach den allgemeinen Grundsätzen der Art. 1, 4 Abs. 1 DBA-Mexiko zu beurteilen. Für die Bejahung der Ansässigkeit einer in ihrem Sitzstaat intransparent besteuerten Personengesellschaft bedarf es (erst recht) keiner Fiktion.

D. *Vergütung der Gesellschafter und Geschäftsführer einer Personengesellschaft*

a. Gesellschafter

Bezieht der Gesellschafter einer Personengesellschaft von dieser Vergütungen für eine unselbständige Tätigkeit im Dienst der Gesellschaft, so handelt es sich dabei im innerstaatlichen deutschen Recht um gewerbliche Einkünfte i. S. v. § 15 Abs. 1 S. 1 Nr. 2 EStG. Wie bereits im Rahmen von Art. 7 DBA-Mexiko erörtert wurde, schlägt die Umqualifizierung im innerstaatlichen Recht nicht auf die Abkommensebene durch. Anderenfalls ließe man außer Betracht, dass die Verteilungsartikel des DBA-Mexiko auf dem Spezialitätsgrundsatz aufbauen. Dieser liefe bei einer ungeprüften, automatisch erfolgenden Übernahme des innerstaatlichen Rechts leer. Die an einen Gesellschafter gezahlten Vergütungen für eine Tätigkeit unselbständiger Art fallen deshalb grundsätzlich unter den spezielleren Art. 15 DBA-Mexiko[411].

411 Vgl. BFH v. 21.07.1999, BStBl. II 2000, 336; *Wassermeyer* in: Debatin/Wassermeyer, DBA (OECD-MA), Art. 15 Rn. 65, 66; *Weggenmann*, Einordnungskonflikte, S. 282 f.; *Pyszka/Brauer*, Ausländische Personengesellschaften, S. 90. Siehe hierzu auch die Ausführungen zu den Sondervergütungen unter Art. 7 DBA-Mexiko, Kapitel 3, II.E.

b. Geschäftsführervergütungen, Abgrenzung zu Art. 16 DBA-Mexiko

Auch Vergütungen, die ein Geschäftsführer für seine Tätigkeit im Dienst einer Personengesellschaft von dieser bezieht, sind grundsätzlich Einkünfte i. S. v. Art. 15 DBA-Mexiko. Dies steht jedoch unter dem Vorbehalt, dass die Einkünfte nicht von Art. 16 DBA-Mexiko erfasst sind.
Art. 16 DBA-Mexiko erstreckt sich im Gegensatz zum OECD-MA auch auf die geschäftsführenden Organe einer Gesellschaft. Danach können Aufsichtsrats- oder Verwaltungsratsvergütungen und ähnliche Zahlungen, die eine in einem Vertragsstaat ansässige Person in ihrer Eigenschaft als Mitglied des Aufsichts- oder Verwaltungsrats sowie, im Falle Mexikos, in ihrer Eigenschaft als Geschäftsführer (administrador) oder Vertreter in der Hauptversammlung (comisario) einer im anderen Vertragsstaat ansässigen Gesellschaft bezieht, in diesem Staat besteuert werden.

Mexiko kann Vergütungen, die ein in Deutschland ansässiger Geschäftsführer von einer in Mexiko ansässigen Personengesellschaft bezieht, nach Maßgabe des Art. 16 DBA-Mexiko besteuern. Vergütungen, die ein in Mexiko ansässiger Geschäftsführer für seine Tätigkeit von einer deutschen Personengesellschaft bezieht, fallen hingegen unter Art. 15 DBA-Mexiko. Der Anwendungsbereich des Art. 16 DBA-Mexiko erstreckt sich für Deutschland nur auf Aufsichtrats- und Verwaltungsratsvergütungen; weiterhin fehlt es bei einer deutschen Personengesellschaft schon am Erfordernis der Ansässigkeit.
Die Anwendung sowohl von Art. 15 als auch Art. 16 DBA-Mexiko gestaltet sich problematisch, wenn die in Frage stehenden Vergütungen an einen Geschäftsführer gezahlt werden, der zugleich ein (wesentlich beteiligter) Gesellschafter ist. Diese Konstellation ist namentlich auf dem Gebiet der Personengesellschaften anzutreffen, zumal sich die Geschäftsführer oft aus dem relativ überschaubaren Gesellschafterkreis rekrutieren und über eine hohe Beteiligung an der Gesellschaft verfügen. Bei einem wesentlich beteiligten Gesellschafter-Geschäftsführer wird es zumeist an dem für die Annahme einer unselbständigen Tätigkeit maßgeblichen Kriterium der Weisungsgebundenheit fehlen[412]. Die Vergütungen des Gesellschafter-Geschäftsführer fallen deshalb unter Art. 7 oder Art. 14 DBA-Mexiko.

412 Vgl. *Prokisch* in: Vogel/Lehner, DBA, Art. 15 Rn. 29.

VII. Andere Einkünfte (Art. 21 DBA-Mexiko)

A. *"Andere Einkünfte" i S. v. Art. 167 LISR*

Zahlreiche Einkünfte, die bei "isolierender Betrachtung" unter die Vorschriften zu Dividenden, Zinsen und Lizenzgebühren fallen, unterliegen als "andere Einkünfte" i. S. v. Art. 167 LISR einer speziellen steuerlichen Behandlung. Wie bereits im Zusammenhang mit den einschlägigen Verteilungsartikeln erläutert wurde, kann diese Umqualifizierung nicht dazu führen, dass die Einkünfte auch auf Abkommensebene unter die Kategorie "andere Einkünfte" i. S. v. Art. 21 DBA-Mexiko zu subsumieren sind.

B. *Regelungsinhalt Art. 21 DBA-Mexiko*

Gemäß Art. 21 Abs. 1 DBA-Mexiko steht das ausschließliche Besteuerungsrecht für Einkünfte, die in den vorangehenden Verteilungartikeln nicht genannt werden, dem Ansässigkeitsstaat zu. Art. 21 Abs. 2 DBA-Mexiko schränkt diesen Grundsatz zugunsten des Quellenstaates ein. Danach können Einkünfte, die eine in einem Vertragsstaat ansässige Person bezieht, und die aus dem anderen Vertragsstaat stammen, auch im anderen Vertragsstaat besteuert werden[413]. Dies entspricht Art. 21 Abs. 3 UN-MA.
Stammen die Einkünfte aus dem Ansässigkeitsstaat oder einem Drittstaat, so bleibt es beim ausschließlichen Besteuerungsrecht des Ansässigkeitsstaats. Gehören die Einkünfte hingegen zu einer Betriebstätte, die eine abkommensberechtigte Person im anderen Vertragsstaat unterhält, hat das Betriebstättenprinzip Vorrang (erweiterter Betriebstättenvorbehalt)[414].

---

413 Die deutsche Fassung des Art. 21 Abs. 2 DBA-Mexiko ist unverständlich, da sich darin die Wendung "aus dem anderen Vertragsstaat stammen" nicht auf die Einkünfte, sondern auf die in einem Vertragsstaat ansässige Person zu beziehen scheint. Die spanische Fassung macht jedoch deutlich, dass sich der Begriff "stammen" auf die Herkunft der Einkünfte bezieht; vgl. *Selling* in: Debatin/Wassermeyer, DBA (Mexiko), Art. 21 Rn. 4.

414 Siehe dazu Art. 7 DBA-Mexiko, Kapitel 3, II.C.b.4. Für die Stellung von Art. 21 DBA-Mexiko in der abkommensrechtlichen Systematik und sein Verhältnis zu anderen Verteilungsartikeln sei auf die Ausführungen im Rahmen der einzelnen Verteilungartikel verwiesen.

Kapitel 4: Methoden zur Vermeidung der Doppelbesteuerung

I. Regelungsinhalt Art. 23 DBA-Mexiko

Mexiko vermeidet die Doppelbesteuerung gemäß Art. 23 Abs. 1 DBA-Mexiko ausschließlich durch Anrechnung. In Mexiko ansässige Personen können auf die von ihnen zu zahlende mexikanische Steuer die in Deutschland entrichtete Steuer bis zur Höhe der Steuer anrechnen, die in Mexiko auf die Einkünfte erhoben würde [Art. 23 Abs. 1 Buchst. a) DBA-Mexiko].
Art. 23 Abs. 1 Buchst. b) DBA-Mexiko ermöglicht einer in Mexiko ansässigen Gesellschaft bei Dividenden die indirekte Anrechnung von Steuern der ausschüttenden deutschen Gesellschaft. Im Unterschied zu Art. 6 Abs. 2 LISR (10 %) ist für die indirekte Anrechnung nach Art. 23 Abs. 1 Buchst. b) DBA-Mexiko eine Mindestbeteiligung an der ausländischen Gesellschaft nicht erforderlich[415].
Deutschland vermeidet die Doppelbesteuerung gemäß Art. 23 Abs. 2 Buchst. a) DBA-Mexiko grundsätzlich im Wege der Freistellung (mit Progressionsvorbehalt). Die Freistellung der Einkünfte erfolgt unter dem Vorbehalt der Erfüllung der in Art. 23 Abs. 2 Buchst. d) DBA-Mexiko geregelten Aktivitätsklausel. Danach müssen die Unternehmensgewinne (Art. 7 DBA-Mexiko), Schachteldividenden (Art. 10 DBA-Mexiko) und Gewinne aus der Veräußerung des Betriebskapitals sowie die diesen Gewinnen zugrundeliegenden Vermögenswerte (Art. 13 Abs. 2 DBA-Mexiko) ausschließlich aus aktiven Tätigkeiten stammen. Als aktive Tätigkeiten gelten gemäß Art. 23 Abs. 2 Buchst. d) S. 3 DBA-Mexiko die Herstellung und der Verkauf von Gütern oder Waren, technische Beratung oder technische Dienstleistungen und Bank- oder Versicherungsgeschäfte in Mexiko.
Neben Betriebstätteneinkünften und Schachteldividenden werden folgende Einkünfte in Deutschland freigestellt: Einkünfte aus selbständiger Arbeit (Art. 14 DBA-Mexiko), Einkünfte aus unselbständiger Arbeit (Art. 15 DBA-Mexiko), Einkünfte aus unbeweglichem Vermögen, soweit diese im Rahmen einer (akti-

415 Die indirekte Anrechnung ist bis zur dritten Beteiligungsebene möglich. Dies ist zwar in Art. 23 Abs. 1 Buchst. b) DBA-Mexiko nicht ausdrücklich vorgesehen, aber in Anbetracht des innerstaatlichen Rechts (Art. 6 LISR) zu gewähren, da anderenfalls – d. h. bei Anrechnung lediglich der (anteiligen) Steuer der ausschüttenden Gesellschaft – das DBA-Mexiko steuererhöhende Wirkung hätte. Zur indirekten Anrechnung vgl. die Ausführungen in Kapitel 1, V.B.b.3.

ven) Betriebstätte oder festen Einrichtung vereinnahmt werden (Art. 6 DBA-Mexiko) sowie Ruhegehälter (Art. 18 DBA-Mexiko) und Zahlungen des öffentlichen Dienstes (Art. 19 DBA-Mexiko).
Einkunftsarten, bei denen die Doppelbesteuerung durch Anrechnung der mexikanischen Steuer vermieden wird, sind ausdrücklich in Art. 23 Abs. 2 Buchst. b) DBA-Mexiko genannt. Die Anrechnungsmethode gilt für Dividenden, Zinsen, Lizenzgebühren, Aufsichtsrats- und Verwaltungsratsvergütungen, Einkünfte der Künstler und Sportler, unbewegliches Vermögen und die daraus erzielten Einkünfte, es sei denn, das unbewegliche Vermögen gehört tatsächlich zu einer in Mexiko belegenen Betriebstätte oder festen Einrichtung, die aktive Einkünfte erzielt (und somit der Freistellungsmethode unterliegt), Veräußerungen von Aktien und Beteiligungen nach Artikel 13 Abs. 4 DBA-Mexiko und Einkünfte i. S. v. Art. 21 Abs. 2 DBA-Mexiko.
Für Dividenden und Lizenzgebühren ist der Anrechnungsbetrag auf 10 bzw. 15 vom Hundert angesetzt, auch wenn die tatsächlich in Mexiko gezahlte Steuer niedriger ist [Art. 23 Abs. 2 Buchst. c) DBA-Mexiko, sogenannte "fiktive Anrechnung"][416].

II. Anwendung des Methodenartikels auf Sachverhalte mit Beteiligung von Personengesellschaften

A. *Qualifikationskonflikte*

a. Terminologie

Die auf dem Gebiet der Personengesellschaften bestehenden Zurechnungs- und Zuordnungsunterschiede zwischen Deutschland und Mexiko können tatsächlicher oder rechtlicher Natur sein. Der jeweilige Quellenstaat und der Wohnsitzstaat wenden das DBA-Mexiko grundsätzlich eigenständig, d. h. ohne Rück-

416 Dies ist insbesondere bei Dividenden von Bedeutung, zumal diese nach innerstaatlichem mexikanischen Recht in der Regel steuerfrei vereinnahmt werden können. Voraussetzung für die fiktive Anrechnung ist jedoch, dass Deutschland die fraglichen Einkünfte wie Mexiko als Dividenden einstuft, was insbesondere im Hinblick auf die Gewinnausschüttungen einer mexikanischen Personengesellschaft nicht dem gegenwärtigen Standpunkt der deutschen Finanzverwaltung entspricht. Zur Kritik an dieser Vorgehensweise siehe Art. 10 DBA-Mexiko, Kapitel 3, III.B.d.1.

sicht auf die Auslegung durch den anderen Vertragsstaat, an. Die damit verbundenen Divergenzen bei den für einschlägig erachteten Verteilungsartikeln setzen sich zumeist bei der Vermeidung der Doppelbesteuerung fort, denn zunächst ist davon auszugehen, dass der Wohnsitzstaat im Sinne der eigenständigen Abkommensanwendung die Methode zur Vermeidung der Doppelbesteuerung wählen wird, die mit dem (nach seiner Auffassung) einschlägigen Verteilungsartikel korrespondiert. Nehmen sowohl der Quellen- als auch der Wohnsitzstaat nach der abkommensrechtlichen Beurteilung des Sachverhaltes das ausschließliche oder uneingeschränkte Besteuerungsrecht für sich in Anspruch, spricht man von einem "positiven Qualifikationskonflikt", der zur Doppelbesteuerung von Einkünften führt. Sehen hingegen beide Vertragsstaaten den jeweils anderen Vertragsstaat zur Besteuerung berechtigt und sich selbst aufgrund des DBA an der Besteuerung gehindert, resultiert aus diesem "negativen Qualifikationskonflikt"[417] eine doppelte Nichtbesteuerung.

Neben den Kategorien "positiver" und "negativer" Qualifikationskonflikt exisitiert weiterhin die Unterscheidung zwischen subjektivem und objektivem Qualifikationskonflikt. Der subjektive Qualifikationskonflikt beschreibt die für Personengesellschaften typische Situation, in der ein Vertragsstaat diesen Gesellschaftstyp als Körperschaft besteuert, während der andere Vertragsstaat dem Transparenzsystem folgt und die Gesellschafter besteuert. Der subjektive Qualifikationskonflikt manifestiert sich vor allem bei der Beurteilung der Abkommensberechtigung einer Personengesellschaft[418].
Ein "objektiver Qualifikationskonflikt" besteht, wenn die Vertragsstaaten die in Frage stehenden Einkünfte unterschiedlichen Verteilungartikeln zuordnen. Der objektive Qualifikationskonflikt geht nicht notwendig mit einem subjektiven Qualifikationskonflikt einher. Werden jedoch die Einkünfte einer Personengesellschaft durch die Vertragsstaaten verschiedenen Steuerpflichtigen zugerechnet, setzt sich der so entstehende subjektive Qualifikationskonflikt auf der

417 Die Terminologie ist zwar nicht unumstritten, hat sich aber mittlerweile im internationalen Steuerrecht etabliert und soll deshalb – wie bereits im Rahmen der Verteilungsartikel – zur Erläuterung der Problematik herangezogen werden. Zur Kritik an der Verwendung des aus dem internationalen Privatrecht stammenden Begriffs "Qualifikation" vgl. *Vogel* in: Vogel/Lehner, DBA, Einl. Rn. 151.

418 Siehe hierzu die Ausführungen zur Abkommensberechtigung in Kapitel 2, I.C.

Ebene der Einkünftequalifikation fort und führt regelmäßig auch zu einem objektiven Qualifikationskonflikt[419].

b. Qualifikationskonflikt aufgrund von Unterschieden im innerstaatlichen Recht

Qualifikationskonflikte werden im Hinblick auf die zu ihrer Vermeidung anzuwendenden Maßnahmen verschiedenen Kategorien zugeordnet. Als Anknüpfungspunkt dient die Ursache des jeweiligen Qualifikationskonflikts. Diese liegt häufig in den unterschiedlichen Rechtsordnungen der Vertragsstaaten, denn die Normen des innerstaatlichen Rechts beeinflussen die auf der Abkommensebene getroffenen Wertungen. Im Verhältnis Deutschland-Mexiko ist die Ursache der Anwendung verschiedener Abkommensvorschriften auf die Einkünfte von Personengesellschaften zumeist in den diesbezüglichen Unterschieden des innerstaatlichen Rechts zu suchen. Die Einstufung von Personengesellschaften einerseits als fiskalisch transparent und andererseits als eigenständiges Steuersubjekt wirken sich einerseits auf die steuerliche Subjektqualifikation und andererseits auf die Einkünfte- bzw. Objektqualifikation aus.

c. Qualifikationskonflikt aufgrund der Annahme unterschiedlicher Sachverhalte

Ursächlich für die Doppel- oder Nichtbesteuerung kann auch eine mangelnde Übereinstimmung der Vertragsstaaten in tatsächlicher Hinsicht, d. h. auf der Ebene der Sachverhaltsermittlung, sein. Ursächlich für den Qualifikationskonflikt ist in diesem Fall die Annahme unterschiedlicher Fakten durch die Vertragsstaaten.

---

419 So erzielen beispielsweise im Rahmen des mexikanischen Körperschaftsteuermodells die Gesellschafter nur im Falle einer Gewinnausschüttung Einkünfte, die als Dividenden qualifiziert werden. Aus dem in Deutschland geltenden Transparenzprinzip folgt demgegenüber, dass die Gesellschafter im Wege der unmittelbaren Zurechnung im jeweiligen Einkünfteerzielungszeitraum einen (gewerblichen) Gewinnanteil erzielen, ohne dass die Gesellschaft die Gewinne thesaurieren und damit von den Gesellschaftern (und der Besteuerung in deren Händen) abschirmen könnte.

d. Qualifikationskonflikt infolge der unterschiedlichen Auslegung von Abkommensvorschriften

Als dritte Ursachen-Gruppe eines Qualifikationskonflikts ist die unterschiedliche Auslegung von Abkommensvorschriften zu nennen. Trifft das Abkommen für bestimmte Sachverhalte eine eigenständige Regelung, die nach einer autonomen Auslegung des Abkommens verlangt, ist es möglich, dass die Vertragsstaaten trotzdem verschiedene Abkommensvorschriften anwenden oder aber den übereinstimmend für einschlägig erachteten Verteilungsartikel unterschiedlich auslegen. Hieraus kann ebenfalls eine Doppel- bzw. Nichtbesteuerung von Einkünften resultieren[420].

e. Ergebnis

Es existieren drei Arten des Qualifikationskonflikts. Anknüpfungspunkt für die Differenzierung ist die Ursache des jeweiligen Konflikts. Diese kann in den divergierenden innerstaatlichen Rechtsordnungen der Vertragsstaaten, einer unterschiedlichen Auslegung von Abkommensvorschriften sowie in der Annahme unterschiedlicher Sachverhalte liegen.

B. *Lösungsmodell der OECD*

Lösungsmöglichkeiten für die aufgezeigten Qualifikationskonflikte bzw. ihre Folgen wurden vom OECD-Steuerausschuss in Gestalt des OECD Partnership Reports von 1999 vorgestellt[421] und sind nunmehr Bestandteil des OECD-MK (vgl. Art. 23 Ziffer 32.1 – 32.7 OECD-MK).

---

420 Beispiel: Die für den Betriebstättenvorbehalt in Art. 10 Abs. 4, Art. 11 Abs. 6 und Art. 12 Abs. 4 DBA-Mexiko zu beurteilende "tatsächliche Zugehörigkeit" wird von Mexiko und Deutschland verschieden interpretiert, sodass ein Vertragsstaat die Voraussetzungen des Betriebstättenvorbehaltes als gegeben ansieht und Art. 7 DBA-Mexiko anwendet, während der andere Vertragsstaat die speziellen Verteilungartikel 10-12 DBA-Mexiko oder Art. 21 DBA-Mexiko für einschlägig erachtet.

421 OECD: Application of the OECD Model Tax Convention to Partnerships, Issues in International Taxation No. 6, 1999, Tz. 94 ff.

Bei der Bereinigung der voranstehend dargestellten Qualifikationskonflikte kommt Art. 23 A/B OECD-MA im Lösungsansatz der OECD eine entscheidende Rolle zu. Die Auslegung von Art. 23 A und Art. 23 B OECD-MA soll es ermöglichen, die Doppel- bzw. Nichtbesteuerung von Einkünften aufgrund von Qualifikationskonflikten zu vermeiden. Dabei ist zwischen dem positiven und dem negativen Qualifikationskonflikt zu unterscheiden. Weiterhin kommt es darauf an, welcher der oben erläuterten drei Gründe für die Entstehung des Qualifikationskonflikts ursächlich ist: Unterschiede in den innerstaatlichen Rechtsordnungen der Vertragsstaaten, die voneinander abweichende Annahme bestimmter tatsächlicher Umstände, oder die unterschiedliche Auslegung von Abkommensvorschriften ohne Rückgriff auf das innerstaatliche Recht.

a. Positiver Qualifikationskonflikt

1. Unterschiede im nationalen Recht

Nach Ansicht der OECD ist der auf Unterschieden des nationalen Rechts beruhende, positive Qualifikationskonflikt zu lösen, indem der Wohnsitzstaat die Abkommensanwendung durch den Quellenstaat respektiert und sich diese durch die Wahl des damit korrespondierenden Methodenartikels zu Eigen macht. Die Sicht des Quellenstaates ist somit maßgeblich für die Anwendung des DBA durch den Wohnsitzstaat.

Ausschlaggebend für die von der OECD vertretenen Auffassung ist die Auslegung der in Art. 23 A bzw. Art. 23 B OECD-MA enthaltenen Wortfolge: "... können diese Einkünfte oder dieses Vermögen nach diesem Abkommen im anderen Vertragsstaat besteuert werden ...". Wende der "andere Vertragsstaat", d. h. der Quellenstaat, das Abkommen in nicht zu beanstandender Weise unter Rückgriff auf sein innerstaatliches Recht an, habe der Wohnsitzstaat die Abkommensanwendung durch den Quellenstaat zu respektieren und darauf mit der korrespondierenden Methode zur Vermeidung der Doppelbesteuerung zu reagieren (Qualifikationsverkettung)[422]. Die von der OECD im Partnership Report und nunmehr auch im OECD-MK vertretene Auffassung zu Art. 23 A bzw. Art. 23 B OECD-MA impliziert, dass die angenommene Qualifikations-

422 OECD Partnership Report, Tz. 105 f. (Beispielsfall 14); Art. 23 Ziffer 32.3, 32.4 OECD-MK; vgl. bereits *Debatin*, FR 1979, 493 (495): "Regelungsverkettung".

verkettung in jedem nach dem Vorbild des OECD-MA geschlossenen DBA enthalten ist, somit grundsätzlich auch im DBA-Mexiko[423].

2. Unterschiedliche Abkommensauslegung oder Sachverhaltsermittlung

Wie bereits erläutert, sind die Unterschiede des nationalen Rechts nur eine Ursache für Qualifikationskonflikte im Rahmen von DBA. Hinzu kommen solche Qualifikationskonflikte, die auf einer unterschiedlichen Beurteilung des Sachverhaltes bzw. einer unterschiedlichen Auslegung des Abkommens beruhen. In den letztgenannten Fällen der divergierenden Auslegung abkommensrechtlicher Vorschriften wird die oben erörterte Qualifikationsverkettung über Art. 23 A bzw. Art. 23 B OECD-MA von der OECD abgelehnt. Die Anwendung des Methodenartikels führe hier nicht zu einer Verpflichtung des Ansässigkeitstaates zur Freistellung oder Anrechnung entsprechend der Einordnung des Sachverhaltes durch den Quellenstaat. Vielmehr sei ein Verständigungsverfahren nach dem Vorbild des Art. 25 OECD-MA einzuleiten[424].

b. Negativer Qualifikationskonflikt

1. Unterschiede im nationalen Recht

Auch bei negativen Qualifikationskonflikten setzt das Lösungsmodell der OECD eine vorherige Kategorisierung des Konflikts nach seiner jeweiligen Ursache voraus. Dabei ist wiederum zu klären, ob die Nichtbesteuerung auf Unterschiede im Bereich der nationalen Rechtsordnungen zurückgeht, ob die Annahme divergierender Sachverhalte durch die Vertragsstaaten hierfür ursächlich ist, oder ob die Vertragsstaaten bei der Auslegung des Abkommens ohne Rückgriff auf das innerstaatliche Recht zu unterschiedlichen Ergebnissen gekommen sind.

---

423 Ob die Grundsätze des OECD-Modells zur Lösung von Qualifikationskonflikten auf Altabkommen im Allgemeinen sowie speziell auf das DBA-Mexiko Anwendung finden können, wird noch näher zu untersuchen sein; siehe hierzu die Ausführungen unter Art. 23 DBA-Mexiko, Kapitel 4, II.C.

424 OECD Partnership Report, Tz. 108; Art. 23 Ziffer 32.5 OECD-MK.

Liegt die Ursache des negativen Qualifikationskonfliktes und der damit einhergehenden doppelten Nichtbesteuerung im innerstaatlichen Recht der Vertragsstaaten, so ist dem nach Ansicht der OECD mit einer teleologischen Reduktion des Art. 23 A Abs. 1 OECD-MA zu begegnen. Der Wohnsitzstaat brauche die darin vorgesehene Freistellung nicht zu gewähren, wenn sich der Quellenstaat wegen seines innerstaatlichen Rechts, nach dessen Vorgaben er den einschlägigen Verteilungartikel ermittelt, an der Besteuerung der Einkünfte gehindert sieht[425].

Das Verfahren legt die Annahme einer in Art. 23 A Abs. 1 OECD-MA hineinzulesenden subject-to-tax-Klausel nahe[426]. Diese Funktion soll Art. 23 A Abs. 1 OECD-MA laut OECD-MK jedoch nicht zukommen. Leite nämlich der Quellenstaat nach der Abkommensanwendung aus dem DBA ein Besteuerungsrecht ab und mache er davon keinen Gebrauch, so müsse der Wohnsitzstaat trotzdem die Freistellung gewähren[427]. Entscheidend für die teleologische Reduktion des Art. 23 A Abs. 1 OECD-MA sei, dass sich der Quellenstaat *aufgrund des Abkommens*, das er unter Rückgriff auf die Vorschriften seines nationalen Steuerrechts anwende, nicht in der Lage sehe, die Einkünfte vollständig oder überhaupt zu besteuern.

2. Unterschiedliche Abkommensauslegung oder Sachverhaltsermittlung

Kommt es infolge eines negativen Qualifikationskonflikts zu einer doppelten oder teilweisen Nichtbesteuerung von Einkünften und beruht dies auf der Annahme unterschiedlicher Sachverhalte oder auf einer divergierenden Abkommensauslegung durch die Vertragsstaaten, so ist nach dem Lösungsmodell der OECD der im Jahr 2000 in das Musterabkommen aufgenommene Art. 23 A Abs. 4 OECD-MA einschlägig. Sieht sich der Quellenstaat aufgrund der oben genannten Umstände außerstande, die Einkünfte zu besteuern, oder unterwirft er die fraglichen Einkünfte z. B. nur einer begrenzten Quellensteuer i. S. v. Art. 10 Abs. 2 bzw. Art. 11 Abs. 2 OECD-MA, so ist der Wohnsitzstaat nicht

425 OECD Partnership Report, Tz. 109, 110; Art. 23 Ziffer 32.6 OECD-MK.

426 So *Lang* in: FS Vogel (Hrsg.: Kirchhof/Lehner/Raupach/Rodi), 2000, S. 907 (917); *ders.*, IStR 2000, 129 (133); *Müller/Wangler*, IStR 2003, 145 (150 f.).

427 OECD Partnership Report, Tz. 111; Art. 23 Ziffer 34 OECD-MK; eine subject-to-tax Klausel verneinen auch *Benecke/Schnitger*, RIW 2003, 439 (447).

mehr zur Freistellung verpflichtet, sondern kann gemäß Art. 23 A Abs. 4 OECD-MA zur Anrechnungsmethode übergehen, um die vollständige Besteuerung der Einkünfte zu gewährleisten (switch-over-Klausel)[428].

Wie bei der teleologischen Reduktion des Art. 23 A Abs. 1 OECD-MA stellt sich die Frage, ob mit der Einfügung des Art. 23 A Abs. 4 OECD-MA eine subject-to-tax-Klausel Eingang in das OECD-MA gefunden hat[429]. Der OECD Partnership Report und der OECD-MK schließen dies unter Verweis auf die Konzeption des Art. 23 A Abs. 4 OECD-MA aus. Leite der Quellenstaat nach der Anwendung des Abkommens für sich ein Besteuerungsrecht ab und mache er davon keinen Gebrauch, so müsse der Wohnsitzstaat trotzdem die Freistellung gewähren. Auf die tatsächliche Besteuerung im Quellenstaat kom-me es für die Vorgehensweise des Wohnsitzstaats nicht an, was dem Halbsatz "wenn der andere Vertragsstaat [der Quellenstaat] dieses Abkommen anwendet" zu entnehmen sei. Voraussetzung für die Anwendung von Art. 23 A Abs. 4 OECD-MA sei demnach, dass der Quellenstaat sich *aufgrund der Abkommensvorschriften*, die er unter Rückgriff auf sein nationales Recht anwendet, nicht oder nur teilweise zur Besteuerung befugt sehe[430]. Liegen somit die Gründe der Nichtbesteuerung im innerstaatlichen Recht des Quellenstaats, so ist dem Wohnsitzstaat auf der Basis des OECD Partnership Reports die Anwendung der switch-over-Klausel verwehrt. Hiermit soll vermieden werden, dass der Wohnsitzstaat über das Steuersubstrat im Quellenstaat verfügt und damit dessen Steuerpolitik konterkariert[431].

c. Kritische Würdigung

Um der Doppel- oder Nichtbesteuerung mit der korrekten Maßnahme im Rahmen des Methodenartikels begegnen zu können, obliegt es dem Wohnsitzstaat zu ermitteln, aus welchem Grund der Quellenstaat das Abkommen in der jeweiligen Form anwendet. Im Hinblick auf das ihm zustehende Steuersubstrat kann der Wohnsitzstaat den Motiven, die der Abkommensanwendung durch den Quellenstaat zugrundeliegen, nicht gleichgültig gegenüber stehen, zumal

428 OECD Partnership Report, Tz. 112, 113; Art. 23 Ziffer 56.1-56.3 OECD-MK.
429 So *Menck*, IStR 2003, 147 (149).
430 OECD Partnership Report, Tz. 114 f.; Art. 23 Ziffer 56.2 OECD-MK.
431 *Benecke/Schnitger*, RIW 2003, 439 (447).

ersterer nur im Falle von Divergenzen der innerstaatlichen Rechtsordnungen zur Befolgung der Qualifikation durch letzteren verpflichtet ist.

Als weiterer Nachteil der Bindung des Wohnsitzstaates (bei der Anwendung des Methodenartikels) an die Einkünftequalifikation des Quellenstaates wird angeführt, dass es dem Quellenstaat offen stehe, sein nationales Recht in einer Weise zu ändern, die es ihm ermöglicht, über die größtmöglichen Besteuerungsrechte zu verfügen[432]. Diese Tendenz ist im mexikanischen Steuerrecht bereits zu beobachten. Mit der Einführung der Einkunftsart "andere Einkünfte" und die damit einhergehende Umqualifizierung von Einkünften, die ihrer Natur nach beispielsweise Dividenden oder Zinsen sind, in besagte "andere Einkünfte" könnte Mexiko bei der Abkommensanwendung gegenüber Deutschland die Auffassung vertreten, es handele sich dabei (auch) um "andere Einkünfte" i. S. v. Art. 21 DBA-Mexiko, für die Mexiko gemäß Art. 21 Abs. 1 DBA-Mexiko als Wohnsitzstaat das ausschließliche oder gemäß Art. 21 Abs. 2 DBA-Mexiko – als Quellenstaat – zumindest ein unbeschränktes Besteuerungsrecht zusteht[433].
Vorbehalte bestehen – wie eingangs angedeutet – in Bezug auf die teleologische Reduktion des Methodenartikels und gegenüber der switch-over-Klausel in Art. 23 A Abs. 4 OECD-MA. Für den Wohnsitzstaat sei nur schwer feststellbar, ob die fraglichen Einkünfte aufgrund des innerstaatlichen Rechts oder als Folge der Abkommensanwendung nicht besteuert werden. Dies führe zu administrativen Schwierigkeiten[434]. Oftmals sei es nur eine Frage der Gesetzestechnik, ob eine Steuerbefreiung aufgrund der Vorschriften des innerstaatlichen Rechts erfolge oder ob eine Besteuerung von vornherein unterbleibe. Es wird befürchtet, dass die Vorschriften infolge der Abhängigkeit der Vorgehensweise des Wohnsitzstaats von der Besteuerung im Quellenstaat *faktisch* zu subject-to-tax-Klauseln werden[435].

---

432 *Müller/Wangler*, IStR 2003, 145 (153); *Schmidt*, IStR 2001, 489 (497); vgl. auch den Vorbehalt bzw. die Bemerkung der Schweiz im OECD Partnership Report, Annex II Tz. 27 sowie in Art. 23 Ziffer 81 OECD-MK.

433 Siehe hierzu die Ausführungen unter Kapitel 3, III.C.b.

434 *Weggenmann*, IStR 2002, 614 (619, 623).

435 *Weggenmann*, Einordnungskonflikte, S. 242; *Lang* in: FS Vogel (Hrsg.: Kirchhof/Lehner/Raupach/Rodi), 2000, S. 907 (917); *Menck*, IStR 1999, 147 (149).

d. Der "abgeleitete" Qualifikationskonflikt[436]

Die oben angeführten Kritikpunkte zeigen, dass die vom Lösungsmodell der OECD vorausgesetzte Kategorisierung von Qualifikationskonflikten sich sowohl beim positiven als auch beim negativen Qualifikationskonflikt als problematisch erweisen kann. Die von der OECD angeführte Unterscheidung zwischen den Anwendungsbereichen von Art. 23 A Abs. 1 OECD-MA (Unterschiede im innerstaatlichen Recht) und Art. 23 A Abs. 4 OECD-MA (unterschiedliche Sachverhalte, Abkommensauslegung) kommt im Wortlaut des Art. 23 A Abs. 4 OECD-MA nicht zum Ausdruck[437]. Es ist überdies nicht gewährleistet, dass der Wohnsitzstaat bei der Ermittlung der Gründe für die Besteuerungsweise des Quellenstaats dessen Motivation stets korrekt erfasst. So kann der Quellenstaat sein Besteuerungsrecht infolge einer bestimmten Abkommensauslegung verneinen, während der Wohnsitzstaat die Ursache des negativen Qualifikationskonflikts in den divergierenden innerstaatlichen Rechtsordnungen der Vertragsstaaten sieht. Der eigentliche, nach dem Lösungsansatz der OECD zu vermeidende Qualifikationskonflikt wird infolgedessen auf die Ebene der Kategorisierung des Qualifikationskonflikts vorverlagert.

C. *Anwendbarkeit der Grundsätze des OECD-Lösungsmodells auf das DBA-Mexiko*

a. Fragestellung

Ob Qualifikationskonflikte im Rahmen des DBA-Mexiko nach den Grundsätzen des OECD-Modells gelöst werden können, bedarf in mehrfacher Hinsicht der Erörterung. Neben der Frage, ob generell eine Auslegung der Methodenartikel in der oben geschilderten Form zulässig ist[438], bestehen unter zeitlichen und systematischen Gesichtspunkten Zweifel an der Übertragbarkeit des Lösungsansatzes der OECD auf das DBA-Mexiko.

436 Siehe hierzu *Benecke/Schnitger*, RIW 2002, 439 ff.

437 *Weggenmann*, IStR 2002, 614 (619).

438 Vgl. hierzu insbesondere die unter Art. 23 DBA-Mexiko, Kapitel 4, II.B.c. dargelegten Zweifel.

1) Fraglich ist, ob die oben geschilderte Qualifikationsverkettung im Rahmen des Art. 23 A/B OECD-MA (bzw. Art. 23 DBA-Mexiko) bei positiven Qualifikationskonflikten bzw. die teleologische Reduktion des Art. 23 A Abs. 1 OECD-MA (respektive Art. 23 Abs. 2 Buchst. a DBA-Mexiko) bei negativen Qualifikationskonflikten aus den betreffenden Vorschriften überhaupt hergeleitet werden kann. Ist dies nicht der Fall, scheidet die Übertragbarkeit des OECD-Modells von vornherein aus.

2) Die von der OECD vertretene Interpretation von Art. 23 A Abs. 1 bzw. Art. 23 B Abs. 1 OECD-MA bindet den Wohnsitzstaat bei einem positiven Qualifikationskonflikt an die Abkommensanwendung durch den Quellenstaat. Für diesen Fall schreibt Ziffer 12 Prot. DBA-Mexiko ein gesondertes Prozedere vor, soweit Deutschland die Rolle des Quellenstaats innehat. Es ist fraglich, ob angesichts dieser speziellen Regelung Raum für eine Auslegung des Methodenartikels nach dem OECD-Vorbild bleibt.

3) Die Ausführungen zu Punkt 2) gelten auch für den negativen Qualifikationskonflikt. Das OECD-Modell folgert aus einer teleologischen Reduktion des Art. 23 A Abs. 1 OECD-MA [respektive Art. 23 Abs. 2 Buchst. a) DBA-Mexiko], dass der Wohnsitzstaat nicht mehr zur Freistellung der nicht besteuerten Einkünfte verpflichtet ist und wie bei einer switch-over-Klausel zur Anrechnungsmethode übergehen kann. Hier trifft wiederum Ziffer 12 Prot. DBA-Mexiko spezielle Regelungen, die einen Rückgriff auf das OECD-Modell ausschließen könnten.

4) Weiterhin ist fraglich, ob das Lösungsmodell der OECD in zeitlicher Hinsicht auf das DBA-Mexiko Anwendung finden kann. Das DBA-Mexiko orientiert sich zwar am OECD-MA, wurde aber vor der Entwicklung der eingangs erläuterten Methodik zur Lösung von Qualifikationskonflikten abgeschlossen.

1. Zulässigkeit von Qualifikationsverkettung und teleologischer Reduktion

Ausgangspunkt für die Verpflichtung des Wohnsitzstaates, die Doppel- oder Nichtbesteuerung (korrespondierend mit der Abkommensanwendung durch den Quellenstaat) zu vermeiden, ist nach dem OECD-Modell der Wortlaut des

Art. 23 A Abs. 1 bzw. Art. 23 B Abs. 1 OECD-MA "... und können diese Einkünfte oder dieses Vermögen nach diesem Abkommen im anderen Vertragsstaat besteuert werden ...". Fraglich ist, ob diese Wendung im Fall eines positiven Qualifikationskonflikts eine derartige Qualifikationsverkettung zulässt oder gebietet.

Für die Auslegung von DBA gelten (in Anlehnung an Art. 31 WÜRV) nach Ansicht der Rechtsprechung[439] und der herrschenden Lehre[440] folgende, vor allem in dieser Reihenfolge zu beachtenden Grundsätze: der Wortlaut des Abkommens und die darin enthaltenen Definitionen; der Sinn und Zweck der Abkommensvorschriften und ihre Systematik; sowie zuletzt der Rückgriff auf die Begriffsbestimmungen des innerstaatlichen Rechts[441]. Die Beachtung der Reihenfolge ist essentiell, denn legte jeder Vertragsstaat das Abkommen primär unter Berücksichtigung seines innerstaatlichen Rechts aus, würden Auslegungsmöglichkeiten, die dem Sinn und Zweck sowie der Systematik des Abkommens entsprechen und somit zu einem größtmöglichen und mit eben dieser Systematik beabsichtigten Konsens der Vertragsstaaten führen, ignoriert. Das Risiko von Qualifikationskonflikten wäre unweigerlich größer. Folglich soll der Versuch, eine Begriffsinterpretation aus dem Abkommen heraus zu gewinnen, stets im Vordergrund stehen[442]. Die Interpretation aus dem Abkommenszusammenhang und der Rückgriff auf das innerstaatliche Recht der Vertragsstaaten stehen somit in einem Regel-Ausnahme-Verhältnis.

Unter Berücksichtigung dieser Vorgaben ist der Wortlaut des Art. 23 OECD-MA im Hinblick auf die von der OECD befürwortete Qualifikationsverkettung indifferent. Die Bindung des Wohnsitzstaats an die Abkommensanwendung durch den Quellenstaat wird vom Wortlaut des Art. 23 OECD-MA weder unter-

439 Vgl. BFH v. 30.05.1990, BStBl. II 1990, 906 (907); BFH v. 27.02.1991, BStBl. II 1991, 444 (446); BFH v. 06.10.1993, BStBl. II 1994, 318.

440 *Schaumburg*, Internationales Steuerrecht, S. 785, 786 Rn. 16.58; *Lang* in: FS Debatin (Hrsg.: Burmester/Endres) 1997, S. 283 (295); *Weggenmann*, IStR 2002, 614 (616); *Heinrich/Moritz*, European Taxation 2000, 142 (149 f.); *Debatin*, DB 1985, Beilage Nr. 23, 1 (5).

441 Für die vorrangige Ermittlung einer Lösung aus dem Abkommen heraus vgl. auch die Ausführungen in Kapitel 2, I.B.

442 Vgl. Kapitel 2, I.B. Dies gilt nicht, wenn das Abkommen ausdrücklich auf das innerstaatliche Recht verweist (Art. 10 Abs. 3 DBA-Mexiko für den Begriff "Dividende" oder ergänzend Art. 11 Abs. 5 DBA-Mexiko für den Begriff "Zinsen").

bunden noch positiv bestimmt[443]. Im Ergebnis ist die Ableitung einer Qualifikationsverkettung aus Art. 23 OECD-MA möglich, denn die vom Wortlaut der Vorschrift gesetzte Grenze einer möglichen Interpretation wird nicht überschritten.

Eine Qualifikationsverkettung könnte jedoch positiv aus dem Sinn und Zweck von DBA im Allgemeinen sowie speziell aus der systematischen Stellung und dem Sinn und Zweck des Methodenartikels abzuleiten sein.

Doppelbesteuerungsabkommen werden – wie schon die Bezeichnung nahe legt – mit dem Ziel abgeschlossen, die Doppelbesteuerung bei grenzüberschreitenden Sachverhalten zu vermeiden. Vor diesem Hintergrund ist es sinnvoll und erforderlich, Abkommensvorschriften in einer Weise auszulegen, mittels derer die Vermeidung der Doppelbesteuerung auch tatsächlich gewährleistet wird. Eben dies wird bei positiven Qualifikationskonflikten erst durch die Qualifikationsverkettung erreicht. Art. 23 OECD-MA ist demnach keine isoliert anzuwendende Vorschrift, sondern sie muss, um ihre Funktion erfüllen zu können, im Zusammenhang mit den Verteilungsartikeln 6-22 OECD-MA betrachtet werden. Nur wenn die Verteilungsartikel und der Methodenartikel ein einheitliches Gefüge bilden, ist das Ziel des DBA, die Vermeidung der Doppelbesteuerung, zu erreichen[444].

Besonderes Augenmerk verdient jedoch die teleologische Reduktion des Art. 23 A Abs. 1 OECD-MA, wonach der Wohnsitzstaat bei einem negativen Qualifikationskonflikt aufgrund von Unterschieden des innerstaatlichen Rechts von der Freistellungsmethode zur Anrechnungsmethode überzugehen hat, um die Nichtbesteuerung zu vermeiden. Diese Verpflichtung des Wohnsitzstaates impliziert, dass der Sinn und Zweck eines DBA nicht nur in der Vermeidung der Doppelbesteuerung, sondern auch in der Vermeidung einer doppelten Nichtbesteuerung von Einkünften besteht[445].

Betrachtet man die Ursachen einer (teilweisen) Nichtbesteuerung von Einkünften im Rahmen eines DBA, so zeigt sich, dass mit derartigen Situationen zumeist bei Abkommen zu rechnen ist, in dem ein Vertragsstaat oder beide

---

443 *Piltz*, Personengesellschaften, S. 144; *Weggenmann*, Einordnungskonflikte, S. 238; *ders.*, IStR 2002, 614 (616).

444 *Schaumburg*, Internationales Steuerrecht, S. 1033 Rn. 16.524; *Weggenmann*, Einordnungskonflikte, S. 238 f.; *ders.*, IStR 2002, 614 (618).

445 Dahingehend auch *Piltz*, Personengesellschaften, S. 145 f.; *Krabbe*, IStR 2000, 196 (200); *Weggenmann*, IStR 2002, 614 (618); ablehnend *Lang*, Application of the OECD Model Tax Convention to Partnerships, S. 29.

Vertragsstaaten die Freistellungsmethode anwenden. Diese soll gewährleisten, dass für die von der Freistellung betroffenen Einkünfte das Steuerniveau und somit die Marktbedingungen des zur vorrangigen Besteuerung berechtigten Vertragsstaates (z. B. des Betriebstättenstaates) gelten. Darüber hinaus wird es jedoch kaum dem Willen der Vertragsstaaten entsprechen, dass im Falle negativer Qualifikationskonflikte – die oftmals bei Vertragsschluss noch nicht gänzlich absehbar sind und auch von späteren Änderungen der nationalen Steuerrechte abhängen – dem Steuerpflichtigen die Vorteile der Freistellungsmethode zugute kommen, obwohl er im Investitionsstaat keiner Besteuerung unterliegt. Ausgenommen davon sind lediglich Fälle, in denen im Quellenstaat (bei Freistellung im Wohnsitzstaat) aufgrund des innerstaatlichen Rechts keine Steuer auf die fraglichen Einkünfte erhoben wird (z. B. bei Dividenden aus mexikanischen Quellen). Hier bleibt es bei der Verpflichtung des Wohnsitzstaates, die Einkünfte freizustellen[446]. In anderen Fällen kann den Vertragsstaaten nicht unterstellt werden, dass sie die Freistellung der Einkünfte durchgehend beabsichtigt haben.

Im Ergebnis liegt eine Ursache der Nichtbesteuerung gerade in der Schaffung von Vorschriften (wie der Freistellungsmethode), die die Doppelbesteuerung vermeiden sollen. Erst dadurch kommt es zu Situationen, in denen ein Vertragsstaat infolge der Annahme von (beispielsweise) Kapitaleinkünften im weiteren Sinn eine begrenzte Quellensteuer erhebt, während der andere Vertragsstaat beispielsweise von Unternehmensgewinnen ausgeht und diese freistellt. Wendeten beide Vertragsstaaten die Anrechnungsmethode an, wäre der doppelten Nichtbesteuerung infolge eines negativen Qualifikationskonflikts in den meisten Fällen vorgebeugt, zumal die Anwendung unterschiedlicher Abkommensvorschriften aufgrund der Besteuerung des Welteinkommens in beiden Vertragsstaaten keine Konsequenzen hätte. Die doppelte Nichtbesteuerung von Einkünften beim Aufeinandertreffen von Anrechnungs- und Freistellungsmethode ist somit als eine nicht beabsichtigte Nebenfolge der Schaffung von Regelungen zur Vermeidung der Doppelbesteuerung anzusehen. Es ist daher nicht anzunehmen, dass der Methodenartikel ausschließlich die Doppelbesteuerung vermeiden und nicht darüber hinaus auch die (doppelte) Nichtbesteuerung ermöglichen soll[447].

446 Vgl. auch OECD Partnership Report, Tz. 111; Art. 23 Ziffer 34 OECD-MK.

447 Beim Abschluss von DBA entspricht es überdies der Zielsetzung Mexikos, eine Nichtbesteuerung zu vermeiden; vgl. *Pérez Delgadillo/Portas Ladesma*, CDFI Vol. 89A (2004), 535 (536 f.).

Gegen die Zielsetzung des DBA-Mexiko, auch "weiße" Einkünfte zu vermeiden, kann deshalb nicht der Titel "Abkommen zur Vermeidung der Doppelbesteuerung" – ohne Erwähnung einer weitergehenden Zielsetzung im Sinne der Vermeidung der Nichtbesteuerung – angeführt werden. Zwar unterhält Mexiko zahlreiche Abkommen, deren Titel einen Zusatz der letztgenannten Art enthalten[448]; dabei unterscheiden sich diese Abkommen weder in ihrer Struktur noch in ihrem Wortlaut vom DBA-Mexiko bzw. anderen, sich am OECD-MA orientierenden Abkommen. Das im Titel eines DBA erklärte Ziel, mittels des Abkommens auch die Nichtbesteuerung zu vermeiden, vermag somit keine unterschiedliche Interpretation der Abkommensvorschriften im Vergleich zu Abkommen ohne diesen Zusatz zu begründen[449].

Als Ergebnis zu **Punkt 1)** ist festzuhalten, dass das auf der Auslegung von Art. 23 A/B Abs. 1 OECD-MA basierende Lösungsmodell der OECD sowohl für positive als auch negative Qualifikationskonflikte (Qualifikationsverkettung und teleologische Reduktion) infolge von Unterschieden des nationalen Rechts vom Wortlaut der Vorschrift gedeckt und nach deren Sinn und Zweck erforderlich ist. Bei Doppelbesteuerungsabkommen, die sich wie das DBA-Mexiko am OECD-MA orientieren und deren Methodenartikel den Absätzen 1 der Art. 23 A/B OECD-MA nachgebildet sind, kann das OECD-Lösungsmodell demnach grundsätzlich zur Bereinigung von Qualifikationskonflikten herangezogen werden.

448 Vgl. z. B. die DBA Mexikos mit Spanien, Ecuador, Kanada und Frankreich: "Convenio entre los Estados Unidos Mexicanos y ... para evitar la doble imposición e *impedir la evasión fiscal* en materia de impuestos sobre la renta".

449 Vgl. in diesem Zusammenhang *Lang*, CDFI Vol. 89a (2004), Generalbericht S. 33: auch hier wird der Aufnahme des Ziels "Vermeidung der Nichtbesteuerung" – einer abkommensrechtlich verankerten Pflicht zur Vermeidung der Nichtbesteuerung allerdings eher skeptisch gegenüberstehend – kein besonderer Aussagegehalt zugemessen, indem eine Nichtbesteuerung trotz der Abkommensüberschrift für möglich gehalten wird.

2. Die switch-over-Klausel in Ziffer 12 Prot. DBA-Mexiko **[Punkte 2) und 3)]**

(a) Persönlicher und sachlicher Anwendungsbereich

Ziffer 12 Prot. DBA-Mexiko lautet folgendermaßen:
[(12) Zu den Artikeln 23 und 25

Die Bundesrepublik Deutschland vermeidet die Doppelbesteuerung durch Steueranrechnung nach Artikel 23 Abs. 2 Buchstabe b und nicht durch Steuerbefreiung im Sinne des Artikels 23 Abs. 1 Buchstabe a,

a) wenn die Einkünfte oder Vermögenswerte in den Vertragsstaaten verschiedenen Bestimmungen des Abkommens zuzuordnen oder verschiedenen Personen (mit Ausnahme der in Artikel 9 genannten Personen) zuzurechnen sind und dieser Konflikt nicht durch ein Verständigungsverfahren nach Artikel 25 beigelegt werden kann, und

aa) wenn die entsprechenden Einkünfte oder Vermögenswerte infolge dieser Zuordnung oder Zurechnung Gegenstand einer Doppelbesteuerung sind, oder

bb) wenn die entsprechenden Einkünfte oder Vermögenswerte infolge dieser Zuordnung oder Zurechnung in den Vereinigten Mexikanischen Staaten unbesteuert bleiben oder unangemessen niedrig besteuert werden und (vorbehaltlich der Anwendung dieses Absatzes) in der Bundesrepublik Deutschland von der Steuer befreit sind, oder

b) wenn die Bundesrepublik Deutschland den Vereinigten Mexikanischen Staaten im Rahmen der entsprechenden Beratung und vorbehaltlich der Einschränkungen nach ihrem innerstaatlichen Recht auf diplomatischem Weg sonstige Einkünfte mitgeteilt hat, für die sie die Anwendung dieses Absatzes vorsieht, um zu verhindern, dass Einkünfte in beiden Vertragsstaaten von der Steuer befreit sind oder sonstige Regelungen zur ungerechtfertigten Anwendung des Abkommens getroffen werden.

Im Fall einer Mitteilung nach Buchstabe b können die Vereinigten Mexikanischen Staaten vorbehaltlich einer Mitteilung auf diplomatischem Weg die genannten Einkünfte auf Grund des Abkommens entsprechend der Charakterisierung der Einkünfte durch die Bundesrepublik Deutschland näher bezeichnen. Eine Mitteilung nach Maßgabe dieses Absatzes wird mit dem ersten Tag des auf das Jahr der Mitteilung folgenden Kalenderjahrs wirksam, wenn alle gesetzlichen Voraussetzungen für ihr Wirksamwerden nach dem innerstaatlichen Recht des mitteilenden Staates erfüllt sind.]

Ziffer 12 Prot. DBA-Mexiko ist eine sogenannte switch-over-Klausel, die in dieser oder abgewandelter Form Bestandteil zahlreicher deutscher DBA ist[450]. Ihr Anwendungsbereich erstreckt sich grundsätzlich auf Fälle, in denen es aufgrund einer unterschiedlichen Zurechnung von Einkünften an Personen oder einer unterschiedlichen Zuordnung von Einkünften an die Verteilungsartikel zu einer Doppelbesteuerung, Doppelfreistellung oder zu einer unangemessen niedrigen Besteuerung kommt [Buchst. a)]. Lässt sich ein solcher Konflikt nicht in einem Verständigungsverfahren regeln, darf Deutschland von der Freistellungs- zur Anrechnungsmethode wechseln. Der Methodenwechsel ist ohne Verständigungsverfahren zulässig, wenn Einkünfte aus anderen Gründen in beiden Vertragsstaaten freigestellt sind oder der Steuerpflichtige missbräuchliche Gestaltungsmaßnahmen angewendet hat.
Hervorzuheben ist die Erstreckung des Anwendungsbereichs der switch-over-Klausel auf Zurechnungskonflikte. Die Vermeidung der Doppelbesteuerung durch Anrechnung ist ausdrücklich angeordnet, wenn die Vertragsstaaten von unterschiedlichen Steuersubjekten ausgehen und es somit an der für die Anrechnung erforderlichen Subjektidentität fehlen würde.

(b) Doppelbesteuerung

Ziffer 12 Buchst. a) aa) Prot. DBA-Mexiko soll im Gegensatz zur switch-over-Klausel des Art. 23 A Abs. 4 OECD-MA nicht nur die Doppelfreistellung, sondern auch die Doppelbesteuerung vermeiden. Beansprucht beispielsweise Deutschland ein ausschließliches Besteuerungsrecht für bestimmte Einkünfte und lehnt es dementsprechend die Anrechnung der auf die Einkünfte erhobenen mexikanischen Steuer ab, soll Ziffer 12 Buchst. a) aa) Prot. DBA-Mexiko angesichts der drohenden Doppelbesteuerung – nach erfolglosem Verständigungsverfahren – den Übergang zur Anrechnungsmethode ermöglichen, sodass

450 Von den DBA, die Deutschland mit den Staaten Lateinamerikas geschlossen hat, enthält neben dem DBA-Mexiko lediglich das DBA-Venezuela eine switch-over-Klausel.

die von Mexiko erhobene Steuer in Deutschland berücksichtigt werden kann[451]. Ihrem Wortlaut nach ist die switch-over-Klausel auf Doppelbesteuerungs-Sachverhalte jedoch nicht anwendbar: Ziffer 12 Prot. DBA-Mexiko geht zunächst vom Vorliegen der Voraussetzungen für die Freistellung der Einkünfte in Deutschland aus. Es kann aber nicht zu einer Doppelbesteuerung kommen, wenn in den Anwendungsvoraussetzungen von Ziffer 12 Prot. DBA-Mexiko ohnehin davon ausgegangen wird, dass Deutschland die fraglichen Einkünfte freistellt[452]. Die Vermeidung der Doppelbesteuerung im eingangs geschilderten Fall anhand von Ziffer 12 Buchst. a) aa) Prot. DBA-Mexiko könnte nur aufgrund einer sinngemäßen An-wendung der Vorschrift stattfinden, indem Deutschland sein ausschließliches Besteuerungsrecht aufgibt und die mexikanische Steuer anrechnet.

Die Beschränkung des Adressatenkreises der switch-over-Klausel auf Deutschland führt zu Schwierigkeiten, wenn Mexiko die Rolle des Wohnsitzstaates zukommt. Die von Mexiko praktizierte Anrechnung vermag die Doppelbesteuerung nicht in allen Fällen zu vermeiden, denn nimmt Mexiko das ausschließliche Besteuerungsrecht für sich in Anspruch, wird es die Anrechnung deutscher Steuern gänzlich verweigern. Es wird deshalb vertreten, dass in einem solchen Fall dem Sinn und Zweck der switch-over-Klausel – der Vermeidung der Doppelbesteuerung – dadurch Rechnung zu tragen sei, dass Deutschland als Quellenstaat die Anrechnung der ausländischen (mexikanischen) Steuer gewährt. Dieses Auslegungsergebnis werde vom Wortlaut der Klauseln gestützt ("... so vermeidet die Bundesrepublik Deutschland ...")[453].
Dem kann nicht zugestimmt werden. Sowohl der Wortlaut als auch die Systematik der einseitig formulierten switch-over-Klausel geben vor, dass diese nur in Sachverhalten mit Deutschland als Wohnsitzstaat einschlägig ist. Darüber hinaus ist nicht anzunehmen, dass Deutschland bei Vertragsschluss die Anwendung der switch-over-Klausel auch als Quellenstaat beabsichtigt und damit

451 So im Ergebnis für die switch-over-Klausel in Ziffer 10 Prot. DBA-Norwegen, die sowohl für Deutschland als auch Norwegen gilt: *Vogel* in: Vogel/Lehner, DBA, Einl. Rn. 169.

452 Vgl. den Wortlaut "Die Bundesrepublik Deutschland vermeidet die Doppelbesteuerung durch Steueranrechnung ... und nicht durch Steuerbefreiung ...".

453 *Vogel* in: Vogel/Lehner, DBA, Einl. Rn. 170; *Petereit*, IStR 2003, 577 (584).

bei Qualifikationskonflikten den Verzicht auf das ihm seiner Ansicht nach zustehende Steuersubstrat in Kauf genommen hat[454].
Infolge der auf Deutschland beschränkten Anwendbarkeit der switch-over-Klausel steht Ziffer 12 Prot. DBA-Mexiko einer Qualifikationsverkettung im Sinne des OECD-MK durch den Wohnsitzstaat Mexiko unter dem Gesichtspunkt der Spezialität nicht entgegen[455].

(c) Minder- oder Nichtbesteuerung

Im Hinblick auf den negativen subjektiven Qualifikationskonflikt, den negativen objektiven Qualifikationskonflikt und der daraus resultierenden Nichtbesteuerung oder unangemessen niedrigen Besteuerung von Einkünften in Mexiko bei gleichzeitiger Steuerbefreiung in Deutschland sieht Ziffer 12 a) bb) Prot. DBA-Mexiko vor, dass Deutschland nach der Durchführung eines erfolglosen Verständigungsverfahrens von der Freistellungs- zur Anrechnungsmethode übergehen darf.
Bezieht beispielsweise ein in Deutschland ansässiger Gesellschafter von einer in Mexiko ansässigen Personengesellschaft Zinszahlungen, die die deutsche Finanzverwaltung in Anwendung von Art. 7 Abs. 1 i. V. m. Art. 23 Abs. 2 Buchst. a) DBA-Mexiko freistellt, während Mexiko die Einkünfte unter Art. 11 DBA-Mexiko subsumiert und damit sein Besteuerungsrecht nur begrenzt wahrnimmt, droht eine teilweise Nichtbesteuerung der Zinseinkünfte[456].
Die Voraussetzungen der switch-over-Klausel scheinen erfüllt: Deutschland ist in der Rolle des Wohnsitzstaates, womit Ziffer 12 Prot. DBA-Mexiko grundsätzlich anwendbar ist. Weiterhin beruht die drohende (teilweise) Nichtbesteuerung der Zinseinkünfte auf einer unterschiedlichen Einkünftequalifikation durch die Vertragsstaaten, was in Ziffer 12 Prot. DBA-Mexiko durch den Begriff "Zuordnung" zum Ausdruck kommt. Nach der erfolglosen Durchfüh-

---

454 Dies wird auch von der oben angeführten – die analoge Anwendung der switch-over-Klausel in Betracht ziehenden – Auffassung eingeräumt; vgl. *Vogel* in: Vogel/Lehner, DBA, Einl. Rn. 170; *Petereit*, IStR 2003, 577 (584).

455 Ob das Lösungsmodell der OECD auf Altabkommen wie das DBA-Mexiko überhaupt anwendbar ist, bedarf noch weiterer Klärung; siehe dazu Art. 23 DBA-Mexiko, Kapitel 4, II.C.a.3.

456 Vgl. hierzu Art. 7 DBA-Mexiko, Kapitel 3, II.E.a.

rung eines Verständigungsverfahrens dürfte Deutschland von der Freistellungs- zur Anrechnungsmethode übergehen.
Zweifel an der Anwendbarkeit von Ziffer 12 Prot. DBA-Mexiko bestehen aber im Hinblick darauf, dass es sich vorliegend möglicherweise nicht um eine unterschiedliche Zuordnung von Einkünften aufgrund von Verschiedenheiten des nationalen Rechts handelt, sondern um eine auf der Abkommensebene zu beantwortende Auslegungsfrage. Ignoriert die Finanzverwaltung die abkommensimmanenten Wertungen insbesondere des Art. 7 Abs. 7 DBA-Mexiko, ist dies keine Frage des innerstaatlichen Rechts[457].
Andererseits könnte die Typisierung des Qualifikationskonflikts für die Zwecke der Ziffer 12 Prot. DBA-Mexiko im Gegensatz zu Art. 23 A Abs. 1 OECD-MA irrelevant sein, wenn die Vorschrift sämtliche Zuordnungs- und Zurechnungskonflikte erfasst, d. h. ohne Ansehen ihres Ursprungs in der Annahme unterschiedlicher Sachverhalte oder aber einer unterschiedlichen Abkommensauslegung. Der Ursache der Doppel- oder Nichtbesteuerung käme keine Bedeutung zu, da die switch-over-Klausel stets anzuwenden wäre, wenn ein Zurechnungs- oder Zuordnungskonflikt vorläge. Eine Lösung über Ziffer 12 Buchst. a) Prot. DBA-Mexiko wäre lediglich in Fällen, in denen die unterschiedliche Abkommensanwendung nicht bei der Zuordnung oder der Zurechnung von Einkünften an Personen ansetzt, ausgeschlossen, zumal hier der Wortlaut der Vorschrift eine Grenze setzt[458].

Ob Ziffer 12 Buchst. a) Prot. DBA-Mexiko sich nur auf Qualifikationskonflikte bezieht, die ihre Ursachen im innerstaatlichen Recht der Vertragsstaaten haben, ist unklar. Für das Erfordernis der Abhängigkeit vom innerstaatlichen Recht spricht die Wortfolge: "... Einkünfte ... in den Vertragsstaaten verschiedenen Bestimmungen des Abkommens zuzuordnen oder verschiedenen Personen zuzurechnen sind ...". Dies könnte auf Zuordnungen oder Zurechnungen aufgrund eines innerstaatlichen Rechtsanwendungsbefehls des Vertragsstaats schließen

457 Siehe dazu Art. 7 DBA-Mexiko, Kapitel 3, II.E.

458 Rechnet beispielsweise ein Vertragsstaat bestimmte Einkünfte der Betriebstätte zu, während der andere Vertragsstaat die Einkünfte beim Stammhaus ansiedelt, so werden die Einkünfte nicht "verschiedenen Personen" i. S. v. Ziffer 12 Buchst. a) Prot. DBA-Mexiko zugerechnet. Zudem kann die Annahme eines unterschiedlichen Sachverhaltes oder eine divergierende Auslegung von Abkommensvorschriften zu einer unterschiedlichen Zuordnung oder Zurechnung von Einkünften i. S. v. Ziffer 12 Prot. DBA-Mexiko führen, nicht aber dann, wenn es um die Höhe der Einkünfte einer bestimmten Person geht.

lassen und weniger oder gar nicht auf eine Einkünftequalifikation, die aus der Auslegung des Abkommens resultiert. Bei dieser Sichtweise müsste einem Zurechnungs- oder Zuordnungskonflikt i. S. v. Ziffer 12 Prot. DBA-Mexiko stets eine Wertung oder Einordnung auf der Grundlage des innerstaatlichen Rechts vorangehen.
Im Ergebnis spricht jedoch mehr für die Einbeziehung aller Zurechnungs- und Zuordnungskonflikte in Ziffer 12 Buchst. a) Prot. DBA-Mexiko. Die Wendung "in den Vertragsstaaten" erlaubt nicht nur den Bezug auf Vorschriften des innerstaatlichen Rechts, sondern auch die Einbeziehung von Auslegungsfragen und Sachverhaltsermittlungen, die gleichermaßen *in den Vertragsstaaten* durch die zuständigen Behörden vollzogen werden. Zudem erfolgt die Auslegung und Sachverhaltsermittlung anhand des DBA aufgrund des zu innerstaatlichem Recht transformierten Gesetzes, sodass auch hier eine Entscheidung "in den Vertragsstaaten" i. S. v. Ziffer 12 Buchst. a) Prot. DBA-Mexiko vorliegt. Die switch-over-Klausel ist mithin auf sämtliche Qualifikationskonflikte in Gestalt einer divergierenden Zurechnung an Personen oder Zuordnung von Einkünften anzuwenden.

Weiteres Tatbestandsmerkmal für die Vermeidung der Nichtbesteuerung anhand von Ziffer 12 Buchst. a) bb) Prot. DBA-Mexiko durch Deutschland ist – soweit die fraglichen Einkünfte nicht gänzlich unversteuert bleiben – eine "unangemessen niedrige" Besteuerung in Mexiko. Was unter diesem Begriff zu verstehen ist, geht weder aus Ziffer 12 Prot. DBA-Mexiko noch aus anderen Abkommensvorschriften hervor. Zu seiner näheren Bestimmung existieren gegenwärtig – auch in anderen DBA, die eine ähnlich formulierte switch-over-Klausel enthalten – keine Anhaltspunkte. Dies führt zu einer erheblichen Rechtsunsicherheit, denn die switch-over-Klausel greift angesichts des Ausdrucks "unangemessen niedrig" auch dann ein, wenn eine Minderbesteuerung vorliegt[459]. Die Verfassungsmäßigkeit von switch-over-Klauseln mit diesem Tatbestandsmerkmal wird vor dem Hintergrund des Bestimmtheitsgebots teilweise bezweifelt[460]. Demgegenüber wird vertreten, dass auch im Steuerrecht unbestimmte Rechtsbegriffe zulässig seien, solange sie nur durch Auslegung hinreichend bestimmt werden könnten. Dies sei bei den abkommensrechtlichen switch-over-Klauseln

459 *Petereit*, IStR 2003, 577 (581).

460 Dahingehend *Grotherr* in: B/H/G/K, DBA, Art. 23 Rn. 168; zum DBA-Mexiko *Prokisch*, IStR 1994, 271 (278).

im Hinblick auf die Begriffe "zu niedrig", "unangemessen niedrig" oder "nur ermäßigt" der Fall[461].

Für das DBA-Mexiko lässt sich der Anwendungsbereich der switch-over-Klausel bei drohender Minderbesteuerung möglicherweise durch eine Zusammenschau mit anderen Abkommensvorschriften, die eine Minder- oder Nichtbesteuerung sowie die ungerechtfertigte Inanspruchnahme von Abkommensvorteilen vermeiden sollen, näher eingrenzen.
Festzuhalten ist, dass Ziffer 12 Buchst. a) bb) Prot. DBA-Mexiko nur eingreift, wenn die Minderbesteuerung auf einem Zurechnungs- oder Zuordnungskonflikt basiert. Im Gegensatz hierzu handelt Ziffer 12 Buchst. b) Prot. DBA-Mexiko von der Verhinderung einer doppelten Steuerbefreiung oder "sonstige(n) Regelungen zur ungerechtfertigten Anwendung des Abkommens". Im Verhältnis zu Ziffer 12 Buchst. a) Prot. DBA-Mexiko stehen somit im Rahmen des Buchst. b) Gestaltungsmaßnahmen des Steuerpflichtigen im Vordergrund, die als missbräuchlich anzusehen sind und zu einer Nicht- oder Minderbesteuerung führen. Für die in Ziffer 12 Buchst. a) Prot. DBA-Mexiko behandelten Sachverhalte lässt dies den Schluss auf eine Minderbesteuerung zu, die nicht auf spezielle (und womöglich illegale) Umgehungsmaßnahmen des Steuerpflichtigen zurückgeht, sondern deren Ursache in der rechtlichen bzw. administrativen Sphäre der Vertragsstaaten liegt. Von einer "unangemessen niedrigen" Besteuerung i. S. v. Ziffer 12 Buchst. a) bb) Prot. DBA-Mexiko ist deshalb nur bei rechtlich legalen Gestaltungsmaßnahmen auszugehen[462].

Darüber hinaus ergibt sich aus dem oben erläuterten Verhältnis der Buchstaben a) und b) in Ziffer 12 Prot. DBA-Mexiko, dass auch Gestaltungsmaßnahmen im legalen Bereich, die auf eine missbräuchliche Inanspruchnahme von Abkommensbestimmungen mit dem Ergebnis einer Nicht- oder Minderbesteuerung abzielen, nicht unter Ziffer 12 Buchst. a) bb) Prot. DBA-Mexiko zu subsumieren sind. Entweder greifen hier die allgemeinen Missbrauchsvorschriften des innerstaatlichen Rechts (§ 42 AO), oder es sind die speziellen, abkommensrechtlichen Missbrauchsvorschriften heranzuziehen[463].

---

461 So *Petereit*, IStR 2003, 577 (581, 582).

462 Vgl. *Petereit*, IStR 2003, 577 (581); *Grotherr* in: B/H/G/K, DBA, Art. 23 Rn. 169.

463 Vgl. Art. 11 Abs. 9 und Art. 12 Abs. 7 DBA-Mexiko. Für die Anwendung von Ziffer 12 Buchst. b) Prot. DBA-Mexiko auf die sonstigen Fälle der "ungerechtfertigten Inanspruchnahme des Abkommens" besteht derzeit keine Rechtsgrundlage im innerstaatlichen

Diese Differenzierung ist im Hinblick auf die unterschiedlichen Tatbestandsvoraussetzungen der jeweiligen Normen bedeutsam, denn vor allem das in Ziffer 12 Buchst. a) bb) Prot. DBA-Mexiko vorgesehene Verständigungsverfahren kann für die weitere Behandlung und Besteuerung des Sachverhaltes erhebliche Auswirkungen haben. Die Durchführung eines Verständigungsverfahrens zur Vermeidung einer Nichtbesteuerung ist für den Steuerpflichtigen grundsätzlich vorteilhaft[464], denn es ist an den Vertragsstaaten, sich über die Vermeidung der Minder- oder Nichtbesteuerung zu einigen. Dies kann viel Zeit in Anspruch nehmen und eine Einigung ist nicht immer wahrscheinlich. Kommt es dennoch zu einem Ergebnis, infolgedessen einem Staat das Besteuerungsrecht für bestimmte Einkünfte zugesprochen wird, hat der Steuerpflichtige dennoch nicht automatisch mit einer Besteuerung zu rechnen. Schließlich bedarf es einer rechtlichen Grundlage im innerstaatlichen Recht des jeweiligen Vertragsstaates für die Erhebung der Steuer. Ist diese nicht vorhanden, so kann auch das im Verständigungsverfahren erzielte Ergebnis an der fehlenden Rechtsgrundlage nichts ändern[465].

Im Übrigen spricht das Erfordernis eines Verständigungsverfahrens bei einer Doppel-, Minder- oder Nichtbesteuerung, die ihren Ursprung in der rechtlichen oder administrativen Sphäre der Vertragsstaaten hat, für die voranstehend erläuterte Differenzierung zwischen Ziffer 12 Buchst. a) und Buchst. b) Prot. DBA-Mexiko. Liegt das Problem im rechtlichen oder administrativen Bereich, ist es an den Vertragsstaaten, dieses auszuräumen; setzt der Steuerpflichtige hingegen durch missbräuchliche Gestaltungsmaßnahmen den Grund für die dadurch entstehende Minder- oder Nichtbesteuerung, so erscheint es eher gerechtfertigt, dass ein Vertragsstaat [wie Deutschland anhand von Ziffer 12 Buchst. b) Prot. DBA-Mexiko] die – soweit rechtlich möglich – vollständige Besteuerung

Recht. Diese ist aber im Hinblick auf die Möglichkeit einer unilateralen Entscheidung zur Nichtanwendung der Abkommensvorschriften zu fordern; vgl. *Mittermaier*, Personengesellschaften im Verhältnis Deutschland-USA, S. 304 f. für die ähnlich formulierte Klausel in Abschnitt 21 Buchst. b) des Protokolls zum DBA Deutschland-USA.

464 Umgekehrt wird es sich oftmals im Fall einer Doppelbesteuerung i. S. v. Ziffer 12 Buchst. a) aa) Prot. DBA-Mexiko verhalten, zumal der Steuerpflichtige zunächst (übermäßig) belastet ist.

465 Vgl. *Menck* in: B/H/G/K, DBA, Grundlagen Teil 1, Qualifikationskonflikte Rn. 53; *Petereit*, IStR 2003, 577 (583).

gewährleistet und dem anderen Vertragsstaat hierüber lediglich eine Mitteilung zukommen lässt[466].

Denkbar sind freilich auch Fälle, in denen Steuerpflichtige sich Zurechnungs- oder Zuordnungskonflikte auf der Abkommensebene zunutze machen, indem sie Gestaltungen wählen, die die in den innerstaatlichen Rechtssphären liegenden Unterschiede gezielt hervorrufen und eine Minder- oder Nichtbesteuerung nach sich ziehen[467]. Nach der hier vertretenen Auffassung ist in diesen Fällen gleichwohl Ziffer 12 Buchst. a) bb) Prot. DBA-Mexiko anzuwenden. Die Motivation des Steuerpflichtigen wird sich ohne weiteres ergründen lassen. Eine Missbrauchsabsicht kann nicht grundsätzlich unterstellt werden[468]. Letztendlich sind es die Vertragsstaaten, die durch den Abschluss des DBA in der gewählten Form das partiell ungeregelte Aufeinandertreffen ihrer Steuersysteme und Vorgehensweisen der Finanzverwaltungen in Kauf genommen haben und somit (auch) die Ursache für die entstehenden Zurechnungs- und Zuordnungskonflikte setzen.

Als Zwischenergebnis ist festzuhalten, dass sich der Anwendungsbereich von Ziffer 12 Buchst. a) bb) Prot. DBA-Mexiko auf legale, nichtmissbräuchliche Gestaltungen bezieht, in denen es zu Zurechnungs- oder Zuordnungskonflikten jeglicher Art kommt.
Fraglich ist weiterhin, was unter einer "unangemessen niedrigen" Besteuerung zu verstehen ist. Die Anknüpfung an qualitative Merkmale, die auf die recht-

466 Es ist jedoch eine Umsetzungsvorschrift für Ziffer 12 Buchst. b) Prot. DBA-Mexiko im innerstaatlichen deutschen Recht zu fordern.

467 Hier ist auch an das sogenannte "double-dipping" bei deutschen Personengesellschaften zu denken. Ein mexikanischer Gesellschafter kann – zumindest bei eigenbetrieblicher Tätigkeit in Mexiko – seine deutsche Unternehmensbeteiligung kreditfinanzieren und die Zinsen in Mexiko grundsätzlich als Betriebsausgaben abziehen. Ein weiterer Abzug der Zinsen als Sonderbetriebsausgabe (Sonderbetriebsvermögen II) wird in der Regel bei der deutschen Betriebstätte gewährt. Folge ist eine verminderte Steuerlast, deren Ursache in den unterschiedlichen, innerstaatlichen Rechtsordnungen hat; vgl. *Burmester*, Unternehmensfinanzierung im Internationalen Steuerrecht, Rn. 89; *Müller*, IStR 2005, 181 f.; *Lüdicke*, StBJb 1997/98, 449 (477).

468 § 42 AO wird bei double-dip-Modellen nicht für anwendbar gehalten; vgl. *Müller*, IStR 2005, 181 (186). Auch Ziffer 12 Buchst. b) Prot. DBA-Mexiko bietet mangels der – hier für erforderlich gehaltenen – Umsetzung ins innerstaatliche Recht derzeit keine Grundlage zur Vermeidung des doppelten Ausgabenabzugs.

liche Angemessenheit der Gestaltung abstellen, erscheint weniger praktikabel. Das zeigt die voranstehend erläuterte Unterscheidung zwischen Ziffer 12 Buchst. a) sowie Buchst. b) Prot. DBA-Mexiko. Gerade bei den häufig auftretenden Zurechnungs- und Zuordnungskonflikten auf dem Gebiet der Personengesellschaften dürfte es schwierig sein, Kriterien für die Ermittlung dessen zu finden, was in den Bereich einer angemessenen Gestaltung fällt. Deshalb ist für die Bestimmung des Begriffs "unangemessen niedrig" in erster Linie auf quantitative Merkmale abzustellen.
Als ein Anhaltspunkt für die Unter- bzw. Obergrenze einer unter Ziffer 12 Buchst. a) bb) Prot. DBA-Mexiko fallenden Minderbesteuerung ist zunächst die Wendung "... infolge dieser Zuordnung oder Zurechnung in den Vereinigten Mexikanischen Staaten unbesteuert bleiben oder unangemessen niedrig besteuert werden und (vorbehaltlich der Anwendung dieses Absatzes) in der Bundesrepublik Deutschland von der Steuer befreit sind, ..." heranzuziehen. Danach muss eine Minderbesteuerung im Quellenstaat Mexiko vorliegen, während die Einkünfte gleichzeitig in Deutschland von der Steuer befreit sind. Der Ausdruck "unangemessen niedrig" wird in unmittelbarem Zusammenhang mit dem Begriff "unbesteuert" verwendet, was auf eine Steuerbelastung schließen lässt, die zu einer Befreiung hin tendiert oder deutlich unter dem regulären Niveau für vergleichbare Einkünfte liegt.

Fraglich ist indes, ob als Vergleichsmaßstab für die Höhe der Steuer das mexikanische oder das deutsche Steuerniveau heranzuziehen ist. Hierzu wird vertreten, dass Sinn und Zweck der switch-over-Klausel dafür sprächen, als Vergleichsmaßstab auf die Steuerbelastung abzustellen, die sich ohne den Zurechnungs- oder Zuordnungskonflikt in Deutschland ergeben würde. Schließlich solle der Methodenwechsel ungerechtfertigte Steuervorteile vermeiden, die aus dem Zurechnungs- oder Zuordnungskonflikt resultieren. Diene der Methodenwechsel dazu, die Einkünfte der deutschen Steuerbelastung zu unterwerfen, so sei das ausländische Steuerniveau mit dem deutschen Steuerniveau zu vergleichen[469].
Dem ist nicht zuzustimmen. Ausgangspunkt für die switch-over-Klausel ist zunächst die für die fraglichen Einkünfte geltende Freistellungsmethode. Sie soll gewährleisten, dass z. B. die Einkünfte eines Unternehmens dem Steuerniveau

469 *Petereit*, IStR 2003, 577 (582); *Krabbe* in: Debatin/Wassermeyer, DBA (Italien), Art. 24 Rn. 74.

des Staates unterliegen, auf dessen Markt es tätig ist. Stellt sich nun die Frage nach einem Wechsel zur Anrechnungsmethode, so kann dies nur aufgrund von Umständen geschehen, die im mexikanischen Steuerrecht begründet liegen. Die Entscheidung, dass die Einkünfte grundsätzlich dem mexikanischen Steuerniveau unterliegen sollen, wurde nämlich bereits mit der Festlegung der Freistellungsmethode seitens Deutschland getroffen. Um den Übergang zur Anrechnungsmethode zu rechtfertigen, bedarf es deshalb einer Begründung, deren Bezugspunkt eine Abweichung vom normalen, mexikanischen Steuerniveau sein muss. Stellt man sogleich auf die Steuerbelastung in Deutschland bei Geltung der Anrechnungsmethode ab, so überspringt man diesen Schritt, denn es bedarf zuerst der Rechtfertigung, warum die Freistellungsmethode nicht mehr gelten soll. Eben diese Rechtfertigung ist die "unangemessen niedrige" Besteuerung in Mexiko.

Als Ergebnis ist festzuhalten, dass sich die Ermittlung einer "unangemessen niedrigen" Besteuerung i. S. v. Ziffer 12 Buchst. a) bb) Prot. DBA-Mexiko an der mexikanischen Steuerbelastung zu orientieren hat. Dabei ist es sinnvoll, anstelle qualitativer Kriterien, die insbesondere im Fall von Zurechnungs- und Zuordnungskonflikten schwer festzulegen sein dürften, quantitative Kriterien heranzuziehen. Eine Einzelfallprüfung ist unabdingbar. Grundsätzlich liegt eine "unangemessen niedrige" Besteuerung dann vor, wenn die im LISR vorgesehene Steuerbelastung der fraglichen Einkünfte unterschritten wird. In diesem Fall handelt es sich um einen Steuervorteil, der über die von der Freistellungsmethode bezweckte Gleichstellung mit mexikanischen Marktteilnehmern hinaus geht und deshalb den Wechsel zur Anrechnungsmethode rechtfertigt. Die voranstehend ermittelten Kriterien sind m. E. geeignet und ausreichend, den Begriff "unangemessen niedrig" zu bestimmen und die oben genannten verfassungsrechtlichen Bedenken zu zerstreuen.

(d) Ziffer 12 Prot. DBA-Mexiko im Vergleich mit dem OECD-Modell

Die Voraussetzungen von Ziffer 12 Buchst. a) Prot. DBA-Mexiko sind mit denen der teleologischen Reduktion bzw. der Qualifikationsverkettung im Rahmen des Art. 23 A/B Abs. 1 OECD-MA insoweit deckungsgleich, als beide Normen Qualifikationskonflikte erfassen, deren Ursachen im innerstaatlichen Recht liegen. Wie soeben gezeigt, geht Ziffer 12 Buchst. a) Prot. DBA-Mexiko jedoch über diese Art der Qualifikationskonflikte hinaus, denn sie erfasst auch solche Konflikte, deren Ursache in der Abkommensauslegung und in der Sachverhaltsermittlung liegt. Im OECD-MA soll die Lösung der letztgenannten Fälle über Art. 23 A Abs. 4 OECD-MA erfolgen.

Weiterhin sind die Anwendungsbereiche von Ziffer 12 Buchst. a) Prot. DBA-Mexiko und der teleologischen Reduktion bzw. der Qualifikationsverkettung in Art. 23 A/B OECD-MA im Hinblick auf die im nationalen Recht gründenden Qualifikationskonflikte nicht identisch. Ziffer 12 Buchst. a) Prot. DBA-Mexiko bestimmt ausdrücklich, dass es sich bei der Ursache der Doppelbesteuerung bzw. -freistellung um einen Zurechnungs- oder Zuordnungskonflikt handeln muss. Dies bedeutet eine Einschränkung gegenüber Art. 23 A Abs. 1 OECD-MA, denn letzterer berechtigt nach dem OECD-Modell auch dann zum Wechsel von der Freistellungs- zur Anrechnungsmethode, wenn Unterschiede des nationalen Rechts eine doppelte Nichtbesteuerung verursachen, der keine Zuordnung von Einkünften unter verschiedene Verteilungsartikel bzw. keine Zurechnung von Einkünften an unterschiedliche Personen zugrundeliegt. Rechnet z. B. Deutschland als Wohnsitzstaat der Gesellschafter einer Personengesellschaft aufgrund seines innerstaatlichen Rechts Gewinne der mexikanischen Betriebstätte zu, während Mexiko die Gewinne dem deutschen Stammhaus zurechnet, droht eine doppelte Nichtbesteuerung von Einkünften, deren Ursache jedoch nicht die Zuordnung unter verschiedene Abkommensbestimmungen (nur Art. 7 DBA-Mexiko) oder die Zurechnung an verschiedene Personen ist [die Betriebstätte ist keine "Person" i. S. v. Art. 3 Abs. 1 Buchst. b) DBA-Mexiko[470]]. Nach dem OECD-Modell könnte Deutschland aufgrund der teleologischen Reduktion des Art. 23 A Abs. 1 OECD-MA von der Freistellungs- zur Anrechnungsmethode übergehen und auf diesem Wege den mexikanischen Betriebstättengewinn im Rahmen des Welteinkommens der Gesellschafter erfassen und hätte lediglich die mexikanische Steuer auf die deutsche Steuer anzurechnen. Die doppelte Nichtbesteuerung wäre vermieden. Ziffer 12 Buchst. a) Prot. DBA-Mexiko erlaubt diese Vorgehensweise jedoch nicht, da es an einem Zuordnungs- bzw. Zurechnungskonflikt im Sinne der Vorschrift fehlt.

470 Vgl. *Prokisch* in: Vogel/Lehner, DBA, Art. 1 Rn. 8.

Im Ergebnis ist festzuhalten, dass die doppelte Nichtbesteuerung von Einkünften über Ziffer 12 Buchst. a) bb) Prot. DBA-Mexiko vermieden werden kann, wenn sich Deutschland in der Rolle des Wohnsitzstaates befindet und die drohende Nichtbesteuerung ihre Ursache in der Zurechnung von Einkünften durch die Vertragsstaaten an verschiedene Personen hat oder aus der Zuordnung von Einkünften an verschiedene Verteilungsartikel resultiert. Ob dabei die Ursache des Qualifikationskonflikts in den divergierenden innerstaatlichen Rechtsnormen liegt oder aber in einer unterschiedlichen Abkommensauslegung bzw. Sachverhaltsermittlung durch die Vertragsstaaten besteht, ist für die Zwecke von Ziffer 12 Buchst. a) bb) Prot. DBA-Mexiko irrelevant. Die im Rahmen der teleologischen Reduktion des Art. 23 A Abs. 1 OECD-MA erforderliche Typisierung des Qualifikationskonflikts ist demnach für die Anwendung der switch-over-Klausel des DBA-Mexiko nicht erforderlich, worin ein entscheidender Vorteil liegt. Gänzlich ohne Typisierung des jeweils vorliegenden Qualifikationskonflikts kommt jedoch auch Ziffer 12 Buchst. a) bb) Prot. DBA-Mexiko nicht aus, denn es ist positiv festzustellen, dass ein Zuordnungs- oder Zurechnungskonflikt besteht. Im Gegensatz zum Lösungsmodell der OECD gestaltet sich dies aufgrund der geringeren Differenzierung unkomplizierter. Damit können die oben erläuterten Schwierigkeiten des "abgeleiteten Qualifikationskonflikts" weitgehend vermieden werden.
Ziffer 12 Buchst. a) bb) Prot. DBA-Mexiko knüpft die Rechtsfolge der Vermeidung der Nichtbesteuerung an ein erfolgloses Verständigungsverfahren. Auch aus diesem Grund kann die Vermeidung der doppelten Nichtbesteuerung von Einkünften im Rahmen des DBA-Mexiko nicht ungeprüft nach den Grundsätzen des OECD-Modells, d. h. im Wege einer teleologischen Reduktion des Art. 23 Abs. 2 Buchst. a) DBA-Mexiko erfolgen. Die switch-over-Klausel ist als ausdrückliche Regelung speziell gegenüber der Auslegung des Methodenartikels nach den Vorgaben des OECD-MK.

(e) Anwendbarkeit des OECD-Modells neben Ziffer 12 Prot. DBA-Mexiko

i. Wohnsitzstaat Deutschland

Fraglich ist, ob die Spezialität von Ziffer 12 Prot. DBA-Mexiko auch die Anwendung der Auslegungsgrundsätze zu Art. 23 A Abs. 1 OECD-MA auf Einkünfte, die von Ziffer 12 Buchst. a) Prot. DBA-Mexiko nicht erfasst werden, ausschließt. Davon kann nur ausgegangen werden, wenn Ziffer 12 Prot. DBA-Mexiko als abschließende Vorschrift zur Beseitigung jeglicher Doppel- bzw. Nichtbesteuerung im Zuge von Qualifikationskonflikten konzipiert ist. Ein solches Verständnis der switch-over-Klausel ist nach der hier vertretenen Auffassung nicht zu unterstellen. Zwar ist anzunehmen, dass mit der Einfügung von Ziffer 12 Prot. DBA-Mexiko eine möglichst weitreichende Bereinigung von Doppel- oder Nichtbesteuerungen erreicht werden sollte. Den Parteien kann aber nicht unterstellt werden, dass sie im Falle darüber hinaus gehender Problemfälle, die eine Doppel- oder Nichtbesteuerung nach sich ziehen, auf weitere Lösungsmöglichkeiten verzichten wollten. Deshalb könnte auch Deutschland in Fällen der doppelten – nicht mit Ziffer 12 Prot. DBA-Mexiko vermeidbaren – Nichtbesteuerung eine Lösung nach dem Vorbild des OECD-MK anstreben. Dies würde zumindest die Möglichkeit eröffnen, im Wege der teleologischen Reduktion des Art. 23 Abs. 2 Buchst. a) DBA-Mexiko von der Freistellungs- zur Anrechnungsmethode überzugehen, wenn aufgrund von Unterschieden des nationalen Rechts "weiße Einkünfte" enstehen, für die weder ein Zurechnungs- noch ein Zuordnungskonflikt i. S. v. Ziffer 12 Prot. DBA-Mexiko ursächlich ist.

ii. Wohnsitzstaat Mexiko

Kommt es bei der Anwendung des DBA-Mexiko zu einem negativen Qualifikationskonflikt und ist Mexiko in der Rolle des Wohnsitzstaats, kann die Vermeidung der doppelten Nichtbesteuerung von Einkünften nicht über Ziffer 12 Prot. DBA-Mexiko erfolgen, zumal nur Deutschland Adressat der switch-over-Klausel ist.

Einkünfte werden aufgrund der für Mexiko geltenden Anrechnungsmethode grundsätzlich im Wohnsitzstaat Mexiko besteuert, sodass die mit der Frei-

stellung verbundenen Gefahren der doppelten Nichtbesteuerung in der Regel nicht auftreten. Die doppelte Nichtbesteuerung kann nur beseitigt werden, indem Deutschland als der die Freistellung "verursachende" Staat diese Methode zugunsten der Anrechnung unterlässt. Mexiko kann weder durch teleologische Reduktion seiner Methode zur Vermeidung der Doppelbesteuerung noch durch eine originäre switch-over-Klausel eine Nichtbesteuerung verhindern.
"Weiße" oder "graue" Einkünfte enstehen weiterhin, wenn der Methodenartikel aufgrund einer Verteilungsnorm mit abschließender Rechtsfolge nicht für einschlägig gehalten wird, und beide Vertragsstaaten ihr Besteuerungsrecht bereits auf der Ebene besagter Verteilungsartikel verneinen. Mangels Anwendbarkeit des Methodenartikels – an den für eine teleologische Reduktion des Art. 23 Abs. 2 Buchst. a) DBA-Mexiko aber angeknüpft werden muss – bieten die Vorgaben der OECD hier keinen Ausweg.

Auf das OECD-Lösungsmodell könnte jedoch zur Vermeidung der Doppelbesteuerung infolge von Qualifikationskonflikten zurückgegriffen werden. Damit würde auch der Wohnsitzstaat Mexiko über ein Instrumentarium zur Vorgehensweise bei Qualifikationskonflikten verfügen.
Wie bei der oben erörterten (doppelten) Nichtbesteuerung ist das Verfahren nach dem OECD-Modell durch die Anwendbarkeit des Methodenartikels bedingt. Ergibt sich die Rechtsfolge für die Besteuerung der Einkünfte durch den Wohnsitzstaat bereits aus dem Verteilungsartikel, weil der Quellenstaat das ausschließliche Besteuerungsrecht reklamiert, ist der Methodenartikel nicht einschlägig und mithin eine aus seinem Wortlaut bzw. Sinn und Zweck abgeleitete Qualifikationsverkettung nicht möglich.

3. Anwendbarkeit des OECD-Lösungsmodells in zeitlicher Hinsicht [**Punkt 4)**]

Der Abschluss des DBA-Mexiko liegt zeitlich vor der Aufnahme der "neuen Lösung" der OECD für Qualifikationskonflikte in den OECD-MK, weshalb die Übernahme dieser Auslegungsgrundsätze zu Art. 23 OECD-MA möglicherweise einer gesonderten vertraglichen Übereinkunft Deutschlands und Mexikos bedarf.

Bis zu seiner Neufassung im Jahr 2000 schrieb der OECD-MK 1997 noch ausdrücklich vor, dass eine Befreiung durch den Wohnsitzstaat ohne Rücksicht auf die tatsächliche Ausübung des Besteuerungsrechts im Quellenstaat gewährt werden sollte. Dies wurde als zweckmäßig erachtet, zumal dem Wohnsitzstaat Nachforschungen über die Besteuerung im Quellenstaat auf diese Weise erspart blieben[471]. Der ab der Fassung des OECD-MK 2000 für die Lösung von Qualifikationskonflikten vertretene Lösungsansatz, der den Wohnsitzstaat ausdrücklich zur Beachtung der Abkommensanwendung durch den Quellenstaat und zur Anwendung der damit korrespondierenden Methode zur Vermeidung der Doppelbesteuerung verpflichtet, besagt das genaue Gegenteil.
Für die unmittelbare Geltung von Änderungen im OECD-MK lässt sich anführen, dass für die OECD-Vertragsstaaten eine Pflicht zur Konsultation des Kommentars als Auslegungshilfe besteht. Nach Ansicht der OECD ist die jeweils geltende, d. h. aktuelle Fassung des OECD-MK maßgeblich[472]. Nur wenn ein Vertragsstaat in einem Vorbehalt oder einer Bemerkung seine abweichende Ansicht bezüglich eines Punktes zum Ausdruck gebracht habe, bestehe lediglich eine abgeschwächte oder auch gar keine Pflicht zur Befolgung der im Kommentar getroffenen Aussagen[473]. Die Maßgeblichkeit der aktuellen Fassung begründet die OECD damit, dass es sich lediglich um Klarstellungen des bisher Geltenden handele.
Demgegenüber erachtet das herrschende Schrifttum die zum Zeitpunkt des Vertragsschlusses vorliegende Version des OECD-MK als einschlägige Interpretationshilfe[474]. Mit ihrer Argumentation lasse die OECD außer Betracht, dass die Vertragsparteien ohne eine weitergehende Regelung nur das zum Zeitpunkt des Vertragsschlusses bestehende Auslegungsmaterial einbeziehen könnten. Anderenfalls käme die Maßgeblichkeit der jeweils geltenden Fassung des OECD-MK einer dynamischen Verweisung an ein außerstaatliches Organ gleich, das die Abkommensanwendung und damit das innerstaatliche Recht beeinflussen

471 Vgl. Art. 23 Ziffer 34 OECD-MK 1997.

472 Einleitung, Ziffern 33, 36.1 OECD-MK.

473 Vgl. Mexikos Bemerkung zur Abkommensberechtigung von Personengesellschaften und ihrer Gesellschafter in Art. 1 Ziffer 27.2 OECD-MK.

474 Vgl. *Wassermeyer* in: Debatin/Wassermeyer, DBA (MA), Vor Art. 1 Rn. 60; *Vogel* in: Vogel/Lehner, DBA, Einl. Rn. 127; *Schaumburg*, Internationales Steuerrecht, S. 798 Rn. 16.79; *Weggenmann*, Einordnungskonflikte, S. 248 f.; *ders.*, IStR 2002, 614 (621); *Engelen/Pötgens*, European Taxation 2000, 250 (267 f.); *Vogel*, SWI 2000, 103 (109); *ders.*, IStR 2003, 523 (528).

könnte[475]. Dieser Wille geht aus dem DBA-Mexiko nicht hervor und kann den Vertragsparteien auch keinesfalls unterstellt werden[476]. Zudem ist hervorzuheben, dass mit dem Lösungsmodell der OECD für Qualifikationskonflikte ab dem OECD-MK 2000 schwerlich das bis zu diesem Zeitpunkt ohnehin Geltende klargestellt werden konnte. Vielmehr handelt es sich um eine ausdrückliche Änderung des bis dahin "Gewollten". Der Wohnsitzstaat sollte gemäß Art. 23 A Abs. 1 OECD-MA die Freistellung gewähren, ohne dass es dabei auf die Besteuerung im Quellenstaat ankam. Bis zur Neufassung des OECD-MK im Jahr 2000 wurde die Qualifikationsverkettung mithin abgelehnt.

Legt man die Motivationslage der Vertragsparteien zum Zeitpunkt des Vertragsschlusses zugrunde und geht mit dem BFH davon aus, dass das zu diesem Zeitpunkt "offenbar Gewollte" maßgeblich ist[477], kann von einer Verbindlichkeit des neuen Lösungsmodells der OECD für Mexiko und Deutschland nicht ausgegangen werden. Man wird annehmen müssen, dass die Vertragsstaaten die zum Zeitpunkt des Vertragsschlusses geltende Fassung des OECD-MK als Orientierungs- und Interpretationshilfe ansahen und die Regelungen des Abkommens danach ausrichteten. Anderenfalls könnte die Auslegungsänderung der OECD eine unterschiedliche Beurteilung von Sachverhalten nach sich ziehen, die einer Änderung der materiellen Rechtslage des bisherigen Abkommensrechts gleichkäme. Mit dem im Jahr 1992 noch nicht in der jetzigen Form vorhandenen Lösungsansatz des OECD-MK lässt sich auch die Aufnahme der switch-over-Klausel in das DBA-Mexiko zur Beseitigung von Doppel- bzw. Nichtbesteuerungen bei Qualifikationskonflikten erklären. Eine Verpflichtung zur Übernahme der im OECD-MK 2000 verankerten Lösungsgrundsätze zu Art. 23 A/B Abs. 1 OECD-MA besteht deshalb für Altabkommen nicht[478] und begründet nach der hier vertretenen Auffassung eine Vertragsverletzung.

Die vorstehende Schlussfolgerung bedeutet jedoch nicht, dass Deutschland und Mexiko die Übernahme der von der OECD vorgeschlagenen Qualifikationsver-

475 *Vogel* in: Vogel/Lehner, DBA, Einl. Rn. 129.

476 Die Anwendung der jeweiligen Fassung des OECD-MK ist zudem in Ziffer 1 des Protokolls zum DBA Mexiko-Österreich vorgesehen, was für das Erfordernis einer solchen ausdrücklichen Regelung spricht.

477 Vgl. BFH v. 27.01.1972, BStBl. II 1972, 459 (460); BFH v. 28.04.1982, BStBl. II 1982, 566.

478 So auch *Weggenmann*, IStR 2002, 614 (620 f.); *Lang*, IStR 2000, 129 (134).

kettung zur Vermeidung der Doppelbesteuerung ohne Vertragsänderung verschlossen bleibt. Wenden beide Staaten in Zukunft die neuen Grundsätze der OECD im gegenseitigen Einvernehmen bei Qualifikationskonflikten an, so kann sich dadurch eine neue Übung herausbilden, die für die zukünftige Abkommensanwendung Verbindlichkeit erlangt. Die bloße Feststellung durch die Finanzverwaltung im Betriebstättenerlass, die teleologische Reduktion des Art. 23 OECD-MA werde auch auf Altabkommen angewendet[479], ist dafür aber nicht ausreichend.

Zur Annahme einer späteren Übung i. S. v. Art. 31 Abs. 3 Buchst. b) WÜRV, die für die Vertragsstaaten pflichtbegründend im Hinblick auf die Anwendung der neuen Interpretationshilfe in Form des OECD-MK 2000 wirkt, müssen zunächst Anhaltspunkte dafür existieren, dass Mexiko oder Deutschland die Anwendung des neuen Lösungsmodells durch den jeweils anderen Vertragsstaat hinnehmen oder sich sogar eine derartige Übung zwischen den Vertragsstaaten herausgebildet hat[480].

Es sei angemerkt, dass das OECD-Lösungsmodell – das Entstehen einer nachträglichen Übung vorausgesetzt – von Deutschland nur in Fällen herangezogen werden kann, in denen Ziffer 12 Prot. DBA-Mexiko ihrem Anwendungsbereich nach nicht eingreift.

4. Zusammenfassung

Die Beseitigung der (teilweisen) Doppel- bzw. Nichtbesteuerung im DBA-Mexiko infolge von Qualifikationskonflikten richtet sich nach den vorangehend ermittelten Grundsätzen:

Wohnsitzstaat Deutschland

Doppelbesteuerung:

- infolge eines Zurechnungs- oder Zuordnungskonflikts: sinngemäße Anwendung der Anrechnungsmethode gemäß Ziffer 12 Buchst. a) aa) Prot. DBA-Mexiko (anstelle der Wahrnehmung des ausschließlichen Besteuerungsrechts);

479 BMF v. 24.12.1999, BStBl. I 1999, 1076 f. Rn. 1.2.3.

480 Vgl. BFH v. 09.10.1985, BStBl. II 1988, 810 (814).

- soweit nicht auf einem Zurechnungs- oder Zuordnungskonflikt basierend: Qualifikationsverkettung auf der Grundlage von Art. 23 Abs. 2 Buchst. a) oder b) DBA-Mexiko (~Art. 23 A/B OECD-MA), wenn sich eine spätere Übung herausbildet, die die Anwendung des OECD-Modells erlaubt.

Nichtbesteuerung:

- infolge eines Zurechnungs- oder Zuordnungskonflikts: Ziffer 12 Buchst. a) bb) Prot. DBA-Mexiko ist anzuwenden (Übergang von der Freistellungs- zur Anrechnungsmethode);
- soweit nicht auf einem Zurechnungs- oder Zuordnungskonflikt basierend: Übergang von der Freistellungs- zur Anrechnungsmethode gemäß Ziffer 12 Buchst. b) Prot. DBA-Mexiko[481], soweit beidseitige Befreiung von der Steuer oder ungerechtfertigte Anwendung des Abkommens (missbräuchliche Gestaltung durch den Steuerpflichtigen);
- sonstige Sachverhalte, für die Ziffer 12 Buchst. b) Prot. DBA-Mexiko nicht einschlägig ist, und bei denen die Nichtbesteuerung auf Unterschieden des innerstaatlichen Rechts beruht: teleologische Reduktion des Art. 23 Abs. 2 Buchst. a) DBA-Mexiko und damit Wechsel von der Freistellungs- zur Anrechnungsmethode, soweit sich eine entsprechende Übung etabliert.

Wohnsitzstaat Mexiko

- *Doppelbesteuerung*: Ziffer 12 Prot. DBA-Mexiko ist nicht anwendbar, da Mexiko nicht zum Adressatenkreis gehört und ohnehin nur anrechnet; Lösung des Qualifikationskonflikts anhand des OECD-Modells (Bindung Mexikos an die Abkommensanwendung durch den Quellenstaat Deutschland), wobei davon auszugehen ist, dass Deutschland diese Vorgehensweise akzeptiert und die Voraussetzungen einer "späteren Übung" erfüllt werden können.
- *Nichtbesteuerung*: Ziffer 12 Prot. DBA-Mexiko ist nicht anwendbar; Mexiko rechnet deutsche Steuern ausschließlich an und setzt somit als Wohnsitzstaat keine Ursache für die Entstehung "weißer" Einkünfte infolge einer Freistellung; unterbleibt die Besteuerung aufgrund von Vorschriften des innerstaatlichen Rechts, so ist dies hinzunehmen (keine Steuerbegründung durch DBA).

481 Sollen aufgrund dieser Klausel Abkommensvorteile verwehrt werden, bedarf es zunächst einer besonderen Umsetzung in das deutsche Steuerrecht; vgl. *Mittermaier*, Personengesellschaften im Verhältnis Deutschland-USA, S. 304 f. für die ähnlich formulierte Klausel in Abschnitt 21 Buchst. b) des Protokolls zum DBA Deutschland-USA.

b. Ergebnis

Die switch-over-Klausel in Ziffer 12 Prot. DBA-Mexiko kann Qualifikationskonflikte nur in begrenztem Umfang lösen. Dies liegt einerseits daran, dass sie nur auf Zurechnungs- und Zuordnungskonflikte ausgerichtet ist und folglich nicht alle denkbaren Qualifikationskonflikte erfasst. Andererseits ist die switch-over-Klausel nur auf Deutschland als Wohnsitzstaat anwendbar, während das DBA-Mexiko für Qualifikationskonflikte mit Mexiko als einem allein der Anrechnungsmethode folgenden Wohnsitzstaat über kein explizit normiertes Instrumentarium verfügt.
Auch wenn Deutschland und Mexiko sich in den ungeregelten Fällen den neuen Lösungsansatz der OECD im Wege einer gegenseitigen Übung nutzbar machen, ist keine umfassende Beseitigung aller Qualifikationskonflikte oder Divergenzen bei der Abkommensanwendung gewährleistet. Der Methodenartikel, an den sowohl die switch-over-Klausel als auch das OECD-Modell anknüpft, ist nämlich nur dann anwendbar, wenn es sich bei der einschlägigen Verteilungsnorm um eine solche mit offener Rechtsfolge handelt. Wird auf der Ebene des Verteilungsartikels bereits abschließend bestimmt, welchem Staat das (ausschließliche) Besteuerungsrecht zusteht, so sind die dabei entstehenden Qualifikationskonflikte weder durch die switch-over-Klausel noch durch den Lösungsansatz der OECD zu beseitigen. Die so entstehenden Unsicherheiten und Systemwidrigkeiten bei der Bereinigung von Qualifikationskonflikten wurden innerhalb der einzelnen Verteilungsartikel erläutert. Insbesondere im Hinblick auf Personengesellschaften, deren unterschiedliche Besteuerung in Mexiko und Deutschland in allen denkbaren Varianten Qualifikationskonflikte nach sich zieht, ist eine Lösung, die nicht nach der einzelfallabhängigen Anwendbarkeit des Methodenartikels richtet, sinnvoll und aus Gründen der für den Steuerpflichtigen vorhersehbaren Abkom-mensanwendung sowie der daraus resultierenden Besteuerung geboten.

c. Lösungsvorschlag

Nach der hier vertretenen Auffassung ist vor dem Hintergrund der obigen Ausführungen die steuerliche Subjektfähigkeit mexikanischer Personengesellschaften von Deutschland zu respektieren, indem der Personengesellschaft Einkünfte zugerechnet werden, die in Deutschland ebenfalls mit der Körperschaftsteuer belastet werden. Auf diese Weise werden die Vertragsstaaten bereits auf der Ebene der Verteilungsartikel Übereinstimmung bei der Beurteilung der allermeisten Sachverhalte erzielen. Dagegen spricht auch nicht die switch-over-Klausel in Ziffer 12 Prot. DBA-Mexiko, denn sie ist ersichtlich nicht auf die Beseitigung sämtlicher Qualifikationskonflikte zugeschnitten und kann deshalb angesichts einer umfassenderen – und insbesondere auch Mexiko als Wohnsitzstaat mit einbeziehenden – Lösung nicht als speziell und abschließend erachtet werden. Darüber hinaus behielte die switch-over-Klausel einen Anwendungsbereich, da auch bei übereinstimmender Beurteilung der Steuersubjekteigenschaft durch Deutschland und Mexiko Fälle von Zurechnungs- oder Zuordnungskonflikten oder missbräuchliche Gestaltungsmaßnahmen denkbar sind, die unter Ziffer 12 Prot. DBA-Mexiko subsumiert werden können.

Das mexikanische Steuerrecht enthält Regelungen, anhand derer die transparente Besteuerung in Deutschland nachvollzogen werden könnte[482]. Dazu müsste Mexiko aber seine formalistisch geprägte Betrachtungsweise ablegen, bei der die vom Steuerpflichtigen gewählte zivilrechtliche Form zumeist auch für die steuerrechtliche Beurteilung Maßgeblichkeit erlangt.

Problematisch ist im Besonderen die ablehnende Haltung Mexikos gegenüber der Berücksichtigung der Gesellschafter einer deutschen (und damit nicht im Sinne des Art. 4 Abs. 1 DBA-Mexiko ansässigen) Personengesellschaft für Zwecke der Abkommensberechtigung[483]. Diese Auffassung scheint jedoch, wie unter Art. 1 DBA-Mexiko zur Abkommensberechtigung erläutert wurde, nicht zementiert zu sein. Durch die engen wirtschaftlichen Verbindungen mit den USA als wichtigstem Handelspartner wird Mexiko zunehmend mit Investoren konfrontiert, die einerseits mit der Wahl der Gesellschaftsform eine fiskalisch transparente Behandlung in den USA bezwecken, gleichzeitig aber auch auf die Gewährung der Abkommensvorteile des DBA Mexiko-USA angewiesen sind. Mexiko ist diesem Anliegen mit einer Resolución Miscelánea Fiscal[484] entgegen gekommen, nach der einer LLC die Abkommensvorteile des DBA Mexiko-USA

482 Fiskalisch transparent sind z. B. Zusammenschlüsse natürlicher Personen für das régimen simplificado; Miteigentümer (Copropiedad), Treuhand (Fideicomiso).

483 Siehe Art. 1 Ziffer 27.2 OECD-MK.

484 Resolución Miscelánea Fiscal 2003, Regla 3.1.3, D.O.F. v. 31.03.2003; verlängert für die Veranlagungszeiträume 2004 und 2005 durch Resolución Miscelánea Fiscal 2004/2005, Regla 3.1.2, D.O.F. v. 30.04.2004.

gewährt werden, soweit ihre Gesellschafter eine US-Ansässigkeitsbescheinigung des Internal Revenue Service vorlegen können[485].
Die weitere Entwicklung bleibt abzuwarten. Es ist aber nicht unwahrscheinlich, dass Mexiko seine formalistische Betrachtungsweise auf dem Gebiet des Steuerrechts in Zukunft abmildern oder gänzlich revidieren wird. Ein erstes Anzeichen ist neben der voranstehend erwähnten Resolución Miscelánea die Einführung von Vorschriften zur Fremd- bzw. Unterkapitalisierung[486] (Art. 90 f. LISR). Auch hieran manifestiert sich die fortschreitende Abweichung der mexikanischen Finanzverwaltung von der uneingeschränkten Maßgeblichkeit der zivilrechtlichen Form für das Steuerrecht. Es wird vermehrt auf den wirtschaftlichen Gehalt und die Angemessenheit der rechtlichen Ausgestaltung vor dem Hintergrund der Besteuerung abgestellt. Ob dies dazu führt, dass Mexiko infolge einer verstärkt wirtschaftlichen Betrachtungsweise der fiskalischen Transparenz deutscher Personengesellschaften Rechnung trägt und diese für Zwecke des eigenen Steuerrechts als fiskalisch transparent einstuft, ist fragwürdig, aber nicht ausgeschlossen. Um die Erstreckung der Abkommensvorteile auf Gesellschafter fiskalisch transparenter Personengesellschaften durch Mexiko zu gewährleisten, sollte Deutschland zunächst die Ergänzung des DBA-Mexiko durch eine Protokollvorschrift anstreben, wie sie derzeit auch in den DBA Mexikos mit anderen Staaten (USA, Österreich[487]) enthalten ist.

485 Vgl. die Ausführungen unter Art. 1 DBA-Mexiko, Kapitel 2, I.C.b.2.

486 Vgl. *van't Hek/Moss*, TNI 2004, 1141 ff.

487 Ziffer 2 Buchst. b) Prot. DBA Mexiko-USA; Ziffer 5 Prot. DBA Mexiko-Österreich; vgl. Anhang.

Teil 2: DBA-Argentinien

Kapitel 1: Allgemeine Anmerkungen zum DBA-Argentinien

I. Daten

Das Doppelbesteuerungsabkommen zwischen der Bundesrepublik Deutschland und der Republik Argentinien[488] wurde am 13.07.1978 in Buenos Aires unterzeichnet und von beiden Staaten im darauf folgenden Jahr ratifiziert[489]. Das Abkommen ist am 25.11.1979 in Kraft getreten[490] und war erstmals für den am 01.01.1976 beginnenden Besteuerungszeitraum anzuwenden[491].

II. Die argentinische Steuer- und Abkommenspolitik

Argentinien hat das von den lateinamerikanischen Staaten bis vor einigen Jahren mehrheitlich angewandte Territorialitätsprinzip im Jahr 1992 zugunsten des Universalitätsprinzips aufgegeben. Davor unterlagen nur Einkünfte aus argentinischen Quellen der Einkommensteuer[492].

Das bis 1992 geltende Quellenprinzip erklärt die zu diesem Zeitpunkt eher geringe Aktivität Argentiniens im Hinblick auf den Abschluss von völkerrechtlichen Verträgen zur Vermeidung der Doppelbesteuerung[493]. Der im Zuge des Übergangs zum Welteinkommenprinzip entstehenden Gefahr einer interna-

---

488 Vollständige Bezeichnung: "Abkommen zwischen der Bundesrepublik Deutschland und der Republik Argentinien zur Vermeidung der Doppelbesteuerung auf dem Gebiet der Steuern vom Einkommen und vom Vermögen".

489 Deutschland: Zustimmungsgesetz vom 30.05.1979: BGBl. II. 1979, 585; BStBl. I 1979, 326. Argentinien: Gesetz 22.025, Boletín Oficial v. 23.07.1979.

490 BGBl. II 1979, 1332; BStBl. I 1980, 51.

491 Das am 16.09.1996 unterzeichnete Änderungsprotokoll sieht für das mittlerweile zum Welteinkommenprinzip übergegangene Argentinien als abkommensrechtlicher Ansässigkeitsstaat die (nunmehr erforderliche) Vermeidung der Doppelbesteuerung mittels Anrechnung der deutschen Steuer vor. Deutsches Zustimmungsgesetz vom 27.01.1998, BGBl. II 1998, 18. Argentinien: Ratifizierung durch Gesetz 25.332 vom 05.10.2000, Boletín Oficial v. 09.11.2000.

492 Mit dem am 08.04.1992 verabschiedeten Gesetz 24.073 (Boletín Oficial am 13.04.1992) erfolgte mit Wirkung für nach dem 01.04.1992 endende Wirtschaftsjahre der Übergang zum Welteinkommenprinzip.

tionalen Doppelbesteuerung wollte Argentinien – wie auch Mexiko – mit dem Abschluss von DBA begegnen. Im Zeitraum von 1992 bis 1996 entfaltete Argentinien eine rege Abkommenspolitik und schloss mehrere DBA ab[494]. Die aus dem Jahr 1976 stammenden DBA mit Chile und Bolivien orientieren sich an den Prinzipien des Anden-Paktes (Entscheidung 578) und basieren damit unverändert auf dem Territorialitätsprinzip.

III. Struktur des DBA-Argentinien

Das DBA-Argentinien entspricht in seiner Grundstruktur dem OECD-MA in der Fassung von 1977, orientiert sich aber stellenweise auch am Musterabkommen der UN[495] und spiegelt damit – wie das DBA mit Mexiko – die (damalige) Abkommenspolitik Deutschlands gegenüber Entwicklungsstaaten wider. Charakteristisch hierfür ist die Gewährung einer fiktiven Steueranrechnung auf Dividenden, Zinsen und Lizenzgebühren, um den Erhalt steuerlicher Anreize in Argentinien als kapitalimportierendem Staat[496] zu gewährleisten.

493 Zu diesem Zeitpunkt belief sich die Zahl der argentinischen DBA auf acht (darunter auch das DBA mit Deutschland); das älteste – mittlerweile ersetzte (1995) – DBA (Schweden) datiert aus dem Jahr 1962. Trotz des Territorialitätsprinzips kam es infolge unterschiedlicher Quellenkonzepte zur Überschneidung von Besteuerungsrechten im Verhältnis zu anderen Staaten; vgl. *Raimondi/Atchabahian*, El Impuesto a las Ganancias, S. 259, 260.

494 EU-Staaten: Dänemark (1995), Finland (1994), Niederlande (1996), Spanien (1992), Belgien (1996), Vereinigtes Königreich (1996), Österreich (1979), Frankreich (1979), Italien (1979); andere Staaten: Australien (1999), Brasilien (1980), Kanada (1993), Norwegen (1997), Schweiz (1997), Bolivien (1976), Chile (1976), Mexiko (1997, nur Luft- und Schiffahrt) – die Jahreszahlen beziehen sich jeweils auf den Zeitpunkt der Unterzeichnung; daneben hat Argentinien 15 (weitere) Abkommen zur Vermeidung der Doppelbesteuerung der Einkünfte von Luft- und Schifffahrtunternehmen abgeschlossen.

495 Vgl. z. B. Art. 13 Abs. 4 DBA-Argentinien (Veräußerung von Gesellschaftsanteilen) ~ Art. 13 Abs. 5 UN-MA; Art. 5 Abs. 2 Buchst. g) DBA-Argentinien (Begründung einer Betriebstätte durch Bauausführung, Montage von sechs Monaten Dauer) ~ Art. 5 Abs. 3 UN-MA.

496 *Teijeiro*, TNI 1999, 287.

IV. Die Stellung von DBA im argentinischen Rechtssystem

Art. 31 der Verfassung Argentiniens statuierte bis zum Jahr 1994 die Gleichrangigkeit von Kongress-Gesetzen und völkerrechtlichen Verträgen. Nationale Gesetze konnten eine verfassungsrechtlich nicht zu beanstandende Änderung der Bestimmungen völkerrechtlicher Verträge herbeiführen, denn mangels Zugehörigkeit der Regelungskreise zu unterschiedlichen Rangstufen der Normenhierarchie verdrängten zeitlich spätere Gesetze die ihnen vorangehenden gesetzlichen Bestimmungen.
Im Jahr 1992 änderte das Argentinische Verfassungsgericht seine Auffassung zum Verhältnis des innerstaatlichem Rechts zu völkerrechtlichen Verträgen. Dabei nahm es auf Art. 27 WÜRV Bezug, wonach Völkervertragsrecht im Rang über den nationalen Gesetzen steht[497]. Diesem Postulat wurde mit einer Verfassungsänderung im Jahr 1994 konstitutioneller Status eingeräumt. Nunmehr folgt aus Art. 75 Nr. 22 der Argentinischen Verfassung, dass vom Kongress ratifizierte völkerrechtliche Verträge mittels Zustimmung durch den Kongress zu innerstaatlichem Recht werden und den nationalen Gesetzen vorgehen[498].
Die aktuelle verfassungsrechtliche Lage Argentiniens ergibt, dass ein nachträglich vom Kongress verabschiedetes Gesetz nicht die entgegenstehenden Bestimmungen eines von Argentinien abgeschlossenen DBA außer Kraft zu setzen vermag und somit die Gefahr eines "treaty override" durch Argentinien weitgehend ausgeschlossen ist.

V. Überblick über das Einkommensteuerrecht Argentiniens

Gemäß Art. 99 Abs. 3 Par. 3° der Argentinischen Verfassung dürfen Steuern nur auf der Grundlage eines formellen Kongress-Gesetzes erhoben werden.
Eine Aufteilung der Gesetzgebungs- bzw. Ertragshoheit des Bundes, der Provinzen und der Gemeinden auf dem Gebiet der Steuern ist in der Argentinischen Verfassung nicht explizit vorgesehen. Die Kompetenzverteilung beruht daher hauptsächlich auf der Rechtsprechung des Argentinischen Verfassungsgerichts. Danach steht die Gesetzgebungskompetenz für direkte

497 Die WÜRV wurde im Jahr 1972 von Argentinien ratifiziert.

498 Vgl. *Teijeiro*, TNI 1999, 287 (289). Voraussetzung für die Ratifizierung ist jedoch die Vereinbarkeit mit der Argentinischen Verfassung; vgl. *Raimondi/Atchabahian*, El Impuesto a las Ganancias, S. 267.

Steuern ausschließlich den Provinzen zu. Der Bund darf Einkommensteuern nur zeitlich begrenzt erheben. In der Praxis übt jedoch der Bund die Gesetzgebungskompetenz für Steuern vom Einkommen (dauerhaft) aus. Den Vorgaben des Verfassungsgerichts trägt der argentinische Gesetzgeber Rechnung, indem in das jeweilige Steuergesetz eine seine Geltungsdauer beschränkende Klausel eingefügt wird. Die dauerhafte Geltung des Gesetzes wird durch eine regelmäßige (wiederum zeitlich begrenzte) Verlängerung gewährleistet[499].

A. *Steuersubjekte*

a. Natürliche Personen

Das argentinische Einkommensteuergesetz (Ley de Impuesto a las Ganancias, LIG)[500] gilt gemäß Art. 1 Abs. 1 für natürliche und für juristische Personen. Ansässige Personen unterliegen mit ihrem Welteinkommen der argentinischen Einkommensteuer (Art. 1 Abs. 2 LIG). Demgegenüber werden nichtansässige Personen nur mit ihren Einkünften aus argentinischen Quellen besteuert (Art. 1 Abs. 3 LIG).

Bei natürlichen Personen richtet sich die steuerliche Ansässigkeit nach der argentinischen Staatsbürgerschaft oder – in Ermangelung letzterer – nach dem Unterhalt eines dauerhaften Wohnsitzes in Argentinien (Art. 119 LIG). Besteht kein Wohnsitz dieser Art, wird die Ansässigkeit bei einem Aufenthalt in Argentinien über einen Zeitraum von zwölf Monaten angenommen[501].

499 Vgl. BNA (Argentinien), 950-2nd, A-35.

500 Gemäß der Verordnung 649/97, Boletín Oficial v. 06.08.1997 anzuwendende, konsolidierte Fassung mit späteren Änderungen.

501 Geringfügige Unterbrechungen sind unschädlich. Zu beachten ist, dass sich die Definition des Ausdrucks "residente" in Art. 26 Abs. 1 LIG, die nur einen Aufenthalt von sechs Monaten voraussetzt, lediglich auf den persönlichen Anwendungsbereich der Abzugsvorschrift des Art. 23 LIG bezieht. Gemäß Art. 120 Abs. 1 LIG verliert eine natürliche Person ihren Status als "residente" i. S. d. LIG, wenn sie die steuerliche Ansässigkeit nach den Gesetzen eines anderen Staates erlangt, oder – soweit diese Voraussetzung noch nicht eingetreten ist – wenn sie sich während eines ununterbrochenen Zeitraums von zwölf Monaten im Ausland aufhält (anders nur bei Personen, die im Ausland als Bedienstete des Bundes, der Provinzen oder der Gemeinden tätig sind (Art. 26 Abs. 2 LIG – diese Vorschrift gilt im Gegensatz zum eingangs erwähnten Abs. 1 für das gesamte LIG).

b. Juristische Personen

1. Allgemeines – Gesellschaftsformen

Das argentinische Zivilrecht kennt folgende Gesellschaften bzw. Personenvereinigungen, mittels derer eine wirtschaftliche Tätigkeit ausgeübt werden darf (und die in ihrer gesellschaftsrechtlichen Struktur jeweils mit den in Klammern stehenden Gesellschaften deutschen Rechts vergleichbar sind):

- Sociedad Anónima (Aktiengesellschaft),
- Sociedad de Responsabilidad Limitada (Gesellschaft mit beschränkter Haftung),
- Sociedad Colectiva (Offene Handelsgesellschaft),
- Sociedad en Comandita Simple (Kommanditgesellschaft),
- Sociedad en Comandita por Acciones (Kommanditgesellschaft auf Aktien),
- Sociedad de Capital e Industria,
- Sociedad Civil (Gesellschaft bürgerlichen Rechts),
- Sociedad Accidental o en Participación (stille Gesellschaft)[502] sowie
- verschiedene Arten von Arbeitsgemeinschaften oder joint ventures (z. B. in Form sogenannter Unidades Temporarias de Empresas, U.T.E.).

Die rechtliche Ausgestaltung der voranstehend genannten Gesellschaften oder Personenvereinigungen ist im Gesetz über die Handelsgesellschaften (Ley de Sociedades Comerciales, LSC[503]) geregelt. Eine Handelsgesellschaft ist gemäß Art. 1 LSC ein vertraglicher Zusammenschluss von zwei oder mehreren Personen, die sich gegen Beteiligung an den Gewinnen und Verlusten der Gesellschaft zu einem Beitrag verpflichten, der der Erbringung von Dienstleistungen oder einer Produktions- bzw. Handelstätigkeit dient.
Mit Ausnahme der Sociedad Accidental (oder Asociación en Participación) und der temporären Unternehmenszusammenschlüsse (U.T.E.) haben alle oben genannten Gesellschaften eine eigene Rechtspersönlichkeit[504].

502 Nach BMF v. 24.12.1999, BStBl. I 1999, 1076 (1114) Tabelle 1 existiert zu der Sociedad en Participación kein Pendant deutschen Rechts. Die Struktur einer Sociedad en Participación ist m. E. mit der stillen Gesellschaft vergleichbar; vgl. Kapitel 1, V.A.b.2.(b).

503 Gesetz 19.550 v. 03.04.1972; Geltung der konsolidierten Fassung des LSC durch Verordnung 841/84, Boletín Oficial v. 30.03.1984.

2. Personengesellschaften

(a) Sociedad Colectiva

Im Rahmen einer argentinischen Sociedad Colectiva (Art. 125-133 LSC) sind alle Gesellschafter zur Leistung eines Kapitalbeitrags verpflichtet. Die Gesellschafter haften unbeschränkt und persönlich für Verbindlichkeiten der Gesellschaft.

Die Firma des Unternehmens muss die Bezeichnung "Sociedad Colectiva" oder eine Abkürzung dieses Begriffs enthalten. Werden für die Firma Namen der Gesellschafter verwendet, so ist der Zusatz "y compañía" hinzuzufügen.

Der Gesellschaftsvertrag kann Regelungen zur Geschäftsführung enthalten. Fehlt es hierzu an einer Bestimmung, sind alle Gesellschafter zur Geschäftsführung berechtigt. Der Geschäftsführer braucht nicht dem Kreis der Gesellschafter anzugehören.

Soweit der Gesellschaftsvertrag nicht anderes vorsieht, bedarf seine Änderung der Zustimmung aller Gesellschafter. Bei einem schwerwiegenden Verstoß gegen seine gesellschaftsvertraglichen Pflichten sowie bei Insolvenz oder Geschäftsunfähigkeit eines Gesellschafters kann dessen Ausschluss aus der Gesellschaft erwirkt werden. Der Tod eines Gesellschafters führt zur teilweisen Auflösung ("resolución parcial") des Gesellschaftsvertrags. Die Gesellschaft kann durch Beschluss mit dem Erben fortgeführt werden.

Die Auflösung einer Sociedad Colectiva erfolgt u. a. durch einstimmigen Beschluss der Gesellschafter, Zeitablauf, Zweckerreichung oder Verlust des gesamten Gesellschaftskapitals. Die Liquidation der Gesellschaft obliegt – soweit nichts anderes bestimmt ist – der Geschäftsführung.

---

504 Sociedad Colectiva: Art. 125-133 LSC; Sociedad en Comandita Simple: Art. 134-140 LSC; Sociedad en Comandita por Acciones: Art. 315-324 LSC; Sociedad Anónima: Art. 163-307 LSC; Sociedad de Capital e Industria: Art. 141-145 LSC; Sociedad Accidental o en Participación: Art. 361-366 LSC; Sociedad de Responsabilidad Limitada: Art. 146-162 LSC; Sociedad Civil: Art. 1648 f. Código Civil.

(b) Sociedad en Comandita Simple [505]

Eine argentinische Sociedad en Comandita Simple (Art. 134-140 LSC) entspricht im Grundsatz der Kommanditgesellschaft deutschen Rechts. Sie besteht aus einem oder mehreren Komplementären (socios comanditados), die persönlich und unbeschränkt für die Verbindlichkeiten der Gesellschaft haften. Ein oder mehrere Kommanditisten (socios comanditarios) haften nur in Höhe ihrer jeweiligen Einlage. Nimmt ein Kommanditist an der Geschäftsführung der Gesellschaft teil oder findet sich sein Name in der Firma der Gesellschaft, haftet er wie ein Komplementär.
Die Firma einer Sociedad en Comandita Simple beinhaltet neben der Rechtsform der Gesellschaft den Namen (zumindest) eines Komplementärs, gefolgt von der Bezeichnung "y compañía" oder einer entsprechenden Abkürzung.
Die Regelungen betreffend die Geschäftsführung[506], die Auflösungsgründe, den Tod oder Ausschluss eines Gesellschafters sowie die Liquidation entsprechen im Übrigen den für die Sociedad Colectiva geltenden Bestimmungen[507].

(c) Sociedad de Capital e Industria

Die Sociedad de Capital e Industria (Art. 141-145 LSC) ist eine Personengesellschaft, deren Gesellschafter sich im Hinblick auf ihre Einlagen bzw. Beiträge in zwei Gruppen einteilen lassen: ein oder mehrere Gesellschafter steuern Kapital bei und haften unbeschränkt und persönlich für Gesellschaftsschulden, während ein oder mehrere andere Gesellschafter ihre persönlichen Fähigkeiten und Kenntnisse einbringen und nur bis zur Höhe ihres Gewinnanteils haften. Die Firma der Gesellschaft darf lediglich den Namen solcher Gesellschafter, die eine Kapitaleinlage geleistet haben, enthalten. Anderenfalls haften auch die in der Firma aufgeführten Gesellschafter, die Fähigkeiten und Kenntnisse bei-

505 Steuerlich ist die Sociedad en Comandita Simple nach argentinischem Recht nicht als Personengesellschaft anzusehen. Für die Darstellung der hier untersuchten "Personengesellschaften" hinsichtlich ihrer gesellschaftsrechtlichen Struktur soll jedoch eine Differenzierung unterbleiben.

506 Auch bei der Sociedad en Comandita Simple kann die Geschäftsführung von einem Dritten ausgeübt werden (Art. 136 LSC).

507 Die für alle Handelsgesellschaften überstimmend geltenden Regelungen sind in den Art. 90 f. LSC zusammengefasst.

steuern, unbeschränkt für Verbindlichkeiten der Gesellschaft. Die Firma des Unternehmens muss die Worte "Sociedad de Capital e Industria" oder eine dementsprechende Abkürzung enthalten. Die Geschäftsführung darf von allen Gesellschaftern – ungeachtet der Art ihres Beitrags – ausgeübt werden. Im Übrigen sind die für Personenhandelsgesellschaften übereinstimmend geltenden Vorschriften anzuwenden (Art. 90 f. LSC).

(d) Sociedad Accidental o en Participación

Wie eingangs erwähnt, verfügt eine Sociedad Accidental oder en Participación (Art. 361-366 LSC), welche nach deutschem Recht ihrer Struktur nach der stillen Gesellschaft entspricht, über keine eigenständige Rechtspersönlichkeit. Diese Art der Personenvereinigung ermöglicht es einem Gesellschafter, in seinem Namen und für Rechnung der stillen Gesellschafter eine oder mehrere Transaktionen auf einer temporären Basis durchzuführen. Die Gründung einer Sociedad en Participación ist informell und unterliegt keinen gesonderten Voraussetzungen, wie etwa einem Eintrag im Handelsregister. Der nach außen in Erscheinung tretende Gesellschafter (socio gestor) haftet unbegrenzt für die Verbindlichkeiten, die in seinem Namen und für Rechnung der stillen Gesellschafter (socios comanditarios) begründet werden. Verluste sind von stillen Gesellschaftern nur bis zur Höhe ihrer Einlage zu tragen. Werden die Namen der stillen Gesellschafter im Rahmen eines Rechtsgeschäfts mit ihrer Zustimmung offengelegt, so haften sie gemeinschaftlich mit dem "socio gestor".

(e) Sociedad Civil

Eine Sociedad Civil (SC) argentinischen Rechts entsteht durch Vertrag zwischen zwei oder mehreren Personen, die sich gegenseitig zur Leistung eines Beitrags in Form von Geld oder Arbeit verpflichten, um mit diesen Mitteln ein in Geld bewertbares Ergebnis zu erzielen, das unter den Gesellschaftern im Verhältnis ihrer Beiträge aufgeteilt wird (Art. 1648 Código Civil[508]). Für den Abschluss des Gesellschaftsvertrags gelten keine Formvorschriften. Wesentliche Änderungen des Gesellschaftsvertrags, z. B. hinsichtlich des Gesell-

508 Argentinisches Bürgerliches Gesetzbuch, in Kraft getreten am 01.01.1871.

schaftszwecks oder der Existenz der Gesellschaft, bedürfen der Zustimmung aller Gesellschafter (Art. 1672 CC). Ein Gesellschafterwechsel durch Erbfolge oder Rechtsgeschäft wird nur bei Zustimmung der übrigen Gesellschafter wirksam (Art. 1670, 1671, 1673 CC). Die Geschäftsführung obliegt allen Gesellschaftern gemeinschaftlilch, soweit im Gesellschaftsvertrag nichts anderes bestimmt ist (Art. 1676 CC). Die Gesellschafter haften gemeinschaftlich für Gesellschaftsschulden bzw. -verpflichtungen. Ist der Gesellschaftszweck erreicht, das Bestehen der Gesellschaft zeitlich befristet, oder liegt ein anderer Umstand vor, der zum Austritt eines Gesellschafters führt, ohne dass die übrigen Gesellschafter die Gesellschaft fortführen wollen, kommt es zu ihrer Auflösung (Art. 1758 f. CC).

3. Ansässigkeit und Subjektfähigkeit für Zwecke des LIG

Die steuerrechtliche Ansässigkeit einer juristischen Person richtet sich nach ihrem Gründungsort [Art. 119 Abs. 1 Buchst. d) i. V. m. Art. 69 Buchst. a) LIG]. Das argentinische Einkommensteuerrecht knüpft an die zivilrechtliche Subjekteigenschaft von Personengesellschaften nicht durchgehend die Konsequenz (auch) ihrer steuerlichen Subjektfähigkeit. Eigenständige Steuersubjekte sind nur die in Art. 69 Buchst. a) LIG genannten, folgenden Gesellschaften:

- Aktiengesellschaften und Kommanditgesellschaften auf Aktien bezüglich des auf die Komplementäre entfallenden Anteils (Nr. 1),
- Gesellschaften mit beschränkter Haftung, *Kommanditgesellschaften* und der auf die Kommanditisten entfallende Anteil einer Kommanditgesellschaft auf Aktien (Nr. 2),
- zivilrechtliche Vereinigungen (Asociaciones Civiles) und Stiftungen (Fundaciones) (Nr. 3) sowie
- Public/Private Partnerships (Sociedades de Economía Mixta), deren Einkünfte nicht steuerbefreit sind (Nr. 4).

Die Einkünfte von Personengesellschaften oder sonstigen Personenzusammenschlüssen werden – mit Ausnahme der steuerlich subjektfähigen Sociedad en

Comandita Simple[509] – bei den Gesellschaftern besteuert. Die Gewinnanteile unterliegen im jeweiligen Erwirtschaftungsjahr gemäß Art. 49 Buchst. b) i. V. m. Art. 50 Abs. 1 LIG in den Händen der Gesellschafter der Einkommensteuer. Dies gilt unabhängig davon, ob es zu einer Gewinnausschüttung gekommen ist. Gleichwohl sind Personengesellschaften zur Abgabe einer eigenen Steuererklärung verpflichtet [Art. 2 Buchst. a) der Durchführungsverordnung zum LIG]. Darüber hinaus wird Personengesellschaften auf der Gewinnermittlungsebene eine gewisse Selbständigkeit zuerkannt[510].

B. *Steuerobjekt, Einkünfteermittlung*

a. Unbeschränkte Einkommensteuerpflicht

1. Allgemeines

Für den Begriff des Einkommens verwendet das LIG den Ausdruck "ganancia" (Gewinn). Die Terminologie gilt einheitlich für juristische und natürliche Personen.

Die Schritte zur Ermittlung des Betrags, der dem "zu versteuernden Einkommen" i. S. v. § 1 EStG (i. V. m. § 8 KStG) entspricht, sind durch Art. 17 LIG vorgegeben. Gemäß Art. 17 Abs. 1 LIG ist die Differenz aus dem Bruttogewinn (ganancia bruta) und den zu seiner Erzielung erforderlichen Ausgaben (gastos necesarios) der Nettogewinn (ganancia neta). Für den zu versteuernden Nettogewinn (ganancia neta sujeta a impuesto) natürlicher Personen sind zusätzlich die in Art. 23 LIG vorgesehenen Beträge von der Summe der Nettogewinne der Einkunftskategorien 1-4 abzuziehen.

Die Definition des in die steuerliche Bemessungsgrundlage einfließenden Bruttogewinns ist von der Eigenschaft des Steuerpflichtigen als "Unternehmer" oder "Nichtunternehmer" abhängig[511]. Unternehmer sind alle Kapital- und Personengesellschaften sowie Einzelunternehmer, die Einkünfte der dritten Kate-

509 Es sei hier angemerkt, dass die Sociedad en Comandita Simple in Argentinien als Kapitalgesellschaft (sociedad de capital) angesehen wird; vgl. *Raimondi/Atchabahian*, El Impuesto a las Ganancias, S. 24.

510 *Raimondi/Atchabahian*, El Impuesto a las Ganancias, S. 391.

511 "Sujeto empresa" – "sujeto no empresa"; vgl. *Raimondi/Atchabahian*, El Impuesto a las Ganancias, S. 23 f.

gorie erzielen (Art. 49 LIG – Unternehmensgewinne). Zu den Nichtunternehmern gehören alle anderen natürlichen Personen und fiskalisch transparente Gesellschaften, soweit sie ausschließlich Einkünfte aus freiberuflicher Tätigkeit i. S. v. Art. 79 LIG (vierte Kategorie) erzielen.
Nichtunternehmer unterliegen grundsätzlich nur mit solchen Einkünften der Einkommensteuer, die einen wiederkehrenden, periodischen Charakter haben und auf eine permanent vorhandene Quelle zurückgehen (Art. 2 Abs. 1 Nr. 1 LIG). Im Gegensatz dazu haben Unternehmer sämtliche Einkünfte – seien sie periodischer, sporadischer oder auch nur einmaliger Art – zu versteuern (Art. 2 Abs. 1 Nr. 2 i. V. m. Art. 69 LIG).

2. Einkunftsarten

Die vier Einkunftskategorien des LIG klassifizieren die einkommensteuerpflichtigen Einkünfte sowohl nach sachlichen, d. h. tätigkeitsbezogenen Kriterien als auch nach persönlichen Merkmalen des Steuerpflichtigen. Für jede Einkunftskategorie existieren spezielle Abzugsvorschriften. Die den vier Kategorien zugehörigen Einkünfte werden – wie eingangs erörtert – im Zuge der Ermittlung des zu versteuernden Nettogewinns addiert[512]. Die erste Kategorie umfasst Einkünfte aus unbeweglichem Vermögen (Art. 41 LIG), unter die zweite Kategorie fallen Einkünfte aus Kapitalvermögen (Art. 45 LIG), Unternehmensgewinne sind Einkünfte der dritten Kategorie (Art. 49 LIG), und Einkünfte sowohl aus selbständiger als auch unselbständiger Arbeit zählen zu den Einkünften der vierten Kategorie (Art. 79 LIG).

3. Abzüge

Ausgaben sind vorbehaltlich der speziellen Bestimmungen bzw. Begrenzungen des LIG bei der Ermittlung des zu versteuernden Nettogewinns abzugsfähig, soweit sie der Erzielung steuerpflichtiger Einkünfte oder der Erhaltung der Ein-

512 Da Kapital- und Personengesellschaften sowie Einzelunternehmer ohnehin jeglichen Vermögenszuwachs als Unternehmensgewinn i. S. v. Art. 49 LIG zu versteuern haben, dienen die Einkunftskategorien 1-3 in erster Linie der Begründung einer Steuerpflicht für bestimmte Einkünfte der übrigen, d. h. nicht unternehmerisch tätigen Personen; vgl. *Raimondi/Atchabahian*, El Impuesto a las Ganancias, S. 29.

kunftsquelle dienen (Art. 80 LIG). Stehen Ausgaben im Zusammenhang mit steuerpflichtigen und steuerfreien Einkünften, so ist eine proportionale Aufteilung vorzunehmen. Ansonsten sind die abzugsfähigen Ausgaben der jeweiligen Einkunftskategorie zuzuordnen. Spezielle Vorschriften zur Abzugsfähigkeit von Ausgaben, die im Rahmen der einzelnen Einkunftskategorien anfallen, enthalten die Art. 82-87 LIG. Die nichtabzugsfähigen Ausgaben sind ohne Ansehen der Einkunftskategorie in Art. 88 LIG zusammengefasst. Persönliche Abzüge für natürliche Personen werden nach Maßgabe der Art. 23, 24 LIG berücksichtigt.

4. Verluste

Art. 19 Abs. 1 LIG regelt den (horizontalen und vertikalen) Verlustausgleich. Bevor die Summe der Nettogewinne aus den einzelnen Einkunftskategorien ermittelt wird, ist im Rahmen jeder Kategorie ein etwaiger Verlust mit dem korrespondierenden Gewinn zu verrechnen (horizontaler Verlustausgleich). Anschließend können auch Verluste aus einer Einkunftskategorie mit dem aus einer anderen Einkunftskategorie stammenden Gewinn verrechnet werden (vertikalter Verlustausgleich). Weiterhin bestehende Verluste können bis zu fünf Jahre vorgetragen werden (Art. 19 Abs. 2 LIG)[513]. Ein Verlustrücktrag ist ausgeschlossen.

Verluste aus der Veräußerung von Aktien oder Beteiligungen an Gesellschaften i. S. v. Art. 49 Buchst. a), b) LIG dürfen gemäß Art. 19 Abs. 5 LIG nur mit Gewinnen derselben Einkunftskategorie verrechnet werden. Dies gilt auch für Verluste aus Derivatgeschäften (Art. 19 Abs. 7 LIG). Ausländische Verluste dürfen nur mit Gewinnen aus ausländischen Quellen verrechnet werden (Art. 19 Abs. 6 LIG). Einkünfte, für die der Verlustausgleich nur horizontal bzw. quellenbezogen zulässig ist, können innerhalb derselben Einkunftskategorie fünf Jahre vorgetragen werden.

513 Führen die nach Art. 23 LIG zulässigen, persönlichen Abzüge zu einem negativen Betrag, so gilt dieser nicht als Verlust i. S. v. Art. 19 LIG.

5. Einkünfte aus ausländischen Quellen

Das LIG enthält in Art. 127-167 spezielle Vorschriften für Einkünfte, die in Argentinien ansässige Personen aus ausländischen Quellen beziehen. Zwar gehören die Einkünfte dem zu versteuernden Welteinkommen an; ihre Ermittlung folgt jedoch einem eigenständigen Regelungskomplex, in dem auf die Einkunftskategorien, Abzüge und die Verlustberücksichtigung gesondert eingegangen wird. Teilweise wird auf die allgemeinen Vorschriften für Einkünfte aus inländischen Quellen verwiesen. Im Ergebnis ist die Ermittlung des Gewinns aus inländischen und ausländischen Quellen getrennt vorzunehmen[514].

6. Steuersätze

Die unter Art. 69 Buchst. a) LIG aufgeführten steuerlich subjektfähigen Gesellschaften unterliegen mit ihrem zu versteuernden Nettogewinn einem linearen Steuersatz von 35 %. Für natürliche Person gilt ein progressiv ausgestalteter Tarif von 9-35 % (Art. 90 LIG).

b. Beschränkte Steuerpflicht

Nichtansässige Personen unterliegen ausschließlich mit Einkünften aus argentinischen Quellen der Einkommensteuer (Art. 1 Abs. 3 LIG). Für die beschränke Steuerpflicht regeln Art. 5-16 LIG, unter welchen Voraussetzungen eine hinreichende Anknüpfung an das Inland besteht, und somit eine argentinische Quelle ("fuente argentina") vorliegt.
Einleitend bestimmt die allgemeine Quellendefinition des Art. 5 LIG, dass – vorbehaltlich der speziellen Vorschriften der Art. 6 ff. LIG – Einkünfte aus argentinischen Quellen stammen, wenn sie mittels in Argentinien belegenem bzw. wirtschaftlich genutztem Vermögen oder durch eine in Argentinien ausgeübte, gewinnbringende Tätigkeit erzielt werden. Dies gilt ohne Ansehen der Ansässigkeit oder des Aufenthalts des Steuerpflichtigen oder anderer, an den oben beschriebenen Vorgängen beteiligter Personen.

514 So auch in Venezuela; vgl. Teil 3, Kapitel 1, V.B.c.2. Die nach wie vor betonte Differenzierung zwischen inländischen und ausländischen Einkünften kann als "Restbestand" des ehemals praktizierten Territorialitätsprinzips gewertet werden.

Zu den Einkünften aus argentinischen Quellen i. S. v. Art. 6 ff. LIG zählen u. a.:

- Zinszahlungen für Darlehen, für die Sicherheiten an in Argentinien belegenem Vermögen bestellt sind (Art. 6 LIG);
- Zinsen, deren Schuldner eine in Argentinien ansässige Person ist (Art. 7 LIG);
- Gewinne aus dem Export von in Argentinien hergestellten, behandelten oder gekauften Gütern, inklusive solcher aus der Lieferung der Güter an eine im Ausland ansässige Person durch ihre argentinische Niederlassung, ihren Vertreter oder durch andere, zwischengeschaltete Personen (Art. 8 LIG; Vorschriften zur diesbezüglichen Gewinnermittlung enthalten die Absätze 2-7);
- Gewinne von Transportunternehmen, die Beförderungsleistungen zwischen Argentinien und anderen Staaten erbringen (Art. 9 LIG; hier wird ein pauschalierter Nettogewinn von 10 % des aus Transporten von bzw. nach Argentinien erzielten Bruttobetrags angenommen);
- Vergütungen, die internationale Nachrichtenagenturen für die Weiterleitung von Informationen an in Argentinien ansässigen Personen erhalten (Art. 10 LIG; auch hier wird ein pauschalierter Nettogewinn von 10 % des Bruttobetrags der Vergütung unterstellt);
- Versicherungs- oder Rückversicherungsunternehmen, die in Argentinien belegene Risiken abdecken oder, soweit sich die Versicherung auf eine Person bezieht, diese Person im Zeitpunkt des Vertragschlusses in Argentinien ansässig ist (Art. 11 LIG);
- Aufsichts- und Verwaltungsratsvergütungen, die von in Argentinien errichteten Gesellschaften gezahlt werden (Art. 12 Abs. 1 LIG);
- Vergütungen für technische oder finanzielle Beratung, die für in Argentinien ansässige Personen (auch aus dem Ausland) erbracht wurde (Art. 12 Abs. 2 LIG) sowie
- Vergütungen oder Lizenzgebühren im Zusammenhang mit der Überlassung von Nutzungsrechten an Filmen und TV- und Radioübertragungen, die im Ausland gedreht bzw. ausgestrahlt werden (Art. 13 LIG; hier wird ein pauschalierter Nettogewinn von 50 % der Vergütung zugrundegelegt).

Wie den speziellen Quellendefinitionen zu entnehmen ist, verzichtet das LIG auf eine explizite Regelung, unter welchen Umständen von einer Betriebstätte oder einer festen Einrichtung im Sinne des verschiedentlich erwähnten "establecimiento estable" auszugehen ist. Die allgemeine Quellendefinition sowie die in Art. 69 Buchst. b) LIG statuierte steuerliche Subjektfähigkeit eines

"establecimiento estable" implizieren jedoch, dass eine feste Einrichtung, die ein Nichtansässiger in Argentinien unterhält, ebenfalls eine argentinische Quelle und damit die beschränkte Steuerpflicht begründet.
Feste Einrichtungen ausländischer Personen haben vom Stammhaus getrennte Bücher zu führen. Art. 15 LIG regelt die Befugnisse der argentinischen Finanzverwaltung im Hinblick auf eine Schätzung des Betriebstättengewinns (und sonstiger Einkünfte aus argentinischen Quellen) sowie die steuerliche Anerkennung der Zahlungen zwischen Stammhaus und Betriebstätte. Dabei wird im Wesentlichen nach dem Fremdvergleichsgrundsatz verfahren, was im Hinblick auf die im LIG statuierte steuerliche Subjektfähigkeit von Betriebstätten konsequent erscheint.

Für natürliche und juristische Personen, die der beschränkten Steuerpflicht unterliegen, gilt ein Steuersatz von 35 %, der sich auf den Bruttobetrag der Einkünfte oder – in den meisten Fällen – auf einen pauschalierten Nettogewinn bezieht (Art. 6 bzw. Art. 91-93 LIG). Dies gilt dem argentinischen Schrifttum zufolge auch für den Gewinnanteil eines nichtansässigen Gesellschafters einer argentinischen Personengesellschaft[515]. Lediglich Betriebstätten unterliegen den für argentinische Unternehmen geltenden Gewinnermittlungsvorschriften, womit sich der in Art. 69 Buchst. b) LIG bestimmte Steuersatz von 35 % auf den *Nettogewinn* bezieht.

c. Ausländische Steuern

Unbeschränkt einkommensteuerpflichtige Personen können Steuern, die im Ausland auf dort erzielte Einkünfte gezahlt wurden, auf die nach den Vorschriften des LIG zu entrichtende Steuer anrechnen. Dazu muss die ausländische Steuer ihrer Art nach der argentinischen Einkommensteuer entsprechen

515 *Raimondi/Atchabahian*, El Impuesto a las Ganancias, S. 391; danach ist die Auffangnorm des Art. 93 Buchst. h) LIG anzuwenden, wonach eine Steuer von 35 % auf 90 % der Bruttoeinkünfte zu erheben ist. Der Steuersatz von 35 % könnte sich jedoch auf den Nettogewinn beziehen, denn Art. 91 Abs. 3 LIG nimmt Bezug auf den "nach den Grundsätzen des Art. 50 LIG den ausländischen Gesellschaftern zuzurechnenden Anteil am Gesamtgewinn" (totalidad de las ganancias), was die von Art. 50 LIG vorausgesetzte, bereits erfolgte Gewinnermittlung nach allgemeinen Grundsätzen impliziert.

und tatsächlich im Quellenstaat entrichtet worden sein (Art. 1 Abs. 2 2. Hs. LIG)[516].

Besteuert ein ausländischer Staat Einkünfte einer in Argentinien ansässigen Person, die nach den Vorschriften des LIG aus *argentinischen* Quellen stammen, ist der anrechenbare Betrag zu modifizieren, indem der auf die Einkünfte aus argentinischen Quellen entfallende Steueranteil von der ausländischen Steuer abgezogen wird (Art. 171 Abs. 2 LIG). Können in dem Staat, in dem eine in Argentinien ansässige Person eine Betriebstätte unterhält, Drittstaatsteuern auf die Steuer vom Betriebstättengewinn angerechnet werden, so wird die Drittstaatsteuer in Argentinien bei der Ermittlung der anrechenbaren Steuer des Betriebstättenstaats nicht mehr berücksichtigt (Art. 171 Abs. 4 LIG).
Argentinien gewährt beschränkt Steuerpflichtigen unilateral keinen Anrechnungsanspruch für Steuern, die in Drittstaaten auf Einkünfte erhoben wurden, die auch in Argentinien – etwa als Betriebstättengewinn – der Einkommensteuer unterliegen (vgl. § 50 Abs. 6 EStG)[517].

Besonderheiten bei der Anrechnung ergeben sich aufgrund der Zurechnungsvorschriften für Einkünfte aus ausländischen Quellen. Der Anteil am steuerlichen Ergebnis einer ausländischen Gesellschaft, der der Beteiligung des in Argentinien ansässigen Anteilseigners entspricht, ist bei letzterem im Rahmen des Welteinkommens zu erfassen (Art. 149 LIG). Ob eine Gewinnausschüttung seitens der ausländischen Gesellschaft tatsächlich stattgefunden hat, ist für die steuerliche Erfassung irrelevant. Korrespondierend mit der Zurechnung der Einkünfte nach Art. 149 LIG gewährt Art. 172 LIG dem Anteilseigner einen Anrechnungsanspruch für die ausländische Steuer der Gesellschaft. Der anrechenbare Betrag richtet sich nach der Höhe der Beteiligung. Diese indirekte Anrechnung dient jedoch nicht dem Zweck, eine internationale Doppelbelastung im "herkömmlichen Sinn" zu beseitigen. Eine solche würde nur bei einer tatsächlich erfolgten Gewinnausschüttung durch die ausländische Gesellschaft vorliegen. Die hier gegebene Doppelbelastung resultiert jedoch aus der Nichtanerkennung des Trennungsprinzips (Art. 149 LIG), sodass Einkünfte der aus-

516 Die Voraussetzungen sind mit denen des § 34 Buchst. c) EStG vergleichbar. Detaillierte Vorschriften zum Begriff der "ähnlichen Steuer", dem Zeitpunkt der tatsächlichen Entrichtung und der Durchführung der Anrechnung enthalten die Art. 168-179 LIG.

517 Insoweit kommt dem Betriebstätten-Diskriminierungsverbot in Art. 24 Abs. 2 DBA-Argentinien eine erhöhte Bedeutung zu; vgl. Kapitel 2, IV.B.b.3.

ländischen Gesellschaft auch ohne Ausschüttungsbeschluss beim argentinischen Anteilseigner erfasst werden[518].

518 Aus der Zusammenschau mit Art. 150 LIG, der für ausländische Einkünfte einer in Argentinien fiskalisch transparenten Gesellschaft Art. 50 Abs. 1 LIG und damit die Zurechnung an die einzelnen Gesellschafter für anwendbar erklärt, folgt, dass Art. 149 LIG nicht auf Einkünfte beschränkt ist, die aufgrund der fiskalischen Transparenz einer Gesellschaft beim argentinischen Gesellschafter zu erfassen sind. Zudem enthält Art. 177 LIG für die auf ausländische Einkünfte entfallende Steuer einer transparent besteuerten argentinischen Personengesellschaft eine gesonderte Anrechnungsvorschrift, die den einzelnen Gesellschaftern – ihrem jeweiligen Anteil entsprechend – einen Anrechnungsanspruch gewährt.

Kapitel 2 : Abkommensberechtigung

I. Allgemeine Vorgaben für die Abkommensberechtigung im DBA-Argentinien

Gemäß Art. 1 DBA-Argentinien gilt das Abkommen für Personen, die in einem Vertragsstaat oder in beiden Vertragsstaaten ansässig sind[519].
Eine Person ist in einem Vertragsstaat ansässig und damit abkommensberechtigt, wenn sie nach dem Recht dieses Staates dort aufgrund ihres Wohnsitzes, ihres ständigen Aufenthaltes, des Ortes ihrer Geschäftsleitung oder eines anderen ähnlichen Merkmals unbeschränkt steuerpflichtig ist (Art. 4 Abs. 1 DBA-Argentinien).

Der Ausdruck "Person" umfasst gemäß Art. 3 Abs. 1 Buchst. b) DBA-Argentinien natürliche Personen und Gesellschaften. Letztere sind juristische Personen oder Rechtsträger, die für die Besteuerung wie juristische Personen behandelt werden [Art. 3 Abs. 1 Buchst. c) DBA-Argentinien]. Im Gegensatz zum OECD-MA umfasst der Personenbegriff des DBA-Argentinien keine "anderen Personenvereinigungen". Eine Personengesellschaft, die nicht zumindest in *einem* Vertragsstaat (abstrakt) als eigenständiges Steuersubjekt behandelt wird, erfüllt die Vorgaben des abkommensrechtlichen Begriffs "Gesellschaft" nicht und ist somit keine "Person" i. S. v. Art. 3 Abs. 1 Buchst. b) DBA-Argentinien[520]. Abkommensberechtigte Personen können in diesem Fall nur die in Deutschland oder Argentinien ansässigen Gesellschafter der Personengesellschaft sein[521]. Wird aber die Personengesellschaft in einem Vertragsstaat als

---

519 Zudem bezieht Art. 1 DBA-Argentinien ausdrücklich die Einkünfte und das Vermögen mit in den sachlichen Anwendungsbereich des Abkommens ein. Diesem Zusatz kommt jedoch keine eigenständige Bedeutung zu, da es sich um Einkünfte und Vermögen abkommensberechtigter Personen handelt und sich der sachliche Anwendungsbereich des Abkommens ohnehin aus der Behandlung der Einkünfte und des Vermögens in den Art. 6-22 DBA-Argentinien ergibt. Vgl. *W. Wassermeyer* in: Debatin/Wassermeyer, DBA (Argentinien), Art. 1 Rn. 2.

520 Vgl. *Jacobs*, Internationale Unternehmensbesteuerung, S. 566; siehe auch die Ausführungen zu Art. 1 DBA-Mexiko (Teil 1), Kapitel 2, I.B.a.2.

521 Allgemeine Ansicht, vgl. nur BFH v. 29.01.1964, BStBl. III 1964, 165; BMF v. 13.01.1997, BStBl. I 1997, 97 Tz. 1 c); *Prokisch* in: Vogel/Lehner, Art. 1 Rn. 28; *Wassermeyer* in: Debatin/Wassermeyer, DBA (MA), Art. 1 Rn. 28; *Ostendorf*, Sondervergütungen, S. 125; *Lüdicke*, StBJb 1997/98, 449 (455); *Krabbe*, IWB (1998)

eigenständiges Steuersubjekt behandelt und unterliegt sie mit ihren Einkünften aufgrund eines der in Art. 4 Abs. 1 DBA-Argentinien genannten ortsbezogenen Anknüpfungsmerkmale in diesem Staat der unbeschränkten Steuerpflicht, so ist die Gesellschaft selbst eine abkommensberechtigte Person[522].

II. Die Einstufung der Personengesellschaft im argentinischen Zivil- und Steuerrecht

Für Zwecke der Einkommensteuer wird die zivilrechtliche Subjektfähigkeit von Personengesellschaften in Argentinien im Grundsatz nicht als Maßstab für die steuerliche Subjektfähigkeit übernommen. Lediglich der Sociedad en Comandita Simple kommt auch steuerrechlich eine eigenständige Rechtspersönlichkeit zu. Alle übrigen Personengesellschaften sind fiskalisch transparent und werden nur für Zwecke der Gewinnermittlung als Einheit betrachtet. Anschließend wird der Gesellschaftsgewinn auf die Gesellschafter verteilt und in ihren Händen besteuert (Art. 50 Abs. 1 LIG).

III. Konsequenzen für die Abkommensberechtigung von Personengesellschaften

Die abkommensrechtlich definierte Eigenschaft "Person" i. S. v. Art. 3 Abs. 1 Buchst. b) DBA-Argentinien mit ihrem Verweis auf den Begriff "Gesellschaft" i. S. v. Art. 3 Abs. 1 Buchst. c) DBA-Argentinien kann nur auf eine Personengesellschaft zutreffen, die in zumindest *einem* Vertragsstaat steuerlich subjektfähig ist. Bereits aus dieser Vorgabe folgt die Konsequenz, dass allein die argentinische Sociedad en Comandita Simple als eine in Argentinien steuerpflichtige Gesellschaft die abkommensrechtliche Personeneigenschaft besitzt.

Fach 3 Gr. 2, S. 753 (755); *ders.*, IStR 2000, 196 (197); *Bendlinger*, SWI 2000, 16 (19); *Kahle*, StuW 2005, 61 (65); *Schmalz*, IStR 2003, 291 (292).

522 Vgl. BMF v. 13.01.1997, BStBl. I 1997, 97 Tz. 2 d); BMF v. 28.05.1998, BStBl. I 1998, 557 Tz. 1.; *Schaumburg*, Internationales Steuerrecht, S. 851 Rn. 16.171; *Jacobs*, Internationale Unternehmensbesteuerung, S. 566; *Prokisch* in: Vogel/Lehner, DBA, Art. 1 Rn. 32; *Frotscher*, Internationales Steuerrecht, S. 169; *Krabbe*, IWB (1998) Fach 3 Gr. 2, S. 753 (754 f.); *Lüdemann/Hruschka*, IStR 2000, 25 f.; Art. 1 Ziffer 5 OECD-MK.

Weiterhin unterliegt eine nach argentinischem Recht gegründete Sociedad en Comandita Simple in Argentinien der unbeschränkten Steuerpflicht [Art. 1 Abs. 2 i. V. m. Art. 69 Buchst. a) Nr. 2 LIG]. Zwar ist der Ort der Gründung ohne Bedeutung für die abkommensrechtliche Ansässigkeit i. S. v. Art. 4 Abs. 1 DBA-Argentinien, zumal letztere an ortsbezogene Merkmale anknüpft, während das im innerstaatlichen argentinischen Recht geltende Gründungsstatut eher ein mit der Staatsangehörigkeit vergleichbares Kriterium ist[523]. In der Regel verhält es sich jedoch so, dass eine in Argentinien errichtete Gesellschaft ihre Geschäftsleitung oder ihren Verwaltungssitz in Argentinien hat und somit auch den abkommensrechtlichen Vorgaben der Ansässigkeit genügt (Art. 4 Abs. 1 DBA-Argentinien). In allen anderen Fällen bedarf es für die Gewährung der Abkommensvorteile – sowohl was argentinische als auch deutsche Personengesellschaften anbetrifft – eines Rückgriffs auf die in Argentinien oder Deutschland ansässigen Gesellschafter der Personengesellschaft.

IV. Einzelfragen zur Abkommensberechtigung

A. *Sachverhalte unter Beteiligung Argentiniens und Deutschlands*

a. Regelfall: Fiskalische Transparenz

Aufgrund ihrer fiskalischen Transparenz sind deutsche und – mit Ausnahme der Sociedad en Comandita Simple – auch argentinische Personengesellschaften nicht ansässig i. S. v. Art. 4 Abs. 1 DBA-Argentinien und damit nicht abkommensberechtigt. Sowohl Deutschland als auch Argentinien betrachten die Gesellschafter als die maßgeblichen Steuersubjekte[524]. Das DBA-Argentinien ist deshalb unter dem Aspekt der unbeschränkten Steuerpflicht und damit der Ansässigkeit der Gesellschafter in Argentinien oder Deutschland anwendbar[525].

---

523 Vgl. *Lehner* in: Vogel/Lehner, DBA, Art. 4 Rn. 46.

524 Die Einstufung einer argentinischen Personengesellschaft erfolgt in der gegenwärtigen deutschen Praxis nach den Grundsätzen des Rechtstypenvergleichs; vgl. hierzu DBA-Mexiko (Teil 1), Kapitel 2, I.A.a. und die dortigen Nachweise.

525 Vgl. die Nachweise unter Kapitel 2.I.; für Argentinien *García Cozzi*, CDFI LXXXa (1995), 21 (27, 33). Zum Ansässigkeitsnachweis vgl. Kapitel 3, III.A.c. Es sei darauf hingewiesen, dass Argentinien kein Mitgliedstaat der OECD ist. Argentinien gehört jedoch zu den Nichtmitgliedstaaten, deren Stellungnahmen zum OECD-MA im OECD-MK

Nach der hier vertretenen Auffassung ist für die Maßgeblichkeit des Transparenzprinzips nicht mit dem von der deutschen Finanzverwaltung praktizierten Rechtstypenvergleich[526] zu operieren, sondern mit dem abkommensrechtlich bindenden Umstand, dass in Argentinien als potentiellem Ansässigkeitsstaat der Personengesellschaft das Transparenzprinzip gilt. Die transparente Besteuerung und damit das Abstellen auf die Gesellschafter folgt somit nicht aus der Vergleichbarkeit z. B. der argentinischen Sociedad Colectiva mit der deutschen OHG, sondern originär aus dem in Argentinien geltenden Besteuerungssystem. Das Ausbleiben eines subjektiven Qualifikationskonflikts wird auf diesem Weg nicht der zufälligen Übereinstimmung der Besteuerungssysteme in Bezug auf die beteiligten Personengesellschaften überlassen. Es beruht auf einer abkommensrechtlich begründeten Pflicht zur Angleichung der Besteuerungsweise nach den Vorgaben des Sitzstaates der Personengesellschaft.

Bezieht eine nach argentinischem Recht gegründete, fiskalisch transparente Personengesellschaft quellensteuerpflichtige Einkünfte aus Deutschland und ist einer ihrer Gesellschafter im Quellenstaat Deutschland ansässig, so fehlt es – trotz der abstrakt gegebenen Abkommensberechtigung dieses Gesellschafters – in Bezug auf die konkreten Einkünfte an einem grenzüberschreitenden Sachverhalt (vgl. z. B. Art. 11 Abs. 1 DBA-Argentinien). Nur die in Argentinien ansässigen Gesellschafter können unter diesen Umständen eine (anteilige) Quellensteuerreduktion verlangen[527]. Dies gilt auch im umgekehrten Fall einer in Deutschland errichteten Personengesellschaft, die aus Argentinien quellensteuerpflichtige Einkünfte bezieht. Ist eine in Argentinien ansässige Person an der Personengesellschaft beteiligt, so ist der jeweilige Verteilungsartikel auf den Anteil der Einkünfte, der auf den argentinischen Gesellschafter entfällt, nicht anwendbar. Auch hier fehlt es an einem grenzüberschreitenden Sachverhalt und somit an der abkommensrechtlichen Grundkonstellation Quellenstaat-Ansässigkeitsstaat.

---

wiedergegeben werden. In Bezug auf die Anwendung von DBA auf fiskalisch transparente Personengesellschaften hat Argentinien keine Vorbehalte oder ablehnende Bemerkungen angebracht. Zur Verbindlichkeit des OECD-MK im Hinblick auf den Methodenartikel vgl. Kapitel 4, II.B.b.

526 Vgl. die Ausführungen zum Rechtstypenvergleich in Teil 1, Kapitel 2, I.A.a.

527 Vgl. FG Köln, EFG 1999, 320; *Prokisch* in: Vogel/Lehner, DBA, Art. 1 Rn. 28. Die Abkommensberechtigung ist auf die Gesellschafter aufzuspalten: *Jacobs*, Internationale Unternehmensbesteuerung, S. 585. Siehe zum DBA-Mexiko Teil 1, Kapitel 2, I.C.a.3.(b).

b. Ausnahme: Sociedad en Comandita Simple

Eine nach Art. 69 Buchst. a) Nr. 2 LIG steuerlich subjektfähige Sociedad en Comandita Simple ist wie eingangs festgestellt eine in Argentinien ansässige und damit abkommensberechtigte Person (Art. 4 Abs. 1 i. V. m. Art. 1 DBA-Argentinien). Erzielt diese in Deutschland quellensteuerpflichtige Einkünfte, so kann die Gesellschaft aus eigenem Recht die abkommensrechtlich vorgesehene Quellensteuerbegrenzung – ungeachtet der Ansässigkeit der Gesellschafter – auf den Gesamtbetrag der Einkünfte verlangen[528].

Darüber hinaus ist nach der hier vertretenen Auffassung ist die steuerliche Subjektfähigkeit der Gesellschaft auch bei der Besteuerung nach innerstaatlichem Recht anzuerkennen, indem die Quellensteuer bei der Gesellschaft erhoben wird.

B. *Dreiecksverhältnisse*

a. Ansässigkeit eines Gesellschafters in einem Drittstaat (ohne DBA)

Da argentinische und deutsche Personengesellschaften infolge ihrer fiskalischen Transparenz gemäß Art. 50 Abs. 1 LIG bzw. § 15 Abs. 1 S. 1 Nr. 2 EStG regelmäßig nicht abkommensberechtigt i. S. v. Art. 1 DBA-Argentinien sind und somit in ihrer Eigenschaft als Gesellschaft keine abkommensrechtlich vorgesehene Quellensteuerbegrenzung beanspruchen können, besteht in Ermangelung einer solchen abkommensrechtlichen Position der Gesellschaft für den in einem Drittstaat ansässigen Gesellschafter kein von der Gesellschaft abgeleiteter Ermäßigungsanspruch.

Ist die Einkünfteerzielende hingegen eine argentinische Sociedad en Comandita Simple, so sind die Abkommensvorteile ungeachtet der Ansässigkeit der Gesellschafter in Deutschland, Argentinien oder in Drittstaaten auf den Gesamtbetrag der Einkünfte zu gewähren[529]. Die Steuer ist nach der hier vertretenen Auffas-

528 Vgl. *Prokisch* in: Vogel/Lehner, DBA, Art. 1 Rn. 33; *Piltz*, Personengesellschaften, S. 130 f.; *Riemenschneider*, Abkommensberechtigung, S. 84 f; *Lüdicke*, StBJb 1997/98, 449 (459). Siehe zum DBA-Mexiko Teil 1, Kapitel 2, I.C.a.3.(a).

529 Vgl. *Prokisch* in: Vogel/Lehner, DBA, Art. 1 Rn. 33; *Frotscher*, Internationales Steuerrecht, S. 168 ff. Siehe zum DBA-Mexiko Teil 1, Kapitel 2, I.C.b.1.

sung kraft der abkommensrechtlich vorgegebenen Anerkennung der Gesellschaft als Steuersubjekt bei dieser zu erheben.

b. Bestehen eines DBA im Verhältnis zum Drittstaat

1. "Doppelte" Abkommensberechtigung

Bei Sachverhalten mit Beteiligung deutscher und argentinischer Personengesellschaften sowie ihrer in Deutschland oder Argentinien ansässigen Gesellschafter kommt es grundsätzlich nicht zu einer doppelten Abkommensberechtigung. Eine Konstellation, in der sowohl die Gesellschaft als eigenständiges Steuersubjekt eines Vertragsstaates als auch die Gesellschafter als die in ihrem Wohnsitzstaat maßgeblichen Steuersubjekte die Abkommensvorteile im Verhältnis zu einem (dritten) Quellenstaat beanspruchen können, ist nicht denkbar. Zu einer doppelten Abkommensberechtigung käme es lediglich unter Beteiligung eines intransparent besteuernden Drittstaats als Ansässigkeitsstaat der Personengesellschaft, sodass letztere – neben den deutschen oder argentinischen Gesellschaftern – die Abkommensvorteile aus eigenem Recht beanspruchen könnte.

Eine Ausnahme bildet die argentinische Sociedad en Comandita Simple, die steuerlich subjektfähig und damit abkommensberechtigt i. S. v. Art. 1 DBA-Argentinien ist. Neben der Sociedad en Comandita Simple könnten die in Deutschland ansässigen Gesellschafter – angesichts der Besteuerung von Drittstaateinkünften in ihren Händen – ebenfalls vom Quellenstaat (Drittstaat) die Berücksichtigung ihrer steuerlichen Behandlung im Wohnsitzstaat Deutschland verlangen (vgl. Art. 1 Ziffern 5, 6.3 OECD-MK).
Bei mehrfacher Abkommensberechtigung ist ausschließlich das DBA zwischen dem Drittstaat und Argentinien als Ansässigkeitsstaat der Gesellschaft anzuwenden, denn der Gesellschaft kommt infolge ihrer steuerlichen Subjektfähigkeit auf der Abkommensebene eine eigenständige Rechtsposition zu. Es bedarf nach der hier vertretenen Ansicht keines Rückgriffs auf die Gesellschafter[530].

530 Vgl. die Ausführungen zum DBA-Mexiko (Teil 1), Kapitel 2, I.C.b.4.

2. "Doppelt fehlende" Abkommensberechtigung

Bezieht eine in Deutschland errichtete Personengesellschaft in der Rechtsform einer Kommanditgesellschaft, deren Gesellschafter in Argentinien ansässig sind, quellensteuerpflichtige Einkünfte aus einem Drittstaat X, welcher sowohl mit Deutschland als auch mit Argentinien ein DBA unterhält, ist bei Zugrundelegung der in Art. 1 Ziffern 5 und 6.3 OECD-MK vertretenen Ansicht, wonach der Quellenstaat bei fehlender Abkommensberechtigung der Gesellschaft die Besteuerung der Einkünfte bei den Gesellschaftern durch deren Wohnsitzstaat berücksichtigen soll, keine abkommensberechtigte Person ersichtlich.
Mangels steuerlicher Subjektfähigkeit in ihrem Sitz- bzw. Errichtungsstaat Deutschland ist die KG im Verhältnis zum Drittstaat (= Quellenstaat) nicht abkommensberechtigt. Legt man ferner die argentinische Konzeption für die Besteuerung einer der KG entsprechenden Sociedad en Comandita Simple zugrunde, so würde Argentinien die in Frage stehenden Einkünfte aufgrund der – aus seiner Sicht gegebenen – steuerlichen Subjektfähigkeit der KG nicht in den Händen der argentinischen Gesellschafter besteuern. Folglich könnte Staat X die in seinem innerstaatlichen Recht vorgesehene Quellensteuer erheben, ohne dabei durch das DBA mit Argentinien oder Deutschland eingeschränkt zu sein.
Wie bereits zu dieser Problemstellung für das DBA-Mexiko[531] festgestellt wurde, kann der Ansicht der OECD, nach der in dieser Konstellation weder die Gesellschaft noch die Gesellschafter abkommensberechtigt sind, nicht gefolgt werden. Mittels der im OECD-MK vorgegebenen Auslegungsweise wird in die abkommensrechtliche Ansässigkeitsregelung unzulässigerweise eine sub-ject-to-tax-Klausel hineingelesen[532]. Darüber hinaus wird die mit der Methodik der OECD wohl bezweckte Vermeidung einer (teilweisen) Nichtbesteuerung der Einkünfte nicht erreicht. Auch wenn Staat X die aus seinen Quellen stammenden Einkünfte ohne Beschränkung besteuerte, könnte es infolge der Beibehaltung des deutschen bzw. argentinischen Besteuerungskonzepts zu einer teilweisen Nichtbesteuerung der Einkünfte kommen, da Deutschland und Argentinien – wie eingangs erläutert – sich nicht zur Besteuerung befugt sähen und die Quellensteuerbelastung des Drittstaats endgültig wäre[533].

531 Art. 1 DBA-Mexiko (Teil 1), Kapitel 2, I.C.b.3.

532 Vgl. *Prokisch* in: Vogel/Lehner, DBA, Art. 1 Rn. 30; *Lang*, SWI 2000, 61 (63); *ders.*, IStR 2000, 129 (133).

533 Dies ist z. B. der Fall, wenn die im innerstaatlichen Recht des Drittstaats vorgesehene Quellensteuer der Höhe nach unter der deutschen bzw. argentinischen liegt. Bleibt es bei

Trotz Geltung des Trennungsprinzips[534] für die der KG entsprechenden argentinischen Gesellschaftsform (SCS) kommt es in Argentinien dennoch zur Besteuerung der Einkünfte der KG bei den argentinischen Gesellschaftern. Ursächlich hierfür sind jedoch Besonderheiten des innerstaatlichen argentinischen Rechts. Die Einkünfte einer ausländischen und vom argentinischen Steuerrecht als steuerlich subjektfähig eingestuften Gesellschaft[535] werden ihrem in Argentinien ansässigen Gesellschafter unmittelbar zugerechnet, auch wenn es nicht zu einer Gewinnausschüttung seitens der ausländischen Gesellschaft gekommen ist (Art. 149 Abs. 1 LIG)[536]. Da infolge dieser Regelung eine Besteuerung der konkreten Einkünfte in einem Vertragsstaat (Wohnsitzstaat der Gesellschafter) gegeben ist, gelangt man auch über den in Art. 1 Ziffern 5, 6.3 OECD-MK vorgeschlagenen Lösungsweg der OECD zu dem Ergebnis, dass der Quellenstaat die mit dem Wohnsitzstaat der Gesellschafter (Argentinien) vereinbarte Quellensteuerbegrenzung zu gewähren hat.
Dennoch kann die Ansicht der OECD nach der hier vertretenen Auffassung aus den oben genannten Gründen nicht als allgemein anwendbares Lösungsmodell fungieren. Das vorliegende Ergebnis – Gewährung der Abkommensvergünstigungen an die argentinischen Gesellschafter – beruht nämlich vornehmlich auf dem Umstand, dass Argentinien das Trennungsprinzip im Hinblick auf ausländische Gesellschaften in Form des Art. 149 Abs. 1 LIG "unterläuft". Allein deshalb kommt es zur Besteuerung der in Frage stehenden Einkünfte bei den Gesellschaftern in Argentinien.

Nach der hier vertretenen Auffassung ist eine kongruente, vollständige Besteuerung und ein sinnvolles Ineinandergreifen der DBA nur möglich, wenn die Vertragsstaaten von *einem* Besteuerungskonzept ausgehen. Hierbei sollte es auf die steuerliche Behandlung der Personengesellschaft in ihrem potentiellen, abkom-

---

der einmaligen Besteuerung im Quellenstaat, ohne dass Deutschland (keine Besteuerung bei der KG) oder Argentinien (keine Besteuerung bei den Gesellschaftern) die Einkünfte mittels Einbeziehung in das Welteinkommen der Gesellschaft oder der Gesellschafter besteuern, so kann die endgültige Steuerlast nicht auf das Wohnsitzstaat-Niveau heraufgeschleust werden.

534 Vgl. für die Sociedad en Comandita Simple Art. 69 Buchst. a) Nr. 2 LIG.

535 Dies trifft für die hier untersuchten Personengesellschaften z. B. auf eine in Deutschland errichtete KG zu, denn mit ihr korrespondiert die in Argentinien als Körperschaft besteuerte Sociedad en Comandita Simple.

536 Vgl. die Ausführungen zum innerstaatlichen Recht; Kapitel 1, V.B.c.

mensrechtlichen Ansässigkeitsstaat (Deutschland) ankommen. Das in diesem Staat geltende Transparenzprinzip ist kraft der mit Deutschland unterhaltenen DBA vom Drittstaat und Argentinien zu übernehmen und auch bei der Besteuerung nach innerstaatlichem Recht zu beachten. Nur so wird gewährleistet, dass der abkommensrechtliche Rückgriff auf die Gesellschafter, der mit dem im potentiellen Ansässigkeitsstaat der Gesellschaft praktizierten Transparenzprinzip einhergeht, in allen beteiligten Staaten Beachtung findet. Auf diese Weise stimmt die (zunächst abstrakte) Ansässigkeit der Gesellschafter in Argentinien mit der Ansässigkeit, die sich an der Besteuerung der konkreten Einkünfte orientiert, überein, denn Argentinien würde die Einkünfte tatsächlich (ohne Umweg über Art. 149 LIG) bei den Gesellschaftern besteuern und nicht die KG als zu besteuerndes Subjekt ansehen. Der Quellenstaat X hätte nach diesem Modell die abkommensrechtlich ermäßigte Quellensteuer bei den Gesellschaftern zu erheben, wobei diese – wie gezeigt – mit den Einkünften aus Staat X der argentinischen Einkommensteuer unterliegen würden. Eine Minder- oder Nichtbesteuerung bliebe aus.

Wie bereits zum DBA-Mexiko[537] ausgeführt wurde, bedarf es auch in anderen Fällen einer Koordinierung der Besteuerungskonzepte, um somit die Abkommensanwendung in Fällen der – bei Zugrundelegung des OECD-Konzepts und hier abgelehnten – "doppelt fehlenden" Abkommensberechtigung zu gewährleisten. Als Beispiel sei auf eine Fallgestaltung verwiesen, in der eine in Argentinien errichtete, fiskalisch transparente Sociedad Colectiva, deren Gesellschafter im DBA-Staat X ansässig sind, quellensteuerpflichtige Einkünfte aus Deutschland erhält. Ausgehend von der eingangs dargelegten Ansicht der OECD (Art. 1 Ziffern 5, 6.3 OECD-MK) würde es, wenn Staat X im Gegensatz zu Argentinien das Trennungsprinzip anwendete, an einer abkommensberechtigten Person fehlen, zumal Argentinien die Einkünfte bei der Sociedad Colectiva aufgrund ihrer fiskalischen Transparenz nicht besteuern würde, während Staat X die Einkünfte der Gesellschaft zurechnen und infolgedessen ebenfalls kein Besteuerungsrecht für sich in Anspruch nehmen würde. Aufgrund der Verknüpfung aller drei Staaten durch DBA ist m. E. das Besteuerungskonzept des potentiellen Ansässigkeitsstaats der Gesellschaft, Argentinien, maßgeblich und somit die Erfassung der Einkünfte bei den Gesellschaftern. Die Vertragsstaaten haben in Ermangelung einer steuerlich subjektfähigen (und damit ab-

537 Vgl. DBA-Mexiko (Teil 1), Kapitel 2, I.C.b.3.

staaten haben in Ermangelung einer steuerlich subjektfähigen (und damit abkommensberechtigten) Gesellschaft der Abkommensberechtigung der Gesellschafter durch Besteuerung der Einkünfte in ihren Händen Rechnung zu tragen. Deutschland ist somit verpflichtet, die Quellensteuer in Anwendung des DBA mit dem Gesellschafter-Wohnsitzstaat X zu begrenzen. Staat X hat die Einkünfte bei den Gesellschaftern im Rahmen der unbeschränkten Einkommensteuerpflicht zu erfassen und die ausländische, d. h. in Deutschland erhobene Steuer nach Maßgabe des abkommensrechtlichen Methodenartikels anzurechnen.

Die voranstehend dargestellten Konstellationen zeigen, dass es nicht nachvollziehbar und unbefriedigend ist, die gebotene Abkommensanwendung in Fallgestaltungen – trotz Verbindung aller Staaten durch DBA – aufgrund der mangelnden Korrespondenz von Besteuerungskompetenzen, Steuersubjekten und Einkünften infolge unterschiedlicher Subjektqualifikation seitens der Vertragsstaaten zu verweigern[538].

3. Partielle Abkommensberechtigung von Betriebstätten

Das Art. 24 Abs. 3 OECD-MA entsprechende Betriebstätten-Diskriminierungsverbot in Art. 24 Abs. 2 DBA-Argentinien begründet (wie der inhaltsgleiche Art. 24 Abs. 3 DBA-Mexiko[539]) die Pflicht des Betriebstättenstaats, Vergünstigungen, die dieser Staat den in seinem Gebiet ansässigen Unternehmen aufgrund unilateraler oder bilateraler Vorschriften gewährt, auf die Betriebstätte eines Unternehmens des anderen Vertragsstaats zu erstrecken. Für die in Deutschland ansässigen Gesellschafter einer (deutschen) Personengesellschaft

538 Die abkommensrechtliche Verpflichtung dreier Staaten, zu einem einheitlichen Besteuerungskonzept zu gelangen, besteht freilich nur dann, wenn alle Staaten miteinander ein DBA abgeschlossen haben. Der Praktikabilität sowie die Herleitung der oben geschilderten, hier befürworteten Bindungswirkung kann deshalb nicht entgegengehalten werden, sie sei untauglich, wenn beispielweise der Quellenstaat mit dem (potentiellen) Ansässigkeitsstaat der Gesellschaft kein DBA unterhält. In diesem Fall besteht keine Verpflichtung des Quellenstaats, das Besteuerungskonzept des Errichtungs- bzw. Sitzstaats der Gesellschaft zu übernehmen. Die mangelnde Anwendbarkeit des hier vorgeschlagenen Konzepts beruht in einer solchen Konstellation schlicht auf der Tatsache, dass keine Bindungswirkung angenommen werden kann, wenn kein DBA existiert.

539 Siehe Art. 1 DBA-Mexiko (Teil 1), Kapitel 2, I.C.b.5.

mit Betriebstätte in Argentinien ist dies relevant, wenn der Betriebstätte aus einem Drittstaat Einkünfte in Form von Dividenden, Zinsen oder Lizenzgebühren zufließen und der Drittstaat diese mit einer Quellensteuer belastet. Anders als Mexiko und Venezuela ermöglicht Argentinien den Betriebstätten[540] nichtansässiger Personen keine Anrechnung von Drittstaatsteuern[541].

Argentinien gehört nicht dem Anden-Pakt an. Gleichwohl sind die vom Territorialitätsprinzip geprägten Grundsätze der Entscheidung 578 des Anden-Paktes und die damit verbundenen Freistellungspflichten Argentiniens im Rahmen des Art. 24 Abs. 2 DBA-Argentinien von Bedeutung, wenn die der Betriebstätte zufließenden, quellensteuerpflichtigen Einkünfte aus Chile oder Bolivien stammen und Argentinien die Einkünfte über den erweiterten Betriebstättenvorbehalt besteuern darf[542]. Aufgrund des im DBA Argentinien-Chile bzw. DBA Argentinien-Bolivien geltenden Territorialitätsprinzips steht das Besteuerungsrecht für Kapitaleinkünfte wie Dividenden, Zinsen und Lizenzgebühren, die in Chile oder Bolivien gezahlt werden, ausschließlich diesen Quellenstaaten zu. Argentinien hat die Einkünfte freizustellen. Eine Doppel- oder Mehrfachbesteuerung tritt nicht auf, zumal die Drittstaat-Einkünfte im Rahmen des DBA-Argentinien der argentinischen Betriebstätte zuzurechnen und somit auch – vorbehaltlich der Erfüllung der Aktivitätsklausel in Ziffer 5 Buchst. a) Prot. DBA-Argentinien – von der deutschen Steuer freizustellen sind [Art. 5, 7 i. V. m. Art. 23 Abs. 1 Buchst. b) DBA-Argentinien]. Die steuerliche Belastung der Einkünfte im Quellenstaat (Chile, Bolivien) ist damit endgültig[543].

540 Im deutschen Steuerrecht ist die Betriebstätte unselbständig und ihrem für die Besteuerung maßgeblichen Inhaber zuzuordnen. Letzterer ist folglich (als Steuersubjekt) Träger des Anrechnungsanspruchs. Aufgrund der Konzeption des Art. 69 Buchst. b) LIG, derzufolge Betriebstätten eine eigene steuerliche Subjektfähigkeit zukommt, wird man in Argentinien von einem Anrechnungsanspruch der Betriebstätte sprechen können.

541 Im Übrigen kann für die grundsätzliche Herleitung und Reichweite der hier angenommenen, durch Art. 24 Abs. 2 DBA-Argentinien begründeten Pflicht des Betriebstättenstaats, Abkommensvergünstigungen aufgrund von DBA mit Drittstaaten auf die Betriebstätte zu erstrecken, auf die Ausführungen zum DBA-Mexiko verwiesen werden; vgl. Teil 1, Kapitel 2, I.C.b.5.

542 Vgl. Art. 7 DBA-Argentinien, Kapitel 3, II.D.b.4.

543 Eine switch-over-Klausel, mittels derer Deutschland eine Heraufschleusung der Einkünfte auf das deutsche Steuerniveau durch einen Wechsel zur Anrechnungsmethode erreichen könnte, enthält das DBA-Argentinien nicht. In Betracht kommt lediglich der auf einer Nichterfüllung des Aktivitätsvorbehalts basierende Übergang zur Anrech-

4. Doppelte Ansässigkeit von Personengesellschaften

Im Unterschied zum DBA-Mexiko, das aufgrund des in Mexiko für Personengesellschaften ausnahmslos geltenden Trennungsprinzips im Zusammenhang mit einem weiteren, dem Trennungsprinzip folgenden Drittstaat Berührungspunkte für eine doppelte Ansässigkeit von Personengesellschaften aufweisen kann[544], sind doppelt ansässige Personengesellschaften im Rahmen des DBA-Argentinien lediglich bei einer steuerlich subjektfähigen Sociedad en Comandita Simple – und dies auch nur im Verhältnis zu einem ebenfalls intransparent besteuernden Drittstaat – denkbar.

nungsmethode [Ziffer 5 Buchst. a) Prot. DBA-Argentinien].

544 Vgl. Art. 1 DBA-Mexiko (Teil 1), Kapitel 2, I.C.c.

Kapitel 3: Verteilungsartikel

I. Besteuerung von Unternehmensgewinnen im innerstaatlichen Recht Argentiniens

A. *Der Begriff "Unternehmen" im argentinischen Einkommensteuerrecht*

Das argentinische LIG enthält keine Legaldefinition des Begriffs "Unternehmen", verwendet aber durchgehend für jegliche Aktivität gewerblicher, land- und forstwirtschaftlicher Art oder die Ausbeutung bzw. den Abbau von Bodenschätzen den Ausdruck "empresa". Das im argentinischen Steuerrecht geltende Konzept des "Unternehmens" geht mit der Einbeziehung land- und forstwirtschaftlicher Tätigkeiten sowohl über den Unternehmensbegriff des OECD-MA als auch den in § 15 Abs. 2 EStG definierten "Gewerbebetrieb" hinaus.

Der Unternehmensbegriff des argentinischen Steuerrechts lässt sich ferner im Zusammenhang mit dem Konzept der "festen Einrichtung" erschließen. Wie bereits erläutert, verzichtet das LIG auf die Verwendung des Ausdrucks "feste Einrichtung" bzw. "Betriebstätte" und stellt auf die Existenz einer "in Form eines festen Unternehmens organisierten Einrichtung" ab (establecimientos organizados en forma de empresa estable). Dabei impliziert der Teilbegriff "in Form eines Unternehmens organisiert" nach der herrschenden Ansicht im argentinischen Schrifttum die Existenz einer Geschäftsführung, einer Organisationsstruktur sowie das Vorhandensein von Wirtschaftsgütern (Betriebsvermögen)[545]. Auch hieraus folgt, dass das argentinische Konzept der "empresa" nicht auf gewerbliche Aktivitäten im engeren Sinn beschränkt ist.

Weiterhin folgt aus der Aufzählung in Art. 49 LIG, dass die Qualifikation von Einkünften als Gewinne eines Unternehmens vornehmlich auf der Rechtsform bzw. Organisationsstruktur der (juristischen) Person beruht, die das Unternehmen betreibt.

---

545 Vgl. *Cancio/Sas*, TNI 2003, 491 (500); *Raimondi/Atchabahian*, El Impuesto a las Ganancias, S. 388. Im argentinischen Schrifttum wird dieses Konzept im Vergleich zur "festen Einrichtung" bzw. "Betriebstätte" als vorzugswürdig erachtet und angesichts der derzeitigen Fassung des LIG auch vom argentinischen Gesetzgeber anerkannt. Zum innerstaatlichen Konzept Argentiniens und der Betriebstätte i. S. v. Art. 5 DBA-Argentinien vgl. Art. 7 DBA-Argentinien, Kapitel 3, I.B.b.; II.D.b.

B. *Besteuerung der Unternehmensgewinne*

a. Ansässige Personen

Einkünfte, die eine in Argentinien ansässige Person durch den Betrieb eines Unternehmens erzielt, fallen unter die dritte Einkunftskategorie ("Gewinne der Unternehmen und ihrer Hilfspersonen", Art. 49 ff. LIG). Unternehmensgewinne im Sinne des argentinischen Einkommensteuerrechts sind gemäß Art. 49 Buchst. a) LIG die Einkünfte der in Art. 69 LIG genannten steuerlich subjektfähigen Gesellschaften, die Einkünfte aller sonstigen (d. h. fiskalisch transparenten) Gesellschaften[546] und Einzelunternehmen [Art. 49 Buchst. b) LIG], die Einkünfte des Kommissionärs, des Konsignatars und weiterer (gewerblicher) Hilfspersonen [Art. 49 Buchst. c) LIG] sowie alle sonstigen, nicht unter andere Kategorien fallenden Einkünfte [Art. 49 Buchst. e) LIG].

Steuerpflichtige, die Einkünfte aus einer Unternehmenstätigkeit i. S. v. Art. 49 ff. LIG erzielen, sind zur Erfassung ihrer Einnahmen und Betriebsausgaben nach dem Verursachungsprinzip verpflichtet [Art. 18 Buchst. a) Abs. 2 LIG].
Eine Aufzählung der steuerlich nicht abzugsfähigen Ausgaben enthält Art. 88 LIG. Hier ist vor allem auf Art. 88 Abs. 1 Buchst. b) LIG hinzuweisen: Vergütungen einer fiskalisch transparenten Gesellschaft an ihre Gesellschafter für die Hingabe eines Darlehens, für die im Dienst der Gesellschaft erbrachten Arbeitsleistungen und alle sonstigen, auf vergleichbaren Schuldverhältnissen beruhenden Zahlungen der Gesellschaft an ihre Gesellschafter sind nicht abziehbar, wenn mit ihrer Berücksichtigung als Betriebsausgaben eine Verminderung des Gesellschaftsgewinns einherginge. Die Zahlungen sind dem Gewinnanteil des Gesellschafters hinzuzurechnen [Art. 88 Abs. 1 Buchst. b) S. 2 LIG]. Leistungsbeziehungen zwischen Gesellschaft und Gesellschafter werden somit (steuerlich) vollständig negiert.

Aufgrund der automatischen Zuordnung sämtlicher Einkünfte zu den Unternehmensgewinnen unterbleibt bei den Steuersubjekten i. S. v. Art. 69 Buchst. a) LIG ein Verlustausgleich mit anderen Einkunftskategorien. Lediglich Gesell-

546 Ausnahme: Fiskalisch transparente Gesellschaften, die ausschließlich Einkünfte aus selbständiger Tätigkeit erzielen. Hier liegen Einkünfte der vierten Kategorie vor (Art. 2 Nr. 2 i. V. m. Art. 79 LIG).

schafter einer fiskalisch transparenten Personengesellschaft sowie Einzelunternehmer, die außerhalb ihrer Beteiligung an der Gesellschaft bzw. ihrer unternehmerischen Tätigkeit Einkünfte aus anderen Einkunftskategorien beziehen, können einen vertikalen Verlustausgleich vornehmen.

Die in Art. 69 Buchst. a) LIG genannten – steuerlich subjektfähigen – Gesellschaften und die Betriebstätten nichtansässiger Personen unterliegen mit ihrem zu versteuernden Nettogewinn (ganancia neta sujeta a impuesto) einem Steuersatz von 35 %. Gesellschafter einer Personengesellschaft sowie Einzelunternehmer unterliegen mit dem ihnen jeweils zuzurechnenden Unternehmensgewinn der "Einkommensteuer" (Art. 50 Abs. 1 LIG). Der für natürliche Personen geltende, progressiv ausgestaltete Steuersatz rangiert von 9 % bis 35 %.

b. Betriebstätten nichtansässiger Personen

1. Argentinisches Betriebstättenkonzept

Das LIG enthält keine Definition der "Betriebstätte" oder "festen Einrichtung", nennt aber verschiedentlich die "in Form eines festen Unternehmens organisierte Einrichtung" und misst der Existenz einer solchen Einrichtung steuerbegründende Wirkung zu[547]. Darüber hinaus werden "Betriebstätten" im leztgenannten Sinn[548], die nichtansässige Personen in Argentinien betreiben, als eigenständige Steuersubjekte behandelt [Art. 69 Buchst. b) LIG].

Im Gegensatz zum LIG wird der Betriebstättenbegriff im Gesetz zur Steuer auf das Kapital und Betriebsvermögen (LIGMP)[549] in Art. 2 Buchst. h) definiert. Danach liegt eine feste, in Unternehmensform organisierte Einrichtung vor, wenn hierdurch eine im Ausland ansässige Person die Tätigkeit eines Geschäftsbetriebs, einer Land- und/oder Forstwirtschaft, einer Viehzucht, der Ausbeutung bzw. des Abbaus von Bodenschätzen oder jedwede andere Aktivität mit der Absicht, Gewinn zu erzielen, Güter zu produzieren oder Dienst-

547 Vgl. Kapitel 1, V.B.b.

548 Im Folgenden wird aus Vereinfachungsgründen, soweit nicht anders erforderlich, der Begriff "Betriebstätte" verwendet.

549 Impuesto a la Ganancia Mínima Presunta, Gesetz 25.063 v. 07.12.1998; Boletín Oficial v. 30.12.1998.

leistungen zu erbringen, ausübt. Der Betriebstättenbegriff des LIGMP umfasst unter anderem:

- eine Zweigniederlassung oder Einzelunternehmen;
- eine feste Einrichtung für die Erbringung technischer, wissenschaftlicher Dienstleistungen oder selbständiger Arbeit durch natürliche Personen;
- eine dauerhaft unterhaltene Agentur oder Vertretung[550];
- einen Ort der Geschäftsleitung oder Verwaltung;
- ein Büro;
- eine Fabrikationsstätte;
- eine Werkstatt;
- ländlichen Grundbesitz, der einer Erwerbstätigkeit dienen *kann*;
- ein Bergwerk, ein Steinbruch oder eine andere Stätte der Ausbeutung von Naturschätzen;
- eine Bauausführung oder Montage;
- Räume oder Einrichtungen, die der Lagerung, Ausstellung, oder der Auslieferung von Gütern dienen;
- eine feste Geschäftseinrichtung, die zum Gütererwerb, zur Informationsbeschaffung, zu Werbezwecken, zur Durchführung technischer und wissenschaftlicher Untersuchungen oder für andere Tätigkeiten vorbereitender Art unterhalten wird.

Obwohl die vorangehenden Tatbestände die Steuerpflicht einer Betriebstätte im Rahmen des *LIGMP* begründen[551], wird der für diese Zwecke normierte Betriebstättenbegriff auch zur Beurteilung des Vorliegens einer Betriebstätte im Sinne des LIG herangezogen[552].

Wie bereits im Zusammenhang mit dem argentinischen Unternehmensbegriff erörtert wurde, spiegelt die aktuelle Rechtslage die herrschende Ansicht im argentinischen Schrifttum wider, derzufolge der Ausdruck "establecimiento organizado en forma de empresa estable" die genauere und deshalb vorzugswürdige

550 Eine Betriebstätte i. S. v. Art. 2 Buchst. h) LIGMP wird nicht durch die Tätigkeit eines unabhängigen Maklers, Kommissionärs oder eines anderen unabhängigen Vertreters begründet, sofern letzterer im Rahmen seiner ordentlichen Geschäftstätigkeit handelt.

551 Auch für Zwecke des LIGMP werden argentinische Betriebstätten nichtansässiger Personen als eigenständige Steuersubjekte eingestuft.

552 Vgl. *Cancio/Sas*, TNI 2003, 491 (500, 501); *Raimondi/Atchabahian*, El Impuesto a las Ganancias, S. 388, 389.

Bezeichnung der für eine Betriebstätte erforderlichen Merkmale beinhaltet[553]. "Einrichtung" (establecimiento) wird dabei sowohl ortsbezogen als auch tätigkeitsbezogen definiert. Zunächst impliziert es das Bestehen eines Sitzes bzw. einer Niederlassung und – davon ausgehend – die Entfaltung einer Geschäftstätigkeit. Das Merkmal "organisiert als Unternehmen" (organizado en forma de empresa) setzt die Existenz einer Geschäftsführung, einer Organisationsstruktur sowie das Vorhandensein von Betriebsvermögen voraus. Die Einrichtung ist "fest" (estable), wenn die Absicht ihres dauerhaften Bestehens gegeben ist[554]. Darüber hinaus wird für die Interpretation des Ausdrucks "establecimiento organizado en forma de empresa estable" auf die diesbezügliche argentinische Rechtsprechung zurückgegriffen, die ebenfalls die tatsachen- und einzelfallbezogene Überprüfung der oben genannten Merkmale in den Vordergrund stellt[555].

Die in Art. 2 Buchst. h) LIGMP aufgezählten Einrichtungen entsprechen teilweise den Tatbeständen des Art. 5 OECD-MA. Bloße Lager- und Ausstellungseinrichtungen sowie Einrichtungen, die der Erbringung von Hilfstätigkeiten und Tätigkeiten vorbereitender Art dienen, können jedoch nach dem geltenden argentinischen Konzept eine Betriebstätte begründen. Dies stellt eine Ausweitung gegenüber Art. 5 OECD-MA dar. Betrachtet man die Einbeziehung dieser Aktivitäten vor dem Hintergrund des grundsätzlichen Erfordernisses einer "organisierten Einrichtung in Form eines festen Unternehmens"[556], so kann die Annahme einer Betriebstätte im Zusammenhang mit Hilfstätigkeiten, Tätigkeiten vorbereitender Art sowie Lagerhaltungen nur an dem Nichtbestehen einer *festen* Einrichtung (estable) scheitern. Ob eine in Argentinien ausgeübte Tätigkeit nach dem Konzept des "establecimiento organizado en forma de empresa estable" eine steuerpflichtige Betriebstätte begründet oder ob eine Tätigkeitsform gewählt werden kann, mit der das Bestehen einer Betriebstätte

553 *Cancio/Sas*, TNI 2003, 491 (500).

554 *Raimondi/Atchabahian*, El Impuesto a las Ganancias, S. 387 f.

555 Vgl. Tribunal Fiscal Nacional, Kammer C, März 1980, "*La Industria Paraguaya Argentina S.A.*" – zitiert bei *Cancio/Sas*, TNI 2003, 491 (501) – zur Auslegung des Betriebstättenbegriffs des zu diesem Zeitpunkt noch gültigen Gesetzes zur Kapitalsteuer (entspricht dem nunmehr geltenden LIGMP) unter Bezugnahme (auch) auf das OECD-MA und andere, bilaterale Regelungen.

556 Der Katalog des Art. 2 Buchst. h) LIGMP ist nicht abschließend; die hierin enthaltenen Tatbestände haben beispielhaften Charakter und helfen nicht über das Erfordernis einer "Einrichtung in Form eines organisierten Unternehmens" hinweg.

(ex ante) auszuschließen ist, unterliegt – in Ermangelung explizit geregelter Ausnahmen – einer gewissen Unsicherheit.
Im Ergebnis ist das argentinische Konzept des "establecimiento organizado en forma de empresa estable" trotz der unterschiedlichen Terminologie mit der international gängigen Bezeichnung "permanent establishment" und grundsätzlich auch mit deren Inhalt vergleichbar[557].

2. Grundsätze der Gewinnermittlung

Die von einer nichtansässigen Person in Argentinien unterhaltene Betriebstätte unterliegt als eigenständiges Steuersubjekt mit ihrem zu versteuernden Gewinn dem für argentinische Unternehmen geltenden Steuersatz von 35 % [Art. 69 Buchst. b) LIG].
Die Ermittlung des Betriebstättengewinns vollzieht sich grundsätzlich nach den Vorschriften, die auch auf argentinische Unternehmen Anwendung finden. Zweigniederlassungen sowie andere Betriebstätten bzw. feste Einrichtungen ausländischer Unternehmen sind gemäß Art. 14 LIG zu einer vom Stammhaus und anderen Betriebstätten getrennten Buchführung verpflichtet, um ihre aus argentinischen Quellen stammenden Einkünfte zu ermitteln. Im Verhältnis zum Stammhaus ist nach dem Fremdvergleichsgrundsatz zu verfahren. Existiert keine zufriedenstellende Buchführung, oder gibt diese nicht in hinreichendem Maß die Einkünfte aus argentinischen Quellen wieder, so ist die argentinische Finanzverwaltung ermächtigt, den Betriebstättengewinn – basierend auf den Ergebnissen voneinander unabhängiger Unternehmen mit ähnlichen Tätigkeiten – zu schätzen (Art. 19 RLIG). Art. 15 Abs. 1 LIG lässt unter diesen Voraussetzungen auch die Ermittlung des Betriebstättengewinns nach der indirekten Methode zu. Dafür werden Stammhaus und Betriebstätte als wirtschaftliche Einheit betrachtet und ihr Ergebnis nach einem bestimmten Verteilungsschlüssel, dem Durchschnittswerte, Indizes oder Koeffizienten für Unternehmen mit vergleichbaren Tätigkeiten zugrundeliegen, wie getrennten Unternehmen zugeordnet.

Im Hinblick auf die steuerliche Subjektfähigkeit einer Betriebstätte und die im Vergleich zu argentinischen Unternehmen identischen Steuersätze besteht aus

557 So auch *Raimondi/Atchabahian*, El Impuesto a las Ganancias, S. 387.

der einkommensteuerrechtlichen Perspektive für einen im Ausland ansässigen Investor kein Unterschied bei der Wahl zwischen der Errichtung einer argentinischen Tochtergesellschaft oder einer (zivilrechtlich und nach deutschem Verständnis auch steuerrechtlich) unselbständigen Betriebstätte. Die Besteuerung einer Betriebstätte unterscheidet sich jedoch insoweit von der Besteuerung einer argentinischen Tochtergesellschaft, als die Betriebstätte nach dem Konzept des LIG theoretisch nur die aus argentinischen Quellen stammenden Einkünfte zu versteuern hat (vgl. Art. 1 Abs. 3 LIG). Betrachtet man jedoch die in den Art. 5 ff. LIG statuierten, weit gefassten Anknüpfungstatbestände für die Annahme einer argentinischen Einkommensquelle, ist im Ergebnis davon auszugehen, dass auch argentinische Betriebstätten mit ihrem Welteinkommen der argentinischen Besteuerung unterliegen[558].

II. "Unternehmen" im Sinne des Art. 7 DBA-Argentinien

A. *Verhältnis zum Unternehmensbegriff des innerstaatlichen Rechts*

Das DBA-Argentinien enthält keine Defintion des Begriffs "Unternehmen". Die Abkommenssystematik ergibt, dass jede organisatorische Einheit, mit der eine selbständig tätige Person wirtschaftliche Zwecke verfolgt, als Unternehmen anzusehen ist[559]. Darüber hinaus ist für die Ausfüllung des Unternehmensbegriffs ein Rückgriff auf das innerstaatliche Recht erforderlich[560]. Die Umqualifizierung von Einkünften auf DBA-Ebene (in Abweichung vom Spezialitätsprinzip)

---

558 Auch die diesbezüglichen Angaben im Schrifttum sind widersprüchlich: nach *Cancio/ Sas*, TNI 2003, 491 (502) statuiert das LIG für argentinische Betriebstätten das "Welteinkommenprinzip", während *González Béndiksen*, TNI 1997, 625 (628) und *Teijeiro*, TNI 1999, 287 (291) davon ausgehen, dass die Betriebstätte ausschließlich Einkünfte aus argentinischen Quellen zu versteuern hat. Unstreitig ist jedoch, dass die fraglichen Einkünfte der Betriebstätte – entgegen dem sogenannten Attraktionsprinzip – zurechenbar sein müssen.

559 Vgl. Art. 3 Abs. 1 Buchstaben c), h) OECD-MA. Weiterhin sei auf die Ausführungen zu Art. 7 DBA-Mexiko (Teil 1), Kapitel 3, II.B.b. verwiesen.

560 BMF v. 24.09.1999, IStR 2000, 627; *Krabbe*, StBJb. 2000/01, 183 (191 f.); *ders.*, IStR 2002, 145 (147); *Wassermeyer* in: Debatin/Wassermeyer, DBA (MA), Art. 7 Rn. 49; *Piltz* in: Debatin/Wassermeyer, DBA (MA), Art. 7 Rn. 85.

ist abzulehnen, wenn die Qualifikation als gewerbliche Einkünfte sich im innerstaatlichen Steuerrecht aufgrund einer Fiktion vollzieht[561].
Der argentinische Begriff des "Unternehmens" ist nach den voranstehenden Ausführungen nur teilweise mit dem von Art. 7 DBA-Argentinien (OECD-MA) erfassten "Unternehmen" deckungsgleich. Dies gilt vor allem im Hinblick auf land- und forstwirtschaftliche Aktivitäten sowie die Ausbeutung von Bodenschätzen, die im innerstaatlichen, argentinischen Recht Unternehmenseinkünfte darstellen und abkommensrechtlich als Einkünfte aus unbeweglichem Vermögen i. S. v. Art. 6 DBA-Argentinien zu qualifizieren sind. Ferner statuiert Art. 49 LIG in seinem letzten Absatz eine mit § 15 Abs. 3 Nr. 1 EStG vergleichbare "Abfärberegelung", derzufolge sämtliche Einkünfte einer Person als Unternehmensgewinne gelten, wenn sie neben ihrer freiberuflichen auch eine unternehmerische Tätigkeit ausübt. Für das Abkommensrecht ist diese – auf einer Fiktion beruhende – Umqualifizierung m. E. nicht relevant.

B. *Regelungsinhalt Art. 7 DBA-Argentinien*

Gemäß Art. 7 Abs. 1 Satz 1 DBA-Argentinien hat der Wohnsitzstaat der Person, die das Unternehmen betriebt, das alleinige Besteuerungsrecht für die Unternehmensgewinne, es sei denn, im anderen Vertragsstaat unterhält das Unternehmen eine Betriebstätte, der die Gewinne zuzurechnen sind. In diesem Fall kann der Betriebstättenstaat den Betriebstättengewinn ohne Einschränkung besteuern[562].

561 Vgl. *Wassermeyer* in: Debatin/Wassermeyer, DBA (MA), Art. 7 Rn. 16 a), 49; *Piltz* in: Debatin/Wassermeyer, DBA (MA), Art. 7 Rn. 85; *Pyszka/Brauer*, Ausländische Personengesellschaften, S. 56, 57; siehe auch Art. 7 DBA-Mexiko (Teil 1), Kapitel 3, II.B.b.

562 Art. 7 Abs. 7 DBA-Argentinien setzt eine Höchstgrenze für die Besteuerung einer argentinischen Betriebstätte fest. Demnach dürfen Unternehmensgewinne, die einer argentinischen Betriebstätte zuzurechnen sind, lediglich mit einer argentinischen Steuer belastet werden, die den Höchstbetrag – bestehend aus dem argentinischen Körperschaftsteuersatz zuzüglich 15 v. H. aus dem um diese Steuer verminderten Gewinn – nicht überschreitet. Bei Zugrundelegung des gegenwärtigen Körperschaftsteuersatzes von 35 v. H. beträgt die Höchstbetragsgrenze folglich 44,75 v. H. Ziel der Höchstbetragsgrenze ist es, die steuerliche Benachteiligung einer argentinischen Betriebstätte gegenüber einer argentinischen Tochtergesellschaft zu vermeiden. Eine solche Benachteiligung ist derzeit in Anbetracht des geltenden, argentinischen Steuerrechts nicht gegeben, zumal Betriebstätten dem für argentinischen Unternehmen geltenden Steuersatz von 35 v. H. unterliegen und sich auch mangels Besteuerung der Dividenden argentinischer Tochtergesellschaften keine Diskre-

C. *Verhältnis zu anderen Verteilungsartikeln*

a. Einkünfte aus unbeweglichem Vermögen

1. Innerstaatliches Recht (Argentinien)

Einkünfte aus unbeweglichem Vermögen gehören grundsätzlich zu den Einkünften der ersten Kategorie (Art. 41 LIG)[563]. Juristische Personen i. S. v. Art. 49 Buchst. a) i. V. m. Art. 69 Buchst. a) LIG, die Einkünfte aus unbeweglichem Vermögen beziehen, welche bei "isolierender Betrachtungsweise" unter die erste Einkunftskategorie fallen würden, erzielen diese Einkünfte jedoch kraft Rechtsform als solche aus einer Unternehmenstätigkeit i. S. v. Art. 49 LIG (dritte Einkunftskategorie).
Ihre Einordnung als Unternehmensgewinn behalten die Einkünfte aus unbeweglichem Vermögen auch, wenn sie den einzelnen Gesellschaftern einer fiskalisch transparenten Personengesellschaft als Gewinnanteil zuzurechnen sind. Das Transparenzprinzip ändert nichts an der Umqualifikation in Unternehmensgewinne, die die Einkünfte (zunächst) auf Gesellschaftsebene erfahren (Art. 50 Abs. 1 LIG). Auch Einzelunternehmer erzielen Einkünfte aus unbeweglichem Vermögen als Unternehmensgewinn [siehe Art. 49 Buchst. b) LIG].

2. Abkommensrecht

Abkommensrechtlich fallen Einkünfte aus unbeweglichem Vermögen stets unter Art. 6 Abs. 1 DBA-Argentinien. Dies gilt auch, wenn die Einküknfte im Rahmen einer Unternehmenstätigkeit erzielt werden (Art. 6 Abs. 4 DBA-Argentinien). Art. 7 DBA-Argentinien ist aufgrund des hier angenommenen Exklusivitätsverhältnis zu Art. 6 DBA-Argentinien nicht anzuwenden[564]. Dem Belegen-

---

panzen ergeben; vgl. *W. Wassermeyer* in: Debatin/Wassermeyer, DBA (Argentinien), Art. 7 Rn. 100.

563 Vgl. Kapitel 1, V.B.a.2.; das argentinische LIG entspricht in Bezug auf die Einordnung bzw. Abgrenzung unternehmerischer und sonstiger, in den Kategorien 1, 2 und 4 genannten Einkünfte dem im deutschen EStG verankerten Subsidaritätsprinzip (vgl. § 20 Abs. 3 und § 21 Abs. 3 EStG).

564 Vgl. die Ausführungen zum inhaltsgleichen Art. 6 DBA-Mexiko (Teil 1), Kapitel 3, II.C.a.

heitsstaat des unbeweglichen Vermögens i. S. v. Art. 6 Abs. 2 DBA-Argentinien steht das uneingeschränkte Besteuerungsrecht zu. Anders als in der überwiegenden Mehrzahl der deutschen DBA werden Einkünfte aus unbeweglichem Vermögen im DBA-Argentinien nicht freigestellt, sondern grundsätzlich unter Anrechnung der argentinischen Steuer in Deutschland besteuert. Eine Freistellung der Einkünfte aus unbeweglichem Vermögen erfolgt nur, wenn das Vermögen zu einer in Argentinien gelegenen Betriebstätte mit aktiven Tätigkeiten gehört [Art. 23 Abs. 1 Buchst. a), Ziffer 5 Prot. DBA-Argentinien][565].

Stimmt der Belegenheitsstaat des unbeweglichen Vermögens mit dem Ansässigkeitsstaat der Gesellschafter einer fiskalisch transparenten Personengesellschaft überein, so fehlt es an dem von Art. 6 Abs. 1 DBA-Argentinien vorausgesetzten, grenzüberschreitenden Sachverhalt. Aufgrund der fiskalischen Transparenz der Personengesellschaft ist für die Besteuerung und damit die abkommensrechtliche Ansässigkeit auf die Gesellschafter abzustellen. Art. 7 DBA-Argentinien ist angesichts des in Art. 7 Abs. 8 DBA-Argentinien statuierten Spezialitätsprinzips nicht einschlägig. Obwohl Art. 6 Abs. 1 DBA-Argentinien mangels Auseinanderfallen von Gesellschafter-Wohnsitzstaat und Belegenheitsstaat letztlich nicht anwendbar ist, sind die in Frage stehenden Einkünfte solche aus "unbeweglichem Vermögen" (Art. 6 Abs. 2 DBA-Argentinien) und werden somit im Sinne des Art. 7 Abs. 8 DBA-Argentinien "in anderen Artikeln (dieses Abkommens) behandelt". Dieser Befund reicht nach der hier vertretenen Ansicht aus, um Art. 7 DBA-Argentinien als subsidiär zurücktreten zu lassen. Folglich kommt das Wohnsitzstaatprinzip i. S. v. Art. 21 Abs. 1 DBA-Argentinien zur Anwendung, nach dem ausschließlich Deutschland als Wohnsitzstaat der Gesellschafter die Einkünfte aus dem in Deutschland belegenen, unbeweglichen Vermögen besteuern darf. Der erweiterte Betriebstättenvorbehalt gilt nicht für Einkünfte aus unbeweglichem Vermögen[566].

Erzielt eine steuerlich subjektfähige, argentinische Sociedad en Comandita Simple Einkünfte aus unbeweglichem Vermögen in Deutschland, so ist Art. 6 Abs. 1 DBA-Argentinien anzuwenden. Die Einkünfte sind nach der hier vertretenen Auffassung sowohl abkommensrechtlich als auch bei der Besteuerung nach innerstaatlichem Recht der Gesellschaft zuzurechnen.

---

565 Diese Regelung enthält auch das DBA-Mexiko in Art. 23 Abs. 2 Buchst. b) ff). Eine nachträgliche Umqualifizierung der Einkünfte in Unternehmensgewinne wird hierdurch nicht begründet; vgl. Art. 7 DBA-Mexiko (Teil 1), Kapitel 3, II.C.a.

566 Vgl. auch Art. 7 DBA-Mexiko (Teil 1), Kapitel 3, II.D.b.4.(a).

Stammen die Einkünfte aus unbeweglichem Vermögen, das in einem Drittstaat liegt, so ist ebenfalls Art. 21 Abs. 1 DBA-Argentinien anzuwenden. Sowohl Art. 6 als auch Art. 7 DBA-Argentinien sind mangels grenzüberschreitenden Sachverhalts, in dem der eine Vertragsstaat in Bezug auf die konkreten Einkünfte die Rolle des Wohnsitzstaats und der andere Vertragsstaat die Rolle des Quellenstaats innehat, nicht einschlägig. Auch wenn die Drittstaateinkünfte einer Betriebstätte zufließen, die eine Personengesellschaft (bzw. deren Gesellschafter anteilig) in Argentinien oder Deutschland unterhält, gilt ausschließlich Art. 21 Abs. 1 DBA-Argentinien. Dem Wohnsitzstaat können jedoch aufgrund der Bestimmungen eines mit dem Drittstaat abgeschlossenen DBA Beschränkungen bei der Umsetzung des Besteuerungsrechts auferlegt sein.

b. Einkünfte i. S. v. Art. 10-12 DBA-Argentinien, die im Rahmen einer Unternehmens-Tätigkeit i. S. v. Art. 7 DBA-Argentinien erzielt werden

Für Dividenden, Zinsen und Lizenzgebühren gelten die abkommensrechtlichen Spezialregelungen der Art. 10-12 DBA-Argentinien. Letztere sind unverändert einschlägig, wenn die Beteiligung, die Forderung oder die Rechte bzw. Vermögenswerte, aufgrund derer die Zahlungen an eine in Deutschland oder Argentinien ansässige Person erfolgen, zum Betriebsvermögen eines Unternehmens oder eines selbständig Tätigen gehören (Art. 7 Abs. 8 DBA-Argentinien).

Art. 10 Abs. 4, Art. 11 Abs. 5 und Art. 12 Abs. 4 DBA-Argentinien kehren diesen Grundsatz mit einem Rückverweis auf Art. 7 bzw. Art. 14 DBA-Argentinien um, wenn die oben genannten Beteiligungen, Forderungen und Rechte, aufgrund derer die zunächst nach Art. 10-12 DBA-Argentinien zu beurteilenden Zahlungen erfolgen, tatsächlich zu einer Betriebstätte im Quellenstaat gehören, durch die der Nutzungsberechtigte eine Geschäftstätigkeit ausübt. Der Betriebstättenvorbehalt gilt (in erweiterterter Form) auch für Einkünfte der Betriebstätte, die aus dem Wohnsitzstaat oder Drittstaaten stammen[567].

567 Zur Erläuterung der Voraussetzungen der Betriebstättenzugehörigkeit sowie zu den Auswirkungen bei der Besteuerung der Einkünfte als Betriebstättengewinn im Vergleich zur Quellenbesteuerung in Art. 10-12 DBA-Argentinien (Netto vs. Brutto) sei auf die Ausführungen zum DBA-Mexiko verwiesen; vgl. Art. 7 DBA-Mexiko (Teil 1), Kapitel 3, II.C.b.

D. *Besteuerung des laufenden Unternehmensgewinns von Personengesellschaften*

a. Wohnsitzstaatprinzip und Betriebstättenprinzip

Der laufende Gewinn einer deutschen oder argentinischen, fiskalisch transparenten Personengesellschaft ist ausschließlich bei den Gesellschaftern nach den Grundsätzen des Art. 7 DBA-Argentinien zu erfassen. Mangels Steuersubjektivität der Gesellschaft sind die im Sitzstaat der Gesellschaft ansässigen Gesellschafter mit ihrem Mitunternehmeranteil als "Unternehmen eines Vertragsstaats" i. S. v. Art. 7 i. V. m. Art. 3 Abs. 1 Buchst. e) DBA-Argentinien anzusehen. Gesellschafter, die im anderen Vertragsstaat ansässig sind, betreiben nach allgemein anerkannter Auffassung jeweils ein Unternehmen "ihres" Vertragsstaats und (anteilig) eine Betriebstätte im Sitzstaat der Personengesellschaft[568]. Es handelt sich dabei um eine "Hilfskonstruktion", zumal die Gesellschaft selbst mangels Steuersubjekteigenschaft kein "Unternehmen eines Vertragsstaats" i. S. v. Art. 7 Abs. 1 1. Hs. DBA-Argentinien ist. Das (ausschließliche) Besteuerungsrecht des Sitzstaates der Gesellschaft für die Gewinnanteile der in diesem Staat ansässigen Gesellschafter beruht somit auf Art. 7 Abs. 1 S. 1 1. Hs. DBA-Argentinien (Wohnsitzstaatprinzip), während das (vorrangige) Besteuerungsrecht für den Betriebstättengewinn der im anderen Vertragsstaat ansässigen Gesellschafter aus dem Betriebstättenprinzip i. S. v. Art. 7 Abs. 1 S. 1 2. Hs. i. V. m. Abs. 2 DBA-Argentinien folgt.

Der laufende Gewinn einer argentinischen Sociedad en Comandita Simple ist aufgrund ihrer steuerlichen Subjektfähigkeit [vgl. Art. 69 Buchst. a) Nr. 2 LIG] von der steuerlichen Erfassung bei den Gesellschaftern abgeschirmt (Trennungsprinzip). Der Abkommensberechtigung einer Sociedad en Comandita

568 Vgl. BFH v. 29.01.1964, BStBl. III 1964, 165; BFH v. 26.02.1992, BStBl. II 1992, 937; BMF v. 24.12.1999, BStBl. I 1999, 1076 f. Tz. 1.1.5.1; *Görl* in: Vogel/Lehner, DBA, Art. 5 Rn. 18; *Hemmelrath* in: Vogel/Lehner, Art. 7 Rn. 37; *Schaumburg*, Internationales Steuerrecht, S. 889 Rn. 16.238, S. 1189 Rn. 18.59; *Piltz*, Personengesellschaften, S. 151 f.; *Tumpel* in: Gassner/Lang/Lechner, Die Betriebstätte im Recht der DBA, S. 145 f. (150, 151). Für Argentinien vgl. *García Cozzi*, CDFI LXXXa (1995), 21 (38). A. A. *Fischer-Zernin*, RIW 1991, 493 (496), der die Personengesellschaft als "Unternehmen eines Vertragsstaats" ansieht. Dies kann jedoch nur bei einer Personengesellschaft der Fall sein, die in ihrem Sitz- bzw. Errichtungsstaat steuerlich subjektfähig ist; vgl. *Riemenschneider*, Abkommensberechtigung, S. 106 f.

Simple ist nicht nur durch die Zurechnung von Einkünften an die Gesellschaft auf der Abkommensebene Rechnung zu tragen; darüber hinaus ist die Sociedad en Comandita Simple nach der hier vertretenen Ansicht auch im innerstaatlichen deutschen Recht als eigenständiges Steuersubjekt einzustufen.

b. Ermittlung des Betriebstättengewinns

1. Die Betriebstätte in Art. 5 DBA-Argentinien

Art. 5 DBA-Argentinien entspricht im Wesentlichen der Fassung des Art. 5 OECD-MA. Neben der allgemeinen Definition des Begriffs "Betriebstätte" in Abs. 1 enthält Abs. 2 eine Reihe von Tatbeständen, die *insbesondere* vom Ausdruck "Betriebstätte" umfasst werden und somit nicht als abschließende Auflistung zu verstehen sind.
Die für die Begründung einer Betriebstätte erforderliche Dauer einer Bauausführung oder Montage beträgt – wie in Art. 5 Abs. 3 UN-MA – nur sechs Monate. Gemäß Art. 5 Abs. 3 DBA-Argentinien sind Einrichtungen, die zum Zweck der Lagerung, Ausstellung, Auslieferung oder Werbung unterhalten werden oder der Forschung und Informationsbeschaffung sowie ähnlichen Tätigkeiten vorbereitender Art oder Hilfstätigkeiten dienen, vom Betriebstättenbegriff ausgenommen. Art. 5 Abs. 3 DBA-Argentinien enstpricht damit im Wesentlichen dem Ausnahmen-Katalog des OECD-MA. Eine Bestimmung i. S. v. Art. 5 Abs. 4 Buchst. f) OECD-MA, derzufolge auch eine Kombination der vom Ausnahmen-Katalog erfassten Tätigkeiten keine Betriebstätte begründet, ist hingegen nicht vorgesehen. Bereits die Ausnahmetatbestände erlauben jedoch den Schluss, dass sie auch in Kombination miteinander keine Betriebstätte begründen, zumal Art. 5 Abs. 3 DBA-Argentinien vor allem an qualitative (und nicht an quantitative) Merkmale anknüpft[569].

Wird ein abhängiger Vertreter in einem Vertragsstaat für ein Unternehmen des anderen Vertragsstaats tätig, so gilt dadurch eine im Tätigkeitsstaat belegene Betriebstätte als begründet (Art. 5 Abs. 4 S. 1 DBA-Argentinien). Eine (fiktive) Betriebstätte besteht im Gegensatz zum OECD-MA, wenn ein Versicherungsunternehmen eines Vertragsstaats im anderen Vertragsstaat durch einen abhän-

569 *W. Wassermeyer* in: Debatin/Wassermeyer, DBA (Argentinien), Art. 5 Rn. 2.

gigen Vertreter Prämien einzieht oder dort gelegene Risiken versichert (Art. 5 Abs. 4 S. 2 DBA-Argentinien).
Durch die Tätigkeit eines unabhängigen Vertreters des Unternehmens eines Vertragsstaats wird im anderen Vertragsstaat keine Betriebstätte im letztgenannten Staat begründet, soweit der Vertreter im Rahmen seiner ordentlichen Geschäftstätigkeit handelt (Art. 5 Abs. 5 DBA-Argentinien).

2. Vergleich zum Betriebstättenbegriff der argentinischen LIG bzw. LIGMP

Im Vergleich zum argentinischen Konzept der "in Form eines festen Unternehmens organisierten Einrichtung" und seiner Auslegung, die es durch die argentinische Rechtsprechung und Literatur erfahren hat, erweist sich der Betriebstättenbegriff des Art. 5 DBA-Argentinien aufgrund seiner konkreteren Regelungen als "greifbarer". Dies gilt vor allem im Hinblick auf Art. 5 Abs. 3 DBA-Argentinien. Ohne ihre Herausnahme aus dem Betriebstättenbegriff würden die hierin beschriebenen Tätigkeiten unter der Voraussetzung einer gewissen Dauerhaftigkeit nach innerstaatlichem argentinischem Recht in der Regel eine Betriebstätte begründen.

Im Übrigen ergibt die Gegenüberstellung des argentinischen Betriebstättenbegriffs mit der allgemeinen Betriebstätten-Definition des Art. 5 Abs. 1 DBA-Argentinien keine Unterschiede. Auch das abkommensrechtliche Konzept erfordert eine Geschäftseinrichtung von gewisser Dauerhaftigkeit ("feste Geschäftseinrichtung"). Darüber hinaus wird der Unternehmensbezug der Einrichtung sowie die Entfaltung einer Tätigkeit in Art. 5 Abs. 1 DBA-Argentinien durch die Wendung "in der die Tätigkeit des Unternehmens ganz oder teilweise ausgeübt wird" hergestellt[570]. Die allgemeine Definition der Betriebstätte i. S. v. Art. 5 Abs. 1 DBA-Argentinien stimmt folglich weitgehend mit dem argentinischen Konzept der "in Form eines festen Unternehmens organisierten Einrich-

570 Zwar bezieht sich das Adjektiv "fest" dem Wortlaut des argentinischen Konzepts zufolge auf das Unternehmen ("empresa estable"); gleichwohl wird der Begriff "fest" verschiedentlich zu der Geschäftseinrichtung ("establecimiento estable", Art. 14 LIG) in Bezug gesetzt und im Übrigen wird die Verbindung der Ausdrücke "Einrichtung" und "fest" durch die Worte "Einrichtung, *organisiert in Form* eines festen Unternehmens" zumindest mittelbar hergestellt.

tung" überein. Der Begriff des argentinischen Rechts umschreibt lediglich schon die Bezeichnung dessen, was im DBA-Argentinien bzw. im OECD-MA "Betriebstätte" genannt und anschließend allgemein definiert wird, mit Elementen seiner Definition. Gleichwohl ist festzustellen, dass Art. 5 DBA-Argentinien gegenüber der Anwendung des argentinischen, innerstaatlichen Rechts – bzw. der in Ermangelung einer expliziten Regelung von der argentinischen Rechtsprechung und Literatur zugrunde gelegten Auslegungskriterien – der Planungssicherheit eines ausländischen Unternehmens zuträglicher ist.

3. Abkommensrechtliche Vorgaben der Gewinnermittlung

Das argentinische LIG stimmt mit den abkommensrechtlichen Rahmenvorgaben der Art. 7 Absätze 2-6 DBA-Argentinien überein, indem es für die Ermittlung des Betriebstättengewinns grundsätzlich die direkte Methode vorschreibt. Die in Art. 7 Abs. 2 DBA-Argentinien statuierte, eingeschränkte (hypothetische) Selbständigkeit der Betriebstätte findet sich auch in den innerstaatlichen Bestimmungen der Art. 14 und Art. 15 LIG und geht im Hinblick auf die Anerkennung des Leistungsaustausches im Verhältnis zum Stammhaus teilweise darüber hinaus[571].

Soweit das argentinische Steuerrecht gemäß Art. 15 LIG die Finanzverwaltung in bestimmten Fällen[572] zur Ermittlung eines Betriebstättengewinns nach der indirekten Methode ermächtigt, ist dies als eine von Art. 7 Abs. 4 DBA-Argentinien gedeckte Vorgehensweise anzusehen.

Der Gewinnanteil, der einem in Deutschland ansässigen Gesellschafter einer argentinischen Personengesellschaft zugerechnet wird, kann vor dem Hintergrund der abkommensrechtlichen Vorgaben in der Regel nur als Betriebstättengewinn besteuert werden. Der Ansatz eines pauschalierten Gewinns [vgl. Art. 93 Buchst. h) LIG] für Zwecke der abgeltenden Quellensteuer muss deshalb der Ermittlung des Nettogewinns nach dem Betriebstättenprinzip weichen.

---

571 Dies ist mit der weitgehenden Verselbständigung der Betriebstätte gegenüber dem Stammhaus zu begründen; vgl. auch V.B.b.

572 Als Anlässe für die Anwendung der indirekten Methode werden genannt: unzureichende oder mangelhafte Buchführung sowie die fehlende Nachvollziehbarkeit der Geschäftsvorgänge sowie der darauf entfallenden – argentinischen Quellen zuzuordnenden – Einkünfte.

4. Erweiterter Betriebstättenvorbehalt

Übereinstimmend mit dem DBA-Mexiko enthält das DBA-Argentinien keinen explizit normierten, erweiterten Betriebstättenvorbehalt (vgl. Art. 21 Abs. 2 OECD-MA). Letzterer bestimmt, dass Einkünfte aus Drittstaaten, die von einer im anderen Vertragsstaat belegenen Betriebstätte erzielt werden, abweichend vom Wohnsitzstaatprinzip des Art. 21 Abs. 1 OECD-MA unter den Voraussetzungen des Art. 7 OECD-MA vom Betriebstättenstaat besteuert werden dürfen[573]. Nach der hier vertretenen Auffassung kommt Art. 21 Abs. 2 OECD-MA jedoch nur deklaratorische Wirkung zu, denn der (erweiterte) Betriebstättenvorbehalt folgt bereits aus Art. 10 Abs. 4, Art. 11 Abs. 5 und Art. 12 Abs. 4 DBA-Argentinien[574].

Der erweiterte Betriebstättenvorbehalt wirkt sich auf die Besteuerung von Einkünften aus, die die argentinische Betriebstätte einer deutschen Personengesellschaft aus Bolivien oder Chile erzielt. Diese Staaten haben mit Argentinien jeweils ein DBA nach dem Vorbild des Anden-Pakt-Modells abgeschlossen[575]. Danach sind Einkünfte, die aus Drittstaaten wie Bolivien oder Chile die argentinische Betriebstätte eines in Deutschland ansässigen Gesellschafters fließen, von Argentinien freizustellen (Art. 9-11 DBA Argentinien-Bolivien/ Chile). Mangels unilateraler Vorschriften im LIG begründet Art. 24 Abs. 2 DBA-Argentinien einen originären Anspruch, mit dem beschränkt Steuerpflichtige die Berücksichtigung von Drittstaatsteuern im Rahmen der argentinischen Besteuerung verlangen können.

c. Vermeidung der Doppelbesteuerung, Progressionsvorbehalt

Der Betriebstättengewinn unterliegt dem vorrangigen Besteuerungsrecht des Betriebstättenstaates. In der Rolle des Gesellschafter-Wohnsitzstaates stellt Deutschland den Betriebstättengewinn von der deutschen Steuer frei [Art. 23 Abs. 1 Buchst. b) DBA-Argentinien]. Die Freistellung steht unter dem Vorbehalt, dass die (argentinische) Betriebstätte aktive Einkünfte i. S. v. Ziffer 5 Prot.

573 Ausgenommen sind Einkünfte aus unbeweglichem Vermögen i. S. v. Art. 6 OECD-MA.

574 Diesbezüglich kann auf die im Rahmen des DBA-Mexiko zu Art. 21 angeführten Argumente und Schlussfolgerungen verwiesen werden; siehe Art. 7 DBA-Mexiko (Teil 1), Kapitel 3, II.D.b.4.

575 Vgl. Teil 3), Kapitel 4 zur Entscheidung 578 des Anden-Paktes.

DBA-Argentinien erzielt. Darüber hinaus können die freigestellten Einkünfte bei der Festsetzung des (deutschen) Steuersatzes berücksichtigt werden (Progressionsvorbehalt).

Im Gegensatz zum DBA-Mexiko[576] ist die Anwendung des Progressionsvorbehalts auf den Gewinnanteil eines deutschen Gesellschafters einer argentinischen, fiskalisch transparenten Personengesellschaft zulässig, zumal Deutschland als Wohnsitzstaat in Bezug auf den Anteil des in Deutschland ansässigen Gesellschafters (abstrakt) ein Besteuerungsrecht zusteht. Auf dieses Besteuerungsrecht wird erst durch die abkommensrechtliche Freistellung verzichet. Etwas anderes gilt nur für die argentinische Sociedad en Comandita Simple, die in Argentinien als eigenständiges Steuersubjekt behandelt wird [Art. 69 Buchst. a) Nr. 2 LIG]. Deutschland ist m. E. in diesem Fall kraft des DBA-Argentinien zur Übernahme des im Ansässigkeitsstaat der Gesellschaft praktizierten Trennungsprinzips verpflichtet und verfügt somit von vornherein über kein – bei den Gesellschaftern anknüpfendes – Besteuerungsrecht für die Unternehmensgewinne aus argentinischen Quellen oder aus Drittstaaten.

E. *Leistungsaustausch zwischen Gesellschaft und Gesellschafter*

a. Innerstaatliches Recht (Argentinien)

Die abkommensrechtliche Einordnung von "Sondervergütungen" wird im Verhältnis Deutschlands zu Argentinien grundsätzlich nicht von der divergierenden Einstufung der Personengesellschaften in den innerstaatlichen Rechtsordnungen beeinflusst[577].

576 Im innerstaatlichen Recht Mexikos gilt für Personengesellschaften ausschließlich das Trennungsprinzip, womit nach der hier vertretenen Auffassung die Besteuerung des (laufenden) Gesellschaftsgewinns bei den Gesellschaftern durch ihren Wohnsitzstaat Deutschland von vornherein ausscheidet (Art. 7 Abs. 1 DBA-Mexiko). Deshalb kommt es nicht zur Anwendung des Methodenartikels, womit auch die Berücksichtigung der Einkünfte im Wege des Progressionsvorbehalts versperrt ist; vgl. Art. 7 DBA-Mexiko (Teil 1), Kapitel 3, II.D.

577 Anders im Verhältnis Deutschland-Mexiko; vgl. Art. 7 DBA-Mexiko (Teil 1), Kapitel 3, II.E. Unterschiede bestehen im Verhältnis Deutschland-Argentinien nur in der Einstufung der Sociedad en Comandita Simple.

Im argentinischen LIG kommt einer Personengesellschaft für die Zwecke der Gewinnermittlung eine gewisse Selbständigkeit zu. Trotz ihrer fiskalischen Transparenz sind argentinische Personengesellschaften zur Abgabe einer Steuererklärung verpflichtet [Art. 2 Buchst. a) RLIG]. Erst nach der Ermittlung des Gewinns auf der Gesellschaftsebene werden die jeweiligen Gewinnanteile den Gesellschaftern entsprechend der Verteilungsabrede zugerechnet und mit der Einkommensteuer belastet.
Gemäß Art. 88 Abs. 1 Buchst. b) LIG sind Vergütungen einer fiskalisch transparenten Gesellschaft an ihre Gesellschafter für die Hingabe eines Darlehens, für die im Dienst der Gesellschaft erbrachten Arbeitsleistungen und alle sonstigen, auf vergleichbaren Schuldverhältnissen beruhenden Zahlungen der Gesellschaft an ihre Gesellschafter sind nicht abziehbar, wenn mit ihrer Berücksichtigung als Betriebsausgaben eine Verminderung des Gesellschaftsgewinns einherginge. Die Zahlungen sind dem Gewinnanteil des Gesellschafters hinzuzurechnen [Art. 88 Abs. 1 Buchst. b) S. 2 LIG]. Leistungsbeziehungen zwischen Gesellschaft und Gesellschafter werden somit (steuerlich) vollständig negiert[578].

Die Frage, ob "Sondervergütungen" beim Gesellschafter unter die speziellen Einkunftstatbestände fallen, oder ob sie ihre Qualifikation als Gewinnanteil des Gesellschafters i. S. v. Art. 50 Abs. 1 LIG behalten, entscheidet Art. 88 Abs. 1 Buchst. b) S. 2 LIG zugunsten der Annahme von Unternehmensgewinnen. Sind die Zahlungen in der Gesellschaftsbilanz nicht als Abzugsposten zu behandeln, stellen sie notwendigerweise einen Teil des Gewinns dar, der als solcher den Gesellschaftern zugerechnet wird. Da die Einkünfte im Rahmen der unternehmerischen Tätigkeit anfallen, sind sie aufgrund des Subsidiaritätsprinzips[579]

578 Vgl. *Raimondi/Atchabahian*, El Impuesto a las Ganancias, S. 685. Veräußerungsgeschäfte zwischen Gesellschaft und Gesellschafter sollen jedoch auch steuerrechtlich wie Vorgänge zwischen fremden Dritten behandelt werden. A. A. *García Cozzi*, CDFI LXXXa (1995), 21 (26, 32), der bei fremdvergleichsüblichen Bedingungen von der Abzugsfähigkeit der Zahlungen bei der Gesellschaft und Besteuerung beim Gesellschafter als Zinsen, Lizenzgebühren etc. ausgeht. Dem steht jedoch nunmehr der eindeutige Wortlaut des Art. 88 Abs. 1 Buchst. b) LIG entgegen.

579 Mit dem Subsidiaritätsprinzip ist an dieser Stelle der im *argentinischen* LIG herrschende Grundsatz gemeint, nach dem Einkünfte, die im Rahmen einer Unternehmenstätigkeit erzielt werden, Unternehmensgewinne der dritten Kategorie (Art. 49 LIG) sind. Im Abkommensrecht ist der Subsidiaritätsgedanke umgekehrt, d. h. die speziellen Verteilungsartikel sind vorrangig anzuwenden, auch wenn die Einkünfte im Rahmen eines Unternehmens

nicht als Einkünfte aus Kapitalvermögen (zweite Kategorie, Art. 45 LIG) oder aus unselbständiger Arbeit (vierte Kategorie, Art. 79 LIG) anzusehen. Sämtliche Sondervergütungen sind mithin Unternehmensgewinne des Gesellschafters i. S. v. Art. 49 LIG.

Anders verhält es sich hingegen bei der Behandlung von Zahlungen einer steuerlich subjektfähigen Sociedad en Comandita Simple. Zahlungen, die ein Gesellschafter für die Hingabe von Darlehen, die Überlassung von Wirtschaftsgütern oder eine Tätigkeit im Dienst der Gesellschaft von dieser erhält, werden dem Gesellschafter nicht unmittelbar als Gewinnanteil zugerechnet. Dies folgt bereits aus dem für die Sociedad en Comandita Simple geltenden Trennungsprinzip. Gesellschafter und Gesellschaft stehen sich sowohl zivil- als auch steuerrechtlich wie Dritte gegenüber. "Sondervergütungen" sind bei der Gesellschaft abzugsfähige Betriebsausgaben (deducciones) und stellen beim Gesellschafter Einkünfte der jeweiligen Kategorien eins (Vermietung und Verpachtung, Art. 41 LIG), zwei (Kapitalvermögen, Art. 45 LIG) oder vier (Unselbständige Arbeit, Art. 79 LIG) dar. Für die Leistung von Diensten unselbständiger Art ist dies in Art. 79 Buchst. j) LIG ausdrücklich für den geschäftsführenden Gesellschafter einer Sociedad en Comandita Simple geregelt. Der Abzug der Vergütungen als Betriebs-ausgabe ist lediglich der Höhe nach begrenzt.

b. Abkommensrecht

Die Herausnahme von Sondervergütungen aus dem Anwendungsbereich der Unternehmensgewinne durch Art. 7 Abs. 7 OECD-MA (Art. 7 Abs. 8 DBA-Argentinien) zugunsten der Annahme von Art. 11, 12 oder Art. 15 OECD-MA wird teilweise mit der Begründung abgelehnt, dass Art. 7 Abs. 7 OECD-MA sich nur auf das Verhältnis der Gesellschaft zu Dritten beziehe, während sich die Gewinnabgrenzung innerhalb des Unternehmens, also im Verhältnis Stammhaus-Betriebstätte, allein nach Art. 7 Abs. 2 OECD-MA richte. Bei Personengesellschaften nehme aufgrund der fehlenden steuerlichen Subjektfähigkeit der Gesellschaft der Gesellschafter in seinem Wohnsitzstaat die Rolle des Stammhauses ein, sei aber in Bezug auf die nicht abkommensberechtigte Gesellschaft

---

erzielt werden (vgl. Art. 7 Abs. 8 DBA-Argentinien).

gleichzeitig als Inhaber einer Betriebstätte anzusehen, weshalb die so entstehende Konstellation in Ermangelung eines "Dritten" nicht in den Anwendungsbereich von Art. 7 Abs. 7 OECD-MA falle[580].
Speziell im Hinblick auf die Einordnung von Sondervergütungen im DBA-Argentinien könnte man infolge der übereinstimmenden Behandlung der Zahlungen einer Personengesellschaft an ihren Gesellschafter in den innerstaatlichen Rechtsordnungen Deutschlands und Argentiniens – Nichtabzugsfähigkeit der Zahlungen auf Gesellschaftsebene und Zurechnung an die Gesellschafter als Gewinnanteil[581] – davon ausgehen, dass die Anwendung von Art. 7 DBA-Argentinien auf Sondervergütungen durch beide Vertragsstaaten naheliegt und aufgrund des ausbleibenden Qualifikationskonflikts praktikabel ist.

Diese Sichtweise ist m. E. abzulehnen. Bei der Annahme, die ausländische (nicht abkommensberechtigte) Personengesellschaft sei eine Betriebstätte des (abkommensberechtigten) Gesellschafters, handelt es sich ersichtlich um eine Hilfskonstruktion, mit der die abkommensrechtliche Erfassung des Unternehmensgewinns einer in ihrem Sitzstaat fiskalisch transparenten Personengesellschaft gewährleistet werden soll[582]. Dies darf jedoch nicht zur Folge haben, dass das Konstrukt die gesamte abkkommensrechtliche Einordnung von Einkünften beherrscht und die Möglichkeit eines Verhältnisses Gesellschafter-Gesellschaft gänzlich negiert wird. Der Gesellschafter kann der Personengesellschaft wie ein Dritter i. S. v. Art. 7 Abs. 8 DBA-Argentinien gegenüber stehen, sodass sich die Einordnung der Sondervergütungen nicht ausschließlich nach Art. 7 DBA-Argentinien, sondern primär nach den speziellen Verteilungsartikeln 11, 12 und 15 DBA-Argentinien richtet[583]. Das DBA-Argentinien enthält mit der

580 *Prokisch* in: Vogel/Lehner, DBA Art. 1 Rn. 43; *Riemenschneider*, Abkommensberechtigung, S. 150, 176; *Mittermaier*, Personengesellschaften im Verhältnis Deutschland-USA, S. 236 f.; *Debatin*, BB 1992, 1181 (1184 f.); *Köhler*, RIW 1991, 1024 (1032 f.).

581 Vgl. § 15 Abs. 1 S. 1 Nr. 2 EStG für Deutschland und Art. 88 Abs. 1 Buchst. b) LIG für Argentinien.

582 Vgl. auch *Knobbe-Keuk*, RIW 1991, 306 (308): "Vernachlässigt wird, dass die in Art. 7 OECD-MA geregelte Problematik der Gewinnabgrenzung zwischen Unternehmen und Betriebstätte auf die Beteiligung an einer Personengesellschaft gar nicht passt."

583 Vgl. *Lüdicke*, StBJb 1997/98, 449 (474); für die Anwendung der speziellen Verteilungsartikel auch *Jacobs*, Internationale Unternehmensbesteuerung, S. 456 f.; *Schaumburg*, Internationales Steuerrecht, S. 1191 Rn. 18.57; *Ostendorf*, Sondervergütungen, S. 147, 148; *Weggenmann*, IStR 2002, 1 f.; *Fischer-Zernin*, RIW 1991, 493 f. Zu beachten sind jedoch die Betriebstättenvorbehalte der Art. 11 Abs. 5 und Art. 12 Abs. 4 DBA-Argentinien. Da-

Wechselbeziehung der Art. 7 Abs. 8 und Art. 10-12 und Art. 15 eine abkommensautonome Systematik, die das Verhältnis von Unternehmensgewinnen zu Einkünften wie Zinsen oder Lizenzgebühren, die im Rahmen der Unternehmenstätigkeit erzielt werden, selbständig ordnet.

Die Umqualifizierung der Sondervergütungen in gewerbliche Einkünfte im innerstaatlichen Recht kann auf der Abkommensebene nicht durchgehalten werden. Die Anwendung der speziellen Verteilungsartikel bei Zahlungen einer fiskalisch transparenten, argentinischen Gesellschaft an einen deutschen Gesellschafter ist nicht als Folge der hier befürworteten Übernahme des argentinischen Besteuerungskonzeptes anzusehen, zumal in diesem Fall auch Argentinien den Leistungsaustausch zwischen Gesellschaft und Gesellschafter (steuerrechtlich) gänzlich negiert[584]. Wie bereits zum DBA-Mexiko[585] ausgeführt wurde, ist die Übernahme des Trennungsprinzips aber nur *eine* Vorgabe, die die zwingende Einordnung der von einer steuerlich subjektfähigen Personengesellschaft gezahlten Sondervergütungen unter die speziellen Verteilungsartikel erfordert. Die Einkünftequalifikation nach dem Spezialitätsprinzip ergibt sich bereits aus dem eigenständigen Regelungskreis des Abkommens.
Im innerstaatlichen Recht können die Vertragsstaaten – bei fiskalischer Transparenz – nach wie vor Unternehmensgewinne bzw. gewerbliche Einkünfte annehmen. Hiervon zu trennen ist jedoch die abkommensrechtliche Pflicht zur Anwendung der speziellen Verteilungsartikel.
Stammen die Sondervergütungen hingegen von einer steuerlich subjektfähigen Sociedad en Comandita Simple, so sind die Zahlungen bei einem in Deutschland ansässigen Gesellschafter m. E. auch für Zwecke der innerstaatlichen

rüber hinaus ist die Anwendbarkeit des Art. 15 DBA-Argentinien für den jeweiligen Einzelfall zu ermitteln, zumal es sich bei Vergütungen für die Tätigkeit eines Gesellschafter-Geschäftsführers abkommensrechtlich eher um Unternehmensgewinne oder Einkünfte aus selbständiger Artbeit i. S. v. Art. 14 DBA-Argentinien handeln dürfte. Grund hierfür ist die möglicherweise fehlende Weisungsgebundenheit angesichts der gleichzeitig vorliegenden Gesellschafter-Eigenschaft (siehe dazu Art. 15 DBA-Argentinien, Kapitel 3, VII.).

584 Die Übernahme des Besteuerungskonzepts kann sich daher nur auf die grundsätzliche Entscheidung Transparenzprinzip/Trennungsprinzip beziehen, d. h. auf die Anerkennung einer ausländischen Gesellschaft inklusive ihrer steuerlichen Subjektfähigkeit mit den daraus resultierenden Konsequenzen bei der Besteuerung von Gesellschaft und Gesellschaftern.

585 Vgl. Art. 7 DBA-Mexiko (Teil 1), Kapitel 3, II.E.

Besteuerung als Einkünfte aus Kapitalvermögen, Vermietung und Verpachtung oder unselbständiger bzw. selbständiger Tätigkeit zu qualifizieren.

F. *Verbundene Unternehmen (Art. 9 DBA-Argentinien)*

a. Regelungsinhalt

Art. 9 DBA-Argentinien entspricht in seinem Wortlaut dem aktuellen Art. 9 Abs. 1 OECD-MA. Dagegen enthält das DBA-Argentinien – wie auch Art. 9 DBA-Mexiko – keinen dem Art. 9 Abs. 2 OECD-MA entsprechenden Absatz 2, der im Falle einer Gewinnänderung durch einen Vertragsstaat die Gegenberichtigung im anderen Vertragsstaat regelt.

b. Personengesellschaften als "verbundene Unternehmen"

Personengesellschaften als "verbundene Unternehmen" sind aufgrund des in Deutschland (durchgängig) und Argentinien (mit Ausnahme der Sociedad en Comandita Simple) geltenden Transparenzprinzips im Rahmen von Art. 9 DBA-Argentinien grundsätzlich nicht denkbar. Auch wenn der deutsche Fiskus dazu überginge, die Steuersubjektivität einer argentinischen Sociedad en Comandita Simple zu respektieren und dieser Einkünfte zurechnete, würde die Annahme verbundener Unternehmen infolge der fiskalischen Transparenz deutscher Personengesellschaften stets am fehlenden "Unternehmen des anderen Vertragsstaats" scheitern[586].

586 Vgl. die Ausführungen zu Art. 9 DBA-Mexiko (Teil 1), Kapitel 3, II.F.

III. Dividenden, Zinsen und Lizenzgebühren (Art. 10-12 DBA-Argentinien)

A. *Gemeinsame Grundsätze für Kapitaleinkünfte*

a. Zuweisung der Besteuerungsrechte

Für Dividenden, Zinsen und Lizenzgebühren sieht das DBA-Argentinien eine Steuerteilung vor. Grundsätzlich ist dem Wohnsitzstaat das Besteuerungsrecht zugewiesen. Dem Quellenstaat steht das Recht zu, den Bruttobetrag der Einkünfte bis zu einem gewissen Prozentsatz zu besteuern. Der Wohnsitzstaat hat die Doppelbesteuerung durch Anrechnung der im anderen Vertragsstaat erhobenen Quellensteuer zu vermeiden.
Das DBA-Argentinien weicht – wie alle deutschen DBA mit lateinamerikanischen Staaten – von der Konzeption des OECD-MA ab, indem es die Steuerteilung nicht nur für Dividenden und Zinsen, sondern nach dem Vorbild des UN-MA auch für Lizenzgebühren anordnet.

Deutschland und Argentinien haben im Rahmen des DBA-Argentinien die fiktive Anrechnung argentinischer Steuern in Deutschland für Dividenden, Zinsen und Lizenzgebühren vereinbart.
Soweit Dividenden nicht aufgrund des Schachtelprivilegs gemäß Art. 23 Abs. 1 Buchst. c) DBA-Argentinien freigestellt sind[587], werden 20 % des Bruttobetrags der Dividenden auf die deutsche Steuer angerechnet [Art. 23 Abs. 3 Buchst. a) DBA-Argentinien]. Trotz der in Art. 10 Abs. 2 DBA-Argentinien vorgesehenen Quellensteuer von 15 % kann hieraus eine höhere, effektive Steuerersparnis resultieren, zumal Dividenden in Argentinien in der Regel steuerfrei sind[588].
Für Zinsen wird in Deutschland – unabhängig von der in Argentinien tatsächlich gezahlten Steuer – eine argentinische Steuer in Höhe von 15 % des Bruttobetrags angenommen [Art. 23 Abs. 3 Buchst. b) DBA-Argentinien]; bei Lizenzgebühren wird von einer argentinischen Steuer in Höhe von 20 % des Bruttobetrags ausgegangen [Art. 23 Abs. 3 Buchst. a) DBA-Argentinien].

---

587 Das Schachtelprivileg wird nunmehr gemäß § 8 b Abs. 1 KStG ohne Mindestbeteiligung allen inländischen und ausländischen körperschaftsteuerpflichtigen Gesellschaftern zuteil, die Gewinnausschüttungen von einer inländischen oder ausländischen Körperschaft erhalten.

588 Siehe dazu unten Art. 10 DBA-Argentinien, Kapitel 3, III.B.

b. Bedeutung des Art. 11 Abs. 5 DBA-Argentinien

Schwierigkeiten bei der Anwendung des Betriebstättenvorbehalts[589] bereitet Art. 11 Abs. 5 DBA-Argentinien. In den tatbestandlichen Voraussetzungen des Betriebstättenvorbehalts entspricht Art. 11 Abs. 5 DBA-Argentinien den Vorbehalten in Art. 10 Abs. 4 und Art. 12 Abs. 4 DBA-Argentinien. Statt aber – wie es in den anderen Verteilungsartikeln des DBA-Argentinien und im OECD-MA der Fall ist – sowohl Abs. 1 als auch Abs. 2 des Zinsartikels bei Eingreifen des Betriebstättenvorbehalts auszuschließen, erklärt Art. 11 Abs. 5 DBA-Argentinien lediglich Art. 11 Abs. 1 DBA-Argentinien für nicht anwendbar.
Für den Quellenstaat ist fraglich, inwieweit er aufgrund des fehlenden Ausschlusses von Art. 11 Abs. 2 DBA-Argentinien sein Besteuerungsrecht realisieren darf. Die Nichtanwendbarkeit lediglich des Art. 11 Abs. 1 DBA-Argentinien legt – insbesondere im Hinblick auf den ausdrücklichen Ausschluss von Abs. 1 und Abs. 2 in den Art. 10 und Art. 12 DBA-Argentinien – nahe, dass der Quellenstaat trotz des Betriebstättenvorbehalts nach wie vor von Zinseinkünften auszugehen hat und in der Besteuerung der Einkünfte höhenmäßig den Beschränkungen des Art. 11 Abs. 2 DBA-Argentinien unterliegt.
Von einer beabsichtigten Herbeiführung der voranstehend beschriebenen Rechtsfolge seitens der vertragschließenden Staaten ist jedoch nicht auszugehen. Beim Nichtausschluss von Art. 11 Abs. 2 DBA-Argentinien im Rahmen des Art. 11 Abs. 5 DBA-Argentinien dürfte es sich um ein Redaktionsversehen handeln[590]. Die Rechtsfolge des Betriebstättenvorbehalts in Art. 11 Abs. 5 DBA-Argentinien unterscheidet sich mithin nicht von Art. 10 Abs. 4 bzw. Art. 12 Abs. 4 DBA-Argentinien.

c. Verfahren (Argentinien)

Die in Argentinien erhobene Quellensteuer wird gemäß den Bestimmungen der Resolución General 3497[591] auf entsprechenden Antrag des Nutzungsberechtigten unmittelbar auf den im DBA vorgesehenen Prozentsatz begrenzt. Im Antrag hat der Nutzungsberechtigte zu erklären, dass er im jeweiligen Vertrags-

589 Zum Erfordernis der "tatsächlichen Zugehörigkeit" vgl. Art. 7 DBA-Mexiko (Teil 1), Kapitel 3, II.C.c.

590 So auch *W. Wassermeyer* in: Debatin/Wassermeyer, DBA (Argentinien), Art. 11 Rn. 30.

591 Boletín Oficial v. 08.05.1992; amtliche Übersetzung in BStBl. I 1992, 494.

staat ansässig ist und die Voraussetzungen des Verteilungsartikels, aufgrunddessen die Steuerermäßigung zu erfolgen hat, erfüllt sind. Weiterhin vom Antragsteller zu erklären, dass er in Argentinien keine Betriebstätte oder feste Einrichtung unterhält. Das Dokument ist vom zuständigen Finanzamt zu beglaubigen und hat eine Gültigkeitsdauer von 15 Monaten.

B. *Dividenden (Art. 10 DBA-Argentinien)*

a. Innerstaatliches Recht (Argentinien)

1. Gewinnausschüttungen argentinischer Gesellschaften

Gewinnausschüttungen, die Gesellschaften im Sinne des Art. 69 Buchst. a) LIG an ihre Anteilseigner oder Gesellschafter vornehmen, stellen als Dividenden oder Gewinnbeteiligungen (dividendos o utilidades) gemäß Art. 45 Abs. 1 Buchst. i) LIG Bezüge aus Kapitalvermögen dar und gehören somit zur zweiten Einkunftskategorie (Renta de Capitales). Art. 46 LIG und Art. 64 LIG bestimmen jedoch, dass Dividenden und Gewinnbeteiligungen nicht in die steuerliche Bemessungsgrundlage des Empfängers einfließen. Dies gilt unabhängig davon, ob es sich beim Empfänger der Dividenden um eine ansässige oder nichtansässige, natürliche oder juristische Person handelt. Im Ergebnis unterliegen die Gewinne einer Gesellschaft daher nur einmalig als laufender Gewinn auf der Gesellschaftsebene der Körperschaftsteuer und können im Falle ihrer Ausschüttung an die Anteilseigner bzw. Gesellschafter von letzteren ohne weitere steuerliche Belastung vereinnahmt werden.
Die Steuerfreiheit der Dividenden ist jedoch davon abhängig, dass eine Besteuerung der ausgeschütteten Gewinne bei der Gesellschaftsebene stattgefunden hat, die Ausschüttungen mithin aus versteuertem Gewinn bestritten werden. Ist dies nicht der Fall, wird auf den Bruttobetrag der Ausschüttung eine abgeltende "Ausgleichsteuer" in Höhe von 35 % bei der ausschüttenden Gesellschaft erhoben[592].

592 Das Konzept ist vergleichbar mit dem von mexikanischen Gesellschaften zu führenden CUFIN-Konto, siehe Art. 10 DBA-Mexiko (Teil 1), Kapitel 3, III.B.a.

2. Gewinnausschüttungen durch nichtansässige Gesellschaften

Gewinnausschüttungen einer im Ausland errichteten Gesellschaft an eine in Argentinien ansässige und damit unbeschränkt einkommen- bzw. körperschaftsteuerpflichtige Person unterliegen der argentinischen Besteuerung. Art. 140 Abs. 1 Buchst. a) LIG bestimmt ausdrücklich, dass Dividenden, die aus ausländischen Quellen stammen, in die steuerliche Bemessungsgrundlage eingehen und die Gewinnausschüttungen argentinischer Gesellschaften betreffende Ausnahmevorschrift des Art. 46 LIG nicht anzuwenden ist. Die im Ausland auf die Dividenden erhobene Steuer wird auf die argentinische Steuer angerechnet (Art. 168 f. LIG).

Der Anteil am steuerlichen Ergebnis einer ausländischen Gesellschaft, der der Beteiligung des in Argentinien ansässigen Anteilseigners entspricht, ist bei diesem als Welteinkommen zu erfassen (Art. 149 LIG)[593]. Dies gilt unabhängig davon, ob eine Gewinnausschüttung seitens der ausländischen Gesellschaft stattgefunden hat. Abkommensrechtlich könnte dies gegen das Verbot der extraterritorialen Besteuerung (Art. 10 Abs. 5 DBA-Argentinien) verstoßen. Art. 10 Abs. 5 DBA-Argentinien[594] verbietet jedoch lediglich, die ausländische Gesellschaft einer besonderen Abgabe auf nichtausgeschüttete Gewinne zu unterwerfen. Über die Frage, ob der Ansässigkeitsstaat des Anteilseigners diesen mit den nichtausgeschütteten Gewinnen der Gesellschaft besteuern darf, sagt die Vorschrift hingegen nichts aus[595]. Die von Art. 149 LIG angeordnete Vorgehensweise bei der Zurechnung ausländischer Einkünfte ist jedoch fragwürdig, denn hierdurch kommt es zu einer Aushöhlung der Abkommensvorschriften.

---

593 Siehe auch die Ausführungen zu Art. 149 LIG unter Kapitel 2, IV.B.b.2. ("doppelt fehlende" Abkommensberechtigung).

594 Die Regelung entspricht im wesentlichen Art. 10 Abs. 5 OECD-MA, ohne jedoch – wie letzterer – einen ausdrücklichen Betriebstättenvorbehalt zu statuieren.

595 Vgl. zu Art. 10 Abs. 5 OECD-MA: *Tischbirek* in: Vogel/Lehner, DBA, Art. 10 Rn. 255; *Debatin*, DB 1972, 1983 (1984); *Wassermeyer*, RIW 1983, 352 (353); siehe auch Art. 10 Ziffer 37, S. 3 OECD-MK.

b. Personengesellschaft als Empfängerin von Dividenden

1. Fiskalische Transparenz

Schüttet eine in Argentinien oder Deutschland ansässige Kapitalgesellschaft Gewinne an eine an ihr beteiligte Personengesellschaft mit Sitz im anderen Vertragsstaat aus, so kann für Zwecke der Abkommensberechtigung und - anwendung mangels Ansässigkeit der Personengesellschaft nur auf die an ihr beteiligten Gesellschafter als die "im anderen Vertragsstaat ansässigen Person(en)" i. S. v. Art. 10 Abs. 1 DBA-Argentinien abgestellt werden. Die abkommensrechtlich vorgesehene Begrenzung der Quellensteuer greift ausschließlich dann Platz, wenn der Wohnsitz der Gesellschafter als Nutzungsberechtigte der anteiligen Dividende – je nach Sitz der ausschüttenden Gesellschaft – im "anderen Vertragsstaat" liegt. Ist ein Gesellschafter im Sitzstaat der ausschüttenden Gesellschaft ansässig, so kann er die Abkommensvorteile nicht beanspruchen. In diesem Fall fehlt es an dem in Art. 10 Abs. 1 DBA-Argentinien vorgegebenen, grenzüberschreitenden Sachverhalt. Darüber hinaus kann der Gesellschafter den Anspruch auf die Gewährung der Abkommensvorteile nicht von der Personengesellschaft herleiten. Dies gilt gleichermaßen für Gesellschafter, die in Drittstaaten ansässig sind, es sei denn, der Ansässigkeitsstaat der ausschüttenden Gesellschaft hat mit dem Drittstaat ein DBA abgeschlossen. Die Quellensteuerbegrenzung erfolgt dann nach Maßgabe dieses DBA[596].

2. Ausnahme: Die argentinische Sociedad en Comandita Simple

In Argentinien errichtete und in der Rechtsform einer Sociedad en Comandita Simple betriebene Personengesellschaften unterliegen als eigenständige Steuer-

596 Probleme können sich hier ergeben, wenn der Drittstaat die Personengesellschaft als Steuersubjekt einstuft, die Dividenden folglich nicht in den Händen der Gesellschafter besteuert und der Ansässigkeitsstaat der ausschüttenden Gesellschaft die Gewährung der Abkommensvorteile an die Gesellschafter infolgedessen ablehnt. Nach der hier vertretenen Auffassung ist der Quellenstaat (Ansässigkeitsstaat der ausschüttenden Gesellschaft) in diesem Fall zur Begrenzung der Quellensteuer entsprechend der Dividenden-Vorschrift des DBA mit dem Drittstaat (Gesellschafter-Wohnsitzstaat) verpflichtet; siehe Art. 1 DBA-Argentinien, Kapitel 2, IV.B.b.2.

subjekte der argentinischen Körperschaftsteuer [Art. 69 Buchst. a) Nr. 2 LIG]. Gewinnausschüttungen, die diese Gesellschaften an ihre Gesellschafter vornehmen, werden als Dividenden i. S. v. Art. 45 Abs. 1 Buchst. i) LIG qualifiziert. Erhält eine argentinische Sociedad en Comandita Simple Dividenden von einer in Deutschland unbeschränkt körperschaftsteuerpflichtigen und damit abkommensrechtlich ansässigen Gesellschaft, sind die Abkommensvorteile der empfangenden Personengesellschaft zu gewähren. Das abkommensrechtliche Schachtelprivileg kommt hingegen nicht zur Anwendung, zumal dieses nicht – für beide Vertragsstaaten verbindlich – in Art. 10 DBA-Argentinien statuiert ist und darüber hinaus nur Deutschland als Ansässigkeitsstaat einer (deutschen) Empfänger-Gesellschaft die Dividende bei letzterer freistellt. Aufgrund der hier vertretenen Ansicht, nach der die Sociedad en Comandita Simple kraft des DBA-Argentinien auch im deutschen innerstaatlichen Recht als Körperschaftsteuersubjekt anzuerkennen ist, ist das Außerachtlassen der Dividenden bei der Ermittlung des Einkommens (§ 8 b Abs. 1 KStG) angezeigt. Die Nichtanwendbarkeit des abkommensrechtlichen Schachtelprivilegs ist insoweit unschädlich[597]. Gleichwohl ist ungeachtet des DBA-Argentinien bzw. § 8 b Abs. 1 KStG der abgeltende Kapitalertragsteuerabzug vorzunehmen (§ 50 d Abs. 1 S. 1, § 43 Abs. 1 S. 3 EStG).

c. "Gewinnausschüttungen" von Personengesellschaften an ihre Gesellschafter

1. Regelfall: Fiskalische Transparenz

Aus der fiskalischen Transparenz deutscher und der meisten argentinischen Personengesellschaften folgt, dass sie keine "Gewinnausschüttungen" i. S. v. Art. 10 DBA-Argentinien an ihre Gesellschafter vornehmen können[598]. Sämt-

597 Zu beachten ist, dass der für § 8 b Abs. 1 KStG maßgebliche Dividendenbegriff enger sein kann als der Dividendenbegriff des DBA-Argentinien; vgl. *Jacobs*, Internationale Unternehmensbesteuerung, S. 84.

598 Bis 1996 wurde die argentinische Sociedad de Responsabilidad Limitada (SRL) als fiskalisch transparent behandelt. Im innerstaatlichen deutschen Recht führte dies auf der Basis des Rechtstypenvergleichs zur Qualifikation der "Gewinnausschüttungen" einer argentinischen SRL als Dividenden, zumal die SRL ihrer Struktur nach der GmbH deutschen Rechts entsprach. Gleichwohl waren abkommensrechtlich keine Dividenden

liche Gewinne werden unmittelbar im Jahr ihrer Erwirtschaftung den Gesellschaftern zugerechnet und bei diesen besteuert, ohne dass es hierzu eines Ausschüttungsbeschlusses bedarf.

2. Ausnahme: Die argentinische Sociedad en Comandita Simple

Anders verhält es sich bei Gewinnausschüttungen einer argentinischen Personengesellschaft in der Rechtsform der Sociedad en Comandita Simple. Als Körperschaftsteuersubjekt ist die Sociedad en Comandita Simple eine in Argentinien ansässige und damit abkommensberechtigte Person (Art. 1 DBA-Argentinien). Da sich die Qualifikation der ausgeschütteten Gewinne als Dividenden gemäß Art. 10 Abs. 3 DBA-Argentinien nach dem Recht des Quellenstaates richtet, sind Gewinnausschüttungen einer Sociedad en Comandita Simple nach Maßgabe des argentinischen LIG (für Deutschland verbindlich) als Dividenden i. S. v. Art. 10 DBA-Argentinien zu qualifizieren.
M. E. ist die Qualifikation der Einkünfte als Dividenden auch für das deutsche innerstaatliche Recht beizubehalten. Es ist inkonsequent, zwar abkommensrechtlich von Dividenden auszugehen, dies jedoch im innerstaatlichen Recht nicht umzusetzen, indem die Gewinne der Gesellschaft als Resultat des Rechtstypenvergleichs weiterhin unmittelbar den Gesellschaftern zugerechnet werden. Diese Vorgehensweise und die hierauf basierende Annahme von

---

anzunehmen, da einer SRL mangels steuerlicher Subjektfähigkeit nicht die Eigenschaft einer "ansässigen Person" zukam. Einerseits wurde Art. 7 DBA-Argentinien, andererseits Art. 21 DBA-Argentinien für einschlägig erachtet [siehe hierzu die Darstellung bei *W. Wassermeyer* in: Debatin/Wassermeyer, DBA (Argentinien), Art. 1 Rn. 18 ff.]. Nach der hier vertretenen Auffassung wäre das in Argentinien geltende Transparenzprinzip in Deutschland nachzuvollziehen gewesen, womit die in Deutschland ansässigen Gesellschafter anteilig Unternehmensgewinne i. S. v. Art. 7 DBA-Argentinien bezogen hätten. Aufgrund der 1996 erfolgten Änderung des LIG ist die SRL nunmehr ein eigenständiges Steuersubjekt, sodass ein subjektiver Qualifikationskonflikt nicht mehr besteht.

steuerfreien Entnahmen[599] sollten dem abkommensrechtlich vorgegebenen Trennungsprinzip weichen[600].

Auch in wirtschaftlicher Hinsicht ist die Durchführung der Besteuerung in Deutschland nach dem Transparenzprinzip abzulehnen. Thesauriert die argentinische Gesellschaft den von ihr erzielten Gewinn, während der deutsche Fiskus aufgrund passiver Einkünfte keine Freistellung gewährt und die Einkünfte in den Händen der Gesellschafter besteuert, ist unter Umständen eine Gewinnausschüttung seitens der Sociedad en Comandita Simple unumgänglich, um den deutschen Gesellschaftern Liquidität zur Begleichung ihrer deutschen Steuerschuld zu verschaffen. Dies führt wiederum in Argentinien zur Erhebung der oben beschriebenen Ausgleichsteuer. Letztere kann bei einer instabilen wirtschaftlichen Lage, insbesondere unter dem Gesichtspunkt der Inflation und der hiermit nicht schritthaltenden Anpassung der steuerrechtlichen Vorschriften, besonders hoch ausfallen. Angesichts der Inflation ist die Ausschüttung eines höheren Betrags erforderlich, während der bereits versteuerte Nettogewinn einer Inflationsanpassung nicht zugänglich ist. Daraus resultiert eine mitunter hohe Differenz zwischen der (nominellen) Höhe des verwendbaren, d. h. ohne Ausgleichsteuer ausschüttbaren Gewinns, und dem tatsächlichen, unter Berücksichtigung der Inflation ausgeschütteten Betrags. Dass der tatsächlich ausgeschüttete Betrag in seiner Höhe auf der Inflation beruht, wird für die Erhebung der Ausgleichsteuer ignoriert[601].
Zwar beruhen die hier erörterte Problematik und ihre Konsequenzen (auch) auf Besonderheiten der wirtschaftlichen Lage sowie des nationalen Steuerrechts und sind mithin nicht allein als Resultat der unterschiedlichen Einstufung der Sociedad en Comandita Simple durch den deutschen Fiskus anzusehen. Die Anwendung des Transparenzprinzips und – sofern es aufgrund passiver Einkünfte nicht zur Freistellung kommt[602] – die damit einhergehende Besteuerung der Gesellschafter in Deutschland forcieren jedoch die oben geschilderten

599 Darüber hinaus ist die Anrechung der argentinischen Quellensteuer aufgrund der Steuerfreiheit und des damit verbundenen Anrechnungsbetrags von null in Deutschland problematisch. Hierzu sei auf die Nachweise und Ausführungen zu Art. 10 DBA-Mexiko (Teil 1), Kapitel 3, III.B.d.1. verwiesen.

600 Auf der Basis der hier vertretenen Auffassung würden die Einkünfte als Dividenden beim deutschen Gesellschafter dem Halbeinkünfteverfahren nach § 3 Nr. 40 Buchst. d) EStG unterliegen.

601 Vgl. *Rosso Alba*, TNI 2002, 1059 (1061).

Probleme. Respektierte Deutschland die steuerliche Subjektfähigkeit der Sociedad en Comandita Simple, könnte die Entscheidung einer Gewinnausschüttung an die Gesellschafter in Abwägung der wirtschaftlichen Lage getroffen werden und wäre mithin nicht von steuerrechtlichen Vorgaben sowie dem damit verbundenen "Ausschüttungszwang" beeinflusst.

C. *Zinsen und Lizenzgebühren (Art. 11, 12 DBA-Argentinien)*

a. Innerstaatliches Recht (Argentinien)

1. Zinsen

(a) Ansässige Personen

Zinsen, die eine in Argentinien ansässige Person erzielt, fließen als Einkünfte der zweiten Kategorie (Art. 45 ff. LIG, Renta de Capitales) in den zu versteuernden Nettogewinn ein. Zinseinkünfte der Einzelunternehmer und Gesellschafter einer fiskalisch transparenten Personengesellschaft behalten ihre ursprüngliche Qualifikation lediglich dann, wenn sie nicht im Rahmen der Unternehmenstätigkeit vereinnahmt werden. Bei einer als Körperschaft i. S. v. Art. 69 Buchst. a) LIG besteuerten Person sind Zinserträge stets Unternehmensgewinne.

Zinsen sind gemäß Art. 45 Buchst. a) LIG Einkünfte aus Wertpapieren, Anleihen, Schuldverschreibungen, Pfand- und Schatzbriefen, Anweisungen, Bürgschaften sowie Darlehen und Geldanlagen jeglicher Form. Art. 48 Abs. 1 LIG stellt die widerlegbare Vermutung auf, dass bei Bestehen einer Schuld jeglicher Art von einer verzinslichen Forderung auszugehen ist[603].

602 Auch wenn die Einkünfte in Deutschland freigestellt werden, erfolgt eine Berücksichtigung durch den Progressionsvorbehalt. Dies wirkt sich ebenfalls erhöhend auf die deutsche Steuerschuld aus. Ferner werden infolge der Nichtanerkennung des Trennungsprinzips Einkünfte für die Progression des Gesellschafters berücksichtigt, die diesem mangels Gewinnausschüttung noch nicht zugeflossen sind. Vgl. hierzu auch Art. 10 DBA-Mexiko (Teil 1), Kapitel 3, III.B.d.1.

603 Dabei darf die Höhe des Zinses nicht unter dem von der Zentralbank der Argentinischen Republik festgelegten Betrag liegen. Dies gilt gemäß Art. 48 Abs. 2 LIG auch bei der

Zinsen, die der Gesellschafter einer fiskalisch transparenten Gesellschaft für die Gewährung eines Darlehens erhält, dürfen nicht vom Gesellschaftsgewinn abgezogen werden [Art. 88 Abs. 1 Buchst. b) S. 1 LIG]. Der Betrag ist dem Gewinnanteil des Gesellschafters hinzuzurechnen [Art. 88 Abs. 1 Buchst. b) S. 2 LIG][604].

Zinseinkünfte unterliegen bei natürlichen Personen im Rahmen des zu versteuernden Nettogewinns dem progressiven Tarif von 9-35 %[605]. Juristische Personen versteuern ihre Zinseinkünfte als Teil des Unternehmensgewinns (Steuersatz: 35 %).

(b) Nichtansässige Personen

Zinseinkünfte begründen nach Maßgabe der allgemeinen und speziellen Quellendefinitionen der Art. 5 und Art. 6, 7 LIG eine beschränkte Steuerpflicht, wenn:

- der Schuldner der Zinsen in Argentinien ansässig ist, oder
- das Darlehen in Argentinien verwendet wird, oder
- das Darlehen mittels Bestellung von dinglichen Rechten an argentinischem Grundvermögen gesichert ist.

Zinseinkünfte, die nach den voranstehend dargelegten Tatbeständen steuerpflichtig sind, unterliegen einer an der Quelle erhobenen Steuer mit abgeltender Wirkung in Höhe von 35 % (Art. 91 Abs. 1 LIG). Als zu versteuernder Nettogewinn wird ein festgelegter Betrag angesetzt. Der zu versteuernde Netto-

Veräußerung von Immobilien, wenn der Kaufpreis in Raten gezahlt wird. Bei Zinserträgen aus ausländischen Quellen sind die speziellen Vorschriften der Art. 128 ff. LIG zu beachten.

604 Siehe hierzu die Ausführungen zu den Sondervergütungen unter Kapitel 3, II.E.

605 Folgende Zinseinkünfte können gemäß Art. 20 LIG steuerfrei vereinnahmt werden: Zinsen aus Sparkonten sowie Anleihen mit fester Laufzeit, wenn die Geldanlage bei einer Bank oder ähnlichen Einrichtung erfolgt, die den für Kreditinstitute festgelegten, gesetzlichen Bestimmungen unterworfen ist [Buchst. h) Nr. 1-3]; Zinsen aus bestimmten Anlagemodellen, die von der argentinischen Zentralbank in Übereinstimmung mit der einschlägigen Gesetzgebung bestimmt werden [Buchst. h) Nr. 4] und Einkünfte im Zusammenhang mit Schuldverschreibungen, Anleihen, Obligationen und anderen Wertpapieren, die von einer staatlichen Stelle ermittiert worden sind oder in Zukunft emittiert werden, soweit die Steuerfreiheit dieser Einkünfte durch Gesetz oder Verordnung bestimmt ist [Buchst. k)].

gewinn beträgt 43 % oder 100 % des Bruttobetrags der Zinsen und ist von bestimmten Eigenschaften der beteiligten Schuldner und Gläubiger abhängig [Art. 93 Buchst. c) LIG]. Damit liegt der effektive Steuersatz entweder bei 15.05 % oder unverändert bei 35 % des Bruttobetrags der Zinsen.

2. Lizenzgebühren

(a) Ansässige Personen

Lizenzgebühren, die eine in Argentinien ansässige Person erzielt, fließen als Einkünfte der zweiten Kategorie (Kapitalvermögen) gemäß Art. 45 Buchst. b), h) LIG in das zu versteuernde Welteinkommen ein.
Der Begriff der Lizenzgebühr ist in Art. 47 LIG legaldefiniert. Er umfasst jede Art von Vergütung in Form von Geld oder geldwerten Gütern, die als Gegenleistung für die Übertragung von Eigentum, die Einräumung von Nutzungsrechten oder die Abtretung solcher Rechte erbracht wird und deren Höhe sich nach Produktions-, Verkaufs-, Verbrauchs- oder sonstigen Einheiten richtet. Das Konzept der Lizenzgebühren umfasst somit nicht nur die zeitliche Überlassung von Wirtschaftsgütern gegen wiederkehrende Zahlungen [Art. 45 Buchst. b) LIG], sondern auch den im Zusammenhang mit der gänzlichen Übertragung der Wirtschaftsgüter erhaltenen Veräußerungspreis [Art. 45 Buchst. h) LIG][606].

Bei natürlichen Personen unterliegen Lizenzgebühren aus inländischen und ausländischen[607] Quellen als Teil des Nettogewinns dem progressiv ausgestalteten Tarif von 9-35 %. Die von juristischen Personen, Einzelunternehmern und den Gesellschafter einer fiskalisch transparenten Personengesellschaft erzielten

606 Im Unterschied zu § 22 Nr. 3 i. V. m. § 23 EStG ist damit auch die Veräußerung von Vermögensgegenständen, die im Privatvermögen gehalten werden, ein steuerbarer und steuerpflichtiger Vorgang. Abkommensrechtlich ist ein solcher Veräußerungsvorgang bzw. der daraus resultierende Gewinn unter Art. 13 DBA-Argentinien (oder gegebenenfalls Art. 7 bzw. Art. 21 DBA-Argentinien) zu subsumieren.

607 Bei Lizenzgebühren aus ausländischen Quellen sind die speziellen Vorschriften der Art. 128 ff. LIG zu beachten, welche die Ermittlung des zu versteuernden Nettogewinns gegebenenfalls modifizieren.

Lizenzgebühren gehören zum Unternehmensgewinn, der dem linearen Tarif von 35 % unterliegt [Art. 69 Buchst. a) LIG].

(b) Nichtansässige Personen

Lizenzgebühren, die eine nichtansässige Person in Argentinien erzielt, unterliegen einer endgültigen, abgeltenden Quellensteuer in Höhe von 35 % (Art. 91 LIG). Der Tarif bezieht sich auf einen pauschalierten Bruttobetrag der Lizenzgebühren:

- 60 % der geleisteten Zahlungen für (tatsächlich erbrachte und ordnungsgemäß als solche registrierte) technische Hilfsleistungen, Ingenieur- oder Beratungsleistungen, die nach Ansicht der zuständigen Behörde für Technologie-Transfer nicht in Argentinien erhältlich sind [Art. 93 Buchst. a) Nr. 1 LIG, effektive Steuerbelastung: 21 %];
- 80 % der geleisteten Zahlungen für die Überlassung oder Abtretung des Rechts zur Nutzung von Patenten oder anderen Rechten sowie andere, nicht von Art. 93 Buchst. a) Nr. 1 LIG erfasste Lizenzgebühren [Art. 93 Buchst. a) Nr. 2 LIG, effektive Steuerbelastung: 28 %];
- 35 % der geleisteten Zahlungen im Zusammenhang mit Überlassung von Urheberrechten eines Autors [Art. 93 Buchst. b) LIG, effektive Steuerbelastung: 12,25 %].

b. Abkommensrecht

Das Besteuerungsrecht für Zinsen steht gemäß Art. 11 Abs. 1 DBA-Argentinien dem Wohnsitzstaat zu, während Abs. 2 dem Quellenstaat die Erhebung einer der Höhe nach begrenzten Steuer vorbehält. Letztere beträgt 10 % des Bruttobetrags bei Zinsen, die im Zusammenhang mit dem Verkauf gewerblicher, kaufmännischer oder wissenschaftlicher Ausrüstungen auf Kredit, für Bankdarlehen oder bei der Finanzierung öffentlicher Arbeiten gezahlt werden. In allen anderen Fällen kann eine Quellensteuer in Höhe von 15 % des Bruttobetrags erhoben werden.
Die Quellensteuer für Lizenzgebühren, die unter Art. 12 Abs. 2 Buchst. a) und Buchst. b) DBA-Argentinien fallen, ist einheitlich auf 15 % der Bruttoeinkünfte

begrenzt[608]. Alle anderen Lizenzgebühren i. S. d. Art. 12 Abs. 3 DBA-Argentinien darf der Quellenstaat uneingeschränkt besteuern.

c. Personengesellschaft als Empfängerin von Kapitaleinkünften

Die abkommensrechtliche Quellensteuerbegrenzung steht infolge der fiskalischen Transparenz argentinischer und deutscher Personengesellschaften grundsätzlich den Gesellschaftern zu, soweit sie in Deutschland oder Argentinien ansässig sind und ein grenzüberschreitende Sachverhalt vorliegt. Lediglich eine steuerlich subjektfähige und damit abkommensberechtigte Sociedad en Comandita Simple kann die Quellensteuerbegrenzung aus eigenem Recht beanspruchen. Für die unterschiedlichen Konstellationen sei auf die Ausführungen zu Abkommensberechtigung verwiesen[609].

d. Personengesellschaft als Schuldnerin von Kapitaleinkünften (ohne Sondervergütungen)

1. Regelfall: Fiskalische Transparenz

Aufgrund ihrer fiskalischen Transparenz erfüllen argentinische und deutsche Personengesellschaften in ihrer Eigenschaft als Schuldner nicht die Voraussetzungen der Art. 11, 12 DBA-Argentinien. Zinsen und Lizenzgebühren stammen nur dann aus einem Vertragsstaat, wenn der Schuldner eine in diesem Staat ansässige Person ist. Folglich ist auch für die Ansässigkeit des Schuldners auf die Gesellschafter abzustellen. Die Kapitaleinkünfte können nur in Höhe desjenigen Anteils "aus einem Vertragsstaat stammen", der auf die in diesem

608 Das auf 15 % des Bruttobetrags der Lizenzgebühren beschränkte Besteuerungsrecht des Quellenstaats bezieht sich gemäß Art. 12 Abs. 2 Buchst. a) DBA-Argentinien auf die Benutzung oder das Recht auf Benutzung von Urheberrechten an literarischen, künstlerischen oder wissenschaftlichen Werken, wenn es sich beim Empfänger um den Autor oder dessen Erben handelt, und gemäß Art. 12 Abs. 2 Buchst. b) DBA-Argentinien auf die Benutzung oder das Recht auf Benutzung von Patenten, Warenzeichen, Mustern oder Modellen, Plänen, geheimen Formeln oder Verfahren oder die Mitteilung gewerblicher, kaufmännischer oder wissenschaftlicher Erfahrungen.

609 Siehe Kapitel 2, IV.

Staat ansässigen Gesellschafter als anteilige Schuldner entfällt[610]. Zinsen oder Lizenzgebühren, die anteilig von in Drittstaaten oder im Wohnsitzstaat des Empfängers ansässigen Gesellschaftern geschuldet werden, fallen nicht unter das DBA-Argentinien.

2. Ausnahme: Sociedad en Comandita Simple

Eine argentinische Sociedad en Comandita Simple erfüllt als Schuldnerin der Zinsen oder Lizenzgebühren aufgrund ihrer abkommensrechtlichen Ansässigkeit die Voraussetzungen der Art. 11, 12 DBA-Argentinien in Bezug auf das Merkmal "aus einem Vertragsstaat stammend". Folglich ist die Quellensteuerermäßigung auf den gesamten Bruttobetrag der Kapitaleinkünfte zu erstrecken, ohne dass es hierfür auf die Ansässigkeit der Gesellschafter ankommt.

e. Dreiecksverhältnisse

1. Drittstaat-Personengesellschaft als Gläubigerin

Erhält eine Personengesellschaft, deren Sitz in einem Drittstaat liegt, Kapitaleinkünfte von einer in Argentinien oder Deutschland ansässigen Person, so ist die in Art. 11 bzw. Art. 12 DBA-Argentinien vorgesehene Quellensteuerbegrenzung zu gewähren, soweit die Gesellschafter der Drittstaat-Gesellschaft im anderen Vertragsstaat ansässig sind. Solange zum Drittstaat kein DBA besteht, können Argentinien und Deutschland die möglicherweise im Drittstaat als Körperschaft besteuerte Personengesellschaft für steuerliche und damit abkommensrechtliche Zwecke i. S. d. DBA-Argentinien ignorieren. Etwas anderes gilt nur, wenn aufgrund eines DBA zwischen dem Drittstaat mit Deutschland und/oder Argentinien mit verbindlicher Wirkung die Anerkennung der Drittstaat-Personengesellschaft als Körperschaftsteuersubjekt vorgegeben

610 Hierauf stellt auch der OECD-MK in Art. 1 Ziffer 6.4 ab, wenn bei der Zurechnung von Einkünften von einem Hindurchfließen durch die Gesellschaft ausgegangen wird. Umgekehrt sollte dies auch für eine fiskalisch transparente Personengesellschaft als Schuldnerin bzw. Zahlende gelten, d. h. in diesem Fall ist jeder Gesellschafter mit dem auf ihn entfallenden Anteil als der in einem Vertragsstaat ansässige Schuldner anzusehen.

ist. Dies ist z. B. bei einer bolivianischen Personengesellschaft[611] der Fall. Kraft des argentinischen und des deutschen DBA mit dem Ansässigkeitsstaat der Gesellschaft sind sowohl Deutschland als auch Argentinien zur Anerkennung der bolivianischen Gesellschaft als körperschaftsteuerpflichtige und damit abkommensberechtigte Person verpflichtet. Das DBA-Argentinien ist unter dem Gesichtspunkt der Ansässigkeit der Gesellschafter der Personengesellschaft in Deutschland oder Argentinien nicht anzuwenden.

2. Drittstaat-Personengesellschaft als Schuldnerin

Schuldet eine Personengesellschaft, deren Sitz in einem Drittstaat liegt, in Deutschland und/oder Argentinien ansässigen Personen Zinsen oder Lizenzgebühren und haben weder Deutschland noch Argentinien mit dem Drittstaat ein DBA abgeschlossen, so sind beide Staaten an der Anwendung des innerstaatlich praktizierten Transparenzprinzips nicht gehindert. Sind die Gesellschafter der Drittstaat-Personengesellschaft in Argentinien und/oder Deutschland ansässig, so ist auf den Anteil der Kapitaleinkünfte, der diesen Gesellschaftern als anteiligen Schuldnern zuzurechnen ist, das DBA-Argentinien anzuwenden. Besteht zwischen dem intransparent besteuernden Drittstaat und Argentinien und/oder Deutschland ein DBA, so ist kraft der abkommensrechtlichen Vorgaben das Trennungsprinzip auch für Argentinien und/oder Deutschland verbindlich. Das DBA-Argentinien kann unter diesen Voraussetzungen im Hinblick auf die von der Personengesellschaft geschuldeten Zahlungen nicht angewendet werden, denn die Steuersubjektivität der Drittstaat-Gesellschaft verbietet es den abkommensrechtlich gebundenen Staaten Deutschland und Argentinien, auf die in ihrem Hoheitsgebiet ansässigen Gesellschafter als anteilige Schuldner abzustellen.

3. Erweiterter Betriebstättenvorbehalt

Kapitaleinkünfte aus Chile oder Bolivien, die über eine argentinische Betriebstätte vereinnahmt werden, sind von Argentinien infolge des Betriebstätten-

611 Siehe hierzu die Darstellung des bolivianischen Einkommensteuerrechts unter Teil 3, Kapitel 2.

Diskriminierungsverbots (Art. 24 Abs. 2 DBA-Argentinien) in Verbindung mit dem im Verhältnis Argentinien zu Chile respektive Bolivien geltenden Territorialitätsprinzip von der argentinischen Steuer auszunehmen[612].
Fließen die Einkünfte an eine Sociedad en Comandita Simple, so folgt nach der hier vertretenen Auffassung bereits aus dem von Deutschland zu respektierenden Trennungsprinzip, dass die steuerliche Erfassung der Einkünfte bei den deutschen Gesellschaftern ausscheidet.

4. Betriebstätte als "Schuldnerin"

Zu einer doppelten Besteuerung von Kapitaleinkünften i. S. v. Art. 11, 12 DBA-Argentinien kann es – trotz Bestehen von DBA zwischen allen beteiligten Staaten – kommen, wenn sich beispielsweise Argentinien als Belegenheitsstaat der Betriebstätte, für die eine Darlehensverpflichtung eingegangen wurde, gemäß Art. 11 Abs. 6 S. 2 DBA-Argentinien als Quellenstaat ansieht, während der Ansässigkeitsstaat des (zivilrechtlich schuldenden) Stammhauses (z. B. Bolivien, vgl. Art. 11 Abs. 5 S. 1 DBA-Bolivien) gegenüber dem in Deutschland ansässigen Gläubiger (z. B. einem Gesellschafter der bolivianischen Gesellschaft) ebenfalls die Rolle des Quellenstaates einnimmt. Hier ist eine Quellenbesteuerung des Bruttobetrags der Zinsen sowohl in Bolivien als auch in Argentinien möglich. Das im Verhältnis Argentinien-Bolivien geltende Territorialitätsprinzip kann keine Abhilfe schaffen, denn der Gläubiger der Kapitaleinkünfte ist in Deutschland ansässig, sodass der persönliche Anwendungsbereich des DBA Argentinien-Bolivien nicht eröffnet ist.
Eine für zukünftig abgeschlossene DBA oder im Rahmen einer Abkommensänderung in Betracht kommende Lösung bestünde im absoluten Vorrang des Betriebstättenstaates als Quellenstaat gegenüber dem Ansässigkeitsstaat des Schuldners. Demnach müsste der Ansässigkeitsstaat des Stammhauses seine Eigenschaft als Quellenstaat zugunsten des Betriebstättenstaats stets verneinen, wenn die Schuld für eine – wo auch immer befindliche – Betriebstätte eingegangen wurde. Unterhalten alle Staaten ein DBA miteinander, besteht weiterhin die Möglichkeit, durch Auslegung der jeweiligen Abkommen den Vorrang des

612 Zum Betriebstätten-Diskriminierungsverbot vgl. die Ausführungen unter Kapitel 2, IV. B.b.3.

Betriebstättenstaats als Quellenstaat verbindlich für alle beteiligten Staaten herzuleiten[613].

IV. Gewinne aus der Veräußerung von Vermögen (Art. 13 DBA-Argentinien)

A. *Innerstaatliches Recht (Argentinien)*

a. Ansässige Personen

Die Steuerbarkeit von Veräußerungsgewinnen[614] im argentinischen Einkommensteuerrecht hängt grundsätzlich von ihrer Regelmäßigkeit und der Dauerhaftigkeit der ihnen zugrundeliegenden Quelle ab (Art. 2 Nr. 1 LIG). Einmalige Vorgänge wie z. B. Veräußerungsgeschäfte im Bereich des Privatvermögens, die zwar Einkünfte generieren, aber nicht mit der Absicht betrieben werden, eine dauerhafte und regelmäßig ertragbringende Einkunftsquelle zu erzeugen, sind angesichts Art. 2 Nr. 1 LIG nicht steuerbar. Bei natürlichen, nicht unternehmerisch tätigen Personen können Veräußerungsgewinne gegebenenfalls unter das relativ umfassende Konzept der Lizenzgebühren i. S. v. Art. 45 Buchst. b) LIG fallen, zumal dieses – wie im Rahmen der Ausführungen zum innerstaatlichen Recht für Art. 12 DBA-Argentinien erläutert wurde – auch die endgültige Übertragung des Eigentums an bestimmten Vermögensgegenständen beinhaltet[615].

---

613 Vgl. auch die Ausführungen zum DBA-Mexiko (Teil 1), Kapitel 3, III.C.e.3.

614 Der für die Zwecke des LIG geltende Begriff Veräußerung ("enajenación") wird in Art. 3 Abs. 1 LIG definiert. Veräußerung ist demnach der Verkauf, Tausch, die Einlage in eine Gesellschaft (gegen Übertragung von Gesellschaftsanteilen) sowie jegliche andere Art der entgeltlichen Übertragung von Eigentum. Im Hinblick auf den für die Übertragung des Eigentums an unbeweglichem Vermögen maßgeblichen Zeitpunkt bestimmt Art. 3 Abs. 2 LIG, dass dieser mit der Einräumung des Besitzes in jedem Fall – d. h. unabhängig von der Beurkundung des Eigentumsübergangs ("Escritura traslativa de dominio") – als vollzogen anzusehen ist.

615 Abkommensrechtlich kann die endgültige Veräußerung von Wirtschaftsgütern bzw. die Einordnung der hierauf entfallenden Gewinne als "Lizenzgebühren" durch das argentinische Recht keinen Bestand haben, da im Fall einer definitiven Übertragung des Eigentums an Vermögensgegenständen nicht Art. 12 DBA-Argentinien, sondern Art. 13 DBA-Argentinien einschlägig ist; vgl. *Pöllath* in: Vogel/Lehner, DBA,

Im Gegensatz dazu haben die in Art. 69 LIG genannten, steuerlich subjektfähigen Gesellschaften und alle weiteren, fiskalisch transparenten Personengesellschaften (in den Händen ihrer Gesellschafter) sowie Einzelunternehmer sämtliche Einkünfte, seien diese auch nur sporadischer Natur bzw. das Ergebnis einmaliger, außerordentlicher Vorgänge, zu versteuern (Art. 2 Nr. 2 LIG).
Gewinne aus der Veräußerung von abschreibungsfähigen (und damit zur Einkünfteerzielung genutzten), beweglichen Vermögensgegenständen und die Gewinne aus der Veräußerung von Aktien und anderen Wertpapieren sind unabhängig von der steuerlichen Behandlung der veräußernden Person einkommensteuerpflichtig (Art. 2 Nr. 3 LIG)[616].
Aus den vorangehend genannten Tatbeständen folgt, dass die Veräußerung unbeweglichen Vermögens nur dann einen steuerbaren und steuerpflichtigen Vorgang darstellt, wenn sich die Veräußerung im Rahmen eines gewerblichen Unternehmens i. S. v. Art. 49 ff. LIG vollzieht (Betriebsvermögen), oder – im Falle von Privatvermögen – wenn mehrere Veräußerungen in einer derart konzentrierten Form auftreten, dass von der Begründung einer dauerhaften Einkunftsquelle i. S. v. Art. 2 Nr. 1 LIG auszugehen ist, mit der periodische Bezüge erwirtschaftet werden.
Die Ermittlung des im Rahmen einer Unternehmenstätigkeit i. S. v. Art. 49 LIG anfallenden Veräußerungsgewinns richtet sich – neben der Einstufung des Veräußerungsgegenstands als unbewegliches oder bewegliches Vermögen (bienes muebles/bienes inmuebles) – nach der Zugehörigkeit des veräußerten Wirtschaftsguts zum Anlage- oder Umlaufvermögen. Für die Ermittlung der Gewinne aus der Veräußerung von Aktien und sonstigen Gesellschaftsanteilen enthält Art. 61 LIG eine spezielle Vorschrift. Vom Veräußerungspreis sind die (anhand der in Art. 89 LIG bestimmten Indizes) angepassten Anschaffungskosten abzuziehen.

Soweit Aktien nicht im Rahmen einer Unternehmenstätigkeit veräußert werden und die daraus resultierenden Gewinne nach den vorangehend erörterten Vorschriften in den gemäß Art. 49 ff. LIG zu ermittelnden Unternehmensgewinn einfließen, fallen Gewinne aus der Veräußerung von Aktien gemäß Art. 45

Art. 12 Rn. 50 zum Verhältnis Art. 12-Art. 13 OECD-MA.

616 Es sei jedoch auf die Steuerbefreiung von Gewinnen aus der Veräußerung von Aktien und sonstigen Wertpapieren in Art. 20 Buchst. w) LIG (ansässige, natürliche Personen) sowie in Art. 78 Decreto 2284/91 (nichtansässige natürliche und juristische Personen) hingewiesen. Siehe dazu die nachfolgenden Ausführungen.

Buchst. k) LIG unter die Einkünfte aus Kapitalvermögen. Für die Ermittlung des Veräußerungsgewinns verweist Art. 48 LIG auf die für Unternehmer geltende Vorschrift des Art. 61 LIG.
Steuerfrei sind gemäß Art. 20 Buchst. w) LIG Gewinne aus der Veräußerung von Aktien oder sonstigen Wertpapieren durch natürliche, ansässige Personen.

b. Nichtansässige Personen

Die Veräußerung von in Argentinien belegenem oder in diesem Staat wirtschaftlich genutztem unbeweglichem oder beweglichem Vermögen durch eine nichtansässige Person begründet nach der allgemeinen Definition in Art. 5 LIG eine argentinische Quelle.
Die in Art. 20 Buchst. w) LIG statuierte Steuerfreiheit von Gewinnen aus der Veräußerung von Aktien gilt dem Wortlaut nach nur für Personen, die in Argentinien ansässig sind; der Anwendungsbereich der Norm wurde jedoch mit der Verordnung No. 2284/91[617] auf nichtansässige Personen erweitert.

Der Nettogewinn aus Veräußerungsgeschäften, die in Argentinien gelegene oder in diesem Staat wirtschaftlich genutzte Vermögensgegenstände betreffen, welche im Eigentum von Unternehmen oder Gesellschaften mit ausländischem Sitz stehen, beträgt 50 % des Veräußerungspreises [Art. 93 Buchst. g) LIG]. Wahlweise kann der Veräußerungsgewinn nach den allgemeinen, oben dargelegten Vorschriften ermittelt werden. In allen anderen Fällen ist der Auffangtatbestand des Art. 93 Buchst. h) LIG einschlägig, wonach die 35 %ige Quellensteuer auf einen Betrag von 90 % der Bruttoeinkünfte erhoben wird.

B. *Regelungsinhalt Art. 13 DBA-Argentinien*

Das unbeschränkte Besteuerungsrecht für Gewinne aus der Veräußerung von unbeweglichem Vermögen i. S. v. Art. 6 Abs. 2 DBA-Argentinien steht dem Belegenheitsstaat zu (Art. 13 Abs. 1 DBA-Argentinien).

617 Boletín Oficial v. 01.11.1991.

Art. 13 Abs. 2 DBA-Argentinien weist dem Betriebstättenstaat das Besteuerungsrecht für Gewinne aus der Veräußerung beweglichen Vermögens zu, das zu der in einem Vertragsstaat gelegenen Betriebstätte (bzw. festen Einrichtung i. S. v. Art. 14 DBA-Argentinien) gehört[618]. Der Ansässigkeitstaat des Veräußerers ist zur Vermeidung der Doppelbesteuerung verpflichtet[619].

Für die Veräußerung von Gesellschaftsbeteiligungen sieht das DBA-Argentinien mit Art. 13 Abs. 3 eine eigenständige Regelung vor. Der Ansässigkeitsstaat des Unternehmens, dessen Beteiligungen veräußert werden, darf die Veräußerungsgewinne uneingeschränkt besteuern. Art. 13 Abs. 3 DBA-Argentinien ist lex specialis sowohl im Verhältnis zur Auffangvorschrift des Art. 13 Abs. 5 DBA-Argentinien als auch gegenüber dem Betriebstättenprinzip des Art. 13 Abs. 2 DBA-Argentinien[620]. Damit können auch Gewinne aus der Veräußerung von Anteilen, die im Betriebsvermögen einer Betriebstätte gehalten werden, im Sitzstaat der Gesellschaft, deren Anteile Gegenstand der Veräußerung sind, besteuert werden.

Als Auffangvorschrift für Veräußerungsgewinne, die von den vorgenannten Regelungen nicht erfasst werden, fungiert Art. 13 Abs. 5 DBA-Argentinien, der das Besteuerungsrecht für sonstige, von Art. 13 Abs. 1-4 DBA-Argentinien nicht erfasste Gewinne ausschließlich dem Wohnsitzstaat des Veräußerers zuweist[621].

---

618 Für die Auslegung des Begriffs "gehören" ergeben sich keine Unterschiede im Vergleich zum Merkmal "tatsächlich ... gehören" in Art. 10 Abs. 4, Art. 11 Abs. 5 und Art. 12 Abs. 4 DBA-Argentinien – so die herrschende Ansicht zum OECD-MA: *Wassermeyer* in: Debatin/Wassermeyer, DBA (MA), Art. 13 Rn. 81; *Schaumburg*, Internationales Steuerrecht, S. 980, Rn. 16.393; *Lüdicke*, StBJb 1997/98, 449 (476); *Schmalz*, IStR 2003, 290 (296). Vgl. hierzu die auf das DBA-Argentinien übertragbaren Ausführungen zu Art. 13 DBA-Mexiko (Teil 1), Kapitel 3, IV.B.

619 Argentinien: Anrechnung (Art. 23 Abs. 4 DBA-Argentinien); Deutschland: Freistellung bei aktiver Tätigkeit der Betriebstätte, sonst Anrechnung [Art. 23 Abs. 1 Buchst. a) i. V. m. Ziffer 5 Prot. DBA-Argentinien].

620 Vgl. *Prokisch* in: Vogel/Lehner, DBA, Art. 13 Rn. 75. Vgl. auch die übereinstimmende Regelung in Art. 13 Abs. 4 DBA-Mexiko, Teil 1, Kapitel 3, IV.B.

621 Art. 13 Abs. 5 S. 2 DBA-Argentinien enthält eine – dem OECD-MA unbekannte – Sonderregelung, nach der der Quellenstaat die Veräußerungsgewinne bei Doppelansässigen besteuern darf, sofern das Besteuerungsrecht nicht vom Ansässigkeitsstaat wahrgenommen wird. Die der Vereinbarung dieser Regelung zugrundeliegende Motivation liegt in

C. *Verhältnis des innerstaatlichen Rechts zum Abkommensrecht*

Das argentinische LIG ordnet Veräußerungsgewinne keiner eigenständigen Einkunftsart zu. Wie im deutschen Einkommensteuerrecht erfolgt die Erfassung von Veräußerungsgewinnen bei der jeweils einschlägigen Einkunftsart. Hervorzuheben ist die von Art. 2 LIG für die Steuerbarkeit von Veräußerungsgewinnen getroffene Differenzierung zwischen steuerlich subjektfähigen Gesellschaften i. S. v. Art. 69 LIG, fiskalisch transparenten Personengesellschaften sowie Einzelunternehmern einerseits und allen – keine Unternehmensgewinne i. S. v. Art. 49 ff. LIG erzielenden – natürlichen Personen andererseits.
Zwar enthält das argentinische Recht mit der Legaldefintion des Begriffs "Veräußerung" in Art. 3 LIG eine relativ klare Umgrenzung dessen, was als Veräußerung einzustufen ist; abkommensrechtlich kann jedoch nicht davon ausgegangen werden, dass alle Vorgänge, die als entgeltliche Übertragungen von Vermögensgegenständen vom Ausdruck "Veräußerung" i. S. v. Art. 3 LIG erfasst sind, automatisch als Veräußerung i. S. v. Art. 13 DBA-Argentinien anzusehen sind. Die Reichweite des Art. 13 DBA-Argentinien ist deshalb vor allem in Abgrenzung zu Art. 7 und Art. 10 DBA-Argentinien zu ermitteln.

Eine allgemeingültige Abgrenzung zwischen Veräußerungsgewinnen, die unter Art. 7 DBA-Argentinien fallen und solchen, die von Art. 13 DBA-Argentinien erfasst werden, kann nicht losgelöst vom Einzelfall getroffen werden[622]. Je nach Geschäftsgegenstand des Unternehmens erscheint aber die Differenzierung nach den für das DBA-Mexiko erörterten Kriterien sinnvoll. Danach ist Art. 7 DBA-Argentinien bei Veräußerungen im Rahmen des gewöhnlichen Geschäftsbetriebs anzuwenden, während Art. 13 DBA-Argentinien bei außerordentlichen Veräußerungen eingreift. Ob es sich bei dem veräußerten Vermögen um Anlage- oder Umlaufvermögen handelt, kann als Indiz für die nach diesen Maßstäben zu treffende Entscheidung dienen.

---

dem bis 1992 in Argentinien geltenden Territorialitätsprinzip, nach dem nur inländische Einkünfte der argentinischen Besteuerung unterlagen. Mit Art. 13 Abs. 5 S. 2 DBA-Argentinien konnte Deutschland – anders als Argentinien – ein Besteuerungsrecht für aus Drittstaaten stammende Veräußerungsgewinne beanspruchen; vgl. *W. Wassermeyer* in: Debatin/Wassermeyer, DBA (Argentinien), Art. 13 Rn. 24.

622 Vgl. Art. 13 DBA-Mexiko (Teil 1), Kapitel 3, IV.C.c.1.

D. *Veräußerung von Anteilen an einer Personengesellschaft*

a. Fiskalisch transparente Personengesellschaft

Aufgrund der fiskalischen Transparenz deutscher und (grundsätzlich auch) argentinischer Personengesellschaften ist im Verhältnis Deutschlands zu Argentinien die Gefahr eines Qualifikationskonflikts bei der Einordnung von Gewinnen aus der Veräußerung von Anteilen an (gewerblichen) Personengesellschaften im Gegensatz zum DBA-Mexiko weitaus geringer. Dies beruht in erster Linie darauf, dass beide Vertragsstaaten die Veräußerung eines Mitunternehmeranteils als die Veräußerung von anteiligem (beweglichem) Betriebstättenvermögen des veräußernden Gesellschafters einordnen.
Veräußert ein in Argentinien ansässiger Gesellschafter seinen Anteil an einer deutschen Personengesellschaft, so ist darin die Veräußerung des anteiligen Betriebstättenvermögens dieses Gesellschafters zu sehen. Der Betriebstättenstaat Deutschland kann den Veräußerungsgewinn gemäß Art. 13 Abs. 2 DBA-Argentinien besteuern. Argentinien rechnet die auf den Veräußerungsgewinn des Gesellschafters erhobene deutsche Steuer gemäß Art. 23 Abs. 4 DBA-Argentinien auf die argentinische Einkommensteuer an.
Umgekehrt besteuert Argentinien den Gewinn, den ein in Deutschland ansässiger Gesellschafter einer argentinischen Sociedad Colectiva oder Sociedad de Capital e Industria infolge der Veräußerung seines Gesellschaftsanteils erzielt, in Anwendung des Art. 13 Abs. 2 DBA-Argentinien[623] [Art. 5 i. V. m. Art. 91, 93 Buchst. h) LIG: 90 % des Veräußerungspreises[624]]. Deutschland wendet zwecks der ihm obliegenden Vermeidung der Doppelbesteuerung die Freistellungsmethode an [Art. 23 Abs. 1 Buchst. a) DBA-Argentinien], soweit über die argentinische Betriebstätte des Gesellschafters eine aktive Tätigkeit entfaltet wird.

---

623 Vgl. *García Cozzi*, CDFI LXXXa (1995), 21 (40, 41).

624 Art. 93 Buchst. g) LIG (50 % des Veräußerungspreises als Nettogewinn) ist nicht anwendbar, weil die Veräußerung nicht durch eine *Gesellschaft* erfolgt, die ihren Sitz im Ausland hat. Auch wird man hier nicht mit der – ebenfalls für ausländische Gesellschafter einer fiskalisch transparenten Personengesellschaft geltenden – unmittelbaren Zurechnung gemäß Art. 50 Abs. 1 i. V. m. Art. 91 Abs. 2 LIG operieren können, zumal es sich nicht um die Verteilung laufenden Gesellschaftsgewinns handelt.

b. Ausnahme: Argentinische Sociedad en Comandita Simple

Veräußert ein in Deutschland ansässiger Gesellschafter seinen Anteil an einer argentinischen Sociedad en Comandita Simple, so ist nach der hier vertretenen Auffassung der mit der steuerlichen Subjektfähigkeit dieser Gesellschaft in Argentinien einhergehende abkommensrechtliche Status der Personengesellschaft (in Gestalt der Abkommensberechtigung als ansässige Person i. S. v. Art. 4 Abs. 1 DBA-Argentinien) zu respektieren und bei der Anwendung der Verteilungsartikel und *auch* des innerstaatlichen Rechts nachzuvollziehen. Folglich kann die Veräußerung eines Gesellschaftsanteils nicht als unter Art. 13 Abs. 2 DBA-Argentinien zu subsumierende Veräußerung anteiligen Betriebstättenvermögens angesehen werden. Vielmehr ist Art. 13 Abs. 3 DBA-Argentinien einschlägig, womit Argentinien als Ansässigkeitsstaat der Gesellschaft das uneingeschränkte Besteuerungsrecht zusteht. Werden die veräußerten Anteile als Aktien oder sonstige Wertpapiere i. S. v. Art. 78 Decreto 2284/91 qualifiziert, sind die Veräußerungsgewinne steuerfrei. In diesem Fall macht nimmt Argentinien das ihm gemäß Art. 13 Abs. 3 DBA-Argentinien abkommensrechtlich zustehende Besteuerungsrecht innerstaatlich nicht wahr. In Deutschland gilt nach der hier vertretenen Auffassung infolge der abkommensrechtlich bedingten Anerkennung der Sociedad en Comandita Simple als steuerlich subjektfähige Gesellschaft das Halbeinkünfteverfahren [§ 3 Nr. 40 Buchst. a) EStG][625].

V. Einkünfte aus selbständiger Arbeit (Art. 14 DBA-Argentinien)

A. *Innerstaatliches Recht (Argentinien)*

a. Ansässige Personen

Einkünfte aus selbständiger Arbeit, die eine in Argentinien ansässige Person erzielt, unterliegen gemäß Art. 1 Abs. 2 i. V. m. Art. 79 LIG als Einkünfte der vierten Kategorie (Renta del Trabajo Personal) der Einkommensteuer. Im

625 Ist die veräußernde Person eine in Deutschland ansässige Körperschaft, müsste der Gewinn aus der Veräußerung von Anteilen an einer argentinischen, steuerlich subjektfähigen Personengesellschaft gemäß § 8 b Abs. 2 KStG konsequenterweise außer Ansatz bleiben; a. A. BMF v. 28.05.1998, BStBl. I 1998, 557 Tz. 5 (DBA-Spanien).

Rahmen der vierten Einkunftskategorie existieren – anders als in den übrigen Kategorien – keine speziellen Abzugsvorschriften. Die Abzugsfähigkeit von Werbungskosten richtet sich somit nach den allgemeinen Vorschriften (Art. 80-83 LIG).
Da Art. 79 LIG Einkünfte sowohl aus selbständiger als auch aus unselbständiger Arbeit erfasst, ist für die genannten Tatbestände im Hinblick auf die abkommensrechtliche Einordnung der Bezüge unter Art. 14 bzw. Art. 15 DBA-Argentinien eine entsprechende Abgrenzung vorzunehmen. Wichtigstes Kriterium für diese Differenzierung ist das Merkmal der Abhängigkeit, durch das eine unselbständige Tätigkeit gekennzeichnet ist[626]. Zu den Einkünften aus selbständiger Arbeit zählen somit Bezüge, die in Ausübung einer in Art. 79 Buchst. f) LIG genannten – unabhängigen – Tätigkeit vereinnahmt werden. Dazu gehören die freien Berufe (profesiones liberales), die Tätigkeit als Testamentsvollstrecker, Verwalter, Geschäftsführer, Vorstandsvorsitzender einer Sociedad Anónima und des Treuhänders. Zu den Einkünften aus selbständiger Arbeit zählen ferner die Bezüge eines Gesellschafter-Geschäftsführers einer Sociedad de Responsabilidad Limitada, einer Sociedad en Comandita por Acciones und einer Sociedad en Comandita Simple.

Werden die voranstehend genannten Einkünfte aus selbständiger Arbeit i. S. v. Art. 79 Buchst. f) LIG von einem als Sociedad Civil organisierten Personenzusammenschluss erzielt, und entfaltet die Gesellschaft ausschließlich freiberufliche Tätigkeiten, so behalten die Einkünfte ihre Qualifikation als solche aus selbständiger Tätigkeit (Art. 2 Abs. 2 LIG). Wird jedoch neben der z. B. freiberuflichen eine als unternehmerisch i. S. v. Art. 49 LIG einzuordnende Tätigkeit entfaltet, so hat dies die Umqualifizierung der gesamten Einkünfte der Gesellschaft in Unternehmensgewinne zur Folge (Art. 49 LIG)[627]. Damit enthält das argentinische LIG eine mit § 15 Abs. 3 Nr. 1 EStG vergleichbare Abfärberegelung.

---

626 Vgl. Art. 79 Buchst. b) LIG: trabajo personal ejecutado en relación de *dependencia*. Ebenfalls für die Selbständigkeit als entscheidendes Abgrenzungskriterium im Verhältnis zu Art. 15 OECD-MA *Prokisch* in: Vogel/Lehner, DBA, Art. 14 Rn. 12.

627 Vgl. *Raimondi/Atchabahian*, El Impuesto a las Ganancias, S. 35 ff.

b. Nichtansässige Personen

Erhält eine nichtansässige Person, die sich während des Steuerjahres für einen Zeitraum von weniger als sechs Monaten in Argentinien aufhält, aus diesem Staat Vergütungen für eine von ihr geleistete, selbständige oder unselbständige Tätigkeit intellektueller, technischer, professioneller, sportlicher, künstlerischer oder sonstiger Art, so werden gemäß Art. 93 Buchst. d) LIG 70 % der an diese Person geleisteten Zahlungen als (der 35 %igen Quellensteuer zugrunde zu legender) Nettogewinn erfasst. Die effektive Steuerbelastung der Einkünfte liegt somit bei 24,5 %.
Welche Anforderungen an den Schuldner bzw. die Herkunft der Zahlungen zu stellen sind, um eine beschränkte Steuerpflicht des nichtansässigen Empfängers zu begründen, geht aus Art. 93 Buchst. d) LIG nicht hervor.

Ist eine nichtansässige Person an einem (fiskalisch transparenten) Zusammenschluss von beispielsweise freiberuflich Tätigen in Argentinien beteiligt, werden dem ausländischen Gesellschafter die auf ihn entfallenden Einkünfte der Gesellschaft unmittelbar als Gewinnanteil zugerechnet [Art. 50 LIG].

B. *Regelungsinhalt Art. 14 DBA-Argentinien*

Gemäß Art. 14 Abs. 1 DBA-Argentinien[628] können Einkünfte, die eine in einem Vertragsstaat ansässige Person aus einem freien Beruf oder aus einer sonstigen, selbständigen Tätigkeit bezieht, in dem anderen Vertragsstaat nicht besteuert

628 Mit Entscheidung des OECD-Steuerausschusses vom 29. April 2000 wurde der bis zu diesem Zeitpunkt bestehende Art. 14 OECD-MA aufgehoben. Für die Einkünfte aus einem freien Beruf oder einer sonstigen selbständigen Tätigkeit gilt seitdem Art. 7 OECD-MA, zumal Art. 14 OECD-MA nach dem Befund der Untersuchungen des Steuerausschusses in materieller Hinsicht der Vorschrift über Unternehmensgewinne entsprach. Das aus dem Jahr 1978 stammende DBA-Argentinien enthält dementsprechend noch den bisherigen Art. 14 OECD-MA. Es muss deshalb für Abkommenszwecke weiterhin formal zwischen den Begriffen "Betriebstätte" und "feste Einrichtung" unterschieden werden. Dabei ist der allgemein angenommenen, weitgehenden Übereinstimmung zwischen beiden Begriffen Rechnung zu tragen. Die angestrebte, identische Auslegungsweise kann aber nicht darüber hinweggehen, dass nach wie vor die eigenständigen Regelungen der Art. 7 und Art. 14 DBA-Argentinien bestehen.

werden. Das Besteuerungsrecht für Einkünfte aus selbständiger Tätigkeit steht somit grundsätzlich nur dem Ansässigkeitsstaat des selbständig Tätigen zu. Der andere Vertragsstaat kann die Einkünfte jedoch (auch) besteuern, wenn die Person in diesem Vertragsstaat eine feste Einrichtung hat und die erzielten Einkünfte dieser Einrichtung zuzurechnen sind (Art. 14 Abs. 1, 2. Hs. i. V. m. S. 2 DBA-Argentinien).

Freiberufler, die sich in einer Sociedad Civil zusammengeschlossen haben, erzielen aufgrund des abkommensrechtlichen Spezialitätsprinzips Einkünfte aus selbständiger Arbeit i. S. v. Art. 14 DBA-Argentinien[629]. Werden sämtliche Einkünfte einer Sociedad Civil infolge der Abfärberegelung in Art. 49 letzter Absatz LIG in Unternehmensgewinne umqualifiziert, so hat dies m. E. keine Auswirkungen auf die abkommensrechtliche Qualifikation der Einkünfte als solche aus selbständiger Arbeit (Art. 14 DBA-Argentinien). Lediglich der tatsächlich als Unternehmensgewinn zu qualifizierende Anteil fällt unter Art. 7 DBA-Argentinien, denn Fiktionen des innerstaatlichen Rechts schlagen nach der hier vertretenen Ansicht nicht auf die Abkommensebene durch[630].

C. *Personengesellschaften mit Einkünften i. S. v. Art. 14 DBA-Argentinien*

a. Besteuerung der laufenden Einkünfte

Bei der Besteuerung von deutschen oder argentinischen Personengesellschaften, die Einkünfte aus selbständiger Arbeit i. S. v. Art. 14 DBA-Argentinien erzielen, kommt es aufgrund der grundsätzlich übereinstimmenden, transparenten Besteuerung von Personengesellschaften in Argentinien und Deutschland nicht zu subjektiven Qualifikationskonflikten. Die Einkünfte werden den Gesellschaftern anteilig zugerechnet und unterliegen in ihren Händen der Einkommensteuer.

Unterschiede bestehen nur hinsichtlich der steuerlichen Behandlung einer Sociedad en Comandita Simple, die in Argentinien ein eigenständiges Steuersubjekt ist [Art. 69 Buchst. a) Nr. 2 LIG][631]. Hier gilt – wie im Rahmen der

629 *García Cozzi*, CDFI LXXXa (1995), 21 (38).

630 Siehe hierzu auch die Ausführungen zu Art. 7 DBA-Mexiko (Teil 1), Kapitel 3, II.B.b und Art. 7 DBA-Argentinien, Kapitel 3, II.A.

631 Dass die Sociedad en Comandita Simple im innerstaatlichen, argentinischen Recht ausschließlich Unternehmensgewinne erzielt, wäre auf Abkommensebene – soweit Ein-

sonstigen Verteilungsartikel – dass die steuerliche Subjektfähigkeit der Sociedad en Comandita Simple von Deutschland zu respektieren und bei der Anwendung des innerstaatlichen Rechts nachzuvollziehen ist. Für Art. 14 DBA-Argentinien dürfte dies jedoch von nachrangiger Bedeutung sein, zumal sich beispielsweise Freiberufler regelmäßig in einer (fiskalisch transparenten) Sociedad Civil zusammenschließen.

b. Die "feste Einrichtung" in Art. 14 Abs. 1, 2. Hs. DBA-Argentinien

Die Zurechnung von Einkünften einer "festen Einrichtung" i. S. v. Art. 14 Abs. 1 2. Hs. DBA-Argentinien an die Gesellschafter einer Personengesellschaft richtet sich nach den für Art. 5, 7 DBA-Argentinien geltenden Grundsätzen[632]. Es ist folglich nicht erforderlich, dass die feste Einrichtung von jedem Gesellschafter für seine Tätigkeit genutzt werden bzw. verfügbar sein muss, um eine feste Einrichtung (auch) dieses Gesellschafters zu begründen. Dies gilt erst recht, wenn zu beurteilen ist, ob eine argentinische Sociedad en Comandita Simple, die Einkünfte i. S. v. Art. 14 DBA-Argentinien erzielt, über eine feste Einrichtung in Deutschland verfügt. Aufgrund der steuerlichen Subjektfähigkeit der Gesellschaft, die nach der hier vertretenen Auffassung auch für Deutschland verbindlich ist, kommt als Zurechnungssubjekt für die feste Einrichtung von vornherein nur die Gesellschaft in Betracht[633].
Anzumerken ist weiterhin, dass die abkommensrechtliche Regelung zur Abgrenzung der Besteuerungsrechte für die Einkünfte selbständig Tätiger im Vergleich zu den Bestimmungen des LIG mehr Planungssicherheit bieten[634].

künfte aus selbständiger Arbeit i. S. v. Art. 14 DBA-Argentinien gegeben sind – irrelevant (Spezialitätsgrundsatz).

632 Insoweit kann auf die Ausführungen und Nachweise zum DBA-Mexiko verwiesen werden; siehe Art. 14 DBA-Mexiko (Teil 1), Kapitel 3, V.C.a.

633 Vgl. Art. 14 DBA-Mexiko (Teil 1), Kapitel 3, V.C.a.2.

634 Vgl. die Ausführungen zum innerstaatlichen Recht, das keine genau definierten Tatbestandsmerkmale für die beschränkte Steuerpflicht selbständig Tätiger enthält; Art. 14 DBA-Argentinien, IV.A.b.

VI. Einkünfte aus unselbständiger Arbeit (Art. 15 DBA-Argentinien)

A. *Innerstaatliches Recht (Argentinien)*

a. Ansässige Personen

Einkünfte aus unselbständiger Arbeit, die eine in Argentinien ansässige Person bezieht, gehören als "persönlich erbrachte, in einem Abhängigkeitsverhältnis ausgeführte Arbeitsleistung"[635] zur vierten Einkunftskategorie [Renta del Trabajo Personal, Art. 79 Abs. 1 Buchst. b) LIG]. Hierzu zählen auch Ruhegehälter und ähnliche Vergütungen, die für eine früher geleistete, unselbständige Arbeit gezahlt werden [Art. 79 Abs. 1 Buhchst. c) LIG].
Wie schon zu den – ebenfalls zur vierten Kategorie gehörigen – Einkünften aus selbständiger Arbeit erläutert wurde, existieren für Bezüge i. S. v. Art. 79 LIG im Gegensatz zu den Einkunftskategorien eins bis drei keine speziellen Vorschriften zum Werbungskosten- bzw. Betriebsausgabenabzug. Neben den aufgrund der allgemeinen Regelungen der Art. 80-84 LIG gestatteten Abzüge ("deducciones") können unselbständig Tätige lediglich die in Art. 23, 24 LIG vorgesehenen pauschalierten Beträge, die als eine Kombination von Werbungskosten und Sonderausgaben anzusehen sind, von ihren Bruttoeinkünften abziehen.

b. Nichtansässige Personen

Vergütungen, die nichtansässige Personen für eine in Argentinien ausgeübte, unselbständige Tätigkeit erhalten, unterliegen einer Quellensteuer mit abgeltender Wirkung. Der mit einem Steuersatz von 35 % belastete Nettogewinn beträgt gemäß Art. 93 Buchst. d) LIG 70 % der geleisteten Zahlungen. Voraussetzung für die Anwendbarkeit des Art. 93 Buchst. d) LIG ist, dass sich die unselbständig tätige Person für einen Zeitraum von weniger als sechs Monaten in Argentinien aufgehalten hat. Wie im Zusammenhang mit den Einkünften aus selbständiger Tätigkeit bestehen aufgrund der Formulierung der die Quellenbesteuerung regelnden Tatbestände Unklarheiten. Es ist nicht ersichtlich, ob Art. 93 Buchst. d) LIG die Ansässigkeit des Vergütungsschuldners in Argentinien erfordert oder ob die bloße Erbringung der Arbeitsleistung in Argentinien

635 "... trabajo personal ejecutado en relación de dependencia".

für die Begründung der beschränkten Steuerpflicht ausreicht. Hier können die eindeutiger formulierten Voraussetzungen des Art. 15 DBA-Argentinien Planungssicherheit gewährleisten.

B. *Regelungsinhalt Art. 15 DBA-Argentinien*

In Übereinstimmung mit Art. 15 OECD-MA können Einkünfte aus unselbständiger Arbeit, die eine in einem Vertragsstaat ansässige Person bezieht, nur in diesem Staat besteuert werden, es sei denn, die Arbeit wird im anderen Vertragsstaat ausgeübt. Ist Letzteres der Fall, können die Vergütungen im anderen Vertragsstaat uneingeschränkt besteuert werden (Arbeitsortprinzip). Bei kumulativer Erfüllung der Voraussetzungen des Art. 15 Abs. 2 DBA-Argentinien verbleibt das (ausschließliche) Besteuerungsrecht beim Wohnsitzstaat.
Die Vermeidung der Doppelbesteuerung erfolgt über den Methodenartikel: Argentinien rechnet die deutsche Steuer gemäß Art. 23 Abs. 4 DBA-Argentinien an; Deutschland stellt die in Argentinien besteuerten Einkünfte aus unselbständiger Arbeit gemäß Art. 23 Abs. 1 Buchst. d) DBA-Argentinien frei.

C. *Personengesellschaften als Arbeitgeber*

Werden Vergütungen für unselbständige Arbeit von einer fiskalisch transparenten Personengesellschaft getragen, so erweist sich die wortlautgetreue Anwendung von Art. 15 Abs. 2 DBA-Argentinien im Hinblick auf ihren Sinn und Zweck als problematisch. Zunächst gilt, wie für den identischen Art. 15 DBA-Mexiko festgestellt wurde, dass auch einer fiskalisch transparenten Personengesellschaft die Arbeitgebereigenschaft[636] zukommt. Für das Kriterium der Ansässigkeit in Art. 15 Abs. 2 Buchst. b) DBA-Argentinien ist bei einer transparent besteuerten Personengesellschaft auf die Gesellschafter als anteilige Arbeitgeber abzustellen[637].

636 Die Arbeitgebereigenschaft von fiskalisch transparenten Personengesellschaften wird auch in Argentinien bejaht; vgl. *Garcta Cozzi*, CDFI LXXXa (1995), 21 (25, 41).
637 Siehe Art. 15 DBA-Mexiko (Teil 1), Kapitel 3, VI.C.

D. *Vergütung der Gesellschafter und Geschäftsführer einer Personengesellschaft*

a. Gesellschaftervergütungen

Bezieht der Gesellschafter einer Personengesellschaft von dieser Vergütungen für eine unselbständige Tätigkeit im Dienst der Gesellschaft, so handelt es sich dabei im innerstaatlichen deutschen Recht um gewerbliche Einkünfte i. S. v. § 15 Abs. 1 S. 1 Nr. 2 EStG. Wie bereits zu Art. 7 DBA-Argentinien erörtert wurde, schlägt die Umqualifizierung im innerstaatlichen Recht nicht automatisch auf die Abkommensebene durch. Die Verteilungartikel des DBA-Argentinien basieren auf dem Spezialitätsgrundsatz, was nicht durch die ungeprüfte Übernahme von Wertungen oder gar Fiktionen des innerstaatlichen Rechts ignoriert werden darf[638].

Dies gilt auch im Hinblick auf das innerstaatliche argentinische Recht, welches in Art. 88 Buchst. b) LIG bestimmt, dass die Vergütung, die ein Gesellschafter von der Personengesellschaft für geleistete Dienste erhält, nicht vom Gesellschaftsgewinn abgezogen werden darf und somit zum Gewinnanteil des Gesellschafters gehört. Abkommensrechtlich fallen die an einen Gesellschafter gezahlten Vergütungen für eine Tätigkeit unselbständiger Art gleichwohl unter Art. 15 DBA-Argentinien.

b. (Gesellschafter-) Geschäftsführervergütungen

Vergütungen, die ein Geschäftsführer für seine Tätigkeit im Dienst einer Personengesellschaft von dieser bezieht, sind abkommensrechtlich – vorbehaltlich ihrer Erfassung durch Art. 16 DBA-Argentinien – Einkünfte i. S. v. Art. 15 DBA-Argentinien. Aufsichtsrats- oder Verwaltungsratsvergütungen und ähnliche Zahlungen, die eine in einem Vertragsstaat ansässige Person in ihrer Eigenschaft als Mitglied des Aufsichts- oder Verwaltungsrats einer Gesellschaft bezieht, die im anderen Vertragsstaat ansässig ist, können gemäß Art. 16 DBA-Argentinien im anderen Vertragsstaat besteuert werden.

---

638 Vgl. Art. 7 DBA-Argentinien, II.B.b., II.E.

Art. 16 DBA-Argentinien erstreckt sich damit – im Gegensatz zum DBA-Mexiko – nicht auch auf die geschäftsführenden Organe einer Gesellschaft[639]. Die Vorschrift könnte ohnehin nur auf eine argentinische Sociedad en Comandita Simple angewendet werden, zumal allein dieser aufgrund ihrer steuerlichen Subjektfähigkeit die für Art. 16 DBA-Argentinien erforderliche, abkommensrechtliche Ansässigkeit zukommt.

Weiterhin wird es bei einem (wesentlich beteiligten) Gesellschafter-Geschäftsführer zumeist an dem für die Annahme einer unselbständigen Tätigkeit maßgeblichen Kriterium der Weisungsgebundenheit fehlen wird. Man wird den Gesellschafter-Geschäftsführer deshalb als Unternehmer (Art. 7 DBA-Argentinien) oder selbständig Tätigen (Art. 14 DBA-Argentinien) betrachten müssen[640].

VII. Nicht ausdrücklich erwähnte Einkünfte (Art. 21 DBA-Argentinien)

Gemäß Art. 21 Abs. 1 DBA-Argentinien steht das ausschließliche Besteuerungsrecht für Einkünfte, die in den vorangehenden Verteilungartikeln nicht ausdrücklich erwähnt werden, dem Ansässigkeitsstaat zu. Stammen die Einkünfte aus dem Wohnsitzstaat oder einem Drittstaat, so bleibt es auch nach Art. 21 DBA-Argentinien bei der ausschließlichen Besteuerung durch den Ansässigkeitsstaat (Abs. 1).

Nach der hier vertretenen Auffassung sind Einkünfte aus dem Ansässigkeitsstaat oder aus einem Drittstaat, die von einer abkommensberechtigten Person über eine Betriebstätte im anderen Vertragsstaat erzielt werden, der Betriebstätte zuzurechnen[641].

---

639 Siehe Art. 16 DBA-Mexiko (Teil 1), Kapitel 3, VI.C.b. – "administrador".

640 Vgl. die Ausführungen zu Art. 14 DBA-Mexiko (Teil 1), Kapitel 3, V.C.b. So auch ausdrücklich für den Gesellschafter-Geschäftsführer einer argentinischen Sociedad en Comandita Simple im argentinischen Recht: Art. 79 Abs. 2 i. V. m. Art. 87 Buchst. j) LIG.

641 Für die Anwendung des Art. 21 DBA-Argentinien auf Einkünfte einer Personengesellschaft bzw. ihrer Gesellschafter sei auf die Ausführungen im Rahmen der einzelnen Verteilungartikel verwiesen.

Kapitel 4: Methoden zur Vermeidung der Doppelbesteuerung

I. Regelungsinhalt Art. 23 DBA-Argentinien

Argentinien vermeidet die Doppelbesteuerung gemäß Art. 23 Abs. 4 DBA-Argentinien ausschließlich durch Anrechnung. Bezieht eine in Argentinien ansässige Person Einkünfte oder besitzt sie Vermögensteile, die nach dem Abkommen in Deutschland besteuert werden können, erlaubt Argentinien die Anrechnung dieser Steuer. Der maximale Anrechnungsbetrag richtet sich nach der Höhe der auf die Einkünfte entfallenden argentinischen Steuer (Art. 23 Abs. 4 S. 2 DBA-Argentinien).

Deutschland vermeidet die Doppelbesteuerung der in Art. 23 Abs. 1 DBA-Argentinien aufgezählten Einkünfte im Wege der Freistellung (mit Progressionsvorbehalt). Für alle sonstigen Einkünfte gilt die Anrechnungsmethode (Art. 23 Abs. 3 DBA-Argentinien).
Die Freistellung der hierfür vorgesehenen Einkünfte erfolgt nur bei Erfüllung des in Ziffer 5 Buchst. a) Prot. DBA-Argentinien geregelten Aktivitätsvorbehalts. So muss eine in Deutschland ansässige Person nachweisen, dass die Unternehmensgewinne (Art. 7 DBA-Argentinien), Dividenden (Art. 10 DBA-Argentinien) und Gewinne aus der Veräußerung des Betriebskapitals sowie die diesen Gewinnen zugrundeliegenden Vermögenswerte (Art. 13 Abs. 2 DBA-Argentinien) zu 90 % aus aktiven Tätigkeiten stammen. Als aktive Tätigkeiten gelten gemäß Ziffer 5 Buchst. a) DBA-Argentinien die Herstellung, der Verkauf oder die Vermietung von Gütern oder Waren, technische Beratung sowie technische oder kaufmännische Dienstleistungen, Bank- oder Versicherungsgeschäfte, ferner die Erzielung von Zinsen oder Lizenzgebühren, die aus Argentinien stammen und mit den oben genannten Tätigkeiten im Zusammenhang stehen, Einkünfte aus von der Regierung Argentiniens oder einer ihrer Gebietskörperschaften gezahlten Zinsen oder Einkünfte in Form von Zinsen oder Dividenden, die eine in Argentinien ansässige Gesellschaft zahlt, wenn diese Gesellschaft mindestens 90 vom Hundert ihrer Einnahmen aus den oben genannten Tätigkeiten bezieht.

Dividenden werden freigestellt, wenn es sich beim Empfänger um eine qualifiziert beteiligte (25 % und unmittelbar), in Deutschland ansässige Gesellschaft handelt [Art. 23 Abs. 1 Buchst. c) DBA-Argentinien][642].

Für die in Art. 23 Abs. 1 DBA-Argentinien nicht aufgelisteten Einkünfte gilt die Anrechnungsmethode (Art. 23 Abs. 2 DBA-Argentinien): Dividenden, die nicht der Freistellung unterliegen, Zinsen, Lizenzgebühren, Aufsichtsrats- und Verwaltungsratsvergütungen, Einkünfte von Künstlern und Sportlern, unbewegliches Vermögen und die daraus erzielten Einkünfte, es sei denn, das unbewegliche Vermögen gehört tatsächlich zu einer in Argentinien belegenen Betriebstätte oder festen Einrichtung, die aktive Einkünfte erzielt [Freistellungsmethode gemäß Art. 23 Abs. 1 Buchst. a) DBA-Argentinien], Gewinne aus der Veräußerung unbeweglichen Vermögens, Veräußerungen von Gesellschaftsanteilen nach Art. 13 Abs. 3 DBA-Argentinien, und Einkünfte aus selbständiger Arbeit, die im Rahmen einer in Argentinien gelegenen, festen Einrichtung erzielt werden.

Bei Dividenden, Zinsen und Lizenzgebühren wird unabhängig von der tatsächlich in Argentinien gezahlten Steuer im Ansässigkeitsstaat Deutschland von einem feststehenden Prozentsatz als anzurechnendem Betrag ausgegangen (fiktive Anrechnung)[643].

II. Anwendung des Methodenartikels auf Sachverhalte mit Beteiligung von Personengesellschaften

A. *Subjektiver Qualifikationskonflikt*

Für die in Teil 2 untersuchten argentinischen und deutschen Personengesellschaften ist im Vergleich zum DBA-Mexiko anzumerken, dass aufgrund der in Argentinien (grundsätzlich) und in Deutschland (durchgängig) geltenden fiskalischen Transparenz dieser Gesellschaftstypen subjektive Qualifikationskonflikte weitgehend ausgeschlossen sind. Damit treten auch die mit einem solchen

642 Zusätzlich ist § 8 b Abs. 1 KStG zu beachten. Ungeachtet dessen ist jedoch der abgeltende Kapitalertragsteuerabzug vorzunehmen (§ 43 Abs. 1 S. 3, § 50 d Abs. 1 EStG).

643 Siehe hierzu die Ausführungen zu Art. 10-12 DBA-Argentinien, Kapitel 3, III.

Qualifikationskonflikt typischerweise einhergehenden objektiven Qualifikationskonflikte nur in reduziertem Maß auf.

Grundsätzlich ist davon auszugehen, dass lediglich das bei einer argentinischen Sociedad en Comandita Simple in Argentinien praktizierte Trennungsprinzip dem in Deutschland geltenden Transparenzprinzip gegenübersteht. Behalten die jeweiligen Finanzverwaltungen in diesem Fall ihre – auf dem innerstaatlichen Recht bzw. dem Rechtstypenvergleich basierende – Sichtweise bei, wird die Personengesellschaft in Argentinien als Körperschaft besteuert, während Deutschland die Einkünfte als solche der Gesellschafter ansieht.

B. *Anwendbarkeit der OECD-Lösungsgrundsätze auf das DBA-Argentinien*

Die Lösung von Qualifikationskonflikten auf der Basis des OECD-Modells ist auch im Rahmen des DBA-Argentinien von der Beantwortung einiger Vorfragen abhängig.
Unter Berücksichtigung der in den Verteilungsartikeln erläuterten Vorgaben des DBA-Argentinien ist zu ermitteln, ob die Lösung von Qualifikationskonflikten im Zusammenhang mit Personengesellschaften – grundsätzlich – anhand des OECD-Modells über eine Qualifikationsverkettung oder teleologische Reduktion des Methodenartikels erfolgen kann oder ob diesem Konzept spezielle Regelungen des DBA-Argentinien entgegenstehen.
Weiterhin ist in zeitlicher Hinsicht fraglich, ob das Lösungsmodell der OECD auf das DBA-Argentinien Anwendung finden kann, zumal dieses sich zwar am OECD-MA orientiert, aber *vor* der Aufnahme besagten Lösungsansatzes für Qualifikationskonflikte in den OECD-MK abgeschlossen wurde.
Darüber hinaus ist Argentinien kein Mitgliedstaat der OECD. Dies wirft die Frage auf, ob die Empfehlungen des OECD Partnership Reports bzw. die entsprechenden Vorgaben des OECD-MK zur Vorgehensweise bei Qualifikationskonflikten im Rahmen des Art. 23 OECD-MA eine verbindliche Vorgabe für das DBA-Argentinien darstellen.
Abschließend ist zu erwägen, ob bereits für das in den Verteilungsartikeln anzuwendende Besteuerungskonzept Übereinstimmung erzielt werden sollte, um Qualifikationskonflikte schon in ihrer Entstehung zu vermeiden. Die Vertragsstaaten wären bei der Beseitigung von Qualifikationskonflikten und ihren

Folgen nicht ausschließlich auf die Handhabung des Methodenartikels angewiesen.

a. Qualifikationsverkettung und teleologische Reduktion

Für die Frage der generellen Zulässigkeit einer Qualifikationsverkettung sowie einer teleologischen Reduktion im Rahmen des Methodenartikels kann auf die zum DBA-Mexiko gefundenen Ergebnisse verwiesen werden[644]. Das auf der Auslegung von Art. 23 A/B Abs. 1 OECD-MA basierende Lösungsmodell der OECD für positive und negative Qualifikationskonflikte (Qualifikationsverkettung respektive teleologische Reduktion) ist vom Wortlaut der Vorschrift gedeckt und nach deren Sinn und Zweck als erforderlich anzusehen[645]. Bei Doppelbesteuerungsabkommen, die sich wie das DBA-Argentinien am OECD-MA orientieren und deren Methodenartikel den Absätzen 1 der Art. 23 A/B OECD-MA nachgebildet sind, kann das OECD-Lösungsmodell demnach grundsätzlich zur Bereinigung der Doppelbesteuerung bzw. der Nichtbesteuerung infolge positiver oder negativer Qualifikationskonflikte angewendet werden.
Im Gegensatz zum DBA-Mexiko steht der Befolgung der Vorgaben des OECD-MK zur Vermeidung bzw. Ausräumung von Qualifikationskonflikten bei Personengesellschaften keine spezielle (und damit vorrangig anzuwendende) switch-over-Klausel entgegen.

b. Argentinien als Nichtmitgliedstaat der OECD

Argentinien ist – im Gegensatz zu Mexiko – kein Mitgliedstaat der OECD. Insoweit ist fraglich, ob die Vorgaben des OECD-MK für Argentinien als Anwendestaat des Abkommens eine verbindliche Wirkung entfalten können. Zwar ist das DBA-Argentinien eng an den Text des OECD-MA angelehnt; gleichwohl ist die Bedeutung des OECD-MA und des Kommentars für DBA mit Nicht-OECD-Staaten geringer als dies bei Verträgen unter OECD-Staaten

---

644 Siehe Art. 23 DBA-Mexiko (Teil 1), Kapitel 4, II.C.a.1.

645 Diese Auslegung ermöglicht jedoch lediglich die Vermeidung einer Doppel- oder Nichtbesteuerung infolge eines Qualifikationskonflikts, dessen Ursache in Unterschieden der innerstaatlichen Rechtsordnungen der Vertragsstaaten liegt.

der Fall ist[646]. Deshalb ist besonderes Augenmerk auf den Wortlaut der Vorschriften und ihren Zusammenhang zu richten. Stimmen die Abkommensvorschriften mit dem OECD-MA überein und legt auch ihr Zusammenhang keine abweichende Auslegung nahe, ist davon auszugehen, dass die Vertragsstaaten sich nach dem OECD-MA richten wollten[647]. Ob damit aber auch die im OECD-MK enthaltenen Auslegungsgrundsätze Geltung beanspruchen, ist anhand des Einzelfalls zu ermitteln[648]. Darüber hinaus ist zu berücksichtigen, dass DBA mit Entwicklungsstaaten häufig an das UN-MA angelehnte Vorschriften enthalten. Das UN-MA baut jedoch auf dem OECD-MA auf, weshalb auch hier das OECD-MA sowie sein Kommentar als Referenz dienen können[649]. Die Ausführungen zeigen, dass die Geltung des OECD-MK für das DBA-Argentinien nicht pauschal bejaht werden kann und stets einer einzelfallgebundenen Überprüfung bedarf. Als Anhaltspunkte können jedoch die Bemerkungen und Vorbehalte Argentiniens zum OECD-MA im Rahmen der Stellungnahmen von Nichtmitgliedstaaten dienen. Argentinien macht in Art. 23 Ziffer 5 OECD-MK (Stellungnahmen der Nichtmitgliedstaaten) einen Vorbehalt zur switch-over-Klausel des Art. 23 A Abs. 4 OECD-MA. Diese Vorschrift ist im DBA-Argentinien (als Altabkommen) nicht enthalten. Der auf Art. 23 A Abs. 4 OECD-MA beschränkte Vorbehalt kann jedoch als Hinweis darauf gedeutet werden, dass die Qualifikationsverkettung und die teleologische Reduktion im Rahmen des Absatzes 1 der Art. 23 A respektive Art. 23 B OECD-MA von Argentinien akzeptiert werden.

c. Anwendbarkeit in zeitlicher Hinsicht

Der Abschluss des DBA-Argentinien (1978 bzw. Änderungsprotokoll von 1996) liegt zeitlich vor der Aufnahme der Empfehlungen der OECD für Qualifikationskonflikte in den OECD-MK, weshalb die Übernahme dieser Auslegungsgrundsätze zu Art. 23 OECD-MA auch unter diesem Gesichtspunkt einer gesonderten Übereinkunft Deutschlands und Argentiniens bedarf. Hier gilt

646 *Vogel* in: Vogel/Lehner, DBA, Einl. Rn. 134.
647 *Vogel* in: Vogel/Lehner, DBA, Einl. Rn. 134.
648 Vgl. *Rohatgi*, Basic International Taxation, S. 29.
649 *Vogel* in: Vogel/Lehner, DBA, Einl. Rn. 134.

zunächst das im Rahmen des DBA-Mexiko Ausgeführte[650], zumal sich für dieses Altabkommen in zeitlicher Hinsicht dieselbe Problemstellung ergibt.
Die Auffassung der OECD, nach der sämtliche, nach Vertragsschluss vorgenommenen Änderungen des Kommentars von den Vertragsstaaten zu berücksichtigen sind, lässt außer Betracht, dass die Vertragsparteien ohne eine weitergehende Regelung nur das einbeziehen konnten und wollten, was zum Zeitpunkt des Vertragsschlusses an Auslegungsmaterial zur Verfügung stand[651]. Anderenfalls käme die Maßgeblichkeit der jeweils geltenden Fassung des OECD-MK einer dynamischen Verweisung an ein außerstaatliches Organ gleich, das die Abkommensanwendung und damit das innerstaatliche Recht beeinflussen könnte. Diese Bedenken gelten in besonderem Maße für die in den OECD-MK aufgenommenen Ergebnisse des Partnership Reports, denn sie beinhalten, wie im Rahmen des DBA-Mexiko erläutert wurde, eine Kehrtwende der Abkommensauslegung auf dem Gebiet der Qualifikationskonflikte.
Dies bedeutet jedoch nicht, dass Deutschland und Argentinien die Übernahme der von der OECD vorgeschlagenen Qualifikationsverkettung zur Vermeidung der Doppelbesteuerung ohne Vertragsänderung verschlossen bleibt. Wenden beide Staaten in Zukunft die auf den Partnership Report zurückgehenden Grundsätze des OECD-MK im gegenseitigen Einvernehmen bei Qualifikationskonflikten an, so kann sich dadurch eine neue Übung herausbilden, im Zuge derer die neueren Vorgaben des OECD-MK auch für das DBA-Argentinien nutzbar gemacht werden können. Die bloße Feststellung der Finanzverwaltung im sogenannten "Betriebstättenerlass", wonach die teleologische Reduktion des Art. 23 OECD-MA auch auf Altabkommen anzuwenden sei[652], ist nach der hier vertretenen Ansicht keine ausreichende Grundlage.

---

650 Siehe Art. 23 DBA-Mexiko (Teil 1), Kapitel 4, II.C.a.3.

651 Vgl. *Wassermeyer* in: Debatin/Wassermeyer, DBA (MA), Vor Art. 1 Rn. 60; *Vogel* in: Vogel/Lehner, DBA, Einl. Rn. 127; *Schaumburg*, Internationales Steuerrecht, S. 798 Rn. 16.79; *Weggenmann*, Einordnungskonflikte, S. 248 f.; *ders.*, IStR 2002, 614 (621); *Engelen/Pötgens*, European Taxation 2000, 250 (267 f.); *Vogel*, SWI 2000, 103 (109).

652 BMF v. 24.12.1999, BStBl. I 1999, 1076 f. Rn. 1.2.3.

C. *Alternative: Übernahme des Besteuerungskonzepts des anderen Vertragsstaats*

Subjektive und die damit einhergehenden objektiven Qualifikationskonflikte lassen sich nach der hier vertretenen Auffassung durch eine wechselseitige Übernahme der jeweils praktizierten Besteuerungskonzepte umfassend vermeiden. Dabei ist zu ermitteln, ob für die Abkommensberechtigung auf die steuerlich subjektfähige Gesellschaft abgestellt werden kann, oder ob aufgrund der fiskalischen Transparenz der Gesellschaft ein Rückgriff auf die Gesellschafter erforderlich ist. Die abkommensrechtliche Position entweder der Gesellschaft oder des Gesellschafters begründet den Anknüpfungspunkt für die Besteuerung der Gesellschaft als Körperschaftsteuersubjekt oder der Gesellschafter als Einkommensteuersubjekte. Dazu ist es nicht erforderlich, von vornherein die Einstufung eines Vertragsstaats (etwa des Sitz-, Errichtungs- oder des Geschäftsleitungstaats) als maßgeblich zu erachten. Es ist ausreichend, dass ein Vertragsstaat aufgrund der Vorgaben seines innerstaatlichen Rechts (vgl. Art. 4 Abs. 1 DBA-Argentinien) von der unbeschränkten Steuerpflicht der Gesellschaft ausgeht, um deren abkommensrechtliche Ansässigkeit zu begründen. So können auch die (selteneren) Fälle einer Lösung zugeführt werden, in denen sich beispielsweise Sitz- bzw. Errichtungs- und Geschäftsleitungsstaat voneinander unterscheiden.

Der Vorteil dieser Vorgehensweise liegt insbesondere in der übereinstimmenden Anwendung der Verteilungsartikel durch die Vertragsstaaten. Gehen sowohl Argentinien als auch Deutschland bei einer Sociedad en Comandita Simple von deren steuerlicher Subjektfähigkeit aus und rechnen ihr infolgedessen abkommensrechtlich und innerstaatlich Einkünfte zu, wird ein subjektiver und in den allermeisten Fällen auch ein objektiver Qualifikationskonflikt ausbleiben. Die Klärung der Art des Qualifikationskonflikts und die damit verbundende, oftmals schwierige und im Hinblick auf ihre Praktikabilität in Frage zu stellende Einordnung nach der Ursache des Konflikts wird vermieden[653]. Darüber hinaus können auch Qualifikationskonflikte bereinigt werden, die infolge der Anwendung von Verteilungsartikeln mit abschließender Rechtsfolge auftreten. In diesen Fällen ist mangels Anwendbarkeit des Metho-

653 Vgl. die Ausführungen zum "abgeleiteten Qualifikationskonflikt" unter Art. 23 DBA-Mexiko (Teil 1), Kapitel 4, II.B.d.

denartikels eine Vermeidung der Doppel- oder Nichtbesteuerung nach dem Lösungsmodell der OECD ausgeschlossen.

Teil 3: Die Anden-Pakt-Staaten und Uruguay

Venezuela, Ecuador und Bolivien gehören der durch das Abkommen von Cartagena gegründeten Comunidad Andina (Anden-Pakt) an, die neben dem Ziel der Errichtung eines gemeinsamen Wirtschaftsraumes auch steuerrechtliche Implikationen aufweist.
Das von den Anden-Pakt-Staaten geschlossene multilaterale Doppelbesteuerungsabkommen "Entscheidung 578 der Kommission des Cartagena-Abkommens"[654] (Entscheidung 578), verpflichtet Venezuela, Kolumbien, Bolivien, Ecuador und Peru im Verhältnis zueinander, Einkünfte aus Quellen innerhalb ihres Hoheitsgebiets ausschließlich nach dem Territorialitätsprinzip zu besteuern. Die DBA Deutschlands mit Venezuela, Ecuador und Bolivien können auch bei der Besteuerung von in Deutschland ansässigen Personen Berührungspunkte mit den Vorgaben der Entscheidung 578 nach sich ziehen. Diese Abkommen und das DBA zwischen Deutschland und Uruguay sind Gegenstand der nachfolgenden Darstellung.
Zunächst soll jedoch eine systematische Einordnung der Vertragsstaaten hinsichtlich des jeweils für Personengesellschaften geltenden Besteuerungskonzepts vorgenommen werden, wobei die in Teil 1 und Teil 2 erörterten DBA Deutschlands mit Mexiko und Argentinien als Grundmodelle dienen werden. Die für diese DBA ermittelten abkommensrechtlichen Konsequenzen der jeweiligen, im innerstaatlichen Recht verankerten Konzepte sollen anschließend dem Prinzip nach auf die DBA Deutschlands mit Venezuela, Ecuador, Bolivien und Uruguay projiziert werden. Auf abkommensrechtliche oder innerstaatliche Besonderheiten wird speziell eingegangen.
Es sei vorangestellt, dass es sich bei sämtlichen DBA um "Altabkommen" handelt. Für die Anwendbarkeit der Vorgaben des OECD-MK – namentlich in Bezug auf Qualifikationskonflikte – gelten deshalb die zum DBA-Mexiko getroffenen Aussagen[655].

---

654 Zurückgehend auf die sogenannte "Decisión 40 de la Comisión del Convenio de Cartagena"; mittlerweile ersetzt durch Entscheidung 578 v. 04.05.2004 (Gaceta Oficial del Acuerdo de Cartagena No. 1063 v. 05.05.2004), in Kraft getreten am 01.01.2005.

655 Vgl. Teil 1, Kapitel 4, II.C.a.3.

Kapitel 1: DBA-Venezuela

I. Daten

Das Doppelbesteuerungsabkommen zwischen der Bundesrepublik Deutschland und der Republik Venezuela[656] wurde am 08.02.1995 in Caracas unterzeichnet[657]. Aufgrund von Problemen bei der Ratifikation in Venezuela ist das Abkommen jedoch erst am 19.08.1997 in Kraft getreten[658]. Die Vorschriften des DBA-Venezuela waren erstmals für den am 01.01.1997 beginnenden Veranlagungszeitraum anzuwenden.

II. Die venezolanische Steuer- und Abkommenspolitik

Das bis 1999 auf dem Territorialitätsprinzip basierende venezolanische Einkommensteuerrecht wurde durch das Welteinkommenprinzip ersetzt[659] und gilt aktuell in der am 28.12.2001 verabschiedeten Fassung (Ley de Impuesto Sobre la Renta,LISR)[660].

Die zeitliche Einordnung der unten aufgeführten DBA[661] verdeutlicht, dass Venezuela nicht erst seit der Übernahme des Welteinkommenprinzips den Abschluss von DBA zur Vermeidung der internationalen Doppelbesteuerung anstrebt. Das Territorialitätsprinzip ließ den Abschluss von DBA zunächst überflüssig erscheinen, zumal ausländische Einkünfte theoretisch nicht der venezolanischen Steuer unterlagen. Tatsächlich hat das Territorialitätsprinzip aber oftmals zu einer nicht vermeidbaren Doppelbesteuerung geführt, denn die Definition der aus venezolanischen Quellen stammenden und damit steuerbaren

656 Vollständige Bezeichnung: "Abkommen zwischen der Bundesrepublik Deutschland und der Republik Venezuela zur Vermeidung der Doppelbesteuerung auf dem Gebiet der Steuern vom Einkommen und vom Vermögen".

657 Deutsches Zustimmungsgesetz vom 25.04.1996, BGBl. II 1996, 727, BStBl. I 1996, 611.

658 BGBl. II 1997, 1809; BStBl. I 1997, 938.

659 Gaceta Oficial No. 5.390 v. 22.10.1999.

660 Gaceta Oficial No. 5.566 extraordinario v. 28.12.2001.

661 Belgien, Barbados, Tschechische Republik, Frankreich, Deutschland, Italien, Kanada, Niederlande, Norwegen, Portugal, Schweden, Schweiz, Spanien, Trinidad und Tobago, Vereinigtes Königreich, Indonesien und USA. Das DBA mit Mexiko wurde nach seiner Unterzeichnung nicht durch den mexikanischen Senat ratifiziert. Venezuela und Mexiko haben Neuverhandlungen vereinbart.

Einkünfte war weit gefasst und erstreckte sich auch auf Einkünfte, für die andere Staaten ebenfalls ein Besteuerungsrecht beanspruchten[662]. Die von Venezuela abgeschlossenen DBA begründeten in solchen Fällen einen originären Freistellungs- oder Anrechnungsanspruch.

Charakteristisch für die Abkommenspolitik Venezuelas[663] ist die Geltung des DBA allein für die venezolanische Einkommensteuer (LISR)[664]. Im Gegensatz zum DBA-Mexiko gilt das DBA-Venezuela folglich nicht für die in Venezuela erhobene – mit der mexikanischen IMPAC vergleichbaren – Steuer auf das Betriebsvermögen (Impuesto a los Activos Empresariales[665]) sowie die auf Gemeindeebene bestehende Gewerbesteuer (Patente Municipal de Industria y Comercio), die ebenfalls nicht an das Einkommen anknüpft.

III. Abkommensverhandlungen, Struktur des DBA-Venezuela

Das Inkrafttreten des DBA-Venezuela wurde durch den langwierigen Ratifizierungsprozess in Venezuela erheblich verzögert. Das Abkommen war bereits im Oktober 1992 paraphiert und am 08.02.1995 unterzeichnet worden, bevor es im Jahr 1997 in Kraft trat und mit Wirkung vom 01.01.1997 erstmals zur Anwendung kam.

Das DBA-Venezuela folgt der Struktur des OECD-MA 1992 und spiegelt die (damalige) Abkommenspolitik Deutschlands gegenüber Entwicklungsstaaten wider[666].

662 Ferner bereitete das Fehlen eines Betriebstättenkonzepts erhebliche Schwierigkeiten und Unsicherheiten bei der Beurteilung, ob eine nichtansässige Person in Venezuela über einen steuerlich relevanten Anknüpfungspunkt in Gestalt einer festen Einrichtung oder Betriebstätte verfügte; vgl. BNA 2000 (Venezuela), 993, A-24, A-62.

663 *Dörrfuß* in: Debatin/Wassermeyer, DBA (Venezuela), Art. 2 Rn. 33.

664 Lediglich das DBA Venezuela-Italien erstreckt sich auch auf die venezolanische Gewerbesteuer; weiterhin fällt die venezolanische Steuer auf das Betriebsvermögen in den Anwendungsbereich des DBA Venezuela-USA.

665 Gaceta Oficial No. 4.654 extraordinario v. 01.12.1993.

666 Vgl. *Dörrfuß* in: Debatin/Wassermeyer, DBA (Venezuela), Art. 1 Rn. 7.

IV. Stellung von DBA im Rechtssystem Venezuelas

Nach der Zustimmung durch die Asamblea Nacional und der Ratifikation durch den Präsidenten stehen völkerrechtliche Verträge in der venezolanischen Normenhierarchie über den internen Gesetzen[667]. Ein "treaty-override" durch Änderungen des nationalen Rechts ist somit weitgehend ausgeschlossen, denn das LISR ist rangmäßig als Kongress-Gesetz unter den Verfassungsnormen anzusiedeln und kann deshalb abkommensrechtliche Vorgaben nicht modifizieren.
Andererseits ist es – wie auch am Beispiel Mexikos gezeigt – denkbar, dass die Vorschriften des DBA-Venezuela im Einzelfall zu einer höheren Steuerlast führen, als dies bei Anwendung ausschließlich des innerstaatlichen, venezolanischen Rechts der Fall wäre. Im Gegensatz zu Mexiko schließt dies m. E. die Anwendung der Bestimmungen des DBA-Venezuela nicht aus. Geht man nämlich von dem (auch) in Venezuela geltenden Grundsatz aus, dass für die Erhebung einer Steuer eine gesetzliche Grundlage erforderlich ist (Art. 317 der Verfassung Venezuelas), so kann die Legitimation der durch das DBA entstehenden Steuerlast und damit die Erfüllung des Gesetzesvorbehalts in dem von der Asamblea Nacional verabschiedeten Zustimmungsgesetz gesehen werden. Anders als in Mexiko ist die venezolanische Legislative, auf deren Akte die Erhebung von Steuern zurückgehen muss, am Abschluss bzw. der Überprüfung von DBA beteiligt. Die Eingliederung in das Rechtssystem Venezuelas hängt maßgeblich von der Zustimmung der Legislative ab. Gleichwohl wird die steuerbegründende oder -erhöhende Wirkung eines DBA als allgemein anerkannter Grundsatz im venezolanischen Schrifttum abgelehnt[668].

V. Überblick über das Gesellschafts- und Steuerrecht Venezuelas

A. *Gesellschaften venezolanischen Rechts*

a. Allgemeines

Das venezolanische Recht kennt folgende Gesellschaftsformen, die jeweils den nebenstehenden deutschen Gesellschaftsformen entsprechen:

667 *Candal Iglesias*, Imposición a la Renta de las Sociedades en Venezuela, Kapitel XVII, 2.
668 *Candal Iglesias*, Imposición a la Renta de las Sociedades en Venezuela, Kapitel XVII., 2.; *Evans Márquez*, Régimen Jurídico de la Doble Tributación Internacional, S. 49.

- Sociedad oder Compañía Anónima (S.A.) – Aktiengesellschaft,
- Sociedad de Responsabilidad Limitada (SRL) – Gesellschaft mit beschränkter Haftung,
- Compañía oder Sociedad en Nombre Colectivo (SNC) – Offene Handelsgesellschaft,
- Compañía oder Sociedad en Comandita por Acciones (SC por Acciones) – Kommanditgesellschaft auf Aktien,
- Compañía oder Sociedad en Comandita Simple (SCS) – Kommanditgesellschaft,
- Contrato de Cuentas en Participación oder Asociación en Participación (AenP) – Stille bzw. atypisch stille Gesellschaft, auch joint venture sowie die
- Sociedad Civil (SC) – Gesellschaft bürgerlichen Rechts.

Eine Gesellschaft entsteht gemäß Art. 1649 des venezolanischen Código Civil[669] (CC) durch Vertrag zwischen zwei oder mehr Personen, die sich zur Einbringung von Vermögensgegenständen oder Arbeits-/Dienstleistungen zur Erreichung eines gemeinsamen wirtschaftlichen Zwecks verpflichten.
Mit Ausnahme des Contrato de Cuentas en Participación erlangen alle oben genannten Gesellschaften mit ihrer Registrierung durch die Oficina Subalterna de Registro Público (Art. 1651 Abs. 1 CC) bzw. durch ihre Eintragung im Handelsregister (Art. 1651 Abs. 2 CC i. V. m. Art. 212 f. CCom) eine eigenständige Rechtspersönlichkeit und sind als juristische Personen im Sinne der Art. 15, 19 No. 3 CC Träger von Rechten und Pflichten.
Für Handelsgesellschaften gelten neben den (und teilweise anstelle der) allgemeinen gesellschaftsrechlichen Vorschriften des Código Civil die Regelungen des Código de Comercio (CCom)[670]. Art. 200 Abs. 1 CCom definiert Handelsgesellschaften (Sociedades Mercantiles) als Gesellschaften, die die Durchführung eines oder mehrerer Handelsgeschäfte zum Ziel haben.
Zu den Handelsgesellschaften gehören nach den Vorgaben des Art. 200 CCom weiterhin die Compañia en Nombre Colectivo, die Compañia en Comandita (Simple oder por Acciones) und die Asociación oder Cuentas en Participación (Art. 201 CCom). Letztere ist jedoch keine juristische Person (Art. 201 a. E. CCom). Für alle Gesellschaftsformen gilt, dass ihr Sitz an dem im Gesell-

669 Gaceta Oficial No. 2.990 extraordinario v. 26.07.1982.

670 Art. 200 Abs. 2 CCom bestimmt, dass sich die Rechtsverhältnisse einer Handelsgesellschaft nach dem Gesellschaftsvertrag, dem Código de Comercio und dem Código Civil richten.

schaftsvertrag bestimmten Ort liegt; fehlt es an einer diesbezüglichen Regelung, ist auf die zentrale Geschäftseinrichtung der Gesellschaft abzustellen (Art. 203 CCom).

b. Personengesellschaften

1. Handelsgesellschaften

Sämtliche Personenhandelsgesellschaften bedürfen gemäß Art. 211 CCom eines schriftlichen Gesellschaftsvertrags[671]. Der Gesellschaftsvertrag ist zwecks Registrierung der Gesellschaft dem sogenannten Tribunal de Comercio vorzulegen. Weiterhin ist ein Auszug mit Informationen betreffend die Gesellschafter, Firma der Gesellschaft, Geschäftsführer, Wert der Einlagen sowie der Beginn der Geschäftstätigkeit in der regionalen Zeitung zu veröffentlichen (Art. 212 f. CCom). Sind die Voraussetzungen der Gesellschaftsgründung nicht oder nicht ordnungsgemäß erfüllt, gilt die Gesellschaft als nicht rechtmäßig gegründet (Art. 219 CCom). Die Gesellschafter haften in diesem Fall – ungeachtet der beabsichtigten Rechtsform der Gesellschaft bzw. der Abreden des Gesellschaftsvertrags – persönlich und unbeschränkt für die im Zuge der bereits entfalteten Geschäftstätigkeit begründeten Verpflichtungen. Jeder Gesellschafter kann die Auflösung der fehlerhaften Gesellschaft verlangen (Art. 220 Abs. 1 CCom).

Die Beendigung bzw. Auflösung einer Handelsgesellschaft kann gemäß Art. 340 CCom – neben den gesellschaftsvertraglich bestimmten Fällen – aus folgenden Gründen erfolgen: Zeitablauf, Unerreichbarkeit des mit der Gesellschaft verfolgten Zwecks, Erreichung dieses Zwecks, Insolvenz bzw. Verlust des gesamten Kapitals, Beschluss der Gesellschafter sowie durch die Einbringung der Gesellschaft in eine andere Gesellschaft.

Der Zusammenschluss von Handelsgesellschaften durch Fusion ist in Art. 343 f. Ccom geregelt. Die Art. 347 f. CCom enthalten Bestimmungen zur Ab-wicklung und Liquidation einer Handelsgesellschaft. Soweit für die hier interessierenden Sociedad en Nombre Colectivo und Sociedad en Comandita

671 Eine notarielle Beurkundung ist nicht zwingend erforderlich und richtet sich nach den Pflichten, die durch den Gesellschaftsvertrag begründet werden. Besteht für diese eine Beurkundungspflicht, bedarf auch der Gesellschaftsvertrag der notariellen Beurkundung.

Simple spezielle Bestimmungen vorgesehen sind, werden diese im Folgenden dargestellt.

(a) Compañia oder Sociedad en Nombre Colectivo (SNC)

Art. 201 N° 1 CCom definiert die Sociedad en Nombre Colectivo als eine unter einer Firma betriebene Gesellschaft, im Rahmen derer die Gesellschafter für die Erfüllung der gesellschaftlichen Verpflichtungen gemeinschaftlich und unbeschränkt haften.
Ohne Zustimmung der anderen Gesellschafter ist einem jeden Gesellschafter die Beteiligung an einer weiteren SNC mit demselben Geschäftsgegenstand untersagt. Weiterhin darf der Gesellschafter keine Geschäfte, die ihrer Art nach von der Gesellschaft betrieben werden, für eigene Rechnung tätigen (Art. 232, 233 CCom). Bei Zuwiderhandlung hat der Gesellschafter das Erlangte an die Gesellschaft herauszugeben und ist überdies nach Maßgabe des Art. 234 CCom schadensersatzpflichtig.
Ein Gesellschafter kann von der Gesellschaft ausgeschlossen werden, wenn er seine Einlage nicht leistet, seine Gesellschafterstellung missbraucht oder sich eine – aufgrund von Insolvenz oder fehlender Geschäftsfähigkeit – nicht (mehr) bestehende Geschäftsführer- oder Vertretungsbefugnis anmaßt (Art. 337 Abs. 1 CCom). Der Ausschluss eines Gesellschafters aus der Gesellschaft führt nicht zu deren Beendigung (Art. 338 CCom). Demgegenüber führen der Tod, die Geschäftsunfähigkeit und die Insolvenz eines Gesellschafters – soweit keine anderslautende Abrede besteht – zur Auflösung der SNC (Art. 341 CCom). Die Abwicklung bzw. Liquidation einer SNC erfolgt gemäß Art. 348 CCom durch den oder die Geschäftsführer.

(b) Compañia oder Sociedad en Comandita Simple (SCS)

Die Sociedad en Comandita Simple ist gemäß Art. 201 N° 2 CCom eine Gesellschaft, die unter einer Firma betrieben wird, wobei ein oder mehrere unbeschränkt und gemeinschaftlich haftende(r) Gesellschafter (socios solidarios oder comanditantes) sowie ein oder mehrere beschränkt haftende(r) Gesellschafter (socios comanditarios) für die Erfüllung der gesellschaftlichen Verpflichtungen einstehen.

Die Geschäftsführung einer SCS darf nur von einem oder mehreren Komplementären ausgeübt werden (Art. 235 Abs. 1 CCom). Die Komplementäre einer SCS unterliegen ebenfalls den für die Gesellschafter einer SNC geltenden Tätigkeitsbeschränkungen bzw. Wettbewerbsverboten der Art. 232 und 233 CCom.

Der Ausschluss von Gesellschaftern richtet sich nach den für die SNC bestimmten Voraussetzungen (Art. 337 f. CCom). Der Tod, die Geschäftsunfähigkeit und die Zahlungsunfähigkeit eines Komplementärs einer SCS führen grundsätzlich zu deren Auflösung. Der Gesellschaftsvertrag kann jedoch die Fortsetzung der Gesellschaft bestimmen. Die Liquidation einer aufgelösten SCS obliegt dem oder den Geschäftsführer(n), soweit kein Liquidationsverwalter bestellt wird (Art. 348 CCom).

2. Weitere Personengesellschaften oder Personenvereinigungen

(a) Sociedad Civil (SC)

Die mit der Gesellschaft bürgerlichen Rechts i. S. v. §§ 705 f. BGB vergleichbare Sociedad Civil venezolanischen Rechts entsteht durch einen Vertrag zwischen zwei oder mehr Personen, die sich zur Einbringung von Vermögensgegenständen oder Arbeits- bzw. Dientsleistungen zur Erreichung eines gemeinsamen, wirtschaftlichen Zwecks verpflichten.

Soweit im Gesellschaftsvertrag keine Terminierung erfolgt, gilt die Gesellschaft als auf unbestimmte Zeit gegründet (Art. 1653 CC). Auch die Geschäftsführung richtet sich grundsätzlich nach den Vorgaben des Gesellschaftsvertrags. Enthält dieser keine Bestimmungen, so gilt jeder Gesellschafter als geschäftsführungsbefugt (Art. 1668 CC).

Die Gesellschafter haften gemäß Art. 1671 CC nicht gemeinschaftlich für die Schulden der Gesellschaft. Darüber hinaus kann ein Gesellschafter die anderen Gesellschafter ohne deren Zustimmung nicht wirksam gegenüber Dritten verpflichten. Haften nach den zuletzt dargestellten Grundsätzen mehrere Gesellschafter, so sind diese anteilig und zu gleichen Teilen (unabhängig von der Höhe der Einlage) verpflichtet. Eine gesamtschuldnerische Haftung besteht nicht (Art. 1672 CC).

Die in Art. 1673 CC geregelten Auflösungs- bzw. Beendigungsgründe stimmen mit denen für die SNC und SCS vorgesehenen Tatbeständen überein. Die

Gesellschaft behält ihren Status als eine solche bei, bis die Liquidation nach den Vorschriften der Art. 1680 f. CC erfolgt ist. Die Geschäftsführungsbefugnis der Gesellschafter entfällt (Art. 1682 Abs. 1 CC). Die Aufteilung des Gesellschaftsvermögens hat – soweit keine anderweitige, gesellschaftvertragliche Bestimmung vorliegt – nach den für Miterben geltenden Vorschriften zu erfolgen.

(b) Cuentas oder Asociación en Participación (AenP)

Die Asociación en Participación ist ein vertragliches Verhältnis, in dem ein Kaufmann oder eine Handelsgesellschaft eine oder mehrere Personen an den Gewinnen und Verlusten einer oder der gesamten von ihr ausgeübten Geschäftstätigkeit beteiligt (Art. 359 CCom). Die AenP unterliegt nicht den für die Gründung von Handelsgesellschaften geltenden Voraussetzungen. Gleichwohl sollen die im Rahmen der AenP eingegangenen Verpflichtungen des Asociante und der Participantes schriftlich fixiert werden (Art. 364 CCom). Die AenP ist keine juristische Person; gegenüber Dritten tritt lediglich der Kaufmann bzw. die Handelsgesellschaft (Asociante) in Erscheinung, d. h. ein Schuldverhältnis wird nur zwischen diesen Parteien begründet (Art. 360 CCom). Die am Gewinn oder Verlust beteiligten Participantes haben keine Eigentumsrechte in Bezug auf die Vermögensgegenstände, die im Rahmen der Geschäftstätigkeit des Asociante verwendet werden; dies gilt selbst dann, wenn es sich dabei um die vom Participante geleistete Einlage handelt (Art. 361 CCom).

B. *Einkommensteuerrecht*

a. Steuersubjekte

Das venezolanische Einkommensteuergesetz (LISR) gilt sowohl für natürliche als auch für juristische Personen. Eine in Venezuela ansässige Person unterliegt mit ihrem Welteinkommen der Einkommensteuer (Art. 1 Abs. 2 S. 1 LISR)[672].

672 Das venezolanische LISR umfasst mit dem Begriff der "Bereicherung" auch solche Vermögenszuwächse, die allein das (nicht zur Einkünfteerzielung genutzte) Privatvermögen einer Person betreffen. Deshalb gehen die gesamten Einkünfte – auch Veräußerungsgewinne – bei allen Personen ausnahmslos in die steuerliche Bemessungsgrundlage ein; vgl. *Candal Iglesias*, Imposición a la Renta de las Sociedades en Venezuela, Kapitel V, 1.

Natürliche oder juristische Personen, die nicht in Venezuela ansässig sind, sind nur mit solchen Einkünften steuerpflichtig, deren "Quelle oder Ursache" in Venezuela liegt (Art. 1 Abs. 2 S. 2 LISR: "fuente o causa"). Unterhält eine natürliche oder juristische Person eine in Venezuela gelegene Betriebstätte oder feste Einrichtung, so sind die der Betriebstätte oder der festen Einrichtung zuzurechnenden Einkünfte (aus ausländischen oder inländischen) Quellen gemäß Art. 1 Abs. 3 LISR einkommensteuerpflichtig.

Gemäß Art. 7 LISR sind die Einkünfte folgender Personen, Gesellschaften oder Personenvereinigungen nach Maßgabe des LISR zu versteuern[673]:

- natürliche Personen (personas naturales) [Buchst. a)],
- Compañía Anónima, Sociedad de Responsabilidad Limitada – Aktiengesellschaften und Gesellschaften mit beschränkter Haftung [Buchst. b)],
- Sociedad en Nombre Colectivo, Sociedad en Comandita Simple, "otras sociedades de personas, incluidas las irregulares o de hecho" (offene Handelsgesellschaften, Kommanditgesellschaften sowie andere – auch fehlerhafte oder faktische – Personenvereinigungen) [Buchst. c)],
- Personen, die Einkünfte aus der Förderung von Erdöl und ähnlichen Tätigkeiten beziehen [Buchst. d)],
- alle übrigen, unter den voranstehenden Buchstaben nicht genannten Gesellschaften, Personenvereinigungen und Stiftungen mit Gewinnerzielungsabsicht [Buchst. e)][674]
- und die in Venezuela gelegenen Betriebstätten oder festen Einrichtungen [Buchst. f)].

Lediglich der Veräußerungsgewinn aus dem Verkauf von Immobiliareigentum, das dem Steuerpflichtigen als Wohnung gedient hat, ist gemäß Art. 17 LISR von der Besteuerung ausgenommen, wenn der Veräußerungspreis innerhalb einer Frist von zwei Jahren reinvestiert wird.

673 Art. 7 LISR trifft trotz der Anknüpfung an Personen keine abschließende Aussage hinsichtlich ihrer steuerlichen Subjektfähigkeit.

674 Hierunter fallen die sogenannten "consorcios". Dabei handelt es sich um einen der Arbeitsgemeinschaft oder dem joint venture ähnlichen, temporären Zusammenschluss juristischer Personen. Consorcios sind wie Personengesellschaften fiskalisch transparent; vgl. *Candal Iglesias*, Imposición a la Renta de las Sociedades en Venezuela, Kapitel III, 6.3.

Das venezolanische Steuerrecht übernimmt die zivilrechtliche Einstufung der im Código de Comercio vorgesehenen Gesellschaftsformen[675] als Kriterium ihrer steuerlichen Subjektfähigkeit nur teilweise. Lediglich die Sociedad Anónima, die Sociedad de Responsabilidad Limitada und die Sociedad en Comandita por Acciones sind eigenständige Steuersubjekte. Für die Sociedad en Comandita por Acciones folgt dies nicht ausdrücklich aus der Aufzählung in Art. 7 Abs. 1 Buchst. b) LISR; sie ist aber der Sociedad Anónima und der Sociedad de Responsabilidad Limitada steuerlich gleichgestellt (Art. 7 Abs. 2 Par. 1° LISR).

Die Einkünfte von Personengesellschaften (sociedades de personas), d. h. der Sociedad en Nombre Colectivo, der Sociedad en Comandita Simple, der Sociedad Civil und anderer Personenvereinigungen wie z. B. der Asociación en Participación werden nicht auf der Ebene der Gesellschaft, sondern bei den Gesellschaftern besteuert. Die Gesellschaft als solche wird lediglich für Haftungszwecke als eigenständige Person anerkannt[676]. Darüber hinaus wird der Personengesellschaft im Rahmen der Gewinnermittlung eine gewisse Eigenständigkeit bzw. partielle Subjektfähigkeit zuerkannt (Art. 10 Abs. 1 LISR).

Einen Sonderfall bilden Personengesellschaften (gleich welcher Rechtsform), die erdölbezogene Tätigkeiten im Sinne von Art. 7 Abs. 1 Buchst. d) LISR entfalten. Ihre Einkünfte werden stets auf der Gesellschaftsebene besteuert[677].

Die vorangehenden Ausführungen zur fiskalischen Transparenz von Personengesellschaften gelten grundsätzlich nur für inländische, venezolanische Gesellschaften. Ausländische Gesellschaften werden – soweit sie in Venezuela steuerpflichtige Einkünfte erzielen – als eigenständige Steuersubjekte behandelt. Dies folgt aus Art. 9 Abs. 2 LISR, wonach "ausländische Gesellschaften" (sociedades extranjeras) dem für Aktiengesellschaften geltenden Tarif unterliegen (Art. 52 LISR). Ausländische Gesellschaften sind demnach ungeachtet ihrer Rechtsform für die Entrichtung der Steuer, die im Falle einer inländischen (venezolanischen) Gesellschaft bei den Gesellschaftern zu erheben wäre, verantwortlich. Die Einkünfte einer ausländischen Personengesellschaft werden nicht bei den Gesellschaftern mit für dem für natürliche Personen geltenden

675 Vgl. die Darstellung unter V.A.b.

676 So z. B. wenn ein Gesellschafter seinen steuerlichen Verpflichtungen nicht nachkommt.

677 Art. 12 Reglamento de la Ley de Impuesto sobre la Renta (RLISR, Verordnung No. 2.507 v. 11.07.2003) i. V. m. Art. 11 LISR. Das Transparenzprinzip gilt demnach nur für Personengesellschaften, die andere als die in Art. 11 LISR genannten Einkünfte (Erdölförderung und verwandte Tätigkeiten) beziehen.

progressiven Einkommensteuertarif besteuert, sondern die Gesellschaft selbst unterliegt dem Körperschaftsteuertarif von 15 %, 22 % oder 34 %.

b. Ansässigkeit – Unbeschränkte Steuerpflicht

Die steuerrechtliche Ansässigkeit i. S. v. Art. 1 Abs. 2 LISR knüpft für natürliche und juristische Personen an die Kriterien "residencia" und "domicilio" an. Letztere entsprechen den Begriffen "Wohnsitz" oder "Sitz". Die Ausdrücke "residencia" und "domicilio" werden in den Art. 30, 32 des Código Orgánico Tributario (COT)[678] jeweils für natürliche und juristische Personen definiert.

1. Natürliche Personen

Gemäß Art. 30 Nr. 1 COT ist eine natürliche Person in Venezuela ansässig, wenn sie sich für einen Zeitraum von mehr als 183 – nicht notwendig aufeinander folgenden – Tagen in Venezuela aufhält, oder wenn dies im unmittelbar vorangehenden Veranlagungszeitraum (Kalenderjahr) der Fall war. Eine natürliche Person ist weiterhin in Venezuela ansässig, wenn sie ihren Wohnsitz in Venezuela hat, es sei denn, die Person hält sich für mehr als 183 – nicht notwendig aufeinander folgende – Tage in einem anderen Staat auf und kann nachweisen, dass sie in diesem Staat für Zwecke der Einkommensteuer ansässig ist (Art. 30 Nr. 2 COT).

2. Juristische Personen

Eine juristische Person ist gemäß Art. 30 Nr. 4 COT in Venezuela ansässig und damit unbeschränkt körperschaftsteuerpflichtig, wenn sie nach venezolanischem Recht gegründet wurde oder ihren Sitz in Venezuela hat. Letzteres ist der

678 Código Orgánico Tributario, Gaceta Oficial No. 37.305 v. 17.10.2001. Teilweise werden die Begriffe nebeneinander verwendet; grundsätzlich ist davon auszugehen, dass den Ausdrücken "domicilio" und "residencia" im venezolanischen Steuerrecht dieselbe Bedeutung zukommt; vgl. *Candal Iglesias*, Imposición a la Renta de las Sociedades en Venezuela, Kapitel II, 6.4.3.

Fall, wenn einer der folgenden örtlichen Anknüpfungspunkte in Venezuela liegt (Art. 32 COT):

- die (tatsächliche) Geschäftsleitung (Nr. 1),
- falls der Sitz anhand der Nr. 1 nicht ermittelt werden kann: das Zentrum der Aktivitäten (Nr. 2),
- falls die Ermittlung nach Nr. 1 und Nr. 2 nicht möglich ist: der Ort, an dem der steuerliche relevante Tatbestand erfüllt wird (Nr. 3), oder
- der Ort des Sitzes wird – wenn die in den Nummern 1 bis 3 festgelegten Kriterien zu keinem Ergebnis führen – durch die venezolanische Finanzverwaltung (Administración Tributaria) festgelegt.

Die Feststellung der Nichtansässigkeit einer Person ist grundsätzlich vor dem Hintergrund der vorangehend dargestellten Kriterien nach dem Ausschlussprinzip zu ermitteln. Gleichwohl bestimmt Art. 30 Nr. 4 COT, dass eine im Ausland errichtete juristische Person unter den gesetzlich geregelten Voraussetzungen ihren Sitz in Venezuela haben kann. Diesbezüglich bestimmt Art. 354 Abs. 2 CCom, dass Gesellschaften, die nach ausländischem Recht gegründet wurden und in Venezuela eine Niederlassung unterhalten, als in Venezuela ansässige Personen gelten. Hieran wird jedoch – z. B. im Fall einer Betriebstätte – nicht die Konsequenz der unbeschränkten Steuerpflicht der juristischen Person in Venezuela geknüpft. Für die Besteuerung wird weiterhin die Betriebstätte als eigenständiges Subjekt behandelt. Ferner unterliegen nur diejenigen Einkünfte dem venezolanischen Steueranspruch, die der Betriebstätte zurechenbar sind[679].

c. Unternehmensbesteuerung

1. Unternehmensbegriff

Das venezolanische Einkommensteuergesetz verwendet wie das DBA-Venezuela den Begriff "Unternehmen" (empresa bzw. actividades empresariales). Das LISR enthält keine Legaldefinition dieses Ausdrucks; seine Bedeutung und

679 Vgl. *Candal Iglesias*, Imposición a la Renta de las Sociedades en Venezuela, Kapitel II, 6.4.3. Zur Subjektfähigkeit der Betriebstätte im LISR vgl. auch die Ausführungen unter V.B.d.2.

Reichweite lassen sich aber über Umschreibungen in Art. 201 Abs. 3 der Durchführungsverordnung zum LISR (RLISR) und Art. 1 der Vermögensteuer auf das Betriebsvermögen (LIAE) erschließen. Danach umfasst eine unternehmerische Tätigkeit gemäß Art. 201 Abs. 3 RLISR Aktivitäten wie Handel (comercio), Gewerbe (industria), Dienstleistungen (servicios), die Ausbeutung bzw. den Abbau von Bodenschätzen und Erdölquellen (explotación de minas e hidrocarburos) sowie vergleichbare Tätigkeiten. Darüber hinaus verdeutlicht Art. 173 Abs. 4 Par. 1° LISR[680], dass das venezolanische Konzept des "Unternehmens" nicht notwendig einen Handelsbetrieb oder eine kaufmännische Tätigkeit zum Gegenstand haben muss. Land- und forstwirtschaftliche Aktivitäten hingegen gehören bei Zugrundelegung der Definition in Art. 201 Abs. 3 RLISR nicht zum venezolanischen Unternehmensbegriff. Dies folgt auch aus dem Zusammenhang des LISR, in dem diese Tätigkeiten regelmäßig als "actividades agrícolas" oder "actividades forestales" bezeichnet werden. Zudem wird ein Teilbereich der Nutzung natürlicher Ressourcen betreffend den Abbau von Bodenschätzen eigens in der oben wiedergegebenen Definition des Begriffs "Unternehmen" genannt. Dies spricht gegen eine umfassende Einbeziehung jeglicher Aktivitäten im Bereich der Bodenbewirtschaftung bzw. der Nutzung natürlicher Ressourcen in den Unternehmensbegriff.

Die auf der Basis des LIAE erhobene Steuer bezieht sich ihrer Bezeichnung nach zwar auf "Unternehmensvermögen" (Ley de Impuesto a los Activos *Empresariales*), erfasst aber nicht das Vermögen selbständig Tätiger im Sinne des Art. 201 Abs. 3 RLISR, die für Zwecke des Einkommensteuerrechts als "Unternehmer" angesehen werden. Im Ergebnis wird daher der in Art. 201 Abs. 3 RLISR für Zwecke der Einkommensteuer bestimmte Unternehmensbegriff – und damit die Einbeziehung selbständig Tätiger – als maßgeblich anzusehen sein. Die venezolanische Vermögensteuer fällt überdies nicht in den sachlichen Anwendungsbereich des DBA-Venezuela, weshalb von einem Rückgriff auf die Definitionen der Vermögensteuer zur Ermittlung des Unternehmensbegriffs seitens Venezuelas nicht auszugehen ist.

680 Die Vorschrift nimmt Bezug auf unternehmerische Tätigkeiten, die nicht im Betreiben von Handel bestehen (actividades empresariales *no mercantiles*).

2. Grundsätze und Systematik der Einkommensermittlung für Unternehmen

Die Ermittlung der im venezolanischen Steuerrecht maßgeblichen weltweiten "Nettobereicherung" (enriquecimiento neto global) eines Unternehmens erfolgt getrennt nach Einkünften aus inländischen und ausländischen Quellen (Art. 4 Abs. 2 LISR). Dabei werden im ersten Schritt von den Bruttoeinkünften die so genannten "Kosten" (costos) und daran anschließend die sonstigen Betriebsausgaben (deducciones) abgezogen. Das Ergebnis ist die zu versteuernde Nettobereicherung.

(a) Kosten

Durch Abzug der auf veräußerte Produkte und im Inland geleistete Dienste entfallenden Kosten von den Bruttoeinkünften ist das Bruttoeinkommen zu ermitteln (Art. 21 LISR). Die Berechnung ist für inländische und ausländische Einkünfte getrennt vorzunehmen (Art. 21 Abs. 2 LISR), d. h. von den Einkünften aus inländischen Quellen dürfen nur die hiermit zusammenhängenden "inländischen Kosten", von den Einkünften aus ausländischen Quellen nur die diesen zuzuordnenden "ausländischen Kosten" abgezogen werden. Art. 23 Abs. 1 LISR bestimmt für diesen Zweck, welche Kosten als im Inland verursacht gelten.
Der Begriff "Kosten" wird in den Art. 36 ff. der Durchführungsverordnung zum LISR (RLISR) für einzelne Aktivitäten und Wirtschaftsgüter spezifiziert. Die Ermittlung, Zuordnung und Abzugsfähigkeit der Kosten ist vergleichbar mit der Differenzierung zwischen aktivierungspflichtigen Anschaffungskosten des Anlagevermögens und den sofort abzugsfähigen Kosten des Umlaufvermögens im deutschen EStG. Entfallen Kosten auf Wirtschaftsgüter, die der Abschreibung für Abnutzung unterliegen, sind diese Ausgaben den Anschaffungs- bzw. Herstellungskosten hinzuzurechnen und mithin als Teil der Bemessungsgrundlage im Rahmen der jährlich vorzunehmenden AfA zu berücksichtigen.

(b) (Sonstige) Betriebsausgaben

Im Anschluss an die Ermittlung des Bruttoeinkommens erfolgt der Ausgabenabzug (deducciones) nach Art. 27 LISR. Als allgemeine Voraussetzung für die Abzugsfähigkeit von Ausgaben gilt, dass die Zahlungen nicht zu den vorangehend erörterten Kosten i. S. v. Art. 21 LISR gehören, im Inland zum Zweck der Einkünfteerzielung getätigt werden und "üblich und notwendig" sind. Sind diese Vorgaben als grundsätzliche Bedingungen für den Ausgabenabzug erfüllt, so sind einerseits die in Art. 27 Abs. 1 LISR ausdrücklich geregelten Betriebsausgaben und andererseits auch sonstige, nicht explizit genannte Ausgaben vom Bruttoeinkommen abziehbar[681].

Die zeitliche Zuordnung von Ausgaben erfolgt, soweit nichts anderes bestimmt ist, gemäß Art. 5 i. V. m. Art. 32 Abs. 1 LISR nach dem Verursachungsprinzip. Das Zu- und Abflussprinzip gilt für die in Art. 5 LISR aufgezählten Einkünfte. Darunter fallen die Bezüge aus der entgeltlichen Überlassung von beweglichem oder unbeweglichem Vermögen, Dividenden, Lizenzgebühren, Einkünfte aus nichtselbständiger Tätigkeit und aus nicht gewerblichen Berufen (profesiones no mercantiles) sowie der Gewinn aus der Veräußerung von unbeweglichem Vermögen.

Die aus ausländischen Quellen stammende "Nettobereicherung" eines in Venezuela ansässigen Unternehmens ist gleichfalls nach dem oben erläuterten Muster – jedoch getrennt vom inländischen Unternehmensgewinn – zu ermitteln (Art. 21 Abs. 2 i. V. m. Art. 4 Abs. 2 LISR). Abzugsfähig vom Bruttoeinkommen im Sinne der "deducciones" sind nur im Ausland verursachte Ausgaben, die für die Unternehmenstätigkeit des Steuerpflichtigen üblich und notwendig sind (Art. 27 Abs. 17 Par. 16° LISR). Als Orientierungssmaßstab dienen die nach den Vorschriften des LISR abzugsfähigen Ausgaben, die in Venezuela von einem vergleichbaren Unternehmen getätigt werden. Ausländische Belege sind in spanischer Übersetzung vorzulegen.

681 Art. 27 Abs. 1 Nr. 22 LISR stellt klar, dass die Auflistung abzugsfähiger Betriebsausgaben in Art. 27 Abs. 1 LISR keinen abschließenden Charakter hat ("...alle weiteren Kosten, die im Zusammenhang mit der Einkünfteerzielung stehen und normal und üblich sind...").

Abschreibungsmethoden und -sätze werden im LISR nicht näher bestimmt; Anhaltspunkte ergeben sich jedoch aus der Durchführungsverordnung zum Einkommensteuergesetz (RLISR), auf die Art. 27 Abs. 1 Nr. 5 LISR verweist. Gemäß Art. 56 RLISR trägt die Abschreibung dem Wertverlust von körperlichen Wirtschaftsgütern während des Besteuerungszeitraums Rechnung. Der Abschreibung für Abnutzung sind nur körperliche Wirtschaftsgüter zugänglich, die sich in Venezuela befinden. Die Abschreibungsmethode ist grundsätzlich linear, kann aber auch nach sogenannten Produktionseinheiten durchgeführt oder mit der venezolanischen Finanzverwaltung abgestimmt werden. Die Änderung der Abschreibungsmethode ist ohne vorherige Erlaubnis der Finanzverwaltung nicht zulässig (Art. 57, 58 LISR).

(c) Abzugsverbote

Löhne, Gehälter und Vergütungen an Angehörige (Ehegatte und minderjährige Kinder) des Steuerpflichtigen sowie an den Steuerpflichtigen selbst dürfen nicht vom Bruttoeinkommen abgezogen werden (Art. 27 Abs. 2 Par. 1° LISR).
Im Hinblick auf eine Personengesellschaft ist der "Steuerpflichtige selbst" im Sinne des Abzugsverbots in Art. 27 Abs. 2 Par. 1° LISR auch der Gesellschafter einer Compañia en Nombre Colectivo, einer Sociedad Civil, einer fehlerhaften bzw. faktischen Gesellschaft sowie der Komplementär einer Compañia en Comandita Simple. Tätigkeitsvergütungen, die Gesellschafter von einer der vorangehend genannten Gesellschaften erhalten, schlagen sich folglich nicht als abzugsfähige Ausgaben in der Bilanz der Personengesellschaft nieder. Die Vergütungen zählen zum Gesellschaftsgewinn und werden dem empfangenden Gesellschafter als Gewinnanteil zugerechnet.
Die Tätigkeitsvergütung eines Kommanditisten im Dienst der Compañia en Comandita Simple darf gemäß Art. 27 Abs. 3 Par. 2° LISR bis zu einem Betrag von 15 % der Bruttoeinkünfte des Unternehmens abgezogen werden.

(d) Verluste

Das venezolanische Steuerrecht erlaubt grundsätzlich den horizontalen und mit Einschränkungen den vertikalen Verlustausgleich. Ein Verlustrücktrag ist nicht möglich, wohl aber ein Verlustvortrag bis zu einem Zeitraum von drei Jahren ab dem Verursachungsjahr (Art. 55 Abs. 1 LISR, Art. 129 RLISR). Beim horizontalen Verlustausgleich dürfen ausländische Verluste nur mit ausländischen Gewinnen verrechnet werden (Art. 55 LISR). Gemäß Art. 33 LISR sind Verluste, die im Zusammenhang mit einer Beteiligungsveräußerung, Liquidation oder Kapitalherabsetzung erlitten wurden, nur berücksichtigungsfähig, wenn a) die Anschaffungskosten nicht höher als der Börsenwert der Aktien bzw. Beteiligung ist (falls keine Börsennotierung: Buchwert), und b) der Veräußerer zum Zeitpunkt der Veräußerung mindestens seit zwei Jahren ununterbrochen Eigentümer der Aktien bzw. Anteile ist, *und* c) das Unternehmen, dessen Aktien/ Anteile veräußert werden, während der letzten zwei Wirtschaftsjahre eine wirtschaftliche Tätigkeit ausgeübt hat.

Art. 128 RLISR stellt klar, dass – als Konsequenz des Trennungsprinzips – die von juristischen Personen erlittenen Verluste nicht bei der Ermittlung der Nettobereicherung ihrer Aktionäre oder Gesellschafter berücksichtigt werden können. Die von Personengesellschaften erlittenen Verluste werden anteilig den Gesellschaftern zugewiesen, was wiederum dem für Personengesellschaften geltenden Transparenzprinzip entspricht (Art. 128 2. Hs. RLISR).

(e) Steuersätze

In Venezuela ansässige, juristische Personen unterliegen mit ihrer Nettobereicherung der sogenannten Tarifa No. 2 (Art. 52 i. V. m. Art. 9 LISR). Je nach Anzahl der erreichten Steuereinheiten (unidades tributarias) beträgt der Steuersatz 15 %, 22 % oder 34 %. Für natürliche, in Venezuela ansässige Personen gilt die Tarifa No. 1 (Art. 50 LISR) mit einem progressiven Steuersatz von 6-34 %. Die Nettobereicherung aus der Ausbeutung von Erdöl- und Erdgasvorkommen sowie aus verwandten Tätigkeiten unterliegt einem Steuersatz von 60 % [Art. 53 Buchst. a) i. V. m. Art. 11 LISR]. Lizenzgebühren, die im Zusammenhang mit den vorangehend genannten Aktivitäten erzielt werden, unterliegen einem Steuersatz von 50 % [Art. 53 Buchst. b) i. V. m. Art. 12 LISR][682].

682 Vgl. hierzu die Abgrenzung von Art. 7 DBA-Venezuela zu anderen Verteilungsartikeln unter Art. 7 DBA-Venezuela, II.C.

d. Betriebstätten

1. Das Betriebstättenkonzept des LISR

Seit der Einführung des Welteinkommenprinzips im Jahr 1999 ist auch das Konzept der Betriebstätte (establecimiento permanente) bzw. der festen Einrichtung (base fija) im venezolanischen Steuerrecht verankert[683]. Art. 1 Abs. 2 S. 2 LISR bestimmt, dass das Unterhalten einer in Venezuela gelegenen Betriebstätte durch eine im Ausland ansässige (natürliche oder juristische) Person die beschränkte Steuerpflicht auslöst. Dies geht auch aus Art. 6 Abs. 2 Buchst. b) LISR hervor, wonach der Gewinn einer in Venezuela gelegenen Betriebstätte zu den steuerbegründenden Tatbeständen im Sinne der "in Venezuela verursachten Einkünfte" gehört.

Die Steuerpflicht umfasst gemäß Art. 1 Abs. 3 LISR das der Betriebstätte zuzurechnende Welteinkommen. Wie im argentinischen LIG wird der venezolanischen Betriebstätte einer nichtansässigen Person steuerliche Subjektfähigkeit zuerkannt [Art. 7 Abs. 1 Buchst. f) LISR].

Art. 7 Abs. 4 Par. 3° LISR zählt verschiedene Einrichtungen und Aktivitäten auf, die – soweit in Venezuela gelegen bzw. ausgeübt – eine venezolanische Betriebstätte i. S. v. Art. 1 Abs. 2 S. 2 LISR begründen:

- eine feste Geschäftseinrichtung oder jeglicher Ort, an dem sich die Tätigkeit einer Person ganz oder teilweise entfaltet (sei durch die Person selbst, ihren Bevollmächtigten, Angestellten oder sonstigen Vertreter),
- ein Ort der Leitung,
- eine Zweigniederlassung,
- ein Büro oder Geschäftsräume,
- eine Produktionsstätte oder eine Fabrik,
- eine Werkstätte,
- Installationen,
- ein (Waren-)Lager,
- Geschäfte und andere Einrichtungen,
- eine Bauausführung oder Montage, die sich über einen Zeitraum von mehr als sechs Monaten erstreckt,

683 Soweit für die "feste Einrichtung" nichts anderes bestimmt ist, wird im Folgenden unterschiedslos der Begriff "Betriebstätte" verwendet.

- ein Agent oder ein Vertreter, wenn dieser Vollmacht hat, im Namen oder für Rechnung des im Ausland ansässigen Prinzipals Verträge abzuschließen,
- der Abbau von Bodenschätzen, die Ausbeutung von Erdöl- und Gasvorkommen,
- ein land- und/oder forstwirtschaftlicher Betrieb, Fischfang oder -zucht bzw. andere Arten der Nutzung natürlicher Ressourcen,
- eine künstlerische Tätigkeit,
- eine Einkaufsagentur für Waren oder Dienstleistungen
- und die Vermietung oder Verpachtung von unbeweglichem Vermögen.

Der Ausdruck "Geschäfte und andere Einrichtungen" verdeutlicht, dass Art. 7 Abs. 4 Par. 3° LISR keine abschließende Definition des Begriffs "Betriebstätte" enthält. Zu beachten ist ferner die Einbeziehung von in Venezuela belegenem, unbeweglichem Vermögen, das der Einkünfteerzielung durch Vermietung oder Verpachtung dient, in den Betriebstättenbegriff des LISR.
Weiterhin begründet die Tätigkeit eines (abhängigen) Vertreters[684] bereits dann eine Betriebstätte, wenn der Vertreter in Venezuela für Rechnung des im Ausland ansässigen Prinzipals Verträge abschließt. Ein Handeln im Namen des Auftraggebers ist also nicht erforderlich. Zwar geht aus Art. 5 Ziffer 32.1 OECD-MK hervor, dass das Unternehmen durch die Erklärung des Bevollmächtigten gebunden wird, selbst wenn die Verträge nicht im Namen des Unternehmens abgeschlossen werden. Trotzdem erreicht diese Auslegung nicht den weitaus extensiveren Charakter des Art. 7 Abs. 4 Par. 3° LISR, denn ein Handeln für Rechnung des Unternehmens liegt schon dann vor, wenn dieses den wirtschaftlichen Nutzen (bzw. das Risiko) trägt, ohne dass dafür eine Bindung im rechtlichen Sinn erforderlich ist[685].

2. Steuerliche Subjektfähigkeit der Betriebstätte

Unterhält eine nichtansässige Person in Venezuela eine Betriebstätte, so unterliegt letztere gemäß Art. 1 Abs. 2 S. 2, Abs. 3 i. V. m. Art. 7 Abs. 1 Buchst. f)

684 Die Tätigkeit eines unabhängigen Vertreters begründet *keine* Betriebstätte im Sinne des Art. 1 Abs. 2 S. 2 LISR, es sei denn, der Vertreter darf im Namen des Prinzipals kontrahieren.

685 So auch *Solano/van't Hek/Tautfest*, TNI 1999, 533 (533, 534) zum ähnlich formulierten Betriebstättenkonzept Mexikos; vgl. Art. 7 DBA-Mexiko (Teil 1), Kapitel 3, I.D.a.

LISR mit den ihr zuzurechnenden inländischen und ausländischen Einkünften der venezolanischen Einkommensteuer. Obwohl dies nicht ausdrücklich aus den Regelungen des LISR hervorgeht, wird eine Betriebstätte in der Besteuerungspraxis als eigenständiges Steuersubjekt behandelt. Hieraus ergeben sich Schwierigkeiten bei der systematischen Einordnung der Stellung, die einer Betriebstätte für einkommensteuerliche Zwecke letztendlich zukommt. Dies gilt auch im Hinblick auf die Bestimmung, derzufolge ein ausländisches Unternehmen durch das Unterhalten einer Betriebstätte in Venezuela zu einer ansässigen Person wird (Art. 30 Nr. 4 COT i. V. m. Art. 354 CCom). Wie bereits in der Darstellung des venezolanischen Einkommensteuerrechts erläutert wurde, ist hiermit aber weder die unbeschränkte Steuerpflicht des Betriebstätteninhabers in Venezuela verbunden, noch wird die steuerliche Subjektfähigkeit der Betriebstätte konsequent durchgehalten[686]. Als "Steuerpflichtiger" wird regelmäßig der Betriebstätteninhaber – und nicht die Betriebstätte selbst – genannt[687]. Darüber hinaus statuieren Art. 138 Abs. 3 Par. 1° und Art. 140 Abs. 2 RLISR die Pflicht zur Abgabe einer Steuererklärung nicht für die Betriebstätte, sondern jeweils für die im Ausland ansässige natürliche oder juristische Person, die die Betriebstätte in Venezuela unterhält.

Man wird deshalb die Einbeziehung der Betriebstätte und der festen Einrichtung einer im Ausland ansässigen Person in Art. 7 Abs. 1 LISR – wie auch die Aufzählung der fiskalisch transparenten Personengesellschaften in Art. 7 Abs. 1 Buchst. c) LISR – lediglich als Ausdruck der eigenständigen Stellung bewerten können, die der Betriebstätte im Rahmen der Gewinnermittlung zukommt. Art. 7 Abs. 1 LISR trifft folglich keine Aussage über die steuerliche Subjektfähigkeit der dort genannten Gesellschaften, Personenvereinigungen und Betriebstätten. Die Vorschrift besagt lediglich, dass die Einkünfte, die über diese Personen oder Einrichtungen erzielt werden, der Einkommensteuer unterliegen.

---

686 Vgl. V.B.b.2.

687 Vgl. nur Art. 2 Abs. 1 LISR zur Anrechnung von Drittstaat-Steuern auf Einkünfte der Betriebstätte (der Anrechnungsanspruch steht dem im Ausland ansässigen Träger der Betriebstätte zu); Art. 72 LISR für die branch-profits-tax, Art. 88 RLISR zum Verlagerungsverbot von Verlusten anderer Betriebstätten "*desselben Steuerpflichtigen*".

3. Ermittlung des Betriebstättengewinns

Bei der Ermittlung des Welteinkommens der Betriebstätte dürfen grundsätzlich alle ordnungsgemäß belegten Ausgaben, die im Zusammenhang mit der Tätigkeit der Betriebstätte stehen, von den Bruttoeinkünften abgezogen werden. Dies gilt unabhängig davon, ob die Ausgaben im Inland oder im Ausland verursacht sind [Art. 27 Abs. 18 Par. 17° S. 1 LISR]. Nicht abzugsfähig sind Zahlungen der Betriebstätte an das Stammhaus, dessen Tochterunternehmen, mit dem Stammhaus verbundene Unternehmen sowie an andere Niederlassungen oder Filialen für Lizenzen, Dienstleistungen oder technische Hilfe. Eine Ausnahme hiervon bilden die an das Stammhaus zurück erstatteten Kosten, wenn diese für die Betriebstätte übernommen wurden [Art. 27 Abs. 18 Par. 17° S. 2 LISR]. Auch diese Regelung steht mit der steuerlichen Subjektfähigkeit einer Betriebstätte nicht im Einklang, denn sie geht ersichtlich davon aus, dass Betriebstätte und Stammhaus eine Einheit formen und sich nicht uneingeschränkt wie Dritte gegenüber stehen können[688].
Die voranstehend erläuterten und in relativ pauschaler Form normierten Grundsätze werden unter Einbeziehung einiger Kriterien für den Abzug von Verwaltungskosten in den Art. 83-88 der Durchführungsverordnung zum LISR (RLISR) wiederholt. Eine detaillierte Erläuterung und Spezifizierung der gesetzlichen Vorgaben erfolgt jedoch nicht, was die Ermittlung des Betriebstättengewinns erschweren kann[689].

4. Pauschalierte Gewinnermittlung gemäß Art. 34 ff. LISR

Die Art. 34 ff. LISR setzen für bestimmte Unternehmenstätigkeiten einen Prozentsatz der Bruttoeinkünfte als zu versteuernde Nettobereicherung fest. Diese unterliegt einem Steuersatz von 15 %, 22 % oder 34 % (Abzugsteuer). Die Regelungen beziehen sich zumeist auf ausländische Unternehmen, die in Venezuela beschränkt steuerpflichtig i. S. v. Art. 1 Abs. 2 S. 2 LISR sind. Die Pauschalierungsregeln dienen der Vereinfachung der Quellenbesteuerung, zumal der venezolanische Fiskus die anfallenden Kosten und Abzüge zwecks Ermittlung der tatsächlichen Nettobereicherung nicht wie bei ansässigen Per-

688 Vgl. hierzu auch die Ausführungen zum Meinungsstand bezüglich des Verhältnisses Stammhaus – Betriebstätte unter Art. 7 DBA-Mexiko (Teil 1), Kapitel 3, II.D.b.4.(b).i.
689 So auch *Fernández Smith/Escobar*, TNI 2004, 529.

sonen kontrollieren kann. Unterhält die nichtansässige Person jedoch eine Betriebstätte in Venezuela, erfolgt die Ermittlung der zu versteuernden Bereicherung stets nach Nettogrundsätzen[690].

5. Steuersätze

Der Gewinn einer in Venezuela gelegenen Betriebstätte unterliegt, sofern es sich bei ihrem Inhaber um eine juristische Person handelt, je nach Tätigkeit der regulären Tarifa No. 2 (Art. 52 LISR, 15-34 %) oder der Tarifa No. 3 [Art. 53 Buchst. a) oder b) LISR, 50 % bzw. 60 %]. Der Betriebstättengewinn im Ausland ansässiger, natürlicher Personen fällt ebenfalls unter die Tarifa No. 2. Handelt es sich jedoch um eine feste Einrichtung einer natürlichen Person, die durch diese Einrichtung eine selbständige Tätigkeit in Venezuela ausübt, so ist die für natürliche Personen geltende, reguläre Tarifa No.1 anzuwenden (Art. 15 Abs. 2 RLISR i. V. m. Art. 50 Abs. 1 LISR).

6. Branch Profits Tax

Art. 72 LISR erlegt ausländischen Gesellschaften und Personenvereinigungen, die in Venezuela eine Betriebstätte unterhalten, die Pflicht auf, für Rechnung ihrer Aktionäre oder Gesellschafter eine branch profits tax in Höhe von 34 % auf die (nicht steuerbefreite) Nettobereicherung zu entrichten, die über die im konkreten Besteuerungszeitraum versteuerte Nettobereicherung hinausgeht. Es handelt sich dabei um eine fiktive Gewinnausschüttung (dividendo presunto)[691]. Der beschränkt Steuerpflichtige kann die Steuer vermeiden, indem er den vorangehend erwähnten Unterschiedsbetrag in vollem Umfang in Venezuela für eine Mindestdauer von fünf Jahren reinvestiert. Die Reinvestition hat gemäß Art. 212 Abs. 4 Par. 1° RLISR innerhalb von sechs Monaten nach Beendigung des Wirtschaftsjahres der betreffenden Gesellschaft zu erfolgen. Die reinvestierten Gewinne sind in einem speziellen Konto zu erfassen, um die damit getätigten Transaktionen verfolgen zu können. Die Dokumentation ist einem unabhängigen Prüfer zwecks Bestätigung der Reinvestitions-Voraussetzungen

690 *Barnola,* TNI 2000, 2499 (2502); *Candal Iglesias,* Imposición a la Renta de las Sociedades en Venezuela, Kapitel VIII, 1.

691 *Candal Iglesias,* Imposición a la Renta de las Sociedades en Venezuela, Kapitel IX, 9.

vorzulegen. Erfolgt die Reinvestition nicht vorschriftsgemäß, so ist die Entrichtung der branch profits tax nebst Strafzahlung und Zinsen nachzuholen.

VI. Abkommensrechtliche Auswirkungen des Besteuerungskonzepts für Personengesellschaften

A. *Abkommensberechtigung*

Aufgrund des in Venezuela praktizierten Transparenzprinzips sind Personengesellschaften keine ansässigen Personen i. S. v. Art. 1, Art. 4 Abs. 1 DBA-Venezuela und folglich nicht abkommensberechtigt. Die Abkommensvorteile können von den Gesellschaftern beansprucht werden, soweit diese in einem Vertragsstaat ansässig sind[692]. Gesellschaften, die Tätigkeiten auf dem Gebiet der Erdölförderung oder ähnliche Aktivitäten entfalten, sind für Zwecke des venezolanischen Einkommensteuerrechts subjektfähig und damit abkommensberechtigt.

Die abkommensrechtlichen Konsequenzen des venezolanischen Einkommensteuerrechts sind folglich mit den zum DBA-Argentinien ermittelten Ergebnissen vergleichbar. Im Grundsatz sind Personengesellschaften fiskalisch transparent; sowohl im argentinischen als auch im venezolanischen Steuerrecht existiert jedoch eine Ausnahme vom Transparenzprinzip, die im Falle der argentinischen Sociedad en Comandita Simple rechtsformbezogen ist und bei venezolanischen Personengesellschaften, die Einkünfte auf dem Gebiet der Erdölgewinnung erzielen, tätigkeitsbezogenen Charakter hat.

Nach der hier vertretenen Auffassung ist der Abkommensberechtigung einer steuerlich subjektfähigen, venezolanischen Personengesellschaft von Deutschland Rechnung zu tragen, indem der Gesellschaft sowohl abkommensrechtlich als auch für Zwecke der Besteuerung nach innerstaatlichem Recht Einkünfte

692 Dahingehend *Candal Iglesias*, Imposición a la Renta de las Sociedades en Venezuela, Kapitel XVII., 3.: Ein "Unternehmen eines Vertragsstaats" sei auch bei fiskalisch transparenten Gesellschaften ("partnerships") gegeben. Dies setzt den Rückgriff auf die Gesellschafter als ansässige und damit abkommensberechtigte Personen voraus. Vgl. zum OECD-MA auch *Prokisch* in: Vogel/Lehner, Art. 1 Rn. 28; *Wassermeyer* in: Debatin/Wassermeyer, DBA (MA), Art. 1 Rn. 28; *Ostendorf*, Sondervergütungen, S. 125; *Lüdicke*, StBJb 1997/98, 449 (455); *Krabbe*, IWB (1998) Fach 3 Gr. 2, S. 753 (755); *ders.*, IStR 2000, 196 (197); *Kahle*, StuW 2005, 61 (65); *Schmalz*, IStR 2003, 291 (292).

zugerechnet werden. Die Gesellschaft ist folglich als Körperschaftsteuersubjekt zu behandeln.

B. *Unternehmensbesteuerung*

a. Wohnsitzstaatprinzip und Betriebstättenprinzip

1. Regelfall: Fiskalische Transparenz

Der laufende Gewinn einer deutschen oder venezolanischen, fiskalisch transparenten Personengesellschaft ist ausschließlich bei den Gesellschaftern nach den Grundsätzen des Art. 7 DBA-Venezuela zu erfassen, soweit Einkünfte aus dem Betrieb eines Unternehmens vorliegen[693]. Mangels Steuersubjektivität der Gesellschaft sind die im Sitzstaat der Gesellschaft ansässigen Gesellschafter mit ihrem Mitunternehmeranteil als "Unternehmen eines Vertragsstaats" i. S. v. Art. 7 DBA-Venezuela anzusehen. Gesellschafter, die im anderen Vertragsstaat ansässig sind, betreiben jeweils eine Betriebstätte im Sitzstaat der Personengesellschaft[694]. Es handelt sich dabei um eine "Hilfskonstruktion", zumal die Gesellschaft selbst mangels steuerlicher Subjektfähigkeit keine i. S. v. Art. 1 DBA-Venezuela ansässige Person ist, die ein "Unternehmen eines Vertragsstaats" gemäß Art. 7 Abs. 1 1. Hs. DBA-Venezuela betreibt. Diese Eigenschaft kommt aber – um die Einkünfte einer fiskalisch transparenten Personengesellschaft gleichwohl unter Art. 7 Venezuela subsumieren zu können – nach allgemeiner Auffassung den in den Vertragsstaaten ansässigen Gesellschaftern

693 Zu beachten sind die speziellen, vorrangig anzuwendenden Verteilungsnormen. Im Übrigen richtet sich der Unternehmensbegriff nach innerstaatlichem Recht, soweit ein Rückgriff hierauf – wie z. B. bei Fiktionen i. S. v. § 15 Abs. 3 Nr. 1 und Nr. 2 EStG – nicht ausgeschlossen ist. Zum Unternehmensbegriff des LISR vgl. V.B.c.

694 Vgl. BFH v. 29.01.1964, BStBl. III 1964, 165; BFH v. 26.02.1992, BStBl. II 1992, 937; BMF v. 24.12.1999, BStBl. I 1999, 1076 f. Tz. 1.1.5.1; *Görl* in: Vogel/Lehner, DBA, Art. 5 Rn. 18; *Hemmelrath* in: Vogel/Lehner, Art. 7 Rn. 37; *Schaumburg*, Internationales Steuerrecht, S. 889 Rn. 16.238, S. 1189 Rn. 18.53; *Piltz*, Personengesellschaften, S. 151 f.; *Tumpel* in: Gassner/Lang/Lechner, Die Betriebstätte im Recht der DBA, S. 145 f. (150, 151). A. A. *Fischer-Zernin*, RIW 1991, 493 (496), der die Personengesellschaft als "Unternehmen eines Vertragsstaats" ansieht. Dies kann jedoch nur bei einer Personengesellschaft der Fall sein, die in ihrem Sitz- bzw. Errichtungsstaat steuerlich subjektfähig ist; vgl. *Riemenschneider*, Abkommensberechtigung, S. 106 f.

mit ihren Mitunternehmeranteilen zu. Das (ausschließliche) Besteuerungsrecht des Sitzstaates der Gesellschaft für die Gewinnanteile der in diesem Staat ansässigen Gesellschafter folgt somit aus Art. 7 Abs. 1 S. 1 1. Hs. DBA-Venezuela (Wohnsitzstaatprinzip), während das (vorrangige) Besteuerungsrecht für den Betriebstättengewinn der im anderen Vertragsstaat ansässigen Gesellschafter auf dem Betriebstättenprinzip i. S. v. Art. 7 Abs. 1 S. 1 2. Hs. i. V. m. Abs. 2 DBA-Venezuela basiert[695].

2. Steuerlich subjektfähige Gesellschaft [Art. 7 Abs. 1 Buchst. d) LISR]

Die im laufenden Besteuerungszeitraum erwirtschafteten Gewinne werden bei der (aufgrund ihrer erdölbezogenen Tätigkeit) steuerlich subjektfähigen Gesellschaft erfasst [Art. 7 Abs. 1 Buchst. d) LISR]. Die Gewinnausschüttung aus versteuertem Einkommen unterliegt keiner weiteren Besteuerung und kann von den Gesellschaftern als Dividende i. S. v. Art. 67 ff. LISR steuerfrei vereinnahmt werden[696].

Aufgrund des abkommensrechtlichen Spezialitätsgrundsatzes fallen die laufenden Einkünfte einer venezolanischen Personengesellschaft aus einer erdölbezogenen Tätigkeit in Venezuela grundsätzlich unter Art. 6 DBA-Venezuela. Mangels Vorliegen eines grenzüberschreitenden Sachverhalts, in dem eine in einem Vertragsstaat ansässige Person Einkünfte aus einem anderen Vertragsstaat bezieht, ist Art. 6 Abs. 1 DBA-Venezuela jedoch nicht einschlägig[697]. Die Einkünfteerzielung vollzieht sich – sowohl in Bezug auf das Steuersubjekt als auch das Steuerobjekt – in Venezuela. Folglich greift das Wohnsitzstaatprinzip des Art. 21 Abs. 1 DBA-Venezuela, womit ausschließlich Venezuela zur Besteuerung der Einkünfte befugt ist. Solange die Gesellschaft keine Einkünfte erzielt, für die das innerstaatliche deutsche Recht einen Anknüpfungstatbestand i. S. v. § 49 EStG enthält, kann der deutsche Fiskus die Gesellschaft nicht

695 Vgl. hierzu auch die Ausführungen zu Art. 7 DBA-Mexiko (Teil 1), Kapitel 3, II.D. und zu Art. 7 DBA-Argentinien (Teil 2), Kapitel 3, II.D.

696 Siehe dazu Art. 10 DBA-Venezuela, VI.E.

697 Ein Rückgriff auf Art. 7 DBA-Venezuela scheidet aus, da es für die Nichtanwendbarkeit von Art. 7 DBA-Venezuela genügt, dass die Einkünfte im Sinne der Subsidiaritätsklausel des Art. 7 Abs. 7 DBA-Venezuela in einem anderen Verteilungsartikel "behandelt werden", ohne dass dieser im Ergebnis einschlägig sein muss; vgl. *Rust*, IBFD Bulletin 2002, 15 (17); *Reimer* in: Vogel/Lehner, DBA, Art. 6 Rn. 32.

besteuern (Trennungsprinzip). Es bedarf somit keiner Freistellung der Einkünfte bei den in Deutschland ansässigen Gesellschaftern [Art. 23 Abs. 1 Buchst. a) DBA-Venezuela], denn es fehlt bereits an einem Besteuerungsrecht Deutschlands, auf das der deutsche Fiskus aufgrund des DBA-Venezuela verzichten müsste. Folglich scheidet auch die Berücksichtigung der Einkünfte im Wege des Progressionsvorbehaltes aus[698].
Erst im Jahr der Gewinnausschüttung wird Deutschland als Wohnsitzstaat der Gesellschafter abkommensrechtlich ein Besteuerungsrecht zugewiesen (Art. 10 DBA-Venezuela). Art. 6 DBA-Venezuela ist nicht anzuwenden, zumal die Einkünfte der Gesellschaft nicht unmittelbar den Gesellschaftern zufließen, sondern als Gewinnanteil aus ihrer jeweiligen Beteiligung an einem eigenständigen Steuersubjekt anzusehen sind. Die Einkünfte sind nach der hier vertretenen Ansicht auch im innerstaatlichen, deutschen Recht als solche aus Kapitalvermögen i. S. v. § 20 Abs. 1 Nr. 1 EStG zu besteuern (Halbeinkünfteverfahren). Dies kommt m. E. keiner unzulässigen Begründung eines Besteuerungsrechts durch DBA gleich. Es handelt sich lediglich um die abkommensrechtlich vorgegebene Umqualifizierung von Bezügen in eine Einkunftsart, die auch im EStG vorgesehen und damit zulässig ist[699]. Gegebenenfalls ist die in Art. 23 Abs. 1 Buchst. c) aa) DBA-Venezuela vorgesehene fiktive Anrechnung in Höhe von 15 % zu gewähren[700].

b. Die Betriebstätte i. S. v. Art. 5 DBA-Venezuela

1. Vergleich zum innerstaatlichen Recht und zum OECD-MA

Der Betriebstättenbegriff des DBA-Venezuela orientiert sich weitgehend an Art. 5 OECD-MA. Dies führt vor allem zur Einengung der Tatbestände, die in den innerstaatlichen Rechtsordnungen sowohl Venezuelas als auch Deutschlands eine Betriebstätte begründen.
Hervorzuheben ist das Erfordernis einer mehr als 12-monatigen Dauer von Bauausführungen oder Montagen (Art. 5 Abs. 3 DBA-Venezuela), die grundsätzliche Herausnahme von Warenlagern aus dem Betriebstättenbegriff (vgl. den

698 Vgl. hierzu auch Teil 1, Kapitel 3, II.D.c. sowie Teil 2, Kapitel 3, II.D.c. zu mexikanischen und argentinischen steuerlich subjektfähigen Personengesellschaften.
699 Vgl. *Knobbe-Keuk*, RIW 1991, 306 (315, 316).
700 Zu den Voraussetzungen der fiktiven Anrechnung vgl. VI.E.b.

Ausnahmekatalog in Art. 5 Abs. 4 DBA-Venezuela), das Erfordernis des Handelns im Namen des Unternehmens zur Begründung einer Vertreter-Betriebstätte (Art. 5 Abs. 5 DBA-Venezuela) sowie das für unabhängige Vertreter geltende Kriterium der "ordentlichen Geschäftstätigkeit" anstelle des Handelns im Namen des Prinzipals (Art. 5 Abs. 6 DBA-Venezuela).
Im Gegensatz zum venezolanischen Betriebstättenbegriff setzt Art. 5 DBA-Venezuela ein "Unternehmen" i. S. v. Art. 3 Abs. 1 Buchst. g) DBA-Venezuela voraus. Dieser Bezug wird mangels Erfordernis einer "empresa" bzw. "actividad empresarial" in Art. 7 Abs. 4 Par. 3° LISR durch das venezolanische Recht nicht hergestellt. Dies zeigt sich unter anderem darin, dass auch land- und forstwirtschaftliche Aktivitäten, die nach den voranstehenden Ausführungen zum Unternehmensbegriff keine "empresa" i. S. d. LISR begründen, zu einer venezolanischen Betriebstätte gemäß Art. 7 Abs. 4 Par. 3° LISR führen können.

2. Abkommensrechtliche Grundsätze für die Ermittlung des Betriebstättengewinns

Art. 7 Abs. 2-6 DBA-Venezuela geben den Rahmen für die Ermittlung des Unternehmensgewinns und die Aufteilung zwischen Stammhaus und Betriebstätte vor. Die darin enthaltenen Richtlinien werden durch die Gewinnermittlungsvorschriften des innerstaatlichen Rechts ausgefüllt.
Die im LISR für bestimmte ausländische Unternehmen vorgesehene pauschalierte Gewinnermittlung ist m. E. bei Anwendbarkeit des DBA-Venezuela nicht zulässig, zumal Art. 7 Abs. 2 DBA-Venezuela (weitgehend) die Behandlung der Betriebstätte wie ein unabhängiges Unternehmen vorschreibt, und Art. 7 Abs. 4 DBA-Venezuela die Gewinnermittlung nach (pauschalierenden) Verteilungsschlüsseln nur in "besonders gelagerten Fällen" bzw. bei "unzumutbaren Schwierigkeiten" erlaubt. Dem wird jedoch bereits durch die Vorgaben des venezolanischen LISR Rechnung getragen, indem bei Vorhandensein einer Betriebstätte der Nettobetriebstättengewinn zu ermitteln ist[701].

701 *Candal Iglesias*, Imposición a la Renta de las Sociedades en Venezuela, Kapitel VIII, 1.; vgl. die Darstellung des innerstaatlichen Rechts unter V.B.d.4.

3. Branch Profits Tax

Die in Art. 72 LISR statuierte branch profits tax ist unvereinbar mit dem abkommensrechtlichen Betriebstätten – Diskriminierungsverbot (Art. 24 Abs. 2 DBA-Venezuela)[702]. Die Steuer ähnelt zwar in ihrer Konzeption einer Kapitalertragsteuer, wie sie von den Ausschüttungen rechtlich selbständiger Tochtergesellschaften erhoben wird; gleichwohl führt dies zu einer höheren Belastung der Betriebstätte im Vergleich zu venezolanischen Unternehmen, denn die Kapitalertragsteuer ist eine Steuer des Anteilseigners und nicht des ausschüttenden Unternehmens[703]. Letzteres ist jedoch bei Art. 72 LISR der Fall, zumal der Betriebstättengewinn belastet wird. Zudem findet eine tatsächliche Ausschüttung von Dividenden nicht statt. Im Falle einer transparent zu besteuernden, deutschen Personengesellschaft können darüber hinaus keine – auch nur fiktiven – "Dividenden" i. S. v. Art. 72 LISR vorliegen.

4. Erweiterter Betriebstättenvorbehalt (Art. 21 Abs. 3 DBA-Venezuela)

Im Gegensatz zu den DBA mit Mexiko und Argentinien enthält das DBA-Venezuela in Art. 21 Abs. 3 einen erweiterten Betriebstättenvorbehalt, wonach Drittstaat-Einkünfte, die von einer im anderen Vertragsstaat gelegenen Betriebstätte erzielt werden, abweichend vom Wohnsitzstaatprinzip des Art. 21 Abs. 3 DBA-Venezuela unter den Voraussetzungen des Art. 7 DBA-Venezuela vom Betriebstättenstaat besteuert werden dürfen. Nach der hier vertretenen Auffassung ist mit der ausdrücklichen Statuierung eines erweiterten Betriebstättenvorbehalts in Art. 21 DBA-Venezuela im Verhältnis zu anderen Abkommen, die eine solche Vorschrift nicht enthalten, kein inhaltlicher Unterschied verbunden. Art. 21 Abs. 3 DBA-Venezuela kommt nur deklaratorischer Charakter zu, denn der (erweiterte) Betriebstättenvorbehalt folgt bereits aus den Art. 10 Abs. 3, Art. 11 Abs. 4 und Art. 12 Abs. 3 DBA-Venezuela[704]. Für Einkünfte, die über den erweiterten Betriebstättenvorbehalt der venezolanischen Betriebstätte zuzu-

702 So auch *Candal Iglesias*, Imposición a la Renta de las Sociedades en Venezuela, Kapitel IX, 9.

703 Vgl. *Rust* in: Vogel/Lehner, DBA, Art. 24 Rn. 107.

704 Zu den verschiedenen Auffassungen hinsichtlich der konstitutiven oder deklaratorischen Bedeutung des Art. 21 Abs. 2 OECD-MA vgl. die Darstellung in Teil 1, Kapitel 3, II.D. b.4.(b).

rechnen sind, gilt die Anrechnungsmethode [Art. 21 Abs. 3 Buchst. b) hh) DBA-Venezuela][705].

C. *Leistungsaustausch zwischen Gesellschaft und Gesellschafter*

a. Innerstaatliches Recht Venezuelas

Im venezolanischen Steuerrecht kommt einer Personengesellschaft – wie im deutschen Steuerrecht – lediglich im Rahmen der Gewinnermittlung eine gewisse Selbständigkeit zu. Erst nach der Ermittlung des Gewinns bei der Gesellschaft wird dieser den Gesellschaftern im Verhältnis ihrer Beteiligung zugerechnet und mit der Einkommensteuer belastet.
Der Abzug von "Sondervergütungen" als Betriebsausgaben wird durch das LISR nur im Hinblick auf Dienstleistungsvergütungen, die ein Gesellschafter von der Gesellschaft erhält, ausgeschlossen [Art. 27 Abs. 2 Par. 1° LISR]. Alle weiteren Sondervergütungen dürfen mithin mangels gegenteiliger Vorschrift vom Bruttoeinkommen der Gesellschaft als "deducciones" abgezogen werden und werden beim jeweiligen Gesellschafter als steuerpflichtige Einkünfte erfasst.
Ob Sondervergütungen beim Gesellschafter unter die speziellen Einkunftstatbestände fallen, oder ob sie pauschal dem Gewinnanteil des Gesellschafters i. S. v. Art. 10 Abs. 1 LISR zugeschlagen werden, geht aus dem LISR nicht explizit hervor. Aus dem ausschließlich für Dienstleistungsvergütungen geltenden Abzugsverbot folgt jedoch, dass nur diese Art der Vergütung als Gewinn der Gesellschaft erhalten bleibt und somit dem Gesellschafter als Gewinnanteil zugerechnet wird. Sind die sonstigen Sondervergütungen vom Bruttoeinkommen der Gesellschaft als Zinsen oder Lizenzgebühren abzugsfähig, so bedeutet dies, dass die Zahlungen als eben solche Einkünfte beim jeweiligen Gesellschafter erfasst werden. Schließlich sind sie nicht (mehr) Teil des Unternehmensgewinns. Das LISR enthält keine dem § 15 Abs. 1 S. 2 Nr. 2 EStG entsprechende Umqualifizierungs-Vorschrift. Sondervergütungen sind folglich bei der Gesellschaft abzugsfähig und behalten in den Händen der Gesellschafter ihre originäre Qualifikation.

705 Zu den Auswirkungen der Entscheidung 578 auf Einkünfte aus Mitgliedstaaten des Anden-Paktes, die Venezuela bei Zugrundelegung des erweiterten Betriebstättenvorbehalts im Verhältnis zu Deutschland besteuern darf vgl. Teil 3, Kapitel 4.

b. Abkommensrecht

Der Behandlung von Sondervergütungen im innerstaatlichen Recht Venezuela kommt im Vergleich zu Mexiko und Argentinien eine "Mittelstellung" zu. Im Grundsatz sind Sondervergütungen vom Gewinn der Gesellschaft abzugsfähig und werden nur in Form von Tätigkeitsvergütungen steuerlich negiert.
Für die abkommensrechtliche Behandlung gelten die zu den DBA mit Mexiko und Argentinien getroffenen Schlussfolgerungen[706]. Das DBA-Venezuela enthält mit der Wechselbeziehung der Art. 7 Abs. 7 und Art. 10-12 eine abkommensautonome Systematik, die das Verhältnis von Unternehmensgewinnen zu Einkünften wie Zinsen oder Lizenzgebühren, die im Rahmen der Unternehmenstätigkeit erzielt werden, selbständig ordnet. Dies geht insbesondere aus den Verweisungen in Art. 7 Abs. 7, Art. 10 Abs. 3, Art. 11 Abs. 4 und Art. 12 Abs. 3 DBA-Venezuela hervor. Die Zuordnung von Sondervergütungen unter die speziellen Verteilungsartikel gilt nicht nur für das Verhältnis von Gesellschaftern zu Personengesellschaften, die in Venezuela als Körperschaftsteuersubjekte behandelt werden. Auch bei fiskalisch transparenten Personengesellschaften können sich Gesellschafter und Gesellschaft steuerlich wirksam wie Dritte gegenüber stehen. Sondervergütungen steuerlich subjektfähiger Personengesellschaften [Art. 7 Abs. 1 Buchst. d) LISR] fallen kraft des nach der hier vertretenen Auffassung von Deutschland zu übernehmenden Trennungsprinzips auch im innerstaatlichen Recht unter die einschlägigen Einkunftsarten (z. B. §§ 19, 20, 21 EStG). Die innerstaatliche Beurteilung von Sondervergütungen fiskalisch transparenter Personengesellschaften kann sowohl in Venezuela als auch in Deutschland ohne abkommensrechtlich bedingte Umqualifizierung erfolgen, zumal die unterschiedliche Einkünftequalifikation auf Divergenzen innerhalb des übereinstimmend praktizierten Transparenzprinzips basiert.

D. *Einkünfte aus dem Betrieb von Seeschiffen und Luftfahrzeugen*

Für Einkünfte aus der Seeschifffahrt und Luftfahrt sind die Bestimmungen des Seeschifffahrt- und Luftfahrtabkommens zwischen Deutschland und Venezuela

706 Siehe Art. 7 DBA-Mexiko (Teil 1), Kapitel 3, II.E. und Art. 7 DBA-Argentinien (Teil 2), Kapitel 3, II.E.

vom 23.11.1987[707] zu beachten. Gemäß Art. 8 Abs. 4 DBA-Venezuela sind Regelungen beider Abkommen nebeneinander anwendbar.
Das Luft- und Schiffahrtabkommen (LSA-Venezuela) gilt für venezolanische und deutsche Unternehmen, die Einkünfte aus der Luftfahrt oder Seeschifffahrt im internationalen Verkehr beziehen (Art. 3 Abs. 1, 2 LSA-Venezuela). Gemäß Art. 3 Abs. 1 LSA-Venezuela sind Einkünfte, die venezolanische Unternehmen aus der Luftfahrt oder Seeschifffahrt im internationalen Verkehr beziehen, von der deutschen Steuer befreit. Gleiches gilt gemäß Art. 3 Abs. 2 LSA-Venezuela für die venezolanische Steuer auf Einkünfte deutscher Unternehmen aus der Luftfahrt oder Seeschifffahrt im internationalen Verkehr. Dem in Art. 2 Abs. 2 LSA-Venezuela definierten Ausdruck "internationaler Verkehr" kommt dieselbe Bedeutung wie in Art. 3 Abs. 1 Buchst. i) DBA-Venezuela zu. Beförderungen, die ausschließlich zwischen deutschen oder venezolanischen Orten stattfinden, fallen nicht unter das LSA-Venezuela.

Vom persönlichen Anwendungsbereich des LSA-Venezuela sind – im Gegensatz zu Art. 1 DBA-Venezuela – auch fiskalisch transparente Personengesellschaften erfasst. Gemäß Art. 2 Abs. 3 LSA-Venezuela ("venezolanische Unternehmen") und Art. 2 Abs. 4 LSA-Venezuela ("deutsche Unternehmen") fallen unter den für die Abkommensberechtigung maßgeblichen Begriff des "Unternehmens" auch Personengesellschaften, die nach dem Recht Venezuelas oder Deutschlands gegründet wurden und deren Ort der tatsächlichen Geschäftsleitung sich in Venezuela oder Deutschland befindet.
Für die Anwendbarkeit des LSA-Venezuela auf die Einkünfte von Personengesellschaften bedarf es demnach keines Rückgriffs auf die dahinter stehenden Gesellschafter, denn die Abkommensberechtigung wird nicht mit der steuerlichen Ansässigkeit einer Person verknüpft. Zwar vollzieht sich die Besteuerung der Einkünfte sowohl in Deutschland als auch in Venezuela unverändert bei den Gesellschaftern, für die Eröffnung des abkommensrechtlichen Schutzbereichs und Zuweisung des Besteuerungsrechts kommt der Personengesellschaft im LSA-Venezuela aber eine eigenständige Stellung zu.
Das ausschließliche Besteuerungsrecht für Gewinne aus dem Betrieb von Seeschiffen und Luftfahrzeugen im internationalen Verkehr steht dem Geschäftsleitungsstaat zu. Die Besteuerung der Gesellschafter, die nicht im Staat des

707 Deutsches Zustimmungsgesetz vom 11.04.1989, BGBl. II 1989, 373; Inkrafttreten am 30.12.1989, BGBl. II 1989, 1065 – Das Abkommen ist nicht befristet.

Ortes der tatsächlichen Geschäftsleitung ansässig sind, ist durch die Vorgaben des jeweiligen innerstaatlichen Rechts zur beschränkten Steuerpflicht begrenzt. Insoweit unterscheidet sich die Besteuerung der Einkünfte von fiskalisch transparenten Personengesellschaften durch den Geschäftsleitungsstaat nicht von der identischen Rechtsfolge des Art. 8 Abs. 1 DBA-Venezuela.

Im Unterschied zu Art. 8 Abs. 1 DBA-Venezuela führt das für natürliche Personen geltende Wohnsitzstaatsprinzip i. S. v. Art. 2 Abs. 3, 4 LSA-Venezuela bei Einzelunternehmern jedoch zu einer Einengung der Abkommensberechtigung. Natürliche Personen fallen unter das Abkommen, sofern sie ihren steuerlichen Wohnsitz in einem der Vertragsstaaten haben und nicht auch im anderen Vertragsstaat ansässig sind (Art. 2 Abs. 3, 4 LSA-Venezuela). Liegt die tatsächliche Geschäftsleitung eines Einzelunternehmens in einem Vertragsstaat, während die das Unternehmen betreibende, natürliche Person in einem Drittstaat ansässig ist, findet das LSA-Venezuela folglich keine Anwendung. Auch das DBA-Venezuela bietet hier keine Lösung im Sinne einer abschließenden Zuweisung des Besteuerungsrechts, denn Art. 8 Abs. 1 DBA-Venezuela stellt zwar lediglich auf ein "Unternehmen" ab, es fehlt jedoch mangels Ansässigkeit des Einzelunternehmers in Deutschland oder Venezuela an einer abkommensberechtigten Person i. S. v. Art. 1 DBA-Venezuela. Folglich ist bereits die für Art. 8 DBA-Venezuela zwingend erforderliche Eröffnung des persönlichen Schutzbereichs des DBA-Venezuela nicht gegeben[708].

Weiterhin kann der Anwendungsbereich des LSA-Venezuela im Vergleich zum DBA-Venezuela insoweit eingeschränkt sein, als es für die Abkommensberechtigung der Personengesellschaft der Identität von Gründungs- und Geschäftsleitungsstaat bedarf. Ist dies nicht der Fall, kann eine Personengesellschaft nicht den Abkommensschutz des LSA-Venezuela beanspruchen. Das DBA-Venezuela hingegen bleibt anwendbar, zumal für die Abkommensberechtigung mangels Steuersubjekteigenschaft der Gesellschaft auf die Gesellschafter zurückgegriffen wird. Das Auseinanderfallen von Gründungs- und Geschäftsleitungsstaat hat keine Auswirkungen auf Art. 8 DBA-Venezuela.

Demgegenüber erweitert sich der Anwendungsbereich des LSA-Venezuela gegenüber dem DBA-Venezuela für in Deutschland oder Venezuela errichtete Personengesellschaften, deren tatsächliche Geschäftsleitung gleichfalls in einem dieser Staaten liegt und deren Gesellschafter ausschließlich in Drittstaaten an-

708 Anders *Kreutziger* in: Debatin/Wassermeyer, DBA [Venezuela (L, S)], Rn. 8 (Beispiel 1), der hier von der Anwendbarkeit der DBA-Vorschriften ausgeht.

sässig sind. Hier fehlt es wie im eingangs beschriebenen Fall des Einzelunternehmers an einer "ansässigen Person" i. S. v. Art. 1 DBA-Venezuela. Für eine Personengesellschaft, die nach dem Recht eines der Vertragsstaaten errichtet wurde und in diesem Vertragsstaat ihre tatsächliche Geschäftsleitung hat, ist jedoch trotz der ausschließlich in Drittstaaten ansässigen Gesellschafter der persönliche Schutzbereich des LSA-Venezuela eröffnet. Hier zeigt sich, dass aus der Verleihung eines eigenständigen abkommensrechtlichen Status an Personengesellschaften im LSA-Venezuela Unterschiede zum DBA-Venezuela resultieren, von denen insbesondere – nicht gemäß Art. 1 DBA-Venezuela abkommensberechtigte – Drittstaats-Gesellschafter profitieren.
Im Ergebnis kann – je nach Konstellation – die Anwendung des LSA-Venezuela neben dem DBA-Venezuela zu einer Einengung oder Erweiterung der Abkommensberechtigung von Personengesellschaften oder ihrer Gesellschafter und der damit verbundenen Möglichkeiten zur Vermeidung der Doppelbesteuerung von Gewinnen aus dem Betrieb von Luft- und Seeschifffahrtunternehmen führen.

E. *Einkünfte aus Kapitalvermögen*

a. Innerstaatliches Recht

1. Dividenden

Dividenden unterliegen der Einkommensteuer, wenn sie aus unversteuerten Gewinnen der ausschüttenden Gesellschaft bestritten werden. Der steuerpflichtige Anteil der Dividende besteht gemäß Art. 67 Abs. 1 LISR in der Differenz aus dem Nettoeinkommen der Gesellschaft und der bereits versteuerten Nettobereicherung (in diesem Zusammenhang bezeichnet als "renta neta fiscal gravada"). Bei der Ermittlung des Differenzbetrags sind Dividenden, die der ausschüttenden Gesellschaft von anderen, in Venezuela ansässigen Gesellschaften zugeflossen sind, vom Nettoeinkommen auszunehmen (Art. 69 LISR).
Als Nettobereicherung in Form von Dividenden gelten gemäß Art. 68 LISR die auf der Gesellschaftsebene unversteuerten Einkünfte, die dem Anteilseigner aus der oben erörterten Differenz als Gewinnausschüttung – in Geld, als Gutschrift oder in Form eines sonstigen, geldwerten Vorteils – zufließen. Da die Vorschriften zur Dividenden-Besteuerung nur auf Ausschüttungen aus bisher

unversteuerten Gewinnen abzielen, legt Art. 70 LISR in Bezug auf die Herkunft der ausgeschütteten Gewinne eine Reihenfolge fest, die zunächst eine (nicht steuerpflichtige) Ausschüttung aus bereits versteuertem Gewinn ermöglicht[709].

2. Zinsen

Zinseinkünfte ansässiger Personen sind nach den allgemeinen Vorschriften als Teil des Welteinkommens zu erfassen. Nichtansässige Personen unterliegen mit ihren Zinseinkünften in Venezuela der beschränkten Steuerpflicht, wenn das Kapital in Venezuela zur Verfügung gestellt oder genutzt wird [Art. 6 Abs. 2 Buchst. c) LISR]. Handelt es sich bei der nach Art. 6 Abs. 2 Buchst. c) LISR beschränkt steuerpflichtigen Person um ein Kreditinstitut, so unterliegt der Nettobetrag der Zinsen lediglich einem Steuersatz von 4,95 % [Art. 52 Abs. 2 (Par. 1°) LISR]. Erhält eine nichtansässige Person Zinseinkünfte aus Venezuela für die Hingabe eines Darlehens, das der Schuldner zur Einkünfteerzielung einsetzt, wird auf 95 % des Bruttobetrags der Zinsen eine Quellensteuer in Höhe von 34 % erhoben, sodass die effektive Steuerbelastung bei 32,3 % liegt. Die Steuer wird gemäß Art. 87 LISR an der Quelle einbehalten.

3. Lizenzgebühren

Die von ansässigen Personen erzielten Lizenzgebühren werden nach Maßgabe der allgemeinen Vorschriften besteuert. Lizenzgebühren, die von nichtansässigen Personen in Venezuela erzielt werden, unterliegen einem abgeltenden Steuersatz von 34 %, der auf eine angenommene Nettobereicherung von 90 % der gezahlten Lizenzgebühren erhoben wird. Gemäß der Legaldefinition in Art. 48 Abs. 2 (Par. 1°) LISR sind Lizenzgebühren Vergütungen für die Nutzung von Patenten, Marken, Urheberrechten, Verfahren zur Erforschung und Ausbeutung natürlicher Ressourcen, die als Einheiten in Relation zu Produktion, Veräußerung, Erfor-schung, oder Ausbeutung berechnet werden.
Die Abgrenzung von Lizenzgebühren zu Einkünften aus der Erbringung von technischen Dienstleistungen oder technischer Hilfe ist bisweilen problema-

---

709 Vgl. *Candal Iglesias*, Imposición a la Renta de las Sociedades en Venezuela, Kapitel IX, 1.-7.

tisch, zumal eine eindeutige Zuordnung unter die verschiedenen Konzepte nicht immer möglich ist[710]. Entfällt ein Teil der Einkünfte auf Leistungen, die innerhalb Venezuelas erbracht wurden, kommt der Abgrenzung zwischen den Einkunftsarten eine erhöhte Bedeutung zu. In diesem Fall ist der Ansatz eines pauschalierten Gewinns zumindest bei Einkünften aus technischer Hilfe bzw. technischen Dienstleistungen nicht zulässig, zumal dies eine Erbringung der Leistung aus dem Ausland voraussetzt. Art. 46 S. 2 LISR lässt deshalb für die Einkünfte aus innervenezolanischen Leistungen den Kosten- und Ausgabenabzug nach allgemeinen Grundsätzen zu. Trotz dieser Vorschrift behält der Vergütungsschuldner zumeist die 34 %ige Quellensteuer auf den Gesamtbetrag der Einkünfte ein. In der Praxis erweist es sich oftmals als schwierig, die Rückerstattung der zuviel gezahlten Quellensteuer zu erreichen[711].

b. Regelungsinhalt der Art. 10-12 DBA-Venezuela

Für Dividenden, Zinsen und – im Gegensatz zum OECD-MA – auch Lizenzgebühren sieht das DBA-Venezuela nach dem Vorbild des UN-MA eine Aufteilung des Besteuerungsrechts vor. Dieses ist grundsätzlich dem Wohnsitzstaat zugewiesen. Der Quellenstaat darf jedoch eine der Höhe nach begrenzte Quellensteuer auf den Bruttobetrag der Einkünfte erheben. Der Wohnsitzstaat hat in Anwendung des Methodenartikels die Doppelbesteuerung durch Anrechnung der im anderen Vertragsstaat erhobenen Quellensteuer zu vermeiden.

Deutschland und Venezuela haben die fiktive Anrechnung[712] venezolanischer Steuern in Deutschland für Dividenden, Zinsen und Lizenzgebühren vereinbart. Soweit Dividenden nicht gemäß Art. 23 Abs. 1 Buchst. a) DBA-Venezuela freigestellt sind (Schachtelprivileg)[713], werden 15 % des Bruttobetrags der Dividen-

710 Teilweise überschneiden sich die Definitionen in Art. 42 (technische Hilfe), Art. 43 (technische Dienstleistungen) und Art. 48 Abs. 2 LISR (Lizenzgebühren).

711 *McLees/Byrne/Cruz/Vallenilla*, TNI 1997, 405 (423).

712 Zu den Beweggründen der fiktiven Anrechnung vgl. Art. 10-12 DBA-Mexiko (Teil 1), Kapitel 3, III.A.

713 Auf die Gewinnausschüttung einer steuerlich subjektfähigen Personengesellschaft an eine in Deutschland ansässige Körperschaft sowie auf die Ausschüttung durch letztere an eine steuerlich subjektfähige, venezolanische Personengesellschaft ist nach der hier vertretenen Auffassung § 8 b Abs. 1 KStG anwendbar. Ungeachtet dessen ist der

den auf die deutsche Steuer angerechnet [Art. 23 Abs. 1 Buchst. c) aa) DBA-Venezuela]. Zwar ist Venezuela gemäß Art. 10 Abs. 2 Buchst. b) DBA-Venezuela zur Erhebung einer Quellensteuer von bis zu 15 % des Bruttobetrags der Dividenden berechtigt, letztere können jedoch nach dem derzeit geltenden venezolanischen Steuerrecht in der Regel steuerfrei vereinnahmt werden.
Gemäß Art. 23 Abs. 1 Buchst. c) bb) DBA-Venezuela wird die in Venezuela auf Zinsen erhobene Steuer in Deutschland in Höhe von 5 % angerechnet (Quellensteuersatz: 5 %), auch wenn die tatsächliche in Venezuela gezahlte Steuer niedriger ist.
Die venezolanische Quellensteuer auf Lizenzgebühren kann gemäß Art. 23 Abs. 1 Buchst. c) cc) DBA-Venezuela in Höhe von 5 % des Bruttobetrags der Lizenzgebühren auf die deutsche Steuer angerechnet werden, auch wenn die tatsächlich gezahlte Steuer niedriger ist. Der Verteilungsartikel sieht einen Quellensteuersatz von höchstens 5 % vor (Art. 12 Abs. 1 DBA-Venezuela).
Die fiktive Anrechnung wird nur unter der in Art. 23 Abs. 1 Buchst. c) DBA-Venezuela geregelten Voraussetzung gewährt, dass Venezuela seine internen Steuersätze aufgrund eines zeitlich begrenzten Programms zur Schaffung steuerlicher Anreize zur Förderung der wirtschaftlichen Entwicklung des Landes senkt und dies zu dem Zweck erfolgt, den Steuerpflichtigen in den Genuss der Anrechnungsmethode kommen zu lassen[714]. Beispielhaft für ein solches Programm ist die Errichtung von Freihandelszonen (sogenannte "Zonas Francas"[715]) in Venezuela, im Rahmen dessen die in der Zona Franca erzielten Einkünfte für einen Zeitraum von zehn Jahren ab Inkraftreten des Gesetzes bzw. zehn Jahre ab Errichtung des Unternehmens in der Zona Franca steuerbefreit sind (Art. 21 LZFV). In diesem Fall entfiele auf die Einkünfte keine venezolanische Steuer; die fiktive Anrechnung venezolanischer Steuern in Deutschland würde zu einer effektiven Steuerersparnis führen. Die Ley de Zonas Francas ist 30 Tage nach Veröffentlichung in der Gaceta Oficial (Art. 38 LZFV) in Kraft getreten, womit die fiktive Anrechnung leztmals für den Veranla-

---

abgeltende Kapitalertragsteuerabzug vorzunehmen (§ 43 Abs. 1 S. 3, § 50 d Abs. 1 EStG).

714 BMF v. 12.05.1998, BStBl. I 1998, 554 Tz. 1.1.2 und 1.2.3: Der Steuerpflichtige hat die Förderung der wirtschaftlichen Entwicklung nachzuweisen. Erforderlich ist die Vorlage einer Bestätigung vom venezolanischen Ministerium der Finanzen als zuständige Behörde i. S. v. Art. 3 Abs. 1 Buchst. j) DBA-Venezuela.

715 Ley de Zonas Francas de Venezuela (LZFV); Gaceta Oficial No. 34.772 v. 08.08.1991.

gungszeitraum 2001 anzuwenden war[716]. Angesichts des eindeutigen, auf den Zeitpunkt des Inkrafttretens des LZFV abstellenden Wortlauts in Art. 23 Abs. 1 Buchst. c) DBA-Venezuela kann ein Unternehmen, dass infolge seiner *nach* Inkrafttreten des Gesetzes erfolgten Tätigkeitsaufnahme in der Zona Franca noch von der zehnjährigen Steuerbefreiung profitiert (vgl. Art. 21 LZFV), keine fiktive Anrechnung nach dem DBA-Venezuela beanspruchen.

c. Gewinnausschüttungen einer steuerlich subjektfähigen Personengesellschaft

Die Gewinnausschüttungen einer steuerlich subjektfähigen venezolanischen Personengesellschaft i. S. v. Art. 7 Abs. 1 Buchst. d) LISR sind nach der hier vertretenen Auffassung sowohl abkommensrechtlich als auch nach innerstaatlichem deutschen Recht als Dividenden einzustufen. Ferner ist einer intransparent besteuerten Personengesellschaft das abkommensrechtliche Schachtelprivileg zu gewähren[717].

d. Zinsen und Lizenzgebühren

Für die abkommensrechtliche Zurechnung und Einordnung von Zinsen und Lizenzgebühren sowie die hiermit verbundenen Fragestellungen zur Abkommensberechtigung und der Gläubiger- bzw. Schuldnereigenschaft kann auf die im Rahmen des DBA-Argentinien gemachten Ausführungen verwiesen werden[718]. Die Abkommen sind in ihrer Struktur vergleichbar. Auch die Auswirkungen der innerstaatlichen Subjektqualifikation in Venezuela und Argentinien führen zu abkommensrechtlichen Parallelen, denn im Grundsatz werden Personengesellschaften als fiskalisch transparent eingestuft, wobei in Venezuela (tätigkeitsbezogen) eine ausnahmsweise körperschaftliche Behandlung bei Personengesellschaften praktiziert wird, die auf dem Gebiet der Erdölförderung aktiv

716 *Dörrfuß* in: Debatin/Wassermeyer, DBA (Venezuela), Art. 23 Rn. 102.

717 In Deutschland ist § 8 b Abs. 1 KStG zu beachten. Ungeachtet dessen ist der abgeltende Kapitalertragsteuerabzug vorzunehmen (§ 43 Abs. 1 S. 3, § 50 d Abs. 1 EStG). Ferner sei auf die Ausführungen zur Besteuerung einer venezolanischen Personengesellschaft i. S. v. Art. 7 Abs. 1 Buchst. d) LISR unter VI.B.a.2. verwiesen.

718 Teil 2, Kapitel 3, III.C.c. und III.C.d.

sind, während das argentinische LIG die Ausnahme der steuerlichen Subjektfähigkeit einer Personengesellschaft von ihrer Rechtsform abhängig macht. Im Hinblick auf die Abgrenzungsfragen bei Lizenzgebühren, Einkünfte aus technischer Hilfe sowie technischen Dienstleistungen kann die Einkünftequalifikation nach den Vorgaben des Abkommensrechts zu mehr Planungssicherheit führen[719].

Im Gegensatz zum DBA-Argentinien ist jedoch auf Kapitaleinkünfte, die im Rahmen des erweiterten Betriebstättenvorbehalts vereinnahmt werden, in Deutschland die Anrechnungsmethode anzuwenden [Art. 23 Abs. 1 Buchst. b) hh) DBA-Venezuela][720].

F. *Veräußerungsgewinne*

a. Beendigung einer Personengesellschaft, Rückzahlung von Einlagen

Im Hinblick auf die Abgrenzung von Art. 13 zu Art. 10 DBA-Venezuela, die vor allem bei der Einordnung von Gewinnen bedeutsam ist, welche im Zuge der Liquidation oder Kapitalherabsetzung einer Gesellschaft (für transparent besteuerte Personengesellschaften: Beendigung der Gesellschaft oder Rückzahlung von Einlagen) ist zu differenzieren. Bei "Liquidationsgewinnen" und Einkünften aus einer "Kapitalherabsetzung" ist aufgrund ihres außerordentlichen Charakters in der Regel von Veräußerungsgewinnen i. S. v. Art. 13 DBA-Venezuela auszugehen. Qualifiziert der Quellenstaat die Einkünfte hingegen in seinem innerstaatlichen Recht als Dividenden, ist dies gemäß Art. 10 Abs. 2 DBA-Venezuela für den anderen Vertragsstaat sowohl abkommensrechtlich als auch bei der Besteuerung nach innerstaatlichem Recht verbindlich[721].

719 Lizenzgebühren fallen nach Maßgabe der abkommensautonomen Definition unter Art. 12 DBA-Venezuela, während technische Hilfe und technische Dienstleistungen gemäß Ziffer 1 Buchst. b), c) Prot. DBA-Venezuela von Art. 7 DBA-Venezuela erfasst sind; vgl. auch Art. 12 Ziffern 11.2 und 11.3 OECD-MA zur Abgrenzung des Dienstleistungs- vom Know-how-Vertrag.

720 Zu den Auswirkungen vgl. die Ausführungen zur Entscheidung 578 des Anden-Paktes, Teil 3, Kapitel 4.

721 Vgl. hierzu die Ausführungen zur abkommensrechtlichen Abgrenzung bei Veräußerungsgewinnen im Rahmen von Art. 13 DBA-Mexiko, Teil 1, Kapitel 3, IV.C.c.

Personengesellschaften, die für Zwecke des venezolanischen Steuerrechts den Körperschaften gleichgestellt sind (Gesellschaften mit erdölbezogenen Tätigkeiten), können aufgrund des für sie geltenden Trennungsprinzips Gewinnausschüttungen vornehmen, die abkommensrechtlich unter Art. 10 DBA-Venezuela fallen[722]. Deshalb könnten auch die Einkünfte aus der Liquidation oder Kapitalherabsetzung einer Personengesellschaft i. S. v. Art. 7 Abs. 1 Buchst. d) LISR grundsätzlich als Dividenden qualifiziert werden. Neben ihrer fehlenden Erwähnung im Rahmen des Dividenden-Regimes (Art. 67 ff. LISR) spricht jedoch für die abkommensrechtliche Subsumtion von Liquidations- oder Kapitalherabsetzungsgewinnen unter Art. 13 DBA-Venezuela, dass die Gewinnermittlung oftmals im Kontext mit Vorgängen geregelt ist, die sich in Abgrenzung zu Art. 10 DBA-Venezuela eindeutig als Veräußerung gemäß Art. 13 DBA-Venezuela einordnen lassen[723]. Angesichts dieses systematischen Zusammenhangs mit Vorgängen, bei denen es zur Übereignung von Rechten oder Sachen im Sinne einer "klassischen" Veräußerung kommt, ist davon auszugehen, dass der venezolanische Fiskus Einkünfte, die infolge der Liquidation oder Kapitalherabsetzung einer steuerlich subjektfähigen Gesellschaft anfallen, abkommensrechtlich als Veräußerungsgewinn i. S. v. Art. 13 DBA-Venezuela einordnen wird.

Überdies ist anzunehmen, dass der venezolanische Fiskus Einkünfte, die die Gesellschafter einer fiskalisch transparenten Personengesellschaft im Zuge der Beendigung dieser Gesellschaft oder der Rückzahlung eines die Einlage über-

722 Siehe Art. 68 Abs. 3 (Par. 1°) LISR: als Dividende gilt der Gewinnanteil, der auf jede Aktie einer Sociedad Anónima und den damit gleichgestellten Steuerpflichtigen entfällt – dies umfasst auch Personengesellschaften i. S. v. Art. 7 Abs. 1 Buchst. d) LISR. Weiterhin unterwirft Art. 74 Abs. 3 Par. 2° LISR die Ausschüttungen von Gesellschaften, die erdölbezogene Tätigkeiten i. S. v. Art. 11 LISR entfalten, einem speziellen Steuersatz von 50 %. Hieran wird ebenfalls deutlich, dass Personengesellschaften, die entsprechende Einkünfte erzielen, Gewinnausschüttungen i. S. v. Art. 67 ff. LISR vornehmen können.

723 Vgl. Art. 23 Abs. 3 (Par. 2°) LISR: Veräußerung von unbeweglichem Vermögen; Art. 33 LISR: die Voraussetzungen der Verlust-Berücksichtigung infolge der Veräußerung von Aktien oder sonstigen Beteiligungen gelten auch bei der Liquidation und der Kapitalherabsetzung; Art. 89 LISR: die Pflicht zur Entrichtung einer Steuervorauszahlung bei der Veräußerung unbeweglichen Vermögens gilt auch für Einkünfte aus der Liquidation oder Kapitalherabsetzung einer Gesellschaft; Art. 110 Abs. 2 LISR: Regelung der Ermittlung von Kapitalherabsetzungs- oder Liquidationsgewinnen im Zusammenhang mit der Veräußerung von Aktien oder Beteiligungen an Gesellschaften (in Niedrigsteuer-Staaten).

steigenden Betrags durch die Gesellschaft erhalten, gleichfalls als Veräußerungsgewinne i. S. v. Art. 13 DBA-Venezuela betrachtet.

b. Veräußerung von Anteilen an Personengesellschaften

1. Fiskalisch transparente Personengesellschaft

Veräußert ein in Venezuela ansässiger Gesellschafter seinen Anteil an einer deutschen Personengesellschaft, so ist darin die Veräußerung des anteiligen Betriebstättenvermögens dieses Gesellschafters zu sehen. Deutschland kann den Veräußerungsgewinn uneingeschränkt besteuern (Art. 13 Abs. 2 DBA-Venezuela). Venezuela stellt den Veräußerungsgewinn gemäß Art. 23 Abs. 2 DBA-Venezuela von der venezolanischen Einkommensteuer frei.
Umgekehrt ist davon auszugehen, dass Venezuela den Gewinn, den eine in Deutschland ansässige Person mit der Veräußerung ihrer Beteiligung an einer venezolanischen, fiskalisch transparenten Personengesellschaft erzielt, als Gewinn aus der Veräußerung anteiligen Betriebstättenvermögens erfasst (Art. 13 Abs. 2 DBA-Venezuela)[724]. Deutschland wendet zwecks der ihm obliegenden Vermeidung der Doppelbesteuerung die Freistellungsmethode an [Art. 23 Abs. 1 Buchst. a) i. V. m. Buchst. d) DBA-Venezuela], soweit die venezolanische Betriebstätte des Gesellschafters die Aktivitätsklausel erfüllt.

2. Personengesellschaft mit erdölbezogener Tätigkeit

Veräußert ein in Deutschland ansässiger Gesellschafter seinen Anteil an einer venezolanischen Personengesellschaft, die erdölbezogene Tätigkeiten entfaltet und der somit steuerliche Subjektfähigkeit zukommt, so ist nach der hier vertretenen Auffassung der damit verbundene abkommensrechtliche Status der venezolanischen Personengesellschaft zu respektieren und sowohl bei der Anwendung der Verteilungsartikel als auch des innerstaatlichen Rechts nachzuvollziehen[725]. Folglich kann die Veräußerung eines Gesellschaftsanteils nicht

724 Grundlage der Besteuerung im innerstaatlichen Recht ist Art. 6 i. V. m. Art. 1 Abs. 2 S. 2 LISR.

725 Nach der hier vertretenen Auffassung ist die Personengesellschaft auch in Deutschland als eigenständiges Steuersubjekt anzuerkennen. Der in Deutschland ansässige Gesell-

als unter Art. 13 Abs. 2 DBA-Venezuela zu subsumierende Veräußerung anteiligen Betriebstättenvermögens angesehen werden. In diesem Fall ist die Auffangnorm des Art. 13 Abs. 4 DBA-Venezuela einschlägig, womit Deutschland als Wohnsitztstaat das ausschließliche Besteuerungsrecht zusteht[726].

G. Vermeidung der Doppelbesteuerung

a. Regelungsinhalt Art. 23 DBA-Venezuela

Venezuela vermeidet die Doppelbesteuerung gemäß Art. 23 Abs. 2 DBA-Venezuela ausschließlich durch Freistellung. Einkünfte, die eine in Venezuela ansässige Person erzielt, und die nach dem DBA-Venezuela in Deutschland besteuert werden können, werden ausnahmslos und ohne weitere Voraussetzungen – wie z. B. unter Vorbehalt der Erfüllung einer Aktivitätsklausel oder einer Mindestbeteiligung bei Dividenden – von der venezolanischen Einkommensteuer freigestellt.

Deutschland vermeidet die Doppelbesteuerung gemäß Art. 23 Abs. 1 Buchst. a) DBA-Venezuela grundsätzlich im Wege der Freistellung (mit Progressionsvorbehalt).
Die Freistellung der betreffenden Einkünfte erfolgt bei Erfüllung des in Art. 23 Abs. 1 Buchst. d) DBA-Mexiko geregelten Aktivitätsvorbehalts. Eine in Deutschland ansässige Person hat nachzuweisen, dass die Unternehmensgewinne (Art. 7 DBA-Venezuela), die vom Schachtelprivileg erfassten Divi-

schafter unterliegt mit seinem Veräußerungsgewinn folglich dem Halbeinkünfteverfahren [§ 3 Nr. 40 Buchst. a) EStG].

726 Art. 13 DBA-Venezuela enthält – anders als die Art. 13 der DBA Deutschlands mit Mexiko und Argentinien keine Sonderregelung zur Veräußerung von Gesellschaftsanteilen. Die Anwendung von Art. 13 Abs. 5 DBA-Venezuela – mit der Folge eines vorrangigen Besteuerungsrechts Venezuelas für den Veräußerungsgewinn – ist nur unter den dort genannten Voraussetzungen des Veräußerer-Wohnsitzwechsels und der Aufteilung des Gesellschaftskapitals in Aktien möglich. Hiervon wird man trotz der innerstaatlichen Qualifikation der Ausschüttungen einer venezolanischen Personengesellschaft i. S. d. Art. 7 Abs. 1 Buchst. d) LISR als Dividenden nicht ausgehen können. Es handelt sich dabei lediglich um eine steuerliche Gleichstellung der Gewinnausschüttungen im Vergleich zu Aktiengesellschaften; eine Aufteilung des Gesellschaftskapitals in Aktien liegt jedoch nicht vor.

denden (Art. 10 DBA-Venezuela)[727] und Gewinne aus der Veräußerung des Betriebskapitals sowie die diesen Gewinnen zugrundeliegenden Vermögenswerte (Art. 13 Abs. 2 DBA-Venezuela) ausschließlich aus aktiven Tätigkeiten stammen. Als aktive Tätigkeiten gelten gemäß Art. 23 Abs. 1 Buchst. d) S. 3 DBA-Venezuela die Herstellung und der Verkauf von Gütern oder Waren, technische Beratung oder technische Dienstleistungen und Bank- oder Versicherungsgeschäfte in Venezuela.
Weiterhin werden folgende Einkünfte in Deutschland freigestellt: Einkünfte aus selbständiger Arbeit (Art. 14 DBA-Venezuela), Einkünfte aus unselbständiger Arbeit (Art. 15 DBA-Venezuela), Einkünfte aus unbeweglichem Vermögen (Art. 6 DBA-Venezuela), soweit diese im Rahmen einer (aktiven) Betriebstätte oder festen Einrichtung vereinnahmt werden [s. Art. 23 Abs. 1 Buchst. b) ff) DBA-Venezuela] sowie Ruhegehälter (Art. 18 DBA-Venezuela) und Zahlungen aus öffentlichen Kassen (Art. 19 DBA-Venezuela).
Die Anrechnungsmethode[728] gemäß Art. 23 Abs. 1 Buchst. b) DBA-Venezuela gilt für: Dividenden, die nicht der Freistellung unterliegen, Zinsen, Lizenzgebühren, Aufsichtsrats- und Verwaltungsratsvergütungen, Einkünfte von Künstlern und Sportlern, unbewegliches Vermögen und die daraus erzielten Einkünfte, es sei denn, das unbewegliche Vermögen gehört tatsächlich zu einer in Venezuela belegenen Betriebstätte oder festen Einrichtung, die aktive Einkünfte erzielt (und somit der Freistellungsmethode unterliegt), Veräußerungen von Aktien und Anrechten auf Vorzugsaktien nach Artikel 13 Abs. 5 DBA-Venezuela, und für Einkünfte, die unter den erweiterten Betriebstättenvorbehalt fallen (Art. 21 Abs. 3 DBA-Venezuela).

b. Anwendung des Methodenartikels auf Sachverhalte mit Beteiligung von Personengesellschaften

Im Vergleich zum OECD-MK, der nach den Ursachen und Rechtsfolgen eines Qualifikationskonflikts differenziert, erfasst Ziffer 5 Prot. DBA-Venezuela

727 Zur Freistellung von Dividenden aufgrund des innerstaatlichen und abkommensrechtlichen Schachtelprivilegs bei einer steuerlich subjektfähigen Personengesellschaft vgl. die Ausführungen zu Art. 10 DBA-Mexiko (Teil 1), Kapitel 3, III.B.c., III.B.d.

728 Zu den Voraussetzungen der fiktiven Anrechnung bei Dividenden, Zinsen und Lizenzgebühren siehe Gliederungspunkt VI.E.a.

sämtliche Qualifikationskonflikte, die auf einer Zurechnung von Einkünften an unterschiedliche Personen oder auf einer unterschiedlichen Einordnung der Einkünfte in die Verteilungsartikel beruhen (Unterschiede im innerstaatlichen Recht, Abkommensauslegung, Annahme verschiedener Sachverhalte). Eine Typisierung des Konflikts ist unter Ziffer 5 Prot. DBA-Venezuela foglich nicht erforderlich, womit sich das im Rahmen des OECD-Modells auftretende Problem des "abgeleiteten Qualifikationskonflikts" nicht stellt. Andererseits ist Ziffer 5 Prot. DBA-Venezuela enger als das OECD-Modell zur Lösung von Qualifikationskonflikten, zumal die Vorschrift lediglich Zurechnungs- und Zuordnungskonflikte zum Gegenstand hat. Ferner ist der Übergang von der Freistellungs- zur Anrechnungsmethode aufgrund von Ziffer 5 Prot. DBA-Venezuela vom erfolglosen Ausgang eines Verständigungsverfahrens abhängig.

Soweit die spezielle Ziffer 5 Prot. DBA-Venezuela ihrer Konzeption nach nicht auf einen Qualifikationskonflikt anwendbar ist, kann auf die Grundsätze des OECD-Lösungsmodells zurückgegriffen werden. Dies setzt aber voraus, dass Deutschland und Venezuela zur Begründung einer späteren Übung dieses Inhalts bereit sind[729]. Der Anwendungsbereich einer solchen Übung würde sich vornehmlich auf Fälle erstrecken, in denen Qualifikationskonflikte und die daraus resultierende Doppel- oder Nichtbesteuerung auf Unterschieden im innerstaatlichen Recht beruhen, die nicht als Zurechnungs- oder Zuordnungskonflikt i. S. v. Ziffer 5 DBA-Venezuela klassifiziert werden können.

Für Venezuela als Wohnsitzstaat erwachsen aus Ziffer 5 Prot. DBA-Venezuela keine Rechte oder Verpflichtungen, zumal allein Deutschland Adressat der Regelung ist. Venezuela kann deshalb, soweit die Voraussetzungen hierfür gegeben sind, nach dem Lösungsansatz der OECD zur Vermeidung der Doppel- oder Nichtbesteuerung infolge von Qualifikationskonflikten verfahren. Der Übergang zur Anrechnungsmethode darf dabei jedoch nicht die grundsätzlich von Venezuela gemäß Art. 23 Abs. 2 DBA-Venezuela praktizierte Freistellung konterkarieren, denn dadurch wird bereits eine (zumindest teilweise) Nichtbesteuerung von Venezuela in der Rolle des Wohnsitzstaates in Kauf

729 Für die Frage der generellen Zulässigkeit der im OECD-MK empfohlenen Vorgehensweise (Qualifikationsverkettung, teleologische Reduktion) sowie hinsichtlich der zeitlichen Anwendbarkeit auf das DBA-Venezuela als Altabkommen und der Eigenschaft Venezuelas als Nichtmitglied der OECD sei auf die Ausführungen zu Art. 23 DBA-Mexiko (Teil 1), Kapitel 4 und Art. 23 DBA-Argentinien (Teil 2), Kapitel 4 verwiesen.

genommen (z. B. wenn Deutschland eine begrenzte Quellensteuer i. S. d. Art. 10-12 DBA-Venezuela erhebt)[730]. Eine teleologische Reduktion des Freistellungsartikels durch Venezuela kommt demnach nur in Betracht, wenn Deutschland sich *aufgrund des Abkommens* außer Stande sieht, die Einkünfte zu besteuern und die Einkünfte somit nicht im Sinne des Art. 23 Abs. 2 DBA-Venezuela "nach dem Abkommen in Deutschland" besteuert werden können. Beanspruchen die Vertragsstaaten die abkommensrechtliche Aufrechterhaltung innerstaatlicher Besteuerungsrechte aufgrund von Verteilungsartikeln mit abschließender Rechtsfolge, so ist weder aus deutscher Sicht Ziffer 5 Prot. DBA-Venezuela noch aus venezolanischer (und gegebenenfalls auch deutscher) Sicht das OECD-Modell anwendbar, denn beide Lösungsansätze knüpfen an den Methodenartikel an, der bei Vorliegen eines Verteilungsartikels mit abschließender Rechtsfolge jedoch nicht einschlägig ist (z. B. Art. 8 oder Art. 13 Abs. 4 DBA-Venezuela).

Weder die switch-over-Klausel in Ziffer 5 Prot. DBA-Venezuela noch das Modell der OECD (isoliert oder – so weit möglich – nebeneinander angewendet) gewährleisten eine Beseitigung sämtlicher Doppel- oder Nichtbesteuerungen infolge von Qualifikationskonflikten. Es bedarf nach der hier vertretenen Auffassung einer übereinstimmenden Vorgehensweise der Vertragsstaaten bei der Subjekt- und Objektqualifikation, die der Anwendung des Methodenartikels vorgeschaltet ist und somit verhindert, dass die Vermeidung der Doppel- oder Nichtbesteuerung anhand der oben dargestellten, oftmals komplizierten und wenig praktikablen Kategorisierungen erfolgen muss. Im Fall eines subjektiven

730 In diesem Zusammenhang ist anzumerken, dass die im Jahr des Vertragsschlusses (1995) von Venezuela verfolgte Abkommenspolitik von dem zu diesem Zeitpunkt im innerstaatlichen venezolanischen Einkommensteuerrecht geltenden Territorialitätsprinzip geprägt war, in dessen Rahmen nur Einkünfte aus venezolanischen Quellen besteuert wurden. Mit dem Übergang zum Welteinkommenprinzip ist dies nunmehr als obsolet zu betrachten, womit auch die von Venezuela gewählte Methode zur Vermeidung der Doppelbesteuerung wohl nicht mehr der gegenwärtigen Position entsprechen dürfte. Gleichwohl steht der eindeutige und (noch) gültige Wortlaut des Art. 23 Abs. 2 DBA-Venezuela einem durchgängigen Wechsel zur Anrechnungsmethode entgegen. Es kann mithin nicht jede (teilweise) Nichtbesteuerung über die Auslegung des Methodenartikels vermieden werden. Hierzu bedürfte es einer ausdrücklichen Abkommensänderung. Diese ist möglicherweise in näherer Zukunft zu erwarten, zumal Deutschland und Venezuela gegenwärtig ein Revisionsprotokoll zum DBA-Venezuela verhandeln; vgl. BMF, Stand der Doppelbesteuerungsabkommen (01.01.2005), S. 5.

Qualifikationskonflikts, der bei den hier interessierenden Personengesellschaften auf dem Aufeinandertreffen von Trennungs- und Transparenzprinzip basiert, ist deshalb die steuerliche Subjektfähigkeit der Gesellschaft in einem Vertragsstaat vom anderen Vertragsstaat zu respektieren[731]. Dies gilt sowohl für die abkommensrechtliche als auch für die innerstaatliche Einkünftezurechnung und -zuordnung. Die anderenfalls und in der gegenwärtigen Staatenpraxis mit einem subjektiven Qualifikationskonflikt einhergehenden Divergenzen bei der Einkünftequalifikation können auf diesem Weg weitgehend vermieden werden; dies gilt vor allem in den Fällen, in denen eine Lösung über die switch-over-Klausel oder das OECD-Modell mangels An-wendbarkeit des Methodenartikels nicht möglich ist (z. B. bei Verteilungsartikeln mit abschließender Rechtsfolge). Wenden hingegen beide Vertragsstaaten das Transparenzprinzip an, so ist abkommensrechtlich auf die Gesellschafter abzustellen und die innerstaatliche Einkünftezurechnung an die Gesellschafter kann beibehalten werden. Auch hier kann es zu Qualifikationskonflikten bei der Zuordnung (nicht aber der Zurechnung) konkreter Einkünfte kommen; dies beruht jedoch nicht auf entgegenstehenden Besteuerungskonzepten der Vertragsstaaten. Die Vermeidung der Doppel- oder Nichtbesteuerung kann in diesen Fällen anhand der switch-over-Klausel bzw. des OECD-Modells erfolgen.

731 Danach müsste Deutschland beispielsweise eine venezolanische Personengesellschaft i. S. v. Art. 7 Abs. 1 Buchst. d) LISR als Körperschaft besteuern.

Kapitel 2: DBA-Bolivien

I. Allgemeine Anmerkungen zum Abkommen

Das Abkommen zwischen der Bundesrepublik Deutschland und der Republik Bolivien zur Vermeidung der Doppelbesteuerung auf dem Gebiet der Steuern vom Einkommen und vom Vermögen[732] wurde am 30.09.1992 in Bonn unterzeichnet. Das Abkommen ist am 12.07.1995 in Kraft getreten[733] und war erstmals für die am oder nach dem 01.01.1991 beginnenden Veranlagungszeiträume anzuwenden.

Das DBA-Bolivien entspricht im Wesentlichen dem OECD-MA in der Fassung von 1963 bzw. 1977. Deutschland vermeidet die Doppelbesteuerung durch eine Kombination von Freistellungs- und Anrechnungsmethode, wobei die Freistellung von der Erfüllung des Aktivitätsvorbehalts in Ziffer 8 Prot. DBA-Bolivien abhängig gemacht wird. Bei Zinsen und Lizenzgebühren wird eine fiktive Anrechnung gewährt. Bolivien wendet entsprechend seinem innerstaatlich praktizierten Quellenprinzip ausschließlich die Freistellungsmethode an[734].

II. Besteuerung von Personengesellschaften im innerstaatlichen Recht Boliviens

A. *Gesellschaftsformen*

Das bolivianische Recht unterscheidet zwischen Handelsgesellschaften und sonstigen Gesellschaften (sociedades comerciales – sociedades civiles). Allen Gesellschaften kommt eine von ihren Gesellschaftern getrennte Rechtspersönlichkeit zu. Eine Handelsgesellschaft liegt vor, wenn sie einer der in Art. 126

732 BGBl. II 1994, 1086; BStBl. I 1994, 575.

733 BGBl. II 1995, 907; BStBl. I 1995, 758. Das DBA-Bolivien umfasst zwei Protokolle. Eines wurde unmittelbar am Tag der Unterzeichnung Bestandteil des Abkommens und enthält Klarstellungen und Vorgaben für die Anwendung der Verteilungs- und Methodenartikel (Aktivitätsvorbehalt). Das zweite Protokoll datiert vom 12.08.1993 (Annahme durch Bolivien) und enthält Regelungen bezüglich des Informationsaustausches i. S. v. Art. 26 DBA-Bolivien.

734 Der Methodenartikel hat für Bolivien als Ansässigkeitsstaat mithin nur deklaratorischen Charakter.

des bolivianischen Handelsgesetzes[735] geregelten – in ihrer gesellschaftsrechtlichen Struktur mit nachstehend genannten deutschen Rechtsformen vergleichbaren Gesellschaften – entspricht:

- Sociedad Anónima (Aktiengesellschaft),
- Sociedad de Responsabilidad Limitada (Gesellschaft mit beschränkter Haftung),
- Personengesellschaften in Form der Sociedad en Comandita Simple o por Acciones (Kommanditgesellschaft, Kommanditgesellschaft auf Aktien), der Sociedad Colectiva (offene Handelsgesellschaft) oder einer Asociación Accidental o de Cuentas en Participación (stille Gesellschaft).

B. *Steuersubjekte*

Sämtliche Unternehmen unterliegen in Bolivien als selbständige Steuersubjekte der Einkommensteuer (Impuesto sobre las Utilidades de las Empresas, IUE[736]). Das IUE kennt keine fiskalische Transparenz. Folgende "Unternehmen" sind ausdrücklich als Steuersubjekte im Sinne des IUE genannt (Art. 36 IUE):

- Sociedades Anónimas (Aktiengesellschaften),
- Sociedades en Comandita Simple y por Acciones (Kommanditgesellschaften sowie Kommanditgesellschaften auf Aktien),
- Sociedades Cooperativas (Kooperativen),
- Sociedades de Responsabilidad Limitada (Gesellschaften mit beschränkter Haftung),
- Sociedades Colectivas (offene Handelsgesellschaften),
- Sociedades de hecho[737] o irregulares (stille und fehlerhafte Gesellschaften) sowie
- Establecimientos Permanentes (feste Einrichtungen ausländischer Unternehmen).

735 Gesetz No. 14.379 vom 25.02.1977.

736 Titel III (Art. 36-52) des Gesetzes No. 1.606 vom 22.12.1994.

737 Die Sociedad de hecho umfasst als generelle Bezeichnung für informelle Personenzusammenschlüsse auch die unter II.A. genannte Asociación en Participación.

Die Aufzählung ist nicht abschließend. Der Unternehmensbegriff umfasst jede wirtschaftliche Einheit (auch Einzelpersonen), die Arbeits- und Produktionsmittel verwendet, um eine gewerbliche, selbständige oder vermögensverwaltende Tätigkeit mit Gewinnerzielungsabsicht auszuüben (Art. 37 IUE).

C. *Grundzüge der Einkommensteuer*[738]

a. Territorialitätsprinzip

Bolivien verfährt bei der Einkommenbesteuerung ausschließlich nach dem Territorialitätsprinzip. Danach werden nur solche Einkünfte besteuert, die aus bolivianischen Quellen im Sinne des Art. 42 IUE stammen. Die Ansässigkeit einer natürlichen Person oder einer Gesellschaft ist für Zwecke des IUE irrelevant, denn infolge des Quellenprinzips existiert als steuerrechtlich relevanter Anknüpfungspunkt nur das Merkmal "bolivianische Quelle" (fuente boliviana)[739].

Gleichwohl enthält Art. 39 der bolivianischen Abgabenordnung[740] Vorgaben zur Bestimmung der Ansässigkeit, zumal eine derartige Regelung für die aus einem Steuerschuldverhältnis resultierenden Pflichten und nicht zuletzt für die Ermittlung der Abkommensberechtigung erforderlich ist. Eine juristische Person ist für Zwecke des Steuerrechts eine in Bolivien ansässige Person, wenn sie nach bolivianischem Recht gegründet wurde, ihre tatsächliche Geschäftsleitung in Bolivien liegt, in Ermangelung der Feststellbarkeit letzterer ihre Haupttätigkeit in Bolivien entfaltet, die Registrierung des Sitzes nach den Vorgaben des Handelsgesetzes in Bolivien erfolgt, oder – bei fehlender Registrierung – wenn die steuerbegründende Tätigkeit in Bolivien ausgeübt wird. Die Ansässigkeitskriterien gelten mit Ausnahme des Gründungsstatuts auch für Vereinigungen ohne Rechtspersönlichkeit (z. B. die Cuentas en Participación).

---

738 Das DBA-Bolivien gilt auch für die in Bolivien erhobene Ergänzungsabgabe zur Mehrwertsteuer, die Steuer auf das angenommene Einkommen der Unternehmen, die Steuer auf das angenommene Einkommen der Vermögenseigentümer und die Steuer auf Transaktionen [vgl. Art. 2 Abs. 3 Buchst. b) DBA-Bolivien]. In diesem Rahmen soll lediglich auf die Besteuerung nach dem IUE eingangen werden.

739 *Weffer* in: IBFD, Taxation in Latin America (Bolivia), S. 5.

740 Código Tributario, Gesetz No. 2.492 v. 02.08.2003.

b. Bolivianische Quelle

Das Konzept der "bolivianischen Quelle" ist generalklauselartig in Art. 42 IUE geregelt und wird durch die Durchführungsverordnung zum IUE[741] ergänzt. Steuerbegründend wirkt demnach jegliche Tätigkeit, im Rahmen derer mit Gewinnerzielungsabsicht Einkünfte aus in Bolivien befindlichen oder genutzten Wirtschaftsgütern vereinnahmt werden. Zu den Einkünften aus bolivianischen Quellen zählen auch Einkünfte aus Export-Direktgeschäften (Art. 43 IUE). Es existiert kein Betriebstättenkonzept. Das IUE verwendet lediglich die Begriffe Zweigniederlassung (sucursal), Agentur (agencia) und Einrichtung (establecimiento) mit Bezug auf ausländische, d. h. nichtansässige Unternehmen, ohne diese jedoch mit einer Definition zu verknüpfen[742].

c. Einkommens-/Gewinnermittlung

Das Steuerjahr stimmt mit dem Kalenderjahr überein. Einkünfte, die in diesem Zeitraum aus bolivianischen Quellen erzielt werden, sind grundsätzlich steuerpflichtig. Die zeitliche Erfassung von Einkünften und Ausgaben richtet sich nach dem Verursachungsprinzip. Lediglich selbständig tätige Personen dürfen für die Erfassung ihrer Einkünfte nach dem Zu- und Abflussprinzip optieren.
Der zu versteuernde Gewinn (utilidad neta imponible) wird durch Abzug der berücksichtigungsfähigen Ausgaben vom Bruttogewinn (utilidad bruta) ermittelt. Der Bruttogewinn ist die Differenz zwischen den gesamten Einkünften des Steuerpflichtigen und den verkaufs- oder produktionsbedingten Kosten[743]. Die vom Bruttogewinn abzugsfähigen Betriebsausgaben sind solche, die zur Einkünfteerzielung getätigt wurden und/oder der Erhaltung der Einkunftsquelle dienen. Tätigkeitsvergütungen an Gesellschafter sind voll abzugsfähig, soweit die mit den Zahlungen vergütete Tätigkeit tatsächlich erbracht wurde[744]. Nicht abzugsfähig sind unter anderem Steuern vom Einkommen, Rücklagen und Entnahmen des Gesellschafters für persönliche Zwecke. Zinsen für Gesellschafterdarlehen sind nur zu berücksichtigen, soweit sie nicht

741 Verordnung No. 24.051, Gaceta Oficial v. 30.06.1995.

742 *Weffer* in: Taxation in Latin America (Bolivia), S. 19.

743 Bei selbständig Tätigen ist als Bruttogewinn 50 % der Gesamteinkünfte anzusetzen (Art. 47 IUE).

744 *Weffer* in: Taxation in Latin America (Bolivia), S. 7.

mehr als drei Prozentpunkte über dem LIBOR-Satz liegen (aus dem Ausland stammende Darlehen[745]) bzw. nicht den von der bolivianischen Zentralbank veröffentlichten Zinssatz (für im Inland gewährte Darlehen) übersteigen. Die Obergrenze des abzugsfähigen Zinsbetrags bei Gesellschafter-Darlehen liegt bei 30 % der an nicht verbundene Parteien entrichteten Zinszahlungen.

Wirtschaftsgüter des Anlagevermögens sind zu aktivieren und grundsätzlich über den Zeitraum ihrer normalen Nutzungsdauer nach der linearen Methode abzuschreiben. Abweichungen hiervon sind mit Erlaubnis der bolivianischen Finanzverwaltung möglich.

Verluste können unbegrenzt in die unmittelbar auf das Jahr der Verlustentstehung folgenden Veranlagungszeiträume vorgetragen werden. Ein Verlustrücktrag ist nicht zulässig.

Der nach den voranstehend erläuterten Grundsätzen ermittelte Nettogewinn unterliegt einem linearen Steuertarif von 25 %.

d. Gewinnverwendung

Gewinnausschüttungen, die bolivianische Unternehmen nach der Versteuerung des Gewinns vornehmen, können von ansässigen Personen steuerfrei vereinnahmt werden[746]. Bei nichtansässigen Personen werden die Dividenden bzw. Gewinnausschüttungen mit einer an der Quelle einbehaltenen Steuer in Höhe von 25 % belastet. Die Bemessungsgrundlage beträgt 50 % der Bruttoeinkünfte, sodass der effektive Steuersatz bei 12,5 % liegt.

Bei Zweigstellen ausländischer Unternehmen wird die Vornahme einer jährlichen Gewinnausschüttung an das Stammhaus unwiderleglich vermutet und mit einer Steuer in Höhe von 25 % des "ausgeschütteten" Betrags belastet. Werden die erwirtschafteten Gewinne in Bolivien reinvestiert, so bezieht sich die branch profits tax auf lediglich 50 % des Gewinns.

745 Sämtliche Zahlungen, die an nichtansässige Personen fließen, unterliegen einer an der Quelle erhobenen Abzugsteuer von 25 %, die sich auf einen pauschalierten Betrag von 50 % der Bruttoeinkünfte bezieht (Art. 51 IUE). Der effektive Steuersatz beträgt somit 12,5 %.

746 *Weffer* in: IBFD, Taxation in Latin America (Bolivia), S. 13.

e. Anrechnung ausländischer Steuern

Aufgrund des in Bolivien geltenden Territorialitätsprinzips sind ausländische Einkünfte grundsätzlich nicht steuerbar, womit die Anrechnung von im Ausland erhobenen Steuern auf die bolivianische Steuer nicht möglich ist.

III. Abkommensrecht

A. *Abkommensberechtigung (Art. 1 DBA-Bolivien)*

Die Abkommensberechtigung gemäß Art. 1 DBA-Bolivien setzt die Ansässigkeit einer Person in einem oder beiden Vertragsstaaten voraus. Nach den Vorgaben des Art. 4 OECD-MA wird die abkommensrechtliche Ansässigkeit durch eine Kombination von örtlichem Anknüpfungsmerkmal und der damit einhergehenden unbeschränkten Steuerpflicht einer Person in einem Vertragsstaat begründet. Infolge des in Bolivien geltenden Territorialitätsprinzips existiert eine solche Verbindung zwischen örtlichem Merkmal und Steuerpflicht im bolivianischen IUE nicht[747]. Dies spiegelt sich in Art. 4 Abs. 1 DBA-Bolivien wider, in dem die Vertragsstaaten das Kriterium der (unbeschränkten) Steuerpflicht ausgeklammert haben.
Die unter das Unternehmenskonzept des IUE fallenden Gesellschaften und Personenvereinigungen sind eigenständige Steuersubjekte und damit "Gesellschaften" i. S. v. Art. 3 Abs. 1 Buchst. c) DBA-Bolivien. Darüber hinaus sind alle Gesellschaften, die in Bolivien korrespondierend mit Art. 4 Abs. 1 DBA-Bolivien die – für die Begründung einer Steuerpflicht nach dem IUE irrelevanten – Ansässigkeitsmerkmale des Art. 39 Código Tributario erfüllen, in Bolivien ansässige und damit abkommensberechtigte Personen.

B. *Unternehmensgewinne (Art. 7 DBA-Bolivien)*

Wie die voranstehenden Ausführungen zum bolivianischen Unternehmenskonzept (Art. 39 IUE) ergeben haben, ist jegliche, mit Gewinnerzielungsabsicht ausgeübte Tätigkeit einer Personenvereinigung als Unternehmen anzusehen.

747 *Weffer* in: IBFD, Taxation in Latin America (Bolivia), S. 5.

Dies kann jedoch nicht die Subsumtion sämtlicher Einkünfte unter die Unternehmensgewinne i. S. v. Art. 7 DBA-Bolivien nach sich ziehen, denn das abkommensrechtliche Subsidiaritätsprinzip (Art. 7 Abs. 6 DBA-Bolivien) erfordert die Anwendung der jeweils einschlägigen Spezialartikel (z. B. Art. 6, Art. 8 oder Art. 14 DBA-Bolivien).

Weiterhin ist im Hinblick auf das innerstaatliche bolivianische Recht die explizite Normierung eines Betriebstättenkonzepts in Art. 5 DBA-Bolivien und die damit verbundende Einschränkung der Generalklausel des Art. 42 IUE zum Vorliegen einer bolivianische Quelle hervorzuheben. Durch die tatbestandsmäßige Aufzählung von Einrichtungen und ihrer Dauer bzw. Beschaffenheit ist eine Abgrenzung der Besteuerungsrechte wesentlich besser zu erreichen. So kann in vielen Fällen die Annahme einer bolivianischen Quelle bei gleichzeitiger Erfüllung eines Steuertatbestands in Deutschland vermieden werden, zumal entweder Bolivien (Art. 23 Abs. 2 DBA-Bolivien) oder Deutschland [Art. 23 Abs. 1 Buchst. a) bb) DBA-Bolivien] zur Freistellung der Einkünfte verpflichtet ist. Ohne die abkommensrechtliche Abgrenzung der Besteuerungsrechte käme es mangels unilateralem Anrechnungsanspruch im IUE in vielen Fällen zu einer definitiven Doppelbesteuerung.

Die Erhebung der im IUE statuierten branch profits tax ist vor dem Hintergrund des abkommensrechtlichen Betriebstätten-Diskriminierungsverbots (Art. 24 Abs. 2 DBA-Bolivien) unzulässig. Bezieht man die durch Ziffer 3 Prot. DBA-Bolivien zugelassene Besteuerung von Gewinnabführungen der bolivianischen Betriebstätte in Höhe von 15 % auf die derzeit erhobene branch profits tax, so ist letztere ausdrücklich vom Abkommen vorgesehen und damit auch mit Blick auf Art. 24 Abs. 2 DBA-Bolivien zulässig[748].

748 Die in Ziffer 3 Prot. DBA-Bolivien enthaltene Begrenzung der Steuer auf Gewinnüberweisungen der Betriebstätte an das Stammhaus auf 15 % bezieht sich nach Ansicht von *Hemmelrath* in: Vogel/Lehner, DBA, Art. 7 Rn. 68 nicht auf die branch profits tax, sondern auf die Zusatzsteuer zu Mehrwertsteuer (die lediglich bei Nichteingreifen des IUE erhoben wird), vgl. Art. 2 Abs. 3 Buchst. b) DBA-Bolivien. *Scherer* in: Debatin/Wassermeyer, DBA (Bolivien), Art. 7 Rn. 5 geht offenbar von einer Quellensteuer auf die Gewinnrepatriierung im Sinne einer branch profits tax aus. Letzteres ist anzunehmen, denn steuerpflichtig im Sinne der Zusatzsteuer zur Mehrwertsteuer sind nur natürliche Personen, die nicht der IUE unterliegen. Dies kann bei Betriebstätten, die stets nach dem IUE besteuert werden und auf die sich Ziffer 3 Prot. DBA-Bolivien bezieht, nicht der Fall sein. Die Vorschrift regelt damit die Erhebung einer branch profits tax, da sie sonst leerliefe.

Art. 21 DBA-Bolivien enthält keinen erweiterten Betriebstättenvorbehalt nach dem Vorbild des Art. 21 Abs. 2 OECD-MA. Dies bedeutet nach der hier vertretenen Auffassung keinen sachlichen Unterschied im Vergleich zum OECD-MA, zumal es sich bei dessen Art. 21 Abs. 2 um eine rein deklaratorische Vorschrift handelt[749].

Als Konsequenz der steuerlichen Subjektfähigkeit von bolivianischen Personengesellschaften können für die Anwendung der Verteilungsartikel grundsätzlich die zum DBA-Mexiko ermittelten Vorgaben herangezogen werden[750]. Demnach hat Deutschland sowohl abkommensrechtlich als auch bei der Anwendung seines innerstaatlichen Rechts die Eigenständigkeit der Gesellschaft zu respektieren, indem die Einkünfte auf der Gesellschaftsebene erfasst und mit der Körperschaftsteuer belastet werden. Einer Freistellung der Einkünfte bei den in Deutschland ansässigen Gesellschaftern bedarf es aufgrund des Trennungsprinzips nicht. Aus diesem Grund verbietet sich nach der hier vertretenen Ansicht auch die Berücksichtigung der Einkünfte im Wege des Progressionsvorbehalts.

C. *Leistungsaustausch zwischen Gesellschafter und Gesellschaft*

Bereits die zivil- und steuerrechtliche Subjektfähigkeit bolivianischer Personengesellschaften bedingt, dass sich Gesellschaft und Gesellschafter wie fremde Dritte gegenüber stehen und einen steuerlich anzuerkennenden Leistungsaustausch vornehmen können. Dies zeigen auch die oben genannten Voraussetzungen zur Abzugsfähigkeit von "Sondervergütungen" bei der Gesellschaft im innerstaatlichen Recht Boliviens. Darüber hinaus ergibt sich die zwingende Subsumtion von Sondervergütungen unter die speziellen Verteilungsartikel für Zinsen, Lizenzgebühren oder Tätigkeitsvergütungen aus dem abkommensrechtlichen Spezialitätsgrundsatz.

749 Für die verschiedenen Auffassungen hinsichtlich der konstitutiven oder deklaratorischen Bedeutung des Art. 21 Abs. 2 OECD-MA sei auf die Darstellung in Teil 1, Kapitel 3, II.D.b.4.(b) verwiesen.

750 Vgl. die Ausführungen zum DBA-Mexiko in Teil 1, Kapitel 2, C.

D. *Einkünfte aus Kapitalvermögen (Art. 10-12 DBA-Bolivien)*

Gewinnausschüttungen bolivianischer Personengesellschaften sind abkommensrechtlich als Dividenden zu qualifizieren[751]. Deutschland sollte m. E. die Einkünftequalifikation für die Besteuerung nach innerstaatlichem Recht beibehalten (Halbeinkünfteverfahren) und folglich die bolivianische Quellensteuer auf die deutsche Steuer anrechnen. Die Quellensteuer ist gemäß Art. 10 Abs. 1 Buchst. b) DBA-Bolivien auf 15 % des Bruttobetrags der Dividenden begrenzt; im innerstaatlichen bolivianischen Recht wird derzeit nur eine Quellensteuer in Höhe von 12,5 % des Bruttobetrags der ins Ausland fließenden Einkünfte erhoben.
Darüber hinaus profitiert der in Deutschland ansässige Nutzungsberechtigte bei Zinsen und Lizenzgebühren – die ebenfalls einer Quellensteuer in Höhe von 12,5 % des Bruttobetrags unterliegen (Art. 51 IUE) – von der fiktiven Anrechnung [jeweils 20 % des Bruttobetrags, Art. 23 Abs. 1 Buchst. c) aa) und Buchst. c) bb) DBA-Bolivien].

E. *Veräußerungsgewinne (Art. 13 DBA-Bolivien)*

Gewinne aus der Veräußerung einer Beteiligung an einer bolivianischen Personengesellschaft können gemäß der Sonderregelung für die Veräußerung von Gesellschaftsanteilen in Art. 13 Abs. 3 DBA-Bolivien von Bolivien als dem Ansässigkeitsstaat der Gesellschaft besteuert werden[752]. Aufgrund der fiskalischen Transparenz deutscher Personengesellschaften fallen die Gewinne aus der Veräußerung des Mitunternehmeranteils als Veräußerung anteiligen Betriebsvermögens unter Art. 13 Abs. 2 DBA-Bolivien.

---

751 Bei Gewinnausschüttungen deutscher Gesellschaften an eine bolivianischen Personengesellschaft ist nach der hier vertretenen Ansicht aufgrund der von Deutschland zu übernehmenden körperschaftlichen Besteuerung § 8 b Abs. 1 KStG anwendbar. Ungeachtet dessen ist der abgeltende Kapitalertragsteuerabzug vorzunehmen (§ 43 Abs. 1 S. 3, § 50 d Abs. 1 EStG).

752 Die Veräußerung von Anteilen an bolivianischen Personengesellschaften fällt nach der hier vertretenen Auffassung unter § 8 b Abs. 2 KStG, soweit der Veräußerer eine Gesellschaft ist, die in Deutschland der Körperschaftsteuer unterliegt. Für natürliche Personen gilt das Halbeinkünfteverfahren [§ 3 Nr. 40 Buchst. a) EStG].

Kapitel 3: DBA-Ecuador

I. Allgemeine Anmerkungen zum Abkommen

Das Abkommen zwischen der Bundesrepublik Deutschland und der Republik Ecuador zur Vermeidung der Doppelbesteuerung auf dem Gebiet der Steuern vom Einkommen und vom Vermögen[753] wurde am 07.12.1982 in Quito unterzeichnet. Das Abkommen ist am 25.06.1986 in Kraft getreten[754] und war erstmals für die am oder nach dem 01.01.1987 beginnenden Veranlagungszeiträume anzuwenden.
Das DBA-Ecuador entspricht im Wesentlichen dem OECD-MA in der Fassung von 1963 bzw. 1977. Sowohl Deutschland als auch Ecuador vermeiden die Doppelbesteuerung durch eine Kombination von Freistellungs- und Anrechnungsmethode, wobei die Freistellung in Deutschland von der Erfüllung des Aktivitätsvorbehalts in Ziffer 3 Prot. DBA-Ecuador abhängt. Bei Zinsen und Lizenzgebühren wird in Deutschland eine fiktive Anrechnung gewährt.

II. Besteuerung von Personengesellschaften im innerstaatlichen Recht Ecuadors

A. *Gesellschaftsformen*

Die Ausübung einer unternehmerischen Tätigkeit und die hierfür vorgesehenen Gesellschaftsformen werden durch das Gesetz über die Gesellschaften (Ley de Compañías, LC[755]) geregelt. Ein Unternehmen kann in Gestalt der folgenden Gesellschaften oder Personenvereinigungen betrieben werden:

- Compañía Anónima (Aktiengesellschaft), auch möglich in Form einer public-private partnership (Compañía de economía mixta),

---

753 BGBl. II 1984, 466; BStBl. I 1984, 338. Anzumerken ist, dass Ecuador im Zeitpunkt des Vertragsschlusses für Zwecke der Einkommenbesteuerung noch ausschließlich nach Territorialitätsprinzip vorging. Das DBA-Ecuador ist das erste DBA nach dem Muster der OECD, das ein Mitgliedstaat des Anden-Paktes mit einem Drittstaat abgeschlossen hat; vgl. *Müller* in: Debatin/Wassermeyer, DBA (Ecuador), Vor Art. 1 Rn. 3.

754 BGBl. II 1986, 781; BStBl. I 1986, 358.

755 Gesetz v. 05.11.1999, Registro Oficial No. 312.

- Compañía de Responsabilidad Limitada,
- Compañía en Comandita Simple o por acciones, Compañía Colectiva, Asociación en Participación [Personengesellschaften in Form der Kommanditgesellschaft (auf Aktien), der offenen Handelsgesellschaft oder der stillen Gesellschaft].

Mit Ausnahme der Asociación en Participación (Art. 423 ff. LC) haben alle Gesellschaften und Personenvereingungen eine eigene Rechtspersönlichkeit. Im Hinblick auf ihre gesellschaftsrechtliche Struktur weist die Sociedad de Responsabilidad Limitada einige Besonderheiten auf, die sie im Vergleich mit den Gesellschaften deutschen Rechts in die Nähe der Personengesellschaft rückt[756]. Zu nennen sind die obligatorische Umwandlung in eine andere Gesellschaftsform bei mehr als fünfzehn Gesellschaftern und die Aufteilung des Kapitals in nicht frei veräußerbare Anteile.

B. *Steuersystem und Steuersubjekte*

Die Besteuerung des Einkommens erfolgt bei ansässigen und nichtansässigen natürlichen und juristischen Personen nach den jeweiligen Vorgaben des ecuadorianischen Einkommensteuergesetzes (LRTI[757]). Ansässige Personen haben ihr Welteinkommen zu versteuern, während nichtansässige Personen nur mit Einkünften aus ecuadorianischen Quellen der Einkommensteuer unterliegen. Alle vorstehend genannten Gesellschaften sind eigenständige Steuersubjekte. Mit Ausnahme der Treuhand und Investitionsfonds, die für eine Besteuerung ihrer Einkünfte in den Händen der Treugeber bzw. Anteilseigner

756 Vgl. auch *Müller* in: Debatin/Wassermeyer, DBA (Ecuador), Art. 3 Rn. 4.

757 Ley de Régimen Tributario Interno, Gesetz v. 17.11.2004 (No. 2004-026), Registro Oficial No. 463, Título I: Impuesto a la Renta. Vom Abkommen erfasst ist auch die Steuer auf das Umlaufvermögen (Impuesto a los Capitales en Giro) sowie die Zusatzsteuern gemäß dem LRTI. Dazu zählen die Steuer auf das Reinvermögen, die Steuer auf städtisches Grundvermögen sowie ländliches Grundvermögen und die Steuer auf die Übertragung von unbeweglichem Vermögen. In diesem Zusammenhang soll nur auf die Einkommensteuer i. S. d. Impuesto a la Renta eingegangen werden.

optieren können[758], kennt das ecuadorianische Einkommensteuerkonzept keine fiskalische Transparenz[759].

C. *Grundzüge der Einkommensteuer*

a. Ansässigkeit

Eine Gesellschaft ist für Zwecke der Einkommensteuer eine in Ecuador ansässige Person, wenn der Sitz der Gesellschaft laut Satzung bzw. Gesellschaftsvertrag in Ecuador liegt. In Ermangelung einer diesbezüglichen Bestimmung ist auf den Ort abzustellen, an dem die Gesellschaft ihre unternehmerische Tätigkeit hauptsächlich entfaltet (Art. 60 Código Tributario[760]). Nichtansässige Unternehmen sind – im Umkehrschluss – solche, deren Haupsitz im Ausland liegt.

b. Einkommens-/Gewinnermittlung

Sämtliche Einkünfte ansässiger Unternehmen sind grundsätzlich – d. h. vorbehaltlich expliziter Ausnahmen – steuerbar und steuerpflichtig.
Die Bemessungsgrundlage der Einkommensteuer ist das Nettoeinkommen (renta neta), welches durch Abzug der Betriebsausgaben von den Bruttoeinkünften (ingresos) zu ermitteln ist (Art. 16 LRTI)[761]. Abzugsfähig sind Ausgaben, die der Erzielung von steuerbaren Einkünften sowie dem Erhalt oder der Verbesserung ihrer Quelle dienen (Art. 10 LRTI). Ausgaben, die im Ausland getätigt wurden, können nach denselben Grundsätzen von den Bruttoeinkünften abgezogen werden, soweit die vorgeschriebene Quellensteuer einbehalten und abgeführt wurde (Art. 13 LRTI).

---

758 Art. 55 der Durchführungsverordnung zum LRTI, Reglamento para la Aplicación de la Ley de Régimen Tributario y sus Reformas (RLRTI), Registro Oficial No. 484-S, Verordnung No. 2209 v. 31.12.2001.

759 *Weffer* in: Taxation in Latin America (Ecuador), S. 5.

760 Decreto No. 1016-A, Registro Oficial No. 958-S v. 23.12.1975.

761 Als Währung ist derzeit der U.S.-Dollar zugrunde zu legen; Art. 20 Abs. 1 LRTI. Seit dem 10.09.2000 wird der ecuadorianische Sucre nicht mehr als Zahlungsmittel akzeptiert.

Der Zahlungsverkehr zwischen Gesellschaft und Gesellschafter wird grundsätzlich steuerlich anerkannt, solange er dem Fremdvergleich entspricht[762]. Wirtschaftsgüter des Anlagevermögens sind zu aktivieren und in der Regel über einen Zeitraum von fünf Jahren (20 % p. a.) abzuschreiben (Art. 12 LRTI). Gemäß Art. 11 LRTI können Verluste über fünf Jahre vorgetragen werden; dabei darf der auf ein Jahr entfallende Verlustbetrag jedoch nicht über 25 % der in diesem Steuerjahr erwirtschafteten Gewinne hinausgehen. Verluste aus Veräußerungsgeschäften zwischen Gesellschaft und Gesellschafter sind nicht berücksichtigungsfähig. Ferner können Gesellschafter die Verluste der Gesellschaft für Zwecke des Steuerrechts nicht mit eigenen Einkünften ausgleichen.

Das Konzept der ecuadorianischen Quelle ist in Art. 8 LRTI geregelt. Bezieht eine nichtansässige Person aus einer dieser Quellen Einkünfte, so unterliegt sie mit diesen Einkünften der (beschränkten) Steuerpflicht. Art. 8 LRTI umfasst unter anderem:

- Einkünfte von ansässigen und nichtansässigen Personen aus unselbständiger, selbständiger, gewerblicher, land- und forstwirtschaftlicher oder vermögensverwaltender Tätigkeit mit Gewinnerzielungsabsicht, die auf ecuadorianischem Gebiet ausgeübt werden;
- Gewinne aus der Veräußerung von in Ecuador befindlichem bzw. belegenem Mobiliar- oder Immobiliar-Vermögen;
- Lizenzgebühren, soweit die zugrundeliegenden Rechte in Ecuador genutzt werden oder die Zahlungen hierfür durch eine in Ecuador ansässige Person erfolgen;
- Einkünfte aus Exportgeschäften, die von ansässigen Personen oder Nichtansässigen mit fester Einrichtung oder Betriebstätte in Ecuador (direkt oder indirekt über Agenturen, Makler, Zweigstellen oder Vertreter) getätigt werden sowie
- aus Ecuador stammende Zinsen.

Art. 8 Abs. 2 LRTI definiert den ecuadorianischen Begriff der "festen Einrichtung" bzw. "Betriebstätte" (establecimiento permanente). Dieser umfasst jede Einrichtung in Ecuador, über die ein nichtansässiges Unternehmen seine Tätig-

762 Einzige Beschränkung in diesem Zusammenhang ist die Nichtabzugsfähigkeit bzw. Abschreibung ausgefallener Forderungen aus Darlehen, die die Gesellschaft ihrem Gesellschafter oder dessen Angehörigen gewährt hat (Art. 10 Nr. 11 LRTI).

keit ganz oder teilweise entfaltet. Das Betriebstättenkonzept ist weitreichend, indem es Bauausführungen von sechs Monaten Dauer erfasst, in bestimmten Fällen auch ein Handeln des Vertreters für *Rechnung* des ausländischen Prinzipals ausreichen lässt und Lagerungs-Einrichtungen, die nicht nur zu Ausstellungszwecken genutzt werden sowie die Verfügung über zur Veräußerung in Ecuador bestimmte Waren des ausländischen Unternehmens als Betriebstätte einstuft.
Betriebstätten werden für Zwecke der Einkommensteuer als eigenständige Steuersubjekte behandelt und unterliegen damit grundsätzlich den für ansässige Unternehmen geltenden Vorschriften. Zusätzlich wird bei Abführung der Gewinne an das ausländische Stammhaus eine branch profits tax in Höhe von 25 % erhoben (Art. 39 LRIT). Dabei ist jedoch die von der Betriebstätte entrichtete Einkommensteuer anzurechnen, sodass die Gewinnabführung im Ergebnis nicht besteuert wird[763].

Das Einkommen natürlicher Personen unterliegt einem progressiven Steuersatz von 0-25 % (Art. 36 LRTI). Bei nichtansässigen, natürlichen Personen wird in der Regel eine abgeltende Quellensteuer in Höhe von 25 % der Bruttoeinkünfte erhoben. Sämtliche Gesellschaften und Betriebstätten unterliegen mit dem nach den vorangehend erläuterten Vorschriften ermittelten Nettoeinkommen einem Steuersatz von 25 %.

c. Gewinnverwendung

Gemäß Art. 9 Abs. 1 LRTI können Dividenden und Gewinnbeteiligungen, die ecuadorianische Gesellschaften an ihre Anteilseigner und Gesellschafter ausschütten, unabhängig von der Ansässigkeit des Empfängers steuerfrei vereinnahmt werden.

763 *Weffer* in: Taxation in Latin America (Ecuador), S. 20-24.

d. Anrechnung ausländischer Steuern

Ansässige Personen können ausländische Steuern auf ihre ecuadorianische Steuer anrechnen (Art. 49 LRTI). Der Anrechnungsbetrag darf die Steuer, die in Ecuador nach Maßgabe des LRTI auf die Einkünfte entfällt, nicht übersteigen.

III. Abkommensrecht

A. *Abkommensberechtigung (Art. 1 DBA-Ecuador)*

Ecuadorianische Personengesellschaften unterliegen in Ecuador als eigenständige Steuersubjekte der Einkommensteuer und erfüllen damit sowohl die Vorgaben des abkommensrechtlichen Personenbegriffs in Art. 3 Abs. 1 Buchst. b) als auch die Voraussetzungen der Ansässigkeit in Art. 4 Abs. 1DBA-Ecuador. Ausgehend vom derzeit praktizierten Rechtstypenvergleich ist die Einstufung einer Sociedad de Responsabilidad Limitada (SRL) als Mitunternehmerschaft für Zwecke des deutschen Steuerrechts denkbar[764], was die unmittelbare Zurechnung des laufenden Gewinns einer ecuadorianischen SRL an die deutschen Gesellschafter zur Folge hätte. Dies ist m. E. abzulehnen. Die steuerliche Subjektfähigkeit einer ecuadorianischen SRL und die daraus folgende Abkommensberechtigung kraft ihrer Ansässigkeit in Ecuador sind vom deutschen Fiskus sowohl für Zwecke des Abkommens als auch bei der Anwendung innerstaatlichen Rechts zu berücksichtigen.

B. *Unternehmensgewinne (Art. 7 DBA-Ecuador)*

Für die Abkommensanwendung und die Besteuerung nach deutschem Recht können somit grundsätzlich die zum DBA-Mexiko in Bezug auf mexikanische Personengesellschaften getroffenen Aussagen herangezogen werden[765]. Die Einkünfte einer ecuadorianischen Personengesellschaft sind bei der Gesellschaft zu besteuern; der steuerliche Zugriff auf die Einkünfte bei den Gesellschaftern darf erst nach einer Gewinnausschüttung stattfinden. Als Verteilungsartikel mit

---

764 Vgl. die Ausführungen zu den Gesellschaften ecuadorianischen Rechts unter II.A.

765 Vgl. die Ausführungen zum DBA-Mexiko in Teil 1, Kapitel 2, C. sowie Kapitel 3, II.D.

abschließender Rechtsfolge weist Art. 7 Abs. 1 DBA-Ecuador das ausschließliche Besteuerungsrecht für Unternehmensgewinne dem Ansässigkeitsstaat der das Unternehmen betreibenden Person zu. Hieraus und aus dem von Deutschland zu beachtenden Trennungsprinzip folgt, dass es mangels Besteuerungsrecht keiner Freistellung der Einkünfte bei den in Deutschland ansässigen Gesellschaftern einer ecuadorianischen Personengesellschaft bedarf. Damit verbietet sich auch die Berücksichtigung der Einkünfte bei der Ermittlung des Steuersatzes (Progressionsvorbehalt).
Durch das abkommensrechtliche Betriebstättenkonzept in Art. 5 DBA-Ecuador erfährt der weit gefasste Begriff der "festen Einrichtung" im innerstaatlichen, ecuadorianischen Recht eine Begrenzung[766].
Da die zuvor auf den Betriebstättengewinn erhobene Steuer auf die zusätzlich erhobene branch profits tax angerechnet wird und somit eine weitere Besteuerung des Betriebstättengewinns im Ergebnis unterbleibt, liegt kein Verstoß gegen das abkommensrechtliche Diskriminierungsverbot in Art. 24 Abs. 2 DBA-Ecuador vor.
Art. 21 DBA-Ecuador enthält keinen erweiterten Betriebstättenvorbehalt nach dem Vorbild des Art. 21 Abs. 2 OECD-MA. Dies bedeutet nach der hier vertretenen Auffassung keinen sachlichen Unterschied im Vergleich zum OECD-MA, zumal es sich bei dessen Art. 21 Abs. 2 um eine rein deklaratorische Vorschrift handelt[767].

C. *Leistungsaustausch zwischen Gesellschafter und Gesellschaft*

Bereits die zivil- und steuerrechtliche Subjektfähigkeit ecuadorianischer Personengesellschaften bedingt, dass sich Gesellschaft und Gesellschafter wie fremde Dritte gegenüber stehen und einen steuerlich anzuerkennenden Leistungsaustausch vornehmen können. Darüber hinaus ergibt sich die zwingende Sub-

766 Zu nennen ist die Begründung einer Betriebstätte durch Bauausführungen und Montagen erst ab zwölf Monaten [Art. 5 Abs. 2 Buchst. e) DBA-Ecuador], das Erfordernis des Handelns *im Namen* (nicht: für Rechnung) des ausländischen Unternehmens (Art. 5 Abs. 3 DBA-Ecuador) sowie die – im Vergleich zum innerstaatlichen ecuadorianischen Recht detailliertere – Ausnahmeregelung für Einrichtungen, die der Lagerung von Waren dienen (Art. 5 Abs. 4 DBA-Ecuador).

767 Zu den Auffassungen hinsichtlich der konstitutiven oder deklaratorischen Bedeutung des Art. 21 Abs. 2 OECD-MA vgl. die Darstellung in Teil 1, Kapitel 3, II.D.b.4.(b).

sumtion von Sondervergütungen unter die speziellen Verteilungsartikel für Zinsen, Lizenzgebühren oder Tätigkeitsvergütungen aus dem abkommensrechtlichen Spezialitätsgrundsatz (Art. 7 Abs. 6 DBA-Ecuador).

D. *Einkünfte aus Kapitalvermögen (Art. 10-12 DBA-Ecuador)*

Das Besteuerungsrecht für Dividenden, Zinsen und Lizenzgebühren wird durch das DBA-Ecuador zwischen den Vertragsstaaten aufgeteilt. Für Zinsen und Lizenzgebühren, die im innerstaatlichen Recht Ecuadors einer 25 %igen Quellensteuer unterliegen, ist das Besteuerungsrecht des Quellenstaats auf 10 % bzw. 15 % (Zinsen) respektive 15 % (Lizenzgebühren) des Bruttobetrags der Einkünfte beschränkt. Deutschland gewährt als Ansässigkeitsstaat eine fiktive Anrechnung von Steuern auf Zinsen und Lizenzgebühren [20 %, Art. 23 Abs. 1 Buchst. c) DBA-Ecuador].
Bei Dividenden ist das Besteuerungsrecht des Quellenstaats einheitlich, d. h. ohne Schachtelprivileg, auf 15 % des Bruttobetrags begrenzt[768]. Auf ecuadorianischer Seite ist die Quellensteuerbegrenzung jedoch gemäß Art. 10 Abs. 2 DBA-Ecuador nicht anzuwenden, soweit die Gewinnsteuer der ausschüttenden Gesellschaft auf die Dividendensteuer angerechnet wird. Gegenwärtig wird in Ecuador auf die von der Gesellschaft ausgeschütteten Gewinne keine weitere Steuer erhoben (Art. 9 Abs. 1 LRTI), sodass Art. 10 Abs. 2 DBA-Ecuador derzeit keine Bedeutung hat[769].

E. *Veräußerungsgewinne (Art. 13 DBA-Ecuador)*

Gewinne aus der Veräußerung einer Beteiligung an einer ecuadorianischen Personengesellschaft können entsprechend der Sonderregelung für die Veräußerung von Gesellschaftsanteilen gemäß Art. 13 Abs. 3 DBA-Ecuador von Ecua-

768 Bei Gewinnausschüttungen von in Deutschland ansässigen Gesellschaften an eine ecuadorianische Personengesellschaft ist nach der hier vertretetenen Ansicht aufgrund der von Deutschland zu übernehmenden körperschaftlichen Besteuerung § 8 b Abs. 1 KStG zu beachten. Für natürliche Personen gilt das Halbeinkünfteverfahren [§ 3 Nr. 40 Buchst. d) EStG]. Der Kapitalertragsteuerabzug hat ungeachtet der vorbezeichneten Normen zu erfolgen (§ 43 Abs. 1 S. 3, § 50 d Abs. 1 EStG).

769 So auch *Müller* in: Debatin/Wassermeyer, DBA (Ecuador), Art. 10 Rn. 7.

dor als dem Ansässigkeitsstaat der Gesellschaft besteuert werden[770]. Aufgrund der fiskalischen Transparenz deutscher Personengesellschaften fallen die Gewinne aus der Veräußerung des Mitunternehmeranteils als Veräußerung anteiligen Betriebsvermögens unter Art. 13 Abs. 2 DBA-Ecuador.

770 Die Veräußerung von Anteilen an ecuadorianischen Personengesellschaften fällt nach der hier vertretenen Auffassung unter § 8 b Abs. 2 KStG, soweit der Veräußerer eine Gesellschaft ist, die in Deutschland der Körperschaftsteuer unterliegt. Für natürliche Personen gilt das Halbeinkünfteverfahren [§ 3 Nr. 40 Buchst. a) EStG].

Kapitel 4: Entscheidung 578 des Anden-Paktes

I. Struktur der Entscheidung 578 – Abkommensberechtigung

Das Abkommen der Anden-Pakt-Staaten zur Vermeidung der Doppelbesteuerung und der Steuerumgehung auf dem Gebiet der Steuern vom Einkommen und Vermögen (Entscheidung 578) ist auf Personen anwendbar, die in einem Mitgliedstaat des Anden-Paktes ansässig sind (personas domiciliadas, Art. 1 Abs. 1 Entscheidung 578)[771].

Unter den Ausdruck "Person" in Art. 2 Buchst. c) Entscheidung 578 fallen natürliche Personen, juristische Personen und andere Personenvereinigungen, die einer steuerrechtlichen Verantwortlichkeit bzw. Haftung (responsablidad tributaria) unterliegen. Demnach könnte das Abkommen ausschließlich – wie das OECD-MA – auf Personen anwendbar sein, denen eine steuerliche Subjektfähigkeit im Sinne der unbeschränkten Einkommensteuerpflicht in einem Vertragsstaat der Entscheidung 578 zukommt.

Bolivianische und ecuadorianische Personengesellschaften erfüllen diese Voraussetzung, denn sie werden in Bolvien respektive Ecuador als eigenständige Steuersubjekte behandelt. Zweifel an der Eröffnung des persönlichen Schutzbereichs der Entscheidung 578 bestehen jedoch im Hinblick auf venezolanische Personengesellschaften, denen grundsätzlich keine steuerliche Subjektfähigkeit zukommt.

Die Definition des abkommensrechtlichen Personenbegriffs in Art. 2 Buchst. c) Nr. 3 Entscheidung 578 stellt jedoch nicht explizit auf eine umfassende steuerliche Subjektfähigkeit, sondern auf die steuerrechtliche Haftung bzw. Verantwortlichkeit ab. Eine solche Rechtssubjektivität kommt einer venezolanischen Personengesellschaft durchaus zu, denn sie ist ein eigenständiges Gewinnermittlungssubjekt, zur Abgabe einer (eigenen) Steuererklärung verpflichtet und haftet für die Entrichtung der Steuer der einzelnen Gesellschafter (Art. 10 Abs. 1 LISR).

---

771 Ausländische Investitionen in den Mitgliedstaaten des Anden-Paktes unterliegen grundsätzlich den für inländische Investoren geltenden Bestimmungen; vgl. Art. 2 Decisión 291 de la Comunidad Andina sobre el Régimen Común de Tratamiento a los Capitales Extranjeros y sobre Marcas, Patentes y Regalías (Entscheidung 291). Nach Art. 3 Entscheidung 291 können die Mitgliedstaaten jedoch bestimmte Voraussetzungen in ihren nationalen Rechtsordnungen normieren.

Ferner bestimmt Art. 2 Buchst. e) Entscheidung 578, dass ein Unternehmen (empresa) in dem Staat seines statuarischen Sitzes ansässig ist. Ein Bezug zur steuerlichen Subjektfähigkeit im Sinne einer unbeschränkten Steuerpflicht, wie sie beispielsweise in Art. 4 Abs. 1 OECD-MA erforderlich ist, wird hier nicht hergestellt. Darüber hinaus ist das Konzept der an die Ansässigkeit einer Person anknüpfenden, unbeschränkten Steuerpflicht im Sinne des Art. 4 Abs. 1 OECD-MA in Bolivien unbekannt, da in diesem Staat das Territorialitätsprinzip nach wie vor in Reinform praktiziert wird[772].

Weiterhin entspricht es der Zielsetzung des Anden-Paktes, die Besteuerung von Einkünften nach dem Territorialitätsprinzip zu ordnen, womit das Augenmerk in erster Linie auf der Bestimmung des Quellenstaates und der hier erwirtschafteten Einkünfte liegt[773]. In der nunmehr vorliegenden, neuen Fassung der Entscheidung 578 ist es erklärtermaßen die primäre Aufgabe der Mitgliedstaaten, bei jeglicher Besteuerung und Beurteilung eines Sachverhaltes anhand des Abkommens die Vermeidung der Doppelbesteuerung derselben Einkünfte zu gewährleisten (Art. 20 Abs. 1 Entscheidung 578). Hierbei ist insbesondere auf das Fehlen des Kriteriums "bei derselben Person" im Sinne eines identischen Bezugssubjekts der Doppelbesteuerung zu verweisen, was ebenfalls eine eher wirtschaftlich geprägte und weniger an die konkrete, einkommensteuerrechtliche Subjekteigenschaft anknüpfende Betrachtungsweise nahelegt.

Vor diesem Hintergrund spricht vieles dafür, dass die Vorgaben der Entscheidung 578 im Hinblick auf den persönlichen Schutzbereich extensiver auszulegen sind als die des – vom Kriterium der Ansässigkeit im Sinne einer unbeschränkten Steuerpflicht geprägten – OECD-MA. Damit könnte auch eine fiskalisch transparente Personengesellschaft mit Sitz in Venezuela den Abkommensschutz der Entscheidung 578 beanspruchen.

---

772 Vgl. hierzu die Darstellung des bolivianischen Einkommensteuerrechts in Teil 3, Kapitel 2, II.C.

773 Vgl. auch *Troya Jaramillo*, Derecho Internacional Tributario, S. 48; hier wird die Ansässigkeit als ein nur untergeordnetes Kriterium für Zwecke der (steuerrechlichen) Gesetzgebung der Anden-Pakt-Staaten bezeichnet.

II. Auswirkungen auf deutsche DBA

A. *Quelleneinkünfte aus einem Anden-Pakt-Drittstaat*

In den DBA mit Venezuela, Bolivien und Ecuador kommt die Erstreckung von Vorteilen aus DBA des Betriebstättenstaates mit Drittstaaten eine besondere Bedeutung zu. Als Mitgliedstaaten des Anden-Paktes und insbesondere des zugehörigen multilateralen Doppelbesteuerungsabkommens "Entscheidung 578" verfahren Venezuela, Kolumbien, Bolivien, Ecuador und Peru bei der Besteuerung von Einkünften, die aus Vertragsstaaten des Anden-Paktes stammen, ausschließlich nach dem Territorialitätsprinzip.

Angesichts der vorzugswürdigen weiten Auslegung des Betriebstätten-Diskriminierungsverbots[774] können die in Deutschland ansässige Gesellschafter einer deutschen Personengesellschaft, die in Bolivien, Ecuador oder Venezuela (anteilig) eine Betriebstätte unterhalten, von diesem Staat die Erstreckung der Vorteile des Anden-Paktes auf die Betriebstätte verlangen.

Venezuela hat demnach die von Mitgliedstaaten des Anden-Paktes erhobenen Quellensteuern nicht nur unilateral gemäß Art. 2 Abs. 1 LISR auf die venezolanische Steuer anzurechnen, sondern die Einkünfte freizustellen, soweit die Verteilungsartikel der Entscheidung 578 des Anden-Pakts dies vorsehen. Da sich in Venezuela die Besteuerung von Personengesellschaften ebenfalls nach dem Transparenzprinzip richtet, gilt dies gleichermaßen für in Deutschland ansässige Gesellschafter einer Personengesellschaft, die nach venezolanischem Recht gegründet wurde oder ihren Sitz in Venezuela hat. Für den deutschen Gesellschafter wird nämlich regelmäßig durch die Geschäftseinrichtung der Personengesellschaft in Venezuela eine Betriebstätte begründet, über die gemäß Art. 24 Abs. 2 DBA-Venezuela die Abkommensvorteile der Entscheidung 578 anzuwenden sind[775]. Beteiligen sich die deutschen Gesellschafter an einer fiskalisch transparenten, venezolanischen Personengesellschaft, sind bei einer

774 Vgl. die Ausführungen zum inhaltsgleichen Art. 24 Abs. 3 DBA-Mexiko in Teil 1, I.C.b.5.

775 Im Hinblick auf einen in Venezuela ansässigen Gesellschafter gilt Entscheidung 578 unmittelbar, zumal die Voraussetzungen des Art. 1 Abs. 1 Entscheidung 578 (Ansässigkeit in einem Vertragsstaat) in der Person des Gesellschafters erfüllt ist.

weiten Auslegung des persönlichen Schutzbereichs[776] der Gesellschaft selbst die Vorteile der Entscheidung 578 einzuräumen.

Unterhalten Deutschland und der Quellenstaat, aus dem die venezolanische Betriebstätte Einkünfte bezieht, ein DBA, so unterliegt der dem deutschen Gesellschafter zuzurechnende Anteil aufgrund dieses DBA nur einer begrenzten Quellensteuer (z. B. Bolivien oder Ecuador). Besteht kein DBA, besteuert der Quellenstaat die Einkünfte unter Anwendung seines innerstaatlichen Rechts in voller Höhe (z. B. Kolumbien). Im Ergebnis besteuern sowohl der Quellenstaat als auch Deutschland die Einkünfte, während Venezuela seinen Steueranspruch aufgrund der Entscheidung 578 zugunsten des Quellenstaats aufgeben muss. Da Einkünfte, die infolge des erweiterten Betriebstättenvorbehalts Venezuela zur Besteuerung zugewiesen sind, von der deutschen Steuer nicht freigestellt werden [vgl. Art. 23 Abs. 1 Buchst. b) hh) DBA-Venezuela], kommt es sowohl bei Bestehen als auch bei Nichtbestehen eines DBA zum Quellenstaat (Drittstaat) zu einer Doppelbesteuerung. Diese ist entweder unilateral oder unter Anwendung des im Verhältnis zum Drittstaat geltenden Methodenartikels von Deutschland zu vermeiden.

Die Doppel- oder Mehrfachbesteuerung von Drittstaateinkünften wird gleichermaßen in den DBA mit Bolivien und Ecuador vermieden. Unterhält eine deutsche Personengesellschaft bzw. deren in Deutschland ansässige Gesellschafter in Bolivien oder Ecuador eine Betriebstätte, die Einkünfte aus einem anderen Mitgliedstaat des Anden-Paktes erzielt, ist aufgrund der Diskriminierungsverbote in Art. 24 Abs. 2 DBA-Bolivien und Art. 24 Abs. 2 DBA-Ecuador auf die Besteuerung im Betriebstättenstaat Bolivien respektive Ecuador (wie bei ansässigen Unternehmen) zu verzichten. Allein der Quellenstaat (z. B. Venezuela) darf die Einkünfte besteuern, womit die in diesem Staat erhobene Steuer infolge der Freistellung des ecuadorianischen bzw. bolivianischen Betriebstättengewinns in Deutschland – vorbehaltlich des Progressionsvorbehalts – definitiven Charakter erhält. Werden die Einkünfte nicht über die Betriebstätte einer deutschen Personengesellschaft, sondern von einem in Ecuador oder Bolivien ansässigen Unternehmen erzielt, so folgt das Besteuerungsverbot direkt aus der jeweiligen Verteilungsnorm der Entscheidung 578. In diesem Fall darf der deutsche Fiskus die Einkünfte nicht im Wege des Progressions-

776 Siehe hierzu die Ausführungen zur Abkommensberechtigung fiskalisch transparenter Gesellschaften unter I.

vorbehalts erfassen, denn aufgrund des Trennungsprinzips ist die Anwendung der Freistellungsmethode nicht erforderlich[777].

B. *Unternehmensgewinne i. S. v. Art. 7 Entscheidung 578 des Anden-Paktes*

a. Konzept der "Betriebstätte"

Im Gegensatz zum engen, den Interessen der Industriestaaten Rechnung tragenden Betriebstättenbegriff des OECD-MA[778], der grundsätzlich auch in den DBA Deutschlands mit Venezuela, Bolivien und Ecuador enthalten ist, sieht Entscheidung 578 für die Vertragsstaaten des Anden-Paktes ein extensives Besteuerungsrecht des Betriebstättenstaats vor. Dies entspricht dem Anliegen von Entwicklungsstaaten, auf das in ihrem Hoheitsgebiet bzw. aus dort belegenen Quellen erwirtschaftete Einkommen möglichst unbegrenzt zugreifen zu können (Quellenstaat- oder Territorialprinzip).

b. Besteuerung der Unternehmensgewinne im Rahmen von Entscheidung 578

Der Unternehmensbegriff in Entscheidung 578 ("empresa") ist weit gefasst. Gemäß Art. 2 Buchst. g) Entscheidung 578 handelt es sich dabei um eine von einer oder mehreren Personen gebildeten Organisation oder Vereinigung, die einer lukrativen Tätigkeit nachgeht. Auch eine land- und forstwirtschaftliche Tätigkeit ist demnach ein Unternehmen.

Die prägende Rolle des Territorialprinzips im Rahmen des Anden-Paktes manifestiert sich vor allem am Fehlen des Konzeptes der "Betriebstätte" bzw. der hieran anküpfenden Zuweisung von Besteuerungsrechten. Gemäß Art. 7 Abs. 1 Entscheidung 578 dürfen Unternehmensgewinne nur in dem Mitgliedstaat besteuert werden, in dem sie erwirtschaftet wurden. Nach der Festlegung dieses für Unternehmensgewinne allgemein geltenden Quellenstaatsprinzips nennt Art. 7 Abs. 2 Entscheidung 578 Beispiele für unternehmerische Aktivitäten, die

777 Vgl. hierzu die Ausführungen zur Beteiligung deutscher Gesellschafter an steuerlich subjektfähigen mexikanischen und argentinischen Personengesellschaften in Teil 1, Kapitel 3, II.D.c. (DBA-Mexiko) sowie Teil 2, Kapitel 3, II.D.c. (DBA-Argentinien).

778 Siehe dazu die Ausführungen unter Art. 7 DBA-Mexiko (Teil 1), Kapitel 3, II.D.b.1.

zu einem ausschließlichen Besteuerungsrecht des Quellenstaates für diese Einkünfte führen. Die Aufzählung ist nicht abschließend und hat nicht die terminologische Einordnung bestimmter Geschäftseinrichtungen oder Tätigkeiten unter einen feststehenden Betriebstättenbegriff zum Gegenstand. Zu den Einrichtungen und Tätigkeiten, deren Einkünfte dem Besteuerungsrecht des Quellenstaats unterliegen, zählen:

- eine Geschäftsstelle oder ein Büro,
- eine Fabrik oder Produktionsstätte, eine Werkstätte,
- eine Bauausführung,
- eine Stätte, an der natürliche Ressourcen abgebaut werden (z. B. Mine, Steinbruch),
- eine Ein- und/oder Verkaufsstelle,
- ein Lager, Warenhaus oder eine ähnliche Einrichtung zwecks Empfang, Lagerung oder Auslieferung von Produkten,
- jegliche Art von Einrichtung, Stätte oder Büro, die vorbereitenden oder Hilfstätigkeiten des Unternehmens dient sowie
- ein Agent oder Vertreter.

Im Ergebnis wird das im Rahmen des OECD-MA für Unternehmen geltende und durch die Einengung des Betriebstättenbegriffs betonte Wohnsitzstaatprinzip (vgl. Art. 7 Abs. 1 S. 1 1. Hs. DBA-Venezuela bzw. OECD-MA) in der Entscheidung 578 weitgehend zurückgedrängt. Die Verteilung der Besteuerungsrechte orientiert sich – bis auf wenige Ausnahmen[779] – am Primat des Quellenstaats. Anhand der fehlenden quantitativen oder qualitativen Präzisierungen der Tatbestände (Bauausführung, Vertreter, Lager) wird deutlich, dass

779 Z. B. Art. 8 (Transport-Unternehmen); Art. 13 [Öffentlicher Dienst, Besatzungen von (Luft-)Fahrzeugen und Schiffen]. Bezüge zu Drittstaaten, die wie Venezuela, Bolivien oder Ecuador dem Anden-Pakt angehören, führen unter Umständen zu einer – im Vergleich zum OECD-MA – abweichenden Verteilung der Besteuerungsrechte bei Einkünften aus dem Betrieb von Seeschiffen oder Luftfahrzeugen im Sinne von Art. 8 OECD-MA (Art. 8 Entscheidung 578 bezieht sich auf *Transportunternehmen*). Dies basiert auf der Konzeption des Art. 8 Entscheidung 578, demzufolge *sämtliche* Einkünfte eines Transportunternehmens – und nicht nur solche aus internationalem Verkehr – der ausschließlichen Besteuerung durch den *Sitzstaat* des Unternehmens unterliegen. Folglich sind Konstellationen denkbar, in denen der in Art. 8 Abs. 1 OECD-MA und auch in den deutschen DBA maßgebliche *Geschäftsleitungs*staat gänzlich von einer Besteuerung absehen muss, weil er gegenüber einem anderen Mitgliedstaat des Anden-Pakts aufgrund der Entscheidung 578 zum Besteuerungsverzicht verpflichtet ist.

an das Besteuerungsrecht des Quellenstaats im Gegensatz zu Art. 5 OECD-MA geringere Anforderungen zu stellen sind und sich die fragliche Tätigkeit im Quellenstaat insbesondere nicht in einem solchen Maß verdichten muss, als dass man sie nach dem Verständnis des OECD-MA als "Betriebstätte" bezeichnen könnte[780]. Es ist deshalb folgerichtig, dass Entscheidung 578 auf das Konzept bzw. die Terminolgie der "Betriebstätte" verzichtet und im Sinne des Attraktionsprinzips jegliche Einkünfte dem Besteuerungsrecht des Quellenstaats unterwirft.

c. Auswirkungen auf die DBA mit Venezuela, Bolivien und Ecuador

Über das Betriebstätten-Diskriminierungsverbot in Art. 24 Abs. 2 der DBA mit Venezuela, Bolivien und Ecuador können mittelbar Berührungspunkte zu den Vorgaben der Entscheidung 578 entstehen, die ihrerseits Auswirkungen auf die Verteilung der Besteuerungsrechte für Betriebstätten haben, die beispielsweise eine deutsche Personengesellschaft in mehreren Mitgliedstaaten des Anden-Paktes unterhält. Es ist möglich, dass Einkünfte, die eine in Venezuela, Bolivien oder Ecuador gelegene Betriebstätte aus einem weiteren Mitgliedstaat des Anden-Paktes bezieht, innerstaatlich und auch abkommensrechtlich im Verhältnis zu Deutschland nach dem erweiterten Betriebstättenvorbehalt dem Betriebstättengewinn zuzurechnen sind, das Besteuerungsrecht aber aufgrund von Art. 7 Abs. 1 Entscheidung 578 beim Quellenstaat verbleibt[781]. Dies kann vor allem im Verhältnis Deutschland-Venezuela zur Vermeidung einer Mehrfachbesteuerung beitragen, zumal Deutschland Einkünfte, die Venezuela infolge des erweiterten Betriebstättenvorbehalts (Art. 21 Abs. 3 DBA-Venzuela) als Betriebstättengewinn erfassen dürfte, nicht von der deutschen Steuer freistellt

780 Vgl. *Troya Jaramillo*, Derecho Internacional Tributario, S. 52.

781 Es sei angemerkt, dass sich die Gewinnabgrenzung i. S. v. Art. 7 Abs. 2 OECD-MA nur zwischen dem Stammhaus und *einer* Betriebstätte vollziehen kann. So ist eine Zuordnung zur Betriebstätte nicht möglich, wenn die Einkünfte einer (weiteren) Drittstaatbetriebstätte zuzuordnen sind; vgl. *Helde*, Dreiecksverhältnisse im Internationalen Steuerrecht, S. 21. Dies ist in der vorliegenden Konstellation jedoch nicht gegeben, denn aus der Sicht Deutschlands sind die Einkünfte lediglich einer Betriebstätte (z. B. in Venezuela) zuzuordnen. Erst das im Verhältnis der Anden-Pakt-Staaten geltende Territorialitätsprinzip hat eine unterschiedliche Zuordnung zur Folge, die sich über das Betriebstätten-Diskriminierungsverbot in deutschen DBA auswirken kann.

[vgl. Art. 23 Abs. 1 Buchst. b) hh) DBA-Venezuela]. Die Einkünfte würden lediglich bei der Betriebstätte im Quellenstaat Bolivien oder Ecuador besteuert und von Deutschland infolge der Zuordnung zur venezolanischen Betriebstätte nicht berücksichtigt oder aber freigestellt. Denkbar ist auch, dass die Einkünfte selbst in den Quellenstaaten unversteuert bleiben (müssen), zumal sie von dem weitaus engeren Betriebstättenkonzept der DBA Boliviens und Ecuadors mit Deutschland nicht erfasst sind.

Kapitel 5: DBA-Uruguay

I. Allgemeine Anmerkungen zum Abkommen

Das Abkommen zwischen der Bundesrepublik Deutschland und der Republik Östlich des Uruguay zur Vermeidung der Doppelbesteuerung auf dem Gebiet der Steuern vom Einkommen und vom Vermögen wurde am 05.05.1987 in Bonn unterzeichnet. Das Abkommen ist am 28.06.1990 in Kraft getreten[782] und war erstmals für die am oder nach dem 01.01.1991 beginnenden Veranlagungszeiträume anzuwenden[783].
Das DBA-Uruguay entspricht im Wesentlichen dem OECD-MA in der Fassung von 1963 bzw. 1977. Sowohl Deutschland als auch Uruguay vermeiden die Doppelbesteuerung durch eine Kombination von Freistellungs- und Anrechnungsmethode[784], wobei die Freistellung in Deutschland von der Erfüllung des Aktivitätsvorbehalts in Ziffer 4 Prot. DBA-Uruguay abhängt. Bei Zinsen und Lizenzgebühren wird entsprechend der damaligen deutschen Abkommenspolitik gegenüber Entwicklungsstaaten eine fiktive Anrechnung gewährt.

782 BStBl. I 1990, 365; BGBl. II 1990, 740. Das DBA-Uruguay umfasst ein Protokoll vom Datum der Vertragsunterzeichnung. Hervorzuheben ist Ziffer 1, wonach das DBA-Uruguay für Holding-Gesellschaften im Sinne des Gesetzes No. 11.073 v. 24.06.1948 und die Einkünfte, die eine Person mit Sitz in Deutschland von einer solchen Gesellschaft bezieht, nicht gilt. Die im vorangehend zitierten Gesetz geregelten Gesellschaften unterliegen in Uruguay weitreichenden Steuerbefreiungen und -vergünstigungen. Aufgrund dieses speziellen Besteuerungsregimes wird Uruguay beispielsweise von Mexiko als Niedrigsteuerstaat (régimen fiscal preferente, Art. 212 f. LISR) behandelt, für das besondere – insbesondere mit einer Hinzurechnungsbesteuerung und Beschränkungen vom Ausgabenabzug verbundene – Regelungen gelten.

783 BStBl. I 1988, 531; BGBl. II 1988, 1060.

784 Die in Uruguay vorgesehene Freistellung der Einkünfte von der uruguayischen Steuer bzw. die Anrechnung deutscher Steuern [Art. 23 Abs. 2 DBA-Uruguay] läuft im Ergebnis leer, denn aufgrund des von Uruguay praktizierten Territorialitätsprinzips sind ausländische Einkünfte ohnehin nicht steuerbar.

II. Besteuerung von Personengesellschaften im innerstaatlichen Recht Uruguays

A. *Gesellschaftsformen*

In Uruguay können Personenvereingungen eine unternehmerische Tätigkeit durch die im Gesetz zu den Handelsgesellschaften (Ley de Sociedades Comerciales, LSC[785]) vorgesehenen Rechtsformen – die in ihrer gesellschaftsrechtlichen Struktur den angegebenen Gesellschaften deutschen Rechts entsprechen – ausüben:

- Sociedad Colectiva (Art. 199 f. LSC, offene Handelsgesellschaft);
- Sociedad en Comandita Simple (Art. 212 f. LSC, Kommanditgesellschaft);
- Sociedad de Capital e Industria (Art. 218 f. LSC)[786];
- Socieded de Responsabilidad Limitada (Art. 223 f. LSC, Gesellschaft mit beschränkter Haftung)[787];
- Sociedad en Comandita por Acciones (Art. 447 f. LSC, Kommanditgesellschaft auf Aktien);
- Sociedad Anónima (Art. 244 f. LSC, Aktiengesellschaft);
- Sociedad Accidental o en Participación (Art. 483 f. LSC, stille Gesellschaft[788]).

Alle oben genannten Handelsgesellschaften erlangen mit Ausnahme der Sociedad en Participación eine eigenständige Rechtspersönlichkeit. Nimmt eine Gesellschaft, die keine Handelstätigkeit ausübt, eine der im LSC geregelten

785 Gesetz No. 16.060 v. 05.09.1989, Inkrafttreten am 05.01.1990 per Verordnung No. 335/90.

786 Die Sociedad de Capital e Industria ist mit der gleichnamigen Gesellschaft argentinischen Rechts vergleichbar; siehe hierzu Teil 2, Kapitel 1, V.A.b.2.(c).

787 Gemäß Art. 223 LSC sind die Anteile einer GmbH nicht frei übertragbar, was bei Heranziehung der zur Einstufung einer amerikanischen LLC aufgestellten Kriterien der deutschen Finanzverwaltung ein für eine Kapitalgesellschaft "untypisches" Merkmal ist (Vgl. BMF v. 19.03.2004, BStBl. I 2004, 411). Auf der Basis des Gesamtbildes der Verhältnisse wird man jedoch Übereinstimmung mit der GmbH deutschen Rechts annehmen können.

788 Die Sociedad Accidental o en Participación ist nicht zu verwechseln mit der sogenannten Sociedad Irregular; bei letzterer handelt es sich um eine fehlerhafte oder unwirksam gegründete Gesellschaft.

Rechtsformen an, so wird sie automatisch zu einer Handelsgesellschaft (Art. 4 LSC).

B. *Steuersystem und Steuersubjekte*

Das uruguayische Einkommensteuerrecht[789] unterscheidet zwischen der Besteuerung des Einkommens von Unternehmen, die eine Handels- oder sonstige, gewerbliche Tätigkeit ausüben (Impuesto a las Rentas de la Industria y Comercio, IRIC[790]) und der Steuer auf das Einkommen aus landwirtschaftlicher Tätigkeit (Impuesto a las Rentas Agropecuarias, IRA[791]). Uruguay verfährt nach dem Territorialitätsprinzip, womit nur Einkünfte aus uruguayischen Quellen ("fuente uruguaya") der Einkommensteuer unterliegen. Das Einkommen natürlicher Personen – mit Ausnahme des Einzelunternehmers – wird grundsätzlich nicht besteuert.

Steuersubjekte im Sinne der IRIC (sujetos pasivos) sind gemäß Art. 6 Gesellschaften mit oder ohne eigene Rechtspersönlichkeit, Einzelunternehmer und Personen, die Einkünfte i. S. v. Art. 2 IRIC erzielen[792]. Hierzu gehören u. a. Nichtansässige, die Einkünfte aus einer uruguayischen Quellen beziehen. Aufgrund des in Uruguay herrschenden Quellenprinzips kommt es auf die Ansässigkeit einer Person als Anknüpfungsmerkmal für die beschränkte oder unbeschränkte Steuerpflicht nicht an. Darüber hinaus ist auch die von ihren Mitgliedern getrennte Rechtspersönlichkeit einer Personenvereinigung für ihre Steuersubjektivtiät nicht maßgeblich. Folglich ist auch die nach zivilrechtlichem Maßstab nicht rechtsfähige Sociedad en Participación für Zwecke der Einkommenbesteuerung subjektfähig.

Im Gegensatz zu der in Bolivien, Ecuador und Argentinien praktizierten Einstufung von Betriebstätten nichtansässiger Personen als "eigenständige" Steuersub-

789 Das DBA-Uruguay gilt zudem für die in Uruguay erhobene Vermögensteuer (Impuesto al Patrimonio) sowie die Steuer auf das Einkommen aus Land- und Viehwirtschaft oder vergleichbare Einkommen (Impuesto a la Renta Agropecuaria o similar). Im Folgenden soll auf die Grundsätze der IRIC eingegangen werden.

790 Gesetz 14.252 v. 22.08.1974; Art. 330 mit späteren Änderungen.

791 Gesetz 15.646 v. 11.10.1984, Art. 1; Gesetz 15.851 v. 24.12.1986, Art. 190 mit späteren Änderungen.

792 Freiberufler bzw. selbständig Tätige mit Universitätsabschluss sind nicht erfasst (Art. 2 IRIC).

jekte enthält die IRIC keine derartige Trennung zwischen Stammhaus und Betriebstätte. Dies schlägt sich auch in einer restriktiveren Beurteilung des Zahlungsverkehrs zwischen den Unternehmensteilen nieder. Die uruguayische IRIC verfügt über kein explizit normiertes Betriebstättenkonzept. Die Begründung einer Steuerpflicht wird ausschließlich an das Vorhandensein einer "uruguayischen Quelle" i. S. v. Art. 3 IRIC geknüpft.

C. *Grundzüge der Einkommensteuer*

Der IRIC unterliegen Unternehmensgewinne. "Unternehmen" im Sinne der IRIC ist jede (wirtschafliche) Einheit, die unter Verwendung von Produktionsmitteln mit Gewinnerzielungsabsicht tätig wird. Zu den Einkünften im Sinne der IRIC zählen weiterhin solche aus Vermietung, Verpachtung und Lizenzvergabe, sofern diese von den in Art. 6 IRIC aufgezählten Steuersubjekten erzielt werden[793].

Nichtansässige Personen haben die an sie ausgeschütteten Dividenden, Einkünfte aus Vermietung, Verpachtung, Lizenzgebühren und Vergütungen für technische Hilfe und Dienstleistungen – soweit diese aus einer Quelle innerhalb Uruguays stammen – zu versteuern. Die Steuerpflicht besteht jedoch nur, wenn die Einkünfte auch im Wohnsitzstaat der sie erzielenden Person der Besteuerung unterliegen und in diesem Staat eine Anrechnung der in Uruguay erhobenen Steuer stattfindet. Anderenfalls werden die Einkünfte in Uruguay nicht besteuert.

Aus einer "uruguayischen Quelle" stammen gemäß Art. 3 IRIC Einkünfte aus Tätigkeiten, Rechten oder (sonstigen) Wirtschaftsgütern, die in Uruguay ausgeübt, genutzt oder belegen sind. Dies gilt unabhängig von der Nationalität, dem Sitz bzw. Wohnsitz der die Einkünfte erzielenden Personen. Weder der Ort eines Vertragsschlusses noch die daran beteiligten Personen haben Einfluss auf die Zuordnung der Einkünfte an eine uruguayische Quelle.

793 Es ist von einer Aufzählung lediglich deklaratorischer Art auszugehen, denn die Einkünfte fallen bereits nach dem allgemeinen Konzept der "Unternehmensgewinne" unter die von der IRIC erfassten Einkünfte.

a. Einkommens-/Gewinnermittlung

Das zu versteuernde Einkommen (renta neta) wird durch Abzug der berücksichtigungsfähigen Ausgaben vom Bruttoeinkommen (renta bruta) ermittelt. Das Bruttoeinkommen besteht gemäß Art. 10 IRIC in den gesamten Einkünften, die durch Handels- bzw. Veräußerungsgeschäfte, Produktion sowie die übrigen, in Art. 2 IRIC genannten Aktivtäten erzielt wurden. Auch Einkünfte aus Tätigkeiten auf dem Gebiet der Erdölförderung fallen – trotz ihres Bezugs zur Nutzung natürlicher Ressourcen ähnlich der Landwirtschaft – unter die IRIC (Art. 60).
Voraussetzung für den Kosten- bzw. Betriebsausgabenabzug im Zuge der Ermittlung des Nettoeinkommens ist die Notwendigkeit der Ausgaben für das Erzielen der Einkünfte bzw. den Erhalt der ihnen zugrunde liegenden Quelle. Die zeitliche Zuordnung von Ausgaben richtet sich nach dem Verursachungsprinzip. Wirtschaftsgüter des Anlagevermögens sind zu aktivieren, jährlich nach den Vorgaben des Preisindexes zu bewerten und entsprechend ihrer Abnutzung bzw. des Wertverlustes abzuschreiben. Auch immaterielle Wirtschaftsgüter unterliegen der Abschreibung, soweit eine entgeltliche Anschaffung vorliegt. Forschungs- und Entwicklungskosten sind in der Regel sofort und vollständig abzugsfähig. Ausgaben, die im Ausland getätigt wurden, sind insoweit zu berücksichtigen, als sie im Zusammenhang mit Einkünften aus uruguayischen Quellen stehen. Vergütungen, die Gesellschafter für Tätigkeiten im Dienst der Gesellschaft von dieser erhalten, mindern den Gewinn der Gesellschaft.
Abzugsverbote (Art. 15 IRIC) bestehen für persönliche Ausgaben des Gesellschafters, von Gesellschaftern entnommene Beträge, die als Gewinnbeteiligung anzusehen sind und mithin unter nach Steuern erfolgende Gewinnverwendung fallen sowie Ausgaben im Zusammenhang mit steuerfreien Einkünften.
Verluste können (inflationsbereinigt) in die auf das Entstehungsjahr folgenden drei Veranlagungszeiträume vorgetragen werden.

Das nach den vorangehend dargelegten Vorschriften ermittelte Einkommen unterliegt einem Steuersatz von 30 % (Art. 5 IRIC). Gesellschafter einer Personengesellschaft bzw. Geschäftsführer von Kapitalgesellschaften haften gemeinschaftlich für die Entrichtung der Steuer. Die von den Einkünften nichtansässiger Personen erhobene Steuer ist als Quellensteuer mit abgeltender

Wirkung vom jeweiligen Schuldner der Zahlungen einzubehalten und an den uruguayischen Fiskus abzuführen (Art. 54 IRIC).
Gewinnabführungen einer Betriebstätte an das ausländische Stammhaus unterliegen einer branch profits tax in Höhe von 30 %, sofern das Einkommen im Ansässigkeitsstaat besteuert und die Steuer dort angerechnet wird.

b. Gewinnverwendung

Gewinnausschüttungen und Dividenden, die in Uruguay ansässige Gesellschaften an ihre Gesellschafter bzw. Anteilseigner vornehmen, können von letzteren steuerfrei vereinnahmt werden. Dividenden aus ausländischen Quellen sind aufgrund des Territorialitätsprinzips nicht steuerbar.

c. Anrechnung ausländischer Steuern

Aufgrund des in Uruguay praktizierten Territorialitätsprinzips, nach dem Einkünfte aus ausländischen Quellen nicht besteuert werden, besteht kein Anrechnungsanspruch für die im Ausland gezahlten Steuern.

III. Abkommensrecht

A. *Abkommensberechtigung (Art. 1 DBA-Uruguay)*

Die Abkommensberechtigung gemäß Art. 1 DBA-Uruguay setzt die Ansässigkeit einer Person in einem oder beiden Vertragsstaaten voraus. Nach den Vorgaben des Art. 4 OECD-MA wird die abkommensrechtliche Ansässigkeit durch eine Kombination von örtlichem Anknüpfungsmerkmal und der damit einhergehenden unbeschränkten Steuerpflicht einer Person in einem Vertragsstaat begründet. Infolge des in Uruguay geltenden Territorialitätsprinzips existiert eine solche Verbindung zwischen örtlichem Merkmal und Steuerpflicht in der uruguayischen IRIC nicht. Dies spiegelt sich in Art. 4 Abs. 1 DBA-Uruguay, der das Kriterium der (unbeschränkten) Steuerpflicht ausklammert, wider[794].

794 Dies gilt gleichermaßen für Art. 4 Abs. 1 DBA-Bolivien; vgl. Kapitel 2, III.

Die unter das Unternehmenskonzept der IRIC fallenden Gesellschaften und Personenvereinigungen sind eigenständige Steuersubjekte und damit "Gesellschaften" i. S. v. Art. 3 Abs. 1 Buchst. c) DBA-Uruguay. Darüber hinaus sind alle Gesellschaften, die in Uruguay die – für die Begründung einer Steuerpflicht nach der IRIC irrelevanten – Ansässigkeitsmerkmale des Art. 4 Abs. 1 DBA-Uruguay (Sitz, Ort der Geschäftsleitung) erfüllen, in Uruguay ansässige und damit abkommensberechtigte Personen.

B. *Unternehmensgewinne (Art. 7 DBA-Uruguay)*

Für die Abkommensanwendung und die Besteuerung nach innerstaatlichem deutschen Recht gelten somit grundsätzlich die zum DBA-Mexiko getroffenen Aussagen[795]. Danach sind die Einkünfte einer uruguayischen Personengesellschaft bei der Gesellschaft zu besteuern; erst im Falle einer Gewinnausschüttung dürfen die Einkünfte als Dividenden in den Händen der Gesellschafter besteuert werden. Art. 7 Abs. 1 DBA-Uruguay ist ein Verteilungsartikel mit abschließender Rechtsfolge. Darin ist das ausschließliche Besteuerungsrecht für Unternehmensgewinne dem Ansässigkeitsstaat der das Unternehmen betreibenden Person zugewiesen. Hieraus und aus dem von Deutschland zu beachtenden Trennungsprinzip folgt, dass es mangels Besteuerungsrecht keiner Freistellung der Einkünfte bei den in Deutschland ansässigen Gesellschaftern einer uruguayischen Personengesellschaft bedarf. Damit verbietet sich auch die Berücksichtigung der Einkünfte im Wege des Progressionsvorbehalts.

Der abkommensrechtliche Betriebstättenbegriff umfasst – im Gegensatz zu den anderen hier behandelten DBA – ausdrücklich den land- und viehwirtschaftlichen Betrieb [Art. 5 Abs. 2 Buchst. c) DBA-Uruguay] und stellt somit die Ausübung einer solchen Tätigkeit dem Betrieb eines Unternehmens i. S. v. Art. 7 DBA-Uruguay gleich. Aufgrund des abkommensrechtlichen Spezialitätsprinzips werden Einkünfte aus einer landwirtschaftlichen Tätigkeit jedoch als von Art. 6 OECD-MA erfasst betrachtet, auch wenn sie im Rahmen einer Unternehmenstätigkeit erzielt werden (Art. 6 Abs. 4 OECD-MA)[796]. M. E. sind

795 Vgl. die Ausführungen zum DBA-Mexiko in Teil 1, Kapitel 2, C.

796 Obwohl Art. 6 Abs. 4 OECD-MA im DBA-Uruguay nicht enthalten ist, gilt nach *Scherer* in: Debatin/Wassermeyer, DBA (Uruguay), Art. 6 Rn. 1 der abkommensrechtliche Vorrang von Art. 6 infolge der in Art. 7 Abs. 6 DBA-Uruguay angeordneten Subsidiarität der

Einkünfte aus einem land- oder viehwirtschaftlichen Betriebs als Unternehmensgewinne i. S. v. Art. 7 DBA-Uruguay anzusehen. Durch die Einbeziehung in den Betriebstättenbegriff, der ein Unternehmen voraussetzt, sowie die Nichterwähnung des land- und forstwirtschaftlichen Betriebs in Art. 6 DBA-Uruguay ist Art. 7 DBA-Uruguay als vorrangige Norm anzusehen[797]. Ferner fehlt es an einer Art. 6 Abs. 4 OECD-MA entsprechenden Regelung.
Die ausdrückliche Einbeziehung des land- und viehwirtschaftlichen Betriebs in das Betriebstättenkonzept ist insoweit bedeutsam, als die steuerliche Behandlung der Betriebstätte an den Vorgaben des Diskriminierungsverbots in Art. 24 Abs. 2 DBA-Uruguay zu messen ist[798]. Art. 21 DBA-Uruguay enthält keinen erweiterten Betriebstättenvorbehalt nach dem Vorbild des Art. 21 Abs. 2 OECD-MA. Dies bedeutet nach der hier vertretenen Auffassung keinen sachlichen Unterschied im Vergleich zum OECD-MA, zumal es sich bei dessen Art. 21 Abs. 2 um eine rein deklaratorische Vorschrift handelt.
Die Zusatzsteuer auf Gewinnabführungen der Betriebstätte an das Stammhaus ist mit dem Betriebstätten-Diskriminierungsverbot (Art. 24 Abs. 2 DBA-Uruguay) nicht vereinbar. Auch wenn die Erhebung der Steuer von ihrer Anrechnung im Ansässigkeitsstaat des Unternehmens abhängig gemacht wird, ist eine ungleich höhere Belastung der Betriebstätte im Vergleich zu inländischen Unternehmen gegeben.

C. *Leistungsaustausch zwischen Gesellschafter und Gesellschaft*

Bereits die zivil- und steuerrechtliche Subjektfähigkeit uruguayischer Personengesellschaften bedingt, dass sich Gesellschaft und Gesellschafter wie fremde Dritte gegenüber stehen und einen steuerlich anzuerkennenden Leistungsaustausch vornehmen können. Die Abzugsfähigkeit solcher "Sondervergütungen" ist auch im uruguayischen IRIC anerkannt, was sich anhand der ausdrücklichen Qualifizierung von Gesellschafter-Tätigkeitsvergütungen als gewinnmindernde

---

Unternehmensgewinne auch im DBA-Uruguay.

797 Vgl. auch *Reimer* in: Vogel/Lehner, DBA, Art. 6 Rn. 43 a: die Einbeziehung land- und forstwirtschaftlicher Einrichtungen in den Betriebstättenbegriff spreche dafür, land- und forstwirtschaftliche Betriebe als "Unternehmen" anzusehen.

798 Zu den verschiedenen Auffassungen hinsichtlich der konstitutiven oder deklaratorischen Bedeutung des Art. 21 Abs. 2 OECD-MA vgl. die Darstellung in Teil 1, Kapitel 3, II.D.b.4.(b).

Betriebsausgabe manifestiert. Darüber hinaus ergibt sich die zwingende Subsumtion von Sondervergütungen unter die speziellen Verteilungsartikel für Zinsen, Lizenzgebühren oder Tätigkeitsvergütungen aus dem abkommensrechtlichen Spezialitätsgrundsatz (Art. 7 Abs. 6 DBA-Uruguay).

D. *Einkünfte aus Kapitalvermögen (Art. 10-12 DBA-Uruguay)*

Für Dividenden, Zinsen und Lizenzgebühren haben Uruguay und Deutschland die Aufteilung der Besteuerungsrechte vereinbart. Bei Dividenden beträgt die zulässige Quellensteuer 15 % des Bruttobetrags, wobei das in Art. 10 DBA-Uruguay nicht enthaltene Schachtelprivileg in dem für den jeweiligen Vertragsstaat geltenden Methodenartikel geregelt ist. Zu beachten ist jedoch, dass Deutschland die von Kapitalgesellschaften bezogenen Auslandsdividenden ohne Beteiligungsquote nicht bei der Ermittlung des Einkommens berücksichtigt [§ 8 b Abs. 1 KStG]. Aufgrund der abkommensrechtlichen Ansässigkeit von uruguayischen Personengesellschaften – deren Ausschüttungen nach der hier vertretenen Auffassung abkomensrechtlich und innerstaatlich als Dividenden zu qualifizieren sind – ist das Schachtelprivileg auch bei Beteiligung an einer solchen Gesellschaft zu gewähren[799]. In Uruguay werden Einkünfte aus ausländischen Quellen nicht besteuert, sodass hier eine Besteuerung – vorbehaltlich des ungeachtet § 8 b Abs. 1 KStG im Quellenstaat Deutschland vorzunehmenden Kapitalertragsteuerabzugs – von Auslandsdividenden bei allen Empfängern unterbleibt.
Für Zinsen i. S. v. Art. 11 DBA-Uruguay ist die Quellensteuer auf 15 % des Bruttobetrags begrenzt. Deutschland gewährt als Ansässigkeitsstaat eine fiktive Anrechnung in Höhe von 20 % [Art. 23 Abs. 1 Buchst. c) DBA-Uruguay]. Dies gilt – in derselben Höhe – auch für Lizenzgebühren und Einkünfte aus der Erbringung technischer Dienstleistungen, für die Art. 12 DBA-Uruguay einen Quellensteuersatz von 15 % respektive 10 % bestimmt.

799 Für natürliche Personen gilt das Halbeinkünfteverfahren [§ 3 Nr. 40 Buchst. d) EStG].

E. *Veräußerungsgewinne (Art. 13 DBA-Uruguay)*

Gewinne aus der Veräußerung einer Beteiligung an einer uruguayischen Personengesellschaft können gemäß der Sonderregelung für die Veräußerung von Gesellschaftsanteilen in Art. 13 Abs. 3 DBA-Uruguay von Uruguay als dem Ansässigkeitsstaat der Gesellschaft besteuert werden[800]. Aufgrund der fiskalischen Transparenz deutscher Personengesellschaften fallen die Gewinne aus der Veräußerung des Mitunternehmeranteils als Veräußerung anteiligen Betriebsvermögens unter Art. 13 Abs. 2 DBA-Uruguay.

800 Die Veräußerung von Anteilen an uruguayischen Personengesellschaften fällt nach der hier vertretenen Auffassung unter § 8 b Abs. 2 KStG, soweit der Veräußerer eine Gesellschaft ist, die in Deutschland der Körperschaftsteuer unterliegt. Für natürliche Personen gilt das Halbeinkünfteverfahren [§ 3 Nr. 40 Buchst. a) EStG].

Teil 4: Schlussbetrachtung

In sämtlichen, im Rahmen dieser Arbeit behandelten Staaten Lateinamerikas haben Personengesellschaften eine von ihren Gesellschaftern getrennte, eigenständige Rechtspersönlichkeit. Diese Einstufung ist in Mexiko, Bolivien, Ecuador und Uruguay auch für das Einkommensteuerrecht maßgeblich. Personengesellschaften sind demnach Steuersubjekte. Der laufende Gewinn wird auf der Gesellschaftsebene besteuert; Gewinnausschüttungen fließen den Gesellschaftern als Dividenden zu.
Argentinien und Venezuela hingegen verfahren bei der Besteuerung der Einkünfte einer Personengesellschaft in der Regel nach dem Transparenzprinzip. Lediglich für Zwecke der Gewinnermittlung kommt der Gesellschaft eine gewisse Eigenständigkeit zu.
In Argentinien besteht mit der steuerlichen Subjektfähigkeit der Sociedad en Comandita Simple eine rechtsformbezogene Ausnahme vom Grundsatz der fiskalischen Transparenz, während die in Venezuela geltende Körperschaftsteuerpflicht von Personengesellschaften, die auf dem Gebiet der Erdölförderung aktiv sind, tätigkeitsbezogenen Charakter hat.
Auch bei der Bewertung des Leistungsaustausches zwischen Gesellschaft und Gesellschafter ergibt sich ein differenziertes Bild. Die steuerliche Behandlung von Sondervergütungen reicht von der vollständigen steuerlichen Anerkennung des Verhältnisses GesellschaftGesellschafter (Mexiko) über die nur teilweise Berücksichtigung derartiger Zahlungen als Betriebsausgaben bei der Gesellschaft und spiegelbildlich Zinsen oder Lizenzgebühren beim Gesellschafter (Venezuela), bis hin zur vollständigen Negation des Leistungsaustausches (Argentinien).

Infolge der unterschiedlichen Besteuerungskonzepte für Personengesellschaften kommt es in den DBA Deutschlands mit Mexiko, Bolivien, Ecuador und Uruguay regelmäßig zu subjektiven Qualifikationskonflikten.
Im Verhältnis zu Argentinien und Venezuela bleibt ein solcher Konflikt in der Regel aus, zumal sowohl Argentinien als auch Venezuela die von einer Personengesellschaft erzielten Einkünfte – vorbehaltlich der vorangehend erwähnten Ausnahmen – wie Deutschland in den Händen der Gesellschafter besteuern.
Besteht ein subjektiver Qualifikationskonflikt, setzt sich dieser zumeist als objektiver Qualifikationskonflikt bei der Ermittlung der einschlägigen Verteilungsartikel fort. Dies zeigt sich am Beispiel der abkommensrechtlichen Ein-

ordnung von Gewinnausschüttungen, Sondervergütungen oder Gewinnen aus der Veräußerung von Gesellschaftsanteilen.
Besonderheiten ergeben sich bei der abkommensrechtlichen Behandlung von Einkünften, die aus Mitgliedstaaten des Anden-Paktes stammen, und die über eine Personengesellschaft oder Betriebstätte eines weiteren Anden-Pakt-Staats vereinnahmt werden. Infolge des im Verhältnis der Anden-Pakt-Staaten zueinander geltenden Territorialitätsprinzips kann eine Mehrfachbesteuerung – und in einigen Fällen auch eine (sonst verbleibende) Doppelbesteuerung – in Dreiecksverhältnissen vermieden werden.

Die auf den OECD Partnership Report zurückgehenden Vorgaben des OECD-MK zur Anwendung von DBA auf Personengesellschaften können nach der hier vertretenen Auffassung nicht uneingeschränkt auf die DBA Deutschlands mit den Staaten Lateinamerikas übertragen werden:
Mexiko lehnt die Anwendung von DBA auf die Gesellschafter fiskalisch transparenter und damit nicht abkommensberechtigter Personengesellschaften ab. Infolgedessen kann eine Vielzahl der Lösungsansätze des OECD-MK – die eine Abkommensanwendung durch beide Vertragsstaaten voraussetzen – für das DBA-Mexiko nicht herangezogen werden. Ein Ergänzungsprotokoll, das Personengesellschaften nach Maßgabe der Ansässigkeit ihrer Gesellschafter in Deutschland oder Mexiko die Inanspruchnahme der Abkommensvorteile ermöglicht, könnte im Hinblick auf die (derzeit unwahrscheinliche) Gewährung der Abkommensvorteile durch Mexiko Abhilfe schaffen.

Aufgrund der dargelegten subjektiven und objektiven Qualifikationskonflikte kommt es zu einer Doppel-, Minder- oder Nichtbesteuerung von Einkünften. Nach dem Modell der OECD kann der Wohnsitzstaat die Doppelbesteuerung vermeiden, indem er sich die Abkommensanwendung des Quellenstaats durch die Wahl der korrespondierenden Methode zur Vermeidung der Doppelbesteuerung zu Eigen macht (Qualifikationsverkettung). Ferner können Staaten, die – wie Deutschland und Venezuela – die Freistellungsmethode anwenden, durch deren teleologische Reduktion eine Minder- oder (doppelte) Nichtbesteuerung vermeiden.
Die Anwendungsbereiche der dargelegten Methoden sind in den DBA Deutschlands mit Mexiko und Venezuela von einer switch-over-Klausel überlagert. Letztere geht als spezielle Regelung den Auslegungsgrundsätzen der OECD vor. Bei allen behandelten DBA ist die zeitliche Anwendbarkeit der Lösungs-

ansätze des OECD-MK in Zweifel zu ziehen. Weiterhin können Qualifikationskonflikte bzw. die damit einhergehenden Folgen auf der Basis des OECD-MK nur bei Verteilungsartikeln mit offener Rechtsfolge vermieden werden. Folglich gewährleisten auch die Vorgaben der OECD keine umfassende Bereinigung von Qualifikationskonflikten auf dem Gebiet der Personengesellschaften.

Als weiterführende Option zur übereinstimmenden steuerlichen Behandlung von Personengesellschaften sollte die Anerkennung des im (potentiellen) Ansässigkeitsstaat der Gesellschaft geltenden Besteuerungskonzepts – mit Wirkung auch für das innerstaatliche Recht des anderen Vertragsstaats – in Betracht gezogen werden. Demnach wäre eine in ihrem Errichtungs- bzw. Sitzstaat intransparent besteuerte Personengesellschaft von Deutschland sowohl abkommensrechtlich als auch für Zwecke der Besteuerung nach nationalem Recht als Steuersubjekt zu behandeln. Nach der hier vertretenen Auffassung geht damit keine unzulässige Begründung einer Steuerpflicht, sondern lediglich eine abkommensrechtlich bedingte Umqualifizierung von Einkünften einher. Die gegenwärtig praktizierte, auf dem Rechtstypenvergleich basierende Vorgehensweise, nach der steuerlich subjektfähige Personengesellschaften als abkommensberechtigt anerkannt werden, ohne dass hiermit Konsequenzen für die innerstaatliche Einkünftezurechnung und Besteuerung einhergehen, führt oftmals zu steuerlich und wirtschaftlich unbefriedigenden Ergebnissen.

Literaturverzeichnis

Aigner, Hans-Jörgen: Die Bedeutung des Begriffs "Personengesellschaft" in Art. 10 Abs. 2 lit. a OECD-MA, SWI 2001, 121 ff.

Aigner, Hans-Jörgen/Züger, Mario: Abkommensvergünstigung für im Quellenstaat ansässige Gesellschafter von Personengesellschaften?, SWI 2000, 308 ff.

Aigner, Hans-Jörgen/Züger, Mario: Sind Entnahmen aus Personengesellschaften abkommensrechtlich Dividenden?, SWI 2000, 254 ff.

Amann, Robert: Dienstleistungen im internationalen Steuerrecht; München 1998.

Arias, Pedro: The Status of Double Taxation Treaties in Mexico, IBFD Bulletin 2002, 510 ff.

Atúnez Alvarez, Rafael: El Impuesto Sobre la Renta a los Ingresos Generados en el Extranjero; Guadalajara (Mexiko) 1998.

Avery Jones, John F. et. al.: Characterization of Other States' Partnerships for Income Tax, IBFD Bulletin 2002, 288 ff.

Avery Jones, John F. et. al.: The Non-Discrimination Article in Tax Treaties, European Taxation 1991, 310 ff.

Ballestrem, Rudolf Graf von: Beteiligung an einer intransparent besteuerten ausländischen Personengesellschaft als steuerliches Gestaltungsinstrument; Dresden 2004. Zitiert: *von Ballestrem*, Intransparent besteuerte Personengesellschaft.

Barnola, José P.: Venezuelan Tax Treatment of Gas-Related Activities, TNI 2000, 2499 ff.

Becker, Helmut; Höppner, Horst-Dieter; Grotherr, Siegfried; Kroppen, Heinz-Klaus (Hrsg.): Doppelbesteuerungsabkommen (Kommentar); Berlin 1999. Zitiert: *Bearbeiter* in: B/G/H/K.

Becker, Helmut: Die Besteuerung von Betriebstätten, DB 1989, 10 ff.

Becker, Helmut: Funktionsnutzen und Erwirtschaftungsgrundsatz – Wege zur Ermittlung des zutreffenden Betriebstättenergebnisses, DB 1990, 392.

Belling, K.: 183-Tage-Klausel und grenzüberschreitende Arbeitnehmertätigkeit, FR 1971, 166 ff.

Bendlinger, Stefan: Personengesellschaften im Recht der Doppelbesteuerungsabkommen, SWI 2000, 16 ff.

Benecke, Andreas; Schnitger, Arne: Lösung von Qualifikationskonflikten im internationalen Steuerrecht – der "abgeleitete Qualifikationskonflikt", RIW 2002, 439 ff.

Bettinger Barrios, Herbert: Convenios para evitar la Doble Tributación 2005 (Band I und II); 13. Auflage, México, D. F. 2005.

Bureau of National Affairs (BNA): Business Operations in Argentina (Loseblatt), 950-2nd, Stand 2002; Business Operations in Mexico (Loseblatt), 972-3rd, Stand 2002; Business Operations in Venezuela (Loseblatt), 993, Stand 2000.

Burmester, Gabriele: Unternehmensfinanzierung im Internationalen Steuerrecht, Grundlagen und Gestaltungen für Einheitsunternehmen, Kapitalgesellschaftskonzerne und Personengesellschaftskonzerne; Köln 2003. Zitiert: *Burmester*, Unternehmensfinanzierung im Internationalen Steuerrecht.

Burmester, Gabriele: Unternehmensfinanzierung aus dem Blickwinkel des Internationalen Steuerrechts, SWI 1996, 156 ff.

Burmester, Gabriele: Probleme der Gewinn- und Verlustrealisierung – insbesondere bei grenzüberschreitenden Transaktionen zwischen inländischem Stammhaus und ausländischer Betriebstätte; Baden-Baden 1986. Zitiert: *Burmester*, Probleme der Gewinn- und Verlustrealisierung.

Calvo Nicolau, Enrique: Definiciones Generales, Collección Tratados Internacionales en Materia Tributaria, Comentario 3; México, D. F. 1994. Zitiert: *Calvo Nicolau*, Definiciones Generales.

Cancio, María Marta; Sas, Mariela Alejandra: The Argentine Approach to Attributing Profits to Permanent Establishments, TNI 2003, 491 ff.

Candal Iglesias, Manuel: Aspectos Fundamentales de la Imposición a la Renta de las Sociedades en Venezuela; Caracas 2003. Zitiert: *Candal Iglesias*, Imposición a la Renta de las Sociedades en Venezuela.

Cárcamo Sabido, Layda: Alcance de los Términos "Beneficios Empresariales" y "Otras Rentas" en los Convenios para evitar la Doble Imposición y prevenir la Evasión Fiscal, Band 10; Academia de Estudios Fiscales de la Contaduría Pública, A.C., México, D. F. 2002.

Corral Moreno, Manuel: Estudio Práctico del ISR para Personas Morales; 8. Auflage, México, D. F. 2005.

Debatin, Helmut; Wassermeyer, Franz: Doppelbesteuerung, Kommentar zu den deutschen Doppelbesteuerungsabkommen; München 2000. Zitiert: *Bearbeiter* in: Debatin/Wassermeyer.

Debatin, Helmut: Auslegungsmaximen zum internationalen Steuerrecht, AWD 1969, 477 ff.

Debatin, Helmut: Die Bilanzbündeltheorie im Spiegel des internationalen Steuerrechts, DB 1978, 2437 ff.

Debatin, Helmut: System und Auslegung der Doppelbesteuerungsabkommen, DB 1985, Beilage Nr. 23 zu Heft Nr. 39, 1 ff.

Debatin, Helmut: Zur Behandlung von Beteiligungen an Personengesellschaften unter den Doppelbesteuerungsabkommen im Lichte der neueren Rechtsprechung des Bundesfinanzhofs, BB 1992, 1181 ff.

Debatin, Helmut: Qualifikationsprobleme im Doppelbesteuerungsrecht, FR 1979, 493 ff.

Debatin, Helmut: Subjektfähigkeit ausländischer Wirtschaftsgebilde im deutschen Steuerrecht, BB 1988, 1155 ff.

Debatin, Helmut: Das Betriebstättenprinzip der deutschen Doppelbesteuerungsabkommen, DB 1989, 1692 ff., 1739 ff.

Debatin, Helmut: Der deutsch-schweizerische Steuervertrag, DB 1972, 1983 ff.

Debatin, Helmut: Entwicklungstendenzen im Internationalen Steuerrecht und nationalen Außensteuerrecht im Lichte der neueren höchstrichterlichen Rechtsprechung, DStZ 1987, 211 ff.

Djanani, Christiana; Brähler, Gernot; Hartmann, Thomas: Die Finanzverwaltung und die autonome Abkommensauslegung – zugleich Besprechung des BMF-Schreibens vom 19.03.2004 (IStR 2004, 351), IStR 2004, 481 ff.

Diehl, Wolfram: Qualifikationskonflikte im Außensteuerrecht, FR 1978, 517 ff.

Dötsch, Ewald; Eversberg, Horst; Jost, Werner F.; Pung, Alexandra; Witt, Georg (Hrsg.): Kommentar zum Körperschaftsteuergesetz, Umwandlungsteuergesetz und zu den einkommensteuerrechtlichen Vorschriften der Anteilseignerbesteuerung; Stand: 53. Lieferung März 2005. Zitiert: *Bearbeiter* in: D/E/J/P/W.

Engelen, Frank; Pötgens, Frank: Report on "The Application of the OECD Model Tax Convention to Partnerships" and the Interpretation of Tax Treaties, European Taxation 2000, 250 ff.

Evans Márquez, Ronald: Régimen Jurídico de la Doble Tributación Internacional; Caracas 1999.

Fahrenberg, Jürgen; Henke, Ulf: Das BMF-Schreiben zur steuerlichen Einordnung der US-LLC aus Beratersicht, IStR 2004, 485 ff.

Fernández Martínez, Refugio de Jesús: Derecho Fiscal; México, D. F. 2004.

Fernández Smith, Carlos; Escobar, Leopoldo: New Regulations for the Venezuelan Income Tax Law, TNI 2004, 529 ff.

Fischer-Zernin, Justus: Sondervergütungen und DBA, RIW 1991, 493 ff.

Frotscher, Gerrit: Internationales Steuerrecht; München 2001.

Flick, Hans; Wassermeyer, Franz; Wingert, Karl-Dieter; Kempermann, Michael: Doppelbesteuerungsabkommen Deutschland-Schweiz, Kommentar; Köln 2000. Zitiert: *Bearbeiter* in: F/W/W/K.

García Cozzi, José Maria: Internationale Einkommensteuerprobleme bei Personengesellschaften, Nationalbericht Argentinien, in IFA (Hrsg.), CDFI Volume LXXXa (1995), 21 ff.

García Prats, Francisco Alfredo: El Establecimiento Permanente. Análisis Jurídico-Tributario Internacional de la Imposición Societaria; Madrid 1996.

García Prats, Francisco Alfredo: Triangular Cases and Residence as a Basis for Alleviating International Double Taxation. Rethinking the Subjective Scope of Double Tax Treaties, intertax 1994, 473 ff.

Gil Díaz, Francisco: Mexican Policy on Tax Treaty Negotiations, IBFD Bulletin 1992, 417 ff.

González Béndiksen, Jaime: Doing Business in Latin America Through a Physical Presence, TNI 1997, 625 ff.

González Orta, Ricardo; Liñero, Luis: Mexican Tax Perspective – 2005 Mexican Tax Reform, Tax Management International Journal 2005, 46 ff.

Gündisch, Stephan: Personengesellschaften im DBA-Recht – Eine Analyse des OECD Partnership Reports; München 2004. Zitiert: *Gündisch*, Personengesellschaften im DBA-Recht.

Gutiérrez Espinosa, Augustín: Internationale Einkommensteuerprobleme bei Personengesellschaften, Nationalbericht Mexiko, in IFA (Hrsg.), CDFI Volume LXXXa (1995), 377 ff.

Helde, Stefanie: Dreiecksverhältnisse im Internationalen Steuerrecht unter Beteiligung einer Betriebstätte; Köln 2000. Zitiert: *Helde,* Dreiecksverhältnisse im Internationalen Steuerrecht.

Heinrich, Johannes; Moritz, Helmut: Interpretation of Tax Treaties, European Taxation 2000, 142 ff.

Herrmann, Carl; Heuer, Gerhard; Raupach, Arndt: Einkommensteuer- und Körperschaftsteuergesetz mit Nebengesetzen, Kommentar (Loseblatt); Köln. Zitiert: H/H/R.

Hintzen, Lothar: Die Anerkennung ausländischer Personengesellschaften als Kapitalgesellschaften nach deutschem Steuerrecht, DStR 1971, 327 ff.

Hintzen, Lothar: Zur Qualifikation ausländischer körperschaftsteuerpflichtiger Personengesellschaften, StuW 1974, 319 ff.

Hock, Bernhard: Personengesellschaften mit internationalem Gesellschafterkreis – Besteuerungskonflikte und Lösungsmöglichkeiten; Wiesbaden 1994.

Hock, Bernhard: Personengesellschaften und Internationales Steuerrecht – Option zur Körperschaftsteuer als Lösung anstehender Probleme?, RIW 1995, 135 ff.

Institut der Wirtschaftsprüfer (Düsseldorf): Determination of Profits of Permanent Establishments, intertax 1988, 427 ff.

Instituto Mexicano de Contadores Públicos: Ley del Impuesto Sobre la Renta 2005, Texto y Comentarios; México, D. F. 2005.

International Bureau of Fiscal Documentation: Taxation in Latin America, Loseblatt, Stand: 28. Februar 2005; Amsterdam. Zitiert: *Bearbeiter* in: IBFD, Taxation in Latin America.

Jacobs, Otto H.: Internationale Unternehmensbesteuerung; 5. Auflage, München 2002.

Jesse, Lenhard: Richtlinien-Umsetzungsgesetz – EURLUmsG: Anpassung des § 43 b EStG (Kapitalertragsteuerbefreiung) an die geänderte Mutter-Tochter-Richtlinie, IStR 2005, 151 ff..

Kahle, Holger: Steuergestaltung bei international tätigen Personengesellschaften, StuW 2005, 61 ff.

Kleineidam, Hans-Jochen: Gewinnermittlung bei Auslandsbetriebstätten (Teil 1 und 2), IStR 1993, 349 ff., 395 ff.

Kleineidam, Hans-Jochen: Darlehensgewährungen eigenbetrieblich tätiger Inlandsgesellschafter an ihre ausländische Personengesellschaft, IStR 2003, 734 ff.

Kluge, Volker: Das Internationale Steuerrecht, Gemeinschaftsrecht, Außensteuerrecht, Abkommensrecht; 4. Auflage, München 2000. Zitiert: *Kluge*, Das Internationale Steuerrecht.

Kluge, Volker: Die Anerkennung ausländischer Gesellschaften im deutschen Steuerrecht, DStR 1976, 365 ff.

Kluge, Volker: Zur unmittelbaren Anwendung von DBA-Vorschriften bei der Gewinnermittlung, StuW 1975, 294 ff.

Kluge, Volker: Die Auslegung von Doppelbesteuerungsabkommen, RIW 1975, 90 ff.

Knobbe-Keuk, Brigitte: "Qualifikationskonflikte" im internationalen Steuerrecht, RIW 1991, 306 ff.

Köhler, Franz: Das Betriebstättenprinzip im Recht der deutschen Doppelbesteuerungsabkommen bei Mitunternehmerschaftsgebilden – Zugleich eine kritische Anmerkung zum BFH-Urteil vom 27.02.1991 – I R 15/89, RIW 1991, 1024 ff.

Krabbe, Helmut: Steuerliche Behandlung der Personengesellschaften nach den Doppelbesteuerungsabkommen, IWB (1998) Fach 3 Gruppe 2, S. 753 ff.

Krabbe, Helmut: Die Personengesellschaft im internationalen Steuerrecht, StBJb 2000/01, 183 ff.

Krabbe, Helmut: OECD-Musterabkommen 2000, IStR 2000, 196 ff.

Krabbe, Helmut: Personengesellschaften und Unternehmensgewinne nach den DBA, IStR 2002, 145 ff.

Krabbe, Helmut: Abgrenzung der Besteuerungsrechte bei international tätigen Sozietäten, FR 1995, 692 ff.

Kramer, Jörg-Dietrich: Besteuerung der Einkünfte internationaler Sozietäten im In- und Ausland, IWB (2003) Fach 10 Int. Gruppe 2, S. 1687 ff.

Lang, Michael: Doppelte Nichtbesteuerung, Generalbericht, in IFA (Hrsg.), CDFI Volume 89a (2004), 40 ff.

Lang, Michael: Qualifikationskonflikte bei Personengesellschaften, IStR 2000, 129 ff.

Lang, Michael: Personengesellschaften im DBA-Recht, SWI 2000, 61 ff.

Lang, Michael: Die Vermeidung der Doppelbesteuerung und der doppelten Nichtbesteuerung als DBA-Auslegungsmaxime?, IStR 2002, 609 ff.

Lang, Michael: The Application of the OECD Model Tax Convention to Partnerships – A Critical Analysis of the Report Prepared by the OECD Committee on Fiscal Affairs; Schriftenreihe zum Internationalen Steuerrecht, Bd. 11; Wien 2000. Zitiert: Lang, Application of the OECD Model Tax Convention to Partnerships.

Lang, Michael: Qualifikationskonflikte im Recht der Doppelbesteuerungsabkommen, in: Kirchhof; Lehner; Raupach; Rodi (Hrsg.): Staaten und Steuern, Festschrift für Klaus Vogel zum 70. Geburtstag; Heidelberg 2000, 907 ff. Zitiert: *Lang* in: FS Vogel (Hrsg.: Kirchhof/Lehner/Raupach/Rodi), 2000.

Lang, Michael: Die Bedeutung des originär innerstaatlichen Rechts für die Auslegung von Doppelbesteuerungsabkommen (Art. 3 Abs. 2 OECD-MA), in: Burmester; Endres (Hrsg.), Außensteuerrecht, DBA und EU-Recht im Spannungsverhältnis, Festschrift für Helmut Debatin zum 70. Geburtstag; München 1997, S. 283 ff. Zitiert: *Lang* in: FS Debatin (Hrsg.: Burmester/Endres), 1997.

Leitner, Reinhard: Die Stille Gesellschaft im Recht der Doppelbesteuerungsabkommen, SWI 2000, 159 ff.

León Santacruz, Ricardo; González Moneta, Hernán: Taxation of Interest to Mexican Resident Individuals, TNI 2003, 407 ff.

Lüdemann, Peter; Hruschka, Franz: Die Behandlung von Personengesellschaften im Verhältnis Deutschland-Spanien, IStR 2000, 25 ff.

Lüdicke, Jürgen: Neue Entwicklungen der Besteuerung von Personengesellschaften im internationalen Steuerrecht, StBJb 1997/98, 449 ff.

Lüdicke, Jürgen: Anmerkung zum Urteil des FG Hamburg vom 12.06.2003, VI 6/01 (Beschränkte Steuerpflicht bei Beteiligung an einer vermögensverwaltenden GmbH & Co. KG), IStR 2004, 208 ff.

Manke, Klaus: Personengesellschaften im internationalen Steuerrecht, JbFfSt 1978/1979, 333 ff.

McLees, John A.; Byrne, Peter D.; Cruz F., M. Salvador; Vallenilla, Moisés A.: Tax Treatment of Foreign Payments in Latin America Compared, TNI 1997, 405 ff.

McLees, John A.; González Béndiksen, Jaime; Angulo, Carlos: Mexico Enacts Major Improvements to Its Maquiladora Tax Regime, TNI 2003, 421 ff.

Menck, Thomas: OECD-Bericht zu Personengesellschaft und Qualifikationskonflikt – ein Überblick, IStR 1999, 147 ff.

Miguel Díaz, Luis; Morones Lara, Guadalupe: Inversión Extranjera: Derecho Mexicano y Derecho Internacional; México, D. F. 2001. Zitiert: *Miguel Díaz/Morones Lara*, Inversión Extranjera.

Mittermaier, Johannes E.: Besteuerung von Personengesellschaften im Verhältnis USA-Deutschland; Heidelberg 1999.

Möbus, Susanne: Finanzverwaltung versus OECD bei der Behandlung ausländischer Personengesellschaften? Anmerkungen zum BMF-Schreiben v. 19.03.2004 – IV B 4 – S 1301 USA – 22/04 zur steuerlichen Einordnung der nach dem Recht der Bundesstaaten der USA gegründeten Limited Liability Company, GmbHR 2004, 1202 ff.

Mössner, Manfred: Rechtsprechung des BFH zur Auslegung von Doppelbesteuerungsabkommen im Jahr 2002, RIW 2003, 294 ff.

Mössner, Manfred (Hrsg.): Steuerrecht international tätiger Unternehmen – Handbuch der Besteuerung von Auslandsaktivitäten inländischer Unternehmen und von Inlandsaktivitäten ausländischer Unternehmen; 2. Auflage, Köln 1998. Zitiert: *Bearbeiter* in: Mössner (Hrsg.), Steuerrecht international tätiger Unternehmen.

Müller, Marion; Wangler, Clemens: Qualifikationskonflikte bei der Beteiligung inländischer Investoren an ausländischen Personengesellschaften, IStR 2003, 145 ff.

Müller, Michael A.: Double-Dip-Modelle bei deutschen Personengesellschaften, IStR 2005, 181 ff.

Muñiz, Nicolás José: Fiscal Transparency in U.S. Treaties With Mexico and Venezuela, TNI 2004,819 ff.

Ortiz, Sainz y Tron: Tratados Internacionales en Materia Fiscal; 2. Auflage, México, D. F. 2000.

Ostendorf, Claudia: Behandlung von Sondervergütungen der Mitunternehmer im internationalen Steuerrecht unter besonderer Berücksichtigung der deutschen und österreichischen Rechtslage; Berlin 1994. Zitiert: *Ostendorf*, Sondervergütungen.

Pérez de Acha, Luis Manuel: Establecimiento Permanente, Collección Tratados Internacionales en Materia Tributaria, Comentario 5; México, D. F. 1994. Zitiert: *Pérez de Acha*, Establecimiento Permanente, Comentario 5.

Pérez de Acha, Luis Manuel: Beneficios de las Empresas, Collección Tratados Internacionales en Materia Tributaria, Comentario 7; México, D. F. 1994. Zitiert: *Pérez de Acha*, Beneficios de las Empresas, Comentario 7.

Pérez Delgadillo, Karina; Portas Ladesma, Javier: Doppelte Nichtbesteuerung, Nationalbericht Mexiko, in IFA (Hrsg.), CDFI Volume 89a (2004), 535 ff.

Petereit, Axel: Die sogenannte switch-over-Klausel in den deutschen Doppelbesteuerungsabkommen, IStR 2003, 577 ff.

Peusquens, Herbert: Beteiligungen an Mitunternehmerschaften im Ausland, BB 1980, 255 ff.

Piltz, Detlev Jürgen: Die Personengesellschaften im internationalen Steuerrecht der Bundesrepublik Deutschland; Heidelberg, 1981. Zitiert: *Piltz*, Personengesellschaften.

Piltz, Detlev Jürgen: Veräußerung von Sonderbetriebsvermögen unter den Doppelbesteuerungsabkommen, IStR 1996, 457 ff.

Pott, Hans-Michael: Die Kollision unterschiedlicher Formen der Gesellschaftsbesteuerung im internationalen Steuerrecht – Das subjektive Qualifikationsproblem im abkommensfreien Raum und unter Geltung eines Doppelbesteuerungsabkommens; Köln 1982. Zitiert: *Pott*, Kollision unterschiedlicher Formen der Gesellschaftsbesteuerung.

Prokisch, Rainer: Das neue Doppelbesteuerungsabkommen zwischen der Bundesrepublik Deutschland und Mexiko, IStR 1994, 271 ff.

Pusill-Wachtsmuth, Kirsten: Der Typenvergleich zur Einordnung ausländischer Gesellschaften in das das deutsche System der Einkommensbesteuerung – Zudem konkrete Einordnung der Gesellschaftsformen der Staaten Ungarn, Polen und Slowenien; Frankfurt am Main 2003. Zitiert: *Pusill-Wachtsmuth*, Typenvergleich.

Pyszka, Tillmann; Brauer, Michael: Ausländische Personengesellschaften im Unternehmenssteuerrecht; Berlin 2004. Zitiert: *Pyszka/Brauer*, Ausländische Personengesellschaften.

Raimondi, Carlos A.; Atchabahian, Adolfo: El Impuesto a las Ganancias; 3. Auflage, Buenos Aires 2000.

Ramírez Valenzuela, Alejandro: Introducción al Derecho Mercantil y Fiscal; 2. Auflage, México, D. F. 2004.

Riemenschneider, Sven: Abkommensberechtigung von Personengesellschaften und abkommensrechtliche Behandlung der Einkünfte aus Beteiligungen inländischer Gesellschafter an ausländischen Personengesellschaften; Frankfurt am Main 1995. Zitiert: *Riemenschneider*, Abkommensberechtigung.

Rivas, Roberto Carlos: Mexico's Dividend Imputation System, TNI 2002, 1535 ff.

Robles Farías, Diego: El Régimen Jurídico de los Extranjeros que participan en Sociedades Mexicanas; 2. Auflage, México, D. F. 2001.

Rohatgi, Roy: Basic International Taxation, Kluwer Law International 2001.

Rosso Alba, Cristian E.: Argentine Treaty Framework Provides Opportunities for Nonresident Shareholders, TNI 2002, 1059 ff.

Rust, Alexander: Situs Principle vs. Permanent Establishment Principle in International Tax Law, IBFD Bulletin 2002, 15 ff.

Schaumburg, Harald: Internationales Steuerrecht, Außensteuerrecht, Doppelbesteuerungsrecht; 2. Auflage, Köln 1998. Zitiert: *Schaumburg*, Internationales Steuerrecht.

Schmalz, Andrea: Die Veräußerung von Beteiligungen an Personengesellschaften im internationalen Steuerrecht unter Berücksichtigung des Partnership Reports der OECD, IStR 2003, 291 ff.

Schmidt, Christian: Zur DBA-Anwendung und inländischen Steuerpflicht bei im Sitzstaat rechtsfähigen ausländischen Personengesellschaften, IStR 1996, 14 ff.

Schmidt, Christian: Personengesellschaften im internationalen Steuerrecht nach dem OECD-Bericht "The Application of the OECD Model Tax Convention to Partnerships" und den Änderungen im OECD-MA und im OECD-MK im Jahre 2000, IStR 2001, 489 ff.

Schmidt, Christian; Dendorfer, Wilhelm: Beteiligungen an US-amerikanischen Immobilienfonds: Doppelbesteuerung von Zinserträgen aufgrund von Qualifikationskonflikten, IStR 2000, 46 ff.

Schmidt, Christian; Blöchle, Daniel: Anrechnungs- oder Freistellungsmethode bei (bloßen) Immobilieneinkünften aus Personengesellschaften, wenn die Zielländer dem Intransparenzprinzip folgen, IStR 2003, 685 ff.

Selent, Alexander; Endres, Dieter: Die Besteuerung des Arbeitslohns bei Auslandsdienstreisen – Eine Überprüfung der Arbeitgebereigenschaft und Ansässigkeit von Personengesellschaften in den 183-Tage-Klauseln der Doppelbesteuerungsabkommen, DB 1984, 84 ff.

Siefert, Bernd: Der Arbeitgeberbegriff im deutschen Abkommensrecht, RIW 1986, 979 ff.

Solano, Manuel F.; van't Hek, Koen; Tautfest, Lissett: 1999 Mexican Tax Reform Implications, TNI 1999, 533 ff.

Staringer, Claus: Triangular Cases, in: Gassner; M. Lang; Lechner (Hrsg.), Aktuelle Entwicklungen im internationalen Steuerrecht – Das neue Musterabkommen der OECD; Wien 1994, 67 ff.

Staringer, Claus: Der Betriebstättenvorbehalt für Dividenden, Zinsen und Lizenzgebühren, in: Gassner; M. Lang; Lechner (Hrsg.), Die Betriebstätte im Recht der Doppelbesteuerungsabkommen – Voraussetzungen der Besteuerung von Unternehmensgewinnen im Quellenstaat; Wien 1998, S. 223 ff.

Streck, Michael: Körperschaftsteuergesetz (Kommentar); 6. Auflage, München 2003.

Suchanek, Markus: Atypisch stille Beteiligungen im Recht der Doppelbesteuerungsabkommen, FR 2003, 605 ff.

Teijeiro, Guillermo O.: The Argentine Tax Treaty Network: A Safe Harbor for Foreign Taxpayers, TNI 1999, 287 ff.

Töben, Thomas: Besteuerung international tätiger Anwaltssozietäten – System oder Chaos?, IWB (1997) Fach 10 Int. Gruppe 2, S. 1253 ff.

Tumpel, Michael: Die Beteiligung an einer Personengesellschaft als Betriebstätte des Gesellschafters, in: Gassner/Lang/Lechner (Hrsg.), Die Betriebstätte im Recht der Doppelbesteuerungsabkommen – Voraussetzungen der Besteuerung von Unternehmensgewinnen im Quellenstaat; Wien 1998, S. 145 ff.

Tipke, Klaus/Lang, Joachim: Steuerrecht; 17. Auflage, Köln 2002.

Troya Jaramillo, José Vicente: Derecho Tributario Internacional; Serie Estudios Jurídicos (Vol. 4), Quito 1990.

Urtz, Christoph: Die Gemeinsamkeiten und Unterschiede zwischen der Betriebstätte nach Art. 5 OECD-Musterabkommen und der festen Einrichtung nach Art. 14 OECD-Musterabkommen und die Konsequenzen für die abkommensrechtliche Behandlung grenzüberschreitend tätiger Freiberufler-Sozietäten, in: Gassner/Lang/Lechner (Hrsg.), Die Betriebstätte im Recht der Doppelbesteuerungsabkommen – Voraussetzungen der Besteuerung von Unternehmensgewinnen im Quellenstaat; Wien 1998, S. 157 ff.

van't Hek, Koen; Moss, Annette: Latin American Tax Review: Mexico Takes First Step Toward Introduction of Thin Capitalization Rules, TNI 2004, 1141 ff.

Vogel, Klaus; Lehner, Moris: Doppelbesteuerungsabkommen der Bundesrepublik Deutschland auf dem Gebiet der Steuern vom Einkommen und Vermögen (Kommentar); 4. Auflage, München 2003. Zitiert: *Bearbeiter* in: Vogel/Lehner, DBA.

Vogel, Klaus: Zur Abkommensberechtigung ausländischer Personengesellschaften – Eine Entgegnung, IStR 1999, 5 ff.

Vogel, Klaus: Der Begriff der "Capital Gains" in den verschiedenen Ländern, Nationalbericht Deutschland, in IFA (Hrsg.), CDFI Volume LXIb (1976), 129 ff.

Vogel, Klaus: Probleme der Auslegung von Doppelbesteuerungsabkommen, SWI 2000, 103 ff.

Vogel, Horst: Aktuelle Fragen bei der Auslegung von Doppelbesteuerungsabkommen, BB 1978, 1021 ff.

Wassermeyer, Franz: Die Beurteilung der Abkommensberechtigung ausländischer Personengesellschaften durch Deutschland als dem Nichtansässigkeitsstaat der Personengesellschaft, IStR 1998, 489 ff.

Wassermeyer, Franz: Duplik zu Vogel, Zur Abkommensberechtigung ausländischer Personengesellschaften, IStR 1999, 8 ff.

Wassermeyer, Franz: Merkwürdigkeiten bei der Auslegung von DBA durch die Finanzverwaltung, IStR 1995, 49 ff.

Wassermeyer, Franz: Die Hinzurechnungsbesteuerung als Qualifikationsproblem des nationalen und internationalen Steuerrechts, RIW 1983, 352 ff.

Weber, Alfred: Zur Gewinnabgrenzung bei ausländischen Bau- und Montagebetriebstätten, DStZ 1976, 201 ff.

Weggenmann, Hans Robert: Einordnungskonflikte bei Personengesellschaften im Recht der deutschen Doppelbesteuerungsabkommen unter besonderer Berücksichtigung des OECD Partnership Reports 1999; Nürnberg 2002. Zitiert: *Weggenmann*, Einordnungskonflikte.

Weggenmann, Hans Robert: Sondervergütungen unbeschränkt steuerpflichtiger Mitunternehmer einer ausländischen Personengesellschaft in der Rechtsprechung des BFH und aus der Sicht der OECD, IStR 2002, 1 ff.

Weggenmann, Hans Robert: Die Empfehlungen der OECD an den Ansässigkeitsstaat zur Lösung von Einordnungskonflikten in Bezug auf Sondervergütungen, IStR 2002, 614 ff.

Zehetner, Ulf: Personengesellschaften als Arbeitgeber nach Art. 15 Abs. 2 OECD-MA?, SWI 2001, 102 ff.

Züger, Mario: Die Bedeutung von Diskriminierungsverboten für die Lösung von Zurechnungskonflikten bei Personengesellschaften, SWI 2001, 111 ff.

Zuñiga, Omar: Tax Treatment of Partnerships Under the U.S.-Mexico Tax Treaty, TNI 2000, 2711 ff.

Anhang

1) Auszug aus dem OECD MK 2003

Zu Art. 1 OECD-MA (Bemerkung)

27.2

Frankreich hat eine Reihe von Vorbehalten zu dem Bericht "Die Anwendung des OECD-Musterabkommens auf Personengesellschaften" zum Ausdruck gebracht. Insbesondere ist Frankreich nicht mit der Auslegung in den obigen Ziffern 5 und 6 einverstanden, wonach, wenn einer Personengesellschaft die Abkommensvorteile verweigert werden, die Gesellschafter Anspruch auf die Vorteile der Abkommen haben, die von ihrem Ansässigkeitsstaat geschlossen worden sind. Frankreich glaubt, dass dieses Ergebnis bis zu einem gewissen Ausmaß nur möglich ist, wenn Vorschriften zu diesem Zweck in das Abkommen eingefügt werden, das der Staat geschlossen hat, in dem die Personengesellschaft errichtet ist. **Mexiko** teilt diese Auffassung.

Zu Art. 4 OECD-MA (Bemerkung)

26.1

Mexiko ist mit dem in Ziffer 8.4 wiedergegebenen Grundsatz nicht einverstanden, dass, wenn die von einer Personengesellschaft geschuldete Steuer auf Grund der persönlichen Merkmale der Gesellschafter festgesetzt wird, diese Gesellschafter bezüglich der Einkünfte, die durch die Gesellschaft "hindurchfließen", Anspruch auf die Vorteile von Steuerabkommen haben, die ihre Ansässigkeitsstaaten geschlossen haben.

2) Auszug aus dem DBA Mexiko-USA [Ziffer 2 Buchst. b) des Protokolls]

2. En relación con el párrafo 1 del Artículo 4 (Residencia).

A los efectos del párrafo 1 del Artículo 4 se entiende que:

b) una asociación, sucesión o fideicomiso se considera residente de un Estado Contratante sólo en la medida en que las rentas que obtenga estén sujetas a imposición en este Estado como rentas de un residente, ya sea como rentas de la asociación, sucesión o fideicomiso, o de sus asociados o beneficiarios.

3) Auszug aus der Resolución Miscelánea Fiscal 2004/2005 zur abkommensrechtlichen Behandlung einer U.S.-amerikanischen LLC

3.1.2.

Para los efectos del párrafo 2 del Protocolo, en relación con el párrafo I del Artículo 4 del Convenio entre el Gobierno de los Estados Unidos Mexicanos y el Gobierno de los Estados Unidos de América para Evitar la Doble Imposición e Impedir la Evasión Fiscal en Materia de Impuestos sobre la Renta, se entiende que dicha disposición resulta también aplicable a las sociedades de responsabilidad limitada constituidas conforme al derecho interno de los Estados Unidos de América.

Las sociedades antes mencionadas que opten por aplicar los beneficios previstos en dicho Convenio, según corresponda, deberán contar con la forma 6166 emitida por las autoridades competentes de dicho país, en la que conste que las mismas o sus integrantes son residentes en los Estados Unidos de América.

4) Auszug aus dem DBA Mexiko-Österreich (Ziffer 5 des Protokolls)

5. Zu Artikel 4 Absatz 1

Es besteht Einvernehmen, dass der Ausdruck "eine in einem Vertragsstaat ansässige Person" bei Einkünften, die von einer Personengesellschaft, einem Nachlass oder einem Trust bezogen oder gezahlt werden, nur insoweit gilt, als die von der Personengesellschaft, dem Nachlass oder dem Trust bezogenen Einkünfte in diesem Staat als Einkünfte einer dort ansässigen Person besteuert werden, und zwar entweder bei der Personengesellschaft, dem Nachlass oder dem Trust selbst oder bei deren Gesellschaftern, den Begünstigten oder dem Besteller.

5) Entscheidung 578 des Anden-Paktes

Expedida en Lima, Perú, el 4 de mayo de 2004.
Publicada en la Gaceta Oficial del Acuerdo de Cartagena No. 1063 del 5 de Mayo del 2004 y en el Registro Oficial Suplemento # 457 de 9 de noviembre de 2004
Fecha de vigencia: 1 de enero de 2005.

DECISIÓN 578: RÉGIMEN PARA EVITAR LA DOBLE TRIBUTACIÓN Y PREVENIR LA EVASIÓN FISCAL

LA COMISION DE LA COMUNIDAD ANDINA,

VISTOS: Los artículos 3, 22 literales a) y b), 30 literal c), 51 y 54 del Acuerdo de Cartagena, la Decisión 40 de la Comisión y el artículo 19 de la Decisión 292 de la Comisión;

CONSIDERANDO: Que es necesario eliminar la doble imposición a las actividades de las personas naturales y jurídicas, domiciliadas en los Países Miembros de la Comunidad Andina, que actúan a nivel comunitario y establecer un esquema y reglas para la colaboración entre las administraciones tributarias con tal fin;

Que, asimismo, es indispensable actualizar las normas referentes a evitar la doble tributación entre los Países Miembros, con el fin de fomentar los intercambios entre los Países Miembros, atraer la inversión extranjera y prevenir la evasión fiscal;

DECIDE:

Establecer el presente:

RÉGIMEN PARA EVITAR LA DOBLE TRIBUTACIÓN Y PREVENIR LA EVASIÓN FISCAL

CAPITULO I
AMBITO DE APLICACIÓN Y DEFINICIONES GENERALES

Artículo 1.- Ámbito de Aplicación

La presente Decisión es aplicable a las personas domiciliadas en cualquiera de los Países Miembros de la Comunidad Andina, respecto de los impuestos sobre la renta y sobre el patrimonio. Se aplica principalmente a los siguientes:

En Bolivia, Impuesto a la renta.

En Colombia, Impuesto a la renta.

En el Ecuador, Impuesto a la renta.

En el Perú, Impuesto a la renta.

En Venezuela, Impuesto sobre la renta e Impuesto a los activos empresariales.

Las normas previstas en esta Decisión tienen por objeto evitar la doble tributación de unas mismas rentas o patrimonios a nivel comunitario.

La presente Decisión se aplicará también a las modificaciones que se introdujeran a los referidos impuestos y a cualquier otro impuesto que, en razón de su base gravable o materia imponible, fuera esencial y económicamente análogo a los anteriormente citados y que fuere establecido por cualquiera de los Países Miembros con posterioridad a la publicación de esta Decisión.

Artículo 2.- Definiciones Generales

Para los efectos de la presente Decisión y a menos que en el texto se indique otra cosa:

a) Los términos "Países Miembros" servirán para designar indistintamente a Bolivia, Colombia, Ecuador, Perú y Venezuela.

b) La expresión "territorio de uno de los Países Miembros" significará indistintamente los territorios de Bolivia, Colombia, Ecuador, Perú y Venezuela.

c) El término "persona" servirá para designar a:

1. Una persona física o natural

2. Una persona moral o jurídica

3. Cualquier otra entidad o grupo de personas, asociadas o no, sujetas a responsabilidad tributaria.

d) El término "empresa" significará una organización constituida por una o más personas que realiza una actividad lucrativa.

e) Una persona física o natural será considerada domiciliada en el País Miembro en que tenga su residencia habitual.

Se entiende que una empresa está domiciliada en el País que señala su instrumento de constitución. Si no existe instrumento de constitución o éste no señala domicilio, la empresa se considerará domiciliada en el lugar donde se encuentre su administración efectiva.

Cuando, no obstante estas normas, no sea posible determinar el domicilio, las autoridades competentes de los Países Miembros interesados resolverán el caso de común acuerdo.

f) La expresión "fuente productora" se refiere a la actividad, derecho o bien que genere o pueda generar una renta.

g) La expresión "actividades empresariales" se refiere a actividades desarrolladas por empresas.

h) Los términos "empresa de un País Miembro" y "empresa de otro País Miembro" significan una empresa domiciliada en uno u otro País Miembro.

i) El término "regalía" se refiere a cualquier beneficio, valor o suma de dinero pagado por el uso o el derecho de uso de bienes intangibles, tales como marcas, patentes, licencias, conocimientos técnicos no patentados u otros conocimientos de similar naturaleza en el territorio de uno de los Países Miembros, incluyendo en particular los derechos del obtentor de nuevas variedades vegetales previstos en la Decisión 345 y los derechos de autor y derechos conexos comprendidos en la Decisión 351.

j) La expresión "ganancias de capital" se refiere al beneficio obtenido por una persona en la enajenación de bienes que no adquiere, produce o enajena habitualmente dentro del giro ordinario de sus actividades.

k) El término "pensión" significa un pago periódico hecho en consideración a servicios prestados o por daños padecidos, y el término "anualidad" significa una suma determinada de dinero pagadera periódicamente durante un lapso determinado a título gratuito o en compensación de una contraprestación realizada o apreciable en dinero.

l) El término "intereses" significa los rendimientos de cualquier naturaleza, incluidos los rendimientos financieros de créditos, depósitos y captaciones realizados por entidades financieras privadas, con o sin garantía hipotecaria, o cláusula de participación en los beneficios del deudor, y especialmente, las rentas provenientes de fondos públicos (títulos emitidos por entidades del Estado) y bonos u obligaciones, incluidas las primas y premios relacionados con esos títulos. Las penalizaciones por mora en el pago atrasado no se considerarán intereses a efecto del presente articulado.

m) La expresión "autoridad competente" significa en el caso de:

Bolivia, el Ministro de Hacienda o su delegado.

Colombia, el Ministro de Hacienda y Crédito Público o su delegado.

Ecuador, el Ministro de Economía y Finanzas o su delegado.

Perú, el Ministro de Economía y Finanzas o su delegado.

República Bolivariana de Venezuela, el Superintendente Nacional Aduanero y Tributario del Servicio Nacional Integrado de Administración Aduanera y Tributaria (SENIAT) o su delegado.

CAPITULO II
IMPUESTO A LA RENTA

Artículo 3.- Jurisdicción Tributaria

Independientemente de la nacionalidad o domicilio de las personas, las rentas de cualquier naturaleza que éstas obtuvieren, sólo serán gravables en el País Miembro en el que tales rentas tengan su fuente productora, salvo los casos de excepción previstos en esta Decisión.
Por tanto, los demás Países Miembros que, de conformidad con su legislación interna, se atribuyan potestad de gravar las referidas rentas, deberán considerarlas como exoneradas, para los efectos de la correspondiente determinación del impuesto a la renta o sobre el patrimonio.

Artículo 4.- Rentas provenientes de bienes inmuebles

Las rentas de cualquier naturaleza provenientes de bienes inmuebles sólo serán gravables por el País Miembro en el cual estén situados dichos bienes.

Artículo 5.- Rentas provenientes del derecho a explotar recursos naturales

Cualquier beneficio percibido por el arrendamiento o subarrendamiento o por la cesión o concesión del derecho a explotar o a utilizar en cualquier forma los recursos naturales de uno de los Países Miembros, sólo será gravable por ese País Miembro.

Artículo 6.- Beneficios de las empresas

Los beneficios resultantes de las actividades empresariales sólo serán gravables por el País Miembro donde éstas se hubieren efectuado.
Se considerará, entre otros casos, que una empresa realiza actividades en el territorio de un País Miembro cuando tiene en éste:
a) Una oficina o lugar de administración o dirección de negocios;
b) Una fábrica, planta o taller industrial o de montaje;
c) Una obra de construcción;
d) Un lugar o instalación donde se extraen o explotan recursos naturales, tales como una mina, pozo, cantera, plantación o barco pesquero;
e) Una agencia o local de ventas;
f) Una agencia o local de compras;
g) Un depósito, almacén, bodega o establecimiento similar destinado a la recepción, almacenamiento o entrega de productos;
h) Cualquier otro local, oficina o instalación cuyo objeto sea preparatorio o auxiliar de las actividades de la empresa;
i) Un agente o representante.
Cuando una empresa efectúe actividades en dos o más Países Miembros, cada uno de ellos podrá gravar las rentas que se generen en su territorio, aplicando para ello cada País sus disposiciones internas en cuanto a la determinación de la base gravable como si se tratara de una empresa distinta, independiente y separada, pero evitando la causación de doble tributación de acuerdo con las reglas de esta Decisión. Si las actividades se realizaran por medio de representantes o utilizando instalaciones como las indicadas en el párrafo anterior, se atribuirán a dichas personas o instalaciones los beneficios que hubieren obtenido si fueren totalmente independientes de la empresa.

Artículo 7.- Empresas Asociadas o Relacionadas

1. Cuando
a) una empresa de un País Miembro participe directa o indirectamente en la dirección, el control o el capital de una empresa de otro País Miembro, o
b) unas mismas personas participen directa o indirectamente en la dirección, el control o el capital de una empresa de un País Miembro y de una empresa de otro País Miembro,
y en uno y otro caso las dos empresas estén, en sus relaciones comerciales o financieras, unidas por condiciones aceptadas o impuestas que difieren de las que serían acordadas por empresas independientes, las rentas que habrían sido obtenidas por una de las empresas de no existir dichas condiciones, y que de hecho no se han realizado a causa de las mismas, podrán incluirse en la renta de esa empresa y sometidas en consecuencia a imposición.
2. Cuando un País Miembro incluya en la renta de una empresa de ese País, y someta, en consecuencia, a imposición, la renta sobre la cual la empresa del otro País Miembro ha sido sometida a imposición en ese otro País Miembro, y la renta así incluida es renta que habría

sido realizada por la empresa del País Miembro mencionado en primer lugar si las condiciones convenidas entre las dos empresas hubieran sido las que se hubiesen convenido entre las empresas independientes, ese otro País practicará el ajuste correspondiente de la cuantía del impuesto que ha percibido sobre esa renta. Para determinar dicho ajuste se tendrán en cuenta las demás disposiciones de la presente Decisión y las autoridades competentes de los Países Miembros se consultarán en caso necesario.

Artículo 8.- Beneficios de empresas de transporte

Los beneficios que obtuvieren las empresas de transporte aéreo, terrestre, marítimo, lacustre y fluvial, sólo estarán sujetos a obligación tributaria en el País Miembro en que dichas empresas estuvieren domiciliadas.

Artículo 9.- Regalías

Las regalías sobre un bien intangible sólo serán gravables en el País Miembro donde se use o se tenga el derecho de uso del bien intangible.

Artículo 10.- Intereses

Los intereses y demás rendimientos financieros sólo serán gravables en el País Miembro en cuyo territorio se impute y registre su pago.

Artículo 11.- Dividendos y participaciones

Los dividendos y participaciones sólo serán gravables por el País Miembro donde estuviere domiciliada la empresa que los distribuye.

El País Miembro en donde está domiciliada la empresa o persona receptora o beneficiaria de los dividendos o participaciones, no podrá gravarlos en cabeza de la sociedad receptora o inversionista, ni tampoco en cabeza de quienes a su vez sean accionistas o socios de la empresa receptora o inversionista.

Artículo 12.- Ganancias de capital

Las ganancias de capital sólo podrán gravarse por el País Miembro en cuyo territorio estuvieren situados los bienes al momento de su venta, con excepción de las obtenidas por la enajenación de:

Naves, aeronaves, autobuses y otros vehículos de transporte, que sólo serán gravables por el País Miembro donde estuviere domiciliado el propietario, y

Títulos, acciones y otros valores, que sólo serán gravables por el País Miembro en cuyo territorio se hubieren emitido.

Artículo 13.- Rentas provenientes de prestación de servicios personales

Las remuneraciones, honorarios, sueldos, salarios, beneficios y compensaciones similares, percibidos como retribuciones de servicios prestados por empleados, profesionales, técnicos o por servicios personales en general, incluidos los de consultoría, sólo serán gravables en el territorio en el cual tales servicios fueren prestados, con excepción de sueldos, salarios, remuneraciones y compensaciones similares percibidos por:

Las personas que presten servicios a un País Miembro, en ejercicio de funciones oficiales debidamente acreditadas; estas rentas sólo serán gravables por ese País, aunque los servicios se presten dentro del territorio de otro País Miembro.

Las tripulaciones de naves, aeronaves, autobuses y otros vehículos de transporte que realizaren tráfico internacional; estas rentas sólo serán gravables por el País Miembro en cuyo territorio estuviere domiciliado el empleador.

Artículo 14.- Beneficios empresariales por la prestación de servicios, servicios técnicos, asistencia técnica y consultoría

Las rentas obtenidas por empresas de servicios profesionales, técnicos, de asistencia técnica y consultoría, serán gravables sólo en el País Miembro en cuyo territorio se produzca el beneficio de tales servicios. Salvo prueba en contrario, se presume que el lugar donde se produce el beneficio es aquél en el que se imputa y registra el correspondiente gasto.

Artículo 15.- Pensiones y Anualidades

Las pensiones, anualidades y otras rentas periódicas semejantes sólo serán gravables por el País Miembro en cuyo territorio se halle situada su fuente productora.

Se considerará que la fuente está situada en el territorio del País donde se hubiere firmado el contrato que da origen a la renta periódica y cuando no existiere contrato, en el País desde el cual se efectuare el pago de tales rentas.

Artículo 16.- Rentas provenientes de actividades de entretenimiento público

Los ingresos derivados del ejercicio de actividades artísticas y de entretenimiento público, serán gravables solamente en el País Miembro en cuyo territorio se hubieren efectuado las actividades, cualquiera que fuere el tiempo que las personas que ejercen dichas actividades permanecieren en el referido territorio.

CAPITULO III
IMPUESTOS SOBRE EL PATRIMONIO

Artículo 17.- Impuestos sobre el Patrimonio

El patrimonio situado en el territorio de un País Miembro, será gravable únicamente por éste.

CAPITULO IV
DISPOSICIONES GENERALES

Artículo 18.- Tratamiento tributario aplicable a las personas domiciliadas en los otros Países Miembros

Ningún País Miembro aplicará a las personas domiciliadas en los otros Países Miembros, un tratamiento menos favorable que el que aplica a las personas domiciliadas en su territorio, respecto de los impuestos que son materia de la presente Decisión.

Artículo 19.- Consultas e información

Las autoridades competentes de los Países Miembros celebrarán consultas entre sí e intercambiarán la información necesaria para resolver de mutuo acuerdo cualquier dificultad o duda que se pueda originar en la aplicación de la presente Decisión y para establecer los controles administrativos necesarios para evitar el fraude y la evasión fiscal.

La información que se intercambie en cumplimiento de lo establecido en el párrafo anterior será considerada secreta y no podrá transmitirse a ninguna persona distinta de las autoridades encargadas de la administración de los impuestos que son materia de la presente Decisión.

Para los efectos de este artículo, las autoridades competentes de los Países Miembros podrán comunicarse directamente entre sí, realizar auditorías simultáneas y utilizar la información obtenida para fines de control tributario.
En ningún caso las disposiciones del primer párrafo del presente artículo podrán interpretarse en el sentido de obligar a un País Miembro a:

adoptar medidas administrativas contrarias a su legislación o práctica administrativa, o a las del otro País Miembro;

suministrar información que no se pueda obtener sobre la base de su propia legislación o en el ejercicio de su práctica administrativa normal, o de las del otro País Miembro;
suministrar información que revele secretos comerciales, industriales o profesionales, procedimientos comerciales o informaciones cuya comunicación sea contraria al orden público.

Artículo 20.- Interpretación y Aplicación

La interpretación y aplicación de lo dispuesto en esta Decisión se hará siempre de tal manera que se tenga en cuenta que su propósito fundamental es el de evitar doble tributación de unas mismas rentas o patrimonios a nivel comunitario.

No serán válidas aquellas interpretaciones o aplicaciones que permitan como resultado la evasión fiscal correspondiente a rentas o patrimonios sujetos a impuestos de acuerdo con la legislación de los Países Miembros.

Nada de lo dispuesto en esta Decisión impedirá la aplicación de las legislaciones de los Países Miembros para evitar el fraude y la evasión fiscal.

Artículo 21.- Asistencia en los procesos de recaudación

Los Países Miembros se prestarán asistencia en la recaudación de impuestos adeudados por un contribuyente determinado mediante actos firmes o ejecutoriados, según la legislación del País solicitante.

El requerimiento de asistencia para ayuda solamente podrá realizarse si los bienes de propiedad del deudor tributario ubicado en el País Miembro acreedor, no fueren suficientes para cubrir el monto de la obligación tributaria adeudada.

A menos que sea convenido de otra manera por las autoridades competentes de los Países Miembros, se entenderá que:

Los costos ordinarios incurridos por un País Miembro que se compromete a proporcionar su ayuda serán asumidos por ese País.

Los costos extraordinarios incurridos por el País Miembro que se compromete a proporcionar su ayuda serán asumidos por el País Miembro solicitante y serán pagaderos sin consideración al monto a ser recuperado en su favor.

Este artículo será interpretado de conformidad con la legislación interna de los Países Miembros.

Artículo 22.- Vigencia

La presente Decisión entrará en vigencia respecto al impuesto sobre la renta y al impuesto sobre el patrimonio que se obtengan y a las cantidades que se paguen, acrediten, o se contabilicen como gasto, a partir del primer día del ejercicio fiscal siguiente a la publicación de esta Decisión en la Gaceta Oficial del Acuerdo de Cartagena.

Dada en la ciudad de Lima, Perú, a los cuatro días del mes de mayo del año dos mil cuatro.

6) Auszug aus dem DBA Argentinien-Chile

Artículo 9º

Regalías

Las regalías a que se refiere el apartado i) de artículo 2º, sólo serán gravables por el Estado Contratante en cuyo territorio se encontrare ubicada la fuente productora de las mismas.

Artículo 10

Intereses

Los intereses provenientes de crédito sólo serán gravables en el Estado Contratante en cuyo territorio se hubiere utilizado el crédito. Salvo prueba en contrario, se presume que el crédito se utiliza en el Estado Contratante en el cual estuviere domiciliado el deudor.

Artículo 11

Dividendos y participaciones

Los dividendos y participaciones en las utilidades de las empresas, incluidos los retornos o excedentes de las cooperativas, sólo serán gravables por el Estado Contratante donde estuviere domiciliada la empresa que los distribuye.

Trierer Studien zum Internationalen Steuerrecht

Herausgegeben von Gabriele Burmester

- Band 1 Steffen Alexander Lindenthal: Mitwirkungspflichten des Steuerpflichtigen und Folgen ihrer Verletzung. Unter besonderer Berücksichtigung der Dokumentationspflichten bei Verrechnungspreisen. 2006.
- Band 2 Svenja Kaufer: Grenzüberschreitende Organschaft kraft Gemeinschaftsrecht. Übernimmt Österreich für Deutschland eine Vorreiterrolle? 2006.
- Band 3 Antje Hagena: Die Behandlung von Personengesellschaften in den Doppelbesteuerungsabkommen der Bundesrepublik Deutschland mit den Staaten Mittel- und Südamerikas. 2007.

www.peterlang.de

Kolibri 360 GmbH
Ferdinand-Jühlke-Straße 7
99095 Erfurt, Deutschland
produktsicherheit@kolibri360.de

Druck:
CPI Druckdienstleistungen GmbH
im Auftrag der
Kolibri 360 GmbH
Ferdinand-Jühlke-Str. 7
99095 Erfurt